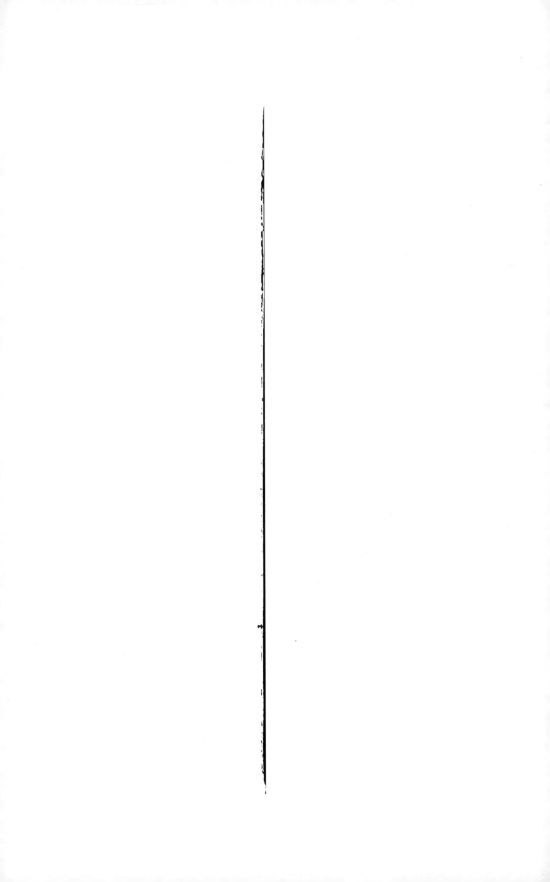

Eugenio von Savoy

Prinz Eugen

von Savoyen.

———

Nach den handschriftlichen Quellen der kaiserlichen Archive

von

Alfred Arneth.

———

Mit Portraits und Schlachtplänen.

Erster Band.

1663 — 1707.

Wien, 1858.

Druck und Verlag der typogr.-literar.-artist. Anstalt
(X. C. Zamarski, C. Dittmarsch & Comp.).

Vorwort.

Es ist eine mehrmals wiederholte Bemerkung, daß dem deutschen Volke weniger als irgend einer anderen Nation der Hang und die Fähigkeit innewohnen, sich für die Thaten seiner großen Männer bei deren Lebzeiten zu erwärmen und zu begeistern, nach deren Tode sich mit ihrem Andenken zu durchbringen und dasselbe in Ehren zu erhalten. Man hat diese Erscheinung in verschiedener Weise zu erklären versucht, ihr Vorhandensein aber ist von keiner Seite geläugnet worden. Denn es gibt der großen Männer in Deutschland wirklich nur erstaunlich wenige, deren Namen bis in das Volk gedrungen sind, und in dem Munde desselben fortleben. Um so bewunderungswürdiger ist es, unter diesen wenigen Namen in vorderster Linie den eines Mannes zu finden, welcher weder in Deutschland geboren, noch deutschem Stamme entsprossen war. Dennoch gelang es ihm, durch ein in jeder Beziehung ruhmreiches Leben, insbesondere aber durch den Schutz, welchen sein weithin gefürchtetes Schwert dem deutschen Volke gegen barbarische Einfälle von Osten wie von Westen her gewährte, sich für alle Zukunft ein hochgehaltenes Andenken in Deutschland zu erringen. In erhöhtem Maße ist dieß, wie natürlich, in Oesterreich der Fall, denn diesem Lande und seinem Regentenhause waren ja die kriegerischen wie die staatsmännischen Dienste jenes Mannes zunächst gewidmet. Oesterreich ist es daher, wo vor allen deutschen Ländern die Erinnerung an „Prinz Eugen den edlen Ritter", noch immer die lebhaftesten Sympathien erweckt und ihm mehr als anderswo die dankbarste Verehrung gezollt wird.

a

Der Gedanke, das Leben des Prinzen Eugen und sein Wirken nach den verschiedenen Richtungen hin zu schildern, in welchen derselbe thätig war, bedarf daher wohl in keiner Weise einer Rechtfertigung. Es wird dieß um so weniger der Fall sein, als die Schriften, welche über Eugen veröffentlicht wurden, in jeder Beziehung so ungenügend sind, daß dieses Feld ein nahezu unbebautes genannt werden kann. Ueberdieß betreffen sie alle ohne Ausnahme nur seine kriegerischen Thaten. Seine Wirksamkeit als Staatsmann, sein Privatleben, der fördernde Einfluß, welchen er auf Kunst und Wissenschaft nahm, sind überall kaum erwähnt und nirgends in einer auch nur einiger Maßen befriedigenden Weise dargestellt worden.

Jedermann aber, welcher von der Geschichte Deutschlands und Oesterreichs in jener Zeit auch nur eine oberflächliche Kenntniß besitzt, weiß wie tiefeingreifend Eugens politische Thätigkeit gewesen ist, wie sein Wort im Rathe der Kaiser, denen er diente, kaum weniger galt als sein Schwert in der Schlacht, wie er durch seinen lebhaften Sinn für die Kunst, für die Wissenschaft in allen ihren Zweigen auf die weiten Kreise, mit denen er in Berührung kam, anregende und veredelnde Einwirkung übte.

Um ein vollständiges und richtiges Bild der großartigen Persönlichkeit des Prinzen zu erhalten, muß jede dieser Seiten hell beleuchtet und in ihrem wahren Lichte dargestellt werden. Es ist dieß um so nöthiger, als es nur wenige Gestalten in der Geschichte geben wird, über welche größere Irrthümer verbreitet, mit deren Ansehen ärgerer Frevel getrieben wurde, und unter deren Namen jämmerlichere Fabrikate, für Briefe Eugens ausgegeben, in die Welt geschickt worden sind.

Was die Irrthümer betrifft, so sind die Schriften, welche im Laufe des vorigen Jahrhunderts über Eugen erschienen, von solchen erfüllt. Es geht dieß so weit, daß der Verfasser des besten dieser Bücher, Mauvillon [1], um nur ein einziges Beispiel anzuführen, nicht weiß, wo sich der Prinz das ganze Jahr 1689 hindurch befand, und ihn zu Turin mit dem Herzoge von Savoyen Verhandlungen pflegen läßt,

während Eugen mit des Kaisers Heere in Deutschland wider Frankreich kämpfte und bei der Belagerung von Mainz sogar verwundet ward.

Aerger noch als diese Irrthümer erscheinen die Fälschun-
gen, welche seither mit den Schreiben des Prinzen getrieben
wurden. Eine ganze Sammlung solcher angeblicher Briefe Eugens,
gegen sechshundert an der Zahl, sind im Jahre 1811 von einem
Herrn von Sartori als „hinterlassene politische Schriften des
Prinzen," herausgegeben worden. Obwohl viele der Aussprüche,
welche Eugen hier in den Mund gelegt werden, als authentisch
angesehen wurden und als solche in ausgezeichnete Geschichtsbücher
übergegangen sind, obwohl ein ganzes Werk [2]), das letzte das über
Eugen geschrieben wurde, fast einzig und allein auf diese für ächt
gehaltenen Briefe basirt ist, so stehe ich doch keinen Augenblick an,
die ganze Veröffentlichung als eine der stärksten literarischen Mysti-
fikationen zu bezeichnen, welche jemals gewagt wurden [3]).

Dem Biographen Eugens war also die doppelte Aufgabe
gestellt, die auf Wahrheit begründeten Angaben über Eugen, über
sein Leben und sein Wirken zu Tage zu fördern, und dadurch zugleich
das unendlich viele Falsche, das bisher über ihn verbreitet wurde, als
solches darzustellen und gründlich zu widerlegen. Dieß konnte jedoch
nur durch das Schöpfen an dem lauteren Quell der eigenen Schriften
des Prinzen geschehen, deren aus seinem langen und thatenreichen
Leben eine überraschende Menge auf unsere Tage gekommen ist.

Der größte Theil der geschichtlichen Quellen, welche von
Eugen herrühren oder doch auf ihn Bezug haben, ist in mehreren
hundert Faszikeln in dem kaiserlichen Haus=, Hof= und Staatsarchive
und in dem kaiserlichen Kriegsarchive aufbewahrt. Zu diesen beiden
reichhaltigen Sammlungen handschriftlicher Schätze ist mir freier
Zutritt und deren uneingeschränkte Benützung gestattet worden.
Auch die Durchforschung des Hofkammer-Archives wurde mir bewilligt und aus jenem des Ministeriums des Innern manche schätz-
bare Mittheilung gewährt.

Doch nicht nur von Seite der kaiserlichen Archive, obgleich dieselben weitaus die reichste Ausbeute darboten, auch von verschiedenen Privatarchiven ist meinem Unternehmen durch Ueberlassung von Correspondenzen des Prinzen Eugen Förderung zu Theil geworden. Es sind dieß die Archive der gräflichen Familien Traun zu Bockfließ und Lamberg zu Ottenstein in Niederösterreich, Starhemberg zu Riedegg in Oesterreich ob der Enns, Kaunitz zu Jarmeritz und des Freiherrn von Bretton zu Zlin in Mähren.

Endlich wurde es mir vergönnt, während eines kurzen Aufenthaltes in London aus den Gesandtschaftsberichten, welche in dem Archive des dortigen auswärtigen Amtes aufbewahrt werden, Auszüge zu machen, die mir werthvolle Aufklärungen über sonst dunkle Partien der Lebensgeschichte Eugens boten.

Für all diese so zuvorkommend gewährte Vergünstigung sei hiemit mein lebhaftester Dank ausgesprochen. Ohne sie wäre es mir niemals möglich gewesen, ein wissenschaftliches Unternehmen zu vollbringen, dessen Zustandekommen mir in gleicher Weise durch das Interesse Oesterreichs wie durch dessen Ehre geboten schien.

In Oesterreichs Interesse muß es gelegen sein, daß es endlich einmal klar werde in der Darstellung des Lebens, der Thaten und der Schicksale des größten Mannes, der jemals zu seinem Wohle gewirkt hat. Als eine Ehrensache Oesterreichs aber erscheint es, daß demjenigen, welchem noch nirgends ein Denkmal prangt in Erz oder Stein, ein solches wenigstens durch eine wahrheitsgetreue Schilderung seiner ruhmvollen Persönlichkeit gesetzt werde.

Diese Absicht zu verwirklichen war das Ziel langjähriger, mühsamer Forschung und emsigen Bestrebens. Ist es in würdiger Weise erreicht worden, so liegt darin für rastlose Bemühung der erwünschteste Lohn.

Inhalt.

Erstes Capitel.

In der ersten Hälfte des siebzehnten Jahrhunderts stiftete Thomas Franz von Savoyen, des Herzogs Karl Emanuel I. jüngster Sohn, die Neben= linie des Hauses Savoyen Carignan. Er war einer der rastlosesten und unbeständigsten Parteigänger seiner Zeit, von einem weit über seine wirk= lichen Fähigkeiten hinausgehenden Ehrgeize gestachelt, bald Spanien, bald Frankreich dienend, bald sein Vaterland bekämpfend und bald wieder das= selbe vertheidigend. Seine Gemahlin war Marie von Bourbon, die Schwester und Erbin des letzten Grafen von Soissons. Von seinen beiden Söhnen, die das Mannesalter erreichten, war der ältere jener bekannte Emanuel Philibert, welcher, obgleich taub und stumm von Geburt, dennoch ein Mann voll Geist war, alles mit Leichtigkeit erfaßte, mit Eifer las und schrieb, sich wohl verständlich zu machen wußte, und seinen Angelegenheiten selbst mit der ruhigen Berechnung eines erfahrenen Geschäftsmannes vor= stand [1]. Seine körperlichen Gebrechen hinderten ihn nicht, sich in schon ziem= lich vorgerücktem Alter mit der Prinzessin Maria Katharina aus der Familie Este zu vermählen und so das Haus Carignan fortzupflanzen. Der jüngere Bruder, Eugen Moriz, nahm den Titel eines Grafen von Soissons an. Durch sein von der Mutter stammendes Besitzthum in Frankreich einge= bürgert, brachte er seine Jugend am Hofe von Versailles zu, an welchem er, als Prinz von Geblüt angesehen und behandelt, eine in hohem Grade ehrenvolle Stellung einnahm. Tapfer wie sein Vater, war er doch nicht von so unstätem, leicht erregtem und schnell wechselndem Temperamente wie jener, sondern liebenswürdig im Verkehre mit Anderen, leicht und fröh= lich im Umgange, ausgezeichnet in allen Leibesübungen und daher, wenn gleich nicht von hervorragenden geistigen Fähigkeiten, doch immer eine gern gesehene, selbst gefeierte Persönlichkeit am französischen Hofe.

Zu der Zeit, als sich der Graf von Soissons noch im Jünglingsalter befand, hatte der Cardinal Mazarin seine Nichten nach Frankreich kommen

1

laffen, um dort ihre Erziehung zu vollenden. Fünf Schwestern Mancini, zwei Martinozzi bildeten die weibliche Verwandtschaft des Cardinals. Alle waren sie wohlgebildet, einige wahrhaft schön zu nennen, geistvolle, feurige Italienerinnen, welche wegen ihrer persönlichen Vorzüge, wegen des Reizes des Seltenen und Ungewöhnlichen, der ihrer Erscheinung innewohnte, insbesondere aber als die Nichten des damals allmächtigen Staatsmannes, der Frankreich unumschränkt regierte, überall das größte Aufsehen erregten. Bald waren sie die Königinnen aller Feste, und der zweitgeborenen der Schwestern Mancini, Olympia, Mazarins Liebling, wandte auch Ludwig XIV., damals noch kaum ein Jüngling, sein leicht entzündliches Herz zu.

Olympia Mancini gebührt die zweifelhafte Glorie, die lange Reihe derjenigen eröffnet zu haben, welche sich rühmen konnten, die Neigung Ludwigs, wenn gleich nur für kurze Zeit, gewonnen zu haben. Aber die kluge Italienerin durchschaute den jungen König wohl. Sie wußte, wessen sie sich von ihm zu versehen hatte, und so gern sie sich auch seine Huldigungen gefallen ließ, so zog sie doch die Hand, welche der Graf von Soissons ihr anbot, den Schmeichelworten Ludwigs und seinen Betheuerungen vor. „Diese Wahl", sagt eine Zeitgenossin, „war für sie ein Glück zu nennen. Der Graf von Soissons war ein edler Mann, insbesondere ein vortrefflicher Gemahl" [2]. Sein Reichthum und seine hohe Geburt, seiner Heirath wegen noch durch die Unterstützung Mazarins getragen, ebneten seine Laufbahn. Er wurde Colonel = General der Schweizer und Graubündtner, Gouverneur der Champagne, Generallieutenant. In der Schlacht an den Dünen that er sich unter Turenne durch seine Tapferkeit hervor und warf an der Spitze seiner Schweizer die spanische Infanterie. Als außerordentlicher Botschafter bei der Krönung Karls II. schlug er sich mit einem vornehmen Engländer, der den König von Frankreich geschmäht hatte. Er machte die Feldzüge in den Niederlanden mit und zeichnete sich bei dem Uebergange des französischen Heeres über den Rhein aus. So zeigte er sich der Bevorzugung würdig, welche ihm, wenigstens im Beginne seiner Laufbahn, in so vollem Maße zu Theil ward.

Im Februar 1657 hatte der Graf von Soissons Olympia Mancini zum Altare und von da nach dem weitausgedehnten Hôtel geführt, das er zu Paris auf der Stelle besaß, an der sich gegenwärtig die Getreidehalle befindet. Dieses merkwürdige Gebäude, im vierzehnten Jahrhunderte ein Eigenthum des Königs Johann von Böhmen aus dem Hause Luxenburg, dann ein Kloster büßender Nonnen, war von Katharina von Medicis nach einem umfassenden Plane umgestaltet worden. Es stand inmitten prachtvoller Gärten, die sich, im Geschmacke jener Zeit mit Springbrunnen und Bildsäulen verschwenderisch verziert, dort weithin ausdehnten, wo jetzt in der Rue de Viarmes in ängstlicher Raumersparung ein Wohnhaus sich an das andere drängt. Am Ende des Gartens befand sich eine Kapelle, durch lange Zeit nach ihrer Erbauerin die Kapelle der Königin benannt. Im Hofe des Palastes erhob sich die berühmte dorische Säule, welche der Königin Katharina zu astronomischen Beobachtungen gedient haben soll, und die noch gegenwärtig, das einzige Denkmal längst entschwundener Größe, an das düstere Gebäude der Getreidehalle gelehnt, den Platz bezeichnet, wo dereinst das Hôtel de Soissons gestanden hat.

Dieß war der Palast, welcher nach dem Tode der Königin Katharina in den Besitz des Prinzen Karl von Bourbon, Grafen von Soissons, übergegangen war. Noch durch ein Jahrhundert blieb er in den Händen seiner Familie [3]). Hier schlug Olympia Mancini nach ihrer Vermählung ihre Wohnstatt auf, hier gebar sie ihrem Gemal fünf Söhne und drei Töchter. Die Söhne waren Thomas Ludwig, nach seines Vaters Tode Graf von Soissons, Philipp, Ludwig Julius, Emanuel Philibert und endlich Eugen Franz, geboren zu Paris am 18. October 1663, gerade hundert fünfzig Jahre vor dem denkwürdigen Siege auf dem Schlachtfelde von Leipzig. Dieß war der Prinz, welchen bald die ganze gebildete Welt unter dem Namen „Prinz Eugen," kennen und verehren lernte. Die Töchter hießen Johanna, Louise Philiberta und Franziska. Die letztere starb schon in der Kindheit; die beiden ersteren blieben unvermählt [4]).

Durch ihre Heirath hatte die Gräfin von Soissons einem zärtlicheren Verhältnisse zu Ludwig XIV. entsagt. Dennoch erhielt ihr der junge König seine Gunst. Er war ein täglicher Gast im Hôtel de Soissons, und mit Olympia's Einzuge begann für dasselbe die Epoche seines höchsten Glanzes. Es wurde der Sammelpunkt der Blüthe des französischen Adels, rauschende Feste folgten einander, und die jugendliche Herrin des Hauses war einer Königin gleich gefeiert von dem ganzen Hofe. Es trat zwar hierin eine Art von Unterbrechung ein, als Ludwig XIV. seine Neigung der jüngeren

Schwester der Gräfin, Maria Mancini, zuwandte. Man weiß, daß diese Liebe mit aller Gluth eines südlichen Temperamentes erwiedert wurde, und eine so ernste Gestalt annehmen zu wollen schien, daß man schon von der Erhebung Maria's auf den Thron von Frankreich sprach. Doch diese Zeit des Triumphes war nur kurz für Maria Mancini. Denn die auf's äußerste gesteigerte Unruhe der Königin Mutter, Anna von Oesterreich, welche eine unüberlegte Verbindung ihres Sohnes fürchtete, mehr aber noch die Selbstverläugnung des Cardinals, der die Interessen seines Hauses denen des Staates unterordnete, bewirkten eine Trennung dieses Verhält- nisses. Maria Mancini mußte sich vom Hofe entfernen, und Ludwig XIV. schloß die folgenschwere Heirath mit Maria Theresia, der ältesten Tochter des Königs Philipp IV. von Spanien.

Nach der Trennung von Maria Mancini und nach seiner Vermäh- lung mit der Infantin wandte der König seine frühere Gunst der Gräfin von Soissons wieder zu. Die Stellung derselben erhielt durch ihre Ernen- nung zur Surintendante des Hofstaates der Königin neuen Glanz, und wie es den Anschein hatte, noch größere Befestigung. Sie war unbestritten die erste Dame des Hofes, durch ihr Amt, durch ihren Einfluß, ihre Verbin- dungen. Denn der König, wenig angezogen von seiner Gemahlin, suchte nach wie vor im Hôtel de Soissons Zerstreuung und Erheiterung. Nichts glich der Pracht, sagt der Herzog von St. Simon, welche die Gräfin von Soissons entwickelte. Beständig befand sich der König bei ihr. Sie war die Beherrscherin des Hofes und seiner Feste, sie galt als diejenige, von welcher die Vertheilung der ersehntesten Gunstbezeigungen abhing.

Das Freundschaftsverhältniß der Gräfin zu Henriette von England, Gemahlin des Herzogs Philipp von Orleans, Bruders des Königs, einer der geistreichsten und liebenswürdigsten Prinzessinnen ihrer Zeit, gab diesen Vergnügungen erhöhten Reiz. Dennoch verhieß denselben das Unstäte in den Neigungen des Königs keine lange Dauer. Der sehnsuchtsvolle Wunsch der Gräfin, Ludwig XIV. in ihrem Hause zu fesseln und sich in seiner Gunst zu erhalten, denn in dieser sahen jene Hofleute ihr einziges irdisches Glück, verleitete sie zu Anstrengungen, zu Intriguen, welche, wie dieß meist der Fall, eine ihren Absichten entgegengesetzte Wirkung hervorbrachten. Sie verwickelte ihren Gatten, den Grafen von Soissons, über den sie eine unbedingte Herrschaft ausübte, in einen Streit mit dem Herzoge von

Navailles. Eine Herausforderung war die Folge davon, und der König, darüber erzürnt, verbannte den Grafen vom Hoflager.

Diese Verbannung, obgleich nicht von langer Dauer, war doch das erste Symptom, daß die Gunst, welche König Ludwig bisher dem Grafen und der Gräfin von Soiſſons gewidmet hatte, im Erkalten begriffen war. Zwar schien für einige Zeit das frühere gute Einvernehmen hergestellt. Wieder war die Gräfin die Leiterin und Veranstalterin der Vergnügungen des Königs und des Hofes, aber eine neue Neigung, die plötzlich Ludwig's Herz erfüllte, für die Herzogin de la Vallière, wandte ihn anderen Kreisen zu. Andere Personen gewannen Einfluß über ihn. Immer lauter wurden die Stimmen der zahlreichen Neider und Feinde der Gräfin. Der Cardinal war längst gestorben, der sonst wohl seine mächtige Hand aus-gestreckt hätte zum Schutze seiner Nichte, und diese, in fieberischer Thätigkeit um sich in der früheren, ihr über alles theuer gewordenen Stellung zu erhalten, war nicht glücklich in den Mitteln, die sie hiezu ergriff. Insbe-sondere gab man ihr Schuld, daß sie es gewesen sei, welche die Königin von der Liebe ihres Gemahls zur Herzogin de la Vallière in Kenntniß gesetzt habe.

Das Gewebe von Intriguen, die in dieser Sache gespielt wurden, endete mit einer erneuerten Verbannung des Grafen von Soiſſons. Dieß-mal traf auch die Gräfin das Exil, und am 30. März 1665 verließen beide den Hof, mit dem geheimen Befehle, sich nach einem ihrer Güter zu begeben [5]).

Die Kinder der Gräfin von Soiſſons, auch die älteren derselben standen damals in einem noch zu zarten Alter, um die Tragweite, welche diese Ereig-niſſe für ihre Familie hatten, auch nur von ferne ermeſſen zu können. Um so tiefer aber war der Eindruck derselben auf das Gemüth der Mutter. Sie, die bisher glücklich gewesen war in der glänzenden Rolle, die sie am Hofe gespielt hatte, in der Gunst des Königs, in den Huldigungen der Hofleute, sie empfand den plötzlichen Verlust alles deſſen, was bis dahin den höchsten Werth für sie gehabt hatte, auf's schmerzlichste. Aber sie nahm ihr Geschick nicht mit Ruhe hin und mit entſagender Ergebung, sie hatte keine Thränen für das was sie ihr Unglück nannte, sondern die feurige Südländerin fühlte nichts so sehr als den Durst nach Rache. Wo sie früher innig geliebt hatte, da haßte sie nun tödtlich. In diesen Gesinnungen suchte sie ihre

Kinder zu erziehen. Wie es sich so oft wiederholt, so war es auch hier der
Fall, daß die Mutter einen weit größeren Einfluß nahm auf die Erziehung
und die Ausbildung der Söhne, als der minder bedeutende Vater. Vorzugs=
weise waren es der zweite und der jüngste der Knaben, Julius und Eugen,
denen die Mutter ihre Abneigung wider den französischen Hof und ins=
besondere gegen denjenigen einzuflößen verstand, um den sich dort alles
gruppirte und von dem sie auf's höchste beleidigt worden war.

Trotz dieser Gefühle, welche die Gräfin von Soissons beherrschten
und mit denen sie ihre Kinder zu durchdringen sich bestrebte, blieb ihr doch
nichts übrig, als an den Hof zurückgekehrt, äußerlich wenigstens sich vor
dem Mächtigeren zu beugen. Nur in Frankreich glaubte sie, insbesondere
nach dem Tode ihres Gemahls, der im Jahre 1673 auf der Reise nach dem
Heerlager des Marschalls Turenne plötzlich starb, für ihre Söhne eine
ihrer hohen Geburt angemessene Stellung suchen zu können. Aber mit dem
Tode des Grafen schien das Glück, das ihr einst so heiter zugelächelt, sich
vollends von der Gräfin von Soissons und leider nicht ohne ihre Schuld
abgewendet zu haben. Ihr unruhiger Geist griff nach jedem Mittel, das
sich ihm darbot, um die frühere Stellung wieder zu gewinnen. War es da
ein Wunder, daß sie, ohne inneren sittlichen Halt, ohne uneigennützigen
Rathgeber, bald auf Abwege gerieth. Sie verlegte sich auf Sterndeuterei,
auf Wahrsagerei. Sie kam in Berührung mit einer Frauensperson, Namens
Voisin, welcher dann als Giftmischerin der Prozeß gemacht wurde. Als der
Befehl ausgefertigt war, auch die Gräfin, die man als Mitschuldige aus=
gab, nach der Bastille zu führen, entfloh sie [6]. Sie fürchtete die Rache des
Kriegsministers Louvois, dessen Sohne sie ihre Tochter verweigert hatte;
sie kannte den Haß ihrer Feindin Montespan. „Wenn man gegen eine
„Frau von meinem Stande einen Verhaftsbefehl erlassen hat," sagte sie,
„so wird man das Verbrechen auch vollenden und mich das Schaffot bestei=
„gen lassen [7]."

Im Jänner 1680 verließ die Gräfin des Nachts Paris und entfloh
nach Flandern. In ihrer Abwesenheit wurde ihr der Prozeß gemacht. Von
einer wirklichen Schuld konnte jedoch keine Spur entdeckt werden. Auch
erbot sie sich zurückzukommen und sich ihren ordentlichen Richtern zu stellen,
wenn sie nicht schon vor dem Urtheilsspruche nach der Bastille oder nach
Vincennes gebracht würde. Aber man verwarf diese Bedingung. Ihr Exil

war eben dasjenige was man wünschte. Des Ministers Louvois roher Haß verfolgte die Gräfin bis auf belgisches Gebiet. Er ging so weit, daß er Offiziere dorthin entsandte, mit dem Auftrage, den Pöbel von Brüssel zu grober Beleidigung der Gräfin zu bestechen. Nur das energische Auftreten des spanischen Vicekönigs Marquis de Monterey setzte diesen empörenden Auftritten ein Ziel.

Die siegende Macht der Zeit bewährte sich auch hier. Immer mehr verstummten die auf nichts begründeten Anklagen, welche gegen die Gräfin geschleudert worden waren. Ihr lebhafter Geist hatte die frühere Anziehungskraft nicht eingebüßt, und bald bildete sich in Brüssel ein kleiner Hof um sie, der sich beeiferte, sie durch seine Huldigungen die erlittenen Mißhandlungen vergessen zu machen. Aber die Nachrichten, welche Olympia aus Frankreich erhielt, waren nicht dazu gemacht, die Heilung der empfangenen Wunden zu befördern.

Die Gräfin hatte bei ihrer Flucht ihre ganze Familie zurücklassen müssen. Ihre Kinder waren der Obhut ihrer Großmutter, der Prinzessin von Carignan, anvertraut worden. Dieselbe hatte sich des ältesten der Söhne, Thomas Ludwig Grafen von Soissons, gleich nach seines Vaters Tode eifrig angenommen. Ihrer Fürsprache verdankte er die Ernennung zum Obersten des Regimentes Soissons, und bald darauf zum Maréchal de Camp. Im Jahre 1674, nach dem Tode des Königs Michael von Polen, soll die Familie daran gedacht, ja sogar Schritte gemacht haben, den Grafen von Soissons unter die Zahl der Bewerber um die polnische Königskrone zu stellen. An der Wahl König Johann Sobieski's scheiterte dieser Plan. Der Graf von Soissons täuschte aber selbst die Erwartungen, welche sein fürstliches Haus von ihm hegte, durch die Heirath, die er noch in dem Jahre der Entfernung seiner Mutter aus Frankreich mit Urania de la Cropte, der natürlichen Tochter des François de Beauvais, Stallmeisters des Prinzen Condé einging. Er verschloß dadurch sich und seiner Nachkommenschaft die etwaige Thronfolge in Savoyen und Piemont. Nicht nur die Großmutter und die Mutter des Grafen, auch Ludwig XIV. war darüber höchst aufgebracht, und seit langer Zeit begegneten sich die beiden Letzteren hier wieder einmal in demselben Gefühle. Die Gräfin von Soissons beklagte schmerzlich die Zertrümmerung der stolzesten Hoffnung, die sie gehegt hatte. Auch dem Könige war es unwillkommen, daß durch diesen

Schritt der Familie Soiffons, die er durch so viele Bande an Frankreich geknüpft wähnte, die Aussicht benommen wurde, dereinst in jenem Nachbarlande zur Herrschaft zu gelangen, auf welches Frankreich seit jeher gierige Blicke geheftet hat.

Trotz dieses Ereignisses hielt es Ludwig XIV. doch nicht für gerathen, mit der Familie Soiffons völlig zu brechen. Deßhalb und wohl mehr noch um ihrer wunderbaren Schönheit willen fand die junge Gräfin von Soiffons zuvorkommende Aufnahme an dem Hofe, zu dem ihr König Ludwig in Befolgung des vernünftigen Grundsatzes, daß die Frau ohne Rücksicht auf ihre Geburt in die Rechte und die Stellung des Mannes eintritt, unbeanständeten Zutritt gönnte. Sie war schön, sagt ein strenger Beurtheiler, der Herzog von S. Simon, schön wie der herrlichste Tag, mit jenen großen Zügen, wie man die Sultaninnen und die Römerinnen darstellt, hochgewachsen, von schwarzem Haar und eblem, zugleich sanftem Ansehen [5]). Sie überraschte den Hof durch den Glanz ihres Liebreizes, so daß die Männer wenigstens den Schritt des Grafen von Soiffons verzeihlich fanden.

Doch nicht allein durch ihre Schönheit unterschied sich die Gräfin in vortheilhafter Weise von den übrigen Damen des Hofes, mehr noch gereichte ihr die Standhaftigkeit zur Ehre, mit welcher sie die zudringlichen Bewerbungen des Königs von sich wies. Dieses Betragen, so ehrenhaft es sein mochte, war aber nicht dasjenige, welches im damaligen Frankreich zu Vortheil und Bevorzugung führte. Der Graf von Soiffons sah sich noch überdieß gleich seinen Brüdern von Louvois' unversöhnlicher Feindschaft verfolgt, und der Aufenthalt der Prinzen zu Versailles mochte wohl mehr dazu beitragen, sie in ihrer Abneigung gegen den König zu bestärken, als ihnen Liebe und Verehrung für ihn einzuflößen.

Insbesondere hatte der jüngste der Prinzen, Eugen, mehr als eine Ursache, in seiner Stellung am Hofe sich unbehaglich zu fühlen. Schon in frühester Jugend hatte Eugen eine ausgesprochene, ja völlig unwiderstehliche Neigung zum Waffenhandwerke gezeigt. Mit rastlosem Eifer hatte er allen Studien obgelegen, welche ihm Kenntnisse im Kriegswesen verschaffen sollten. Die Mathematik wurde von ihm als Lieblingsstudium betrieben, und Sauveur, das spätere Mitglied der französischen Akademie der Wissenschaften, der Freund Vaubans soll den Prinzen in der Geometrie unterrichtet haben [9]). Das Leben Alexanders des Großen, von Curtius beschrieben, bildete seine Lieblingslecture. Durch anhaltende Leibesübungen suchte er seinen von Natur schwächlichen Körper zu den Strapazen des Kriegerlebens zu stählen. Gespräche von Schlachten und Belagerungen hatten den größten Reiz für ihn und seine Augen erglänzten bei dem Klange kriegerischer Instrumente.

Um diese Neigung des Prinzen kümmerten sich jedoch diejenigen gar wenig, welche nur darauf ausgingen, ihm frühzeitig einen genügenden Unterhalt, eine Versorgung zu verschaffen. Eine solche fand sich aber in der damaligen, wie auch in späterer Zeit für nachgeborne Prinzen nur im Kriegsdienste oder im geistlichen Stande. Zu ersterem hätten Eugen seine Neigungen gezogen, zu letzterem bestimmte ihn des Königs Wille, der leicht nach Aeußerlichkeiten urtheilend, den Prinzen nicht zum Soldaten, sondern nur zum Priester passend hielt.

Denn Eugens Aeußeres war allerdings auch in der Jugend nicht sehr empfehlend. Seine kleine schwächliche Gestalt, seine braune Hautfarbe, die an die italienische Abkunft mahnte, die etwas aufgestülpte Nase, insbesondere aber die kurze Oberlippe, welche Ursache war, daß der Mund nie ganz geschlossen erschien und man die vorderen Zähne sah, dieß Alles machte auf den ersten Blick keinen gewinnenden Eindruck. Das Auge jedoch war schön, geistreich und lebhaft, und scharfsichtigere Beobachter begriffen wohl, daß unter der wenig entsprechenden Hülle Großes verborgen lag [10]).

Aber König Ludwig war es nicht gegeben dieß zu erkennen. Durch ihn sah sich Eugen schon in frühester Jugend, recht wider seinen Wunsch, zum geistlichen Stande bestimmt. Noch fast im Kindesalter mußte er geistliche Kleider tragen, und wurde deßhalb am Hofe von Versailles nur „l'abbé de Savoye", vom Könige scherzweise „le petit abbé" genannt [11]). So hatte man sich völlig daran gewöhnt, den Prinzen als zukünftiges Mitglied des geistlichen Standes anzusehen. Als daher mit den Jahren auch seine Neigung zum Soldatenstande immer lebhafter wurde, als er endlich dem Könige für die ihm zugedachten kirchlichen Würden dankte und um eine passende Stelle im Heere bat, da wurde sein Ansuchen schonungslos und in einer Art zurückgewiesen, daß all der lang verhaltene Groll, all die mühsam zurückgedrängte Erinnerung an die ersten Jugendeindrücke, an die zweimalige Verbannung des Vaters, an die schmerzerfüllten Worte der Mutter über die ihr zugefügten Mißhandlungen, daß all diese Gefühle mächtig hervorbrachen in der Seele des Jünglings. Er soll geschworen haben, Frankreich zu verlassen und niemals dahin zurückzukehren, außer mit den Waffen in der Hand. Gewiß ist, daß Eugen, er mag einen solchen Schwur geleistet haben oder nicht, doch unverrückt in diesem Geiste handelte. Seine Abneigung gegen das französische Königshaus schlug so tiefe Wurzel in ihm, daß er dasselbe noch fünfzig Jahre später in seinen Briefen an König Karl Emanuel III. von Sardinien wiederholt als den ärgsten und gefährlichsten Feind des Hauses Savoyen bezeichnete [12]).

Gleiche Motive wie sie Eugen leiteten, und gleiche Weigerung der Aufnahme in das französische Heer mögen wohl auch schon früher Eugens ältere Brüder Ludwig Julius, welcher der Chevalier de Savoye genannt wurde, und Emanuel Philibert Grafen von Dreux bewogen haben, Frankreich zu verlassen und in Savoyen Kriegsdienste zu suchen. Der Graf von Dreux aber war bald, schon im Jahre 1676, gestorben. Ludwig Julius, wenn gleich zum Gouverneur der Stadt und Provinz Saluzzo ernannt, sehnte sich doch nach einem größeren Schauplatze der Thätigkeit, und kurz vor dem Ausbruche des Türkenkrieges trat er in den Dienst des Kaisers über. Das ungemein freundliche Entgegenkommen, welches dieser Prinz am Wiener Hofe gefunden hatte, und die bald erfolgte Verleihung eines Regimentes an denselben ließen auch dem jüngeren Bruder die Wahl, wohin er sich wenden sollte, nicht schwer fallen. Er schlug den gleichen Weg ein, welchen sein Bruder genommen hatte. Dieser Entschluß war entscheidend, für das Schicksal Eugens nicht bloß, denn er war der erste Schritt auf der Bahn, die ihn auf die höchsten Stufen irdischen Ruhmes empor führen sollte, er war entscheidend für das Reich, das er verließ, und mehr noch für die Länder, denen er sich zuwandte und deren Dienste er nun ein langes, reiches Leben widmete voll Ehre und Glück. Wer kann sagen, wie die Geschicke Europa's sich gewendet hätten, wenn der Prinz, wie es leicht hätte geschehen können und wie es einige Jahre später wirklich versucht worden zu sein scheint, sich nach Spanien statt nach Oesterreich begeben, wenn er niemals gegen die Türken gestritten, wenn er im spanischen Successionskriege für Philipp von Anjou statt gegen denselben gekämpft hätte, wenn er für Frankreich statt wider dasselbe im Felde gestanden wäre? Wie dem aber auch sei, Deutschland, Oesterreich insbesondere, können sich jetzt noch nur Glück wünschen, daß Eugen den Entschluß ausführte, den er damals faßte, und es kann nur mit Befriedigung erfüllen, daß er auf deutscher Erde, in der alten Kaiserstadt ein freundliches Willkommen fand, und so seine Seele gleich Anfangs mit gewinnenden Eindrücken erfüllt wurde.

Es ist kaum zu bezweifeln, daß die äußere Erscheinung, die Art und Weise des Prinzen, der Ernst, welcher trotz seiner großen Jugend sein ganzes Wesen erfüllte, seine gründliche Verachtung und Beiseitesetzung jeglichen Modetandes und Flitterwerkes ebenso sehr den Kaiser Leopold I. anzogen, als diese Eigenschaften dem Prinzen am Hofe von Versailles geschadet hatten. Dieses Wohlgefallen sprach sich in dem Empfange aus, welcher Eugen vom Kaiser bereitet wurde.

Zwar konnte Leopold noch nicht ahnen, welche köstliche Erwerbung er an dem jungen Manne machte, der in so schlichter Weise vor ihm stand und die Dienste seines jungfräulichen Schwertes anbot. Doch fühlte er, vielleicht durch die Aehnlichkeit ihres beiderseitigen Schicksals angezogen — denn Leopold war gleichfalls in seiner Jugend zum geistlichen Stande bestimmt gewesen — bald eine solche Sympathie für den Prinzen, daß er ihm seine wärmste Zuneigung schenkte, die er ihm niemals entzog, sondern sie vielmehr zu wahrer Vaterliebe steigerte.

Es war aber gewiß nicht allein persönliche Sympathie, auch nicht die Genugthuung, junge und geistvolle Prinzen aus dem Hoflager von Versailles, das ja damals noch für die vornehmste Stätte raffinirten Genusses galt, in das seinige übergehen zu sehen, es waren noch wichtigere, entscheidendere Gründe, die den Kaiser Leopold zu einer solchen Handlungsweise gegen Eugen bestimmten. Es konnte dem Kaiser nur hoch willkommen sein, wenn die Prinzen, welche in so naher Verwandtschaft standen zu dem schon zu jener Zeit mächtigen Herzoge von Savoyen, seinen Fahnen zu folgen sich drängten. Der Friede mit Frankreich war noch nicht von so langer Dauer und erschien nicht so gesichert, daß es nicht erwünscht gewesen wäre, in den Reihen des kaiserlichen Heeres Fürsten zu besitzen, welche im Falle eines Wiederausbruches des Krieges mit Frankreich einen nicht gering anzuschlagenden Einfluß auf die Entschlüsse des Herzogs von Savoyen ausüben konnten. Das nächste und dringlichste Motiv aber lag in der nahe und furchtbar drohenden Türken=

gefahr, und in einer Zeit solcher Bedrängniß, wie sie damals über die österreichischen Erbländer hereinzubrechen drohte, war jede wackere Klinge, die freiwillig sich anbot zum blutigen Kampfspiel, ein wahrer und freudig begrüßter Gewinn.

Der zwanzigjährige Waffenstillstand, welchen der Kaiser nach der Schlacht von St. Gotthard mit der Pforte abgeschlossen hatte, nahte seinem Ende. Leider hatte in diesem Zeitraume der Wiener Hof sich den Grundsatz nicht vor Augen gehalten, daß, wer den Frieden haben wolle, sich zum Kriege bereiten solle. Das kaiserliche Heer war gering an Zahl, nur unvollkommen ausgerüstet. Die Festungen in Ungarn waren ver-fallen, das Land selbst von Tökölÿ und seinen Anhängern in Gährung, ja in theilweisen Aufstand versetzt. Die Pforte war zu gut von diesen Zuständen unterrichtet, als daß sie nicht hätte hoffen sollen, in einem neuen Kriege würde nicht nur die Scharte von St. Gotthard ausge-wetzt, sondern die osmanische Herrschaft über ganz Ungarn, wenn nicht sogar über einen Theil der deutschen Länder des Hauses Oesterreich ausgedehnt werden.

Oft schon ist die Fahrlässigkeit beklagt worden, mit welcher der kaiserliche Hof es damals verabsäumte, wenigstens einige Kriegsanstalten in Ungarn zur Abwehr der Osmanen zu treffen. Die venetianischen Gesandtschaftsberichte, welchen die Geschichte so reiche Aufklärung ver-dankt, liefern auch den Schlüssel zu diesem Räthsel. Bekannt ist der ungemeine Einfluß, welchen insbesondere in der ersten Hälfte der Regie-rungszeit Leopolds I. die spanische Linie des Hauses Habsburg auf den Kaiserhof ausübte. Der spanische Botschafter zu Wien, Marquis Borgo-manero, war das Werkzeug, durch welchen dieser Einfluß gehandhabt wurde. Er stand damals schon in hohem Alter, und besaß eine reiche Erfahrung, die er durch langjährige Verwendung in den verschiedensten Staatsgeschäften sich erworben hatte [13]). Seine emsigste Sorge war, den Kaiser von einem Zusammenstoße mit den Türken abzuhalten, und alle Kräfte des deutschen Zweiges des Hauses Oesterreich gegen Frank-reich verfügbar zu machen. Durch den Präsidenten des Hofkriegsrathes, Markgraf Hermann von Baden, welcher blindlings den Eingebungen des Botschafters folgte, wußte dieser seine Ansicht zur Geltung zu bringen [14]). Durch ihn vermochte er den Kaiserhof, die Rüstungen in Ungarn zu

vernachläſſigen, um die Türken nicht zu Feindſeligkeiten zu reizen. Bor=
gomanero's Einfluß war es vorzugsweiſe, der die Sendung des Grafen
Albrecht Caprara nach Conſtantinopel veranlaßt hatte, um den drohenden
Sturm zu beſchwören. Die Verhandlungen des Grafen waren jedoch reſul=
tatlos geblieben. Der Sultan erklärte dem Kaiſer den Krieg. Er ſelbſt ging
nach Belgrad und der Großweſir Kara Muſtafa führte das türkiſche Heer
durch Ungarn gegen Wien.

Hier glaubte man noch immer nicht, daß es auf das Herz des Reiches,
auf die Hauptſtadt ſelbſt abgeſehen ſein könne. Schon als der Groß=
weſir Ungarn durchzogen hatte und die leichten Scharen deſſelben plün=
dernd nach Oeſterreich ſtreiften, verſicherten der ſpaniſche Botſchafter und
Alle, die es mit ihm hielten, daß es ſich um kein Unternehmen gegen
Wien handle. Man könne ja doch, ſo ſagten ſie, das Land nicht verwüſten,
in dem man ſich feſtſetzen wolle. Aber nur zu bald ſollte die Grundloſigkeit
dieſer Anſicht in erſchreckender Weiſe ſich zeigen.

Nur klein war die Zahl der Truppen, welche der Kaiſer unter der
Führung des Herzogs Karl von Lothringen dem zahlloſen Türkenheere
entgegen zu ſtellen hatte. Nicht mehr als 35.000 Mann konnten auf
der Ebene von Kittſee verſammelt werden; unter ihnen befand ſich Prinz
Ludwig Julius von Savoyen an der Spitze des ihm verliehenen Dragoner=
Regimentes. An der Raab wählte der Herzog eine Stellung, um die
Ueberfluthung des Landes durch die feindlichen Scharen doch einiger
Maßen zu hindern und für die Vollendung der Befeſtigungswerke von
Wien Zeit zu gewinnen. Da aber der Großweſir unmittelbar gegen die
Leitha vordrang, mußte der Herzog ſeine Stellung aufgeben, um nicht
von Oeſterreich abgeſchnitten zu werden. Er ſandte daher ſein Fußvolk
am linken Ufer der Donau nach Wien, während er ſelbſt mit der Reiterei
am rechten Stromufer gegen Hainburg heraufzog. Der Markgraf Ludwig
von Baden deckte mit dem Dragoner=Regimente Savoyen den Rückzug.

Bei Petronell war es, am 7. Juli 1683, wo der Herzog von Loth=
ringen ſelbſt plötzlich von der Vorhut des osmaniſchen Heeres mit raſendem
Ungeſtüm angegriffen wurde. Hier ſah der neunzehnjährige Eugen zum
erſtenmale den Feind, hier, im wilden Reitergetümmel, erprobte ſich zum
erſtenmale ſeine jugendliche Tapferkeit. Des Herzogs Unerſchrockenheit und
ſeinen weiſen Anordnungen gelang es zwar den Feind zurückzuwerfen. Aber

ein Opfer hatte dieser Tag gefordert, das theuerste für Eugen, denn sein Bruder, welchem er nach Oesterreich gefolgt war, der nächste, fast der einzige Freund, den er damals im fremden Lande besaß, hatte in dem Gefechte lebensgefährliche Verwundungen erlitten. Als er an der Spitze seiner Reiter den fliehenden Tartaren nachjagte, überschlug sich sein Pferd, vielleicht von einem zurückgesendeten Pfeile getroffen, und der Sattelknopf stieß mit solcher Gewalt gegen die Brust des Prinzen, daß er ohne Bewußtsein liegen blieb. Seine eigenen Leute sollen über ihn hingeritten und er von den Hufen der Pferde gräßlich verletzt worden sein. Aber dennoch lebte er noch und starb erst am sechsten Tage nach dem unglücklichen Ereignisse in Wien.

So lernte Eugen den Krieg gleich Anfangs von seiner schrecklichsten Seite kennen. Ihm gegenüber ein zehnfach überlegener Feind, der in rohester, unmenschlichster Weise kämpfte, unerhörte Grausamkeit gegen Verwundete und Gefangene übend, seinen Zug mit wilder Verwüstung des Landes, mit jeglicher Schandthat gegen die wehrlosen Einwohner bezeichnend. Und ungleich schmerzlicher noch als dieß Alles traf Eugen das plötzliche Ende seines geliebten Bruders, der in der Blüthe der Jahre, im Beginn einer glänzenden Laufbahn, nicht einmal den Waffen des Feindes, sondern einem unglücklichen Zufall zum Opfer fiel.

Mußte gleich dieß Ereigniß das Gemüth des Prinzen auf's tiefste erschüttern, so konnte es ihn doch in dem festen Vorsatze nicht wankend machen, sich fortan der kriegerischen Laufbahn zu widmen. Eugen folgte dem Herzoge von Lothringen nach Wien, und es kann mit großer Wahrscheinlichkeit angenommen werden, daß er dabei war, als sein Vetter, der Markgraf Ludwig von Baden, mit dem nun verwaisten Dragoner=Regimente Savoyen am 13. Juli eine Abtheilung türkischer Truppen in den Vorstädten Wiens, wo sie plötzlich eingedrungen waren und in wahrhaft barbarischer Weise hausten, mit dem Säbel in der Faust überfiel, eine beträchtliche Zahl derselben niedermachte und die übrigen, zwar freilich nur für kurze Zeit, versprengte.

Anfangs in der Leopoldstadt und den nahe liegenden Donau=Inseln postirt, wurde der Herzog von Lothringen nach einem blutigen Gefechte von den Türken gezwungen, die Inseln zu räumen. Bei Jedlersee, unfern des Bisamberges, bezog er ein Lager. Die Umschließung Wiens durch das osmanische Heer war nun vollendet, und die Stadt mußte für einige Zeit sich selbst, dem Muthe und der Ausdauer ihrer Vertheidiger überlassen bleiben.

Während die deutschen und die polnischen Hülfsvölker heranzogen, mit denen vereint man den Entsatz von Wien zu bewerkstelligen beabsichtigte, blieb der Herzog von Lothringen nicht müßig im Marchfelde stehen. Am 29. Juli entsetzte er Preßburg, schlug die Nachhut der Feinde und seine braven Reiter machten große Beute. Auch hier that wieder Prinz Ludwig von Baden mit den Dragonern das beste, und es kann wohl angenommen werden, daß Eugen, der wie es scheint, während des ganzen Feldzuges dem Markgrafen beigegeben war, Zeuge und Mitkämpfer bei dieser Begebenheit gewesen ist [15]).

Nachdem er durch ein siegreiches Treffen bei Raasdorf noch einmal das Marchfeld von den plündernden Scharen der Türken und ungarischen Insurgenten gereinigt hatte, wandte sich der Herzog von Lothringen nach Hollabrunn. Hier war am 30. August der edle Polenkönig Johann Sobieski mit einem Heere von 26,000 Mann eingetroffen. Der kühne Entschluß, der rasche Anmarsch des Königs können nie genug gelobt werden. Doch irren diejenigen völlig, welche darin einzig und allein eine großmüthige Selbstaufopferung zum Besten des christlichen Glaubens erblicken. Es war nicht bloß schnelle Bereitwilligkeit zur Abwehr des gemeinsamen Feindes, welche König Johann zu so rascher Hülfeleistung bewogen hatte. Er hatte nichts geringeres im Sinne, als durch den großen Dienst auch den reichsten Lohn sich zu erringen. Er hatte schon seit lange getrachtet, des Kaisers erstgeborne Tochter, die Erzherzogin Antonia, die schon damals von vielen als die Erbin der sämmtlichen spanischen Reiche angesehen wurde, seinem ältesten Sohne Jakob zur Gemahlin zu erwerben [16]). Der päpstliche Nuntius Bonvisi war es, ein Mann von seltenen Talenten und von glühendem Eifer für das Wohl der Christenheit [17]), welcher in dieser Sache als Anwalt Sobieski's zu Wien auftrat. Aber Kaiser Leopold zeigte sich, wie es wohl nur natürlich war, einem solchen Plane durchaus nicht geneigt. Er wußte, daß der König von Polen völlig von seiner Gemahlin, einer Französin von wenig vornehmer Herkunft geleitet wurde. Sobieski's frühere Hinneigung zu Frankreich war dem Kaiser nicht unbekannt. Mehr bedurfte es nicht, um bei Leopolds feindseliger Stimmung wider Frankreich

auch den Funken des Mißtrauens gegen Sobieski in seiner Seele zu
erwecken. Hiezu kam noch, daß der König sich von Verbindungen mit den
ungarischen Insurgenten nicht immer frei gehalten hatte. Diese Umstände,
insbesondere aber die Ungewißheit, ob dem Wahlkönige von Polen auch
sein Sohn auf dem Throne folgen werde, ließen Jakob Sobieski in den
Augen des Kaisers als einen wenig passenden Bräutigam für die Erzherzogin erscheinen.

Es begreift sich, daß Leopold sich zweimal besann, bevor er auf einen
solchen Antrag einging. Für jetzt aber handelte es sich nicht um Staatsgeschäfte, nicht um Heirathen, sondern um das blutige Kampfspiel der
Waffen. Wie später ihre größeren Nachfolger Eugen und Marlborough, so
gaben jetzt die beiden berühmten Kriegsfürsten König Johann und Karl
von Lothringen ein schönes Beispiel eifersuchtsloses Zusammenwirkens zu
einem großen Zwecke. Zu Tuln erfolgte die Vereinigung mit den schon
früher bei Krems eingetroffenen deutschen Hülfstruppen, und am 12. September wurde die Entsatzschlacht geschlagen, in welcher Eugen von Savoyen
sich wieder bei dem Markgrafen Ludwig auf dem linken Flügel der kaiserlichen Armee befand. Diese Heeresabtheilung stand unter dem unmittelbaren Befehle des Herzogs Karl von Lothringen. Sie drang die steilen
Abhänge des Leopoldsberges gegen Nußdorf hinab, dann längs des Ufers
der Donau gegen den Feind vor. Mit drei Bataillonen Fußvolk und einem
Dragoner-Regimente erreichte Markgraf Ludwig zuerst das Schottenthor.
Hier vereinigte sich ihm Rüdiger Starhemberg zu einem mächtigen Ausfalle auf die noch in den Laufgräben verschanzten Feinde und das ganze
Belagerungsgeschütz fiel in die Hände der Sieger.

Es begreift sich leicht, daß die Rettung Wiens in der damaligen Zeit
wie ein Wunder angesehen und gepriesen wurde. Und wunderbar war es
in der That, daß die schwer bedrängte Stadt sich noch bis zur Ankunft des
Entsatzheeres hatte halten können. Wie die erstaunten Feldherrn erst jetzt
wahrnahmen, waren die Türken bereits im Besitze der stärksten Basteien
und nur wenige Pallisaden trennten sie von dem Inneren der Stadt. Daß
Kara Mustafa dieselbe nicht schon vor dem Eintreffen der Befreier durch
einen allgemeinen Sturm wegnahm, davon ist die Ursache in nichts
anderem als in seiner unbegrenzten Habsucht zu finden. Denn noch bis zu
dem letzten Augenblicke hoffte er die Stadt durch Vertrag in seine Gewalt

zu bekommen und sich so der Schätze zu bemächtigen, die er in derselben zu finden meinte. Bei einem Sturme hingegen wären alle diese Reichthümer nur die Beute seiner zügellosen Banden geworden [18]). Aber das Kriegsglück entschied wider den Großwesir und er sollte nicht nur keine fremden Schätze gewinnen, sondern er mußte fliehend die eigenen dem Feinde überlassen.

Es ist kein Zweifel, daß das Zusammentreffen so zahlreicher kriegerischer Berühmtheiten, wie sie damals vor Wien sich eingefunden, auf die Entfaltung der militärischen Talente Eugens mächtigen Einfluß üben mußte. Die wahrhaft französische Bravour König Johanns, in seltsamer Weise gepaart mit seiner etwas regellosen sarmatischen Kampfesweise, bildete einen merkwürdigen Gegensatz zu der bescheidenen, durch ihre Einfachheit aber um so mehr imponirenden Persönlichkeit des Herzogs von Lothringen, in welchem wieder die echt deutsche Art der Kriegführung zu ihrer edelsten Ausbildung gelangt zu sein schien. Der stürmische, oft unbesonnene Muth des Kurfürsten Maximilian Emanuel von Baiern, die nicht geringere Tapferkeit, aber weit höhere militärische Begabung des Markgrafen Ludwig von Baden vollendeten das reiche Bild, in welchem die Fürsten sich von einem Kranze der ausgezeichnetsten und verdientesten Kriegsobersten in würdiger Weise umgeben sahen. Eine nutzbringendere Schule konnte es für ein aufstrebendes Feldherrntalent wie das Eugens nicht geben. Man weiß, in welcher überraschenden Weise dasselbe sich entwickelte.

Fünf Tage nach dem Entsatze Wiens folgte das Heer der Verbündeten den auf der Flucht begriffenen Feinden nach Ungarn. Die Schlappe, welche die polnische Reiterei am 7. Oktober bei Parkan erlitt, wurde zwei Tage darauf durch die vereinigte Armee blutig gerächt. Der Markgraf Ludwig, der in dem Treffen den rechten Flügel der kaiserlichen Reiterei befehligt hatte, nahm Parkan mit Sturm. Gran ergab sich, und hiemit endigte die ruhmreiche Campagne des Jahres 1683, Eugens erster Feldzug. Als Anerkennung der kriegerischen Eigenschaften, welche er bei so manchem Anlasse an den Tag gelegt hatte, und um ihn noch fester an den Dienst des Kaiserhauses zu fesseln, versprach Leopold I. dem zwanzigjährigen Prinzen das erste in Erledigung kommende Regiment. Schon wenige Wochen nachher, am 12. Dezember 1683 löste der Kaiser sein Wort, indem er Eugen zum Obersten des Dragoner-Regiments Kuefstein ernannte. Es ist dasselbe, welches Eugen während seiner langdauernden Laufbahn beibehielt, dem stets seine regste Sorgfalt gewidmet war [19]) und aus dem er ein wahres Muster für die übrigen kaiserlichen Cavallerie-Regimenter zu machen sich bestrebte.

Die Beförderung, welche dem jungen Obersten von Seite des Kaisers zu Theil wurde, mußte ihm nicht nur als ehrende Auszeichnung, sondern auch noch aus einem anderen Gesichtspunkte erwünscht sein. Denn sie verbesserte nicht unwesentlich seine Lage, welche in Bezug auf Geldverhältnisse eine äußerst mißliche war. Aus Frankreich war der Prinz, Dank dem Benehmen des Königs Ludwig gegen das Haus Soissons, mit nichts als drückenden Schulden belastet nach Oesterreich gekommen [20]). Aber auch jetzt war Eugen noch durchaus nicht aus allen Geldverlegenheiten gerissen. Ein kaiserliches Regiment zu besitzen, galt zwar damals für eine einträgliche Sache, und man sagte, ein Regiments-Inhaber gleiche dem Besitzer eines Marquisates und ein österreichisches Generalat werfe mehr ab als ein italienisches Herzogthum [21]). Die mit dem Posten eines Obersten verbundenen Einkünfte wurden auf zehn bis zwölftausend Gulden jährlich veranschlagt. Aber sie flossen meist aus der dem Obersten zustehenden Besetzung der Offiziersstellen. Sie gingen daher nicht regelmäßig ein und konnten insbesondere im Anfange den Prinzen nicht vor Geldverlegenheiten schützen. Von seinen nächsten Angehörigen durfte er auf keine Zubuße hoffen. Mutter und Brüder, von König Ludwig XIV. ihres reichen Erbes beraubt, hatten ihm nichts zu geben. Von allen Seiten verlassen [22]), hatte sich Eugen an den Chef seines Hauses, den Herzog Victor Amadeus von Savoyen wenden und ihn „der für alle die Seinen so voll Güte sei," bitten müssen, „ihn in diesem fremden Lande nicht zu vergessen."

Der Herzog, voll warmer Theilnahme für die edlen Bestrebungen seines jugendlichen Vetters, scheint demselben stets Freigebigkeit bewiesen zu haben. Wenigstens sind die Schreiben, welche Eugen in dieser Zeit an Victor Amadeus richtete, mit den lebhaftesten Dankesbezeigungen erfüllt [23]).

Zweites Capitel.

Für den Feldzug des Jahres 1684 wurde der Prinz bestimmt, mit seinem Regimente neuerdings gegen die Ungläubigen zu dienen. In der Schlachtordnung findet sich sein Platz im linken Flügel der kaiserlichen Reiterei, welchen der General der Cavallerie Fürst Salm befehligte. Am 13. Juni ging der Herzog von Lothringen mit dem Heere über die Schiffbrücke bei Gran. Fünf Tage später fiel Wissegrad. Leider wurde wie im verflossenen Jahre Sobieski bei Parkan, so jetzt der kaiserliche General Hallwyl bei Gran von überlegener türkischer Reiterei angegriffen. Hallwyl selbst fiel, nicht wenige der Seinigen mit ihm. Ludwig von Baden, der mit den Dragoner-Regimentern Heißler und Eugen von Savoyen zur Hülfe herbeigesendet wurde, kam trotz der größten Eile dennoch zu spät. Die Türken hatten bereits den Rückzug nach Ofen angetreten.

Dieser Unfall wurde durch den Sieg bei Waitzen mehr als gerächt, in Folge dessen diese Stadt sich dem kaiserlichen Heere ergab. Der Herzog überschritt nun die Donau und bezog ein Lager bei St. Andrä, wo er einen neuen Angriff der Feinde zu bestehen hatte und dieselben mit blutigen Köpfen zurückwies. Das Regiment Savoyen soll sie zuerst in Unordnung gebracht und Eugen selbst so wohl manövrirt und so viel kaltblütige Tapferkeit gezeigt haben, daß die Türken nach bedeutenden Verlusten die Flucht ergriffen.

Am 14. Juli traf der Herzog von Lothringen vor Ofen ein. Unverzüglich wurde an den Beginn der Belagerung geschritten. Am 22. Juli schlug der Herzog das zum Entsatze herbeiziehende Heer des Seriaskers aufs Haupt. Unter des Markgrafen von Baden unmittelbarer Führung verfolgte Eugen über eine Meile weit den Feind und wirkte zur Wegnahme seiner Kanonen mit [1]. Trotz dieses Vortheiles aber, trotz des Eifers und des Nachdruckes, mit welchem die Belagerung betrieben wurde, scheiterte dieselbe dennoch zunächst an der tapferen Vertheidigung der türkischen Besatzung und außerdem noch an manchen anderen Ursachen, von denen die große Uneinigkeit zwischen den kaiserlichen Heerführern sicherlich nicht die geringste war.

In vollem Umfange war die Voraussicht Rüdiger Starhembergs bestätigt worden, der schon von Anfang an die Belagerung Ofens widerrathen hatte. Vorerst müsse Neuhäusel wieder erobert sein, so lautete Starhembergs Gutachten, und erst dann, wenn dieser Platz und der von demselben beherrschte Landstrich der Botmäßigkeit des Kaisers unterworfen sein würde, könne mit Aussicht auf günstigen Erfolg an eine Unternehmung wider Ofen geschritten werden.

Leider mußte diese Erfahrung mit ungeheuren Verlusten an Mannschaft und an Kriegsgeräthe jeder Art erkauft werden²). Um so sonderbarer nimmt es sich aber aus, daß nun die Schuld des Mißlingens demjenigen in die Schuhe geschoben wurde, der allein von der Belagerung abgerathen hatte. Wirklich brachten Rüdiger Starhembergs Gegner es dahin, daß er, von dessen Ruhm noch ein Jahr zuvor ganz Europa erfüllt war, nun im nächsten Feldzuge gar nicht verwendet wurde.

Eugens Regiment kam nach Schlesien in die Winterquartiere. Er selbst begab sich nach Wien³), wo nun die angestrengteste Thätigkeit herrschte, um die kaiserliche Kriegsmacht in den Stand zu setzen, die unglücklichen Ereignisse des vergangenen Feldzuges vergessen zu machen und die vor zwei Jahren begonnene Wiedereroberung von Ungarn fortzusetzen.

Der Nachdruck, mit dem der Kaiserhof seine Kriegsrüstungen betrieb, steigerte noch die Sympathie, welche ihm die tapfere Bekämpfung der Ungläubigen in ganz Europa gewonnen hatte. Die Unglücksfälle des vorigen Jahres hatten diesen Antheil nicht zu schmälern vermocht. Sie hatten ihn wo möglich noch mehr geweckt. Das überzeugendste Beispiel davon gibt das Benehmen einer Anzahl junger Männer aus den ersten Familien Frankreichs. Obgleich es ihnen kein Geheimniß war, wie König Ludwig XIV., wenn er sich auch nicht offen für die Glaubensfeinde auszusprechen wagte, doch jeden Vortheil den die kaiserlichen Waffen errangen, mit scheelem Auge, jede Schlappe die sie erlitten, mit Schadenfreude betrachtete, so wagten sie es dennoch ihre Arme der Sache des Kaisers als derjenigen der ganzen Christenheit zu weihen. Schon waren die Prinzen Commercy und Vaudemont, beide dem Hause Lothringen entstammt, Eugens Beispiele gefolgt und mit der Absicht nach Oesterreich gegangen, ganz in kaiserliche Dienste zu treten. Ihre Entfernung berührte indessen den König von Frankreich weniger und war auch leicht erklärlich, da der erlauchte Chef ihres Hauses, Herzog Karl, das kaiserliche Heer befehligte. Aber ein lebhaftes Aufsehen erregte es am französischen Hofe, als zuerst der junge Turenne aus dem Hause Bouillon den König um die Erlaubniß bat, sich nach Polen begeben zu dürfen, um in dem dortigen Heere dem Kriege gegen die Türken beizuwohnen. Turenne war Eugens Vetter, denn seine Mutter war die schöne Hortense Mancini, Mazarins jüngste Nichte. Kaum hatte Turenne des Königs Einwilligung erhalten, so eilte der junge Prinz Conti zu ihm, um für sich und seinen Bruder, den Prinzen de la Roche sur Yon die gleiche Erlaubniß zu erwirken. Auch sie waren Eugens Vettern durch ihre Mutter, eine geborne Martinozzi. Die Herren de Brionne, de Liancourt, der Herzog de la Roche Guyon, des Kriegsministers Louvois Schwiegersohn, und viele Andere thaten deßgleichen. Die ganze Jugend am Hofe bereitete sich, ihnen zu folgen. Der König aber, aufgebracht über diesen Wetteifer unter seinem jungen Adel, erklärte nur den beiden Prinzen Conti und dem jungen Turenne die erbetene Bewilligung ertheilen zu wollen. Später erhielt noch Blanchefort, zweiter Sohn des Marschalls Crequi, die gleiche Erlaubniß. Die Prinzen beeilten sich, ihre Abreise anzutreten. Ohne von irgend Jemand, selbst nicht vom Könige Abschied zu nehmen, verließen sie den Hof. Sie glaubten, wenn sie nur einen Tag länger verweilten, würde die ihnen gegebene Bewilligung noch widerrufen werden [4]).

In Augsburg trafen die Prinzen mit dem in ungefähr gleichem Alter stehenden Kurfürsten Max Emanuel zusammen. Dieser bedurfte wohl eben keiner großen Ueberredungsgabe, um die jungen kampflustigen Franzosen zu bewegen, sich lieber mit ihm nach Ungarn, auf den Hauptschauplatz des Krieges zu begeben, als in Polen einem wahrscheinlich ereignißlosen Feldzuge beizuwohnen. Unbekümmert um König Ludwigs Zorn gingen die Prinzen nach Wien und das Wiedersehen der theuren Verwandten und Jugendfreunde in dem für ihn noch fremden Lande kann für Eugen nur ein erfreuliches Ereigniß gewesen sein.

Um den Kurfürsten von Baiern und den Markgrafen Ludwig von Baden gruppirte sich dieser aus thatenlustigen Jünglingen zusammengesetzte Kreis. Die erregte Stimmung desselben machte sich einstweilen in zahl-

reichen, meist boshaften Scherzen über Ludwig XIV., über Frau von
Maintenon und das Versailler Hofleben Luft. Diesem waren ja auch die
beiden deutschen Fürsten nicht fremd, denn die Schwester des Kurfürsten,
Gemalin des Dauphins, und die Mutter des Markgrafen lebten beständig
am französischen Hofe. Die Prinzen waren sogar so unvorsichtig, in
diesem Tone an ihre in Paris zurückgebliebenen Freunde zu schreiben. Die
Antworten derselben lauteten in gleichem Sinne. Ludwig XIV., immer voll
Mißtrauen und Verdacht, ließ den mit den Briefschaften zurückkehrenden
Courier im Elsaß anhalten. Die Rache, die er an den muthwilligen Brief=
schreibern nahm, war eine solche, wie sie nur von Jemanden erwartet
werden kann, dem eine Verletzung seiner Eitelkeit als das höchste Verbrechen
gilt. So wurde der am strafbarsten befundene Liancourt in die Citadelle
von Oleron geworfen, in einem Einzelgefängnisse gehalten und dort mehrere
Jahre hindurch mit größter Härte bewacht. Endlich verwandelte der König
seine Strafe in ein langdauerndes Exil. Was die außer Landes Verweilen=
den betraf, so waren ihnen schon früher ihre Regimenter weggenommen
worden. Obgleich sie nach ihrer Rückkehr sich jeder Demüthigung unter=
warfen, so vermochten sie trotz anscheinender Verzeihung niemals die Gnade
und das Wohlwollen des Königs wieder zu erlangen.

Es begreift sich, daß diese Ereignisse nicht dazu beitragen konnten, in
Eugen die Lust zu erwecken, in sein Vaterland zurückzukehren und sich von
Neuem unter die Botmäßigkeit eines Königs zu begeben, der eine ihm
widerfahrene persönliche Verletzung härter ahndete als das verdammungs=
würdigste Verbrechen.

Allen Anfeindungen zum Trotz, welche der Feldmarschall Rüdiger
Starhemberg zu erdulden gehabt hatte, war doch der ursprünglich von ihm
ausgedachte Plan adoptirt worden, sich zuerst Neuhäusels zu bemächtigen,
bevor an weitere Eroberungen in Ungarn geschritten werden könne. Der neu
ernannte Generalkriegscommissär Graf Rabatta, ein Mann von unermü=
deter Thätigkeit⁵), hatte, gewitzigt durch die Unglücksfälle des vergangenen
Jahres, alle Bedürfnisse für das Heer in ausreichender Menge herbei=
geschafft. Am 16. Juli 1685 wurde die Belagerung begonnen und mit
allem Nachdrucke bis zum 6. August fortgesetzt. An diesem Tage aber faßte
man in vollem Kriegsrathe den Beschluß, die Hauptarmee solle das von
den Türken schwer bedrängte Gran zu befreien suchen, Feldmarschall Graf

Caprara aber mit einem angemeſſenen Corps zur Fortſetzung der Belagerung vor Neuhäuſel zurückbleiben.

Am 16. Auguſt erfocht der Herzog von Lothringen den glänzenden
Sieg bei Gran über das türkiſche Heer. Der Prinz von Savoyen war mit
ſeinem Regimente im zweiten Treffen. In dem Schlachtberichte geſchieht
der wackeren Thaten des Regimentes mehrmals ehrende Erwähnung.

Drei Tage darauf nahm Graf Caprara Neuhäuſel mit Sturm. So
kam dieſer einſt ſo feſte, nun aber offene Platz, damals der äußerſte Grenz-
ſtein osmaniſcher Herrſchaft in Ungarn, wieder unter kaiſerliche Botmäßigkeit.

Nach geendigtem Feldzuge begab ſich die Mehrzahl der kaiſerlichen
Generale und Kriegsoberſten nach Wien. Wie im Felde ſo auch am Hofe
hielt ſich Eugen meiſt zu dem ihm nahe verwandten Markgrafen Ludwig
von Baden. Die Mutter des Letzteren war Louiſe Chriſtiane, geborne
Prinzeſſin von Savoyen Carignan, die Schweſter von Eugens Vater.
Mehr aber noch als durch dieſes Band der Verwandtſchaft fühlten die
beiden Prinzen ſich durch gemeinſames Streben, durch zuſammen vollbrachte Waffenthaten zu einander gezogen. Eugen ehrte in dem Markgrafen
den älteren und erprobteren Führer, von dem zu lernen er ſich zur Ehre
ſchätzte. Der Markgraf aber erkannte frühzeitig die hohen kriegeriſchen
Gaben, die in Eugen nur geweckt zu werden brauchten und er ſoll ihn dem
Kaiſer Leopold I. mit den Worten vorgeſtellt haben: „Dieſer junge
Savoyarde wird mit der Zeit alle diejenigen erreichen, welche die Welt
jetzt als große Feldherrn betrachtet." Der Kaiſer bezeigte dem Prinzen ſein
Wohlwollen und ſeine Anerkennung der geleiſteten Dienſte durch deſſen
Ernennung zum Generalfeldwachtmeiſter.

So zuvorkommend indeß Eugen auch am Wiener Hofe aufgenommen
worden war und ſo reichliche Anerkennung ſeine Leiſtungen daſelbſt gefunden
hatten, ſo ſcheint es doch, daß ihm zu jener Zeit der Gedanke nicht fern
gelegen ſei, in ſpaniſche Dienſte zu treten. Die Verbindung der beiden
Zweige des Hauſes Oeſterreich war damals eine ſo innige, daß Eugen
denken mochte, auch dort für das Intereſſe des Kaiſerhauſes wirkſam ſein
zu können. Mehr Antheil noch als dieſe Betrachtung ſcheint an dem Vorſatze
die Mutter des Prinzen gehabt zu haben. Seit ihrer Verbannung aus Frankreich in Brüſſel lebend, hätte ſie wahrſcheinlich ihren Sohn, den einzigen für

ben sie eine große Zukunft hoffte, lieber dort, als in den ihr entfernt liegen-
den und fremden österreichischen Ländern in angesehener Stellung erblickt.
Auch der spanische Botschafter zu Wien, Marquis Borgomanero, mit welchem
Eugen in freundschaftlichen Verhältnissen stand [6]), und der vielleicht den
Prinzen für Spanien gewinnen wollte, mag zu diesem Entschlusse beige-
tragen haben.

Ob Eugen selbst etwas, und was er etwa am spanischen Hofe gesucht
haben mag, als er im Frühlinge des Jahres 1686 seine Mutter nach
Madrid begleitete, darüber sind die Andeutungen so unklar, daß ein
bestimmtes Urtheil sich nicht bilden läßt. Er selbst schreibt dem Herzoge
von Savoyen nur, daß er seine Mutter, die sich in Privatangelegenheiten
nach Madrid begebe, dorthin zu führen versprochen habe [7]). Worin diese
Privatangelegenheiten bestanden haben, wird nirgends gesagt und nur der
kaiserliche Botschafter Graf Mansfeld versichert seinen Monarchen, daß die
Gräfin sich um eine Pension in Bewerbung gesetzt habe. Gewiß ist nur, daß
sie in Madrid mit großen Ehrenbezeigungen aufgenommen, Eugen aber
vom Könige als Grande von Spanien erster Klasse behandelt wurde. Die
Gräfin von Soissons begab sich nach Deutschland und kehrte erst später
nach Brüssel zurück [8]); schon vor ihr hatte Eugen Madrid verlassen und war
nach Wien geeilt. Hier erstattete er dem Kaiser erschöpfenden Bericht über
seine Reise nach Spanien, über den Zweck und das Resultat derselben.
Eugens Aufklärungen fanden beifällige Aufnahme bei Leopold I., der, wie
der Prinz selbst sagte, keinen Unterschied zwischen den Ehrenbezeigungen
machte, die man ihm, und denjenigen, welche man dem Könige von Spanien
erwies [9]).

Eugen hatte um so eifriger Sorge getragen, mit möglichster Beschleu-
nigung nach Wien zu gelangen, als er fürchtete, sonst den Beginn des
Feldzuges zu versäumen, welchem damals die ganze christliche Welt mit
Spannung entgegensah. Es galt ja die Wiederholung der vor zwei Jahren
verunglückten Unternehmung gegen Ofen. Eugen sah es als einen neuen
Beweis der kaiserlichen Gunst an, daß er zu dem unter dem Kurfürsten
Maximilian Emanuel stehenden Belagerungsheere befehligt wurde, während
der Herzog von Lothringen die Bedeckungsarmee commandirte.

Am 21. Juni 1686 begann die Wiederbelagerung von Ofen. Drei
Tage später drangen die Kaiserlichen durch die Bresche der Ringmauer und

das mit einer Petarde gesprengte Thor in die untere Stadt ein und verschanzten sich daselbst. Der Angriff des Kurfürsten von Baiern ging von dem Hohlwege zwischen dem Blocks- und dem Spiesberge durch die Raizenstadt gegen das Schloß. Eugen commandirte die im Lager zurückgebliebene Reiterei. Er war es, der am 29. Juni mit zwei Schwadronen einen Ausfall der Türken mit solchem Nachdrucke zurückschlug, daß seine Reiter sich mitten unter den fliehenden Janitscharen und Spahi's befanden, und er mit ihnen bis an die Thore der Festung vordrang [10]).

Es war dieß nur das Vorspiel zu dem großen Kampfe, der nun zwischen einer zahlreichen, muthigen Belagerungsarmee und einer tapferen und hartnäckigen Besatzung um den Besitz der Hauptstadt Ungarns begann. Langsam, wie es in der Natur der Sache liegt, aber mit jedem Tage mehr näherten sich die Laufgräben der Festung. Wiederholte Stürme wurden gewagt, auf beiden Seiten floß das Blut in Strömen, aber immer noch hielt sich die Stadt. Bei dem Sturme vom 27. Juli wurde Eugen ein Pferd unter dem Leibe erschossen, bei dem vom 3. August erhielt er einen Pfeilschuß in die rechte Hand, ohne daß jedoch die Wunde gefährlich gewesen wäre [11]).

Am 14. August versuchte der Großwesir den Entsatz der Festung. Er wurde mit ungeheurem Verluste zurückgeschlagen, und Eugen von dem Kurfürsten von Baiern mit der freudigen Nachricht des errungenen Sieges nach Wien entsendet [12]). Schon am Tage nach seiner Ankunft in Wien kehrte der Prinz wieder in das Lager vor Ofen zurück, um dem nunmehr als unausbleiblich angesehenen Falle der Festung beizuwohnen.

Am 2. September war endlich der Hauptsturm. Nach tapferster Gegenwehr von Seite der Besatzung und nachdem der Festungscommandant verzweiflungsvoll kämpfend gefallen war, wurde Ofen von dem kaiserlichen Heere wieder erobert. Durch hundert fünf und vierzig Jahre war es im Besitze der Ungläubigen gewesen.

Der Markgraf von Baden, mit dem Prinzen Eugen von Savoyen und zwölf Regimentern dem türkischen Heere nachgesendet, nahm Simontornya, Fünfkirchen, Sziklos und Kaposvar und verbrannte einen großen Theil der von den Türken bei Essek über die Drau geschlagenen, ihrer ungeheuren Dimensionen wegen berühmten Brücke. Veterani besiegte ein zum Entsatze von Szegedin herbeiziehendes Corps von Türken und Tartaren vollständig; in Folge dieses Ereignisses öffnete Szegedin seine Thore. Dieß war das Ende jenes ruhmreichen Feldzuges, in welchem die stolzesten Erwartungen des kaiserlichen Hofes glänzend in Erfüllung gegangen waren. Ganz Europa wurde mit dem Ruhme der siegreichen Waffen des Hauses Oesterreich erfüllt, und dessen Ansehen, so wie sein politischer Einfluß dadurch ungemein gehoben.

Nachdem die kaiserlichen Truppen ihre Winterquartiere bezogen hatten, begaben sich die jungen Prinzen, welche an deren Spitze oder in ihren Reihen gekämpft hatten, nach Venedig, um daselbst die Fastnacht zuzubringen. Einen Carneval in Venedig verlebt zu haben, galt in der damaligen großen Welt als ein Erforderniß der Mode, und es concentrirte sich daselbst wirklich Alles, was Zeit und Geld genug besaß, sich all den raffinirten Genüssen hinzugeben, welche dort geboten wurden. Eugen war einer der Ersten, die nach Venedig gingen. Ihm folgte bald der heitere, lebenslustige Kurfürst Maximilian Emanuel, Eugens Waffengenosse in den vier letzten Türkenfeldzügen. Andere deutsche Prinzen vervollständigten den Kreis, welchen, wie um durch den grellen Contrast die vielen ritterlichen Erscheinungen noch mehr hervorzuheben, der Herzog von Mantua schloß, berüchtigt durch seine Ausschweifungen, wie durch die persönliche Feigheit, die er immer an den Tag legte, wo ihm dazu Gelegenheit geboten war [13]).

Die Republik bereitete den jungen Fürsten einen glänzenden Empfang. Vor Allen that sich Morosini, der berühmte Türkenbesieger, durch die Pracht der Feste hervor, welche er ihnen gab. Aber Eugen achtete trotz seiner Jugend auf den Aufwand nicht, der sich um ihn her entfaltete. Sogar die weit gepriesene Schönheit der venetianischen Frauen berührte ihn nur wenig, und er zeigte schon damals jene Selbstbeherrschung und Ruhe ihnen gegenüber, welche ihm später in dem bombastischen Style jener Zeit die Bezeichnung „Mars ohne Venus" erwarben [14]). Weit mehr interessirte es ihn, das berühmte Arsenal von Venedig in seinen kleinsten Details zu besichtigen. Er wohnte daselbst dem Gusse von großen Kanonen bei und sah, wie ein hochbordiges Schiff vom Stapel gelassen wurde. Außer diesem Schauspiele bereitete die Republik den jungen Prinzen auch noch die Darstellung eines Seegefechtes, und die Fürsten verließen nach Beendigung des Carnevals die gastfreie Stadt, auf's höchste befriedigt mit ihrem Aufenthalte daselbst.

In Wien fand Eugen Alles mit den Vorbereitungen zum nächsten Feldzuge beschäftigt. Die Anerbietungen der Türken zum Frieden hatte der Kaiser verworfen und ihnen erklärt, daß vor der Zurückgabe aller geraubten Provinzen von Beendigung der Feindseligkeiten die Rede nicht sein könne. Zwei Heere waren aufgestellt, von welchen das eine dem Herzoge von Lothringen, das andere dem Kurfürsten von Baiern untergeordnet wurde. Denn ohne ein eigenes Commando, hatte der Kurfürst erklärt, würde er seine Truppen gar nicht beim kaiserlichen Heere belassen [15]).

Seit dem Feldzuge des Jahres 1683, in welchem Maximilian Emanuel durch das Anerbieten der beträchtlichen Subsidien von 400.000 fl. jährlich bewogen worden war, mit seinen Truppen zum Entsatze Wiens mitzuwirken [16]), hatte der Kurfürst den Kämpfen gegen die Osmanen beigewohnt. Durch die Heirath mit der vielumworbenen Erzherzogin Maria Antonia hielt man ihn noch enger an das Kaiserhaus gefesselt. Kaiser Leopold war seinem Schwiegersohne mit aufrichtiger und warmer Neigung zugethan [17]). Durch dessen glänzende Tapferkeit und den Kriegsmuth seiner braven Truppen war mancher glückliche Erfolg in den vergangenen Feldzügen errungen worden. Gründe genug, daß man ihn und seine Streitkräfte in dem fortgesetzten Kampfe gegen die Türken nicht missen zu können meinte. So ungern also der Kaiser auch auf das Verlangen einer Theilung des Heeres einging, so glaubte er doch nachgeben zu sollen. Der Herzog von Lothringen hatte es aber durchgesetzt, daß man die Streitmacht nicht in Belagerungen zersplittern, sondern das türkische Heer wo möglich im freien Felde aufsuchen und schlagen solle.

Nach mannigfachen Hin- und Herzügen, und nachdem es endlich dem Herzoge gelungen war, den Kurfürsten zur Vereinigung beider Heere zu bewegen, kam es am Berge Harsan, nicht weit von den Feldern von Mohacz, wo vor hundert ein und sechzig Jahren König Ludwig II. von Ungarn Reich und Leben an Suleiman verloren hatte, am 12. August 1687 zur Schlacht.

Die Dauer derselben war kurz, der Erfolg ein entscheidender. Auch hier bewährte sich wieder Montecuccoli's Kampfesweise, welche der Herzog von Lothringen mit so großem Glücke auszuführen wußte und durch die nun schon so viele Schlachten gegen die Ungläubigen gewonnen worden waren. Das Geheimniß bestand in dem langsamen Vorrücken, einer Mauer gleich, welche dem Gegner nirgends den geringsten Zwischenraum zum Eindringen

bot. So brachen sich alle die ungestümen Anfälle der Feinde an der uner=
schütterlichen Haltung des deutschen Kriegsvolkes, und überall sahen sich
die Türken außer Stande von ihrer furchtbarsten Waffe, dem Säbel,
Gebrauch zu machen. Sie wurden vom Schlachtfelde verdrängt, traten den
Rückzug an und geriethen in Verwirrung, welche oft ihre Reihen in regel=
lose Flucht auflöste. Nun war der Augenblick gekommen, in welchem die
Verfolgung einzutreten hatte. Sie wurde von der kaiserlichen Cavallerie
mit einem unglaublichen Nachdrucke durchgeführt und entschied die Nieder=
lage des Feindes.

Dieß war der Gang all der Treffen, welche seit vier Feldzügen mit
den Türken geschlagen worden waren. Auch die Schlacht am Berge Harsan
verlief in ähnlicher Weise. Als die fliehenden Feinde, welche Eugen mit
seiner Reiter = Brigade verfolgte, hinter den Verschanzungen ihres Lagers
Schutz suchten, ließ der Prinz seine Dragoner absitzen und erstürmte mit
ihnen die Schanzen. Hiedurch wurde die Niederlage der Osmanen vollendet.
Zur Belohnung für diese tapfere That wurde der Prinz mit der Sieges=
nachricht nach Wien gesendet. Seine Aufnahme am Hofe war eine glän=
zende, und der Kaiser soll ihn mit seinem reich mit Diamanten besetzten
Bildnisse beschenkt haben [18]).

Nach Vollendung seines Auftrages kehrte Eugen allsogleich zu dem
kaiserlichen Heere nach Ungarn zurück, denn er wünschte an den Waffen=
thaten Theil zu nehmen, welche er noch während des gegenwärtigen Feld=
zuges von demselben hoffte. Leider schienen die Streitigkeiten unter den
Feldherrn, welche den christlichen Waffen schon so manches Unheil bereitet
hatten, auch hier die schönsten Früchte des Sieges vernichten zu sollen.

Immer hatte Karl von Lothringen den Kurfürsten Maximilian Ema=
nuel mit unverkennbarem Wohlwollen behandelt, immer hatte er die größte
Rücksicht für seine Person an den Tag gelegt [19]), und den jungen ehrgeizigen
Prinzen dort vorangestellt, wo Auszeichnung und Ruhm zu erwerben war.
Dennoch genügte dieß den Wünschen des Kurfürsten nicht. Er sehnte sich
den Kriegsruhm des Herzogs selbst zu verdunkeln, er suchte stets an die
Spitze eines abgesonderten Heeres gestellt zu werden und achtete der alten
Erfahrung nicht, daß Trennung schwächt wie Vereinigung stark macht.

In dieser Gesinnung wurde der Kurfürst durch seinen hauptsächlichen
Rathgeber, den Markgrafen Ludwig von Baden noch bestärkt. Dieser miß=

brauchte leider das Ansehen, das ihm als tapferem und erprobtem Heerführer mit Recht gebührte, um den Zwiespalt zwischen dem Herzoge und dem Kurfürsten zu nähren und zu steigern, statt ihn zu beschwichtigen. Schon beim Ausbruche des Türkenkrieges hatte der Markgraf sich durch seine Insubordination gegen den Herzog von Lothringen bemerkbar gemacht. „Als Fürst des deutschen Reiches", wagte er zu sagen, „habe er keine Befehle von dem Herzoge anzunehmen" [20]. Als ob ihm diese Befehle in seiner Eigenschaft als Reichsfürst, und nicht als untergeordneter General ertheilt worden wären! Auch während der beiden Belagerungen von Ofen hatte sich der Markgraf als Widersacher des Herzogs gezeigt. Die Berichte, welche er im Jahre 1686 an seinen Oheim, den Markgrafen Hermann erstattete, beweisen seine Schadenfreude über jeden Nachtheil, welcher dem Herzoge und dessen Truppen widerfuhr. Diese feindselige Gesinnung war durch des Herzogs glänzende Kriegesthaten, sie war durch Ofens Wiedereroberung, durch den Sieg am Berge Harsan nicht gemildert, sondern eher noch heftiger gereizt worden. Der persönlichen Feindschaft der beiden Prinzen von Baden gegen den Herzog sollten die heiligsten Interessen zum Opfer gebracht werden. Der Kurfürst und Markgraf Ludwig wollten mit einem abgesonderten Heere Erlau belagern, der Herzog hatte aber, wie ein glaubwürdiger und befähigter Augenzeuge, der nachmals als Marschall von Frankreich so berühmte Marquis von Villars sagt, großartigere und passendere Entwürfe [21].

Es war ein Glück, daß aus Anlaß dieses Streites der Kurfürst und der Markgraf das Heer verließen. Letzterer im Groll über die vermeintliche Zurücksetzung, weil Karl von Lothringen mit Recht nicht ihm als seinem offenen Gegner, sondern dem General Dünewald den Befehl über das nach Slavonien abgehende Cavalleriecorps anvertraute. Maximilian Emanuel aber war froh, nach Wien und in seine Staaten zurückkehren und sich dort von Neuem den Lustbarkeiten hingeben zu können, welche durch den Feldzug unterbrochen worden waren.

Eugen hatte, so eng seine bisherige Verbindung mit Ludwig von Baden auch gewesen war, in dem Zwiespalte desselben mit dem Oberfeldherrn keine Partei genommen. Ja es erscheint nicht unwahrscheinlich, daß das Benehmen des Markgrafen dem bisher so innigen Verhältnisse zwischen diesem und seinem Vetter Eugen etwas Eintrag gethan haben mag.

Dem Scharfblicke des Letzteren konnte es nicht entgehen, daß die Triebfedern, welche den Herzog von Lothringen leiteten, die edelsten waren, daß nur der regste Eifer für den Dienst des Kaisers, für das Beste des ihm anvertrauten Heeres ihn beseelte. Eugen war zu naher Zeuge der aufopfernten Selbstverläugnung gewesen, welche Karl von Lothringen in so mancher Lage, niemals aber glänzender als dem Könige Johann Sobieski gegenüber an den Tag gelegt hatte. Anders war es mit den Gegnern des Herzogs beschaffen, und ihre Beflissenheit denselben bei jedem Anlasse zu verkleinern und seinen Ruhm zu schmälern, mag oft Eugens großherzige Gesinnung verletzt haben. Denn nichts ist ja großen Seelen widriger als kleinlicher Neid und mißgünstige Eifersucht, und Niemanden waren diese Eigenschaften fremder als Eugen, dessen Charakter von dieser Seite vielmehr eine unverkennbare Aehnlichkeit mit dem des Herzogs von Lothringen selbst bewährt hat. Mit freudigem Herzen folgte daher der Prinz seinem Oberfeldherrn nach Siebenbürgen, welches wie Slavonien durch Dünewald, ganz von den kaiserlichen Truppen besetzt wurde. Die reißenden Fortschritte des Herzogs wurden durch die Einnahme Erlau's noch vervollständigt. Es konnte sich, wie Karl von Lothringen vorhergesagt hatte, von allen Seiten umringt, nicht länger halten und ergab sich im Dezember 1687 an Carafa. Endlich fiel auch Munkács, der letzte feste Platz der Rebellen in Oberungarn.

Durch den glänzenden Kriegsruhm, welchen Eugen schon in so jungen Jahren sich sammelte, fühlte sich, wie es nicht anders sein konnte, das ganze Savoyische Herzogshaus geehrt. Insbesondere war es das Haupt der Familie, Victor Amadeus II., welcher selbst ein tapferer und kenntnißreicher Soldat, über die Auszeichnung hoch erfreut war, mit der sein jugendlicher Vetter gegen die Ungläubigen kämpfte. Der Herzog sah, wie sich die Augen der Welt mehr und mehr auf Eugen zu richten begannen. Schon war demselben, ohne daß er darum angesucht hatte, von dem Könige von Spanien der Orden des goldenen Bließes verliehen worden [22]. Herzog Victor fühlte die Nothwendigkeit, ein so ausgezeichnetes Mitglied seines Hauses in den Stand zu setzen, mit einem seiner erlauchten Geburt angemessenen Glanze leben zu können.

Doch wollte der Herzog, mit so großer Bereitwilligkeit er auch mehrmals dem Vetter Beiträge zur Bestreitung seiner Ausgaben gewährt hatte, für eine feststehende Dotirung desselben keine Opfer bringen. Der um diese Zeit erfolgte Tod des Prinzen Anton von Savoyen [23]) bot zur Erreichung der Absicht des Herzogs den besten Anlaß dar. Der Verstorbene hatte die Einkünfte von fünf Abteien bezogen und der Herzog wollte diese Rente nunmehr auf Eugen übertragen. Der Papst aber antwortete mit Recht, daß geistliche Güter kein Gegenstand der Belohnung für militärisches Verdienst seien, und daß insbesondere einem Laien die Abtei des heil. Michael della Chiusa nicht verliehen werden könne, welche an und für sich ein kleines Bisthum mit geistlicher und weltlicher Gerichtsbarkeit sei. Dennoch wich der Papst endlich den eindringlichen Vorstellungen des Herzogs, und gab seine Einwilligung, daß außer der eben genannten Abtei auch noch die der heil. Maria di Casanova, beide in Piemont gelegen, dem Prinzen verliehen werde.

Der Papst hätte vielleicht geringeren Widerstand geleistet, wenn er im voraus gewußt hätte, welch' ein mächtiger Vertheidiger der Christenheit an dem jungen Prinzen erwachsen würde. Dieser bezeigte dem Herzoge seine Dankbarkeit für die erwiesene Gunst in eigenthümlicher Weise. „Obwohl ich," schrieb er dessen erstem Minister, dem Marquis von S. Thomas, „nicht gewohnt bin, irgend ein mir widerfahrendes Glück mit besonderer Lebhaftigkeit aufzunehmen, so versichere ich Sie doch, daß mein Herz die Freude nicht zu verbergen vermag, welche es über dieses Ereigniß empfindet" [24]).

Höher noch als diesen materiellen Gewinn wird der kriegerische Sinn des Prinzen es angeschlagen haben, daß er vom Kaiser in seinem fünf und zwanzigsten Lebensjahre zum Feldmarschall=Lieutenant ernannt wurde. Durch eine solche Auszeichnung konnte Eugen nur in dem Vorsatze bestärkt werden, welchen er schon vor dieser Beförderung ausgesprochen hatte, sich völlig und für immer dem Dienste des Kaisers zu widmen [25]). Denn die Gunstbezeigungen, welche der Prinz, wie er selbst sagt, täglich und in reichstem Maße vom Hofe erhielt [26]), erfüllten eben so sehr sein Herz mit lebhaftester Dankbarkeit gegen den Spender all dieser Gnaden, wie die Schnelligkeit seiner Laufbahn und das seinen Leistungen gezollte Lob ihm trotz seiner Bescheidenheit jenes edle Selbstvertrauen einflößten, das zur Vollbringung großer Thaten unerläßlich ist [27]). Eugen befand sich überdieß in der günstigen Lage, daß die Gelegenheit, wiederholt zu zeigen, so vielfache

Auszeichnung sei nur einem vollkommen Würdigen zu Theil geworden, nicht lange auf sich warten ließ.

Im Widerspruche mit seiner sonst oft beklagten Unentschlossenheit war es Kaiser Leopold persönlich, der in dem Kriege gegen die Türken immer die weitest gehenden Entwürfe hegte. So hätte er schon im verflossenen Jahre gern eine Unternehmung gegen Belgrad in's Werk gesetzt, und nur die wohlbegründeten Vorstellungen des Herzogs von Lothringen über die Gefahren dieses Unternehmens, so lange noch ein so beträchtlicher Theil von Ungarn sich in den Händen der Türken befand, bewirkten die Vertagung dieses Planes. Nun aber, seit die kaiserliche Herrschaft auf den größten Theil des südlichen Ungarns ausgedehnt, seit Erlau gefallen war, seit Slavonien und Siebenbürgen dem Kaiser gehorchten, nun beharrte Leopold mit Festigkeit darauf, daß die Einnahme von Belgrad das Hauptziel des dießjährigen Feldzuges sein solle.

Größere Schwierigkeit als die Festsetzung des Feldzugsplanes bereitete die Frage, wem der Oberbefehl über das mit einer so glänzenden Aufgabe zu betrauende Heer zu übergeben sei. Der weitaus tauglichste Anführer bei dieser großen Unternehmung wäre wohl der Herzog von Lothringen gewesen. Allein der Kurfürst von Baiern, eingedenk der Streitigkeiten vom vergangenen Jahre, erklärte mit Bestimmtheit, sein zahlreiches Contingent nur dann bei dem kaiserlichen Heere lassen zu wollen, wenn ihm der Oberbefehl übertragen würde. Alle Gegenvorstellungen, welche der Kaiser ihm machen ließ, waren fruchtlos. Der Kurfürst, von den beiden Markgrafen von Baden in seinem Vorsatze bestärkt, beharrte fest auf seiner Erklärung. Der Kaiser aber, welcher das bairische Contingent nicht missen konnte, ohne den günstigen Ausgang des Feldzuges zu gefährden, glaubte nachgeben zu sollen, ein Entschluß, der ihm durch das bescheidene Zurücktreten des Herzogs von Lothringen noch erleichtert wurde. Eine Krankheit, welche den Letzteren befiel [28], diente als Vorwand, und Maximilian Emanuel erhielt den sehnlichst gewünschten Oberbefehl. Um aber den Urheber aller dieser Zwistigkeiten ein für allemal zu beseitigen, wurde Markgraf Hermann von Baden als Reichs-Prinzipal-Commissär nach Regensburg versetzt. Fürwahr eine zu gelinde Strafe für einen Präsidenten des Hoftkriegsrathes, der Alles daran gesetzt hatte, um den Kurfürsten in einer dem Wunsche und dem Willen des Kaisers geradezu widersprechenden Handlungsweise zu bestärken.

Die Entfernung des Markgrafen Hermann war ein nicht gering anzuschlagender Gewinn für den kaiserlichen Hof. Der wichtige Posten eines
Präsidenten des Hoftriegsrathes war ihm nur verliehen worden, weil nach
Montecuccoli's Tode die Gegner des Herzogs von Lothringen dem Kaiser
vorgestellt hatten, die Vereinigung der beiden ersten Stellen im Heere, des
Generallieutenants und des Präsidenten in der Person eines fremden Fürsten, würde eine zu große Macht in dessen Hände legen [29]. Aber nur zu
bald hatte es sich gezeigt, daß der Markgraf zur Leitung des gesammten
Kriegswesens, welche kraft seines Postens ihm oblag, nicht zureichende
Befähigung besaß. Andererseits jedoch wohnte ihm eine so reiche Gabe von
Schlauheit inne, daß er recht eigentlich als der Hauptanstifter all der Intriguen gelten muß, welche damals zu Wien gespielt wurden [30], und die
nirgends von schädlicheren Folgen als in Kriegssachen sind. Nicht ohne militärisches Verdienst, das er in den Feldzügen gegen Frankreich sich erworben hatte, war er doch von dem Herzoge von Lothringen dem Kaiser als
unfähig zu der schwer zu versehenden Stelle eines Präsidenten des Hofkriegsrathes bezeichnet worden [31]. Diese Aeußerung, dem Markgrafen
hinterbracht, rief seine ganze Feindschaft gegen den Herzog wach, welcher
fürder keinen so ergrimmten Gegner im türkischen Heere hatte, als den
Markgrafen am Hoflager zu Wien. Statt die militärischen Dispositionen
zu erleichtern, wurden sie von dem Markgrafen aus Eifersucht gegen den
Herzog von Lothringen nur zu oft erschwert und hintertrieben [32]. Es war
die höchste Zeit, daß dieses wichtige Amt in andere Hände gelegt wurde.
Der Vicepräsident, Graf Ernst Rüdiger Starhemberg, erhielt die Leitung
des Hoftriegsrathes.

Bei Essek sammelte der Feldmarschall Graf Caprara das Heer. Erst
am 28. Juli traf der Kurfürst bei demselben ein, am 7. August begann
der Uebergang über die Save. Bei der Annäherung der kaiserlichen Armee
verließ der Seriasker Belgrad, nachdem er zuvor, wie einst Rüdiger
Starhemberg die Vorstädte von Wien, nun die von Belgrad in Brand
gesteckt hatte. Obgleich der Kurfürst den Prinzen Eugen von Savoyen mit
dessen Regimente und sechs Bataillonen absendete, so vermochte man doch
bei dem heftigen Sturmwinde, der die Flammen über die Dächer hinjagte,
nicht des Feuers Herr zu werden. Die meisten Vorräthe und Habseligkeiten
der Einwohner wurden von dem Brande verzehrt.

In der Nacht vom 12. auf den 13. August wurden die Laufgräben eröffnet und am 15. begann das Feuer aus den kaiserlichen Batterien. Mit solchem Nachdrucke wurde es fortgesetzt, daß schon der 6. September als der Tag bezeichnet werden konnte, an welchem der Hauptsturm stattzufinden habe. Um zehn Uhr Morgens wurde das Zeichen zum Angriffe gegeben. Unter der persönlichen Führung des Kurfürsten, in dessen unmittelbarer Nähe Eugen sich befand, erstiegen die kaiserlichen Soldaten die beiden Breschen. Hier aber zeigte sich ein breiter und tiefer, durch neue und starke Verschanzungen beherrschter Graben, welcher die Fortschritte der Stürmenden hemmte. Heinrich Franz Graf Starhemberg, Oberstwachtmeister im Regimente seines Oheims Ernst Rüdiger, warf sich mit kühner Todesverachtung der Erste in den vom Feinde besetzten Graben. Die Tapfersten folgten ihm, unter ihnen der Kurfürst selbst, der durch einen Pfeil im Gesichte verwundet wurde, und Eugen von Savoyen, der einen Janitscharen niederstieß, welcher ihm den Helm gespalten hatte. Nun aber traf eine Musketenkugel den Fuß des Prinzen ober dem Knie. Sie drang so tief ein, daß sie durch lange Zeit gar nicht gefunden werden konnte [33]). Eugen mußte sich aus dem Kampfgewühle entfernen. Nach dem erbittertsten Streite, während dessen die Festung auch von drei andern Seiten erstürmt wurde, sah der im Schlosse befindliche Rest der Garnison sich gezwungen, die weiße Fahne aufzuziehen und sich ohne Bedingung zu ergeben.

Während Maximilian Emanuel Belgrad eroberte, nahm Veterani Karansebes, der Markgraf Ludwig von Baden aber verschiedene Plätze in Bosnien weg, und schlug den Pascha dieser Provinz in blutigem Reitertreffen auf's Haupt. Endlich wurde noch Semendria, das die Türken verlassen hatten, wieder in Vertheidigungsstand gesetzt und mit einer kaiserlichen Besatzung versehen.

Langdauernd war das Leiden, welches die vor Belgrad empfangene Wunde dem Prinzen verursachte. Sein Zustand war in hohem Grade Besorgniß erregend. Herzog Victor Amadeus entsandte seinen eigenen Wundarzt nach Wien, wohin Eugen gebracht worden war, um der Heilung zu obliegen. Noch drei Monate nach Empfang der Wunde sonderten sich fortwährend Knochensplitter ab [34]), und die Entkräftung, die durch das nöthige Offenhalten der Wunde herbeigeführt wurde, in Verbindung gebracht mit einem bedenklichen Brustübel, an dem Eugen durch mehrere Jahre litt und

für dessen Hebung er noch im verflossenen Frühjahre eine Milchkur gebraucht
hatte [35]), ließ für Eugens Zustand ernste Befürchtungen hegen. Aber sorg-
same Wartung und Pflege, mehr vielleicht noch die ungeschwächte Jugend
des Prinzen, besiegten endlich das Uebel, und im Jänner 1689 konnte
er dem Herzoge die stattgefundene Heilung der Wunde und seine gänzliche Wiederherstellung anzeigen.

In demselben Schreiben bat Eugen den Herzog, sich persönlich nach
Turin begeben zu dürfen. Denn es waren Dinge von der höchsten Wichtigkeit, welche seine Anwesenheit daselbst erheischten.

Drittes Capitel.

Die Jahre, welche Eugen seit seiner Ankunft in Oesterreich verlebt hatte, waren reich an Waffenglück gewesen für das Kaiserhaus. Mit Ausnahme der Unfälle des Jahres 1684 war ein glänzender Erfolg nach dem anderen errungen, und in dem kurzen Zeitraume von sechs Feldzügen die weite Länderstrecke, welche die Donau von den Mauern Wiens bis jenseits der Wälle von Belgrad durchmißt, dem Scepter des Kaisers wieder unterworfen worden. Was das Haus Oesterreich in zwei Jahrhunderten an die Türken verloren hatte, wurde ihnen binnen sechs Jahren wieder entrissen. Gewaltig war der Eindruck, welchen diese Reihe von Siegen in ganz Europa hervorbrachte. Mit Ausnahme von England, das mit seiner eigenen Staatsumwälzung beschäftigt war, richteten alle Völker ihre Blicke auf die reißenden Fortschritte der kaiserlichen Waffen, welche schon über das eigentliche Ungarn hinaus den Erbfeind in dem Kerne seines Reiches aufzusuchen und zu bekämpfen drohten.

Solche Erfolge erfüllten die Anhänger des Hauses Oesterreich mit Freude, sie riefen aber auch seine Feinde wach, vor Allen den thätigsten und mächtigsten unter ihnen, den König von Frankreich. Mit steigender Unruhe hatte Ludwig XIV. den Ereignissen in Oesterreich und Ungarn zugesehen. Doch so stark war damals noch die Idee einer Gemeinschaftlichkeit der Sache des Christenthums gegen den Islam, daß der König es niemals gewagt hatte, sich offen für die Pforte zu erklären. Immer höher stieg indeß Ludwigs Befürchtung, daß nach gänzlicher Bezwingung der Türken die Reihe auch an ihn kommen und der Kaiser, auf seine siegreichen Heere gestützt, die Herausgabe des so vielfach an Deutschland begangenen Raubes verlangen könnte. Die Weigerung Leopolds, den erst vor zwei Jahren mit Frankreich abgeschlossenen Waffenstillstand, welcher dem Könige die Dictatur in Europa zu verschaffen schien, in einen ewigen Frieden zu verwandeln, bestärkte Ludwig in seiner Besorgniß. Bald war es beschlossene Sache bei dem Könige von Frankreich, den Kaiser durch den Bruch des

Waffenstillstandes und die Erneuerung des Krieges am Rheine von weiteren
Fortschritten gegen die Türken abzuhalten. Ein Vorwand hiezu war leicht
in dem Streite gefunden, welcher sich über die Wiederbesetzung des erz-
bischöflichen Stuhles von Köln erhoben hatte.

Der Coadjutor Fürst von Fürstenberg war pflichtvergessen genug, als
Lohn seiner landesverrätherischen Verbindungen mit dem französischen Hofe
durch dessen Einfluß den Kurhut erlangen zu wollen. So schlecht eine
Sache auch sein mag, so findet sie doch, wenn nur materieller Gewinn in
Aussicht steht, immer bereitwillige Helfer. Die Stimmen des Domcapitels
theilten sich zwischen Fürstenberg und dem Prinzen Joseph Clemens von
Baiern. Der Papst entschied für den Letzteren. Da ließ König Ludwig seine
Heere in Deutschland einbrechen. Nach kurzer Belagerung ergab sich
Philippsburg an den Dauphin. Mainz öffnete ohne Widerstand den Fran-
zosen seine Thore. Fürstenberg überlieferte ihnen Bonn, Kaiserswerth und
andere Festungen des Kölner Erzstiftes.

So sah sich der Kaiser plötzlich zwischen zwei Feinde gedrängt, auf
der einen Seite die zwar vielfach geschlagene, aber immer noch über zahlreiche Kriegsvölker gebietende Pforte, auf der anderen der König von Frankreich, im Besitze der furchtbarsten Streitmacht, welche damals in Europa
auf die Beine gebracht werden konnte.

Es ist schwer begreiflich, aus welchen Gründen Leopold I. die dringenden Anerbietungen zurückwies, welche ihm die Pforte zum Frieden
machte. Die nothwendig gewordene Theilung der Heeresmacht ließ weder
gegen den einen, noch gegen den anderen Feind glänzende Erfolge erwarten.
Ein rascher Friede mit den Türken hätte den Kaiser in den Stand gesetzt,
alle seine Streitkräfte gegen Frankreich zu richten, und nicht nur dessen Angriffen mit Erfolg zu begegnen, sondern höchst wahrscheinlich demselben den
früher am deutschen Reiche begangenen Raub wieder abzunehmen.

Dieser Ansicht huldigte auch Eugen [1]), ihr stimmte der Herzog von
Lothringen bei, und sie wurde von einer starken Partei am Hofe nachdrücklich unterstützt. Insbesondere war es der spanische Botschafter Borgo-
manero, welcher sie mit seinem ganzen Einflusse zur Geltung zu bringen sich
bestrebte. Fast alle Minister des Kaisers fielen ihm bei. Auch die Fürsten
des Reiches verlangten mit Ungestüm den Frieden mit den Türken und die
Verwendung sämmtlicher Streitkräfte gegen Frankreich. Aber der Kaiser

entschied sich für die entgegengesetzte Ansicht. Er kannte Borgomanero als
den heftigsten Widersacher des Türkenkrieges. Aus diesem Grunde war der
Botschafter in des Kaisers Neigung immer tiefer gesunken [2]). Wenn man
ihm gefolgt hätte, meinte Leopold, so wäre nicht ein einziger Sieg gegen
die Türken erfochten worden, und Gran und Neuhäusel noch in ihrem
Besitze, statt daß sie jetzt bis über Belgrad zurückgeworfen waren. Der
Kaiser betrachtete es als eine Gewissenssache, den Kampf gegen die Feinde
des christlichen Glaubens fortzusetzen. Umsonst erinnerte man ihn an den
Grundsatz, welchen Montecuccoli so oft wiederholt hatte: „Man möge sich
„hüten, einen langen Krieg mit den Türken zu führen, indem auch zwanzig
„Siege ihre Macht nicht zu Boden zu werfen vermöchten, während eine
„einzige Niederlage den Kaiser Alles verlieren machen würde" [3]). Für
Leopold war es entscheidend, daß er sich in der Allianz anheischig gemacht
hatte, ohne seine Verbündeten keinen Frieden abzuschließen.

So groß die Fertigkeit war, welche man eben damals in anderen
europäischen Staaten an den Tag legte, den Bestimmungen der Verträge
untreu zu werden, so unerschütterlich war die Gewissenhaftigkeit, mit der
Leopold daran festhielt. Weit lieber hätte er sich einem empfindlichen materiellen Verluste ausgesetzt, als dem gegebenen Worte zuwider zu handeln [4]).

Der Papst und die geistliche Partei bestärkten ihn in dieser Ansicht.
Man hegte dort die glänzendsten Hoffnungen von den siegreichen Fort-
schritten der kaiserlichen Waffen gegen die Ungläubigen. Es ist kein Zweifel,
daß die Meinung des Papstes, für welchen der Kaiser von Verehrung und
Dankbarkeit durchdrungen war [5]), den bestimmenden Einfluß auf Leopolds
Entschlüsse ausübte. Seine Anschauungsweise behielt die Oberhand. Die
Aufnahme des Kampfes auf beiden Kriegsschauplätzen wurde beschlossen,
und gleichzeitig das große Bündniß des Kaisers und des gesammten deutschen
Reiches mit England, Holland, Spanien, dem Papste und Dänemark
wider Frankreich zu Stande gebracht. Für dasselbe auch den Herzog von
Savoyen zu gewinnen, mußte von dem Kaiser und den übrigen Mitgliedern
der Allianz lebhaft gewünscht werden.

Schon lange hatte Herzog Victor den Gang der Ereignisse im Westen
Europa's mit gespanntester Aufmerksamkeit verfolgt. Er war mit dem festen
Vorsatze zur Regierung gelangt, die Länderstrecken, über welche ihm die
Herrschaft beschieden war, nach Möglichkeit auszudehnen und dadurch die

Macht und das Ansehen seines Hauses zu heben und zu befestigen. Victor
war ganz der Mann dazu, einen solchen Vorsatz durchzuführen. Mit einem
ungewöhnlichen Scharfblicke, mit einer Vorsicht und Schlauheit ohne
Gleichen begabt, in jeder Art von Ränken wohl bewandert, nie verlegen
um die Wahl seiner Mittel, von unerschütterlicher Ausdauer dort, wo es
seinen Vortheil galt, von einer Wankelmüthigkeit, die durch nichts gefesselt
werden konnte, wenn es sich nur um das Wohl seiner Verbündeten handelte,
verband der Herzog glänzenden Muth, persönliche Tapferkeit und eine
Thatkraft, durch welche er seine listig ersonnenen Plane auch mit Nachdruck
zu verwirklichen verstand. Stets auf Ländergewinn ausgehend und auf die
Gelegenheit lauernd, wo er irgend etwas zu erhaschen vermöchte, hatte er
in seinem Innern mit Freude das Bündniß begrüßt, das sich wider Frankreich zusammenthat. Denn jede Schwächung dieses übermächtigen Nach-
bars mußte dem Herzoge hochwillkommen sein. Doch hielt er noch fest an
sich, und es konnte als eine schwierige Aufgabe gelten, die wahre Gesinnung
des Herzogs und seine wirkliche Absicht zu erforschen.

Niemand schien tauglicher zur Lösung dieser Aufgabe als Eugen. Der
Herzog war dem jugendlichen, schon viel verdienten und weit mehr noch
versprechenden Vetter wohlgeneigt. Es ließ sich erwarten, daß er gegen
diesen, als ein Mitglied seines Hauses, in seinen Eröffnungen vertraulicher
sein werde als gegen einen Fremden. Andererseits konnte der Kaiser mit
Festigkeit auf Eugens Scharfblick und Treue bauen. Es war nicht zu
befürchten, daß der Prinz sich etwa durch falsche Vorspiegelungen des
Herzogs täuschen oder gar gewinnen ließe. Unter dem Vorwande, die
Freuden des Carnevals zu genießen, begab Eugen sich nach Turin. Die
Andeutungen, welche er daselbst über die Bereitwilligkeit des Herzogs
erhielt, dem Bunde gegen Frankreich beizutreten, veranlaßten die Anknüpfung
förmlicher Unterhandlungen, mit deren Führung von Seite des Kaisers der
Abbé Grimani betraut wurde.

Mittlerweile hatte Ludwig XIV. seine Eroberungen in Deutschland
fortgesetzt, den Glanz derselben aber durch die fluchwürdige Grausamkeit
befleckt, mit welcher die französischen Truppen den türkischen Sengern und
Brennern gleich im Lande hausten. In der Pfalz und in Baden wurden
mehr als tausend Ortschaften niedergebrannt, Heidelberg, Mannheim,
Speyer und Worms fielen in Asche, nie erhörte Gräuel wurden getrieben,

und noch jetzt erzählen die ausgebrannten Fensterhöhlen des Heidelberger
Schlosses von den Schandthaten, die damals auf ausdrücklichen Befehl des
allerchristlichsten Königs auf deutschem Boden verübt worden sind.

Diese Ereignisse hatten wenigstens die eine günstige Wirkung, daß sie
die Zusammenziehung der Heere beschleunigten, welche den Fortschritten
der Franzosen und der damit Hand in Hand gehenden Verwüstung des
deutschen Reichsgebietes Einhalt zu thun bestimmt waren. So wie den
großen Entschlüssen fast niemals die Hilfsquellen fehlen, so war es auch
hier der Fall. Mit Bereitwilligkeit gaben die Völker der österreichischen
Erbländer außergewöhnliche Steuern und neue Truppen [6]). Markgraf
Ludwig von Baden erhielt den Oberbefehl über das Heer gegen die Türken,
in Deutschland aber wurden drei Armeen aufgestellt. Die eine, den Befehlen
des Kurfürsten von Baiern untergeordnet, sollte, dreißigtausend Mann stark,
am Oberrhein operiren, und der größeren, der Hauptarmee, die Hand
bieten, welche Feldzeugmeister Graf Souches bei Frankfurt zusammenzog.
Fünfzigtausend Mann zählend, sollte diese von dem Herzoge von Lothringen
befehligt werden. Die dritte Armee, über vierzigtausend Mann stark, und
zur Deckung des Niederrheines bestimmt, stand unter der Führung des
Kurfürsten von Brandenburg, dessen Truppen auch den Kern dieser Streitkraft bildeten [7]). Der Kurfürst Max Emanuel sollte Schwaben und Franken
vor den feindlichen Einfällen schützen; der Herzog von Lothringen vor Allem
Mainz wiedergewinnen, der Kurfürst von Brandenburg aber die Franzosen
aus dem Erzbisthume Köln vertreiben. Eugen, aus Piemont zurückgekehrt,
wurde mit seinem Regimente zu dem Heere des Kurfürsten von Baiern
entsendet. Hier stand der Prinz den ganzen Monat Juni des Jahres 1689
hindurch mit zweitausend Mann Fußvolk und sechzehnhundert Pferden, mit
Anlegung und Verstärkung der Linien beschäftigt, welche bei Stollhofen
zur Abwehr der französischen Raubzüge angelegt wurden [8]).

Diese Art von Kriegführung aber, welche sich nur auf die Defensive
beschränkte, konnte dem thatendurstigen Sinne des Kurfürsten von Baiern
nicht genügen. Schon am 19. Juli begab sich Max Emanuel in das Lager
des Herzogs von Lothringen vor Mainz. Tags darauf wurde großer Kriegsrath gehalten, und die Theilnahme des Kurfürsten an der Belagerung
beschlossen. Doch sollte der größte Theil seines Heeres am Oberrheine
zurückbleiben, um dem Lande als Schutzwehr, insbesondere aber dem

Kaiserhofe, welcher sich zur Wahl eines römischen Königs in Augsburg befand, zur Bedeckung zu dienen. Graf Caprara übernahm den Oberbefehl über diese Heeresabtheilung, der Kurfürst selbst aber, welchem Eugen in das Lager vor Mainz gefolgt war [9]), nahm von nun an den thätigsten Antheil an den Belagerungsarbeiten.

Mit welchem Eifer auch Eugen dieselben betrieb, zeigt der Umstand, daß er schon wenige Tage nach seinem Eintreffen vor Mainz, am 4. August, durch eine Musketenkugel am Kopfe nicht unbedeutend verwundet wurde [10]).

Den ganzen Monat August hindurch dauerte der Kampf um den Besitz von Mainz, das der Marschall d'Huxelles mit Tapferkeit und Ausdauer vertheidigte. Am 6. September endlich wurde von drei Seiten ein Sturm gegen den bedeckten Weg ausgeführt und derselbe nach mörderischem Kampfe genommen. Zwei Tage später ergab sich die Besatzung auf die Bedingung ehrenvollen Abzuges.

Die Wiedereroberung von Bonn war das letzte Ereigniß des Feldzuges am Rheine. Die Truppen wurden in die Winterquartiere verlegt. Eugen begleitete sie dorthin [11]) und begab sich dann nach Augsburg [12]), wo statt in Frankfurt, als den Kriegsereignissen allzu nahe, die Krönung der Kaiserin Eleonore und dann die Wahl und Krönung Josephs I. zum römischen Könige vollzogen wurde.

So war das Glück während des ganzen Feldzuges des Jahres 1689 den Waffen des Kaisers mit seltener Beständigkeit treu geblieben. Die verheerenden Einfälle der Franzosen waren zurückgewiesen, Mainz und Bonn, mit ihnen ein weites und fruchtbares Gebiet der deutschen Herrschaft wieder gewonnen worden. Das einmüthige Zusammenwirken der deutschen Fürsten hatte ihnen goldene Früchte getragen. Auch die Königswahl Josephs war ohne Anstand vor sich gegangen, und damit ein sehnlicher Wunsch des Kaisers erfüllt, dem Könige von Frankreich aber ein Anlaß zu künftiger störender Einmischung in die deutschen Angelegenheiten geraubt worden.

Glänzender noch als die Erfolge der kaiserlichen Waffen am Rheine waren diejenigen gewesen, welche der Markgraf Ludwig von Baden gegen die Türken errungen hatte. Die Siege an der Morava und bei Nissa, die Wegnahme einer Reihe fester Plätze, die Ausdehnung kaiserlicher Herrschaft bis an den Balkan waren Resultate, welche diejenigen verstummen machten, die gegen die Fortsetzung des Kampfes auf beiden Kriegsschauplätzen gerathen hatten. Aber dennoch sollten sie Recht behalten, und es trat eine Reihe von Ereignissen ein, welche den Kaiser mit bitterer Reue über die wiederholte Zurückweisung der türkischen Friedensvorschläge erfüllen mußten.

Der plötzliche Tod des Feldmarschall=Lieutenants Grafen Piccolomini, der in den unteren Donauländern wahrhaft segensreich gewirkt hatte, die Niederlage des Obersten Strasser und die Vernichtung seiner Streitkräfte, die Gefangennehmung des Feldmarschall=Lieutenants Heißler, Nissa's Fall und endlich der von Belgrad, mit welchem der Kaiser acht seiner besten Regimenter verlor, diese unglücklichen Begebenheiten änderten die Lage auf dem türkischen Kriegsschauplatze gänzlich.

Auch in Deutschland erlitt die Sache des Kaisers einen harten Schlag durch den plötzlichen Tod des Herzogs Karl von Lothringen, welcher auf der Reise von seinem gewöhnlichen Aufenthaltsorte Innsbruck nach Wien zu Wels erkrankte und am 18. April 1690 starb. Mit dem Herzoge von Lothringen verlor der Kaiser den ausgezeichnetsten Feldherrn, welcher seit Montecuccoli seine Heere befehligt hatte. Mehr noch als diesem war es dem Herzoge geglückt, die kaiserlichen Waffen zu einer Reihe von Siegen zu führen, welche in der Kriegsgeschichte des siebzehnten Jahrhunderts, so reich dasselbe auch an welterschütternden Kämpfen war, dennoch unübertroffen dasteht. Die Wechselfälle in diesen Kriegen waren so verschiedenartig, und allen wußte Herzog Karl so glücklich zu begegnen, daß denjenigen nicht Recht gegeben werden kann, welche behaupten, der Herzog sei arm gewesen an selbstständigen Ideen, und die Art seiner Kriegführung habe meistentheils nur in der Durchführung der Lehren seines Meisters Montecuccoli bestanden. Er verstand es im Gegentheile, so gut wie auf politischem Gebiete, so auch auf dem Felde militärischer Thätigkeit nach seinen eigenen, durch den Erfolg fast immer gerechtfertigten Eingebungen zu handeln. Gewiß ist es, daß unter seiner Leitung das kaiserliche Heer eine bisher noch nicht gekannte Stufe der Vortrefflichkeit erreicht hatte. Die bei ihm geltenden Einrichtungen und Regeln wurden überall als Richtschnur aufgestellt und befolgt [13]). Insbesondere war es die Reiterei, welche eines unbestrittenen Ruhmes genoß, und die kaiserlichen Küraffiere werden von unparteiischen Zeitgenossen eine Heerschar genannt, welche über jedweden Gegner von gleicher Anzahl den Sieg davon tragen müßte [14]).

Aber des Herzogs von Lothringen ruhmreiche Führung der kaiserlichen Heere hatte noch eine andere Wirkung von höherer Bedeutung. Mit jedem Siege des Kaisers nahm der kriegerische Geist in der deutschen Nation zu, und jeder Mann, berichtet der venetianische Botschafter Federigo Cornaro, konnte, wenn er den Pflug verließ, schon ein Soldat genannt werden. Wunderbar war die Ausdauer dieser Leute in Mühseligkeiten aller Art, ihre Verachtung jeglicher Gefahr, und der pünktliche, ja blinde Gehorsam, den sie ihren Offizieren leisteten [15]). Was sie auch immer zu ertragen hatten, die ihnen winkende Belohnung tapferer Thaten hielt ihre Kräfte in Spannung. Auch in der höchsten Gefahr blieben sie ungebeugten Muthes und vollzogen die Pflichten ihres Dienstes mit derselben Genauigkeit wie zuvor.

Das große Verdienst des Herzogs fand aber auch von Niemanden freudigere Anerkennung, als von Seite des Kaisers. Mit herzlicher Zuvorkommenheit hatte er ihn durch Verheirathung mit seiner Schwester in den Kreis seiner Familie aufgenommen. Dem Wunsche des Herzogs gemäß, welcher das Hofleben nicht liebte, räumte ihm Leopold das kaiserliche Schloß zu Innsbruck als Aufenthaltsort ein. Dorthin bezog der Herzog vom Kaiser jährlich die für jene Zeit ungemein beträchtliche Summe von hundert zwanzigtausend Gulden [16]), mehr als ein Procent sämmtlicher Staatseinnahmen. Auch sonst gab es keinen Vortheil und keine Auszeichnung, welche der Kaiser nicht gern und mit Freuden seinem tapferen Feldherrn zu Theil werden ließ [17]). Dieser aber war dabei so bescheiden, daß es den Anschein hatte, als ob er, dessen Lobes die Welt voll war, sich allein seines eigenen Ruhmes nicht bewußt geworden sei. Er ging darin so weit, daß er mit seinen Untergebenen nicht nur wie mit Seinesgleichen, sondern sogar in einer Weise verkehrte, daß er gleichsam als ihr Diener erschien. Machte man ihm daraus manchmal fast einen Vorwurf, so konnte es doch nicht anders sein, als daß eben diese Bescheidenheit, seine hohe Achtung vor fremdem Verdienste und vor fremder Einsicht, seine Liebenswürdigkeit im Umgange, wenn sie dem Herzoge gleich nicht alle Widersacher zu versöhnen vermochten, ihm doch in weiten Kreisen begeisterte Anhänger gewannen. Daher wurde sein Tod von Vielen als ein wahres Unglück betrauert. Insbesondere war es nicht blos ein solches für den Monarchen, dessen Heere er zum Siege zu führen verstand, sondern auch ein höchst schmerzliches Ereigniß für den kaiserlichen Schwager und Freund, welcher in Karl von Lothringen außer dem ruhmreichen Feldherrn und dem getreuen Staatsdiener auch den edelsten Verwandten zu beklagen hatte.

Noch Jahre nach des Herzogs Tode wurde sein Verlust als der eines Fürsten bedauert, welcher mit der Kraft und dem Muthe des Feldherrn die Weisheit des Staatsmannes vereinigt, und gleiches Zutrauen im Heere wie im Rathe seines Monarchen genossen hatte [18]).

Kurz nach dem Tode Karls von Lothringen und den beklagenswerthen Vorfällen, welche demselben vorhergegangen waren, trat ein Ereigniß ein, in dem wenigstens einiger Ersatz für jene traurigen Begebenheiten gefunden werden konnte. Es war dies der förmliche Beitritt des Herzogs von Savoyen zur großen Allianz.

Das Benehmen des Abbé Grimani hatte die Wahl desselben zum Unterhändler in glänzender Weise gerechtfertigt. So schlau und in jeder Intrigue gewandt der Herzog von Savoyen auch war, Grimani gab ihm in diesen Eigenschaften nichts nach. Aus einer der edelsten venetianischen Familien entstammt, war er schon früh in alle die Schleichwege damaliger italienischer Staatskunst eingeweiht worden. Niemand war geschickter als er, Verbindungen anzuknüpfen, einen Anhang, eine Partei zu bilden; Niemand verstand es besser, durch Versprechungen, durch beredte Schilderung des unfehlbaren Gelingens für weitreichende Plane einzunehmen und zu fesseln. Auch den Herzog von Savoyen wußte Grimani meisterhaft zu nehmen. Seinen Charakter kennend, war er freigebig mit glänzenden Anerbietungen. England und Holland versprachen Geld, der Kaiser Truppen; den meisten Eindruck machte jedoch die Zusage des Besitzes von Pignerol, wenn dasselbe den Franzosen abgenommen sein würde.

Aber noch immer zögerte der Herzog, und erst als der Ausgang des Feldzuges von 1689 für die Verbündeten ein günstiger gewesen war, als sich insbesondere die Macht Wilhelms III. in England immer mehr befestigt hatte, wandte sich Victor Amadeus der großen Allianz zu. Ein gemeinsamer Aufenthalt des Herzogs mit dem Kurfürsten von Baiern zu Venedig diente zur Vereinbarung der Bedingungen seines Übertrittes, welche durch den Vertrag vom 4. Juni 1690 bindende Kraft erhielten. Der Kaiser versprach fünftausend, Spanien zehntausend Mann Hilfstruppen. Bedeutende Subsidien wurden zugesagt und es ist bezeichnend für die damalige

Zeit, daß als eines der wirksamsten Zugeständnisse die Ertheilung des
Titels „Königliche Hoheit", und die Zusicherung des Kaisers galt, dem
savoyischen Gesandten den Rang gleich nach jenen der Könige einzuräumen.

Nachdem Ludwig XIV. Anfangs durch Versprechungen, dann durch
Drohungen den Herzog vom Beitritte zur Allianz abzuhalten gesucht,
hatte er den Generallieutenant Catinat, einen seiner fähigsten Heerführer,
zum Commandanten des schon in Piemont befindlichen französischen Armeecorps ernannt.

Nicolas Catinat, geboren im Jahre 1637, der Sohn eines Pariser
Parlamentsrathes, wandte sich in seiner Jugend dem Advocatenstande zu.
In einer Sache, die er vertheidigte, und von deren Gerechtigkeit er innig
überzeugt war, soll gegen ihn entschieden worden sein. Aus Unmuth darüber wurde Catinat Soldat. Hier that er sich durch unermüdliche Thätigkeit hervor, und bei vielen Anlässen zeigte er jenen kaltblütigen, besonnenen
Muth, welcher bedeutende Resultate verbürgt. So gewann er das Zutrauen
des großen Condé und dadurch war seine Laufbahn gemacht.

Vielleicht mehr noch als durch seine militärische Begabung zeichnete
sich Catinat durch persönliche Bescheidenheit und Liebenswürdigkeit, durch
Einfachheit in seinem Wesen, durch Adel der Gesinnung aus. Aus geringen
Lebensverhältnissen emporgekommen, war er so manchen seiner durch die
Geburt begünstigteren Waffengenossen, welche er durch überlegenes Verdienst in Schatten stellte, ein Dorn im Auge. Er hatte viele und hartnäckige Verfolgungen zu bestehen, aber im Mißgeschick wie im höchsten Glücke
bewahrte er stets denselben Gleichmuth. Niemals suchte er sich an seinen
Feinden zu rächen, und zuletzt mußten doch Alle seinem hervorragenden
Verdienste Gerechtigkeit widerfahren lassen. Catinat war es, von dem
der Herzog de la Feuillade dem Könige von Frankreich sagte, er wäre
gewiß ein eben so guter Minister oder Kanzler, als ein ausgezeichneter
Feldherr geworden.

Da die Franzosen bereits in Piemont standen, war für den Kaiser
eine schleunige Erfüllung der Allianz-Bedingungen um so dringender geboten. Er beeilte sich auch seinen Zusagen mit Gewissenhaftigkeit nachzukommen. Allsogleich nach Abschluß des Vertrages erhielt das in den
österreichischen Vorlanden befindliche Dragonerregiment Savoyen Befehl,
nach Piemont aufzubrechen. Ihm folgten die Infanterie-Regimenter

Lothringen und Sachsen-Coburg, dann die beiden Cavallerie-Regimenter
Taaffe und Montecuccoli. Dem Prinzen Eugen, welcher zum General
der Cavallerie ernannt worden war, wurde der Oberbefehl über die
kaiserliche Streitmacht in Piemont anvertraut.

Während seine Truppen durch Graubündten dem Orte ihrer Bestimmung zuzogen, eilte Eugen ihnen voraus, um einstweilen doch sein
eigenes Schwert der gemeinsamen Sache widmen zu können.

Im Lager von Carpenetto, eine Miglie von Carignan, traf Eugen
den Herzog von Savoyen, der sich bemühte, wenigstens einen Theil seines Landes vor den verheerenden Zügen der Franzosen zu decken. Bei
Carignan wurde ein festes Lager bezogen. Die Plünderungen aber,
welche Catinat wider seinen Willen, auf den ausdrücklichen Befehl des
Königs von Frankreich, überall geschehen lassen mußte, das Niederbren-
nen der Städte und Dörfer, die Verwüstung der Saatfelder erbitterten
den Herzog aufs äußerste. Er konnte den Ruin seines Landes nicht unthätig mit ansehen, und dem französischen Heere folgend, nahm er eine feste
Stellung bei Villafranca.

So wenig Herzog Victor im Allgemeinen es scheute, einen Krieg zu
führen, so besaß er doch im Ganzen nur geringes Talent zur Leitung eines
solchen. Denn er ließ sich gar leicht von seiner natürlichen Lebhaftigkeit
hinreißen, und setzte mit zu großer Waghalsigkeit Alles aufs Spiel [19].
So trug er sich auch jetzt wieder mit dem Gedanken, eine Schlacht zu
liefern, um mit einem einzigen Schlage sein Land aus den Händen des
Zerstörers zu retten. Eugen aber, sonst so geneigt zu kühnem Wagnisse,
widerrieth dem Herzoge jeden entscheidenden Schritt vor Ankunft der
kaiserlichen Kriegsvölker. Denn das, was von piemontesischen und spanischen Kriegsleuten, meist neugeworbenen Soldaten, dem Herzoge zu
Gebote stand, schien Eugens Scharfblick nicht tüchtig genug, um mit
Hoffnung auf günstigen Erfolg den Kampf mit Catinats Kerntruppen
aufnehmen zu können: „Ich kann Sie versichern," schrieb er an den
Grafen Tarini, seinen Bevollmächtigten zu Wien, „daß man ohne
unsere Truppen hier nur sehr wenig ausrichten wird. Die Spanier werden kaum geneigt sein, den Krieg mit Nachdruck zu führen, wenn nicht
ein Armeecorps wie das des Kaisers erscheint, um den nothwendigen
Anstoß zu geben" [20].

Den Marsch dieser Truppen zu beschleunigen, die sich inzwischen mit ziemlicher Langsamkeit durch Graubündten gegen Piemont bewegten, sandte Eugen nach allen Seiten die dringendsten Schreiben. Es sollte ihm jedoch weder gelingen, sie zur rechten Zeit eintreffen zu machen, noch den Herzog vom voreiligen Schlagen abzuhalten. Ihn vor der Ankunft der kaiserlichen Truppen zum Kampfe zu bewegen, war Catinats Hauptabsicht. Durch eine Bewegung gegen Saluzzo, wo der Herzog bedeutende Magazine besaß, lockte ihn Catinat aus seiner festen Stellung bei Villafranca. Bei der Abtei von Staffarda kam es am 18. August zu einem Treffen, welches für den Herzog unglücklich ausfiel. Nur den Anstrengungen Eugens, der die Reiterei des linken Flügels befehligt und hier dem Vordringen des Feindes den hartnäckigsten Widerstand entgegengesetzt hatte, verdankte Victor Amadeus die Möglichkeit eines geordneten Rückzuges. Mit den Garden und der Gendarmerie des Herzogs von Savoyen deckte Eugen das Heer. Von dem Beginne der Schlacht bis zu ihrem Ausgange legte er eine Tapferkeit an den Tag, welche auch den Feinden Bewunderung abnöthigte. Selbst die französischen Schriftsteller bestätigen dieß [21]), und so diente sogar jenes unglückliche Ereigniß dazu, den Kriegsruhm des Prinzen noch zu erhöhen.

Im Lager von Moncalieri sammelte der Herzog von Savoyen die Trümmer seines Heeres. Dorthin zog er die neu ausgehobenen Milizen, dort vereinigten sich ihm, eine langersehnte Hülfe, die kaiserlichen Regimenter in einer Gesammtstärke von ungefähr siebentausend Mann.

Auch die spanischen Truppen kamen endlich aus dem Mailändischen an, aber nur gering war der Vortheil, welcher aus ihrer Anwesenheit gezogen werden konnte. Der Verfall des spanischen Reiches sprach sich nirgends deutlicher als in seinen Kriegsvölkern aus. Vor einem Jahrhunderte noch die gefürchtetsten Feinde des übrigen Europa, wurden sie jetzt schon zu den minderst tüchtigen Truppen gezählt. Das Übel zu erhöhen kam noch hinzu, daß der spanische Gouverneur von Mailand, Graf Fuensalida, ein hochmüthiger und aufbrausender, zugleich aber ängstlicher Mann, die beste Zeit mit Streitigkeiten über den Rang der Truppen untereinander hinbrachte [22]). Ebenso widersetzte er sich jeder Bewegung des nunmehr zu genügender Stärke angewachsenen Heeres. „Alles was „ich jemals von den Spaniern gehört habe," schrieb Eugen in höchster

Unzufriedenheit an den Grafen Tarini, „gleicht nicht im Entferntesten dem-
„jenigen, das ich nun von ihnen sehe. Ich begreife immer mehr, daß ihre
„einzige Absicht die ist, nichts zu thun. Denn bei Allem, was man vor-
„schlägt, finden sie Schwierigkeiten, und ich glaube nicht, daß es in ganz
„Piemont ein Lager gibt, in welchem sie sich für sicher halten" [23]).

Während dies im Lager von Moncalieri vorging, setzte Catinat
seine Verheerungszüge im Innern von Piemont fort. Befestigte Plätze,
offene Städte in großer Anzahl fielen in seine Hand und wurden meist
schonungslos niedergebrannt. Aber Eugen sorgte dafür, daß dieses barbarische Verfahren nicht immer ungestraft blieb. So hatte der französische
Commandant von Pignerol ein Detaschement von vierhundert Dragonern
und eine Abtheilung Infanterie nach Rivoli entsendet. Da dieses Städtchen
die ihm auferlegte Contribution nicht vollständig herbeizuschaffen vermochte, wurde es der entfesselten Wuth roher Soldaten, dem Feuer
und Schwerte preisgegeben. Mit reicher Beute beladen, machte sich die
Schar der Plünderer auf den Rückweg. Prinz Eugen aber, durch die
schwerbedrängten Landleute von dem feindlichen Zuge in Kenntniß
gesetzt, hatte sich mit einem Theile seiner Reiter und einigem piemontesischen Fußvolke in Hinterhalt gelegt. Er griff das französische Detaschement im geeigneten Momente mit solchem Nachdrucke an, daß die
Feinde die Beute im Stiche ließen und in wilder Flucht Pignerol zueilten. Sie wurden bis unter die Kanonen dieses Platzes verfolgt, und
so groß war die Erbitterung der kaiserlichen Reiter über die von den
Franzosen verübten Gräuelthaten, daß sie auch jenen unter ihnen, welche
die Gewehre weggeworfen hatten, kein Quartier geben wollten. Deßhalb
wurden über zweihundert Mann niedergehauen und nur ein geringer
Theil des Detaschements entkam in die Mauern der Festung [24]).

Unter anderen Verhältnissen und bei anderen Personen hätte eine
solche Waffenthat hingereicht zu ähnlichen Unternehmungen anzuspornen.
Es erscheint um so unbegreiflicher, daß dieß hier nicht geschah, als die
Truppen der Verbündeten den französischen nun an Zahl gleich, wenn
nicht überlegen waren. Aber die besten Entwürfe scheiterten an dem
Eigensinn und der Unentschlossenheit des Grafen Fuensalida. „Niemand
„will mehr mit ihm unterhandeln," berichtet Eugen dem Grafen Tarini,
„denn jeder scheut die Ausbrüche seiner Heftigkeit. Der Herzog, welcher

„sich nach Turin begab, will nicht mehr nach dem Lager zurückkehren, das
„zu verlassen die Spanier durch nichts zu bewegen sind. Er hält es für
„unvereinbar mit seiner Ehre, bei einem Heere zu verweilen, welches in die
„geringste Bewegung zu bringen er nicht der Herr ist. Im Kriegsrathe
„antworten die Spanier immer nur mit zweideutigen, halbverständlichen
„Worten, und wenn endlich irgend eine Sache dennoch beschlossen würde, so
„finden sie eine Stunde später so viele Hindernisse, daß man wieder nicht zur
„Ausführung gelangt. Wenn diese Leute eben so viel Befähigung und Eifer
„für das öffentliche Wohl hätten, als sie Geschicklichkeit und Schlauheit
„besitzen, um an ihr Ziel zu gelangen, welches nur in völliger Unthätigkeit
„besteht, so würden unsere Angelegenheiten sich in einem ganz anderen Zu-
„stande befinden. Ich zweifle nicht, daß wenn die Feinde gegen uns mar-
„schirten und um die Hälfte schwächer wären als wir, wir bis Mailand
„zurückweichen würden und nichts die spanischen Generale aufzuhalten ver-
„möchte. Glauben Sie nicht, daß es jugendlicher Ungestüm oder Feind-
„seligkeit ist, das mich so sprechen macht. Es ist nichts als die reine Wahr-
„heit, welche das ganze Land und die ganze Armee so gut kennen als ich
„selbst" [25].

Eugens lebhaftes Drängen nach thatkräftigerem Handeln war den
Spaniern im höchsten Grade unbequem. Er habe, sagten sie von ihm, eine
wahre Wuth sich zu schlagen [26]. Um ihn geschmeidiger zu machen, betrat
Fuensalida den Weg, auf welchem Menschen solchen Schlages ihres Gleichen nur zu leicht zu ködern verstehen. Er begreife nicht, erklärte er, wie
der Prinz sich von der spanischen Partei lossagen könne, indem er doch
wohl wisse, daß er von dieser Seite mehr als von jeder andern zu
erwarten habe. Aber solche Lockungen fanden bei Niemanden weniger
Eingang als bei Eugen. „Er fühle es lebhaft," antwortete der Prinz,
„daß er den Vortheil des Königs von Spanien besser wahrnehme als
„der Graf selbst. Denn die Interessen des Kaisers seien so enge mit
„denjenigen des Königs verbunden, daß wer dem ersteren eifrig diene, auch
„gegen den letzteren seiner Pflicht nachkomme" [27].

Es ist leicht begreiflich, daß unter solchen Umständen Catinat eben
so wenig abgehalten wurde, die Verwüstung des größten Theiles von
Piemont zu vollenden, wie der französische Generallieutenant Saint-Ruth
sich fast ganz Savoyens mit Ausnahme von Montmelian bemächtigte.

Die Verheerungen der Franzosen, die Unthätigkeit der Verbündeten erzeugten eine Muthlosigkeit im ganzen Lande, die bei jedem Anlasse in erschreckender Weise zu Tage trat. So ergab sich Susa schon zwei Tage nachdem es angegriffen worden, obgleich es mit allen Kriegsbedürfnissen wohl versehen war[28]). Der Befehlshaber und die Offiziere der Garnison wurden vor ein Kriegsgericht gestellt. Solche Strenge mag zwar als abschreckendes Beispiel nothwendig sein, zur Hebung des militärischen Geistes aber kann sie nicht ausreichen. Wo dieser fehlt, wird nur selten auf irgend einen Erfolg zu hoffen sein.

Nach den Verwüstungen, welche die Feinde in Piemont angerichtet, eignete sich das Land nicht mehr zu Winterquartieren für die Franzosen. Mit Hinterlassung starker Besatzungen in den Hauptwaffenplätzen Pignerol und Susa ging Catinat in die angrenzenden französischen Provinzen zurück. Die Truppen der Verbündeten bezogen gleichfalls ihre Quartiere. Die Spanier im Mailändischen, die Kriegsvölker des Herzogs in Piemont, den kaiserlichen Truppen unter Eugen wurde die Grafschaft Montferrat zum Aufenthalte angewiesen.

Diese Austheilung der Quartiere versetzte Eugen in eine höchst unangenehme Lage. Montferrat war ein kaiserliches Lehen, das sich im Besitze des Herzogs von Mantua befand. Der Herzog aber, obgleich er und sein Haus, welchem die Kaiserin Eleonore, die Witwe Ferdinands III. angehörte, von Kaiser Leopold mit Gunstbezeigungen überhäuft worden waren[29]), hatte doch in dem Streite mit Frankreich die Partei des letzteren ergriffen. Bei der Niedrigkeit der Gesinnung, welche er bei jedem Anlasse an den Tag legte, war es zu erwarten, daß die Dankbarkeit ihn nicht abhalten werde, den Lockungen des Goldes zu folgen, mit welchem ihn König Ludwig bestach[30]). Das Bedauerlichste dabei war, daß es dem Herzoge gelang, auch seine Unterthanen mit seiner eigenen Gesinnung zu erfüllen. Sie legten dieselbe durch die Feindseligkeit an den Tag, mit welcher sie den kaiserlichen Truppen begegneten. Fortwährend wurden Gewaltthätigkeiten an ihnen begangen, Offiziere und Soldaten in den Dörfern überfallen und erschlagen, oder auf unwegsamen Pfaden als Gefangene in die Berge geschleppt. Statt der gehofften Winterruhe litten Eugens Kriegsvölker, da sie es mit einem unsichtbaren, räthselhaft erscheinenden und ebenso wieder verschwindenden Feinde zu thun hatten, größeren Scha-

ben als während des Feldzuges selbst. Die Landesbewohner, durch fran=
zösische Soldaten aus Casale unterstützt, gingen sogar so weit, gegen tausend
an der Zahl, einen förmlichen Überfall auf eines der Quartiere der kaiser=
lichen Truppen zu versuchen. Aber Eugen hatte seine Maßregeln getroffen.
Das Regiment Taaffe empfing die Angreifer so wacker, daß deren fast die
Hälfte auf dem Platze blieb. Ein französischer Oberst befand sich unter
den Gefangenen [31]).

Diese Lection, so derb sie auch war, fruchtete doch nur wenig. Obgleich
die deutschen Soldaten die musterhafteste Mannszucht hielten [32]), dauerten
die Feindseligkeiten der Einwohner gegen sie doch fort und zeigten sich in
gehässigster Weise. „Niemals habe ich,“ schreibt Eugen an Tarini, „ver=
„rätherischere Schurken gesehen als in diesem Lande, wo man von nichts
„als Vergiftung und Meuchelmord reden hört. Täglich kommen mir Nach=
„richten zu, daß man mich vergiften wolle, daß man hoffe mich lebendig
„oder todt nach Casale zu bringen. Aber dieß bekümmert mich nicht, und ich
„werde es sie bereuen machen, ohne Grund die Waffen gegen die Truppen
„des Kaisers ergriffen zu haben [33]).“ Doch könne dieser Zustand so nicht
dauern, fährt Eugen fort, er müsse zu strengen Maßregeln schreiten und die
Bauern aufhängen lassen, die man mit den Waffen in der Hand ergreife. Der
Herzog von Mantua verdiene wohl das Schicksal, womit man die kaiserlichen
Soldaten bedrohe, und es dürfe nicht geduldet werden, daß ein kleiner Fürst
wie er sich ungestraft wider den Kaiser auflehne.

Inzwischen schien es der Herzog von Mantua auf's äußerste ankom=
men lassen zu wollen. Auf einen von Casale ausgegangenen Befehl ergriffen
alle Bauern die Waffen. Sie hielten Berathungen, wie man die kaiser=
lichen Truppen am besten überwältigen könne. Die verbrecherischsten Vor=
schläge, wie die Vertheilung vergifteten Weines, wurden gemacht [34]). Die
vereinzelten Ueberfälle auf die deutschen Soldaten dauerten fort. Die Land=
leute, immer kühner werdend, vereinigten sich zu großen Scharen und
schnitten die Verbindung der kaiserlichen Quartiere unter einander ab.

Eugen hatte vorerst den Weg der Milde versuchen wollen. Er hatte
die Langmuth so weit getrieben, daß er sogar zwei Bauern, welche kaiser=
liche Soldaten meuchlings ermordet hatten, nur im Gefängnisse hielt, um
die Einwohner durch den Anblick der Hinrichtung nicht noch mehr zu erbit=
tern. Aber dieses edelmüthige Benehmen, statt dankbar anerkannt zu werden,

steigerte nur die Frechheit, und es wurde endlich dringend nothwendig, den
meuterischen Landleuten heilsamen Schrecken einzujagen. Eugen zog daher
in Person mit vierhundert Mann und zweihundert Pferden gegen Bignale,
den Hauptort ihrer Zusammenkünfte. Ueberall traf er die feindlichste Hal=
tung, die ganze Gegend kam in Allarm, Sturmläuten und Trommel=
wirbel wurde ringsum hörbar. So wurde der Prinz auch empfangen als
er sich Bignale näherte. Doch wollte er noch den Weg der Güte einschla=
gen. Er selbst erklärte den Einwohnern, daß er mit friedlichen Absichten
käme und daß, wenn er gleichen Empfang fände, ihnen nichts Böses wider=
fahren solle. Aber diese wohlwollenden Worte wurden mit Schimpfreden
erwiedert, Schüsse und Steinwürfe fielen. Da ließ der Prinz die Thore
mit Beilhieben öffnen und seine Soldaten richteten ein großes Blutbad an.
Eugen, auch in den Drangsalen des Krieges seine Menschenfreundlichkeit be=
wahrend, war vor Allem besorgt, die Frauen vor Mißhandlung zu retten [35]).
Keine Sturmglocke, keine Trommelwirbel ertönten mehr, als Eugen durch
dieselben Ortschaften, durch die er am Morgen gekommen war, Abends
nach Moncalvo zurückkehrte.

Der Prinz hatte durch diese rasche That dasjenige erreicht, was er
beabsichtigte. Zwar änderte sich die feindliche Haltung des Herzogs nicht.
Die bewaffneten Versammlungen der Landleute dauerten fort und es ge=
schah alles, um die Ernährung der Truppen zu erschweren, ja wenn
thunlich ganz unmöglich zu machen. Aber die früheren Gewaltthätig=
keiten hatten wenigstens aufgehört, es war nicht mehr nöthig, fortwährend
eines Ueberfalles gewärtig zu sein, und Eugen erhielt Zeit an die Erfor=
dernisse des künftigen Feldzuges zu denken und darüber mit dem Herzoge von
Savoyen in Berathung zu treten. Victor Amadeus verlangte dringend, daß
Eugen sich nach Wien begebe, um dort mündlich die Nothwendigkeit einer
Verstärkung des kaiserlichen Armeecorps in Italien vorzustellen, auf bessere
Ausrüstung und pünktlichere Bezahlung desselben zu bringen. Eugen ließ
sich gern dazu bereit finden, denn seiner Ansicht nach war es mit dem An=
sehen des Kaisers unverträglich, eine so schwache Truppenzahl in Italien zu
unterhalten, welcher jeder kleine Fürst die Spitze zu bieten sich erkühne.
„Der Kaiser solle entweder gar keine, oder eine genügende Heeresmacht in
„Italien haben," erklärte Eugen, „und die daselbst befindlichen Streitkräfte
„müßten völlig zurückgezogen oder ausgiebig verstärkt werden [36])."

Dieser Meinung Eingang zu verschaffen, begab Eugen sich zu Ende des Monates März 1691 selbst nach Wien. Hier fand er sowohl den Kaiser als die einflußreichsten Staatsmänner in bester Stimmung für seine Ansicht und die daran geknüpften Begehren.

Vorzugsweise waren es der Reichsvicekanzler Graf Leopold Wilhelm von Königsegg, der Hofkanzler Theodor Heinrich Graf Strattmann und der Generalkriegscommissär und General der Cavallerie Graf Anton Carafa, welche die Vorstellungen des Prinzen unterstützten und auf Absendung einer beträchtlich stärkeren Streitmacht nach Italien drangen ³⁷). Die einflußreichen Aemter, welche Königsegg und Strattmann bekleideten, und das Vertrauen, das ihnen der Kaiser schenkte, waren Bürge, daß wo diese beiden Männer einträchtig zusammenwirkten, sie auch des Erfolges ihrer Bestrebungen so ziemlich sicher sein durften. Königsegg stand bei dem Kaiser in jenem Ansehen, welches derselbe mit einer gewissen Pietät alten Dienern seines Hauses immer erhielt. Ohne hervorragende Begabung war Königsegg doch immerhin von großer Erfahrung in Staatssachen und wurde daher, wenn nicht sein hohes Alter und seine gänzlich zerstörte Gesundheit es ihm unmöglich machten, an der Besorgung der Geschäfte theilzunehmen, noch immer gern gehört ³⁸).

Weit mehr aber als Königsegg war es Strattmann, welcher bei dem Kaiser hoch angeschrieben stand. Aus geringen Lebensverhältnissen hatte er sich durch persönliche Befähigung zu den vornehmsten Staatsämtern emporgeschwungen. Anfangs in brandenburgischen, dann in kurpfälzischen Diensten, war er aus den letzteren in jene des Kaisers übergetreten. Von Leopold I. in den wichtigsten diplomatischen Geschäften mit Vorliebe gebraucht, hatte er insbesondere als Bevollmächtigter bei dem Friedenscongresse zu Nymwegen seine seltenen Kenntnisse im vortheilhaftesten Lichte zu zeigen Gelegenheit gehabt. Er war es auch, welcher eifrig mitgewirkt hatte, des Kaisers dritte Vermählung mit der Prinzessin Eleonore von Pfalz=Neuburg zu Stande zu bringen, und der Einfluß dieser Fürstin sicherte Strattmanns Stellung am Wiener Hofe für immer. Nach Hochers Tode zum Hofkanzler ernannt, in den Grafenstand erhoben, lagen alle großen, alle geheimen Geschäfte in seinen Händen und er entledigte sich ihrer mit Eifer und Geschick. Die Leichtigkeit, mit welcher er die schwierigste Arbeit wie spielend bewältigte, sein erfinderischer Kopf, der in jeder, auch der verzweifeltsten Lage

Rath zu schaffen wußte, die Annehmlichkeit seines Umganges gewannen und bewahrten ihm die Hochachtung und die Zuneigung seines Monarchen.

Die Genialität, die in seinem Wesen lag, fesselte den Kaiser, die Gründlichkeit seiner Bildung imponirte ihm, seine ungeheuchelte Ergebenheit gewann ihm Leopolds unbedingtes Vertrauen. So wie Strattmann selbst nichts schwer ward, wie er die verwickeltsten Aufgaben mit Leichtigkeit zu lösen verstand, so wußte er auch demjenigen, der mit ihm zu arbeiten hatte, das sonst oft lästige Geschäft angenehm zu machen. Wahrhaft erstaunlich war die Schnelligkeit seiner Fassungskraft, die Klarheit seines Urtheils, die Bündigkeit seiner Darstellung. Wie es oft vorkommt bei so begabten Men=schen, so war er hartnäckig im Festhalten seiner Meinung, und fast nie dazu zu bringen, fremder Einsicht nachzugeben. Auch galt er als kein Freund angestrengten Arbeitens und nicht selten wurde eine Klage hörbar über seine zu große Neigung zu Zerstreuungen. Aber er wußte ja, daß es ihm leicht wurde, das etwa Versäumte einzubringen. Denn Jedermann gab zu, daß er kaum Stunden zu einer Arbeit bedurfte, welche Andere nur in eben so vie=len Tagen zu bewältigen vermochten.

Ohne Anhänger, ohne Partei am Hofe, hatte er Niemand als dem Kaiser sein Emporkommen zu danken. Aus diesem Grunde brauchte er aber auch Niemand als seinem Monarchen zu dienen, und er that es mit all dem Eifer und der Hingebung, welche durch warme persönliche Anhänglichkeit am besten geweckt werden. Voll Güte und Zuvorkommenheit gegen Jeder=mann, bewirkte er dadurch, daß selbst diejenigen ihm sein Glück zu ver=zeihen geneigter waren, welche die Stelle, die Strattmann einnahm, lieber in den Händen eines Mannes von glänzenderer Abstammung gesehen hät=ten. Wußte er durch eine angenehme Außenseite an sich zu ziehen, so gewann er vollends durch die Gediegenheit seiner Leistungen. Bald war keine Stimme angesehener im Rathe des Kaisers als diejenige Strattmanns. Wenn er gleich nicht den Namen eines ersten Ministers führte, so besaß er doch unbestritten den Wirkungskreis und das Ansehen eines solchen. So groß war sein Einfluß, daß man seinen Rathschlägen, seiner streitlustigen Gesinnung es zuschrieb, daß der persönlich so friedliebende Kaiser sich in so viele und langdauernde Kriege verwickelte.

Als charakteristisches Merkmal der Art und Weise, in welcher Stratt=mann die Geschäfte betrieb, ist die Offenheit seiner Reden und seiner Hand=

lungsweise angesehen worden. Er war ein grundsätzlicher Gegner jener An-
schauung, die damals schon in Aufnahme kam und in der ersten Hälfte
des vorigen Jahrhunderts ihren Höhepunct erreichte, daß derjenige der beste
Politiker sei, welcher seinen Gegner am vollständigsten zu überlisten, ja
zu betrügen verstand. So groß war das Vertrauen in Strattmanns
Wahrhaftigkeit und in die Unumwundenheit seiner Sprache, daß man ihm
manchmal mehr glauben wollte als er selber gesagt hatte.

Daß Strattmann mit Beharrlichkeit an seinem hohen Posten festhielt
und die Klippen vorsichtig zu umschiffen suchte, an denen so mancher seiner
Vorgänger gescheitert war, darf ihm nicht zum Vorwurfe gereichen. Denn
niemals brauchte er ein niedriges Mittel dazu, und er mußte ja selbst wissen, daß er seine Stelle besser ausfüllte, als ein Anderer es so leicht vermocht hätte. Niemals sich selbst überhebend, stets die Entscheidung dem
Kaiser anheimstellend, weckte er nie den Verdacht in seinem Monarchen, als
ob er ihn selbst zu regieren bezweckte. Daher blieb ihm auch des Kaisers
ungeschwächte Neigung bis an das Ende seines Lebens, und es war erfreulich für Strattmann, daß die Gunst, in welcher er bei dem Monarchen
stand, sich nicht allein durch Verleihung von Ehrenstellen kundgab. Die
reichen Besitzungen, die er, der ganz vermögenslos nach Wien gekommen
war, seinen Kindern hinterließ, waren die vollgültigsten Zeugnisse der Dankbarkeit des Kaisers für Strattmanns Dienste [39]).

In mancher Beziehung ähnlich mit Strattmann, in den meisten Punkten aber sein entschiedenster Gegensatz war Graf Ulrich Kinsky, Kanzler des
Königreichs Böhmen, Strattmanns vornehmster Nebenbuhler. Gleich diesem war er wohl unterrichtet in Wissenschaften, und insbesondere in Sprachen
bewandert. Gleich Strattmann diente er seinem Kaiser und Herrn mit Eifer
und Hingebung, mehr noch als jener widmete er sein ganzes Leben ausschließlich der Besorgung der Geschäfte, mit denen er betraut war. Aber
das gewinnende Wesen Strattmanns, seine Gewandtheit, seine Genialität
mangelten ihm völlig. Wie Strattmann frei und offen zu Werke ging, war
Kinsky's Benehmen stets voll gesuchter Geheimnißkrämerei, voll kleiner
Winkelzüge, und trug den Ausdruck einer berechneten Verstellung an sich,
die man doch immer gleich als solche erkannte. So wie jener mit Leichtigkeit über die Schwierigkeiten hinwegglitt, so schien Kinsky dieselben mit
einer Art Sorgfalt hervorzusuchen. Seine Aengstlichkeit vergrößerte sie,

unentschlossen blieb er an dem kleinsten Hindernisse kleben und so dringend
die Angelegenheit auch sein mochte, so wurde vor übergroßer Bedenklichkeit
deren Entscheidung gar oft ins Endlose verschoben. Häuften sich vollends
die Geschäfte, oder schienen sie unter einander sich zu widerstreiten, so war
es um Kinsky's Fassung geschehen. Es war dieß nicht die Folge einer
Muthlosigkeit Kinsky's, denn es fehlte ihm keineswegs an Herzhaftigkeit,
sondern es erschien mehr wie eine Wirkung seines eigenen Scharfsinnes,
der ihn bei allem was beschlossen wurde, neben dem günstigen Ergebnisse
das man davon hoffte, auch das Unheil wohl erkennen ließ, welches in dem
Falle des Mißglückens daraus entstehen konnte. So kam es daß der Kaiser,
so hoch er auch den Charakter Kinsky's achten mußte, dennoch nur ungern
mit ihm arbeitete und Strattmann weit den Vorzug gab. Auch die anderen,
insbesondere aber die fremden Minister flohen die Berührung mit Kinsky.
Ja es kam so weit, daß einige, wie die Gesandten von England und
Spanien, es ausdrücklich zur Bedingung machten, nicht mit Kinsky unterhandeln zu müssen. Denn es konnte nichts Peinlicheres gedacht werden,
als mit ihm eine Verhandlung zu führen. Ueberall witterte er Listen und
Ränke und glaubte deren gleichfalls anwenden zu müssen, um zu seinem
Ziele zu gelangen. Manche finden es rühmenswerth an ihm, daß er der
Erste war, welcher an den fremden Höfen Späher besoldete, die ihm
deren Geheimnisse ergründen und verrathen sollten.

Größeres Lob als dieser Ursache halber verdient Graf Kinsky der
Uneigennützigkeit wegen, die er bei jeder Gelegenheit bewies. Es wurde
als ein außergewöhnlicher Fall erzählt, daß er im Augenblicke seines Todes
um eine halbe Million weniger als bei seinem Amtsantritte besessen habe [40]).

Bei der so sehr verschiedenen Persönlichkeit der beiden Minister konnte
es kaum anders sein, als daß sie beide sich als Gegner ansahen und es in
der That auch waren. So zuvorkommend sie sich auch gegenseitig behandelten und so sehr es jeder vermied, ihren grundsätzlichen Widerspruch offen
werden zu lassen, so trat derselbe doch bei jeder Gelegenheit zu Tage und
Niemand am Hofe zweifelte daran. Ja der Kaiser schien sogar den Zwiespalt zwischen seinen beiden vornehmsten Räthen nicht ungern zu sehen. Er
glaubte, daß ihr Wetteifer jeden antreiben werde, seine beste Kraft aufzu-
bieten, um den anderen in Schatten zu stellen, und daß er selbst und das
allgemeine Wohl dabei am meisten gewinnen würden. Er übersah dabei,

daß wenn auch auf dieser Seite vielleicht etwas genützt, auf der anderen durch die Verzögerung, welche der Gegensatz zwischen den Ministern auf die Geschäfte ausüben mußte, weit mehr geschadet wurde.

Es war ein Glück für Eugen, daß was den Inhalt seiner Vorstellungen und den Stand der Dinge in Italien betraf, nicht nur Strattmann und Kinsky, was selten geschah, einer und derselben Ansicht waren, sondern auch Carafa sie mit Nachdruck unterstützte.

Die Politik des Hauses Oesterreich hat es von jeher für ersprießlich gehalten, Männer aus den vornehmeren Familien Italiens in seine Dienste zu ziehen und sich durch die Verbindungen derselben Einfluß in jenen Ländern zu sichern. Allein nicht dieser einzige Zweck war damit erreicht, das Kaiserhaus gewann auf solchem Wege auch manche bedeutende geistige Kraft, wie denn das wissenschaftliche Element im kaiserlichen Kriegsdienste im siebzehnten Jahrhunderte großentheils durch italienische Officiere vertreten wurde. Statt vieler nur wenige zu nennen, darf bloß an die Namen Montecuccoli, Piccolomini und Veterani erinnert werden. Der Zudrang des fremden Adels zu dem kaiserlichen Heere war um so häufiger, als der einheimische erst in den beiden letzten Jahrzehnten des siebzehnten Jahrhunderts mit größerem Eifer sich dem Kriegsdienste zu widmen begann [41]). Daher fielen die einträglichen Posten der Obersten und Generale häufig Fremden zu, welche sich in Masse herbeidrängten, eine so glänzende Versorgung emsig suchten, sie ohne große Schwierigkeit fanden und sich in derselben bereicherten [42]).

Gleiche Motive mögen veranlaßt haben, daß Antonio Carafa, der aus einer der vornehmsten neapolitanischen Familien abstammte, sich in den kaiserlichen Dienst begab. Obgleich dem Soldatenstande angehörend, wurde Carafa doch am liebsten zu Unterhandlungen gebraucht. Seine Geschäftstüchtigkeit machte ihn zu dieser Art der Verwendung vorzugsweise befähigt, während er als Soldat immer nur eine wenig bedeutende Rolle gespielt hat. Eine Berühmtheit furchtbarer Art aber erlangte sein Name durch die Grausamkeit, mit welcher er in Ungarn den Spuren einer, man weiß noch immer nicht mit Bestimmtheit ob wirklichen oder nur erdichteten Verschwörung nachforschte und die ihm gegebene Machtvollkommenheit mißbrauchend, unerwiesene Verbrechen blutig bestrafte. Dennoch würde man irren, wenn man in Carafa einen Mann von eisernem Charakter, einen rauhen wilden

Krieger, einen zweiten Alba vermuthen würde. Er war nichts mehr und nichts weniger als ein schlauer, gewandter Geschäftsmann im Soldatenrocke, der unter einer glatten Außenseite ein gefühlloses, ja grausames Gemüth verbarg. Wo man aber diesen bösen Eigenschaften enge Schranken zog, da war er höchst brauchbar und es kann nicht geläugnet werden, daß seine Vermittlung nicht ohne günstigen Einfluß auf die friedliche Unterwerfung Siebenbürgens unter das kaiserliche Scepter gewesen ist. Diese Geschäftstüchtigkeit war es auch, in Anbetracht deren ihm nach Rabatta's Tode das wichtige Amt eines kaiserlichen Generalkriegskommissärs verliehen wurde.

Als solchem standen ihm alle Verfügungen über die Bezahlung und die Einquartierung der Truppen, über die Herbeischaffung der Kriegs und Lebensbedürfnisse für dieselben zu. Carafa war in der That dieser schwierigen Aufgabe so sehr gewachsen, daß man es zunächst seinen zweckmäßigen Vorkehrungen zuschrieb, daß der Kaiser die Last eines gleichzeitigen Kampfes gegen die Türkei und gegen Frankreich zu ertragen vermochte.

Am Hofe gehörte Carafa entschieden zu Kinsky's Partei. Von Strattmann behauptete man, er sehe nur mit einer gewissen Eifersucht die häufige Verwendung Carafa's in diplomatischen Geschäften. Zur Führung derselben würde Carafa seiner Gewandtheit, ja seiner Schlauheit wegen völlig geeignet gewesen sein, wenn nicht manchmal dort, wo er einen Widersacher zu finden und sich angefeindet glaubte, plötzlich unter der glatten Hülle hervor die Heftigkeit seines südlichen Temperamentes sich Bahn gebrochen hätte. Diese Eigenschaft und der Starrsinn, mit dem er meist an vorgefaßten Meinungen festhielt, hatten oftmals seiner Laufbahn geschadet. Sie schmälerten auch das Zutrauen, welches der Kaiser sonst in ihn gesetzt hätte [43]).

Die eifrigen Bemühungen dieser Männer und der Nachdruck, mit welchem Eugen in den Conferenzen seine Ansicht vertheidigte, hatten den günstigsten Erfolg. Es wurde der Beschluß gefaßt, die in Piemont befindliche Streitmacht auf zwanzigtausend Mann zu bringen. Da dieß jedoch nur durch Zuziehung von Hülfstruppen möglich war, so wurde dem Kurfürsten von Baiern, um ihn zur Entsendung einiger Regimenter nach Piemont zu vermögen, der Oberbefehl über diese Streitkräfte angetragen.

Graf Carafa führte diese Unterhandlung zu München mit vieler Gewandtheit, und um seinen Worten noch größeren Nachdruck zu verleihen, begab sich Eugen auf den ausdrücklichen Wunsch des Kaisers am letzten April 1691 gleichfalls dorthin [44]).

Nicht nur Eugens Reise hatte den gewünschten Erfolg, es gelang dem Wiener Hofe noch außerdem, den König von England zu bestimmen, dem Herzoge von Savoyen dreimalhundert, dem Kurfürsten von Baiern aber einmalhunderttausend Thaler für den Marsch und den Unterhalt der Truppen zuzusagen. Endlich verwendeten sich noch die kaiserlichen Gesandten bei den Regierungen von England und Holland wegen eines von ihnen nach Italien zu entsendenden Hülfscorps.

Carafa war es hauptsächlich gewesen, welcher die Schwierigkeiten hinweggeräumt hatte, die sich der Verwirklichung der Plane Eugens entgegenstellten. Freilich that er dieß nicht ohne Nebenabsicht, denn er wünschte mit Lebhaftigkeit, das kaiserliche Armeecorps unter dem Obercommando des Kurfürsten befehligen zu dürfen. Eugen verwendete sich angelegentlich für ihn, denn er war damals der Ansicht, daß Carafa eben so sehr der gemeinsamen Sache die nützlichsten Dienste zu erweisen im Stande sei, als daß, wenn seine Wünsche nicht erfüllt würden, Niemand als er ihr größeren Schaden zuzufügen vermöge [45]). Der Prinz gab hieburch ein schönes, leider nur zu selten befolgtes Beispiel der Selbstverläugnung und der Unterordnung seines eigenen Vortheils unter die Rücksichten auf das allgemeine Wohl. Statt sich selbst um das Commando zu bewerben, suchte er dasselbe einem Anderen zu verschaffen, von welchem er sich eine höchst ersprießliche Wirksamkeit versprach.

Nachdem Alles dieß in Ordnung gebracht worden war, kehrte Eugen im Mai 1691 nach Piemont zurück, den Befehl über sein dort zurückgelassenes kleines Corps wieder zu übernehmen.

Die günstigste Veränderung, die er daselbst antraf, war die, daß Graf Fuensalida durch den Marquis von Leganez, einen erfahrenen und dem Kaiserhause ungemein ergebenen Mann in dem Gouvernement von Mailand und somit in dem Oberbefehle über die spanischen Truppen in Piemont ersetzt worden war [46]).

Die Freude, mit welcher Eugen diese Aenderung begrüßte, wurde aber durch den Blick auf die bedrängte Lage getrübt, in der er den Herzog von Savoyen fand.

Schon am 4. April 1691 hatte sich Nizza an Catinat ergeben, am 29. Mai fiel Avigliano, am 10. Juni Carmagnola. Turin selbst wurde bedroht. Der Hof verließ die Hauptstadt und suchte Zuflucht in Vercelli.

Es wurde kein Augenblick verloren, Turin in so guten Vertheidigungs= zustand zu setzen, als es die Kürze der Zeit und die sparsamen Mittel erlaubten, über die man zu gebieten hatte. Was die Schadhaftigkeit der Festungswerke für Turin befürchten ließ, sollte durch die Stärke der Be= satzung wieder aufgewogen werden. Das Commando der Stadt wurde für den Fall einer Belagerung dem Prinzen Eugen bestimmt. Denn ihn hielt der Herzog für den geeignetsten, gleichzeitig den Anfällen von außen zu widerstehen und den Nachtheilen zu begegnen, welche er von der Bestür= zung befürchtete, von der die Einwohnerschaft ergriffen war [47]. In über= zeugenderer Weise konnte der Herzog sein Vertrauen zu seinem Vetter nicht an den Tag legen, und es war dieß der sprechendste Beweis der hohen Mei= nung, welche man trotz des jugendlichen Alters des Prinzen von seiner ganz außergewöhnlichen Begabung hegte.

Die Unternehmung auf Turin erschien jedoch dem französischen Feld= herrn damals noch zu gefährlich. Er wandte sich von der Hauptstadt ab und gegen Cuneo, welches als Schlüssel zur Verbindung der Grafschaft Nizza mit Piemont für die Franzosen von besonderem Werthe schien. Die Belagerung dieses Platzes ging jedoch nur langsam von Statten. Der tapfere Widerstand der Besatzung war eben so sehr Ursache dieser gerin= gen Fortschritte, als die wenig geschickte Leitung der Belagerer, welche der französische Generallieutenant de Bulonde befehligte. Dieser letztere bot in der That so viele Blößen, daß der Herzog und Eugen in ihrer Absicht bestärkt wurden, den Entsatz von Cuneo zu unternehmen.

Am 26. Juni mit Tagesanbruch machte sich Eugen mit zweitausend fünfhundert Reitern auf den Weg, um sich gegen Cuneo zu begeben, auf seinem Marsche so viel Milizen als möglich zu versammeln und mit ihnen den Entsatz des Platzes zu versuchen. Sollte dieß nicht gelingen, so war die Absicht, wenigstens die Belagerten mit Schießpulver zu versehen, an welchem sie empfindlichen Mangel litten. Catinat, der von dem Zuge des Prinzen Nachricht bekommen hatte, entsandte ein überlegenes Detaschement, um Eugens Absichten zu vereiteln. Der Prinz sah ein, daß es nun vor allem gelte, der französischen Truppenabtheilung vor Cuneo zuvorzukommen.

Er gab daher alle Absicht eines Entsatzes auf und wollte sich darauf beschränken, das Pulver nach der Stadt zu bringen. Eugen ließ die Milizen zurück
und setzte, seinen Marsch zu beschleunigen, denselben nur mit der Reiterei
fort. Wer beschreibt jedoch sein Erstaunen, als er sich der Stadt näherte
und mit der Nachricht empfangen wurde, der Feind habe plötzlich die Belagerung aufgehoben. Dem Generallieutenant Bulonde war die Nachricht
von dem Anmarsche des Prinzen hinterbracht worden. War es die Furcht
vor Eugens Namen, oder hatte der Ruf die Anzahl seiner Streitkräfte so
weit übertrieben, gewiß ist nur, daß Bulonde plötzlich aufbrach und in solcher Verwirrung sein Lager verließ, daß er eine Kanone und ungefähr hundert verwundete Soldaten mit vier Officieren daselbst zurückließ [48]).

Wenige Stunden von seinem Lager entfernt, begegnete Bulonde der
Truppenabtheilung, welche ihm Catinat zur Verstärkung zugeschickt hatte.

Die übereilte Aufhebung der Belagerung von Cuneo machte einen für
die Franzosen äußerst ungünstigen Eindruck im Lande. Bulonde wurde verhaftet, jedoch bald wieder in Freiheit gesetzt. Der Herzog von Savoyen
aber war so erfreut über dieses Ereigniß, daß er zu dessen Andenken eine
Medaille prägen ließ und der Stadt Privilegien, ihren tapferen Vertheidi-
gern aber glänzende Belohnungen verlieh.

Von seinem glücklichen Zuge gegen Cuneo nach dem Lager von Moncalieri zurückgekehrt, mußte Eugen wieder die schönste Zeit in Unthätigkeit
vorübergehen sehen. Der Marquis von Leganez war zwar nicht so starr-
sinnig und übelwillig wie sein Vorgänger, aber auch er war jeder kühnen
Unternehmung abhold, auch er fürchtete jede Verantwortlichkeit, und sein
einziges Trachten war, die Grenzen des Gebietes von Mailand vor einem
etwaigen Einfalle der Franzosen sicher zu stellen. Dem Drängen Eugens
suchte man durch Verdächtigung desselben in Spanien, vielleicht auch in
Wien zu begegnen. Man behauptete von ihm, daß er zu sehr nach glänzenden Kriegsthaten dürste, daß er zu ungestüm, zu wenig bedächtig sei,
während doch nichts als die Unthätigkeit der Verbündeten, durch die spanischen Generale verschuldet, an den bisherigen Fortschritten der Franzosen
Schuld trug. Aber Eugen hegte keine Scheu vor den Verleumbungen derjenigen, welche seine Absichten nicht theilten. „Die Feinde wären längst
schon geschlagen," schrieb er dem Grafen Tarini, „wenn jeder seine Pflicht
„thun würde. Man mag von mir sagen, was man will, ich werde es nie-

„mals beachten, denn es wäre Unrecht, wenn durch irgend ein Privatinteresse
„dem Dienste des Kaisers und dem allgemeinen Wohle Schaden zugefügt
„würde [49].“

Das seit langem ersehnte und endlich erfolgte Eintreffen der Verstär-
kungstruppen machte der Unthätigkeit, welche im Lager zu Moncalieri
geherrscht hatte, ein Ende. Zuerst war der Herzog von Schomberg eingetroffen, der Sohn jenes berühmten Feldhauptmannes, der vor kurzem in
Irland den Tod gefunden hatte. Schomberg führte einige aus Schweizern
und französischen Protestanten gebildete, in englischem und holländischem
Solde stehende Regimenter herbei. Dann kamen die kaiserlichen Generale
Graf Carafa, Graf Pálffy und der Prinz Commercy an der Spitze von
zwölftausend Mann. Endlich führte der Kurfürst von Baiern selbst, der
durch Erkrankung so lange in Deutschland zurückgehalten worden war,
fünftausend Mann seiner eigenen Truppen herbei.

Von Maximilian Emanuel erwartete Eugen, daß er noch immer der
glänzende Kriegsfürst sei, der er sich vor drei Jahren bei der Erstürmung
von Belgrad gezeigt hatte. Damals war der Kampf im eigentlichsten
Sinne des Wortes seine größte Freude gewesen. Mit wahrer Todesverachtung hatte er sich stets in das dichteste Handgemenge gestürzt, und keiner
war, dem er an persönlicher Tapferkeit zurückstand. Keine einzige Eigenschaft mangelte ihm, welche den braven Soldaten ziert, aber alle jene
gingen ihm ab, die den wahren Feldherrn ausmachen. Auf den Gegner
einbringen, sei es im offenen Anprall, sei es im Überfall auf dessen Lager
oder im Sturme gegen die feindliche Bresche, das war seine Lust. Aber
den Plan dazu zu entwerfen, die Bewegungen großer Massen mit scharfem
Überblick zu lenken, die Blöße des Gegners zu erspähen, seine Absicht zu
errathen und ihr zuvorzukommen, für alle die tausend Bedürfnisse seines
eigenen Heeres zu sorgen, kurz alles das zu thun, was dem Feldherrn als
solchem obliegt, das verstand er nicht, darum kümmerte er sich nicht, sondern
überließ es seinen Generalen.

Auf diesen ruhte daher die eigentliche Last der Kriegführung. Waren
sie tüchtig, so konnte noch auf günstigen Erfolg gehofft werden. Aber ein
Hauptvortheil ging bei einer solchen Einrichtung doch immer verloren.
Denn die oberste Leitung der Operationen lag nicht in einer einzigen sicheren Hand, sondern es mußte ein gewisses Schwanken in den Entschlüssen

fühlbar werden, je nachdem der eine oder der andere General den Oberfeldherrn für seine Ansicht zu gewinnen vermochte.

Carafa war ein Mann von Kenntnissen, und deßhalb hatte ihn selbst
Eugen zum ersten Rathgeber des Kurfürsten für geeignet gehalten. Der
Prinz hatte geglaubt, daß die beiden Chefs der Armee sich gegenseitig
ergänzen, und der eine die Eigenschaften mitbringen würde die dem andern
fehlten. Aber so richtig dieß auch gewissermaßen erschien, so zeigte es sich
doch bald daß Carafa dem ihm angewiesenen Posten nicht gewachsen war.
In anderer Stellung hatte er für bedeutend gegolten, zu einem größeren
Commando berufen, vermochte er das in ihn gesetzte Vertrauen in keiner
Weise zu rechtfertigen.

Graf Johann Karl Pálffy, ein Sohn des Palatinus Paul Pálffy,
galt als ein Mann von Verstand und von lebhafter Anhänglichkeit an das
Kaiserhaus. Dieses erwies sich dafür auch im vollen Maße dankbar; denn
in jener Zeit bürgerlicher Unruhen war es für die Regierung von großem
Werthe, Männer aus so angesehenen Familien, wie die Pálffy, die Esterházy es waren, mit unerschütterlicher Festigkeit an dem Throne festhalten
zu sehen. Der Absicht zu zeigen, daß treugebliebene Ungarn im kaiserlichen
Dienste besondere Berücksichtigung fänden, wurde denn auch die rasche
Beförderung Pálffy's zugeschrieben, dessen militärische Dienste von keiner
besonderen Bedeutsamkeit waren.

Größere Befähigung zum Kriegsdienste als Pálffy, wenn gleich nicht
entfernt an jene Eugens hinanreichend, besaß Karl Franz Prinz von
Commercy, der älteste Sohn des französischen Generallieutenants Grafen
Lislebonne aus der zum Hause Lothringen gehörigen Familie Harcourt.

Kurz nach Eugen in österreichische Dienste getreten, hatte Prinz Commercy meist in der näheren Umgebung seines erlauchten Verwandten, des
Herzogs Karl von Lothringen, rasch eine Stufe nach der anderen in der
militärischen Laufbahn erstiegen. Sein liebenswürdiges, ritterliches Wesen
gewann ihm die Neigung aller, die ihn kannten, während die glänzende
Tapferkeit, die an wahren Heroismus gemahnende Unerschrockenheit, welche
er überall, insbesondere in den Türkenkriegen an den Tag legte, die größte
Bewunderung verdienten. Aus Ungarn folgte er dem Herzoge von Lothringen
an den Rhein. Nach dessen Tode soll sich Prinz Commercy an Ludwig XIV.
um Erlaubniß zur Rückkehr nach Frankreich gewendet haben. Ob der

König dieß Begehren zurückwies oder das Projekt sich in anderer Weise zerschlug, ist unbekannt. Gewiß ist nur, daß Prinz Commercy im kaiserlichen Dienste verblieb, und nun, ein hochwillkommener Waffengefährte für Eugen, nach Italien gesendet wurde, dort in seiner Charge als Feldmarschall-Lieutenant zu dienen. Er füllte diesen Platz vollkommen aus. Ob er aber bereinst zu selbstständiger Wirksamkeit ebenso befähigt sein würde, glaubte man bezweifeln zu müssen. Die zu große Heftigkeit seines Temperamentes ließ befürchten, daß er niemals dazu gelangen werde, sich selbst so zu beherrschen und im Zaume zu halten, wie es für einen Feldherrn nöthig ist [50]).

Nach dem Eintreffen der Verstärkungen zählte das Heer der Verbündeten mehr als vierzigtausend Mann und war somit den Franzosen weit überlegen. Bei dem Thatendurste des Kurfürsten konnte von einer längeren Unthätigkeit nicht mehr die Rede sein. Hatte es Eugen nicht gelingen können, die Bedenklichkeiten des Marquis Leganez schon früher zu beseitigen, so mußten dieselben doch vor dem ausgesprochenen Willen des Kurfürsten von Baiern verstummen. Er, der Schwiegersohn des Kaisers, der Beherrscher eines reichen Landes, der Eroberer von Belgrad, setzte mit Leichtigkeit dasjenige durch, was Eugen, der nachgeborne Prinz und länderlose Fürst, nicht zu erreichen vermocht hatte. Schon am Tage nach dem Eintreffen des Kurfürsten brach das Heer auf und wandte sich gegen den Feind.

Den Po aufwärts gingen die Verbündeten nach Carignano. Catinat begriff sogleich, daß seine überlegenen Gegner eine Schlacht wünschten. Dieser auszuweichen und gleichzeitig Saluzzo zu schützen, zog er sich zurück. Eugen aber, stets voll Wachsamkeit, jede Blöße erspähend, die der Gegner bot, und sie mit Blitzesschnelle benützend, warf sich mit fünfhundert Dragonern auf die feindliche Nachhut. Mit ungemeiner Energie vollführte der Prinz den Angriff. Drei feindliche Schwabronen wurden fast gänzlich aufgerieben und die wenigen Flüchtlinge, die entkamen, versetzten selbst das französische Hauptheer in Schrecken [51]).

Die Alliirten wählten nun eine günstige Stellung unweit Staffarda, wodurch sie Catinat die Verbindung mit Pignerol abschnitten. Sie hofften ihn entweder zum Schlagen oder zum Rückzuge auf französisches Gebiet zu zwingen. Aber der französische Feldherr war mit Lebensmitteln wohl verfehen, und er wich nicht aus feiner ftarken Pofition bei Saluzzo, in der ihn die Verbündeten nicht anzugreifen wagten.

Selbft Eugen war nicht für den Angriff diefer feften Stellung. Aber er war der Meinung, daß man den Po überfchreiten, dem Feinde fich fo fehr als möglich nähern und ohne geradezu auf ihn loszugehen, ihn doch fo ftark bedrängen folle, daß auch feine Verbindungen mit Saluzzo, mit Carmagnola und Savigliano geftört würden. Dieß leichter zu bewerkftelligen, follten die Landleute der ganzen Gegend unter die Waffen gerufen und zur Wegnahme der Zufuhren angewiefen werden. Dann müßte Catinat feine vortheilhafte Stellung verlaffen und eine Gelegenheit zur Schlacht fich bieten.

Für den Fall der Verwerfung diefes Vorfchlages war Eugen für den Entfatz von Montmelian, des wichtigften Platzes von Savoyen, der von den Feinden hart bedrängt wurde. Ja diefer Entfatz fchien Eugen eigentlich als die dringendfte und nothwendigfte Unternehmung, jedoch als unvereinbar mit der Abficht, den Feind einzunengen und zu einer Schlacht zu zwingen [52]).

In dem vielköpfigen Kriegsrathe wurde weder der eine noch der andere Vorfchlag angenommen, fondern man entfchloß fich zur Belagerung von Carmagnola. Eugen ward mit zweitaufend Reitern vorausgefchickt, um die Entfendung von Verftärkungen nach dem Platze zu verhindern. Am 28. September traf er mit dem Hauptheere vor Carmagnola zufammen. Am 8. Oktober ergab fich die Befatzung auf die Bedingung freien Abzuges.

Catinat hatte, wie Eugen vorhergefehen, die Entfernung der Verbündeten benützt, um fein Lager bei Saluzzo unangefochten zu verlaffen und fich auf Pignerol zurückzuziehen. Noch war es Zeit das begangene Verfehen gut zu machen, und Eugen rieth dringend, dem Feinde rafch zu folgen. Da Catinat, fo meinte der Prinz, um jeden Preis ein Treffen zu vermeiden fuchen werde, fo müßte es ein Leichtes fein, ihn zur Rückkehr über die Gebirge zu nöthigen und dann nach freier Wahl entweder Sufa anzugreifen oder Pignerol zu bombardiren, ja fogar beides zu gleicher Zeit zu thun. Denn keine diefer Unternehmungen fei mit befonderen Schwierigkeiten verbunden, und die erftere fogar von großer Wichtigkeit für den Entfatz von Montmelian [53]).

5

Aber auch dieser einsichtsvolle Rath schien nur gegeben, um nicht befolgt zu werden. Man ließ Catinat volle Freiheit sich zu bewegen, ein Zugeständniß, von welchem derselbe denn auch wacker Gebrauch machte. Der französische Feldherr sandte einen Teil seiner Reiterei nach Frankreich zurück. Einige tausend Mann warf er nach Pignerol, mit dem Reste des Heeres wandte er sich gegen Susa, verstärkte dessen Besatzung und nahm selbst eine feste Stellung in der Nähe des Platzes.

Die Verbündeten hatten inzwischen die Belagerung von Susa beschlossen. Sie fanden jedoch die Höhen um die Stadt mit so zahlreichen und so wohl postirten Streitkräften besetzt, daß eine Belagerung Susa's unausführbar schien. Zu dem gleichfalls in Vorschlag gebrachten Bombardement von Pignerol mangelten, so gab man wenigstens vor, die nöthigen Geschütze, und Montmelian hielt man für zu weit entfernt, um diesem so wichtigen Platze Hülfe bringen zu können [54]). Es wurde daher am 25. Oktober der Rückzug angetreten. Die Feinde warfen sich auf die Nachhut, welche aus dem kaiserlichen Regimente Lothringen und dem savoyischen Garderegimente bestand. Das Feuer war von beiden Seiten sehr lebhaft. Eugen befand sich wie gewöhnlich mitten in demselben, sein Page Santus fiel. Jedoch wurde der Rückzug mit ziemlicher Ordnung bewerkstelligt [55]).

Die Verstimmung, mit welcher das Fehlschlagen der Unternehmung auf Susa die Feldherrn der Verbündeten erfüllte, trug wohl das meiste dazu bei, daß man an keine neuen Plane mehr dachte. Die Truppen wurden in die Winterquartiere verlegt. Nur Catinat gönnte sich noch nicht die von dem verbündeten Heere so eilfertig gesuchte Ruhe. Er begab sich persönlich nach Montmelian und setzte mitten im tiefen Winter dessen Belagerung fort. Am 29. Dezember 1691 ergab sich die Besatzung nach einer wahrhaft glänzenden Vertheidigung auf die Bedingung freien Abzuges nach Turin.

Die Ereignisse dieses Feldzuges hatten Eugen mit dem tiefsten Unmuthe erfüllt. Je größere Hoffnungen er auf die zahlreichen Verstärkungen gesetzt hatte, welche nach Piemont gesendet worden waren, desto bitterer war die Enttäuschung über die mit denselben errungenen Erfolge. Er hatte sich vollen Ernstes geschmeichelt, es werde den Verbündeten möglich sein, nicht nur die Feinde ganz aus dem Ländergebiete des Herzogs von Savoyen zu vertreiben, sondern den Kriegsschauplatz, wie es des Kaisers und Eugens innigster Herzenswunsch war, auf französischen Boden zu verlegen. Nun waren der Entsatz von Cuneo und die Einnahme von Carmagnola die einzigen und wenig bedeutenden Waffenthaten des ganzen Feldzuges gewesen. Derselbe hatte noch überdieß mit einer fehlgeschlagenen Unternehmung, der gegen Susa, geendigt.

Die Leiter der Operationen waren es, denen nach Eugens Ansicht die Hauptschuld des so wenig befriedigenden Ausganges beigemessen werden mußte. Maximilian Emanuel schien nicht mehr derselbe, der er vor Ofen und Belgrad, der er auf dem Schlachtfelde am Berge Harsan gewesen war. Sein Drang nach kühnen Thaten schien der frivolen Leichtfertigkeit, welcher er von jeher zu viel Spielraum eingeräumt hatte, vollends erlegen zu sein. Mehr aber noch als den Kurfürsten, der ja doch der Sache nur den Namen zu geben hatte, traf in Eugens Augen den Grafen Carafa die Schuld des Mißlingens so großartiger Entwürfe. Die wichtigsten Feldherrngaben fehlten Carafa gänzlich, der Ueberblick über große Verhältnisse, der Muth des Entschlusses und die Kühnheit der Ausführung. Durch diese Mängel kam ein solches Zaudern und Schwanken in die Operationen der Verbündeten, daß Eugen, in seinem Unmuthe wohl zu weit gehend, dem Grafen Carafa auch alle militärischen Kenntnisse absprach: „Ich glaube nicht," schrieb er dem Grafen Tarini, „daß es irgend Jemand geben kann, der „weniger Soldat ist und sich weniger auf den Krieg versteht, als unser „Generalcommissär, insbesondere wenn er durch einen Cavalleriegeneral wie „Pálffy geleitet wird 56)".

Zur Strenge dieses Urtheils mag auch das Zerwürfniß beigetragen haben, in welches Eugen bald nach dem Eintreffen Carafa's mit ihm gerathen war. Die neu angekommenen Truppen hatten große Excesse begangen, denen man nur durch scharfe Edikte steuern zu können glaubte. Diese fanden aber gegen die Soldaten von Eugens Regiment allein Anwendung, während den übrigen, so meinte wenigstens der Prinz, jede Unbill ungestraft hinging. Eugen reclamirte einen seiner Leute um, wie das Recht des Regimentsinhabers es mit sich brachte, mit ihm selbst nach dem Gesetze verfahren zu lassen. Denn nach dem Begnadigungsrechte, dem größten Privilegium, welches damals den kaiserlichen Regiments-Commandanten zustand, war ihnen einzig und allein die Vollziehung oder Aufhebung des über einen ihrer Leute gefällten Urtheils eingeräumt. So hoch wurde jenes Recht

gehalten, daß wie der alte Rink bezeugt, der Kaiser selbst einem verurtheilten Soldaten nicht das Leben schenken konnte. So eifersüchtig wachten
die Obersten über ihr Privilegium, daß die Vermittlung des Kaisers oder
der Kaiserin zu Gunsten eines Verurtheilten um so gewisser seinen Tod
herbeiführte, denn sie wollten Niemanden, auch den Höchststehenden nicht,
den geringsten Einfluß auf die nur dem Obersten gebührende Entscheidung
über Leben und Tod des Soldaten einräumen ⁵⁷).

Hierauf meinte nun auch Eugen vollen Rechtes sein Verlangen stützen
zu können. Aber der Auditor, von Carafa mit der Durchführung des Pro-
zesses beauftragt, weigerte die Rückgabe des Dragoners. Ohne Zaudern
wurde der kriegsrechtliche Spruch gefällt und die Hinrichtung des Schuldigen vollzogen. Auch Eugen war damals der Meinung, daß die Disciplin
in den Regimentern nur durch die unbeschränkte und von den Generalen
unabhängige Autorität der Obersten erhalten werden könne. In seiner
Person die Rechte des Regimentscommandanten verletzt, Carafa und den
Auditor im Unrecht glaubend, ließ sich der Prinz gegen den letzteren zu heftigen Drohungen hinreißen ⁵⁸).

Carafa war darüber hoch erzürnt und er ließ Eugen sagen, wenn
derselbe gleich als Prinz geboren sei, so würde man sich doch auch von ihm
Gehorsam zu verschaffen wissen.

Eugen, der von jeher seinen Stolz darein gesetzt hatte, seinen Oberen
den pünktlichsten Gehorsam zu beweisen, war über den ihm gemachten Vorwurf der Insubordination höchlich erbittert. So lebendig aber dieses Gefühl
und die Ueberzeugung erlittenen Unrechts in dem Prinzen war, so gab ihm
doch die unedle Weise, in welcher Carafa diesen Vorfall ausbeutete, gar bald
seine würdevolle Haltung wieder. Denn Eugens Abteien waren im Laufe
des Krieges vollständig niedergebrannt und geplündert worden. Die Einkünfte aus denselben fielen somit für längere Zeit hinweg und der Prinz
befand sich, wie Carafa wußte, in bringender Geldverlegenheit. Diese zu
mehren und sich in so niedriger Weise zu rächen, erklärte Carafa, der als
Generalkriegscommissär auch das Geldwesen der Armee in seinen Händen
hatte, daß Eugen fruchtlos auf die Auszahlung seiner Bezüge warten
werde.

So verletzt der Prinz über diese Vorgänge Carafa's auch war, so ließ
er sich doch nicht dazu hinreißen, ihm persönlich in unziemlicher Weise zu

begegnen. Ihre äußeren Berührungen blieben in den vorgezeichneten
Schranken, aber gegen seine Vertrauten sprach Eugen sich mit Erbitterung
über Carafa aus. Tarini wurde beauftragt, in Wien zu erklären, daß der
Prinz um keinen Preis mehr unter Carafa fortdienen, daß er eher den
kaiserlichen Dienst gänzlich verlassen werde, und daß er um einen Ausweg
einzuschlagen, die Bitte stelle, dem nächsten Feldzuge in Deutschland unter
seinem Vetter und Freunde, dem Markgrafen Ludwig von Baden beiwohnen
zu dürfen.

Das Benehmen des Kaiserhofes in dieser Sache war voll Würde und
Takt. Man konnte es dem Prinzen nicht ersparen, ihn das Unrecht, das er
begangen hatte, auch fühlen zu lassen. Und doch wurde der Tadel in so
milder und versöhnlicher Weise ausgesprochen, daß Eugen, dessen vortrefflicher Dienste man so dringend bedurfte, sich dadurch nicht gekränkt fühlte.
Er schrieb dem Grafen Tarini, daß er nicht mehr von der Sache sprechen
werde, „obwohl ich nicht begreife," setzt er hinzu, „daß man meine Bot-
„schaft an den Auditor gar so tadelnswerth gefunden habe." Dem Grafen
Strattmann aber, dem er die befriedigende Ausgleichung der Sache zuschrieb,
dankte er für seine Freundschaft und versicherte ihn auf's heiligste, daß er
sich niemals in irgend einer Angelegenheit zu einem dem Dienste des Kaisers
nachtheiligen Schritte werde hinreißen lassen [59]).

Eugens lebhafter Wunsch, bei der unangenehmen Stellung, in die er
zu Carafa gerathen war, den Winter nicht in Italien zubringen zu müssen,
fand von Seite des Kaiserhofes bereitwillige Gewährung. Der Prinz hatte
die angelegentliche Bitte gestellt, sich zum Besuche seiner Mutter, die er
seit sechs Jahren nicht gesehen habe, nach den Niederlanden und dann nach
Wien begeben zu dürfen [60]). Eugen erhielt diese Erlaubniß, er führte
seinen Vorsatz aus und schon im Jänner des Jahres 1692 finden wir den
Prinzen in Wien, auf's eifrigste mit den Vorbereitungen zum nächsten Feldzuge beschäftigt.

Viertes Capitel.

Daß man in Wien das Benehmen Eugens gegen Carafa tadelte, zeigte noch nicht, daß man mit dem Letzteren zufrieden gewesen wäre. So wenig man dem Prinzen mit seinen persönlichen Beschwerden gegen den Grafen Recht gegeben hatte, so sehr fand man die Anschuldigung gegründet, daß für die geringen Erfolge, die man in Italien davon getragen, Niemand mehr als Carafa verantwortlich zu machen sei. Zu dem Mißlingen der Operationen kam nun auch das tadelnswerthe Benehmen, welches Carafa nach Beendigung des Feldzuges beobachtete. Schon einmal hatte der Wiener Hof eine traurige Erfahrung mit ihm gemacht und durch Carafa's kaltblütige Grausamkeit wäre bald eine kaum gewonnene Provinz wieder auf's Spiel gesetzt worden. Aehnliches drohte auch in Italien, und schon frühzeitig hatte Eugen darauf aufmerksam gemacht, daß gleiches Benehmen wie in Ungarn, auch hier die gleiche Wirkung befürchten lasse [1]. Der Kaiser, stets mild und versöhnlich gesinnt, war daher auch unzufrieden mit Carafa, und Eugens freimüthige Vorstellungen fanden die wohlwollendste Aufnahme [2].

Es ist leicht begreiflich, daß der Kurfürst von Baiern in Wien die Art seiner Kriegführung während des vergangenen Feldzuges zu rechtfertigen sich bemühte. Aber die Ereignisse selbst sprachen zu laut wider ihn, und Niemanden blieb es unbemerkt, daß er gar viel von der guten Meinung eingebüßt hatte, die früher von ihm und seinen militärischen Talenten gehegt worden war. Auch Carafa vermochte es nicht, sein Betragen zu beschönigen, so zahlreiche Freunde er auch am Wiener Hofe besaß [3]. Man hegte dort nicht minder weitreichende Entwürfe als im vorigen Jahre, und man war vollkommen mit England und Holland einverstanden, daß alles aufgeboten werden müsse, um in diesem Jahre die Hauptabsicht des Kampfes in Italien zu verwirklichen und den Krieg auf französisches Gebiet zu spielen.

Zur Erreichung dieses Zweckes mußte man sich aber entschließen, die Leitung der Angelegenheiten in völlig andere Hände zu legen. Der Oberbefehl wurde, ganz so wie ihn der Kurfürst von Baiern geführt hatte, dem Herzog von Savoyen anvertraut [4]) und er in dieser Weise für die Standhaftigkeit belohnt, mit welcher er die sich stets erneuernden Verlockungen Ludwigs XIV. wiederholt zurückgewiesen hatte. Carafa wurde zurückberufen. Es handelte sich darum ihm eine andere Bestimmung zu geben. Er selbst wollte als Nachfolger des Fürsten Anton von Liechtenstein die Stelle eines kaiserlichen Botschafters zu Rom erlangen. Diesen Wunsch zu erreichen, war er rastlos thätig. Unerschöpflich in der Aufzählung seiner eigenen Verdienste [5]), erbot er sich zur Niederlegung des Amtes eines Generalkriegscommissärs, und machte sich anheischig, den Papst, mit dem er von mütterlicher Seite verwandt sei, zur Bewilligung nahmhafter Subsidien für die Fortführung des Türkenkrieges zu bewegen. Carafa erlangte in der That den Posten, den er so sehnlich wünschte. Bevor er ihn aber antreten konnte, ereilte ihn plötzlich der Tod. An seiner Stelle wurde der Feldmarschall Graf Aeneas Caprara dem Herzoge von Savoyen an die Seite gesetzt.

Auch Caprara war, wie Carafa und der edle Friedrich Veterani, einer jener zahlreichen Italiener, welche im Militärdienste des Kaisers bereitwillige Aufnahme gefunden hatten. Aus einer vornehmen Familie Bologna's entstammt, sah Caprara seine Laufbahn schon in voraus durch günstige Verwandtschaftsverhältnisse geebnet. Seine Mutter war die Schwester Octavio Piccolomini's, und Fürst Raimund Montecuccoli sein naher Verwandter. Durch die Gunst des Letzteren gehoben und sich derselben nicht unwürdig zeigend, hatte Caprara gar bald die höchste militärische Würde erreicht. Durch die Erstürmung von Neuhäusel war sein Name in ganz Europa bekannt geworden. Am Kaiserhofe galt er für denjenigen der Generale, welcher alle anderen an wissenschaftlicher Bildung, an Kriegserfahrung überragte.

Doch diese so schätzenswerthen Eigenschaften wurden durch gar manche minder lobenswürdige verdunkelt. Caprara galt für geizig und habsüchtig, ja man behauptete von ihm, daß ihm nichts größeres Vergnügen bereite, als der Plünderung einer feindlichen Stadt, eines Lagers beizuwohnen und sich selbst den besten Theil der Beute zuzuwenden. Auch nannte man ihn schwer umgänglich, unverträglich, ja so mißgünstig gegen andere Generale und so neidisch auf ihre Erfolge, daß er beschuldigt wurde, sie oft durch kleinliche Intriguen an der Ausführung glänzender Thaten gehindert zu haben.

Er selbst war als Feldherr nicht unbeliebt bei seinen Soldaten, denn sie kannten die rege Sorgfalt, mit der er weit mehr als es damals gewöhnlich war, für ihre Bedürfnisse Vorkehrung traf. Aber dennoch fühlten sie sich nie recht wohl unter seiner Führung, denn dieselben Fehler, an denen Carafa litt, die Unentschiedenheit im Entschlusse, die Bedenklichkeiten bei der Ausführung, die Vorsicht, die in Aengstlichkeit ausartete, die unerträgliche Langsamkeit endlich klebten auch Caprara an, und sie brachten eine gewisse Lauheit in die Leitung der Operationen, welche den Soldaten Mißtrauen einflößte und sie statt mit Zuversicht, mit Unbehagen erfüllte.

Da König Ludwig XIV. sich persönlich zu seiner Armee nach Flandern begab, so waren, um diese zu verstärken und ihr glänzende Erfolge zu sichern, die übrigen französischen Heere nicht unmerklich geschwächt worden. Dieß war insbesondere mit den unter Catinats Befehle stehenden Streitkräften der Fall, und der Generallieutenant mußte sich darauf beschränken, wieder eine feste Stellung zwischen Susa und Pignerol einzunehmen. Von hier aus konnte er denjenigen der beiden Plätze unterstützen, der zuerst angegriffen werden würde.

Erst zu Anfang Juni begannen die Streitkräfte der Verbündeten sich im Lager bei Pancalieri zu versammeln. Die deutschen Truppen, die vor den übrigen daselbst eingetroffen waren, machten verschiedene Streifzüge gegen Pignerol. Nach dem Einrücken aller Heeresabtheilungen zeigten sich die Verbündeten den Franzosen wohl um die Hälfte überlegen. Bei solcher Uebermacht hoffte Eugen auf das Erringen entscheidender Resultate.

In dem großen Kriegsrathe, welchen der Herzog von Savoyen hielt, um über die zu unternehmenden Operationen Beschluß zu fassen, wurde die Frage erörtert, ob man Catinat in seiner verschanzten Stellung angreifen oder ob man durch das Thal von Barcelonnette in Frankreich einbringen solle.

Eugen gab seine Meinung über diese beiden Vorschläge zuerst mündlich und dann auch schriftlich ab.

„So schwierig der Angriff des feindlichen Lagers in einer so vortheil„haften Situation und in einer Gegend, welche die Franzosen so genau ken„nen, immerhin sei, so würde ich," erklärte der Prinz, „doch unbedingt

„dafür stimmen, wenn dadurch die Belagerung von Pignerol möglich ge-
„macht würde. Denn dieser Platz ist von einer solchen Wichtigkeit, daß
„nichts vernachläſſigt werden darf, was deſſen Wegnahme erleichtern könnte.
„Da dieß jedoch durch den Angriff auf das franzöſiſche Lager nicht der Fall
„wäre, so würde es zu nichts führen, auf eine so gefahrvolle und zugleich
„ungewiſſe Unternehmung einzugehen, dabei aber vielleicht so viele Leute
„zu verlieren, daß der ganze übrige Feldzug unbenützt vorübergehen könnte.
„Dieß aber müſſe vor Allem ein Heer zu vermeiden trachten, auf welches
„als eines der zahlreichſten die ganze Allianz erwartungsvoll die Augen
„gerichtet habe.“

„Der zweite Vorschlag, durch das Thal von Barcelonnette in Frank-
„reich einzubringen, sei weit leichter auszuführen, da die Gränze auf dieser
„Seite von feindlichen Truppen entblößt sei. Bis deren herbei kämen,
„könne mit Leichtigkeit irgend ein wohl zu vertheidigender Poſten weg-
„genommen werden. Ob man sich dort den ganzen Winter über erhalten
„könne, sei schwer voraus zu beſtimmen, aber etwas möge doch auch auf
„das Kriegsglück vertraut werden.“

„Zur leichteren Durchführung dieser Unternehmung müſſe man su-
„chen die Feinde zu täuschen und sie in der Meinung zu beſtärken, daß man
„einen Angriff auf ihr Lager beabsichtige. Zu diesem Ende wäre ein Obser=
„vationscorps in Piemont zurückzulaſſen, vor allem aber schleunigſt ein aus
„Dragonern und einiger Infanterie zu bildendes Detaſchement zur Beſetzung
„der Uebergangspäſſe abzusenden⁶).“

Die Meinung des Prinzen fand den Beifall der übrigen Generale.
Die Armee der Verbündeten wurde in mehrere Corps getheilt, wovon das
eine fünfzehntausend Mann stark unter dem Grafen Pálffy zur Beobach=
tung Catinats zurück blieb. General Pianezza wurde mit sechstausend Mann
zur Blokirung von Casale entsendet, das Hauptheer aber, noch neun und
zwanzigtausend Mann stark, wurde wieder in drei Abtheilungen getrennt,
um auf eben so vielen Wegen in Frankreich einzubringen. Das erste Corps
marschirte über Cuneo gegen Barcelonnette. Hier befanden sich der Herzog,
Caprara und Leganez. Das zweite Corps führte der Marquis Parella über
Saluzzo, Caſtel delfin und den Col de Longet nach Guilleſtre. Das
dritte Corps endlich, unter dem Herzoge von Schomberg, nahm seinen
Marsch durch das Thal von Luſerna gegen das Fort von Gueiras.

Prinz Eugen, welcher die Vorhut führte, ging der zweiten Colonne voraus.

Von den Bergbewohnern trefflich geführt, überschritten alle drei Heeresabtheilungen ohne Hinderniß die Gränzpässe. Hier im savoyischen Gebirge löste Eugen sein Wort, den französischen Boden nur mehr mit den Waffen in der Hand zu betreten. Guillestre, Barcelonnette wurden genommen, Embrun jedoch erst nach einer vierzehntägigen Vertheidigung, bei welcher Eugen eine Contusion in der Schulter erhielt [7]). Die Verletzung war aber so leicht, daß er schon am 19. August sich mit der Vorhut der Verbündeten gegen Gap in Marsch setzen konnte.

Man fand diese Stadt von den Einwohnern verlassen, jedoch mit allem angefüllt, was ermüdeten Soldaten nur immer erwünscht sein konnte. Wein und Lebensmittel waren in Menge vorhanden, aber auch außerdem eigneten sich die Soldaten alles zu, was für sie nur irgend Werth hatte [8]). Dann wurde die Stadt den Flammen übergeben.

So bedauerlich dieser Vorgang auch an und für sich sein mochte, so war es doch leicht begreiflich, daß die Deutschen und Piemontesen, als sich ihnen endlich einmal Gelegenheit bot zur Rache für die in der Pfalz und in Piemont verübten Gräuelthaten, diese nicht ungenützt vorübergehen ließen.

Die Meinungsverschiedenheit, die sich unter den Generalen der Verbündeten gleich von Anfang an über das Vorbringen in Frankreich erhoben hatte, trat nun von Tag zu Tage stärker hervor. Die Unternehmenderen aus ihnen, Eugen an ihrer Spitze, waren für Ausdehnung der Eroberungen in Frankreich. „Nichts hindert uns," erklärte der Prinz, „bis nach Grenoble „vorzugehen." Und in der That waren weder genügende Streitkräfte, noch feste Plätze vorhanden, welche dem Zuge der Verbündeten hätten Einhalt thun können. Die Zaghafteren meinten dagegen, man entferne sich zu weit von der Basis der Operationen und setze sich durch zu unvorsichtiges Vorrücken jedem nicht im voraus zu berechnenden Ereignisse ohne Rückhalt aus. Leider trat eine Begebenheit ein, welche den Fortschritten der Verbündeten ein größeres Hemmniß bereitete als es von Seite der Feinde geschah.

Noch während des Zuges gegen Gap war der Herzog von Savoyen von einem Fieber befallen worden, welches seine Rückkehr nach Embrun nöthig machte. Hier brachen die natürlichen Blattern aus und das Leben des Herzogs schwebte in dringender Gefahr.

Alles fühlte tief, von welcher Wichtigkeit der Ausgang der Krankheit des Herzogs von Savoyen für die gemeinsame Sache sein werde. Die Waffen ruhten und die nie rastenden Entwürfe wandten sich von dem Felde der Kriegführung auf das nicht minder ergiebige politischer Speculationen. Victor Amadeus hatte damals noch keine männlichen Erben. Der taubstumme Prinz Emanuel Philibert von Carignan war zur Nachfolge berechtigt. Man vermuthete, daß er seiner Gebrechen wegen vom Throne ausgeschlossen und derselbe seinem siebenjährigen Sohne vorbehalten werden würde. Der Kaiser aber, so meinte man, werde Alles daran setzen, um den Prinzen Eugen zum Regenten des Landes erheben zu lassen [9]). Frankreich war entschlossen, sich dem zu widersetzen. Der zu befürchtenden Verwirrung machte jedoch die Besserung und die darauf folgende Genesung des Herzogs ein Ende. Sobald er zu reisen vermochte, kehrte Victor nach Turin zurück und die ganze Armee folgte ihm in bequemen Märschen nach Piemont. Weder bei den Flußübergängen noch in den zahlreichen Defileen und bei den schwer zu übersteigenden Höhen wurden sie von den Feinden beunruhigt. Bei dem Durchmarsche durch Embrun und Guillestre wurden die Befestigungswerke demolirt. Die Einwohner dieser Städte hatten durch Verbleiben in ihren Wohnsitzen und durch pünktliche Entrichtung der ihnen auferlegten Contributionen das Schicksal von Gap vermieden [10]).

War es Folge der Erkrankung und der dadurch verursachten Unthätigkeit des Oberbefehlshabers, war es Caprara's Unentschlossenheit oder die wieder mehr und mehr hervortretende Zaghaftigkeit der Spanier, es wurde nichts mehr von Bedeutung in diesem Feldzuge unternommen. Eine gewisse Lethargie hatte sich Aller bemächtigt, und nur der unermüdliche Eugen eilte, sobald die Truppen die Quartiere bezogen hatten, nach Wien, mit angestrengter Thätigkeit für den künftigen Feldzug vorzuarbeiten.

Schon am Tage seiner Rückkehr nach der Hauptstadt meldete sich Eugen bei dem Kaiser mit der Bitte, ihm einen Minister zu bestimmen, an welchen er seine Anträge über die künftige Kriegführung in Italien zu richten habe. Leopold antwortete voll Güte, er selbst wolle dieser Minister sein und Eugen zögerte nicht, dem Kaiser eine wohl durchdachte Denkschrift zu übergeben, in welcher er auseinandersetzte, warum bisher so geringe Erfolge in Italien errungen worden seien, und was zur Erreichung größerer Resultate zu geschehen habe.

Die Hauptursache des bisherigen Fehlschlagens der gehegten Hoffnungen bestehe darin, erklärte der Prinz, daß man sich nicht schon im Winter
über den Feldzugsplan einige, daß man nicht zu rechter Zeit die Vorbereitungen zu Stande bringe und es niemals verstanden habe, den Feinden
zuvorzukommen. Wenn man erst zu Ende Juli die Campagne beginne,
welches Resultat könne da wohl erwartet werden? Und bei alledem sei man
ziemlich weit in Frankreich vorgedrungen. Was hätte sich nicht erreichen
lassen, wenn man zu gehöriger Zeit und während Frankreich noch mit
der Belagerung von Namur beschäftigt gewesen, die Operationen anfangen
und in Feindesland hätte einrücken können. Um diesen Fehler für die
Zukunft zu vermeiden, brachte Eugen in eingehender Weise alle die Vorkehrungen zur Sprache, die zu treffen wären, um die Truppen zum
rechtzeitigen Beginne der Operationen in Stand zu setzen. Als Kriegs-
unternehmung wurde die Belagerung von Pignerol in den Vordergrund gestellt und als nothwendig geschildert, dann der gleichfalls in
Vorschlag gebrachte erneuerte Einbruch in Frankreich erörtert. Derselbe
solle entweder nochmals durch das Thal von Barcelonnette, oder mit
Hülfe englischer und spanischer Schiffe von Nizza aus und nach der Provence geschehen. Die Entscheidung über diese Anträge wurde dem Kaiser
anheimgestellt und um nichts so dringend als um baldigen Beschluß
gebeten [11]).

Dieß aber war eben dasjenige, was mit aller Mühe nicht erreicht
werden konnte. So wohlwollend der Kaiser die Vorschläge des Prinzen auch
aufgenommen hatte, so schwer war es, ihn zu schneller Entscheidung zu
bringen. War Leopolds natürliche Unentschlossenheit schon ein Hemmniß,
so wurde dieselbe durch diejenigen, welche ihn umgaben, nur noch verstärkt.
Da gab es so viele Stimmen, die sich berechtigt glaubten, mitzusprechen,
die gehört sein wollten, und um ja Niemanden zu verletzen, aus Angst,
daß nur jedem sein Recht widerfahre und sein Wunsch erfüllt werde, kam
man zu keinem Entschlusse. Stets traten die Interessen der Personen in
den Vordergrund, und die der Sache selbst wurden darüber vernachlässigt.
So drehte sich auch jetzt wieder alles um die Frage, wer auf den verschiedenen Kriegsschauplätzen commandiren solle, und darüber wurden die Vorbereitungen zum Kampfe selbst, die Verständigung über den Feldzugsplan
völlig außer Acht gelassen.

Verlag u. Druck der Typogr. lit. art. Anstalt in Wien.

Der Markgraf Ludwig von Baden sollte die Bestimmung erhalten, die kaiserliche Armee am Rheine gegen die Franzosen zu befehligen. Denn seit dem Tode des Herzogs von Lothringen hatte der Kaiser in der That Niemand, den er mit größerer Zuversicht diesem gefürchteten Feinde entgegenzustellen vermochte.

Markgraf Ludwig stand damals auf dem höchsten Punkte seines militärischen Ruhmes. Von frühester Jugend auf in den Waffen geübt, hatte er seinen Beruf nicht bloß als ein Handwerk, sondern als eine Wissenschaft aufgefaßt, die er sich völlig eigen zu machen aufs eifrigste bestrebt war. Glückliche Naturanlagen erleichterten ihm dieß. So sehr nun auch seine Geburt ihm die kriegerische Laufbahn, insbesondere in den niederen Stellen geebnet hatte, so konnte doch Niemand sagen, daß er nur dieser und nicht in gleichem Maße seinem Verdienste die hohen militärischen Würden verdankte, die er frühzeitig erreichte. Schon in seinem siebenundbreißigsten Jahre war er nach dem Tode des Herzogs Karl von Lothringen zum kaiserlichen Generallieutenant ernannt worden. Persönliche Tapferkeit, Unternehmungsgeist, ja Kühnheit des Entschlusses zeichneten ihn nicht weniger aus als gereiftes Urtheil, kriegerische Erfahrung, theoretische Ausbildung in den militärischen Wissenschaften. Montecuccoli muß auf ihn von bedeutsamer Einwirkung gewesen sein. Auch das Glück schien dem Markgrafen ganz besonders gewogen. Manches fast gar zu kühne Wagniß hatte er bis jetzt vollbracht. Keine seiner Unternehmungen war mißlungen und der Sieg von Szlankament hatte ihm vollends den verdienten Lorbeer auf die Stirne gedrückt.

Leider liegt es in der Natur der irdischen Dinge, daß, wo so viel Licht, oft auch viel Schatten ist. Kenner des Kriegswesens warfen dem Markgrafen vor, daß er seine Truppen zu wenig schone, sie mit Leichtsinn opfere und in jedem Feldzuge auch eines neuen Heeres bedürfe [12]). Was seine Person betraf, so sagte man von ihm, daß sein Kriegsglück ihn hochmüthig gemacht habe, daß, wie früher keine Befehle, er jetzt keinen Rath annehmen wolle, daß er sich niemals genug belohnt glaube und verschwenderisch in seinem Aufwande, zur Bestreitung desselben immer neue und neue Begehren stelle. An Geld, an Ehren hatte der Kaiser auf ihn gehäuft, was ihm nur zu Gebote stand. Der für jene Zeiten ungemein beträchtliche Bezug von achtzigtausend Gulden jährlich, die Erlangung der höchsten mili-

tärischen Würde im Staate, nichts war genügend, die hoch gespannte Be=
gehrlichkeit des Markgrafen zu befriedigen. Daher gab es mit dem kaiserlichen Hofe gar oft arges Mißverständniß, insbesondere mit Kinsky, mit
welchem Prinz Ludwig auf äußerst gespanntem Fuße stand [13]).

Wie dem aber auch sein mochte, gewiß ist es, daß er trotz all dieser
Mängel weitaus der tauglichste unter den Feldherrn des Kaisers war, das
Commando gegen Frankreich zu übernehmen. Das Ansehen, welches der
Markgraf bei den deutschen Fürsten genoß, ließ hoffen, daß er diese saum=
seligen Erfüller ihrer Verpflichtungen aus ihrer lethargischen Ruhe etwas
aufrütteln werde.

Durch die Entsendung des Markgrafen von Baden aber wurde eine
durchgreifende Veränderung in allen Befehlshaberstellen hervorgebracht.
Der Kaiser hatte wohl viele Feldmarschälle, mehr als zwanzig an der Zahl,
aber unter ihnen nur gar wenige Feldherrn, welche einem so schwierigen
Commando wie demjenigen gegen die Türken gewachsen waren. Eugen
selbst erklärte mit schwerem Herzen, er wisse durchaus Niemand, der in
Ungarn nach dem Markgrafen Ludwig zu commandiren vermöge, als den
Feldmarschall Caprara [14]).

Unter Pálffy könne und werde er nicht dienen, fügte der Prinz hinzu,
und Eugens Bestimmungsort war wirklich bis auf den letzten Augenblick
unentschieden. Endlich beschloß man Caprara in Italien zu belassen und
dem Feldmarschall Herzog von Croy den Oberbefehl über die kaiserliche
Armee in Ungarn anzuvertrauen.

Ueber Brüssel, wo er seine Mutter besuchte, kehrte Eugen nach Piemont zurück. Kurze Zeit nach seiner Ankunft daselbst wurde er vom Kaiser
zum Feldmarschall ernannt [15]).

So bedeutend die Dienste auch waren, welche der Prinz dem Hause
Oesterreich leistete, so muß man doch eingestehen, daß die Anerkennung,
die ihm dafür zu Theil wurde, hinter seinen Leistungen nicht zurückblieb.
Im dreißigsten Jahre seines Lebens, im zehnten seines Militärdienstes
eine so hohe Stellung erreicht zu haben, spricht eben so für des Prinzen
persönlichen Werth, als es ein Zeugniß dafür ablegt, wie glänzend der
Kaiser zu belohnen verstand.

Es ist ein eigenthümliches Zusammentreffen, daß ungefähr zu gleicher
Zeit auch Catinat die Marschallswürde erhielt. Es wird dem Prinzen nicht

zu nahe getreten, wenn man zugibt, daß der französische Feldherr sich diese Auszeichnung weit schwerer erringen mußte, als es bei Eugen der Fall war. Catinat hatte nahezu so lange gedient, als der Prinz Lebensjahre zählte, und sein Benehmen in den letzten drei Feldzügen war in der That bewunderungswürdig. Die Leitung des französischen Heeres zeigte sich der Führung der Verbündeten weit überlegen. Denn derjenige, welcher allein unter den Generalen der letzteren Catinat nicht nur ebenbürtig gewesen wäre, sondern, wie es sich später zeigte, ihn weit überragte, befand sich ja noch immer in einer untergeordneten Stellung, und war meist nur dazu bestimmt, Befehle auszuführen, die er selbst niemals gegeben hätte. Dieß Verhältniß hatte auch viel drückendes für Eugen. Er hatte dessen kein Hehl und erklärte unumwunden, er sei es müde, in einem Heere zu dienen, in welchem er erst den fünften Rang bekleide [16]).

Daß er noch so weit zurück in der Reihe der Feldherrn stand, machte sich auch in bedenklicher Weise während des Feldzuges des Jahres 1693 fühlbar, der unter Eugens Obercommando gewiß ganz andere Resultate gehabt hätte.

Gleich im Anfange des Feldzuges zeigte sich wieder die alte Mattheit in der Leitung der Operationen, und wer dieß mit ansah, konnte schon von vornherein keine große Erwartung hegen. Statt wie Eugen so dringend bevorwortet hatte, mit Beginn der schönen Jahreszeit, versammelten sich die Truppen der Verbündeten erst im Juni zu Carignano. Die Eroberung des festen Schlosses S. Giorgio unweit Casale durch Leganez war ihre erste Waffenthat. Der Herzog von Savoyen wandte sich hierauf gegen Pignerol, die Wegnahme dieses wichtigen Platzes zu versuchen. Aber die französische Besatzung unter dem Generallieutenant Grafen von Tessé widerstand tapfer. Erst nach dreimonatlicher Belagerung gelang es, das Fort Santa Brigida zu nehmen. Nun erst konnte an den Angriff auf die Festung selbst geschritten werden. Da aber die Belagerung sich sehr in die Länge zog, hoffte man durch ein Bombardement schneller zum Ziele zu gelangen. Auch dieses hatte nicht den gewünschten Erfolg.

Während die Verbündeten vor Pignerol lagen, hatte Catinat, der in scheinbarer Unthätigkeit, aber scharf beobachtend bei Fenestrelles stand, sein Heer auf eine weit größere Anzahl als das des Herzogs von Savoyen gebracht. Plötzlich erschien er am 28. September mit seiner wohlgeordneten

Streitmacht bei Bussoleno im Susathale. Herzog Victor beging den
großen Fehler, dem Marschall das Vordringen aus dem Thale und die
Ausbreitung in der Ebene nicht zu verwehren. Er hob die Belagerung
von Pignerol auf, sprengte das Fort Santa Brigida und wandte sich
gegen Turin, seine Hauptstadt zu schützen. Aber Catinat war ihm auf
dem Wege dahin zuvorgekommen und am 4. October stießen die beiden
Heere in der Ebene zwischen den Dörfern Marsaglia und Orbassano auf
einander.

Es schien nur schwer ausführbar, ein Zusammentreffen zu vermeiden. Der Herzog von Savoyen, tief erbittert über die auf ausdrücklichen
Befehl des Königs von Frankreich geschehene Zerstörung seiner Lust-
schlösser, welche Catinat hatte in Brand stecken lassen, dachte auch gar nicht
daran, dem Kampfe auszuweichen. Caprara und Eugen hatten hiezu, wenn
es noch zu bewerkstelligen wäre, dringend gerathen. Herzog Victor aber
ordnete sein Heer zur Schlacht. Er selbst mit Caprara befand sich auf dem
rechten, der Marquis von Leganez auf dem linken Flügel, Eugen führte
das Centrum.

Ein starkes Geschützfeuer, bei welchem die französische Artillerie ihre
Ueberlegenheit erwies, eröffnete die Schlacht. Die Franzosen griffen zuerst
und mit ihrem gewöhnlichen Ungestüm an. Der rechte Flügel und das
Centrum widerstanden, der linke Flügel aber wurde in wiederholtem Anfall
zurückgeworfen. Durch dessen Rückzug in seiner linken Flanke bloßgegeben,
von vorn und von der Seite mit dem Bajonnette angegriffen, stand Eugen
dennoch unerschütterlich. Der rechte Flügel der Verbündeten hatte sogar
die ihm gegenüberstehenden Feinde mit großem Verluste zurückgeschlagen.
Als aber Catinat nach Besiegung des linken Flügels mit den dadurch
verfügbar gewordenen Streitkräften den rechten Flügel der Verbündeten
angriff, begann dieser gleichfalls zu wanken. Eugen mußte endlich, von allen
Seiten gedrängt, den Rückzug antreten, den er in geschlossener Ordnung
und häufig gegen die Feinde Front machend, ausführte.

Die Verluste waren beiderseits ungemein groß, bei dem geschlagenen
Heere aber noch weit bedeutender als bei jenem der Sieger. Aber auch diese
waren erschöpft und Catinat blieb ruhig auf dem Schlachtfelde stehen,
während der Herzog von Savoyen unter den Mauern von Turin sein Heer
wieder versammelte.

Die tiefen Wunden, welche der blutige Kampf bei Marsaglia beiden kriegführenden Parteien geschlagen hatte, lähmten ihre Thätigkeit während der letzten Zeit des Feldzuges. Der Herzog von Savoyen stand unbeweglich in dem Lager, das er wieder bei Moncalieri bezogen hatte. Catinat begnügte sich damit, den südlichen Theil von Piemont mit Kriegssteuern an Geld und Lebensmitteln zu belegen. Auch er unternahm nichts von Bedeutung und führte Anfangs Dezember sein Heer in die Winterquartiere auf französischen Boden zurück.

Die Hauptursache der Lauheit der Kriegführung im vergangenen Feldzuge lag ohne allen Zweifel in dem Herzoge von Savoyen selbst. Mit so großer Aufopferung derselbe sich auch der Sache der Alliirten angeschlossen zu haben schien, so ist es doch gewiß, daß er seine Verbindungen mit Frankreich niemals gänzlich abgebrochen hatte. Anfangs waren dieselben ungemein versteckt und Eugen, der selbst solchen Rückhaltes nicht fähig gewesen wäre und dergleichen auch seinem Vetter nicht zutraute, versicherte den Kaiser mit edler Lebhaftigkeit der unerschütterlichen Anhänglichkeit des Herzogs von Savoyen. Aber nach und nach trat diese Verbindung, so geheim man sie auch fortwährend zu halten suchte, dennoch mehr und mehr zu Tage. Die Haltung des Herzogs war eine schwankende geworden. Er erklärte sich weder offen für den Frieden noch für energische Fortsetzung des Kampfes. Während des Feldzuges von 1693 und der Belagerung von Pignerol unterhandelte Victor Amadeus schon ziemlich unverholen mit dem Generallieutenant Grafen Tessé. Dann aber schien er plötzlich wieder von heftigster Feindschaft gegen Frankreich beseelt, und er vor allen hatte bei Marsaglia auf Lieferung der Schlacht gedrungen.

Der unglückliche Ausgang derselben, die Erschöpfung seines Landes, vielleicht das Gefallen selbst, das er an tief verborgener, intriguenvoller Verhandlung fand, vermochten den Herzog wieder mit Frankreich anzuknüpfen. Tessé wurde von König Ludwig mit den geeigneten Vollmachten versehen. Er war ganz der Mann zu solchem Geschäfte. Als Militär wenig bedeutend, hatte er immer mit Vorliebe gesucht, in diplomatischen Geschäften gebraucht zu werden. Von sehr einnehmendem Aeußeren, wünschte und verstand er zu gefallen. Ein Hofmann durch und durch, biegsam und einschmeichelnd, gewandt und verschlagen, war er eben nicht wählerisch in seinen Mitteln. Immer auf gutem Fuße mit denjenigen, die in Rang und

6

Ansehen standen, nicht im mindesten bekümmert um solche, von welchen er sich keinen Nutzen erwartete, wußte er bei allen denen, die am Hofe etwas galten und durch sie bei Ludwig selbst sich in Gunst zu erhalten. Auf diesem Wege gelang es ihm, Belohnungen und Auszeichnungen zu ernten, die sein Verdienst weit übertrafen.

Im höchsten Geheimniß, als Postillon verkleidet, hatte sich Tessé am 30. November 1693 nach Turin begeben [17]) und durch eine geheime Thüre in das königliche Schloß führen lassen. Hier blieb er durch sechs Tage in tiefer Verborgenheit, direct mit dem Herzoge und dessen erstem Minister, dem Marquis von S. Thomas, die Unterhandlungen pflegend.

Dieselben führten endlich zu einer bedingnißweisen Uebereinkunft, der zufolge der Herzog versprach, mit Frankreich gemeinschaftlich gegen den Kaiser aufzutreten, wenn derselbe sich nicht zur Anerkennung der Neutralität Italiens verstände.

Der Wiener Hof war jedoch hiezu nicht zu bewegen. Mit der unverbrüchlichen Treue, mit der er von jeher an den Traktaten gehangen hat, erklärte er ohne Zustimmung seiner Verbündeten einen solchen Schritt niemals thun zu können. England und Holland aber waren mehr als je zu nachdrücklicher Fortsetzung des Krieges entschlossen. Sie drangen in den Herzog, seinen vertragsmäßigen Verpflichtungen treu zu bleiben. Ihre entschiedene Sprache schüchterte Victor Amadeus ein, und weder entschlossen, mit seinen bisherigen Verbündeten zu brechen, noch für ehrlichen Kampf gegen Frankreich sich entscheidend, wählte er das verwerflichste von beiden, weil es das unredlichste war.

Er versprach dem Könige von Frankreich, nach und nach seinen Abfall von den Verbündeten vorzubereiten und einstweilen nur deren Operationsplane zu durchkreuzen. Um dieses Einverständniß mit dem Feinde in ein noch tieferes Geheimniß zu hüllen, sollten die savohischen Truppen mit den Verbündeten agiren, alle entscheidenden Unternehmungen aber vermieden werden.

Wie pünctlich Victor Amadeus dieses treulose Versprechen während des ganzen Feldzuges des Jahres 1694 gehalten hat, das beweisen am besten die Berichte des Marschalls Catinat selbst. Er bezeugt darin, daß der Herzog, so viel als er nur immer vermöge, die Zusagen befolge, die er über sein künftiges Verhalten gegeben habe. „So empfangen wir," sagt

Catinat, „im Einvernehmen mit dem Herzoge wie es scheint, oder mit
„einem seiner Minister fortwährend Nachrichten, die sich immer vollkommen
„bestätigen und uns im voraus von den Bewegungen der Feinde unter-
„richten" [18]).

Unter solchen Verhältnissen und unter einem Oberfeldherrn, der
gewissermaßen als sein eigener Gegner auftrat, ein Commando führen
zu müssen, war in der That ein Mißgeschick zu nennen.

Eugen war es, der von demselben am schwersten betroffen wurde,
denn ihm vertraute, da Caprara nach Ungarn gesendet wurde, der Kaiser
die Führung seiner sämmtlichen Streitkräfte in Italien.

Bei Orbassano zog Graf Pálffy [19]) zu Ende Mai des Jahres 1694
die kaiserlichen Truppen zusammen. Lässiger als er waren die Verbündeten. Unter tausend Vorwänden verschob Victor Amadeus den Aufbruch
und die Vereinigung seiner eigenen und der spanischen Streitkräfte. Erst
gegen die Hälfte des Monates Juli trafen diese zu Orbassano ein.

Um dieselbe Zeit war auch Eugen aus Wien wieder in Turin angelangt. Er wurde hier mit der erfreulichen Nachricht empfangen, daß der
Herzog bereits großen Kriegsrath gehalten habe und eine Unternehmung
gegen Casale beschlossen worden sei.

Victor Amadeus spielte seine Rolle mit Meisterschaft. Nachdem er
durch jenen Beschluß die Verbündeten von seinem Eifer für die gemeinsame Sache überzeugt hatte, erklärte er, daß seiner Meinung nach die
Armee nicht stark genug sei eine förmliche Belagerung Casale's vorzunehmen und gleichzeitig den zu erwartenden Angriffen Catinats zu widerstehen. Aus Nachgiebigkeit für ihn wurde daher einstweilen verabredet,
die Festung eng zu blokiren. Ein mehreres vermochte Eugen trotz lebhaften
Drängens nicht zu erreichen.

Es war ein betrübender Anblick zu sehen, wie eine geniale Kraft
gleich derjenigen Eugens, wie die lebendigste Pflichttreue und das red-
lichste Wollen vergeblich sich abmühten in dem Ringen gegen die durch
nichts zu ermunternde Passivität, welche der Oberfeldherr angenommen
hatte. Doch konnte der Herzog nicht hindern, daß Eugen wenigstens so
viel an ihm lag die Unternehmung gegen Casale mit größtmöglicher
Thätigkeit betrieb. Die Franzosen hatten sich des im vorigen Jahre von
den Verbündeten weggenommenen Forts S. Giorgio wieder bemächtigt.

Der Prinz wies die Nothwendigkeit nach dieses Fort neuerdings zu gewinnen. Am 25. August begann er mit dreitausend kaiserlichen Soldaten den Angriff; drei Tage später ergab sich die Besatzung.

Während der ganzen Zeit hielt sich Catinat ruhig in seiner Stellung bei Fenestrelles. Nur die Waldenser, welche sich wenig an die zweideutige Haltung ihres Landesherrn kehrten, setzten den kleinen Krieg gegen die Franzosen mit Erbitterung und nicht ohne Vortheile fort.

In die Wagschale des großen Ganzen konnten so geringe Erfolge jedoch kein Gewicht werfen. Herzog Victor wußte dafür Sorge zu tragen, jeden Aufschwung zu lähmen, welchen die Sache seiner bisherigen Verbündeten hätte nehmen können. Mit Eugen nach Orbassano zurückgekehrt, veränderte der Herzog seinen Standpunkt nur dann, wenn er durch die Sorge für die Ernährung der Soldaten und der Pferde dazu gezwungen wurde. Schon Anfangs Oktober endete der ereignißlose Feldzug.

Bevor Eugen sich nach Wien begab, traf er mit Sorgfalt alle Vorkehrungen zur Fortsetzung der Blokade von Casale, das den ganzen Winter hindurch eng umschlossen gehalten wurde [20]. Zu Wien theilte der Prinz unverholen die Wahrnehmungen mit, die er während des vergangenen Feldzuges machen mußte. In der Stellung, in welcher er sich zwischen den Chef seines Hauses, dem er persönlich zu vielfachem Danke verpflichtet war, und seinen Herrn und Kaiser gedrängt sah, zögerte der Prinz keinen Augenblick, den Weg zu gehen, welchen Pflicht und Ehre ihm vorschrieben. Unverzüglich kehrte er nach Piemont zurück, fest entschlossen, durch unausgesetztes Drängen den Herzog sogar wider seinen Willen zu einer Unternehmung zu zwingen, und so für den Kaiser noch den möglichsten Vortheil aus einem Bündnisse zu ziehen, das wie Eugen fühlte, seinem Erlöschen nahe war.

Schon Anfangs März 1695, zu derselben Zeit, in welcher, ohne daß die Verbündeten davon wußten, die Verhandlungen wegen des definitiven Übertrittes des Herzogs von Savoyen zu Frankreich mit besonderer Lebhaftigkeit gepflogen wurden, fand zu Turin die Berathung über die Unternehmungen statt, welche im bevorstehenden Feldzuge auszuführen wären. Ihnen wohnten unter dem Vorsitze des Herzogs von Savoyen Prinz Eugen für den Kaiser, Marquis Leganez und Graf Louvigny für Spanien, Lord Galway endlich für England und Holland bei.

Galway hatte nach dem Tode des Herzogs von Schomberg, welcher
an den bei Marsaglia empfangenen Wunden gestorben war, das Commando
der von den Seemächten in's Feld gestellten Streitkräfte erhalten. Er
war eigentlich ein Franzose von Geburt, hatte in seinem Vaterlande den
Namen Marquis von Rouvigny geführt und dasselbe nach den Maßregeln verlassen, welche Ludwig XIV. gegen die Protestanten ergriffen hatte.
Seiner lebhaften Parteinahme für König Wilhelm III. und seiner warmen
Anhänglichkeit an das protestantische Glaubensbekenntniß dankte er mehr
als seinen nicht sehr bedeutenden kriegerischen Verdiensten die schnelle
Laufbahn, die er in England machte. König Wilhelms Zutrauen hatte
ihm jetzt ein Commando in dem Kriege gegen sein früheres Vaterland
übertragen, gegen welches er mit der gewöhnlichen Energie eines Neu-
bekehrten diente.

So wenig der Herzog von Savoyen solchen Eifer durch die That
unterstützte, so sehr verstand er es durch hochtönende Worte wenigstens
kurzsichtigere Augen über seine wahren Plane zu täuschen und ihnen
volles Vertrauen auf seine Bundestreue einzuflößen, die er im Stillen
schon längst gebrochen hatte. Galway gehörte zu diesen Leichtgläubigen.
Schon über Jahr und Tag hatte Victor Amadeus der Allianz insgeheim
entsagt und sich dem Feinde zugewendet. Alle Unternehmungen hatte er
zu hintertreiben gewußt, und noch wollte Galway sich für die Redlichkeit
der Absichten des Herzogs verbürgen. „Er ist,“ so schrieb der Lord dem
englischen Gesandten in Wien, „ein Fürst von durchdringendem Verstande,
„und er kennt seine Interessen zu wohl, um die Macht Frankreichs ver-
„größern zu helfen. Er ist erbittert gegen dasselbe, und es gibt hier
„Niemanden, keinen Hofmann, keinen Minister oder wer er auch sein
„mag, der den Verdacht einer schwankenden Gesinnung gegen ihn hegt“ [21]).

Trotz des Zauderns des Herzogs hatte Eugen es durchgesetzt, daß
die ganze Generalität sich am 19. März zu Frassinetto del Po versammelte, am folgenden Tage Casale recognoscirte und dann neuerdings über
das Unternehmen gegen diesen Platz in Berathung trat. Louvigny und
Galway waren nur für Verstärkung und strengere Handhabung der
Blokade, Leganez aber für eine förmliche Belagerung von Casale. Eugen
fiel mit Lebhaftigkeit dieser letzteren Meinung bei. Schon im verflossenen
Jahre hatte ihm der Kaiser die Eroberung von Casale als die einzige

Unternehmung bezeichnet, „welche als eine fruchtbare und den Waffen „der Verbündeten Ehren bringende angesehen werden müsse" [22]). Man hoffe von ihm, hatte der Kaiser geschrieben, daß er alles an deren Verwirklichung setzen werde.

Nun war für Eugen der Augenblick gekommen, dem Vertrauen seines Kriegsherrn zu entsprechen. Der Prinz bewies es klar, daß die Unternehmung der Stärke des Platzes und der Anzahl der Besatzung wegen schwierig, daß sie jedoch durchaus nicht unmöglich sei. Er sprach so eindringlich und trieb den Herzog so sehr in die Enge, daß dieser, wenn er sich nicht selbst verrathen wollte, gleichfalls beistimmen mußte [23]). Der Befehl zum Vorrücken der Truppen wurde gegeben und jede Vor- kehrung zum Beginne der Belagerung getroffen.

Alles schien sich jedoch zu vereinigen, um den Planen Eugens hindernd in den Weg zu treten. Kaum war es ihm mit schwerer Mühe gelungen, den Widerstand des Herzogs, die Zaghaftigkeit manches Andern zu überwinden, kaum sollte an die Unternehmung geschritten werden, welche Eugen mit Recht als eine folgenreiche für die Sache des Kaisers ansah, da trat ein Ereigniß ein, das dem Herzoge willkommenen Anlaß bot, den Beginn der Belagerung wieder in's Endlose zu verzögern. In der ersten Hälfte des Monates April war durch zwei Tage und drei Nächte ununterbrochen Schnee gefallen, der drei Fuß hoch die Erde bedeckte [24]). Statt die Laufgräben zu eröffnen, mußte man sich einstweilen darauf beschränken, die Blokade zu verstärken und eine engere Linie zu ziehen, um dem Platze jede Communication mit außen zu benehmen.

Um dieselbe Zeit schloß Victor Amadeus eine neue geheime Über- einkunft mit Ludwig XIV. ab. Er verpflichtete sich die Truppen der Verbündeten in Italien festzuhalten, auf daß sie nicht anderwärts gegen Frankreich verwendet werden könnten. Er versprach außerdem jede Unter- nehmung gegen den König und dessen Heer bis zum Monate November zu hintertreiben, die Fortificationen von Casale aber nach der Einnahme dieses Platzes rasiren zu lassen und sie während der Dauer des ganzen Krieges nicht wieder aufzubauen. Sollten die Verbündeten in die Demo- lirung von Casale nicht willigen wollen, so betheuerte Victor sich unverweilt von der Allianz loszusagen und offen auf die Seite Frank- reichs zu treten.

Hiegegen verpflichtete sich der König auch seinerseits in Italien nicht angriffsweise vorzugehen und von seinem daselbst befindlichen Heere keine Streitkräfte nach anderen Kriegsschauplätzen zu entsenden [25]).

So war ohne Eugens Wissen über das Schicksal von Casale entschieden, bevor noch der Platz in die Hände der Verbündeten gerathen war. Dieß geschah durch die Capitulation vom 9. Juli, deren wichtigster Artikel, dem geheimen Vertrage gemäß, die Rasirung der Festungswerke durch die Franzosen aussprach.

Eugen erklärte sich mit Nachdruck gegen diese Capitulation. Er bewies, daß die Verfügung über Casale, als ein Reichslehen, dem Kaiser allein zustehe. Er suchte dem Herzoge zu Gemüthe zu führen, daß die Gestattung so langen Verweilens der Feinde in der schon eroberten Stadt den Waffen der Verbündeten nur zur Schande gereichen könne [26]). Aber auf die Stimme der Ehre horchte Victor Amadeus schon längst nicht mehr, in so eindringlicher Weise sie auch durch Eugens Mund zu ihm sprach. Er verblieb hartnäckig bei seinem Vorsatze. Durch offene Drohung seines Abfalles von dem Bündnisse und des Uebertrittes zu Frankreich machte er endlich auch Eugens heftigen Widerspruch verstummen.

Jedoch nur nach langer und stürmisch bewegter Erörterung geschah dieß [27]). Eugens Erbitterung mag um so größer gewesen sein, als eine Handlung, die er für unverträglich hielt mit der Waffenehre, ihn von Niemand mehr als dem Chef seines Hauses verletzen mußte. Hiezu kam noch der immer stärker werdende Verdacht der üblen Absichten des Herzogs. Diese Eindrücke machten Eugens früher so warme Anhänglichkeit an Victor Amadeus mehr und mehr erkalten. An die Stelle des innigen Freundschaftsverhältnisses trat eine Spannung, welche Eugen jedoch niemals zu offenem Zwiespalt sich erweitern ließ. Denn nie vergaß er die Pflichten persönlicher Dankbarkeit, die er seinem Vetter schuldete, und nun forderte noch überdieß des Kaisers Dienst die Aufrechthaltung eines wenigstens äußerlich guten Einvernehmens mit dem Herzoge. Denn noch hoffte Eugen auf eine zweite Unternehmung für diesen Feldzug, und er schlug als solche die Belagerung von Pignerol vor. Victor Amadeus willigte scheinbar ein und rückte gegen diesen Platz. Gleichzeitig setzte er jedoch den General-Lieutenant Tessé von seinen Bewegungen und den Planen der Verbündeten in genaue Kenntniß [28]). Durch Winkelzüge aller Art wußte er die Absichten derselben zu hintertreiben, die Ausführung jedes Entschlusses zu vereiteln, und in dieser Weise das dem Könige von Frankreich gegebene Versprechen zu lösen.

So verstrich der Rest der günstigen Jahreszeit. Als Eugen sah, daß nichts ersprießliches mehr auszurichten sei, rieth auch er zur Beendigung des Feldzuges, um die Truppen nicht durch zwecklose Märsche während der rauhen Witterung nutzlos anzustrengen.

Die Regimenter wurden in die Winterquartiere verlegt und Eugen selbst kehrte nach Wien zurück. Man erzählte von ihm am französischen Hofe, daß er es auf seinem Rückwege vermieden habe, Casale zu berühren, weil er den Platz nicht wiedersehen wollte, welchen man, recht im Wider= spruche mit den Rechten und den Interessen des Kaisers, nur demolirt, statt mit allen seinen Befestigungen versehen in die Hände·bekommen habe [29]. Nun eilte der Prinz nach Wien, dem Kaiser die Wahrnehmungen, welche er während des vergangenen Feldzuges gemacht hatte, und die Befürchtungen darzulegen, die er daraus folgern zu müssen glaubte.

So wenig man zu Wien Ursache hatte, mit den Ergebnissen des Feld= zuges zufrieden zu sein, so war man doch zu gerecht, um nicht das Urtheil über das errungene Resultat ein ganz verschiedenes von demjenigen über das Benehmen des kaiserlichen Feldherrn sein zu lassen. Dem letzteren ließ man die vollste Anerkennung widerfahren. Die unermüdete Thätigkeit des Prinzen, der rastlose Eifer, den er im Heerlager gleichwie im Kriegs= rathe in stets unverändertem Maße an den Tag gelegt hatte, alles dieß fand am Kaiserhofe dankbarste Würdigung und lebhafte Belobung [30]. Man hatte dort ein feines Gefühl für die belikate Stellung, in der sich Eugen zwischen seinem Kriegsherrn und dem Chef seines Hauses befand. Die Ausdauer, mit welcher der Prinz an der Sache des Kaisers festhielt, mußte ihm zu Wien die lebhaftesten Sympathien erringen. Sie gewann auch seiner Stimme ein neues und verstärktes Gewicht im Rathe des Mon= archen, und auf Eugens bringendes Fürwort beschloß man zu Wien, alles mögliche zu thun, um den Herzog von Savoyen bei der großen Allianz gegen Frankreich festzuhalten.

Victor Amadeus ging auf alle Vorschläge ein, die man ihm machte, schon im voraus entschlossen, keiner seiner Verbindlichkeiten nachzukommen. Zu gleicher Zeit, während er mit dem Kaiserhofe unterhandelte, schloß er

im tiefften Geheimniß einen Allianzvertrag mit Frankreich ab. Gegen die
Rückgabe von Pignerol und der Graffchaften Suſa und Nizza machte er
ſich anheiſchig, wenn die Verbündeten die Neutralität Italiens nicht anerkennen ſollten, ſeine Truppen mit denen des Königs von Frankreich zu
vereinigen. Die Vermählung ſeiner Tochter mit dem Herzoge von Bourgogne, Ludwigs XIV. älteſtem Enkel, ſollte das neue Bündniß vollends
beſiegeln.

So dicht der Schleier auch war, mit welchem Herzog Victor ſeine
Annäherung an Frankreich zu verdecken ſich bemühte, ſo vermochte er doch
nicht, das wachſende Mißtrauen des Wiener Hofes zu beſchwichtigen. Im
Vertrauen zu Eugens „bekannter Experienz, vielfältig bewieſenem Valor,
„auch beywohnender guter Vernunft und Conduite [31]," hatte der Kaiſer es
für nothwendig gehalten, dem Prinzen neuerdings das Commando über
ſeine Truppen in Italien zu übertragen. Es war ihm eingeſchärft worden,
„die Schritte des Herzogs beſtens, jedoch dergeſtalt zu beobachten, daß
„derſelbe kein Mißtrauen verſpüren und daraus Anlaß zu noch gefähr=
„licheren Entſchlüſſen nehmen könnte. Uebrigens verlaſſe ſich," ſo endete
das Reſcript, „der Kaiſer völlig auf Eugens große Prudenz und bekannte
„Geſchicklichkeit, womit er gewiß alles am beſten vorzukehren wiſſen
„werde" [32].

Unter dieſen Verhältniſſen war, wie der Prinz von Commercy mit
Recht dem Miniſter Grafen Kinsky ſchrieb, die Stellung desjenigen, der
die kaiſerlichen Truppen in Italien zu befehligen hatte, eine der ſchwierigſten
und undankbarſten, die es nur geben konnte [33]. Ein Glück war es, daß
Eugen ſich durch das heuchleriſche Benehmen des Herzogs von Savoyen
nicht täuſchen ließ. Wo Andere noch feſt an Victor Amadeus glaubten [34],
hatte des Prinzen Scharfblick bald das richtige entdeckt. Kaum in Turin
angekommen, meldete er nach Wien, daß ſeiner Ueberzeugung nach ein
geheimer Vertrag zwiſchen Frankreich und dem Herzoge beſtehen müſſe [35].
Die militäriſchen Diſpoſitionen, die er vorgefunden, ſeien ſo verkehrt
getroffen, daß ſie deutlich auf ein Einverſtändniß mit dem Feinde hin=
wieſen. Der Prinz verhehlte dieſe Anſchauungsweiſe ſo wenig, daß der
Herzog in die Enge gebracht, nach und nach den Generalen der Verbündeten, wenn gleich nur in vorſichtigſter Weiſe, Mittheilungen über ſeine
Unterhandlungen mit Frankreich zu machen begann.

Diese Enthüllungen erregten die lebhafteste Entrüstung bei denjenigen, an welche sie gerichtet wurden. Schon früher war das Mißtrauen der kaiserlichen Truppen in Italien gegen den Herzog von Savoyen so groß gewesen, daß, um dessen Insultirung zu verhindern, der Kaiser seinen Offi- cieren bei Lebensstrafe verbieten mußte, „über des Herzogs Thun und Lassen „ein Urtheil zu fällen, darüber zu reden oder Gerüchte auszustreuen" [36]). Nun aber brach der allgemeine Unwille unaufhaltsam los und machte sich in den heftigsten Aeußerungen Luft. Nur Eugen hielt an sich, denn er hatte wenigstens die Befriedigung, unter den Ersten gewesen zu sein, welche des Herzogs Doppelzüngigkeit und sein falsches Spiel mit den Interessen der Verbündeten erkannt hatten. Er ließ sich auch durch die fortdauernde Ver- stellung desselben nicht täuschen. Er bezeichnete dessen Mittheilungen über seine Unterhandlungen mit Catinat und seinen Briefwechsel mit demselben als das, was sie in der That waren, als ein trügerisches Spiel, und er sprach wiederholt die Ueberzeugung aus, daß der Vertrag, dessen Unterhand- lung hier vorgespiegelt wurde, längst wirklich zu Stande gekommen sei [37]).

Daher kamen auch die Vorstellungen zu spät, welche Eugen im Auf- trage des Kaiserhofes dem Herzoge machen sollte, um seinen Abfall von dem Bündnisse zu verhindern. Der Prinz sollte ihm, so verlangte man zu Wien, zu Gemüthe führen, daß er sich jetzt freiwillig in das Joch begebe, vor welchem sich zu retten er der Liga beigetreten sei. Die Franzosen würden in seinem Lande den Meister spielen und dem Herzoge Gesetze vorschreiben. Er selbst habe genug Beispiele davon erlebt, wie wenig Frankreich auch die verbrieftesten Versprechungen zu halten pflege. So würde es auch mit den ihm gemachten Verheißungen gehen, indem keine Macht da sei, welche einen Separatvertrag Frankreichs mit Savoyen garantiren und etwa die erstere Macht zur Einhaltung ihrer Versprechungen verhalten würde. Im Falle des Gegentheils aber, und wenn der Herzog dem großen Bündnisse treu bleiben sollte, werde man ihm bei dem allge- meinen Frieden nicht nur weit bessere Bedingungen erwirken, sondern auch Frankreich zum Ersatz des auf savoyischem Gebiete angerichteten Kriegs- schadens verhalten und dasselbe mit gesammter Macht zur Erfüllung dieser Verpflichtungen zwingen.

„Sollte aber," so endigte der Kaiser sein Schreiben an den Prinzen, „der Herzog schon zu weit mit Frankreich gegangen und keine Hoffnung mehr übrig sein, ihn der Allianz zu erhalten, so wäre mit Leganez und Galway zu überlegen, ob die Streitmacht der Verbündeten genüge, um auch ohne und gegen die savoyischen Truppen den Kampf in Italien fortzusetzen" [38]).

Diese letztere Frage glaubte Eugen nach reiflicher Erwägung bejahend beantworten zu sollen. Auch der Prinz Commerch theilte Eugens Meinung. Sie stimmten beide mit Wärme für die Fortsetzung der Feindseligkeiten in Italien. Ob sie hiebei nur die wirkliche Sachlage in Betracht zogen, ob sie nicht vielmehr ihr Urtheil dadurch bestimmen ließen, daß es ihnen schimpflich erschien, den Herzog von Savoyen der ganzen Allianz gewissermaßen Gesetze vorschreiben zu sehen, dieß ist jetzt schwer zu entscheiden. Gewiß ist, daß Eugen jeden Schritt, um den Herzog von seiner bevorstehenden Verbindung mit Frankreich abzuhalten, für nutzlos ansah, und daß er von nichts mehr als der Sorge für die Sicherheit seiner Truppen in Anspruch genommen wurde. Der Abfall des Herzogs diente nur dazu, die Eintracht zwischen den übrigen Verbündeten zu stärken, und Eugen, Leganez und Galway handelten in allem im genauesten Einverständnisse. Sie verweigerten es, gleich dem Herzoge einen Waffenstillstand abzuschließen, und nahmen eine gesicherte Stellung in der Nähe der mailändischen Grenze.

Obgleich Eugen den Abfall des Herzogs von Savoyen als eine ausgemachte, nicht mehr zu ändernde Sache dargestellt hatte, so glaubte man in Wien doch einen letzten Versuch wagen zu müssen, um einen so wichtigen Alliirten bei dem großen Bündnisse gegen Frankreich festzuhalten. Der kaiserliche Obersthofmarschall, Feldmarschall Graf Mannsfeld, Fürst zu Fondi, wurde in außerordentlicher Mission nach Turin gesendet. Die Anträge, die er dem Herzoge zu machen hatte, waren glänzende. Dennoch wurde damit nichts mehr ausgerichtet; Victor Amadeus war schon völlig von den Franzosen umgarnt. Auf die Weigerung des Kaisers, die Neutralität Italiens anzuerkennen, vereinigte der Herzog seine Streitkräfte mit dem französischen Heere und trat als Oberfeldherr an die Spitze desselben.

Unter diesen Verhältnissen waren die verbündeten Mächte nicht der Ansicht ihrer kampflustigen Heerführer, daß der Krieg in Italien noch länger fortzusetzen sei. Insbesondere war es die spanische Regierung, welche in höchster Besorgniß für Mailand und dessen Gebiet, auf Anerkennung der von Frankreich vorgeschlagenen Neutralität drang. Wenn auch Spanien abfiel, so konnte der Kaiser, denn die Hülfe der Seemächte in Italien war nur von geringem Gewicht, nicht allein auf dem Kampfplatze bleiben. Es kam also wirklich am 6. October 1696 der Neutralitätsvertrag zu Stande [39]), kraft dessen völlige Waffenruhe in Italien bis zum Abschlusse des allgemeinen Friedens, und die Räumung des Landes von den kaiserlichen sowohl als den französischen Streitkräften festgesetzt wurde.

Wenige Tage nach Abschluß des Tractates begann auch schon der Rückmarsch der kaiserlichen Truppen nach den österreichischen Erbländern. Eugen sandte den Prinzen Commercy voraus, dem Kaiser über die Ereignisse in Italien erschöpfenden Bericht zu erstatten [40]). Er selbst blieb in Mailand zurück, bis alles, und insbesondere die Subsidienzahlung geregelt war, welche die italienischen Fürsten vertragsmäßig den kaiserlichen Truppen zu leisten hatten. Erst als das letzte Regiment den Rückmarsch angetreten hatte, begab sich Eugen gleichfalls nach Wien [41]).

Fünftes Capitel.

So wie in den früheren Jahren, so war der Prinz auch dießmal zu Wien mit höchster Auszeichnung empfangen worden. Der Kaiser zeigte sich mehr als zufrieden mit dem Benehmen, welches Eugen in Italien beobachtet hatte. Diese Anerkennung war dem Prinzen von dem Monarchen selbst, sie war ihm von seinem unmittelbaren Vorgesetzten, dem Präsidenten des Hofkriegsrathes Grafen Ernst Rüdiger Starhemberg in schmeichelhafter Weise ausgedrückt worden [1]). So gerechte Würdigung seiner Leistungen konnte Eugen nur in seinem Eifer für den Dienst des Kaisers bestärken.

Die Gelegenheit, denselben neuerdings und noch glänzender zu bethätigen als je zuvor, sollte nicht lange auf sich warten lassen. Zwar ruhten in Italien die Waffen, im deutschen Reiche und in den Niederlanden wurde der Krieg gegen Frankreich nur lässig geführt. Aber mit desto größerer Erbitterung dauerte der Kampf im südlichen Ungarn gegen den Erbfeind der Christenheit fort.

Seit Belgrad wieder verloren gegangen und die erneuerte Ueberströmung Ungarns durch die Osmanen nur an dem Walle des von Guido Starhemberg so tapfer vertheidigten Essek gescheitert war, bildeten des Markgrafen Ludwig Sieg bei Szlankament und die Eroberung von Großwardein die einzigen Lichtpunkte in der Kriegführung des Kaisers gegen die Türken. Die beabsichtigte Wiedereroberung von Belgrad war mißlungen, das Jahr darauf hatte das kaiserliche Heer vielleicht noch größere Verluste durch die Krankheiten erlitten, welche in dem befestigten Lager von Peterwardein herrschten. Im Jahre 1695 endlich war der Oberbefehl in die Hände des Kurfürsten Friedrich August II. von Sachsen übergegangen, der als Preis dafür achttausend Mann seiner eigenen Truppen zu dem kaiserlichen Heere stoßen ließ.

Man hätte glauben sollen, daß mit einer dermaßen verstärkten Armee sich glänzende Resultate hätten erringen lassen. Es war dieß um so wahrscheinlicher, als der Kurfürst von einer Anzahl der ausgezeichnetsten kaiser-

lichen Generale unterstützt wurde. Da repräsentirte Graf Caprara militärisches Wissen und Kluge, vielleicht zu ängstliche Besonnenheit, der tapfere
Veterani aber die kriegerischen Talente in ihrer edelsten Gestalt. Da war
Donat Heißler, Graf von Heitersheim, einer der wackersten Reiteroffi-
ziere, welche die kaiserliche Armee jemals besessen, seiner kühnen Unternehmungen wegen nur die Türkengeißel genannt, ein Kind seiner eigenen
Thaten, durch persönliches Verdienst vom gemeinen Soldaten zur höchsten
militärischen Würde, der eines Feldmarschalls, emporgestiegen. Da war
der wilde Sigbert Heister, harten, ja grausamen Charakters, aber unbeug-
samen Muthes, eisernen Willens, unschätzbar am Tage der Schlacht. Da
war der General der Cavallerie Graf Rabutin, der unter Eugen in Italien
mit Auszeichnung gedient hatte, zwar voll Stolz und Selbstüberschätzung,
aber unter der Leitung eines überlegenen Feldherrn ein höchst brauchbares
Werkzeug zur Durchführung glänzender Kriegesthaten. Sie alle aber überstrahlte Guido Starhemberg, unter den gebornen Oesterreichern unstreitig
das erste kriegerische Talent seiner Zeit, der die ausgebreitetsten militärischen
Kenntnisse, eine durch nichts zu erschütternde Ruhe und Besonnenheit mit
dem glänzendsten persönlichen Muthe verband, ein Charakter, vielfach
angefeindet, aber auch vom Gegner auf's höchste geachtet, in späterer Zeit
Eugens vornehmster, ihm nahe kommender Nebenbuhler.

So vorzügliches mit solchen Elementen ein wirklicher Feldherr zu
leisten vermocht hätte, so wenig wußte der Kurfürst so große in seine Hand
gelegte Kräfte gehörig zu gebrauchen. Er verstand es weder, die Achtung
der Generale, noch die Liebe seiner Soldaten zu erwerben. Die ersteren
sahen mit Geringschätzung auf ihn, der wenig vom Kriege überhaupt und
gar nichts von der Kriegführung gegen die Türken verstand, der ihre Rathschläge nicht hörte, sondern nur seinen eigenen, gleich unerfahrenen Offizieren
sein Vertrauen schenkte. Die Soldaten aber fühlten es wohl, daß der Kurfürst weder Sorgfalt noch Interesse für sie hatte, sie merkten das Schwankende, Unsichere in seinen Maßregeln. Nichts wirkt verderblicher auf den
militärischen Geist, als wenn die Truppen zu der Ueberzeugung kommen,
daß sie schlecht geführt werden. Dieß war in der That in hohem Grade
unter Friedrich August der Fall. Die Verwirrung, welche in seinen Anordnungen herrschte, war Schuld, daß in den beiden auf einander folgenden
Feldzügen zuerst Veterani, dann Heißler das Leben verloren, daß die Türken

den Kriegsschauplatz ziemlich tief nach Ungarn zu verlegen vermochten und das kaiserliche Heer die namhaftesten Verluste erlitt. Solche Erfolge ermuthigten die Feinde zu immer kühneren Streifzügen. Der geringe Schutz, welchen die kaiserlichen Truppen den Landesbewohnern gewährten, erbitterte diese, und überall herrschte dumpfe Unzufriedenheit, die sich sogar hie und da in Aufstandsversuchen Luft machte. Von allen Seiten liefen die dringendsten Vorstellungen ein, und zu Wien wurde Berathung über Berathung gehalten, um die Mittel zu finden, dem so drohenden Uebel zu steuern.

Eugen und Prinz Commercy, welche beide noch von Italien aus dringend gebeten hatten, in Ungarn dienen zu dürfen²), wohnten diesen Berathungen bei. Beide Fürsten kannten das Land aus den früheren Türkenfeldzügen genau. Beide erklärten, daß ihrer Ansicht nach die Wiedereroberung Belgrads das beste Mittel sei, den Feind zur Vernunft zu bringen. Sowohl in Anbetracht der Wichtigkeit der Festung an sich sei dieß der Fall, als weil nur durch ihren Besitz Ungarn völlig sichergestellt und dann auch die Einnahme von Temeswar nicht mehr lange auf sich warten lassen würde³). Die Rathschläge, welche Eugen zur Ausführung dieses Projektes an die Hand gab, zeugten von so vollständiger Sachkenntniß, daß man in Wien bald nicht mehr im Zweifel war, wer in dem bevorstehenden Feldzuge dem Kurfürsten von Sachsen an die Seite zu stellen sei.

Denn so wohl man auch am Kaiserhofe alle die Fehlgriffe kannte, welche sich der Kurfürst hatte zu Schulden kommen lassen, so glaubte man doch die sächsischen Truppen nicht missen zu können, die sich beim kaiserlichen Heere befanden. Die erste Bedingung ihres Bleibens war aber, daß der Kurfürst den Oberbefehl nicht verliere. Man suchte also alle die Gebrechen des Oberfeldherrn durch passende Wahl desjenigen auszugleichen, der unter ihm die Truppen befehligen sollte. Statt des alternden und kränklichen Caprara, dessen Rathschläge mehr verlacht und verspottet, als befolgt worden waren⁴), der aber auch andererseits die Vorsicht schon so weit trieb, daß sie in unerträgliche Langsamkeit und Aengstlichkeit ausartete, wurde eine jüngere, energische Persönlichkeit gesucht, die nöthigenfalls dem Kurfürsten selbst zu imponiren vermöchte. Die Männer, deren Stimme hiebei in erster Linie gehört wurden, waren der Generallieutenant Markgraf Ludwig von Baden und der Präsident des Hofkriegsrathes, Graf Starhemberg. Sie wiesen beide auf Eugen hin, als den geeignetsten zur

Ausfüllung jenes schwierigen Postens. „Er wisse Niemand zu nennen," erklärte Starhemberg dem Kaiser, „der mehr Verstand, Erfahrung, Fleiß „und Eifer zu des Kaisers Dienst, der eine großmüthigere und uneigen= „nützigere Gesinnung, der die Liebe der Soldaten in höherem Grade besitze „als der Prinz⁵)".

Ein solches Lob des jungen zweiunddreißigjährigen Mannes aus dem Munde eines Veteranen wie Starhemberg, der gleichwohl dem Prin= zen das Zeugniß größerer Erfahrung als den alten Generalen gibt, fällt schwer in die Wagschale für Eugens Verdienst. Die allgemeine Stimme pflichtete der Anschauungsweise Starhembergs bei, und nur der Kurfürst selbst hätte lieber einen fügsameren Unterfeldherrn, den im Range jüngeren Feldmarschall Grafen Styrum an der Seite gehabt.

Styrum aber mußte von jedem Unparteiischen zu denjenigen Gene= ralen gerechnet werden, welche nicht den mindesten Anspruch erheben konnten, auf einen so schwierigen Platz gestellt zu werden.

Seine Familienverbindungen waren Ursache gewesen, daß er rasch die unteren militärischen Rangstufen erstieg und sich schnell zu höheren Stellen befördert sah. Sobald es sich jedoch um Führung größerer Commando's handelte, zeigte sich das Ungenügende seiner Befähigung von allen Seiten. Untadelhafte persönliche Bravour, eine nicht gewöhnliche Reitkunst, die viel genannt war wegen des forcirten Rittes, mittelst dessen er die Strecke von Wien bis Neustadt in sieben Viertelstunden zurückgelegt hatte, einige Uebung endlich in der Ausführung der einfachsten Bewegungen, das war alles, was Styrum mitbrachte, um eine Armee befehligen zu können. Jeder, der nicht ein bestochenes Urtheil hatte, mußte einsehen, daß es viel zu wenig war zur Uebernahme eines in jeder Beziehung schwierigen Com= mando's. Ludwig von Baden und Starhemberg fühlten dieß lebhaft und arbeiteten dem Verlangen des Kurfürsten mit Nachdruck entgegen. Unum= wunden erklärten sie, daß Styrum dem Prinzen in allen erforderlichen Eigenschaften weit nachstehe. Der Kaiser pflichtete ihren Vorstellungen bei. Styrum wurde der Armee des Markgrafen Ludwig von Baden beigegeben, Eugen aber nach Ungarn bestimmt⁶).

Nirgends wurde die Ernennung Eugens mit größerer Freude begrüßt, als bei dem Heere selbst, das gegen die Türken im Felde stand. Die Generale waren, wie Rüdiger Starhemberg bezeugt, dem Prinzen ebenso

anhänglich gesinnt, als sie dem Kurfürsten wegen seiner Rauhheit im
Commando und seiner großen Selbstüberschätzung abgeneigt waren. Die
Soldaten hofften von der ihnen wohl bekannten Sorgfalt Eugens, von
dem Nachdrucke seiner Vorstellungen Abhülfe ihrer Beschwerden, Aus=
zahlung des rückständigen Soldes, neue Bekleidung, regelmäßige Ver=
pflegung. Alle erwarteten aber eine ganz andere Kriegführung, als sie
während der letzten Jahre hatten durchmachen müssen, und sie rechneten
auf die Wiederkehr der ruhmreichen Tage, an welchen sie von Karl von
Lothringen, von Maximilian Emanuel von Baiern und Ludwig von
Baden zum Siege geführt worden waren.

Diese günstige Stimmung des Heeres ward noch durch den Umstand
erhöht, daß in dem Augenblicke, in welchem Eugen sich zur Armee begeben
wollte, der Kurfürst Friedrich August, zum Könige von Polen erwählt,
den Oberbefehl über das Heer in Ungarn dem Kaiser zurückgab und nach
Krakau eilte, den neuen Thron zu besteigen. Prinz Eugen von Savoyen
wurde an seiner Stelle mit dem Oberbefehle betraut.

Dieß war der Schritt, mit welchem Eugen seine Siegeslaufbahn
im eigentlichen Sinne des Wortes erst antrat. Bisher hatte er sich immer
nur in untergeordneter Stellung befunden, gezwungen, fremdem, oft
tadelnswerthem Befehle zu gehorchen. Nun sah er keinen Carafa, keinen
Caprara mehr über sich, deren ängstliche Besorglichkeit jede Gelegenheit
zur Erringung eines Erfolges entschlüpfen ließ. Nun hatte er es mit
keinem Victor Amadeus mehr zu thun, von dem man nicht wußte, ob er
zu den Freunden oder den Feinden zähle, ob er nicht im Augenblicke
anscheinend vertraulicher Berathung über schimpflichen Verrath brüte.
Auf sich selber war er angewiesen, auf die eigene Kraft, das eigene Genie.
Der Moment war eingetreten, in welchem sich seine militärische Bega=
bung auf das glänzendste bewähren sollte.

Den Eindruck davon noch zu erhöhen, mußten die Umstände von der
Art sein, daß sie die Hoffnung auf günstigen Erfolg in jeder Hinsicht als
eine überspannte erscheinen ließen. An die ursprünglich in Vorschlag
gebrachte Unternehmung gegen Belgrad konnte durchaus nicht mehr gedacht
werden. Die Jahreszeit war schon zu weit vorgerückt, das Heer von
allem entblößt, die Mannszucht gelockert, die Belagerung von Bihacs
durch die Rangstreitigkeiten der beiden Befehlshaber Auersperg und Bat=

thyanh mißlungen. Ein Aufstand in Oberungarn, zunächst durch die Excesse der Mangel leidenden Garnisonen veranlaßt, mußte durch den Prinzen Vaudemont mit Waffengewalt unterdrückt werden. Das Heer selbst, welches Guido Starhemberg bei Essek versammelt hatte, fand Eugen in einem so verwahrlosten Zustande, daß er gleich nach seiner Ankunft bei demselben den Grafen Solar nach Wien entsandte, um einerseits ausgiebige Abhülfe, andererseits freie Hand zur Ergreifung energischer Maßregeln zu erhalten.

Am 25. Juli brach Eugen mit dem Heere gegen Peterwardein auf. Graf Auersperg, welcher die Regimenter dem Kriegsschauplatze zuführte, die vor Bihacz gestanden hatten, Graf Rabutin, Commandirender von Siebenbürgen und Prinz Vaudemont, der mit einigen Cavallerie-Regimentern die Insurgenten in Oberungarn völlig geschlagen hatte, sie Alle erhielten Befehl, sich mit thunlichster Beschleunigung mit dem Hauptheere zu vereinigen. Auersperg und Vaudemont gehorchten pünktlich. Nur Rabutin zögerte und wollte, noch von des Kurfürsten Zeit her an Eigenmächtigkeiten gewöhnt, nur seinem Kopfe folgen und Siebenbürgen gegen den Feind decken. Eugen zeigte, wie Rabutin zu schwach hiezu sei, wie ihm das Hauptheer keine Hülfe senden und in seiner vereinzelten Stellung ihn leicht Veterani's Schicksal treffen könne [7]). Der Kaiser stimmte völlig Eugens Anschauungsweise bei, und ein strenges Restript erging an Rabutin, den Befehlen des Prinzen unweigerlich zu gehorchen [8]). Eugen selbst schlug ein Lager zu Cobila, wo er erfuhr, daß der Großherr zu Belgrad eingetroffen sei und die Osmanen sowohl über die Donau als die Save eine Brücke errichtet hatten.

Sultan Mustafa II., welcher nach den kurzen und wenig ruhmvollen Regierungen seines Vaters Suleiman II. und seines Oheims Ahmed II. den Thron der Osmanen bestiegen, hatte durch persönliche Führung seiner Heere den Kriegsoperationen derselben einen neuen und kräftigen Impuls gegeben. Das Glück war ihm günstig gewesen, und er hatte gegen Friedrich August von Sachsen Dinge auszuführen vermocht, die seine Hoffnungen nährten, in seinen Truppen aber und seinem Volke jene Zuversicht weckten, welche dem Feldherrn in seinen Unternehmungen so sehr zu Statten kommt. In dem ersten Feldzuge hatte er Veterani's Niederlage und Tod, in dem zweiten des Kurfürsten Mißgeschick in der Schlacht an der Bega herbeigeführt. Auch der dritte Feldzug begann unter günstigen Auspizien für ihn. In Oberungarn war die Fahne des Aufruhrs wieder erhoben worden, die Belagerung von Bihacs war mißglückt, und das Heer, welches ihm gegenüber stand, weder von der Stärke des seinigen, noch so gut wie das der Osmanen mit allen Kriegserfordernissen versehen. Denn das letztere war von einer mächtigen Donauflotte unterstützt, die reich beladen war mit allem, dessen das Heer nur immer bedurfte.

Die allgemeine Vermuthung ging dahin, daß die Türken die Save überschreiten und Peterwardein angreifen würden. Plötzlich wendeten sie sich jedoch weiter gegen Osten, gingen am 19. August bei Pancsova über die Donau und sandten ihre Schiffe den Strom hinauf bis gegen die Mündung der Theiß. Nun war einerseits Titel zu Wasser und zu Lande bedroht, andererseits wäre es aber auch leicht möglich gewesen, daß der Sultan ohne Titel anzugreifen, in Eilmärschen gegen Siebenbürgen vorzudringen beabsichtigte, um den mit acht Regimentern im Anmarsch befindlichen Grafen Rabutin zu überfallen und vom Hauptheere abzuschneiden. Eugen ließ daher den Feldmarschall-Lieutenant Nehem mit acht Bataillonen und achthundert Pferden in Titel zurück, und stellte noch zwei Regimenter längs der Theiß auf, die Bewegungen der Feinde zu beobachten. Er selbst marschirte die Theiß entlang, dem Grafen Rabutin entgegen.

Nachdem der Sultan mit gesammter Macht sich gegen Titel gewendet hatte, war es dem Feldmarschall-Lieutenant Nehem mit seinem schwachen Corps nicht möglich gewesen, sich daselbst zu halten, und er warf sich, Eugens Befehlen gehorchend, nach Peterwardein. Der Prinz selbst hatte sich an der Theiß mit Vaudemont, und wenige Tage darauf mit Rabutin vereinigt. So verstärkt beschloß Eugen, gegen Peterwardein zurückzukehren, um eine etwaige Unternehmung der Türken wider diese Festung zu vereiteln.

Der Prinz kam eben noch zur rechten Zeit, um die Versuche der Türken zur Zerstörung der Morastbrücken bei St. Thomas und Syreck zu hintertreiben. Am 5. September traf das Heer in der Nähe der Römerschanze ein und setzte am nächsten Tage seinen Marsch in der Entfernung einer halben Meile am feindlichen Lager vorüber fort. Die türkische Reiterei, welche in zahllosen Scharen das kaiserliche Heer umschwärmte, wurde durch dessen entschlossene Haltung von wirklichen Angriffen abgeschreckt. Nichts glich der freudigen und muthigen Stimmung des christlichen Heeres, und die Zuversicht des Führers theilte sich allen Soldaten mit [9]). Ungefährdet erreichte Eugen am Abende des 6. September den Morast dießseits Peterwardein, wo er ein Lager bezog.

Aber schon am nächsten Morgen meldete Nehem aus Peterwardein, daß man im türkischen Lager großen Staub aufsteigen sehe, jedoch nicht unterscheiden könne, ob der Feind das Lager verlasse oder nicht. Dieß wurde bald zur Gewißheit, und man überzeugte sich von der erfolgten Räumung des Lagers. Der Feind, wohl einsehend, daß bei der jetzigen Stellung des kaiserlichen Heeres an eine Belagerung von Peterwardein nicht mehr zu denken sei, war denselben Weg, den Eugen gekommen, abmarschirt, und bereits im Uebergange über den ersten Morast begriffen. Ein Ueberläufer brachte die Kunde, daß auf den Rath Tököly's der Beschluß gefaßt worden sei, die Theiß entlang nach Szegedin zu gehen, diese nur schwach befestigte Stadt zu erobern und sodann den Weg nach Siebenbürgen einzuschlagen. Eugen zögerte keinen Augenblick, alles daran zu setzen um dieses Vorhaben zu vereiteln. Unverzüglich brach er mit dem ganzen Heere auf, dem Feinde zu folgen. Er selbst eilte mit der Reiterei voraus, stellte die von den Türken zerstörte Brücke über den Morast von St. Thomas nothdürftig wieder her und traf am 10. September zu Becs ein.

Hier wurde auf die Nachricht, der Feind sei bei Zenta stehen geblieben, Kriegsrath gehalten. Alle Generale theilten Eugens Meinung, daß man dem Sultan folgen und alles anwenden müsse, ihn einzuholen, noch bevor er Szegedin erreicht habe. Streifparteien wurden entsendet, vom Feinde nähere Nachrichten zu bringen und ihm wo möglich einige Gefangene abzunehmen, um aus deren Aussagen neue Aufschlüsse über die Absichten der Gegner zu erhalten. In der Nacht noch empfing Eugen aus Zenta die Meldung, der Großherr sei den ganzen Tag über dort gestanden und habe viel Reiterei ausgeschickt, das Land ringsum zu verheeren.

In zwölf Colonnen sonderte der Prinz seine Streitkräfte, deren sechs von dem Fußvolke, sechs von der Reiterei gebildet wurden. So geordnet, die Artillerie in der Mitte, die Bagage aber unter Cavallerie-Bedeckung dem Heere folgend, brach dasselbe am 11. September vor Tagesanbruch auf, den Marsch fortzusetzen. Um neun Uhr Morgens kamen einige Reiter von den ausgesendeten Streifparteien mit der Nachricht, sie hätten die Wachfeuer der Feinde bei Zenta gesehen und mit ihren Vorposten ein

Scharmützel bestanden. Sogleich schickte der Prinz Husaren zur Unterstützung der Streifparteien ab und es gelang ihnen, den vom Sultan gleichfalls auf Recognoscirung entsendeten Dschaafer Pascha einzubringen.

Während des ununterbrochenen Marsches verhört und im Falle der
Weigerung mit Enthauptung bedroht, machte der Gefangene die wichtigsten
Aussagen. Nachdem der Sultan vernommen hatte, daß Eugen ihm auf dem
Fuße folge und daß die Besatzung von Szegedin stark genug sei, den Tür-
ken bis zum Eintreffen des kaiserlichen Heeres zu widerstehen, sei beschlos-
sen worden, die Unternehmung gegen Szegedin aufzugeben, bei Zenta die
Theiß zu überschreiten und geraden Weges nach Siebenbürgen zu gehen.
Schon seit gestern sei die Brücke über die Theiß geschlagen, und der Großherr selbst mit einem Theile der Reiterei über den Fluß gegangen. Bereits
habe die schwere Artillerie und das Gepäck den Uebergang begonnen, die
Mehrzahl der Truppen aber, das ganze Fußvolk und der Rest der Reiterei
stehe mit mehr als hundert Kanonen noch dießseits des Flusses und habe
sich mit einer großen Verschanzung umgeben, innerhalb deren sie nahe an
der Brücke den Aufbau eines kleineren Retranchements begonnen habe.

Unablässig und mit größter Beschleunigung setzte Eugen den Marsch
fort. Alles bestätigte die Nachricht, der Feind sei fortwährend im Flußüber-
gange begriffen. Der Prinz eilte daher mit der Reiterei und einigen Kanonen den übrigen Truppen voraus, näherte sich dem Lager der Türken bis
auf eine Stunde und erwartete hier das Heer, es zum Angriffe zu
ordnen [10]).

Nichts glich dem Nachdrucke und der Energie, mit welcher der Prinz
die Vorbereitungen zum Kampfe traf. Es sollte die erste Schlacht sein,
die er selbstständig regierte, und dieser Gedanke entwickelte in reichstem
Maße alle die Hülfsquellen, die seinem Genie zu Gebote standen. Die
Eigenthümlichkeit, welche Eugens ganze Kriegsführung charakterisirte, der
er seine schönsten Lorbeern verdankte, die des raschen, kühnen Entschlusses
und der unwiderstehlichen Durchführung zeigte sich auch hier in glänzendster
Weise. Aber so schnell auch der Entschluß gereift war, so waren doch die
gefaßten Maßregeln so wohl durchdacht und so zweckmäßig, daß wie ein
Augenzeuge und Mitkämpfer in dem schwülstigen Style jener Zeit versichert: „der Glücksgöttin kein Spielraum mehr blieb, den Ausgang des
„Tages zu des Prinzen Nachtheile zu entscheiden [11])."

Den echten Feldherrnblick bewährte Eugen schon in der Wahl der
Generale, welchen er die Leitung der einzelnen Heersäulen übertrug. Die
beiden Feldzeugmeister Sigbert Heister und Guido Starhemberg, Männer
von der bewährtesten Unerschrockenheit und wahrhaft unbeugsamer That=
kraft, alterfahren im Kampfe mit dem wilden Gegner, mit welchem man es
zu thun hatte, befehligten die beiden Flügel des kaiserlichen Heeres. Den
rechten Flügel, der an das steil abfallende Ufer der Theiß sich lehnte, führte
Sigbert Heister, den linken aber, welcher weit hinaus ins Blachfeld sich
erstreckte, und der mit einer doppelten Reihe von Fußgängern und Reitern
verstärkt wurde, Guido Starhemberg. Das Centrum befehligte Eugens
Freund, Waffenbruder und Schicksalsgenosse, der Prinz von Commercy.
Bei ihm befanden sich der General der Cavallerie Graf Rabutin, der säch=
sische Feldzeugmeister Graf Reuß und der Oberbefehlshaber der kaiser=
lichen Artillerie, der alte, erfahrne Feldzeugmeister Börner. Hier nahm
auch Eugen seine Stellung, doch behielt er sich vor, dorthin zu eilen, wo
die Gefahr seine Gegenwart erforderte. Dieß war die Ordnung, in welcher
die kaiserliche Armee gegen Zenta vorrückte [12]).

Die Türken zeigten sich über die plötzliche Annäherung des kaiserlichen
Heeres in keiner Weise erschreckt. Einige tausend osmanische Reiter wurden
ausgesendet, dasselbe in seinem Marsche zu stören. Sie zurückzuwerfen, nahm
Eugen aus jedem Flügel des zweiten Treffens drei Dragoner=Regimenter
und einige Geschütze, ließ jedoch die übrige Armee das Vorrücken nicht un=
terbrechen. Bald zog sich die feindliche Reiterei wieder zurück, und als das
kaiserliche Heer auf Kanonenschußweite gegen die Verschanzungen heran=
kam, sah es sich mit dem heftigsten Geschützfeuer begrüßt. Unverzüglich
wurde diese Kanonade beantwortet, die Dragoner kehrten auf ihre früheren
Plätze in der Linie zurück, Eugen aber mit seinem Heere näherte sich immer
mehr dem türkischen Lager.

An das Ufer der Theiß gelehnt und die Brücke über den Strom
beschützend, bestand dieses Lager aus einem ungefähr viertausend Schritt
langen und an Höhe einer Festungsmauer gleichenden Erdwalle, der durch
Kanonen geschützt, mit einem Graben und mit Redouten versehen war und
sich halbkreisförmig von einem Ufer zum andern erstreckte. Hinter diesem
Walle sah man eine Mauer, die von den Ruinen des ehemaligen kaiser=
lichen Proviianthauses noch übrig war, und wo diese aufhörte, begann eine

starke Verpallisabirung, welche sich ebenfalls bis an das Theißufer erstreckte. Endlich wurde eine lange Reihe von Wagen, die in der Ordnung aufgestellt waren, in welcher sie über die Brücke geführt werden sollten, gleichfalls als Vertheidigungsmittel benützt.

Unterhalb der Brücke war das Stromufer steil und unzugänglich, an der anderen Seite aber lag, da der Wasserstand äußerst niedrig, in der Länge von vierzig Schritten eine Sandbank bloß, über welche die türkische Reiterei ihren Rückzug in das Lager bewerkstelligt hatte [13]. Dieser Umstand war Eugens Feldherrnblick nicht entgangen und wurde von ihm augenblicklich benützt. Er ließ einige Regimenter aus dem linken Flügel vorrücken, um denselben bis an die Theiß zu erstrecken. Nur zwei Stunden waren noch vor Sonnenuntergang, als endlich das kaiserliche Heer in völliger Schlachtordnung das türkische Lager umringt hatte. Hätte der Großwestr, schnell entschlossen, einen ungestümen Angriff auf seinen Gegner gewagt, so hätte das Glück des Tages sich vielleicht doch zu Gunsten der Osmanen entschieden. Aber es rührte sich kein Mann hinter den wohlverwahrten Erdwällen. Wahrscheinlich hoffte der türkische Feldherr, dieselben so lange gegen die Angriffe der kaiserlichen Truppen vertheidigen zu können, bis der größte Theil seines Heeres den Uebergang über den Fluß bewerkstelligt haben würde. Es war daher kein Augenblick mehr zu verlieren. Hoch zu Rosse durchflog Eugen die Reihen seiner Krieger, sie mit feurigem Worte zu kühner That ermunternd, und selbst freudig angeregt von der Kampfbegierde und dem stolzen Siegesvertrauen, das Offiziere und Soldaten ihm zeigten.

Da die feindlichen Truppen unablässig über die Brücke gingen, ließ Eugen zur Beschießung derselben auf beiden Flügeln einige Kanonen vorführen. Wenige Augenblicke später erhielt der linke Flügel und bald darauf das ganze Heer den Befehl zum Angriffe, welcher von allen Seiten mit der größten Unerschrockenheit vollführt wurde. Von den Türken mit heftigem Feuer empfangen, erlitten die Kaiserlichen bei diesem Anfalle einige Verluste. Während jedoch die Osmanen hinter den Schanzen mit Ausdauer widerstanden, hatte Eugen dem linken Flügel seines Heeres den Befehl ertheilt, sich einen Weg über die Sandbänke der Theiß in das Innere des türkischen Lagers zu bahnen. Trotz der verzweifelten Gegenwehr der Janitscharen waren Guido Starhemberg und der Prinz von Vaudemont an der

Spitze ihrer Truppen eingedrungen und fielen den türkischen Kriegern, welche die Wälle vertheidigten, in den Rücken. Zu gleicher Zeit hatten das Centrum und der rechte Flügel des kaiserlichen Heeres, nachdem der Schrecken überwunden war, welchen im ersten Augenblicke das furchtbare Feuer der Feinde verursacht hatte, die Schanzen im Sturmschritt erstiegen. Eugen selbst hatte sich an die Spitze des Regimentes Styrum gestellt und dasselbe mit kühner Todesverachtung in das dichteste Feuer geführt. [14]. Da das Terrain für die Pferde immer enger und enger wurde, sah die Reiterei sich gezwungen, hinter dem Fußvolke zurückzubleiben. Um aber der Ehre des Sieges gleichfalls theilhaft zu werden, saß sie ab und eilte, was Eugen selber nie gesehen zu haben erklärte, mit der Infanterie zugleich über den feindlichen Graben. Wie die erste Verschanzung wurde auch die zweite erstiegen und die Wagenburg mit Sturm genommen.

Als die Janitscharen sich von zwei Seiten zu gleicher Zeit angefallen sahen, wurden sie von Verzweiflung ergriffen. Um sich Mann gegen Mann im Handgemenge zu vertheidigen, warfen sie die Feuergewehre weg und zogen die Säbel. Aber nichts vermochte dem unaufhörlichen, fürchterlichen Feuer des deutschen Fußvolkes Widerstand zu leisten. Die Janitscharen wandten sich in rasendem Getümmel zur Flucht. Der Kampf war geendigt und das Gemetzel begann. Auf kein Commandowort wurde mehr gehört, der Soldat folgte nur der wilden Blutgier, die sich seiner bemächtigt hatte. In schrecklicher Todesangst drängten die Türken gegen die Brücke, als den einzigen Ausgang, der Rettung winkte. Von diesem aber sahen sie sich durch Guido Starhemberg abgeschnitten, der die Wagenburg mit Sturm genommen, den Zugang zur Brücke stark besetzt und dieselbe fortwährend beschossen hatte. Sie drängten sich also an die Theiß, stürzten sich von dem felsigen Ufer in den Strom und fanden daselbst fast alle ihr Grab, denn diejenigen, welche sich sonst durch Schwimmen gerettet haben würden, wurden von den andern erfaßt und in den Abgrund gezogen.

Schrecklich wüthete das Schwert der Sieger in den Reihen der Ungläubigen. Trotz der höchsten Summen, welche die türkischen Heeresfürsten boten, wurde von den kaiserlichen Soldaten kein Quartier gegeben. So kam es, daß nur wenige Gefangene gemacht wurden, gegen zwanzigtausend erschlagene Osmanen das Schlachtfeld bedeckten, mehr als zehntausend in der Theiß ertranken, kaum tausend sich jenseits des Flusses zu

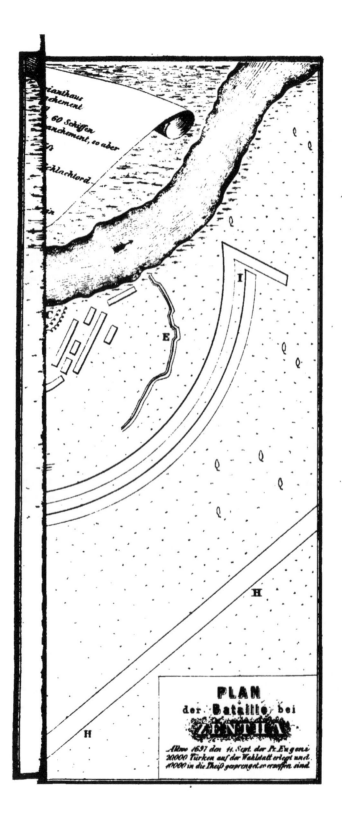

PLAN
der Bataille bei
ZENTHA

Albwo 1697 den 11. Sept. der Pr. Eugeni
20000 Türken auf der Wahlstatt erlegt und
10000 in die Theiß gesprengt, worden sind.

retten vermochten. Der Großwesir und vier andere Wesire, die Statthalter von Anatoli und Bosnien, der Wesir Janitscharen=Aga, dreizehn Begler= bege, viele Paschen, aber nicht alle von dem Schwerte der Feinde, sondern viele von den mitten im Schlachtgewühle empörten Janitscharen erschlagen, hatten den Tod gefunden. Erst mit der hereinbrechenden Nacht endete die Schlacht, als ob, wie Eugen in dem Berichte an den Kaiser sich ausdrückt: „die Sonne selbst nicht eher hat weichen wollen, bis sie mit ihrem glänzen= „den Auge den völligen Triumph Euer Kaiserlichen Majestät glorwürdig= „sten Waffen vollständig hat anschauen können."

Von dem jenseitigen Ufer der Theiß sah der Sultan mit unsäglichem Schmerze das Verderben seiner Getreuen, den schmachvollen Untergang seiner Siegeshoffnungen. Von Angst erfaßt, daß die Kaiserlichen die Brücke passiren und ihm den Rückzug nach Temeswar abschneiden könnten, floh er, von seinen Reitern begleitet, in solcher Haft nach dieser Festung, daß er schon den nächsten Mittag daselbst eintraf. Aber auch hier hatte er keine Ruhe und eilte zwei Tage darauf nach Belgrad.

Prinz Eugen, welcher nach den offiziellen Ausweisen nur gegen dreihundert Todte und zwölfhundert Verwundete verloren hatte, sandte vom Schlachtfelde weg den Prinzen Carl Thomas Vaudemont nach Wien. Um zehn Uhr Abends zog er seine Truppen aus den erstürmten Ver= schanzungen zurück und ließ sie in so guter Ordnung als die durch den Sieg erzeugte Aufregung und die finstere Nacht es gestatteten, die Theiß entlang der Ruhe pflegen.

Am nächsten Morgen führte Eugen das siegreiche Heer über den Fluß in das vom Sultan verlassene Lager. Nun erst wurde die ungeheure Größe des feindlichen Verlustes vollkommen klar, nun erst gewann man eine Uebersicht über die reiche Beute, welche den Siegern zu Theil geworden war. Die drei Millionen Piaster enthaltende Kriegskasse, eine Menge von Waffen aller Art, das ganze Geschütz und Gepäck, eine Unzahl von Pferden, Kameelen und Ochsen, eine Masse von Fahnen, Roßschweifen, Standarten und anderen Kriegstrophäen fiel in ihre Hände. Das köstlichste Beutestück aber war das große Siegel, das der Großwesir als Zeichen seiner Machtvollkommenheit am Halse trägt, und das noch niemals in Feindes Hand gefallen war, selbst nicht bei Szlankament, wo der Groß= wesir Mustafa Köprili den Kriegertod gefunden hatte. Ein mit Rabutin aus Siebenbürgen gekommener Beamter erbeutete dasselbe und brachte es dem Prinzen, der sich vorbehielt, es nach seiner Ankunft in Wien persönlich dem Kaiser zu überreichen. Mit den übrigen eroberten Feldzeichen wurde der Dragoner-Oberst Graf Dietrichstein nach Wien abgesendet und dieser überbrachte den ausführlichen Bericht Eugens über den herrlichen Sieg, welchen er nächst Gottes Hülfe dem „nicht genug zu lobenden tapferen „Heldengeiste der gesammten Generalspersonen, Offiziere und Soldaten" zuschrieb. Von sich selbst aber sagte der Prinz kein Wort, und er that Recht daran. Denn seine glänzende Waffenthat sprach lauter zu seinem Lobe, als die beredteste Zunge es vermocht hätte.

Es kann kein Zweifel darüber obwalten, daß die Schlacht bei Zenta, das letzte glänzende Kriegsereigniß des siebzehnten Jahrhunderts, zugleich als einer der schönsten Siege gelten muß, welche während desselben erfochten worden waren. Sie veränderte mit einem einzigen Schlage die ganze Lage der Kriegführung gegen die Türken. Aus dem schwer bedrängten Vertheidiger wurde mit einem Male ein durch nichts gehinderter Angreifer, und es war nicht das Verdienst der Türken, wenn die Folgen der Zentaer Schlacht für sie nicht ganz so verderblich ausfielen, als es Anfangs den Anschein hatte.

Die Art und Weise, in welcher Eugen den Sieg erfochten hatte, kann nur ungetheilte Bewunderung erregen. Er legte einen militärischen Scharfblick, eine Kühnheit des Entschlusses und einen Nachdruck in der Ausführung an den Tag, welche ihm zum höchsten Lobe gereichen müssen. Zu Wien war man insbesondere über die Schnelligkeit entzückt, mit welcher der Prinz die Sandbank der Theiß benützt hatte, um das Lager im Rücken anzugreifen und den Feind von der Brücke abzuschneiden [15]). Durch die erstere Bewegung war die sonst sehr gewagte Erstürmung der ungemein hohen und starken Schanzen sehr erleichtert, durch die letztere der ungeheure Verlust des Feindes recht eigentlich herbeigeführt worden. Eugens Name war in Aller Munde, und durch ganz Deutschland — ja durch Europa verbreitete sich der Ruhm des Prinzen, der von nun an mit den ersten Feldherrn seiner Zeit in eine Linie gestellt wurde. Selbst Eugens Neider vermochten nichts anderes vorzubringen, als daß sich ein Wunder ereignet habe, und man den gewonnenen Sieg der unbegreiflichen Verblendung der Feinde zuschreiben müsse [16]).

Nach der Erringung des herrlichen Sieges kam, wie es sich von selbst verstand, sogleich die Frage seiner Benützung zur Sprache. Eugen war der Meinung, daß die Jahreszeit zu weit vorgerückt sei, und der Mangel an den nöthigen Erfordernissen es unmöglich mache, den Zug nach Temeswar zu unternehmen, den man am kaiserlichen Hofe sehnlichst wünschte. Die übrigen Generale stimmten dem Prinzen bei. Sie theilten Eugens Ansicht, daß in jenen sumpfigen Gegenden, bei herannahender Regenzeit, bei dem Mangel an Proviant und an Transportmitteln, die Armee eher zu Grunde gehen, als den beabsichtigten Zweck, die Wegnahme Temeswars, erreichen würde [17]). Auch zu Wien waren fast Alle, selbst der immer zu neuen Unternehmungen drängende englische Gesandte dieser Meinung [18]). Der Hofkriegsrath erklärte gleichfalls, daß er eine Unternehmung gegen Temeswar nicht für ausführbar halte, daß Eugen wohlgethan habe, sie zu unterlassen, und es besser sei, die Armee für dieß Jahr in gutem Stande zu erhalten und für das folgende an einen frühzeitig beginnenden Feldzug zu denken [19]).

Dieß waren die Gründe, aus welchen der Prinz sich darauf beschränken zu sollen glaubte, zur Verfolgung des fliehenden Feindes und zur Mehrung der Beute einige Schwärme leichter Reiter, dann ein aus sechshundert Pferden gebildetes Detaschement unter Oberst Glöckelsperg abzusenden. Hierauf führte er sein Heer aus dem Lager, in welchem die ungeheure Menge von Leichen die Luft verpestete, hinweg und die Theiß hinauf gegen Szegedin. Um leichter für die Subsistenz der Truppen zu sorgen, beschloß Eugen, dieselben in vier Corps zu theilen. Die Infanterie mit den brandenburgischen Truppen sandte er über die Donau gegen Mohacz und Ofen, die Cavallerie aber mit den sächsischen Hülfsvölkern ging dießseits der Donau gegen Pesth, die Artillerie wurde mit Ausnahme von zwölf Kanonen beordert, geraden Weges nach Böhmen zu marschiren und dort die Winterquartiere zu nehmen. Rabutin kehrte mit vier Cavallerie-Regimentern nach Siebenbürgen zurück.

Eugen hatte es zwar für unthunlich gehalten, an eine Unternehmung gegen Temeswar zu schreiten, dennoch konnte er sich nicht entschließen, schon Anfangs October den Feldzug zu beendigen. Da er gegen einen festen Platz nichts mehr ausrichten zu können glaubte, so beschloß er, mit einer anserlesenen Schar einen Einfall in Bosnien zu unternehmen.

Es ist zu bedauern, daß in Eugens Schriften, deren aus jener Zeit schon eine große Anzahl vorhanden ist, nirgends von den Gründen Rechenschaft abgelegt wird, welche ihn zu diesem Entschlusse bewogen. War es blos der Wunsch, Rache an den Türken zu nehmen für die vielen verheerenden Streifzüge, welche sie, so oft sich nur die Gelegenheit bot, nach dem kaiserlichen Gebiete unternahmen? Glaubte der Prinz, ein solcher Zug in das Innere des feindlichen Landes würde dazu dienen, den Schrecken vor den kaiserlichen Waffen zu mehren, und diese Furcht die Türken leichter dazu vermögen, auch unter ungünstigen Bedingungen den Frieden zu suchen? Hoffte Eugen, im Inneren von Bosnien, unter der dortigen christlichen Bevölkerung, Anknüpfungspuncte zu einer dauernden Verbindung mit den ungarischen Grenzländern, zu bleibender Unterwerfung unter das kaiserliche Scepter zu finden? Meinte er die Fäden fortspinnen zu können, welche vor acht Jahren Piccolomini bei den christlichen Bewohnern von Serbien und Albanien mit so vielem Glücke angeschlagen hatte? Oder wollte der Prinz nur diese Glaubensgenossen befreien von dem schweren Joche der Türken, unter dem sie seufzten, und sie herüberführen nach dem ungarischen Grenzgebiete, diese durch den langen Krieg verödeten Landstriche mit ihnen zu bevölkern? Wohl mögen alle diese Gründe zusammengewirkt haben, den Prinzen zu einem Unternehmen zu bestimmen, welches, ein völlig unerwartetes, die Freunde in Erstaunen, die Gegner in Bestürzung versetzte.

Aus viertausend seiner bestberittenen Reiter, zweitausend fünfhundert sorgsam gewählten Fußgängern, den zurückbehaltenen zwölf Kanonen und zwei Mörsern sammt Bedienung und Bespannung, aus allen Mineurs endlich, die sich beim Heere befanden, bildete Eugen sein Armeecorps, welchem noch eine große Anzahl von Ober- und Unteroffizieren sich anschloß. Feldmarschall Prinz Commercy, Feldzeugmeister Graf Guido Starhemberg, der aus Wien bereits zurückgekehrte Prinz Vaudemont, Graf Gronsfeld, Baron Truchseß und Graf Leopold Herberstein waren die Generale, welche Eugen auf seinem Zuge begleiteten. Oberst Khba, der slavonischen Grenze tapferer Commandant, wurde zu dem Prinzen berufen, seiner genauen Kenntniß des Landes wegen zu den Berathungen gezogen [20] und befehligt, mit den Grenzmilizen zu Pferde zu steigen und die Vorhut zu bilden. Zugleich erhielt ein anderes Corps von Grenzern

ben Auftrag, bei Banjaluka einen Einfall in Feindesland zu machen,
und Graf Rabutin wurde aufgefordert, durch einen Streifzug gegen
Temeswar und Pancsova die Aufmerksamkeit der Türken von Bosnien
abzulenken.

Das kaiserliche Kriegsarchiv verwahrt unter seinen kostbarsten Schätzen
ein von Eugen durchaus eigenhändig geführtes Tagebuch über seinen Zug
nach Bosnien.

Am 6. October brach Eugen nach Essek auf. Er ging über die Save
und drang in Bosnien ein. Achtzehn Tage dauerte der Marsch, größtentheils durch dichte Wälder, über steile Höhen, durch enge Thäler und tiefe
Schluchten. Oberst Kyba mit dreihundert Pferden und ungefähr zweitausend Grenzsoldaten war immer voraus, um die schon jahrelang nicht mehr
besuchten Wege möglichst vom Dickicht zu säubern und in gangbaren Zustand
zu versetzen [21]. Am 16. October ward das Schloß Doboy, auf hohem und
steilem Felsen an der Bosna gelegen, nach kurzem Widerstande genommen,
die Besatzung freigegeben. Von hier an wurde die Gegend wirthlicher, die
Dörfer waren nicht mehr von den Bewohnern verlassen, Vieh und Lebensmittel wurden vorgefunden. Am folgenden Tage ergab sich Maglay, ein
anderes Schloß an der Bosna. Größtentheils diesen Fluß entlang wurde
der Marsch nach Schebze fortgesetzt. Dieser Ort, in der Ebene an der
Bosna gelegen, wollte sich nicht gleich auf die erste Aufforderung ergeben
und wurde mit Sturm genommen. Am 19. besetzte Oberst Kyba Wranduck,
wo der Prinz der unfahrbaren Wege halber die Artillerie unter Bewachung
von siebenhundert Mann unter einem Oberstlieutenant zurückließ, der zugleich die Garnisonen von Maglay und Doboy unter seinen Befehlen und
die Verbindung mit Brood aufrecht zu erhalten hatte. Eugen selbst setzte
ununterbrochen seinen Marsch fort, und das Tagebuch des Prinzen zeugt für
die Aufmerksamkeit, mit welcher er seine Beobachtungen machte. Der Zustand des Landes, der Wege, der Lagerplätze, der Orte, wo die Flußübergänge zu bewerkstelligen, wo gefährliche Defiléen zu passiren sind, alles
ist mit Genauigkeit beschrieben und könnte wohl noch heutigen Tages bei
einem ähnlichen Zuge als Leitfaden benützt werden. Ueberall kamen die
christlichen Landleute in großer Anzahl, baten um Schutzwachen und
erklärten sich dem Armeecorps auf dessen Rückmarsche anschließen und mit
ihm Bosnien verlassen zu wollen. Die türkischen Einwohner aber hatten

sich alle nach Sarajevo zurückgezogen, wo sie in der Nähe der Stadt campirten.

Am 23. October erreichte Eugen dieselbe. Schon Tags zuvor hatte er einen Cornet vom Regimente Caprara in Begleitung eines Trompeters mit einem Schreiben nach Sarajevo gesendet, worin die Einwohner zur Unterwerfung aufgefordert wurden. Obschon der Trompeter zum Zeichen der friedlichen Sendung fortwährend geblasen und der Cornet in hoch erhobener Rechte das Schreiben gezeigt hatte, wurde doch, als sie in der weitläufigen, schon größtentheils verlassenen Stadt endlich auf Türken trafen, der Erstere niedergehauen, der Cornet aber entkam mit fünf Wunden. Eugen fand ihn in diesem Zustande zwei Stunden vor Sarajevo. Sogleich marschirte der Prinz gerade dorthin, stellte sich auf den nahen Anhöhen auf, und detaschirte eine Anzahl Truppen, die Stadt zu besetzen und zu plündern.

Nach erfolgter Plünderung wurde die Stadt den Flammen übergeben; die Türken hatten zwar ihre beste Habe geflüchtet, aber dennoch war man mit der gemachten Beute zufrieden. Sie zu vergrößern, wurden die Feinde von Streifparteien verfolgt, welche noch viele werthvolle Gegenstände, insbesondere aber eine große Anzahl von Weibern und Kindern einbrachten. Wie schon auf dem Wege, so fanden sich auch in Sarajevo Scharen von Christen ein, ihre geringen Habseligkeiten mit sich führend, um mit Eugen das Land zu verlassen. „Ich hoffe," sagt der Prinz, „alle Christen, welche „es hier gibt, über die Save zu bringen."

Nachdem Sarajevo, damals einer der reichsten Handelsorte von Osteuropa, der von einer zahlreichen Bevölkerung bewohnt war, eine große Ausdehnung besaß und nach Eugens Zeugniß hundert zwanzig schöne Moscheen zählte, in kurzer Zeit von den Flammen völlig zerstört worden war, trat der Prinz am 25. October seinen Rückmarsch an. Immer größer wurde die Anzahl der herbei strömenden christlichen Landleute. Man gab ihnen Schutzwachen und Beförderungsmittel, ihr Mitkommen zu erleichtern. Alles aber, was den Türken gehörte und vom Wege aus erreichbar war, wurde schonungslos niedergebrannt, das Schloß von Wranduck gleich dem von Maglaŷ den Flammen preisgegeben und gesprengt. Der Rückmarsch wurde durch die eingetretene Kälte und den frischgefallenen Schnee zwar beschwerlicher gemacht, vom Feinde aber fast nicht beunruhigt. Doch widerstand das Schloß von Teschein, und Eugen, der sich vor demselben nicht aufhalten wollte, begnügte sich mit dem Schaden, welchen seine Artillerie an dessen Mauern angerichtet hatte.

Am 5. November ging der Prinz bei Brood über die Save, am 8. traf er mit der Reiterei zu Essek ein. Zwei Tage später langte hier das Fußvolk an, Eugen aber erhielt die günstige Nachricht, Rabutin habe in Begleitung des Generalmajors Grafen Leiningen mit dreitausend der bestberittenen Soldaten einen kühnen Einfall auf türkisches Gebiet gemacht. Am 29. October war das eiserne Thor passirt und am 6. November Ujpalanka mit Sturm genommen worden. Fast die ganze aus fünfhundert Mann bestehende Besatzung wurde hiebei niedergemacht, sechzig Türken geriethen in Gefangenschaft und nur wenige entkamen in zwei kleinen Schiffen die Donau hinab. Ujpalanka selbst, als zu weit in Feindes Land gelegen, wurde zerstört [22]. Der Rittmeister Graf Königsegg eilte mit den eroberten Feldzeichen nach Wien, Oberstlieutenant Graf Herberstein aber wurde mit einer Reiterabtheilung nach Pancsova gesendet. Er fand diesen Ort von seinen Einwohnern, welche Ujpalanka's Schicksal fürchteten, verlassen und in Brand gesteckt. Da Herberstein keine Zugthiere bei sich hatte, die zu Pancsova vorgefundenen acht Kanonen mit sich zu führen, konnte er nichts thun, als die Geschütze unbrauchbar machen, den Ort vollends zerstören und hierauf zu Rabutin zurückkehren, der sich, durch Mangel an Proviant an der Fortsetzung des Zuges gehindert, nun wieder nach Siebenbürgen begab.

Nachdem Eugen seine tapferen Truppen in die Winterquartiere verlegt hatte, eilte er nach Wien. Vom Kaiser wurde er mit Wohlwollen und Dankbarkeit aufgenommen und erhielt neben vielen anderen Gnadenbezeigungen einen mit Edelsteinen reich besetzten, auf zehntausend Reichsthaler geschätzten Degen zum Geschenke [23]. Das Volk aber bewillkommte den Prinzen mit stürmischem Jubel. Seit der Rückkehr des Markgrafen von Baden aus dem Feldzuge des Jahres 1691 hatte man zu Wien nicht Gelegenheit gehabt, einen Türkenbesieger festlich zu begrüßen. Je tiefer die Hoffnungen auf einen befriedigenden Ausgang des Feldzuges gesunken gewesen waren, um so lauter war nun die Freude über die von Eugen gewonnenen Resultate, durch welche auch die höchst gespannten Erwartungen befriedigt wurden [24].

Die allgemeine Bewunderung der glänzenden Waffenthaten des Prin=
zen veranlaßte auch die Prägung einer Medaille, durch welche das Andenken
an den Sieg von Zenta verewigt werden sollte. Auf der Vorderseite sieht
man das Dorf Zenta, das Lager der Türken, die fliehenden Feinde, welche
sich in den Strom stürzen. Auf der Rückseite ist der Flußgott der Theiß
dargestellt und eine Victoria mit dem Lorbeerkranze. Die Medaille ist mit
passenden Inschriften geziert.

Sechstes Capitel.

Der Ryswiker Friede hatte dem Westen Europa's die Ruhe wieder gegeben. Es war Hoffnung vorhanden, daß die kaiserlichen Regimenter, die am Rheine verfügbar wurden, die Heeresmacht in Ungarn so ansehnlich verstärken würden, daß mit denselben noch glänzende Resultate errungen werden könnten. Man zeigte auch zu Wien den besten Willen, im bevorstehenden Feldzuge mit imposanten Streitkräften in Ungarn aufzutreten. Schon am 2. December 1697 reichte Eugen beim Kaiser eine Denkschrift ein [1]), worin er nachwies, daß im bevorstehenden Feldzuge eine Haupt= unternehmung nöthig sei, um den Feind zu einem günstigen Frieden zu zwingen. Belgrad sei wieder zu erobern, dann müsse Temeswar von selber fallen. Der Abgang der nach Polen berufenen sächsischen Truppen solle durch andere ersetzt werden, die Reiterei vollzählig und gut beritten sein. Die Donauflotille und die Artillerie seien Verbesserungen zu unterziehen und zu vermehren. Das Heer zähle zu wenig geschickte Ingenieurs, man solle deren aus England und Holland kommen lassen. Endlich haben die Truppen den ihnen gebührenden Sold mit Pünktlichkeit zu empfangen und es müssen an den verschiedenen Flüssen große Vorrathshäuser angelegt werden, um die Lebensmittel auf Schiffen dorthin zu bringen, wo der Feind die Gegenwart des Heeres nöthig macht.

Gern und begierig horchte der Kaiser auf Vorschläge, welche ihm den Wiedergewinn von Belgrad, die Einnahme Temeswars in Aussicht stellten. Es geschah auch Einiges um diese stolzen Plane zu verwirklichen. Um die sächsischen Hülfstruppen wenigstens theilweise zu ersetzen, schloß der Kaiser mit verschiedenen deutschen Fürsten Verträge wegen Ueberlassung von Regimentern. Es wurde der Vorschlag zur Errichtung einer General= Kriegskasse gemacht, welche mit den zur Unterhaltung des Heeres bestimm= ten zwölf Millionen dotirt werden sollte. Aber leider fand sich der größte Theil dieses Betrages nur auf dem Papiere vor, das Geld selbst, der Nerv aller kriegerischen Unternehmungen, fehlte in den kaiserlichen Kassen. Die

in Ungarn stehenden Regimenter litten so großen Mangel, daß ihre Ausrüstung nur langsam von Statten ging, sie nur spät ins Feld rücken konnten,
und die Armee auch dann noch ohne genügende Vorräthe an Lebensmitteln,
an Proviant und den übrigen Kriegsbedürfnissen war. Weder die im
Siegesrausche des verflossenen Feldzuges schon gelungen geglaubte Belagerung Belgrads, noch eine andere erwähnenswerthe Unternehmung konnte
in's Werk gesetzt werden, und Eugens ganzes Ansehen bei den Truppen
gehörte dazu, um seinen durch Entbehrungen aller Art tief herabgestimmten
Soldaten einen besseren Geist einzuflößen.

Aber auch er konnte nicht verhindern, daß bei einigen Truppenabtheilungen wirklich Meutereien ausbrachen. Die Dragoner-Regimenter
Sachsen-Gotha und Herbeville empörten sich förmlich, wollten alle ihre
Officiere tödten und sich mit den Türken vereinigen. Glücklicher Weise
wurde das Complott noch früh genug entdeckt, um unterdrückt zu werden.
Bei einem so betrübenden Stande der Dinge und wenn man zu schwach
war, demselben abzuhelfen, schien es freilich am gerathensten, sich angelegentlich mit Friedensgedanken zu beschäftigen.

Von dem gleichen Wunsche einer Beendigung des schon durch mehr
als fünfzehn Jahre andauernden Kampfes war die Pforte beseelt. Zwar
hatte sie, in richtiger Würdigung ihrer Lage, ein zahlreiches Heer auf die
Beine gebracht, das der neue Großwesir Hussein Köprili bei Belgrad versammelte. Aber trotz seiner Stärke herrschte bei dem türkischen Heere
keine große Kampflust. Es befand sich noch zu sehr unter dem erschüttern-
den Eindrucke der gewaltigen Niederlage des verflossenen Jahres. Dazu
kam noch die Nachfolge des Kurfürsten von Sachsen auf dem Throne
Polens und die Befürchtung einer nachdrücklichen Führung des Krieges
von dieser Seite. Große Dinge erzählte der Ruf von den Zurüstungen des
Czars von Moskau zur See. Die Erneuerung des Bündnisses zwischen dem
Kaiser und Venedig ließ auch größere Anstrengung von Seite der Republik
erwarten. Den Schlußstein hiezu bildete endlich der Umstand, daß es wieder der gefürchtete Sieger von Zenta war, welchem das türkische Heer sich
gegenüber sah.

Bei Peterwardein stand der Prinz, bei Belgrad der Feind. Aber der
letztere war fest entschlossen, nur vertheidigungsweise zu verfahren. Denn
ebenso, wie es sein Bruder gewesen, zum Frieden geneigt, wollte der Groß-

wesir durchaus nichts thun, was die Aussicht auf denselben zu trüben vermocht hätte. Er ließ sich daher durch keinen der vielfachen Märsche und Gegenmärsche des Prinzen verführen, seine vortheilhafte Stellung zu verlassen. So verstrich die günstige Jahreszeit, ohne daß von dem Einen oder dem Anderen der beiden Gegner ein nennenswerther Erfolg errungen worden wäre.

Zu der ereignißlosen Kriegführung mag wohl am meisten beigetragen haben, daß die Augen aller betheiligten Mächte mehr auf das beabsichtigte Friedenswerk als auf den Kriegsschauplatz gerichtet waren. Der Kaiser wünschte die Beendigung des Kampfes, weil er seit der Schlacht von Zenta den Frieden unter den besten Bedingungen zu erhalten hoffen durfte, weil seine Erbländer in den langen Kriegsjahren erstaunlich gelitten hatten, weil endlich die immer dringender werdende Frage der Nachfolge auf dem spanischen Throne ihn zwang, all seine Aufmerksamkeit nach jener Seite zu wenden, all seine Kraft dorthin verfügbar zu halten. Der Sultan aber wollte den Frieden, weil er gleich seinem Feldherrn kein günstiges Ergebniß von der Fortdauer des Kampfes erwartete, und bei einem neuen Siege der kaiserlichen Waffen noch härtere Bedingungen befürchten mußte. Die Vermittlung der Seemächte England und Holland wurde angenommen, der gegenwärtige Besitzstand als Grundlage des Friedens festgesetzt und das Städtchen Carlowitz, am rechten Donauufer, Peterwardein gegenüber, zum Congreßorte bestimmt.

Es bot einen wunderbaren Anblick, in einer Gegend, welche seit länger als einem Jahrzehent zum Schauplatz des Krieges gedient hatte und daher völlig verwüstet war, fast unter den Kanonen einer kaiserlichen Festung wie auf ein Zauberwort eine prunkende Zeltstadt sich erheben zu sehen, in der über die künftige Gestaltung eines großen Theiles von Europa entschieden werden sollte. Noch seltsamer aber war es, die Türken die Wildheit ihrer bisherigen Gewohnheiten, den Hochmuth ihrer Sprache ablegen, und sich den schwerfälligen Förmlichkeiten der damaligen europäischen Diplomatie anbequemen zu sehen.

Die Wahl der Bevollmächtigten selbst war eine Sache von höchster Wichtigkeit für die betreffenden Regierungen und wurde daher mit größter Sorgfalt betrieben. Der Kaiser hatte gewünscht, daß Graf Kinsky, in dessen Hände nach Strattmanns Tode die Besorgung der auswärtigen

Angelegenheiten völlig übergegangen war, als sein erster Botschafter am
Congreßorte erschiene. Kinsky aber zog es vor, in Wien die Leitung der
Friedensunterhandlungen in Händen zu haben, als bei dem Congresse
selbst nur als Werkzeug zu dienen. Auch andere sollen die auf sie gefallene
Wahl abgelehnt haben. So wurden endlich der Präsident des Reichs=
hofrathes, Graf Wolfgang von Oettingen, und der Generalmajor
Graf Leopold Schlik als kaiserliche Botschafter zu dem Friedenscongresse
abgeschickt.

Oettingen verdankte diesen Beweis des Vertrauens zunächst der per=
sönlichen Zuneigung seines Monarchen. Auch er war mit dem Kaiser
herangewachsen, und Leopold I. hatte ihm, wie es bei fast allen seinen
Jugendbekannten der Fall war, sein Wohlwollen bis an's Ende unver=
ändert erhalten. Oettingens gediegener Character ließ ihn dieser Auszeich=
nung vollkommen würdig erscheinen. Denn er war in der That eine Ver=
trauensperson im vollen Sinne des Wortes. In einer Zeit, in welcher die
Staatskunst schon anfing, zur Erreichung ihrer Zwecke krumme Wege zu
betreten, unter denen die Bestechung in erster Reihe stand, in einer
solchen Zeit war erprobte Redlichkeit eine nicht hoch genug anzuschlagende
Eigenschaft eines Staatsmannes, der mit den wichtigsten Geschäften
betraut wurde.

Oettingens geistige Begabung war jedoch nicht von hervorragender
Art. Er galt für ängstlich, mißtrauisch, dabei aber hartnäckig an der ein=
mal gefaßten Meinung festhaltend. In den Rechtsangelegenheiten des
deutschen Reiches, die er seiner Stellung nach schon seit langer Zeit gelei=
tet hatte, war er wohl erfahren. Die übrigen öffentlichen Geschäfte jedoch,
und insbesondere diejenigen, welche das Ausland betrafen, waren ihm
völlig fremd.

Der gleiche Umstand waltete bei dem zweiten Bevollmächtigten des
Kaisers, dem Grafen Leopold Schlik ob. Seine Ernennung erregte allge=
meine Verwunderung, denn da er nur den Posten eines Generalmajors
inne hatte, so hielt man diese militärische Stellung für zu gering, um zu
gleicher Zeit die eines Botschafters bekleiden zu können. Auch war er noch
nie in irgend einem diplomatischen Geschäfte gebraucht worden. Aber die
enge Freundschaft und Verbindung mit Kinsky hatte über diese Schwierig=
keiten hinweggeholfen. Man hatte eine Militärperson gewünscht, welche in

ben vielen, das Kriegswesen betreffenden Fragen, die beim Congresse zur Sprache kommen mußten, als sachverständig gelten und von Einfluß sein konnte. Zudem war Schlik ein Mann von scharfem Verstande und ausgebreiteter Bildung. Endlich kam ihm seine genaue Kenntniß der italienischen Sprache wohl zu statten, welche dem Grafen Oettingen fast gänzlich mangelte. Mit natürlicher Beredsamkeit begabt, wußte Schlik auch in der erregtesten Erörterung die Interessen seines Monarchen mit Schärfe und Klarheit zu vertheidigen und zur Geltung zu bringen [2]).

Den beiden Botschaftern war unter dem Titel eines Gehülfen der kaiserliche Oberst Graf Marsigli beigegeben. Ein Italiener von Geburt, wohl bekannt wegen seiner ausgezeichneten Gelehrsamkeit, war Marsigli schon in den früheren Friedensverhandlungen mit der Pforte viel gebraucht worden. Aus diesem Grunde und weil er schon mehrmals zu Constantinopel gewesen, waren ihm die Sitten und Gewohnheiten der Türken eben so wenig fremd als die Art und Weise, in der mit ihnen am besten zu verkehren war. Graf Kinsky, welcher Marsigli's Kenntnisse wohl zu schätzen wußte, hatte seine Entsendung nach Carlowitz bewirkt. Aber Marsigli hatte nur in den Conferenzen Sitz und Stimme, in welchen die kaiserlichen Botschafter unter sich die Besorgung der ihnen übertragenen Geschäfte beriethen. Marsigli's gediegene Bildung im Allgemeinen, seine genaue Kenntniß der Grenzdistrikte insbesondere machte den Botschaftern dessen Mitwirkung fast unentbehrlich. Doch warf man ihnen vor, daß so sehr sie sich dessen auch bedienten als er ihnen noch nothwendig war, sie gegen Ende der Verhandlungen und als sie seiner weniger bedurften, eine Miene der Geringschätzung gegen Marsigli annahmen, welche denselben nur tief verletzen konnte [3]).

Von den übrigen Mitgliedern des Bündnisses gegen die Pforte war Benedig durch einen seiner ausgezeichnetsten Staatsmänner, den geistvollen Botschafter zu Wien, Carlo Ruzzini, in ausgezeichneter Weise vertreten. Die Feinheit seines Benehmens, der Glanz seines Auftretens, bildeten einen seltsamen Contrast zu den Botschaftern von Polen und Rußland. Der Erstere war Stanislaus Malachowski, Palatin von Posen. Obgleich ein Mann von Verstand und Bildung, that er sich doch schon Anfangs durch extravagantes Benehmen in seltsamer Weise hervor. Auch die Aermlichkeit seines Aufzuges konnte in jener Zeit, in welcher man

Prunk und Aufwand so hoch schätzte, nicht für ihn gewinnen. Nach einem wenig erfreulichen Anfange gelang es doch mehr und mehr, sich in ihn, und ihm wieder, sich in die Andern zu finden, so daß seine Stellung zuletzt als eine befriedigende angesehen werden mußte.

Die Erscheinung und das Benehmen des russischen Botschafters Procop Bogdanovics Wosnitzinow erinnerten gar sehr an die damals noch barbarischen Sitten seiner Heimath. Den Türken gegenüber nahm er eine Miene der Ueberlegenheit und Mißachtung an, welche sie beleidigte. Nur mit kurzen und rauhen Worten erwiederte er die wohlgesetzten Reden des Pfortendolmetsches Maurocorbato. Trotz dieser wegwerfenden Behandlung zollte ihm dieser eine Ehrfurcht, welche die übrigen Botschafter in Verwunderung setzte und die sie sich nicht anders als durch das gleiche Religionsbekenntniß Beider zu erklären vermochten.

Den Botschaftern der verbündeten Mächte gegenüber standen diejenigen der Pforte, der Reis Efendi Rami, und Maurocorbato. Der Erstere hatte durch natürlichen Verstand und gediegene Kenntnisse eine weit höhere Stufe der Bildung erreicht, als dieß insbesondere zu jener Zeit von Seite der Osmanen gewöhnlich der Fall war. Er war von verbindlicher Umgangsweise und konnte sogar sanft erscheinen, wenn er nicht wie von Seite des russischen Botschafters einem Ausdrucke von Geringschätzung begegnete, den er nicht zu ertragen vermochte.

Der Grieche Maurocorbato hatte einen Theil seiner Jugend auf italienischen Universitäten, insbesondere zu Padua zugebracht und sich eine völlig italienische Bildung eigen gemacht. Seit langer Zeit das Amt eines Pfortendolmetsches versehend, hatte er sich eine reiche Erfahrung gesammelt, welche er mit der ihm eigenen Schlauheit bestens zu verwerthen wußte. Aber das Glück war ihm nicht immer hold geblieben. Er hatte für Kara Mustafa's Vertrauten gegolten, und seinen Rathschlägen folgend, so hieß es, habe dieser die Belagerung Wiens unternommen. Der unglückliche Ausgang derselben wurde an dem vermeintlichen Urheber gerächt. In den Kerker geworfen, vermochte sich Maurocorbato nur durch die beträchtlichsten Geldopfer aus demselben zu befreien. Nun hoffte er durch seine Theilnahme am Congresse und die ihm in Aussicht gestellte Belohnung sich nicht nur für die früheren Leiden schadlos zu halten, sondern sein und der Seinigen Glück für immer zu begründen.

Der Verkehr zwischen den Bevollmächtigten der Staaten, welche sich
so lange bekriegt hatten, wurde durch die Botschafter der vermittelnden
Seemächte bewerkstelligt. England hatte William Paget gesendet, einen
betagten Mann, von gereifter Erfahrung und außergewöhnlicher Begabung.
Er bewies einen unvergleichlichen Tact in der Leitung der oft stürmisch
bewegten Verhandlung. Von einnehmendem Wesen, meist ernst und abge-
messen in Benehmen und Rede, war er doch auch im Stande sich zu
erhitzen, wenn ihm hier eine Anforderung unberechtigt, dort eine Weigerung
unbillig erschien. Außerordentlich war das Ansehen, in welchem er bei den
türkischen Bevollmächtigten stand, und die Ehrerbietung die sie ihm erwiesen.
Daher kam es auch, daß er versucht wurde, die Leitung des Friedens-
geschäftes fast ganz in seine Hände zu ziehen, wodurch die Wirksamkeit
des holländischen Botschafters einigermaßen in Schatten gestellt wurde.
Dieser war Jakob Coliers, ein Mann von offenem, gewinnendem Wesen,
weit jünger als sein englischer College, daher auch weniger als dieser in
Geschäften erfahren. Was ihm hierin abging, ersetzte Coliers jedoch durch
seine genaue Kenntniß der Gewohnheiten und der Sprache der Türken.
Denn er war in Constantinopel geboren worden, als sein Vater daselbst
als Bevollmächtigter der Generalstaaten fungirte. Durch einen langen
Aufenthalt in der türkischen Hauptstadt hatte Coliers sich mit den Sitten
der Osmanen so vertraut gemacht und wußte derart in ihre Eigenheiten
einzugehen, daß sie ihm mehr als einem der anderen Botschafter anhänglich
waren. So mußte also auch er als ein zwar nicht besonders einflußreiches,
doch immerhin nutzbringendes Mitglied des Friedenscongresses angesehen
werden.

Zwei und siebzig Tage hindurch dauerten die Verhandlungen. Eugen
hatte während dieser Zeit sein Heer getheilt. Er selbst zog mit dem einen
Armeecorps die Theiß aufwärts gegen Szegedin, die Führung des anderen
hatte er Guido Starhemberg anvertraut, und ihm befohlen, mit demselben
bei Cobila eine Stellung zu nehmen und die etwaigen Bewegungen des
Feindes zu beobachten. Während Starhemberg diesem Befehle nachkam,
hatte Eugen selbst Gelegenheit, der Sache des Kaisers noch einen wichtigen Dienst zu erweisen.

Der Grundsatz, daß jeder der streitenden Theile im Besitze derjenigen
Länder zu verbleiben habe, die er im Augenblicke der Eröffnung der Ver-

handlungen besaß, war zur Basis des Congresses gemacht worden. Alles sollte in dem vorhandenen Zustande gelassen werden, und insbesondere waren die Türken unbeugsam in dem Verlangen, daß dort keine neuen Befestigungen gegen sie errichtet werden sollten, wo sich nicht schon welche befanden. Die Linie der Drau war nur nothdürftig durch Essek, die der Donau durch Peterwardein gedeckt. Aber Titel, jener hochwichtige Posten an der Theiß, über welchen die Türken schon mehrmals ihren Einbruch in Ungarn bewerkstelligt hatten, war unbefestigt, und durch nichts waren die Türken zu bewegen, die Anlegung von Fortificationen daselbst zuzugestehen. So wäre also das ganze ungarische Land vom Donaustrom angefangen bis zur siebenbürgischen Grenze dem Feinde offen gelegen, der von Temeswar aus in jedem Augenblicke dahin einzubringen vermocht hätte. Der Kaiserhof beabsichtigte um jeden Preis dem vorzubeugen. Wenn Titel nicht befestigt werden sollte, so blieb schon die wichtige Linie der Theiß offen und ungeschützt. Gleiches durfte nicht auch an der Maros der Fall sein. Mit richtigem Blicke erkannte man zu Wien die Wichtigkeit der Lage von Arad, das auf einer von der Maros gebildeten Insel liegt. In der Ueberzeugung, daß die Zustimmung der Türken zur Anlegung einer Festung daselbst unmöglich zu erlangen sein würde, wenn sich dort nicht bereits Fortifications-werke vorfänden, erhielt Eugen Befehl ohne Zeitverlust zu deren Errichtung zu schreiten. Der Prinz entledigte sich seines Auftrages mit seinem gewöhnlichen Eifer. Alles mußte Hand anlegen, und das Vorhaben gelang so gut, daß innerhalb weniger Wochen ansehnliche Werke sich aus dem Erdboden erhoben hatten, und die Türken das Fortbestehen der Festung als einer bereits vorhandenen genehmigen mußten [4]).

Weniger glücklich war der Kaiserhof in seinem Wunsche, im Wege des Austausches in Besitz der ihm so wichtigen Festung Temeswar zu gelangen. Die Türken blieben unerschütterlich. Jedes Mittel sie zu gewinnen schlug fehl, und Temeswar blieb im Besitze des Großherrn.

Aber auch ohne die Erlangung dieser Festung war der Gewinn ein höchst bedeutender, welcher dem Kaiser durch den am 26. Jänner 1699 von den Botschaftern unterzeichneten Frieden zu Theil wurde. Während früher Neuhäusel und Gran die türkischen Grenzposten gegen die Macht des Hauses Habsburg gebildet hatten, sahen sie sich nun auf Temeswar und Belgrad zurückgeworfen. Siebenbürgen wurde dem Kaiser ganz, Sla-

vonten faft vollſtändig gewonnen. Aber freilich waren es nicht die biplo=
matiſchen Verhandlungen geweſen, denen man dieſe Erfolge verdankte,
ſondern die kaiſerlichen Waffen, die Tapferkeit und Ausdauer der Truppen,
die glänzenden Talente ihrer Führer, unter denen dem Kleeblatte Karl von
Lothringen, Ludwig von Baden und Eugen von Savoyen vor allen Uebrigen
der Lorbeer gebührt.

Schon ſeit Eröffnung der Friedensverhandlungen hatten, um dieſel=
ben nicht zu ſtören, die beiderſeitigen Heere nur ſtumme Zuſchauer des
friedlichen Schauſpieles abgegeben, das ſich vor ihren Augen entfaltete. Der
herannahende Winter und die Gewißheit des bevorſtehenden Friedens
beſchleunigten die Verlegung der Truppen in ihre Quartiere. Eugen ſelbſt
kehrte nach Wien zurück, und hoffte wohl nach ſo langen Jahren ununter=
brochener kriegeriſcher Anſtrengung einige Zeit der Ruhe und jenen wiſſen=
ſchaftlichen Studien widmen zu können, denen er mit einer von Jahr zu
Jahr ſich ſteigernden Vorliebe zugethan war.

Schon im Jahre 1687 hatte ſich Eugen völlig des Gedankens ent=
ſchlagen, in ſpaniſche Dienſte zu treten. Auch ſpätere Anregung hiezu, ſei es,
daß ihm förmliche Anerbietungen gemacht wurden, oder daß es nur Wünſche
und Plane ſeiner niemals ruhig bleibenden, ſtets mit neuen Entwürfen
beſchäftigten Mutter waren, hat er immer von der Hand gewieſen [5]).
Sich ganz dem Kaiſerhauſe und ſeinem Adoptivvaterlande zu weihen und
daſelbſt ſich eine neue Heimath zu gründen, hatte er ſchon im Jahre 1690
in Wien ein Haus gekauft und einen beſcheidenen Anfang gemacht, ſich
daſelbſt wohnlich einzurichten. Das Haus ſtand in der Himmelpfortgaſſe,
an demſelben Platze, an welchem Eugen ſpäter ſeinen neuen Palaſt erbaute,
in deſſen weiten Räumen jetzt das Finanzminiſterium untergebracht iſt.
Sein Geſchäftsfreund und Bevollmächtigter, der piemonteſiſche Graf
Tarini, war auch in dieſer Sache ſein Vertrauensmann und ſchon im Jahr
1691 bittet der Prinz den Grafen zu wiederholten Malen, nach ſeinem
Hauſe zu ſehen und dort alles, da es Noth thue, nach Gutdünken zu
ändern [6]).

Aber mit dieſer Umwandlung des Hauſes ging es nur langſam von
ſtatten, denn die Geldmittel, über welche der Prinz damals zu gebieten
hatte, waren gar zu beſchränkt, und noch drei Jahre ſpäter war Eugen
nicht im Stande geweſen, den Betrag aufzutreiben, der zu völliger Aus=

zahlung des Kaufpreises erforderlich war [7]). Dieß schreckte den Prinzen jedoch nicht ab, je nachdem es seine Geldkräfte erlaubten, in der Einrichtung und Ausschmückung seiner Behausung fortzufahren. Ja er beschränkte sich nicht allein darauf, er begnügte sich nicht allein damit, sich ein Wohngebäude in der inneren Stadt Wien anzueignen und es nach seinem Sinne einzurichten. Wie die Mehrzahl der Großen, ja selbst der Wohlhabenden zu Wien, so wurde auch Eugen von der Lust ergriffen, sich einen geschmackvollen Sommeraufenthalt in der nächsten Umgebung der Stadt zu gründen.

Es ist bekannt, wie bald nach Wiens Belagerung durch die Türken der Eifer der Bevölkerung, neue Bauten anzulegen, den Vorstädten einen nicht geahnten Aufschwung gab. Prachtvolle Paläste entstanden mit einer für jene Zeiten wunderbaren Schnelligkeit dort, wo vor kurzem nur ödes Haideland, und wenn es hoch kam, Weingärten und Getreidefelder zu sehen gewesen waren. Dieß war die Zeit, in welcher Graf Mannsfeld seinen Palast am Rennwege, jetzt dem Fürsten Schwarzenberg gehörig, und der reiche Hans Adam von Liechtenstein den seinigen in der Roßau erbaute.

Da wollte denn auch Eugen nicht zurückbleiben hinter so ermuthigenden Vorgängern. Zwar mußte es ihm, dem jungen und vermögenslosen Fürsten gar schwer werden, mit Nebenbuhlern in die Schranken zu treten, welche mit Glücksgütern so verschwenderisch gesegnet waren. Aber Eugens feiner Geschmack ersetzte wieder, was ihm für den Anfang wenigstens an Reichthum abging. Er bewährte diesen Geschmack in glänzendster Weise durch die Wahl des Platzes, den er sich zu seinem Sommeraufenthalte erkor. Eine leichte Anhöhe im Südosten der Stadt, mit einer freien und ungehinderten Aussicht auf dieselbe, das anmuthige Kahlengebirge mit seinen hellglänzenden Schlössern und dunklen Laubwäldern gerade gegenüber, schien Eugen der passendste Ort, sich daselbst häuslich niederzulassen. Im Jahre 1693 kaufte er die Gärten und Felder, welche sich jene Anhöhe hinauf erstreckten, und begann durch den Architecten Hildebrand den Bau des schönen Palastes, welcher unter dem Namen des Belvedere allgemein bekannt ist. Er legte dabei jenen durchgebildeten ästhetischen Sinn, jene Vorliebe für die Kunst in allen ihren Zweigen an den Tag, welche Eugens Bauten zu den schönsten Zierden der Residenz erhoben haben.

Daß der Prinz hiebei seinem ausgebildeten Geschmacke zu folgen vermochte und ihm die Fessel beschränkter Geldkräfte immer weniger fühlbar wurde, dankte er zum größten Theile der Freigebigkeit, mit welcher ihm für seine ausgezeichneten Dienste der Kaiser seine Erkenntlichkeit bezeigte. So abgeschmackt eine Fabel über angebliche Undankbarkeit eines Fürsten auch klingen, so gründlich sie immer widerlegt worden sein mag, sie findet doch stets wieder eifrige Nacherzähler und gläubige Hörer. Das Märchen von Eugens Verhaftung nach der Schlacht von Zenta wird immer von neuem aufgetischt, von dem Lohne, welcher dem Prinzen für diesen herrlichen Sieg von seinem dankbaren Monarchen wirklich zu Theil wurde, geschieht nirgends auch nur die geringste Erwähnung.

Schon im Jahre 1698 erhielt Eugen von Kaiser Leopold als König von Ungarn in dem südlichen Theile des Landes einen beträchtlichen Grundbesitz zum Geschenke. Es war der zu Siklos im Baranyer Comitate gelegene Gütercomplex, welchen der Kaiser zur Belohnung für diejenigen seiner Generale bestimmte, die sich im Türkenkriege verdient gemacht und am meisten dazu beigetragen hatten, diese Landstriche der osmanischen Herrschaft zu entreißen. Dem Grafen Caprara wurde ein Besitzantheil im Werthe von neunzigtausend, der Witwe des Feldmarschalls Veterani ein solcher von siebzigtausend, Eugen aber ein solcher von achtzigtausend Gulden zugesprochen 8). Der Prinz erhielt Baranyavar, Bellye und eilf andere Ortschaften, dann einundzwanzig Prädien mit einem Gesammtertragnisse von mehr als fünftausend Gulden im Jahre 9).

Das Eugen zugesprochene Gebiet war mehrere Meilen lang und von nahezu gleicher Breite. Es lag in der Landspitze, welche durch den Zusammenfluß der Drau und der Donau gebildet wird. Im Westen war es trocken und fruchtbar, im Osten bestand es jedoch aus fast undurchbringlichen Sümpfen, welche nur durch die Jagd, die dort reiche Beute gewährte, einiges Einkommen abwarfen 10).

Aber nicht nur durch die Gnade des Kaisers, auch durch den Ankauf aus eigenen Mitteln war Eugen um jene Zeit der Besitzer ausgedehnter Ländereien in Ungarn geworden. Schon ein Jahr zuvor, im Jahre 1698 hatte er von der Gräfin Barbara Marie von Heißler, Witwe des Feldmarschalls Donat Heißler, um den Preis von fünfundachtzigtausend Gulden die Donauinsel Csepel erkauft, welche sich in einer Länge von fünf

Meilen von Ofen weg in gerader Richtung nach Süden erstreckt. Feld=
marschall Heißler hatte diesen Besitz drei Jahre zuvor von der Familie
Esterhazy um zweiundvierzigtausend fünfhundert Gulden erworben, wozu
ihm der Kaiser einen Beitrag von fünfzehntausend Gulden gewährt
hatte ¹¹).

Zur Insel Csepel oder Raczkeve, wie sie nach der beträchtlichsten Ort=
schaft, die sich dort befand, damals allgemein genannt wurde, gehörte
auch die Herrschaft Promontor, welche sich in der Ausdehnung einer Qua=
dratmeile unterhalb Ofen das rechte Ufer der Donau entlang hinzieht. Es
war ein sinniges Zusammentreffen, daß der erste Besitz des Prinzen in
Ungarn eben dort war, wo er sich vor zwölf Jahren bei der Wiedererobe=
rung von Ofen so reiche Lorbeern gepflückt hatte.

So war Eugen binnen kurzer Zeit zum Eigenthümer weit ausgedehn=
ter Landstriche in Ungarn geworden. Freilich waren diese Gebietsstrecken
damals noch größtentheils wüst und leer. Die drückende Türkenherrschaft,
die steten Kriege um den Besitz des Landes, endlich die Pest des Jahres
1691 mögen in die Wette zu deren Verheerung und Entvölkerung beige=
tragen haben. Eugen aber bot alles auf, dieses Bild der Zerstörung zu
beseitigen nnd dorthin wieder Anbau und Wohlstand zu verpflanzen, wo er
meist nur ödes Land überkommen hatte ¹²).

Was dem Prinzen vielleicht das Erfreulichste an dieser so beträcht=
lichen Verbesserung seiner Vermögensverhältnisse sein mochte, war, daß er
sich in den Stand gesetzt sah, die letzten Verpflichtungen zu lösen, die ihn
an Frankreich fesselten.

Von König Ludwig des Erbtheils seiner Väter beraubt, hatte er nur
ärmlich daselbst gelebt, und bei seiner Abreise nach Deutschland beträchtliche
Schulden zurückgelassen. So bald er nur etwas zu Gelde kam, schritt er an
die Tilgung derselben. Alles wurde bezahlt, bis auf den letzten Pfennig. Nicht
nur diejenigen Gläubiger erhielten ihre völlige Befriedigung, welche kei=
nerlei schriftliche Beglaubigung ihrer Forderung aufweisen konnten, auch
solche wurden zu ihrer höchsten Ueberraschung plötzlich bezahlt, welche ihre
Ansprüche schon völlig vergessen hatten ¹³). Diese Handlungsweise, gar
ungewöhnlich in dem damaligen Frankreich, gewann dem Prinzen kaum we=
niger Bewunderer daselbst, als es sein glänzender Sieg über die Türken ver=
mocht hatte.

Aber nicht nur das läftige Band der Verpflichtungen, auch das erfreu=
lichere Verhältniß der Blutsverwandtschaft und Freundschaft, das Eugen
einst an so viele Personen in Frankreich gefesselt hatte, war zusehends locke=
rer geworden und endlich ganz zerrissen. Schon im Jahre 1693 war der
zweitgeborne der Brüder Eugens, Philipp, zu Paris gestorben, noch von
Mazarins Zeiten her im Besitze reicher Abteien, aber ausschweifenden
Lebenswandels, in jeder Beziehung der schroffste Gegensatz zu Eugen. Der
älteste der Brüder, der Graf von Soissons, hatte eine so peinliche Stellung
am französischen Hofe, daß er sich, nachdem er lange genug darin ausgehal=
ten hatte, endlich um jeden Preis von derselben loszumachen beschloß. Er
beabsichtigte zuerst in den Kriegsdienst der Venetianer zu treten, welche ins=
besondere für ihre Landmacht gern aus fremden Heeren die Führer wählten.
Der König von Frankreich verweigerte ihm zwar nicht die Erlaubniß dazu,
auf die erste Nachricht aber, daß der Graf von Soissons zu Mailand den
Herzog von Savoyen, wenn gleich in Gegenwart Vieler und nur als nahen
Verwandten gesprochen habe, entzog er ihm und seiner Gemahlin augen=
blicklich alle Einkünfte, die sie in Frankreich besaßen [14]).
So trieb Ludwig XIV. den letzten Zweig des Hauses Savoyen=
Soissons recht absichtlich von sich und in das feindliche Heerlager. Aber es
war nicht leicht, für den Grafen Soissons in fremdem Kriegsdienste einen
passenden Platz zu finden. Eine niedrige Stellung mußte seiner Geburt,
seinem Range unangemessen erscheinen, eine hohe konnte er, da er bisher
nur Gelegenheit gefunden hatte, sich zwar durch persönlichen Muth, nicht
aber durch Feldherrntalente hervorzuthun, nur schwer ansprechen. Die
Unterhandlungen mit den Venetianern zerschlugen sich. Sie wollten,
und das mit vollem Rechte, nur einen bewährten Heerführer, nicht aber
einen Fürsten an die Spitze ihrer Truppen stellen, der seine Proben
erst abzulegen hatte. Der Graf von Soissons wandte sich nun nach den
Niederlanden. Zu Aachen sah er seine Mutter, und versöhnte sich mit
ihr [15]), die ihm wegen seiner Mißheirath noch immer gegrollt hatte. In
England, in Spanien Dienste suchend, konnte er nirgends einen ange=
messenen Posten finden, bis ihm endlich durch Eugens Einfluß ein solcher
im kaiserlichen Heere verschafft wurde. Als Feldzeugmeister trat er in
dasselbe. Aber es war ihm nicht gegönnt, sich lange dieser ehrenvollen
Stellung zu erfreuen. Er blieb im Jahre 1702 vor den Wällen von

Landau, bei dessen Belagerung er mit Eifer und Geschick ein Commando geführt hatte [16]).

Die Witwe des Grafen von Soissons, noch bewunderungswürdig schön, zog sich in ein Kloster nach Turin zurück, wo ihr Herzog Victor Amadeus endlich ruhigen Aufenthalt gönnte [17]). Ihre Kinder wurden von Eugen als die seinigen angenommen und behandelt.

Die gleichen Verfolgungen, welche der Graf von Soissons von Seite des Königs von Frankreich zu erdulden gehabt, dieselben ewig wiederkehrenden Zurücksetzungen und kleinlichen Kränkungen, die ihm endlich seine Stellung am Hofe von Versailles unleidlich gemacht hatten, trafen auch Eugens Schwestern, welche nach der Entfernung ihrer Mutter in Frankreich zurückgeblieben waren. Die ältere, Johanna, wurde Fräulein von Soissons, die jüngere Louise Philiberta, Fräulein von Carignan genannt. Am französischen Hofe war es genug, daß der König Jemanden seine Ungnade zeigte, um von allen Uebrigen wie mit ansteckender Krankheit behaftet geflohen zu werden. Und ungnädig zeigte sich Ludwig XIV. bei jeder Gelegenheit gegen die Prinzessinnen von Soissons. Mag auch ihre excentrische Haltung zu spöttischen Bemerkungen, ja vielleicht ihre Aufführung zu gerechtem Tadel Anlaß gegeben haben, das wahrhaft feindselige Benehmen des Königs, dem es am wenigsten anstand, den Sittenrichter zu spielen, war in keiner Weise gerechtfertigt. Daß sie als Glieder einer in so ausgesprochener Ungnade befindlichen Familie keine ihren sonstigen Ansprüchen angemessene Heirath schließen konnten, verstand sich wohl von selbst. Aber auch außerdem geschah alles, um sie zu verletzen und ihre Lage eine wahrhaft bedauerliche werden zu lassen.

Von König Ludwig des reichen Einkommens beraubt, das ihr fürstliches Haus in rechtmäßigster Weise in Frankreich besessen hatte, durften sie doch auf irgend eine Entschädigung, wenigstens auf Verleihung einer jener zahlreichen Präbenden hoffen, welche dem Könige zur Verfügung standen und mit denen die Mitglieder seines Hofes in so verschwenderischem Maße bedacht wurden. Nur die Prinzessinnen von Soissons waren es, die sich bei jeder neuen Verleihung wieder übergangen sehen mußten. Die fortwährenden Geldverlegenheiten, denen sie dadurch Preis gegeben wurden, fanden endlich durch das Uebereinkommen ein Ziel, mittelst dessen die Gräfin von Soissons, Eugens Mutter, in ihrem eigenen Namen und in dem ihrer Kinder mit ihrem Schwager, dem Prinzen von Carignan, ihre Geldangelegenheiten ordnete [18]).

Es war das Erbtheil von Eugens Großmutter, der alten Fürstin von Carignan, welches zur Vertheilung kam. Die Gräfin selbst erhielt vierzigtausend Thaler bar, ihre Schulden zu bezahlen, und eine jährliche Pension von vierzigtausend Franken. Jede der beiden Töchter empfing zehntausend Thaler und eine Pension von zwanzigtausend Franken jährlich, die Brüder aber, der Graf von Soissons und Prinz Eugen, jeder nur eine jährliche Rente von fünftausend Franken, denn sie waren von der Großmutter, der Erstere wegen seiner Mißheirath, der Zweite wahrscheinlich wegen des Uebertrittes in fremde Dienste, enterbt worden [19]).

Durch diese Verabredung war nun wenigstens für die materielle Existenz der beiden Prinzessinnen vorgesorgt. Die Verfolgungen aber, denen sie am Hofe preisgegeben waren, nahmen kein Ende, ja sie wurden erst jetzt mit wahrer Erbitterung fortgesetzt. So weit ging der König darin, daß er den Prinzessinnen verbot, ihre jugendliche Base zu begrüßen, Marie Adelaide, die Tochter des Herzogs von Savoyen, welche sich mit Ludwigs Enkel, dem Herzoge von Bourgogne zu vermählen, nach Frankreich gekommen war. Dieß machte das Maß der so vielfach erlittenen Kränkungen voll. Die Fräulein von Soissons erschienen nicht mehr am Hofe. Nach längerem Zaudern und nachdem man sie der tabelnswerthen Aufführung wegen, deren man sie beschuldigte, in ein Kloster eingeschlossen hatte, zog sich die ältere der Schwestern, Johanna, endlich dorthin zurück, wo ihr Platz von jeher gewesen wäre, zu ihrer Mutter nach Brüssel. Der jüngeren Schwester aber wurde die gleiche Erlaubniß nicht ertheilt. Sie wurde auf savoyisches Gebiet, zuerst nach Aosta, dann nach Savigliano gebracht, wo sie durch lange Zeit verweilte, stets ihre Unschuld betheuernd, von ihrem Vetter Victor Amadeus aber fortwährend in enger Beaufsichtigung gehalten.

So war es dem Könige von Frankreich gelungen, auch die letzten Mitglieder des Hauses Soissons aus seinem Lande zu vertreiben. Und während er dieß that, während er mit solcher Härte gegen eine Familie handelte, die einst so hoch gestanden war in seiner Gunst, sollte er daran gedacht haben, Eugen zurückzurufen und ihn zum Eintritt in französische Dienste zu vermögen? Es wird behauptet, Ludwig XIV. habe zu diesem Ende im Jahre 1696 Unterhandlungen mit dem Prinzen anknüpfen lassen.

Der Marschallsstab, die Statthalterschaft der Champagne, welche Eugens Vater bekleidet hatte, und eine Jahresrente von zwanzigtausend Pistolen sollen als Lockspeise geboten worden sein [20]). Ein Beweis für diese vielfach nacherzählte Angabe läßt sich jedoch nicht beibringen. Hätte der König den Prinzen gewinnen wollen, er wäre gewiß nicht so rücksichtslos gegen dessen nächste Angehörige vorgegangen. Ein solches Benehmen konnte Eugen nur noch mehr erbittern, nicht ihn versöhnen.

Dem sei jedoch wie ihm wolle, mit Gewißheit läßt sich annehmen, daß Eugen jeden solchen Antrag, wenn er ihm wirklich gemacht worden wäre, mit Bestimmtheit abgelehnt haben würde. Was hätte ihm auch Frankreich bieten können? Seine ganze Familie war aus dem Lande vertrieben. Seine nächsten Verwandten, die Prinzen Conti, waren in Ungnade, seine Tanten Marie und Hortense Mancini, die erstere dem Connetable Colonna, die letztere dem Herzoge von Mazarin vermählt, gleichfalls aus Frankreich verbannt. Sein Oheim endlich, der Herzog von Nevers, der Bruder von Eugens Mutter, war ohne Einfluß und was noch mehr, ein Mann der sich absichtlich von jeder öffentlichen Angelegenheit fern hielt. So hätte Eugen Niemand in Frankreich gefunden, als Feinde und Neider. Er hätte eine der sichersten und glänzendsten Stellungen aufgegeben, um dafür eine ungewisse und einzig und allein von den Launen eines despotischen Königs abhängende einzutauschen.

Mehr aber noch als diese Rücksichten für sein eigenes Wohl würden den Prinzen seine aufrichtige und kindliche Neigung zur Person des Kaisers, das lebhafte Freundschaftsgefühl, das er für den römischen König, und die Hingebung, welche er für die Sache Oesterreichs empfand, von einem solchen Uebertritte abgehalten haben. Er kannte genau die Gunst, in welcher er bei der ganzen Kaiserfamilie stand, und er lohnte die Huld derselben mit wahrer Liebe und Anhänglichkeit. Gegenseitige Dankbarkeit knüpfte dieses Band zu einem unlöslichen. Der Kaiser wußte wohl was er Eugen schulde, und wie nur durch den Sieg bei Zenta der glückliche Friedensschluß mit den Türken möglich gemacht worden sei. Der Prinz aber bewahrte dem Kaiser ein dauerndes und dankendes Andenken der liebreichen Aufnahme, die er in Oesterreich gefunden, der schnellen Laufbahn, die er daselbst gemacht, der Ehren, Würden und Geschenke, mit welchen man ihn überhäuft hatte. Die Verehrung, welche das

Volk dem Prinzen zollte, in dem es den Retter fah aus einer neuen
Türkengefahr, feine Beliebtheit im Heere, das unter feiner Führung
fich für unbefiegbar hielt, alles das war von der tiefften Wirkung auf
Eugens edles Gemüth. Es machte, daß er fich nach und nach vollends
für einen Oefterreicher, und fein Gefchick für unzertrennlich von dem
feines neuen Vaterlandes anfah. Daß fie beide für immer vereinigt
blieben, hat gewiß jedem von ihnen nur zum Glück und zum Ruhme
gereicht.

Während Eugen fich zu Wien aufhielt, wurde diefe Stadt von einem
Manne befucht, deffen Perfönlichkeit mit Recht das größte Auffehen
erregte. Czar Peter war es, welcher im Gefolge feiner eigenen Bot-
fchafter von England und Holland kommend, in Wien anlangte und
dort auch mit Eugen zufammentraf. Es ift zu bedauern, daß weder
von der einen noch der andern Seite ein Zeugniß des Eindruckes exiftirt,
welchen diefe beiden außerordentlichen Männer auf einander hervorgebracht haben. Denn das Intereffe, das fie an einander nahmen, muß
ein großes gewefen fein. Den Beherrfcher Rußlands mit feinem lebendigen
Sinne für alles Außergewöhnliche mag in Wien nur wenig in höherem
Maße gefeffelt haben, als die Bekanntfchaft mit jenem kühnen Türken-
befieger, von deffen Ruhme damals die Welt voll war. Eugens feinem
Blicke hinwieder konnte nicht entgehen, welcher Schatz von Genialität unter
der etwas rauhen Außenfeite des Czars verborgen war. Es war unerhört
in der Gefchichte der neueren Zeit, einen regierenden Fürften fo weite Reifen
machen zu fehen, ohne Gründe der Staatsklugheit, wie man meinte, ohne
Verhandlungen mit fremden Regierungen anzuknüpfen oder zu beenden,
fondern nur um fich felbft und die Seinigen zu bilden und die Letzteren zu
Reifen nach civilifirteren Ländern anzueifern, als ihr Vaterland war.

Czar Peter wurde zu Wien mit den glänzendften und zugleich
fchmeichelhafteften Ehrenbezeigungen empfangen. Doch wurde hiebei die
pünktliche Beobachtung des vorgefchriebenen Ceremoniells nicht aus den
Augen gelaffen. In der Gallerie des kaiferlichen Luftfchloffes Favorita
fand die erfte Zufammenkunft der beiden Monarchen ftatt. Der Kaifer
empfing feinen Gaft ftehend, von wenigen Miniftern umgeben. Er nannte
ihn Bruder, den Titel Majeftät gab er ihm nicht. Man bemerkte, daß
der Czar fich in Wien nur in geringer Weife jenen Extravaganzen hingab,

9

mit welchen er anderswo so großes Aufsehen erregt hatte und die man seiner vernachläßigten Erziehung zuschrieb. Die größte Aufmerksamkeit widmete er den militärischen Dingen. In dieser Beziehung wollte er ja ganz vorzugsweise die russischen Einrichtungen von Grund aus ändern, und nirgends bot sich ihm ein besseres Vorbild dazu als in der Residenz des Kaisers, dessen Kriegsheer damals durch ganz Europa einer gerechten Berühmtheit genoß. Nur die französischen Truppen durften es wagen ihm den ersten Rang streitig zu machen.

Czar Peter vermochte nicht, diesen Studien die Zeit zu weihen, welche er dazu bestimmt hatte. Nachrichten von gefährlichen Aufständen in Rußland riefen ihn nach seiner Heimath zurück.

Siebentes Capitel.

Im tiefften Frieden endigte das siebzehnte Jahrhundert, welches während seines Laufes die europäischen Staaten in so lange und verheerende
Kämpfe verwickelt gesehen hatte. Ueberall war der Waffenlärm verftummt,
im Westen wie im Osten unseres Welttheils schien die allgemeine Ruhe
durch jüngft geschloffene Verträge neu gesichert. Derjenige unter den Fürften, welcher am eifrigften die Kriegsflamme geschürt, Ludwig XIV.
hatte wiederholt erklärt, er wünsche die Ruhe zu erhalten und seinem Volke
das gesegnete Andenken eines frieblichen Fürften zu hinterlaffen [1]). Alles
schien gedeihliche Entwicklung der verschiedenen Staaten zu versprechen.
Aber noch war kein Jahr vergangen und ein Krieg brach aus, der durch
dreizehn volle Jahre alle Kräfte der kaiserlichen Erbländer auf's äußerfte
in Anspruch nahm, sie wahrhaft erschöpfte und die Entfaltung ihrer inneren
Hülfsquellen auf Jahrzehente erftickte.

Eine der wichtigften Fragen für die politische Geftaltung Europa's
nahte ihrer Entscheidung. Das Leben Karls II., Königs von Spanien,
ging zu Ende. Mit ihm erlosch die ältere Linie des Hauses Habsburg, und
ein Erbtheil, wenngleich von gesunkenem Glanze, doch noch von vielen und
reichen Ländern wurde verfügbar. Spanien selbst mit seinen überseeischen
Besitzungen, die Niederlande, Mailand, Neapel, Sicilien, Sardinien endlich ftanden unter dem Scepter Karls II. Alle diese Reiche und Länder
ungetheilt beisammen, unter einem und demselben Herrscher zu erhalten,
war die leitende Idee jener spanischen Staatsmänner, deren Stimmen von
Einfluß waren auf die Entschlüffe ihres fterbenden Königs. Diesen Zweck
aber, die Erhaltung der Einheit des Reiches, glaubten sie nur mit und
durch Frankreich, niemals wider dasselbe erreichen zu können. Deßhalb
berebeten sie den schwachen König, seine oftmals gegebenen Versicherungen,
das unbezweifelte Erbrecht seiner nächften Verwandten, der jüngeren Linie
des Hauses Habsburg, zu verletzen und in seinem Teftamente den Enkel

9 *

des Königs von Frankreich, den Herzog Philipp von Anjou, zum alleinigen Erben zu erklären.

Am 1. November 1700 verschied Karl II. Gleich nach seinem Tode wurde das Testament eröffnet, welches jene entscheidenden Bestimmungen enthielt. Sein Inhalt war dem Wiener Hofe kein Geheimniß gewesen. Schon seit Wochen hatte der kaiserliche Botschafter zu Madrid, Graf Harrach, seine Gründe zu dem Verdachte gemeldet, daß der König einen französischen Prinzen zum Erben eingesetzt habe. Bald darauf erhielt man in Wien unfehlbare Nachricht von dem zu Gunsten Frank- reichs errichteten Testamente [2]). Dennoch trug man sich noch mit der leisen Hoffnung, daß die Gesundheit des Königs sich bessern und es vielleicht gelingen werde, ihn zur Aenderung seines letzten Willens zu vermögen.

Als aber die definitive Nachricht von dem Tode des Königs von Spa- nien und den Bestimmungen seines Testamentes zu Wien eintraf, erregte sie daselbst die größte Entrüstung. Der Unwille über das dem Kaiserhause zugefügte Unrecht theilte sich allen Classen der Gesellschaft mit. Das Volk tobte in den Straßen der Hauptstadt, die Minister drangen in den Kaiser, energische Maßregeln zu ergreifen, und der römische König, von der Leb- haftigkeit seines Charakters hingerissen, machte dem französischen Gesand- ten Marquis von Villars die heftigsten Vorwürfe über die Ränke, welche Frankreich in dieser Sache gespielt hatte.

Der Kaiser selbst, durch dieses Erlebniß auf's tiefste erschüttert, ver- schloß in seinem Innern den Schmerz, und war durch zwei Tage für Nie- mand sichtbar. Bald aber raffte er sich zusammen, und traf mit einer Ent- schlossenheit, die sonst nicht in seinem Charakter lag, die Maßregeln, welche Pflicht und Ehre ihm geboten.

Der kaiserliche Botschafter in Madrid erhielt Befehl, gegen das Testa- ment des verstorbenen Königs und gegen die Thronbesteigung des Herzogs von Anjou eine feierliche Protestation zu erlassen und sich sodann aus Spanien zu entfernen. Dieser öffentlichen Erklärung des Botschafters folgte eine zweite von Seite des Kaisers selbst. Das Nachfolgerecht des Hauses Habsburg in Spanien wurde dargethan, die Echtheit des Testa- mentes angegriffen, das Recht, ja die Fähigkeit des verstorbenen Königs bestritten, Bestimmungen für seine Nachfolge aufzustellen.

Aber nicht zur Feder allein, auch zu den Waffen griff der Kaiser. Gleich nach dem Eintreffen der Unglücksbotschaft hatte der Präsident des Hofkriegsrathes, Graf Rüdiger Starhemberg, im Auftrage des Kaisers mit den drei Feldmarschällen Caprara, Eugen von Savoyen und Commercy geheime Berathung gehalten. Tags darauf wurde sie in Gegenwart des Monarchen fortgesetzt. Leopold sprach mit einer Heftigkeit und Entschlossenheit, die man an ihm zu sehen erstaunt war [3]). Die Entsendung eines Heeres nach Italien wurde beschlossen, um die zu dem römischen Reiche gehörigen Städte zum Gehorsam zurückzubringen. Prinz Eugen von Savoyen wurde mit dem Oberbefehl über dasselbe betraut.

Es war ein eigenthümliches Walten des Schicksals, daß der Prinz nun als das vornehmste Werkzeug gebraucht wurde, das Gelingen des weitaussehenden Planes zu hintertreiben, welchen sein Großoheim Mazarin für die Machtentfaltung Frankreichs und des Bourbon'schen Königshauses entworfen und unverrückt festgehalten hatte. Durch Annahme des Testamentes ging Ludwig XIV. auf den Weg ein, welcher ihm vom Cardinal vorgezeichnet worden war, als dieser, das Interesse seiner eigenen Familie hintansetzend, die Heirath Ludwigs XIV. mit der Infantin Maria Theresia zu Stande brachte. Der Verwirklichung dieses Planes trat nun Mazarins Großneffe entgegen. Vermochte er ihn auch nicht völlig zu hintertreiben, so kostete dessen Realisirung dem Könige von Frankreich so ungeheure Opfer, daß er es oft auf's bitterste bereute, auf den Kampf eingegangen zu sein und nicht den Weg friedlichen Vergleiches vorgezogen zu haben.

Ohne irgend einen Verbündeten betrat der Kaiser den Kriegsschauplatz. Die Seemächte hatten den Herzog von Anjou als König von Spanien anerkannt. Der Herzog von Savoyen war durch die Zusage der Vermählung seiner zweitgebornen Tochter mit König Philipp und durch einen Vertrag gewonnen worden, welcher ihm den Oberbefehl über das französisch-spanische Heer in Italien und die Bezahlung von Hülfsgeldern sicherte. Die Fürstin von Mirandola, durch eine Geldsumme erkauft, öffnete die Thore ihrer wohlverwahrten Citadelle den französischen Truppen. Ihrem Beispiele folgend nahm der Herzog von Mantua, gleichfalls durch Geld gewonnen, eine französische Besatzung in seine Hauptstadt ein. Papst Clemens XI. erklärte sich Anfangs für neutral, bald aber ebenfalls für Philipp.

Aber nicht nur die fremden Herrscher in Europa wandten sich von
dem Hause Oesterreich ab und Frankreich zu, mit welchem in Krieg zu
gerathen sie vermeiden wollten. Selbst deutsche Fürsten folgten ihrem Bei=
spiele, und was für Leopold I. besonders schmerzlich war, sein Schwieger=
sohn, der Kurfürst Maximilian Emanuel von Baiern, mit dem er so lange
Zeit in den innigsten Verhältnissen gestanden hatte, war der Erste, welcher
sich an Frankreich anschloß.

Maximilian Emanuel verletzte dadurch nicht blos die Verpflichtungen
die ihm als Reichsfürsten oblagen, er brach auch die persönlichen Gelöb=
nisse, welche er kraft feierlicher Verträge eingegangen war. Als er im
Jahre 1685 der Erzherzogin Maria Antonia angetraut worden, hatte er
durch förmlichen Receß⁴) nicht nur die Verzichtleistung seiner Gemahlin
auf die Nachfolge in Spanien zu Gunsten der männlichen Nachkommen=
schaft des Kaisers Leopold anerkannt und bekräftigt, sondern sich noch über=
dieß anheischig gemacht, diese Nachfolge des deutschen Zweiges des Hauses
Oesterreich in Spanien aus allen Kräften zu unterstützen und verfechten zu
helfen. Hiefür war ihm denn auch, oder vielmehr seiner Gemahlin für den
Fall des unbeerbten Todes des Königs Karl II. der Besitz der spani=
schen Niederlande und zur Behauptung derselben bei einem Bruche mit
Frankreich eine Truppenhülfe von zwanzigtausend Mann und ein jährli=
cher Geldbeitrag von einmalhunderttausend Gulden zugesagt worden. Ja
der Kaiser versprach sogar, jedoch erst nach Beendigung des Türkenkrieges,
sich in Spanien dafür zu verwenden, daß noch bei Lebzeiten des Königs der
Kurfürst von Baiern nicht etwa als Statthalter, sondern als zukünftiger
Landesherr in den Besitz der Niederlande gesetzt werden möge.

Seit dem Zustandekommen dieser wechselseitigen Verabredungen hat=
ten sich jedoch die Verhältnisse wesentlich geändert. Durch die Einsetzung
seines Sohnes zum Erben der ganzen spanischen Monarchie, durch den
Theilungstractat, welcher dem bairischen Kurprinzen gleichfalls den größ=
ten Theil der reichen Erbschaft zusprach, war eine kühnere Hoffnung in dem
Kurfürsten rege gemacht und das Andenken an die frühere Verpflichtung
verwischt worden. Der plötzliche Tod des Prinzen und eine verläumberische
Einflüsterung, welche dieses unglückliche Ereigniß mit dem Erbanspruche
des Hauses Oesterreich in Verbindung brachte, hatte Max Emanuel Frank=
reich genähert. Durch die Versprechung, daß alles, was er Oesterreich

abzunehmen vermöge, in seinen Händen verbleiben solle, so wie durch die Zusage des Besitzes der Rheinpfalz war er von Frankreich vollends gewonnen worden. Nicht nur als spanischer Gouverneur der Niederlande bewirkte er die Anerkennung König Philipps daselbst, auch als Kurfürst trat er auf die Seite Frankreichs und begann die Rüstungen in seinen Erblanden. Seiner Politik schloß sich der jüngere Bruder, Kurfürst Clemens von Köln an, derselbe, welchen das Haus Oesterreich mit so großer Anstrengung in seine Würde eingesetzt hatte. Der eifrige Widerspruch der Stände und seines Capitels vermochten ihn nicht von dieser empörenden Handlung der Undankbarkeit abzuhalten. Zugleich Bischof von Lüttich, öffnete Joseph Clemens den Franzosen alle seine Festungen am Rheine und an der Maas. Auch kleinere deutsche Fürsten, insbesondere die Herzoge von Wolfenbüttel waren, von Frankreich erkauft, wie immer gleich bei der Hand, Kriegsrüstungen anzustellen, um, zu ohnmächtig zu wirklicher Leistung, doch wenigstens ihren näheren Kreis mit Unruhe und Verwirrung zu erfüllen.

Eben so günstig wie gegen die Mehrzahl der fremden Mächte gestalteten sich die Verhältnisse der neuen spanischen Regierung im Innern der weitausgedehnten Monarchie. In Brüssel, in Mailand, in allen übrigen spanischen Ländern war Philipp ohne Widerstand als König anerkannt worden. Zwar waren die Bevölkerungen dieser Gebiete, insbesondere aber jene von Mailand und Neapel, dem Hause Oesterreich zugethan und den Bourbonen abgeneigt[5]). Doch wagten sie nicht, sich offen gegen die spanischen Besatzungen zu erheben. Diese zu verstärken, hatte schon im Jänner des Jahres 1701 General-Lieutenant Graf Tessé französische Truppen nach Oberitalien geführt, sie mit den dort befindlichen spanischen Streitkräften vereinigt und alle festen Plätze der Gebiete von Mailand und Mantua besetzt.

Alle diese Erfolge entmuthigten den Kaiser keinen Augenblick, mit Entschiedenheit vorzugehen auf dem Wege, welchen er als den einzig geziemenden eingeschlagen hatte. Der Friede mit der Pforte hatte ihn in den Stand gesetzt, bedeutende Streitkräfte aus Ungarn zu ziehen. Der Feldzeugmeister Guido Starhemberg versammelte dieselben, ungefähr dreißigtausend Mann an der Zahl, in Südtirol.

Die Aussicht auf den bevorstehenden Kampf mit Frankreich war von Niemanden mit größerer Freude begrüßt worden als von Eugen und seinen beiden Waffenbrüdern Commercy und Vaudemont. Mit Zuversicht hofften sie auf Gelegenheit, sich selbst neuen Ruhm zu erwerben und dem übermüthigen Gegner manche Demüthigung zu bereiten.

Am 20. Mai traf Eugen zu Roveredo ein und übernahm die Führung des Oberbefehls. Außer Commercy, welcher durch die in Frankreich verfügte Einziehung seines Erbvermögens mehr als je gegen Ludwig XIV. erbittert war, dienten unter dem Prinzen noch die Feldzeugmeister Starhemberg und Börner, von welchen der erste das Fußvolk, der zweite aber die Artillerie befehligte.

Durch sein eigenes Verdienst und vom Glücke begünstigt, hatte sich Börner von den untersten Stufen der militärischen Laufbahn bis zur Stelle eines Feldzeugmeisters emporgeschwungen. Er galt für einen der ältesten und erfahrensten Offiziere Europa's. Seiner Kenntnisse und seiner Tapferkeit halber hoch angesehen am Hofe und im Heere, war er wegen seiner schlichten Geradheit überall beliebt. Er galt als Spezialität in seiner Waffe und insbesondere bei Belagerungen hielt man ihn für wahrhaft unentbehrlich [6]. Er hatte die kaiserliche Artillerie in einen so ausgezeichneten Zustand versetzt, daß wie Eugen selbst versicherte, „es damals keine schönere und regulirtere in der Welt gab [7]."

Die Reiterei führte der General der Cavallerie Prinz Karl Thomas Vaudemont, der Sohn des spanischen Gouverneurs von Mailand Fürsten von Vaudemont, welcher letztere, obgleich er seine ganze Laufbahn nur der Gunst des Kaiserhauses verdankte, doch gleichfalls dem Herzoge von Anjou als König von Spanien gehuldigt hatte.

Es ist viel Aufhebens davon gemacht worden, daß Fürst Vaudemont, obwohl er im feindlichen Lager sich befand, doch seinem Sohne auf dessen Anfrage den Rath ertheilte, in dem Dienste des Kaisers zu verharren, der sich ihm stets als ein gnädiger Herr gezeigt habe. Bei näherer Besichtigung erscheint indeß diese Antwort wohl nur als ein Ergebniß kluger Berechnung. Denn bei einem für das Kaiserhaus günstigen Ausgange des Krieges konnte es dem Vater nur erwünscht sein, seinen Sohn in hoher Stellung im kaiserlichen Dienste zu wissen und so durch dessen Vermittlung auch seine eigene Wiederaufnahme in die Gunst des Hauses Oesterreich zu erwirken.

Wie dem auch sein mag, der Kaiser konnte nur mit Befriedigung sehen, daß Prinz Thomas Vaudemont der Fahne treu blieb, welcher er von jeher mit so vielem Ruhme gefolgt war. Der Prinz war in der kaiserlichen Armee einer der edelsten Repräsentanten jener glänzenden Tapferkeit, welche unwiderstreitbar dem französischen Wesen eigen ist. Schon zehn Jahre zuvor, nach der Schlacht von Szlankament, hatte der Markgraf Ludwig von Baden den Prinzen „der sich wie ein Löw bei der „Infanterie erzeiget [8])", mit der Siegesnachricht nach Wien gesendet. Gleich ehrenvolle Botschaft ward ihm von Eugen nach dem Tage von Zenta zu Theil. Der Prinz wurde dafür zum General der Cavallerie ernannt. „Er verdient diese Gunstbezeigung in der That," schrieb der englische Botschafter Lord Lexington von ihm, „denn es kann wirklich keinen ausgezeichneteren „Mann geben, und er wird noch Großes leisten, wenn ihm Gott das Leben „schenkt [9])."

Dieß waren die vornehmsten Führer, welche den Oberfeldherrn in seiner schweren Aufgabe zu unterstützen hatten. Sie waren glücklicher Weise in jeder Beziehung geeignet, des Prinzen großartige Entwürfe zu verstehen und als taugliche Werkzeuge zu deren Verwirklichung zu dienen.

Während die kaiserliche Kriegsmacht nach und nach zu Roveredo versammelt worden war, hatten die französischen Truppen die Pässe besetzt, welche vom Gardasee bis zur Etsch aus Tirol nach Italien führen. Ludwig XIV. hatte den Oberbefehl neuerdings dem Marschall Catinat übertragen, welcher sich schon früher auf dem oberitalienischen Kriegschauplatze so reiche Lorbeern gesammelt hatte. Der Marschall sollte es jedoch bald und mit Schmerz erkennen, daß ihm jetzt ein ganz anderer Feind gegenüber stand, als jener vielköpfige Kriegsrath, mit dem er es früher zu thun gehabt hatte. Catinat richtete sein Hauptaugenmerk auf die sogenannte Chiusa, den wichtigsten Paß von Tirol nach Italien, durch welchen damals nur eine sehr schmale Straße führte, zwischen die tiefe und reißende Etsch zur Rechten, die steilen Felswände zur Linken eingezwängt, von einem Block- hause beherrscht [10]). Diesen Engpaß sowohl als die festen Stellungen des Montebaldo besetzte Catinat mit seinen Truppen und glaubte so dem kaiser- lichen Feldherrn den Eingang nach Italien versperrt zu haben.

Aber bald zeigte sich Eugens Ueberlegenheit über seinen Gegner. All- umfassend war die Thätigkeit, die er nach seiner Ankunft in Roveredo an den Tag legte. Fortwährend hielt er Berathungen mit seinen Generalen, besichtigte die Truppen, recognoscirte die Thäler ringsumher und ließ zu

gleicher Zeit an den nach Vicenza, Verona, Brescia und Bergamo füh-
renden Wegen arbeiten. Er beabsichtigte dadurch sowohl auf jeder dieser
Straßen, wenn es nöthig sein sollte, vorrücken zu können, als insbesondere
den Feind über den Weg, welchen er wirklich einzuschlagen vorhatte, zu
täuschen. Sein Anschlag gelang vollkommen. Nachdem er sich von der Unangreifbarkeit der feindlichen Stellungen überzeugt hatte, beschloß er sein
Heer über das Gebirge in das Gebiet von Vicenza zu führen. Tausende von
Soldaten und alle Landleute der Umgegend waren emsig beschäftigt, die
steilen Bergpfade für die Truppen gangbar zu machen. Am Morgen des
26. Mai fand der Aufbruch statt. Es begann jener kühne Gebirgsübergang,
bei welchem fast unübersteigliche Hindernisse durch Unerschrockenheit und Ausdauer besiegt wurden, jener Zug, der mit den berühmtesten solcher Unternehmungen in alter und neuer Zeit wetteifert, die meisten noch übertrifft.

Die eine Hälfte des kaiserlichen Fußvolkes war angewiesen, über Ala
durch das Val frebba, die andere, über Peri in das Gebirge zu rücken.
Die zur Begleitung der Infanterie befehligten Dragoner mußten zu Fuße
gehen und auf den Saumwegen ihre Pferde am Zügel führen. Die Kanonen sollten mit Stricken auf die Höhen gezogen, die Wagen aber zerlegt
und getragen werden. Die Reiterei erhielt Befehl, gleich links von Roveredo in das Val Duga zu ziehen. Der größte Theil des schweren Geschützes
und des Gepäckes mußte aber, da die Wege noch nicht fahrbar waren, in
Roveredo zurückgelassen werden, und sollte erst nach einigen Tagen der
Armee folgen. General Guttenstein erhielt Befehl, mit vier Bataillonen und
hundert Dragonern am Montebaldo eine Stellung zu nehmen und die
Gegner zu beobachten. Durch diese Maßregel wurde der Eingang nach
Tirol bewacht, der Feind verhindert, Kunde von dem Marsche des kaiserlichen Heeres zu erhalten und Catinat gezwungen, bei etwaiger Veränderung seiner Stellung ein starkes Corps auf dieser Seite zurückzulassen. Den
venetianischen Behörden wurde der Eintritt des kaiserlichen Heeres auf ihr
Gebiet einfach angezeigt und der Marsch unverweilt ins Werk gesetzt. Nach
drei Tagen unglaublicher Anstrengungen trafen die Infanterie-Colonnen
auf veronesischem Boden ein und auf den Höhen von Breonio bezogen sie
das erste Lager auf dem Gebiete der Republik.

Zum größten Erstaunen der Landesbewohner, welche sich nicht entsinnen
konnten, daß jemals ein Karren über das unwegsame Gebirge geschafft

worden wäre, kamen bald die Kanonen und Wagen nach. Ihr Transport
war, wie natürlich, der mühsamste Theil der ganzen Unternehmung gewe=
sen. Zehn bis fünfzehn Paar Zugochsen mußten vor eine Kanone gespannt
werden, um dieselbe auf dem Wege fortzubringen, welcher, wo es nur irgend
möglich, in einer Breite von neun Fuß durch die Felsen gebrochen worden
war. Soldaten und Bauern gingen den Geschützen und den Wagen zur
Seite, sie halfen sie die Höhen mit Stricken hinanziehen, oder hielten sie
zurück, als der Weg wieder abwärts führte. Dabei ging nun freilich so
manches zu Grunde, aber ein erwähnenswerther Unfall hat sich nirgends
ereignet.

Eugen blieb wenige Tage zu Breonio stehen, um alle seine Streit=
kräfte daselbst zu versammeln. Am 4. Juni setzte er seinen Marsch fort und
traf schon am folgenden Tage bei St. Antonio, fünf Miglien von Ve=
rona ein.

Nicht nur den Marschall Catinat, welcher mit Bestimmtheit geglaubt
hatte, Eugen werde den Weg durch's Gebirge nach dem Gebiete von
Brescia einschlagen [11]), ganz Europa erfüllte der verwegene Zug des
Prinzen mit staunender Bewunderung. Selbst die Gegner konnten der
Kühnheit seines Planes und der vor nichts zurückschreckenden Energie, mit
welcher er durchgeführt wurde, ihre Anerkennung nicht versagen. Auch
Eugens Generale, und vor allen Guido Starhemberg, der die ersten
Truppencolonnen geführt hatte, ernteten ihren Antheil des Ruhmes. Ins=
besondere aber wurde die freudige Ausdauer der Soldaten gepriesen und
des glänzenden Beweises gedacht, welchen wie schon so oft die biederen
Tiroler von ihrer Anhänglichkeit an das Kaiserhaus neuerdings geliefert
hatten. Denn obwohl das ganze Gebiet von Trient und Roveredo Zeuge
war dieser Unternehmung, welche nur durch die thätige Mithülfe der
Bergbewohner bewerkstelligt werden konnte, obwohl die Landleute voll=
kommen einsahen, wie wichtig eine solche Nachricht für Catinat wäre und
wie reich sie dem Ueberbringer gelohnt werden würde, so hatte sich doch
kein Verräther gefunden, der dem französischen Feldherrn von den
Bewegungen des kaiserlichen Heeres rechtzeitig Kunde gebracht hätte.

Eugen hatte den ersten Theil der großen Aufgabe, die ihm gestellt
worden war, vollständig erfüllt. Ohne auf Widerstand zu stoßen, ohne
irgend einen Verlust zu erleiden, hatte er sein Heer auf italienischen

Boden geführt. Am linken Etschufer sich ausbreitend, drohte er diesen Fluß zu überschreiten und gegen das Gebiet von Mailand vorzurücken. Dieß zu verhindern, beeilte sich Catinat, die wichtigsten Uebergangspunkte zu besetzen. Eugen aber, durch verschiedene geschickte Bewegungen seinen Gegner täuschend, wandte sich plötzlich südwärts. Bei Castelbaldo hatte Feldmarschall = Lieutenant Graf Johann Palffy mit großer Schnelligkeit eine Brücke geschlagen. Eugen ging hier über den hoch angeschwollenen Strom. Er begab sich sodann nach der Insel Villabuona, welche durch den Canal bianco und den Canal Malopera gebildet wird, und nachdem er sie recognoscirt hatte, nach Arcole. Von diesem Centralpuncte aus hoffte er die Bewegungen des Feindes leichter beobachten zu können.

Der Plan, welchen Eugen befolgte, war kein anderer als Catinat zur Theilung seiner Streitkräfte zu verführen und dieselben sodann einzeln zu schlagen. Dem französischen Feldherrn gelang es nicht, sich über die Absichten seines Gegners klar zu werden. Diese Ungewißheit und das ängstliche Bestreben, seines Feindes Plane zu errathen und sich gegen dieselben sicher zu stellen, brachten eine Hastigkeit, eine Unsicherheit in Catinats Bewegungen, welche mit Eugens wohl durchdachten und mit Präcision ausgeführten Manövern seltsam contrastirten. Seinen linken Flügel ließ Catinat noch immer durch die wenigen Streitkräfte des Generals Guttenstein bei Rivoli festhalten. Den ganzen übrigen Theil des Heeres zerstreute er das rechte Ufer der Etsch entlang, seine Truppen durch fort= während Hin= und Hermärsche fruchtlos ermüdend. Schon begann er zu fürchten, daß seine Haltung am Hofe von Versailles nicht gebilligt werden würde. Und in der That war man dort durch die Kriegsereignisse in Italien aufs lebhafteste beunruhigt. Bei der Kühnheit, welche Eugen bisher gezeigt hatte, besorgte der König, daß wenn es dem Prinzen gelänge, auch den Canal bianco zu überschreiten, ihn nichts mehr vom Uebergang über den Po, vom Einmarsch in die Gebiete von Ferrara und Modena zurückhalten werde. Dort könnten die kaiserlichen Truppen genugsamen Unterhalt, vortheilhafte Lagerplätze finden, ja die Winterquartiere beziehen, vielleicht sogar einen Zug nach Neapel in's Werk setzen [12]).

Auch Catinat fühlte die Wichtigkeit, den Uebergang des Gegners über den Canal bianco zu hintertreiben. Doch glaubte er hiezu noch eine größere Anzahl von Streitkräften versammeln zu müssen. Bevor er aber

damit zu Stande kam, hatte Eugen die Brücken über die Canäle geschlagen,
sie ungehindert paffirt, acht Regimenter über den Po gesetzt und auch bei
Occhiobello eine Brücke über diesen Fluß errichtet. Nun glaubte Catinat,
daß der Prinz in's Modenesische eindringen wolle und beschloß ihm zuvorzukommen. Von Carpi, wo er den General Saint Fremont mit einem
schwachen Corps zurückließ, eilte Catinat nach Ostiglia, um seine dort
befindlichen Truppen gleichfalls über den Po zu führen. Nun endlich war
die Theilung der feindlichen Truppen vollständig herbeigeführt und Eugen
beschloß davon unverweilt Nutzen zu ziehen.

In der Nacht vom 8. auf den 9. Juli überschritt der Prinz mit einem
Armeecorps von eilftausend Mann den Tartaro und griff mit grauendem
Morgen die vom Feinde verschanzte Ortschaft Castagnaro an. Nach tapferer
Gegenwehr nahm er sie mit Sturm. Die französischen Soldaten zogen
sich in die Kirche und auf den Thurm zurück und beschossen von dort aus
die kaiserlichen Truppen. Durch die Drohung, die Kirche in Brand zu
stecken, wurden sie gezwungen, die Waffen zu strecken. Unverzüglich wurde
eine zweite Schanze, welche die Franzosen an dem Scheidepunkte der Etsch
und des Canals angelegt hatten, angegriffen und vom Feinde geräumt.
Nach diesen Erfolgen sammelte Eugen seine durch den Marsch und das
Gefecht etwas zerstreuten Streitkräfte. Dann führte er seine ganze Macht
gegen Carpi vor.

Die Schwierigkeiten, welche das mit Sümpfen, Canälen, Reis-
feldern und Buschwerk durchschnittene Terrain darbot, wurden mit Ausdauer überwunden. Da die Soldaten nur mit großer Anstrengung vordringen
konnten, ging die Frontlinie verloren. Das Kürassier-Regiment Neuburg
wurde plötzlich von allen Seiten angefallen, durch die schnelle Hülfe des
Fußvolkes aber und des Kürassier-Regimentes Vaudemont wieder befreit.
Ein allgemeines Treffen entspann sich. Mit glänzender Tapferkeit wurde
von beiden Seiten gefochten. Endlich gelang es den kaiserlichen Truppen,
welche mit unbeugsamer Kraft den ungestümen Angriffen der Franzosen
widerstanden hatten, dieselben zum Rückzuge zu zwingen. Da erschien der
Generallieutenant Graf Tessé, durch das hartnäckige Feuern und durch
Eilboten herbeigerufen, mit einer starken Anzahl Truppen auf dem Kampfplatze. Er nahm die Fliehenden in seine Reihen auf und stellte das Gefecht
wieder her. Aber ein Tessé konnte auf die Länge einem Gegner wie Eugen

nicht die Spitze bieten. Der Prinz führte selbst seine Soldaten zum Gefechte, da war ihre Tapferkeit unwiderstehlich. Eugen, als Oberfeldherr vielleicht zu sehr sein Leben wagend, verlor sein Pferd unter dem Leibe. Er selbst erhielt mitten im Kampfgetümmel eine leichte Schußwunde am Knie. Doch hinderte ihn dieß nicht bis zum Ende auszuharren. Nach Tessé's Rückzuge nahm der Prinz Carpi und das feindliche Lager in Besitz. Die Beute in demselben war nicht bedeutend, da die Feinde Gelegenheit gefunden hatten, vor ihrem Rückzuge das meiste wegzubringen [13]).

Seiner Wunde nicht achtend, rückte Eugen am Tage nach dem Treffen von Carpi gegen San Pietro di Legnago vor, das dortige französische Lager anzugreifen. Bald traf jedoch die Nachricht ein, daß die Feinde bereits in der vergangenen Nacht in größter Stille von dort aufgebrochen und die französischen Heeresabtheilungen in der Furcht, von einander ab- geschnitten zu werden, in eiligem Rückzuge begriffen seien. Catinat selbst, höchst überrascht durch Eugens Uebergang über den Tartaro und die bei Castagnaro und Carpi errungenen glänzenden Vortheile, ordnete den allge- meinen Rückzug an und überließ seinem Gegner den ganzen Landstrich zwischen dem Mincio und der Etsch. Eugen bezog das vom Feinde ver- lassene Lager bei San Pietro di Legnago. Nachdem der Zweck der Sendung eines Theiles seiner Truppen über den Po, die Täuschung der Feinde, vollständig erreicht worden war, rief der Prinz das dort befindliche Armeecorps zurück und ließ die Brücke bei Occhiobello wieder ab- tragen.

Es fiel Eugen nicht ein, sich mit den errungenen Vortheilen auch nur von fern begnügen zu wollen. Er entwickelte einen Unternehmungsgeist, eine Kühnheit der Plane, eine Raschheit der Ausführung, welche diesen Feldzug zu einem der bewunderungswürdigsten des Prinzen machte. Nichts schien seine Schritte aufhalten zu können. Nachdem er seine Streitkräfte neuerdings concentrirt hatte, drang er in nordwestlicher Richtung über Buttapietra und Villafranca gegen den Mincio vor, hinter welchen die Feinde, nachdem sie die ganze Gegend geplündert und verheert hatten, zu- rückgewichen waren.

Schon am Morgen des 18. Juli recognoscirte Eugen in Person den Mincio und das jenseits desselben bei Goito befindliche französische Lager. Von allen Seiten gedeckt, erschien es unangreifbar. Zwei Tage darauf hielt Eugen Kriegsrath. Die Prinzen Commercy und Vaudemont, die Feldzeugmeister Börner und Starhemberg wohnten ihm bei. Die Frage ob man über den Mincio oder den Po gehen solle, wurde in lebhafter Discussion erörtert. Vaudemont sprach für das letztere, Guido Starhemberg für den Uebergang über den Mincio; ihm fiel die entscheidende Stimme Eugens zu. So rasch und urplötzlich aber auch die Bewegungen des Prinzen waren, wenn der Augenblick günstig schien, so ruhig mußte er seine Zeit abzuwarten, wenn die Umstände es erforderten. Durch mehrere Tage hielt Eugen sich still, insgeheim mit den Vorbereitungen zur Durchführung seines Planes sich beschäftigend.

Im feindlichen Lager war inzwischen Victor Amadeus von Savoyen eingetroffen, den ihm traktatmäßig gebührenden Oberbefehl persönlich zu übernehmen. Ohne daß die militärischen Talente des Herzogs allzu gering anzuschlagen gewesen wären, so brachte doch unter den obwaltenden Umständen seine Anwesenheit der Sache der Verbündeten nur wenig Vortheil. Selbst immer voll Mißtrauen, erregte er auch nur solches. Niemals ordneten sich die französischen Heerführer ihm wirklich unter, nur dem Namen nach war er Oberfeldherr und die im Commando so nöthige Einheit litt durch seine Anwesenheit auf's empfindlichste.

Für Eugen war das Eintreffen des Herzogs im französischen Lager ein Ereigniß, welches er gewiß lebhaft bedauerte. Er sah sich nun dem Oberhaupte seines Hauses feindlich gegenüber gestellt. Obgleich in der letzten Zeit, des Treubruches wegen, welchen der Herzog in dem vorigen Kriege an dem Kaiserhause begangen hatte, das früher so freundschaftliche Verhältniß zu Eugen sehr erkaltet war, so bewahrte der Prinz dem Herzoge doch immer eine rege Dankbarkeit für das, was er in früherer Zeit an ihm gethan hatte. Er hätte es gewiß weit lieber gesehen, wenn der Herzog dem Heere der Verbündeten fern geblieben und er nicht gezwungen gewesen wäre, gegen den Chef seiner Familie Krieg zu führen. Doch war dieser Umstand nicht von geringstem Einflusse auf Eugens rege Pflichterfüllung, und seine Energie und Thatkraft zeigte sich nach wie vor im glänzendsten Lichte.

Weniger erschreckt durch die vielfachen Schwierigkeiten des Ueberganges über den Mincio, als Catinat es geglaubt haben mochte [14]), setzte sich Eugen am 27. Juli eine Stunde vor Mitternacht in Bewegung. Er marſchirte ben Mincio aufwärts bis Salionze, wo eine Stunbe vor ſeinem Aufbruch ber Brückenſchlag hätte beginnen ſollen. Aber obgleich bieß erſt am anberen Morgen geſchehen konnte, ſo war boch ſchon um zwölf Uhr Mittags bie Brücke vollenbet. Allſogleich begann bas Heer ben Uebergang unb vor Einbruch ber Nacht waren bie geſammten Streitkräfte bes Prinzen auf bem rechten Ufer bes Mincio angelangt.

Die Feinbe hatten bieſe Bewegungen Eugens ruhig mit angeſehen. Das ſtarke franzöſiſche Corps, welches auf einer Anhöhe bem Uebergangs= punkte gegenüber geſtanben hatte, zog ſich auf bie Hauptarmee zurück. Dieſe verließ alle Poſten, bie ſie am Mincio inne gehabt hatte, unb bezog ein Lager bei Volta. Eugen folgte bem zurückweichenben Feinbe auf bem Fuße. Er beſetzte Monzambano, wo hunbert Piemonteſen gefangen wur= ben, unb Caſtel Goffrebo unb zwang bie Beſatzung von Caſtiglione, bieſes Schloß auf bie Bebingung freien Abzuges zu übergeben.

Durch Eugens kühne unb glückliche Bewegungen wurben Catinats Beſorgniſſe für Mailanb unb beſſen Gebiet auf's höchſte geſteigert. Er kannte bie Gährung, welche ſich bei ber Annäherung ber kaiſerlichen Truppen im lombarbiſchen Volke zeigte [15]), unb er fürchtete einen Aufſtanb zu Gunſten berſelben. Der Fürſt von Vaubemont unb Teſſé verließen bas franzöſiſche Heer, um Mailanb unb Cremona im Zaume zu halten. Catinat ſelbſt bachte an nichts mehr als ben Oglio zu gewinnen unb von bieſem Fluſſe gebeckt, bem Gegner ben Eintritt auf mailänbiſches Gebiet zu ver= wehren [16]). Daß bie Franzoſen vor ihrem Rückzuge über bieſen Fluß bie Gegenb am linken Ufer beſſelben verwüſteten, erſchwerte zwar bem nach= rückenben Feinbe bie Subſiſtenz baſelbſt. Ihr Verfahren erbitterte aber bas Lanbvolk, welches bie kaiſerlichen Truppen gleich Befreiern vom fran= zöſiſchen Joche begrüßte.

Das unausgeſetzte Rückſchreiten Catinats, bie Reihe von Vortheilen welche ſein Gegner ohne nennenswerthe Verluſte errang, machten ben übelſten Einbruck auf ben Hof von Verſailles. König Lubwig war aufge= bracht über bie Hiobspoſten, bie ihm von einer Armee zukamen, von welcher er nur auf Siegesnachrichten gerechnet hatte. Seine Erbitterung verboppelte ſich, weil Eugen es war, ber mit geringeren Streitkräften, ohne feſte Plätze, ohne Magazine zu beſitzen, mit einer wahrhaft bewunberungswür= bigen Schnelligkeit in Oberitalien vorbrang unb ſeinem ihm mehr als doppelt überlegenen Gegner in einer Weise vor sich hertrieb, als ob derselbe schon zu wiederholten Malen auf's Haupt geschlagen worden wäre. Des Königs Eitelkeit, welche durch den Götzendienst, den seine Umgebung mit ihm trieb, maßlos gesteigert war, kam dabei in's Spiel. König Ludwig hatte den Ehrgeiz, ein großer Menschenkenner zu sein und das Talent zu besitzen, eben so schnell als sicher Jedermanns Fähigkeiten zu ergründen und ihn auf den Platz zu stellen, zu welchem er am besten taugte. Gerade er war es gewesen, welcher sich immer in wegwerfender Weise über den Verlust geäußert hatte, der ihm durch des Prinzen Eintritt in fremden Kriegsdienst zugefügt worden sei. Nun aber wurden jene Worte zur Wahrheit, welche der König damals ironisch ausgesprochen hatte. Nun fühlte er die Wunde die er sich selbst geschlagen, und da er kein Heilmittel dafür sah, schmerzte sie ihn doppelt.

In solcher Stimmung fanden die Aeußerungen der Unzufriedenheit, welche über das unausgesetzte Zurückweichen beim französischen Heere selbst laut wurden, leichten Eingang bei dem Könige. Die hämischen Berichte Tessé's über den Marschall Catinat nährten Ludwigs Unmuth. In der festen Zuversicht, selbst mit dem Oberbefehle betraut zu werden, trug Tessé geradezu darauf an, daß derselbe dem Marschall genommen werde. Auch der Fürst von Vaudemont unterstützte diesen Antrag. Er schien zu besorgen, daß man den Unstern, der über den Operationen der französischen Armee schwebte, einem geheimen Einverständnisse zuzuschreiben geneigt sei, dessen man ihn mit seinem im kaiserlichen Heere dienenden Sohne beschuldigen könnte. Denn wo immer Unfälle erlitten werden, ohne daß man sich der Ursache derselben völlig klar wird, greift man zu dem Auskunftsmittel über Verrath zu schreien, und statt das eigene Verschulden anzuerkennen, über treulose Freunde zu klagen. Dieß war auch im französischen Heere der Fall. Mehr aber noch als Vaudemont war der Herzog von Savoyen der Gegenstand des Mißtrauens. Man wußte daß er unzufrieden war über die Zurückweisung, welche sein stetes Verlangen nach Vergrößerung seines Ländergebietes von König Ludwig erfahren hatte. Außerdem verliehen seine bekannte Doppelzüngigkeit und der Umstand, daß sein Vetter das feindliche Heer befehligte, dem Verdachte einen Anschein von Wahrscheinlichkeit. Selbst Catinat gab demselben Raum. Seine darauf hindeutenden Aeußerungen sollen der Tochter des Herzogs Victor

Amadeus, der Herzogin von Bourgogne, zu Ohren gekommen sein. In hoher Gunst bei König Ludwig, bestärkte sie ihn in dem Vorsatze, Catinat das Obercommando zu entziehen. Der König verlieh dasselbe dem Marschall Villeroy.

Schon seit seiner Jugend, während welcher er der Gespiele des Königs gewesen war, stand Villeroy bei Ludwig XIV. in hoher Gunst. Er war ein großer, schöner, kräftiger Mann und besaß jene Gewandtheit des Benehmens, welche sich nirgends leichter als durch das Leben am Hofe und in der großen Welt erlernt. Die Gewohnheit, von Kindheit auf mit dem Könige umzugehen, hatte ihm die genaueste Kenntniß der Eigenschaften und Schwächen desselben gegeben. Villeroy verstand es meisterhaft, daraus Nutzen zu ziehen. Die wahrhaft demüthige Unterwürfigkeit, die er gegen Frau von Maintenon bewies, hob und befestigte ihn immer mehr in der Gnade des Königs. Nicht ohne persönliche Tapferkeit, entbehrte er doch jeglichen Feldherrntalentes. Diesen Mangel wußte aber Villeroy dem Könige gegenüber, der sich für einen Meister in der Kriegskunst hielt, durch schnelles Eingehen in die Ideen desselben schlau zu verdecken. Die alte Erfahrung, daß, wer vor seinen Oberen kriecht, seine Untergebenen mißhandelt, bestätigte sich auch hier. So unterwürfig Villeroy sich gegen den König und die Frau benahm, welche denselben so klug zu leiten verstand, so unerträglich war der Hochmuth, mit welchem er diejenigen behandelte, deren Rang dem seinen nicht gleichkam [17]). Er war daher am Hofe wie im Heere verhaßt, und die Kunde von seiner baldigen Ankunft wurde bei demselben mit Bedauern vernommen. Nur Catinat selbst klagte nicht, und er erklärte dem Könige, er werde auch unter Villeroy's Oberbefehl fortfahren, sich mit gleichem Eifer dem Dienste des Monarchen zu weihen. „Mit Freuden und von Grund meines Herzens werde ich," schrieb er seinem Bruder, „alle meine Bestrebungen und die Kenntniß, die ich „vielleicht vom Lande habe, zur Wiederherstellung des Ruhmes und der „Ehre der königlichen Waffen mitwirken lassen [18])."

Eugen war inzwischen der feindlichen Armee bis an den Oglio gefolgt. Häufig entsendete er Streifparteien, welche die für den Feind bestimmten Proviantfuhren wegnahmen und dem Gegner meist empfindlichen Schaden zufügten. Es war ein eigenes Verhängniß für die Franzosen, daß ihnen jede auch noch so wenig bedeutende Unternehmung mißlang,

hingegen keine einzige der entsendeten Truppenabtheilungen nach dem kaiserlichen Lager zurückkehrte, ohne über die Feinde einen Vortheil davongetra-
gen zu haben. Am 23. August ging der Prinz mit einer Cavalleriebedeckung
über den Oglio und näherte sich dem bei Fontanella lagernden Feinde.
Eugen recognoscirte die Stellung seines Gegners und kehrte dann wieder
über den Fluß zurück. Nun besetzte er Chiari und bezog mit seinen Truppen unter den Mauern dieser Stadt ein festes Lager.

Am 22. August war Villeroy bei der Armee eingetroffen. Er hatte
sich gerühmt, es werde ihm ein Leichtes sein, den Prinzen Eugen aus
Italien zu vertreiben und in die Berge Tirols zurückzujagen. Ihm dieß
möglich zu machen, ließ der König zahlreiche Verstärkungen, im ganzen
zweiundbreißig Bataillone, zum Heere stoßen. Die Anzahl der Generale
war ansehnlich vermehrt worden. Alles zielte darauf ab, Villeroy in den
Stand zu setzen, bald und mit sicherem Erfolge eine Schlacht zu liefern.

Gleich nach Villeroy's Ankunft wurden hiezu Vorbereitungen getroffen. Catinat wirkte mit edler Selbstverläugnung zu all den Maßregeln
mit, von denen man sich ein glückliches Ergebniß versprechen durfte. Bei
Villeroy war diese Hoffnung zur Gewißheit geworden. Er war so verblen-
det, daß er sich überzeugt hielt, bei ihm müsse das Kommen, Sehen und
Siegen sich wiederholen.

Es sei ganz unmöglich, erklärte er dem Könige, daß der Erfolg nicht
günstig ausfalle [19]). Er habe weit mehr Truppen zu seiner Verfügung, als
nöthig seien, um alles das durchzuführen, was der König nur immer
wünschen könne [20]).

Am 29. August begann Villeroy auf das linke Ufer des Oglio zurückzukehren. Den folgenden Tag war der Uebergang des französischen Heeres
völlig bewerkstelligt. Eugen hatte demselben absichtlich keine Hindernisse in
den Weg gelegt, und er hätte ihn wirklich schwer verhindern können, da
der Fluß in jener Jahreszeit überall leicht zu passiren ist. Auch kannte der
Prinz die Absicht seines Gegners, ihm wo möglich eine Schlacht zu liefern,
und er hielt es für vortheilhafter, in seiner günstigen Stellung den Feind
zu erwarten. Er zog seine Truppen zusammen und traf alle Anstalten, den
Gegner zu empfangen. „Es seien dieß," so schrieb Villeroy mit wahrhaft
komischer Verblendung an seinen Monarchen, „die Maßregeln der
Schwäche" [21]). Eugen aber wußte wohl was er that und wem er gegenüber-

stand. In einer zur Vertheidigung höchst günstigen Stellung, nach drei Seiten hin Front machend, sein Geschütz auf den besten Punkten vertheilt, erwartete der Prinz den Angriff mit nicht geringerer Zuversicht als Villeroy ihn ausführte.

Am 1. September, eine Stunde nach Mitternacht setzte das franzö-sische Heer sich in Bewegung. In Schlachtordnung rückte es über die Canäle und Wassergräben vor, welche es von der Stellung der Kaiserlichen trennten. Es war ihm bei seiner Uebermacht nicht schwer, Eugens Vor-posten aus den von ihnen besetzten Casinen auf die Hauptarmee zurück-zudrängen. Hitzig rückten die Franzosen nach und gingen muthig gegen Eugens Verschanzungen vor. Der Prinz kannte den furchtbaren Ungestüm, mit welchem die Franzosen den ersten Anlauf auszuführen gewohnt sind. Er wußte aber auch, daß sie, wenn zurückgeworfen, zum zweiten Male nur selten mit gleicher Lebhaftigkeit anzugreifen pflegen. Eugen hatte daher seinen Soldaten befohlen, sich hinter ihren Verschanzungen, die Brust an der Erde niederzulegen, und erst dann Feuer zu geben, wenn die Feinde nur noch wenige Schritte von ihnen entfernt seien. Die kaiserlichen Sol-daten hatten Zeit, jeder seinen Mann auf's Korn zu nehmen. Ohne selbst irgend einen Verlust zu erleiden, richteten sie ein furchtbares Blutbad unter den Franzosen an. Mehr noch als durch das Kleingewehrfeuer wurden die Reihen derselben durch die wohlgezielten Kartätschenschüsse aus fünfzig Kanonen gelichtet.

In dieser gefährlichen Position gab das französische Heer, man muß es anerkennen, ein glänzendes Beispiel des echt militärischen Geistes, der es beseelte. Ruhig stand es unter dem Hagel der feindlichen Geschütze, eine um so peinlichere Lage, als es von den Gegnern, die es mit Kugeln über-schütteten, kaum die Kopfbedeckung über die Schanzen hervorragen sah. Außerdem bot noch das mit Gräben durchzogene Terrain dem Anmarsche frischer Truppen große Hindernisse dar. In diesem kritischen Augenblicke schien Villeroy völlig den Kopf verloren zu haben. Er ertheilte keinerlei Befehle und gab sein Heer ohne Schutzwehr dem unaufhörlichen Feuer des Gegners Preis. Catinat endlich und der Herzog von Savoyen, die sich gleich einfachen Soldaten der augenscheinlichsten Gefahr ausgesetzt hatten, ordneten den Rückzug an. Er wurde nicht ohne Verlust bewerkstelligt. Der Feind ver-ließ alle genommenen Posten und Eugen besetzte sie wieder mit den Seinigen.

Der Verlust der Franzosen wird von ihren eigenen Schriftstellern auf mehr als zweitausend Mann, worunter über zweihundert Offiziere angegeben, der des kaiserlichen Heeres aber betrug sechs und dreißig Todte und ein und achtzig Verwundete [22]).

So zuversichtlich die Siegesgewißheit der Franzosen vor dem Treffen gewesen war, so groß war nun die Entmuthigung, in welche sie verfielen, nachdem das Ergebniß ihren Erwartungen nicht entsprochen hatte. Eugen glaubte mit Bestimmtheit annehmen zu müssen, daß der Feind bei seiner noch immer so bedeutenden Übermacht an einem der nächsten Tage den Angriff wiederholen werde. Der Prinz blieb daher in voller Bereitschaft, ja er sandte erst drei Tage nach dem Treffen den Generaladjutanten Grafen Breuner mit der Nachricht von den errungenen Erfolgen nach Wien. Denn von Stunde zu Stunde hatte er auf Erneuerung des Kampfes gewartet. Aber dieß geschah nicht. Die Franzosen begnügten sich damit, ein Lager am linken Ufer des Oglio zu beziehen und dasselbe ansehnlich zu befestigen. Sie erschöpften sich in gegenseitigen Anklagen und Eifersüchteleien. Umsonst hatte Victor Amadeus vor Chiari sein Leben in die Schanze geschlagen, um seine Anhänglichkeit an die Sache des Hauses Bourbon an den Tag zu legen, umsonst hatte er mitten im Kampfe erklärt, er sei bereit, seine Person und seine Truppen dem Dienste des Königs von Frankreich aufzuopfern. Man zog es vor, ihn mit Mißtrauen zu verfolgen. Jeder, auch der geringfügigste Umstand wurde dazu benutzt, und sogar höhnisch bemerkt, daß Eugen bei den sich ergebenden Anlässen gegen den Herzog jede Art von Rücksicht und Höflichkeit bezeige, während er den französischen und spanischen Truppen mit Härte begegne [23]). Die nahe liegende Erklärung eines solchen Benehmens, daß Eugen auch in dem Feinde noch den Chef seines Hauses und seinen früheren Wohlthäter ehre, schien man nicht gelten lassen zu wollen. Es kam jedenfalls leichter an, Andere zu verdächtigen, als die eigene Unfähigkeit zu gestehen. Auch Vaudemont mißtraute man, wie den übrigen spanischen Generalen. Ueberall sah man Verrath, nur die eigenen Fehler wollte man nicht erkennen.

Villeroy, welcher früher eine so bittere Kritik über Catinats Unthätigkeit geübt hatte, blieb nun selbst unbeweglich in seinem Lager stehen. Auch der König von Frankreich war durch das Ergebniß des Treffens bei Chiari anderen Sinnes geworden. Seinen früheren Befehl, den Gegner

um jeden Preis anzugreifen, veränderte er in die Ordre, ihm nur mit
sicherer Hoffnung auf Erfolg eine Schlacht zu liefern. Aber Eugen war zu
vorsichtig, um dem Feinde eine solche Aussicht zu eröffnen. Obwohl
fortwährend in Thätigkeit, vermied er doch jede Gelegenheit, irgend eine
Blöße darzubieten. Er war zu schwach, um es mit den so beträchtlich überlegenen Franzosen in offener Feldschlacht aufnehmen zu können. Der Feind
hatte während des Feldzuges seine Streitmacht vielleicht verdoppelt, während Eugen nicht mehr als die beiden Regimenter Gschwind und Lothringen, kaum mehr als dreitausend Mann, an frischen Truppen erhalten
hatte 24). Der Prinz mußte sich daher darauf beschränken, seinem Gegner
durch kleinere Unternehmungen Schaden zuzufügen. Fortwährend entsendete
er Streifparteien und es fielen zahlreiche Scharmützel vor, in welchen die
Kaiserlichen meist die Oberhand behielten.

Der General-Feldwachtmeister Marquis Vaubonne war es, welcher
dem Feinde durch kühne Streifzüge den meisten Schaden zufügte. So stieß
er am 15. September bei Orzinovi auf einen französischen Transport, welcher von einer starken, aus Reiterei und Fußvolk bestehenden Truppenabtheilung geleitet wurde. Die Franzosen waren nicht im Stande, dem ungestümen Anfalle der kaiserlichen Soldaten zu widerstehen. Dreihundert
größtentheils mit Lebensmitteln beladene Wagen fielen in die Hände der
Letzteren. Während sie jedoch mit der Plünderung der Wagen beschäftigt
waren, wurde die Annäherung eines mehrere tausend Mann starken feindlichen Corps gemeldet. Augenblicklich sammelte Vaubonne seine zerstreuten
Soldaten und zog sich, nachdem der größte Theil des Convoi's vernichtet
war, eine feindliche Standarte mit sich führend, vor dem überlegenen
Gegner zurück 25).

Auch anderen kaiserlichen Offizieren gelang manch glücklicher Streich.
Fast jeder Fouragirung wurde aufgelauert, jeder Convoi angegriffen.
Generale, Offiziere und Armeebeamte, die sich zu dem Heere der Verbündeten begeben wollten, oder dasselbe verließen, Kuriere wurden aufgefangen,
Viehheerden weggenommen, bei allen die Bedeckungen angegriffen und meistens mit empfindlichem Verluste geschlagen. So wuchs die Zahl der feindlichen Offiziere und Soldaten, welche bei solchen Anlässen getödtet oder
gefangen wurden, außerordentlich. Prinz Carl Thomas Vaudemont überfiel
am letzten October unfern von Cassano zwei spanische Reiterregimenter.

Er tödtete dreihundert Soldaten, nahm den größten Theil der übrigen gefangen und erbeutete mehr als fünfhundert Pferde. Neun Standarten und fast alles Gepäck führte der Prinz fort. Der das feindliche Corps befehligende Oberst Monroy befand sich sammt seinem Oberstlieutenant und mehreren Offizieren unter den Gefangenen [26]. Solcher Schrecken verbreitete sich unter den Gegnern, daß der an der Abba commandirende Herzog von Sesto, statt dem Feinde entgegen zu gehen, sich bis auf vier Miglien von Mailand zurückzog. Das lombardische Landvolk aber begrüßte mit Freude solche Thaten, und erblickte in ihnen die Vorboten baldiger Abschüttlung des verhaßten spanischen Joches. Von keiner Seite angefochten rückte Prinz Vaudemont wieder in das kaiserliche Heerlager ein.

Mit unbeschreiblichem Erstaunen sah man, wie Eugen mit einer um die Hälfte geringeren, nicht am besten ausgerüsteten Streitmacht dem doppelt überlegenen, mit allen Kriegsbedürfnissen wohl versehenen französischen Heere die Spitze bot. Längst hatten die Feinde die Hoffnung aufgegeben, Eugen in offener Feldschlacht besiegen, oder ihn in seiner Stellung angreifen zu können. Nur auf eines war noch ihr Augenmerk gerichtet, auf eines concentrirten sich alle ihre Bestrebungen, sie hofften länger in ihrem Lager ausharren zu können, als es Eugen möglich wäre. Sie beschlossen alles daran zu setzen, um den Prinzen auszudauern. Wohin er sich dann wenden würde, dorthin wollten sie ihm folgen und ließen deshalb nach allen Richtungen die Wege ausbessern. Dann müßte sich ja doch, so hofften sie, die Gelegenheit ergeben, diesen unnahbaren Gegner mit Vortheil anzugreifen. Auf jeden Fall könne er sich nirgends anders als nach dem tirolischen Gebirge zurückziehen. Daß er aber seine Stellung verlassen müsse, dafür bürge ja der Mangel an Lebensmitteln, der binnen wenig Tagen die kaiserliche Armee zu einer Bewegung nöthigen werde.

Aber so ungestüm das Vordringen Eugens im Anfange des Feldzuges, so rasch seine Bewegungen gewesen waren, so unerschütterlich war nun die Ausdauer, mit welcher er an seiner vortheilhaften Stellung festhielt. Freilich erleichterte ihm die Sympathie des Landvolkes das Verbleiben daselbst ganz ungemein. „Die Neigung des ganzen Landes," so klagt Villeroy dem Könige, „ist für die Deutschen. Jede Nacht schicken die Dörfer schwerbe=„ladene Wagen nach dem kaiserlichen Lager, ohne alle Begleitung. Wir „aber werden binnen wenig Tagen keine Lebensmittel mehr haben. Die

„Witterung ift schlecht, es regnet fortwährend, die Wege sind verdorben,
„nichts kann mehr unternommen werden. Noch länger hier zu verbleiben,
„hieße unsere Reiterei völlig zu Grunde richten [27].“

Die ruhige Haltung seines Gegners brachte Villeroy zur Verzweiflung. Nicht nur daß kein Anzeichen der leisesten Bewegung im kaiserlichen Lager sichtbar wurde, Eugen machte sogar Miene, den ganzen Winter
daselbst ausharren zu wollen [28]. Er ließ Holzbaraken und Ställe errichten,
sie mit Dächern versehen und jede Vorkehrung treffen, den Truppen den
fortgesetzten Aufenthalt im Lager zu erleichtern.

Bald begriff Villeroy, daß auch der letzte Plan mißlungen sei, an dem
alle seine Hoffnungen gehangen hatten. Er sah ein, daß er vor Eugen seine
Stellung aufgeben müsse. Am 9. November kündigte der Marschall dem
Könige die Nothwendigkeit an, sein Lager zu räumen. In der Nacht vom
12. auf den 13. November gingen die Feinde über den Oglio zurück.

Auf die erste Nachricht von den Bewegungen der Franzosen eilte
Eugen nach dem verlassenen Lager, ließ am linken Ufer des Oglio Geschütze
aufführen, und bestrich damit einen Theil der französischen Truppen. Diese
erlitten dadurch nicht unbedeutende Verluste. Catinat selbst wurde von einer
Musketenkugel am rechten Arme verwundet. Von seinem Eifer hingerissen,
war er vom Pferde gestiegen und hatte sich den Stellungen der Kaiserlichen
zu sehr genähert. Die Verletzung war nicht gefährlich, doch gab sie Catinat
Anlaß, sich von dem Heere zu entfernen, bei welchem er sich längst in einer
falschen Lage befunden hatte. Er ging nach Versailles, wo er ohne Jemand
anzuklagen, sein Benehmen vor dem Könige rechtfertigte.

So war es der Standhaftigkeit des Prinzen gelungen, auch den letzten
der Plane seines Gegners zu vereiteln. Nicht Eugen, sondern Villeroy
hatte zuerst seine Stellung verlassen müssen. Alle die Hoffnungen waren
zu nichte geworden, welche der Marschall an die Erwartung geknüpft hatte,
den Prinzen zuerst aus seinem Lager aufbrechen zu sehen. Alle die Versprechungen, welche Villeroy voll stolzer Zuversicht seinem Könige gemacht,
waren zu Wasser geworden. Die zahlreiche Heeresmacht die zu seiner Verfügung gestellt worden war, hatte er nicht zu benützen gewußt, und er
führte sie nun, entmuthigt und unzufrieden über die vereitelten Plane, nach
den Gegenden zurück, in welchen er seine Winterquartiere zu nehmen
gedachte.

Ganz anders als Villeroy's Stimmung war die seines thatenluftigen Gegners. Gleich nach dem Aufbruche der Feinde hatte der Prinz Streifparteien entsendet, welche den Franzosen während ihres Marsches vielfachen Abbruch thaten. Am 19. November begann auch Eugen sein Heer in Bewegung zu setzen. Sein Hauptabsehen war auf das Gebiet von Mantua gerichtet, wo er die Winterquartiere zu nehmen beabsichtigte. Aber noch dachte der Prinz nicht an Waffenruhe, sondern nur an Ausdehnung des von ihm beherrschten Gebietes. Zu diesem Ende besetzte er Ustiano und wandte sich gegen die am Oglio gelegene Stadt Caneto. Sie war dem Prinzen dadurch wichtig, daß sie sowohl die Verbindung mit Cremona als diejenige zwischen dieser Stadt und Mantua beherrscht. Am 1. Dezember begab sich Eugen vor Caneto. Die Aufforderung zur Uebergabe wurde mit einem lebhaften Feuer beantwortet. Doch ergab sich nach einer wirksamen Beschießung die Besatzung, aus nahezu sechshundert Mann bestehend, am dritten Tage auf Gnade und Ungnade.

Diese Eroberung war fast unter den Augen der feindlichen Armee geschehen, welche nichts gethan hatte, Caneto zu retten. Nachdem der Platz verloren war, begann Villeroy erst einzusehen, daß er ohne denselben das Gebiet von Mantua kaum zu schützen vermöge. Eugen aber, durch diesen Erfolg und durch die immer mehr zu Tage tretende Unfähigkeit seines Gegners ermuthigt, schritt rastlos zu neuen Unternehmungen.

Er begann wieder jene raschen Bewegungen, welche im Anfange des Feldzuges Catinat zur Verzweiflung gebracht hatten. Es war, sagt ein französischer Schriftsteller, der Marquis von Quincy, als ob der Prinz den Feldzug von neuem eröffnen wollte [29]. Er nahm Marcaria und verjagte die Feinde aus ihren Verschanzungen bei Torre d'Oglio. Leider wurde der kaiserliche Oberstlieutenant Graf Merch am 10. Dezember durch den Grafen Tessé mit überlegener Streitmacht überfallen und gefangen. Eugen glich diese Schlappe dadurch wieder aus, daß er Borgoforte und Governolo, Ostiglia und Ponte Molino besetzte. So blieb dem Feinde von dem ganzen Herzogthume Mantua nichts mehr als die Stadt Mantua selbst und Goito, welche beiden Plätze Eugen enge blokirte.

In der Nacht des 13. Dezember wurden vier kaiserliche Regimenter über den Po gesetzt. Sie hatten den Auftrag, Guastalla zu occupiren, wodurch der Prinz seine Quartiere auch über das Gebiet von Modena ausdehnte. Am 16. folgte Eugen seinen Truppen nach Guastalla. Tags darauf traf er in vollem Kriegsrathe die nöthigen Bestimmungen wegen der Winterquartiere, welche nun auch von den kaiserlichen Regimentern bezogen wurden.

Eugens siegreiche Fortschritte in Italien ermuthigten die Anhänger des Kaiserhauses, mit ihrer Gesinnung nicht länger hinter dem Berge zu halten. Eine unerschrockene Frau, die Fürstin von Mirandola, Brigida Pico, begann den Reigen. Mit Hülfe der Bürger und Bauern entwaffnete sie die aus vierhundert Mann bestehende feindliche Besatzung. Sie rief den kaiserlichen Generaladjutanten Grafen Althan herbei, und dieser besetzte Mirandola mit dem Regimente Guttenstein. Die französische Besatzung erhielt freien Abzug, mußte aber eine bedeutende Menge von Waffen, Munition und Proviant in Mirandola zurücklassen. Die Spanier und Neapolitaner, welche sich unter der Garnison befunden hatten, nahmen Dienste bei den Kaiserlichen.

Nun wagte auch der Herzog von Modena, Rinaldo von Este, der Schwager des römischen Königs Joseph, einen Schritt zu Gunsten der Sache des Hauses Oesterreich. Er litt es, daß Eugen die wichtige Festung Brescello occupirte, wodurch viele Geschütze und ein bedeutender Munitionsvorrath in den Besitz des Prinzen kamen. Eugen begab sich hierauf nach Luzzara, wo er sein Hauptquartier aufschlug.

Es kann nicht geläugnet werden, daß Eugens glänzender Feldzug in Oberitalien, sein glückliches Vordringen in das Innere des Landes wesentlich dazu beitrugen, die Stimmung der meisten europäischen Mächte, welche bisher von dem großen Streite unberührt geblieben waren, zu Gunsten des Kaisers zu verändern. Schon die Entschlossenheit, mit welcher Leopold I. allein den Kampfplatz betreten, hatte die Sympathien für ihn und seine Sache geweckt.

Den eigentlichen Ausschlag gab freilich, daß so manche der bisher neutral gebliebenen Mächte ihr eigenes Interesse weit mehr gesichert glaubte, wenn der Kaiser, als wenn Frankreich die Oberhand erhielt. Kurfürst Friedrich von Brandenburg, durch die Verleihung der Königswürde gewonnen, war der erste Bundesgenosse, welcher dem Kaiser sich zugesellte. Er versprach die Stellung eines Hülfscorps von zehntausend Mann. Seinem Beispiele war Dänemark gefolgt. Es sandte sechstausend Mann zu dem kaiserlichen Heere nach Italien.

Das Haus Hannover war durch Verleihung der neunten Kurwürde und die Bande naher Verwandtschaft an den Kaiser gefesselt. Wichtiger noch und wahrhaft entscheidend war die Umstimmung der Seemächte, England und Holland. Beide wurden auf's höchste beunruhigt durch die Maßregeln, welche Ludwig XIV. zur Ausdehnung der französischen Schifffahrt nach dem spanischen Amerika ergriffen hatte. Sie fürchteten für ihren Handel nach Spanien, nach Ost- und Westindien. Die Besorgnisse der Generalstaaten waren noch überdieß durch das Einrücken französischer Truppen in die Niederlande in hohem Grade erregt worden. Sie scheuten die Festsetzung französischer Macht daselbst und wollten um jeden Preis eine so gefährliche Nachbarschaft los werden.

Der gewandten Vermittlung König Wilhelms III. war es zu danken, daß die Seemächte am 7. September 1701 ihr Bündniß mit dem Kaiser erneuerten. Alle drei Contrahenten verpflichteten sich, nachdrücklich dahin zu wirken, daß die Ansprüche des Hauses Habsburg auf die Krone Spaniens befriedigt, und den Franzosen die neu occupirten Länder wieder entrissen würden. Die Freiheit der Schifffahrt und des Handels im Ocean und auf dem Mittelmeere sollte aufrecht erhalten, vor allem aber verhindert werden, daß die Kronen von Frankreich und Spanien je auf einem und demselben Haupte vereinigt würden. Endlich verpflichteten die Alliirten sich feierlich, bei etwaigen Friedensverhandlungen nicht vereinzelt und ohne Vorwissen und Zustimmung der übrigen Verbündeten vorzugehen.

Mit gewohnter Geschicklichkeit benützte Wilhelm III. die in langsamer, jedoch fortschreitender Umwandlung begriffene Stimmung der englischen Nation. Der beste Alliirte dabei aber war ihm Ludwig XIV. selbst. Im September 1701 starb der vertriebene König Jacob II. zu Saint Germain und Ludwig ließ sich dazu hinreißen den Prinzen von Wales als König Jacob III. von England zu begrüßen. Dieß machte den tiefsten Eindruck auf das britische Volk. Das Parlament setzte einen Preis auf den Kopf des Kronprätendenten und erklärte ihn znm Feinde der englischen Nation. Es votirte die Aushebung von vierzigtausend Matrosen und die Anwerbung von eben soviel Landsoldaten. Die mit Dänemark, Brandenburg und verschiedenen deutschen Fürsten abgeschlossenen Subsidienverträge wurden genehmigt.

Achtes Capitel.

Während der Kaiser durch glücklich geführte Unterhandlungen die große Allianz gegen Frankreich wieder ins Leben rief, war Eugen während der Wintermonate angestrengt thätig, um sein Heer in den Stand zu setzen, auch im nächsten Feldzuge das gewonnene Uebergewicht behaupten zu können. Und große Sorgfalt war allerdings nöthig, denn der Zustand der Truppen konnte nach den anstrengenden Märschen, die sie zurückgelegt, nach all den Mühseligkeiten, die sie zu erdulden gehabt hatten, nur ein höchst unbefriedigender sein. Trotz des besten Willens hatte der Kaiserhof Eugens dringende Bitten um Verstärkungen, um Abhülfe der drückenden Geldnoth bis jetzt größtentheils nur mit Versprechungen beantwortet. Der Prinz sandte den Generalfeldwachtmeister Grafen Guttenstein nach Wien um seinen Vorstellungen größeren Nachdruck zu verleihen. Er wies den ausgesogenen Zustand des Landes nach, in welchem er seine Winterquartiere hatte nehmen müssen, und wie der Mangel an Lebensmitteln durch das feindselige Benehmen der päpstlichen Behörden noch fühlbarer gemacht wurde. Denn diese hatten die Ausfuhr des Getreides nach den von den kaiserlichen Truppen besetzten Gegenden verboten, den Franzosen aber gestattet, große Vorräthe davon zu Sinigaglia anzukaufen und mit sich hinwegzuführen [1]. Er klagte über die heillose Unordnung, die in dem Proviantwesen herrschte. Er schilderte den Mangel von Pferden bei der Reiterei, den Abgang von Pulver und Blei und allen übrigen Erfordernissen für die Armee. Er zeigte wie die Geldnoth so groß sei, daß die Soldaten, statt nach zurückgelegtem Feldzuge eine Erholung zu genießen, mehr Drangsale als während der Campagne selbst auszustehen hatten [2].

Diese mißlichen Umstände hielten jedoch den Prinzen nicht ab, sich fortwährend mit Entwürfen zu beschäftigen, wie dem Feinde, der sich mitten im Winter keiner Unternehmung seines Gegners versah, ein recht empfindlicher Schlag beigebracht werden könnte. Ein solcher würde, so meinte Eugen, die Wegnahme Cremona's sein, und auf diesen stark befestigten Platz war daher zunächst das Absehen des Prinzen gerichtet.

Von einer Belagerung Cremona's mitten im Winter, mit einem so schwachen Heere wie dasjenige Eugens war, konnte nicht im entferntesten die Rede sein. Auch ein Ueberfall mußte bei der Stärke der Besatzung und der Nähe der übrigen französischen Heerlager für den Angreifer nur äußerst gefahrvoll erscheinen. Aber Hindernisse, so beträchtlich sie auch sein mochten, hatten Eugen noch niemals von der Verwirklichung eines Planes abgeschreckt, und der Umstand, daß Cremona dem feindlichen Heerführer Marschall Villeroy zum Hauptquartier diente, reizte den Prinzen nur noch mehr.

Schon seit drei Monaten hatte der Feldmarschall Prinz Commercy in Cremona Verbindungen angeknüpft und durch den Priester Antonio Cosoli, Pfarrer zu Santa Maria la Nova, erfuhr er, daß ein alter, leer gelassener und von der französischen Besatzung gänzlich unbeachteter Wassercanal die Festungswerke durchschneide und mit dem Keller des Hauses des Pfarrers Cosoli in Verbindung stehe. Eugen beschloß auf diesem Wege kaiserliche Soldaten in die Stadt zu bringen und sich wo möglich in den Besitz derselben zu setzen. Er wußte wohl, mit welchem Gegner er es zu thun hatte. Er war genau von der Fahrlässigkeit unterrichtet, mit der die Franzosen der Bewachung Cremona's oblagen. Die Thore waren nur äußerst schwach besetzt und auf den Wällen nicht einmal Wachen aufgestellt, welche die Annäherung eines Feindes hätten bemerken und anzeigen können.

Am 27. Jänner 1702 erhielt der Feldzeugmeister Graf Guido Starhemberg Befehl, sich mit zweitausend Mann Fußvolk in Marschbereitschaft zu setzen. Tags darauf wurden er und Prinz Vaudemont zu dem geheimen Kriegsrathe nach Luzzara berufen. Ihnen allein ward der Anschlag auf Cremona mitgetheilt. Mit ihnen berieth und verabredete der Prinz alles, was darauf Bezug hatte, bis in's kleinste Detail. Nach beendigtem Kriegsrathe eilte Starhemberg sogleich nach Ustiano, um die noch übrigen Vorbereitungen zu dem großen Unternehmen zu treffen. Eugen aber ging nach Montagnana, sich mit dem Feldmarschall Prinzen Commercy zu besprechen, und kehrte von da, um Aufsehen zu vermeiden, nach Luzzara zurück.

Am Abende des 31. Jänner traf Eugen in einem einzeln stehenden Hause, ungefähr eine Miglie von Ustiano gelegen, mit Commercy und Starhemberg zusammen. Die drei Kriegsfürsten ritten nun ihren Truppen voraus und erwarteten dieselben in einem kleinen Häuschen, ungefähr zwölfhundert Schritte von Cremona entfernt.

In dem tiefen Dunkel der stürmischen und regnerischen Nacht vom letzten Jänner auf den 1. Februar rückten die zur Unternehmung befehligten kaiserlichen Truppen, zweitausend Mann Fußvolk nebst fünf Grenadier-Compagnien, zwölfhundert Küraſſieren und einer Abtheilung Huſaren, zusammen ungefähr viertausend Mann, über den Oglio. Auf grundlosen, durch die andauernden Regengüſſe aufgeweichten Straßen, aber trotz der Mühseligkeiten doch immer frohen Muthes, zogen sie Cremona zu. Prinz Vaudemont wurde mit zweitausend Mann Fußvolk, einem Regimente Küraſſiere und zwei Dragoner-Regimentern über den Po gesendet und erhielt Befehl, am rechten Ufer des Fluſſes durch das Gebiet von Parma gleichfalls gegen Cremona zu ziehen. Dort sollte er suchen, den Brückenkopf wegzunehmen und über den Po in die Stadt einzubringen.

Schon nach zwei Uhr Morgens waren die Generale an dem Orte angelangt, an dem sie mit den Truppen zusammen treffen sollten. Erst nach fünf Uhr, ja zum Theil nicht früher als mit Anbruch des Tages kamen die letzteren, durch den ungemein schlechten Weg aufgehalten, daselbst an. Der kaiserliche Major Hofmann vom Regimente Gſchwind schlich sich von einem vertrauten Führer geleitet, mit seinen Grenadieren in den langen aber kaum zwei Schuh breiten Canal. Er hatte Befehl, sich darin und im Hause Cosoli's so lange verborgen zu halten, bis der Oberſtwachtmeiſter Graf Naſary vom Regimente Lothringen und der Oberſtlieutenant Graf Kueffstein vom Regimente Herberstein gleichfalls auf demselben Wege in die Stadt eingedrungen wären. Hofmann hatte die Wache am Margarethen-Thore zu überfallen und sie, wo möglich ohne Lärm zu erregen, niederzumachen, das Thor zu öffnen und mit drei aufsteigenden Feuersäulen von dem Walle das Zeichen der geschehenen Vollziehung seines Auftrages zu geben. Graf Naſary sollte die Hauptwache angreifen und überwältigen, sich des Rathhauses bemächtigen und daselbst festsetzen. Oberſtlieutenant Graf Kueffstein war befehligt, die Wohnung des Vicegouverneurs zu besetzen und die beiden andern Truppenabtheilungen kräftigst zu unterstützen.

Der erst vor kurzem aus der französischen Gefangenschaft zurückgekehrte Oberſtlieutenant Graf Merch hatte mit zweihundertfünfzig der besten Reiter durch das geöffnete Margarethen-Thor zu brechen, vollen

Laufes die Stadt zu durcheilen und alles anzuwenden, um das Po=Thor
zu gewinnen, durch welches dem Prinzen Vaudemont der Eingang nach
Cremona geöffnet werden sollte. Den übrigen Truppenabtheilungen war die
Ordnung, in welcher sie nach der Stadt zu ziehen, und der Platz mit
Genauigkeit angewiesen, den sie daselbst einzunehmen hatten.

Alle hier genannten Offiziere entledigten sich ihres Auftrages mit dem
besten Erfolge. Die französische Wache wurde niedergemacht und das Thor
geöffnet. Im vollen Galopp, den Säbel in der Faust, sprengte die kaiserliche
Cavallerie durch die Straßen der Stadt auf die ihr angewiesenen Plätze.
Der Reiterei folgte der Rest der Infanterie und besetzte die wichtigsten
Posten. Eugen, Commerch und Starhemberg begaben sich nach dem Stadt=
hause, um die Bewegungen der Truppen zu leiten und wo möglich die
Ueberwältigung der Feinde zu verwirklichen.

Bis jetzt war alles gelungen, aber das Schwerste blieb noch zu
thun übrig. Es handelte sich darum, sich gegen die überlegene Besatzung
bis zur Ankunft des Prinzen Vaudemont zu halten, diesem den Eingang in
die Stadt zu öffnen und dann den Feind entweder zur Ergebung zu zwin=
gen oder ihn zu vernichten.

Der Marschall Villeroy, erst am Abende zuvor aus Mailand wieder
bei seinem Heere eingetroffen, lag noch zu Bette. Um sieben Uhr Morgens
hörte er ganz in der Nähe seines Hauses drei oder vier Musketenschüsse
abfeuern. In demselben Augenblicke stürzte sein Kammerdiener in das
Zimmer mit dem Schreckensrufe: „Die Deutschen sind in der Stadt.“
Villeroy sprang sogleich auf und verlangte nach einem Pferde. Während er
sich ankleidete, und der Lärm und das Feuern zunahm, gab er Befehl, all
seine Papiere zu verbrennen, ein Auftrag, welcher von seinem Secretär
schnell und pünktlich vollzogen wurde. Kaum vollständig gekleidet, warf sich
der Marschall auf das Pferd und eilte, nur von einem einzigen Pagen
gefolgt, der Hauptwache zu. Plötzlich sah er sich von deutschen Soldaten
umringt und vom Pferde gerissen. Sie stritten sich um ihn und jeder wollte
ihn zum Gefangenen gemacht haben. Da warf sich ein kaiserlicher Offizier
in rother Uniform, mit einer Partisane bewaffnet, zwischen ihn und die
wüthenden Kriegsleute. Es war der Irländer Mac Donel, Hauptmann im
Regimente Bagni. Er befreite Villeroy aus seiner peinlichen Lage. Als
aber der Marschall ihm zehntausend Pistolen sammt einem Regimente

versprach, wenn er ihn aus der Gefangenschaft befreien würde, da schlug der wackere Irländer alle noch so glänzenden Anerbietungen aus. Er benachrichtigte den Grafen Starhemberg, daß ein Gefangener von hohem Range sich in seinen Händen befinde.

Starhemberg eilte herbei, empfing Villeroy's Degen, und ließ ihn nach einem Hause nahe am Margarethen-Thore bringen, wo die Prinzen Eugen und Commercy ihn sogleich besuchten. Sie behandelten, wie es von ihnen zu erwarten war, den Marschall mit größter Zuvorkommenheit, verließen ihn jedoch bald wieder, weil die Dienstpflicht sie auf ihre Posten rief. Da Eugen fürchtete die Franzosen möchten versuchen den Marschall zu befreien, so ließ er ihn unter starker Bedeckung nach Ustiano bringen.

Denn schon hatte der Kampf, welcher unablässig die Straßen von Cremona durchtobte, eine für Eugen weniger günstige Wendung genommen. Mit grauendem Morgen hatte der französische Oberst Marquis b'Entragues sein Regiment auf dem Marktplatze versammelt um es in den Waffen zu üben. Auf die Nachricht von dem Eindringen der Kaiserlichen wandte sich der Oberst gegen dieselben. Er widerstand ihren ersten Angriffen und gab den französischen Soldaten Zeit, die Quartiere zu verlassen und sich um ihre Fahnen zu schaaren. Zwar wurden viele Offiziere und Soldaten, als sie ihren Sammelplätzen zueilten, getödtet, verwundet oder gefangen genommen. Unter ihnen war der Generallieutenant Marquis de Crenan, der spanische Gouverneur des Platzes, Don Diego de Conchia, der Marechal de Camp Graf Montgon. Dennoch zeigte sich auch hier wieder, was militärischer Geist und gute Disciplin in einem Heere auszurichten vermögen. Die französischen Soldaten, wenn sie gleich an vielen Orten sich ohne ihre Offiziere befanden, ordneten selbst ihre Reihen und wandten sich gegen den Feind. Nach Villeroy's Gefangenschaft und Crenans Sturz übernahm der Generallieutenant Graf Revel den Oberbefehl. Er entledigte sich seiner schwierigen Aufgabe mit unglaublicher Geistesgegenwart und unerschütterlichem Muthe. Aber alle diese Anstrengungen würden nichts gefruchtet haben, wenn das Glück den Kaiserlichen günstiger gewesen und Eugens Berechnung vollständig zugetroffen wäre.

Alles hing davon ab und Eugen hatte den größten Nachdruck darauf gelegt, daß das Po-Thor schnell gewonnen und unerschütterlich behauptet werde, um dem Prinzen Vaudemont und seiner Streitmacht den Einmarsch in Cremona zu sichern. Mit den Truppen, welche Vaudemont herbeiführte, wäre die Ueberwältigung der Besatzung unausbleiblich gewesen. Oberstlieutenant Graf Merch hatte auch das Po-Thor im ersten Anlauf weggenommen. Da aber das kaiserliche Fußvolk unter dem Oberstlieutenant Baron Scherzer nicht schnell genug folgen konnte, so gelang es den im französischen Heere kämpfenden Irländern, sich des Thores wieder zu bemächtigen. Nun vertheidigten sie den neu gewonnenen Posten mit unbesiegbarer Standhaftigkeit, und beeilten sich, die Brücke über den Fluß durch Feuer zu zerstören. Merch selbst, vor wenig Wochen erst durch Auswechslung aus der französischen Gefangenschaft zurückgekehrt, wurde von den Irländern umrungen und neuerdings gefangen. Das gleiche Schicksal traf den braven Mac Donel, als er im Auftrage Eugens seine Landsleute zur Ergebung und zum Uebertritte in kaiserliche Dienste aufforderte. Oberstlieutenant Baron Freyberg vom Kürassier-Regimente Taaffe, der sich gleich Merch mitten unter die Irländer geworfen hatte, wurde von dem Oberstlieutenant Mahoni aufgefordert, sich zu ergeben. „Ist denn heute ein Tag der Gnade," rief stolz der kaiserliche Offizier. „In einer Stunde ist vielleicht keiner von euch mehr am Leben. Thut was eure Pflicht ist." Und wieder gab er seinem Pferde die Sporen zum Angriffe, da stürzte er, von mehreren Kugeln durchbohrt, todt auf das Pflaster der Straße [4]).

Mit Sehnsucht harrte inzwischen Eugen des Prinzen Vaudemont. Er eilte selbst auf den Thurm des Rathhauses, um nach dessen Annäherung auszuspähen. Hier sah er bald, daß er sich in Cremona nicht werde halten können. Vaudemont war durch die Dunkelheit der Nacht und die schlechten Wege zu lange aufgehalten worden. Viel zu spät vor Cremona angekommen, fand er die Brücke bereits zerstört, und keine Fahrzeuge vor, um seinen Uebergang über den Po bewerkstelligen zu können. Ohne Vaudemonts Beihülfe aber war keine Aussicht vorhanden, der weit überlegenen Besatzung Herr werden zu können. Sie hatte fast alle Häuser besetzt, und unterhielt von dort aus ein wohlgerichtetes Feuer auf die kaiserlichen Truppen, welche unbedeckt in den Straßen und auf den Plätzen standen. Hiezu kam noch die Besorgniß, durch das Corps des Generallieutenants Crequi, welches sich auf die Nachricht von dem Ueberfalle Cremona's wahrscheinlich im Anzuge dahin befand, von Ustiano abgeschnitten zu werden.

Zehn Stunden schon war von beiden Seiten mit heldenmüthiger Tapferkeit gekämpft worden und bereits begann die Munition zu mangeln. Da beschloß Eugen, Cremona wieder zu verlaffen. Um fünf Uhr Nachmittags trat er den Rückzug an, welcher in befter Ordnung bewerkftelligt wurde. Die Reiterei eröffnete und das Fußvolk schloß den Zug. Das letztere befehligte Guido Starhemberg, welcher alle Angriffe der verfolgenden Feinde kraftvoll zurückwarf. Der Brand einer in Flammen aufgehenden Caferne, in der viele französische Soldaten einen jammervollen Tod fanden, diente den kaiferlichen Truppen als furchtbare Leuchte, den Ausmarsch zu vollziehen. Sie führten neunzig Officiere und vierhundert Soldaten als Gefangene, sieben Standarten und fünfhundert Pferde als Beute mit sich fort [5]).

An Todten und Schwerverwundeten hatten die Franzofen zwölfhundert Mann verloren, zu welchen der wenige Tage darauf an feinen Wunden geftorbene Generallieutenant Marquis de Crenan zu rechnen ift. Die Kaiferlichen aber büßten sechshundert Mann ein, unter ihnen den Generalfeldwachtmeifter Graf Dietrichftein, den Oberft Graf Leiningen und den Oberftlieutenant Baron Freyberg. Unter den dreihundert Soldaten, welche als Gefangene in Cremona zurückblieben, war nebft den Oberftlieutenants Grafen Mercy und Kueffftein auch der brave Mac Donel. Eugen beeilte sich, die Auswechslung des letzteren zu bewerkftelligen, und er erwirkte ihm beim Kaifer die wohlverdiente Beförderung zum Oberftlieutenant. Auch die beiden Männer, durch deren Vermittlung ihm der Anschlag auf Cremona möglich geworden war, Cofoli und Cobecafa, empfahl der Prinz mit Wärme der Gnade des Monarchen.

Der Marschall Villeroy wurde während feiner Gefangenschaft mit größter Zuvorkommenheit behandelt. Eugen sandte ihn unter Begleitung des Hauptmanns Baron Heindl nach Innsbruck, wo er den Stamferhof bewohnte. Von Innsbruck aber wurde der Marschall wegen der zu großen Nähe Baierns, mit welchem man die Anknüpfung gefährlicher Verbindungen fürchtete, nach Gratz gebracht. Hier durfte er feinen Degen tragen und ungehindert die Wohnung verlaffen. Nach neun Monaten schenkte ihm der Kaifer die Freiheit [6]). Der Rittmeifter Baron Zierotin geleitete ihn nach Mailand, von wo er nach Frankreich zurückkehrte. Von hier sandte er dem Prinzen Eugen den Betrag von fünfzigtausend Livres als das vertragsmäßig festgesetzte, seinem Range entsprechende Lösegeld. Dieser aber, welcher wußte, daß der Kaiser den Marschall ohne Lösegeld freizugeben beschlossen hatte, stellte alsogleich die Summe zurück⁷). Der König von Frankreich, der seinem Gegner an Edelmuth nicht nachstehen wollte, gab nun, gleichfalls ohne Lösegeld zu nehmen, den kaiserlichen Gesandten Grafen Waldstein frei, welcher auf der Rückkehr von Portugal durch französische Schiffe gefangen genommen worden war.

Wie es sich bei den Franzosen von selbst versteht, so wurde die Vereitlung der Unternehmung auf Cremona einem Siege gleich von ihnen auspofaunt. „Ich lasse sie immer damit prahlen," schrieb Eugen an den kaiserlichen Botschafter in Venedig, Grafen Berka, „weil ich wohl weiß, „daß es ihnen nicht von Herzen geht⁸)." Und der Prinz hatte Recht, denn nicht Siegesfreude herrschte in den Gemüthern der Feinde, sondern Mißtrauen und Niedergeschlagenheit bemächtigten sich ihrer. Die Verwegenheit des Anschlages erschien ihnen ganz unbegreiflich, und von einem Gegner, der solchen Wagnisses sich erkühnte, glaubten sie auf alles gefaßt sein zu müssen.

Die Verwirrung und die Muthlosigkeit, welche die Franzosen ergriffen hatten, machten sich auch in ihren Bewegungen kund. Unverzüglich gaben sie die von ihnen besetzte Linie am Oglio auf. Eugen bemächtigte sich sogleich der von den Franzosen verlassenen Orte an diesem Flusse, dann Viabana's und Casalmaggiore's am Po. Ein nicht unbedeutender Vorrath von Munition und Proviant wurde daselbst erbeutet. Prinz Vaudemont nahm auf seiner Rückkehr von Cremona Buseto im Herzogthume Parma weg, und machte die dortige Besatzung zu Kriegsgefangenen.

So hatte Eugen die Franzosen gezwungen, sich hinter die Abba zurückzuziehen, und ihm das ganze Land zwischen diesem Flusse und dem Oglio einzuräumen. Nur Cremona, Soncino und Sabionetta waren noch vom Feinde besetzt. Eugen war dadurch im Stande, die Blokade von Mantua und Goito mit geringerer Gefahr und weniger Truppen fortzusetzen. Durch nichts mehr war seine Verbindung über den Garbasee und Tirol mit den kaiserlichen Erbländern gehindert, und er durfte nun hoffen, daß die Verstärkungen und die Zufuhren, die man ihm von dort versprach, ihn ungehindert erreichen könnten.

Denn die eine Ueberzeugung hatte der Prinz aus dem Mißlingen der Unternehmung auf Cremona geschöpft, daß er zu schwach war, um einem so weit überlegenen Feinde gegenüber auf große Erfolge hoffen zu können. Die Kühnheit der Entwürfe, die Energie in der Ausführung, dasjenige, was sein eigenes Feldherrntalent ihm an die Hand gab, die Tapferkeit der Generale und die Vortrefflichkeit seiner Truppen, alles das waren Faktoren, die gewaltig in die Wagschale fielen. Aber an der Hauptsache, der materiellen Kraft, an der Anzahl der Truppen fehlte es zu sehr, als daß Eugen auf irgend ein Gelingen seiner Plane hätte rechnen können. Würde er im Stande gewesen sein, mehr Truppen auf die Unternehmung gegen Cremona zu verwenden, so würde er diesen wichtigen Platz den Franzosen mit Gewißheit entrissen haben. Diese Betrachtung war Ursache, daß Eugen sich nun mit Entschiedenheit gegen das Verlangen des kaiserlichen Hofes aussprach, von seinem Heere ein Armeecorps nach Neapel zu entsenden.

Hier war nach König Karls Tode Philipp von Anjou durch den Vicekönig Medinaceli als König anerkannt worden. Das Volk verhielt sich Anfangs schweigend, bald aber begannen, insbesondere im Abel, die Sympathien für das Haus Oesterreich sich lebhaft zu regen. Eugens glänzender Feldzug in Oberitalien ermuthigte die Hoffnungen, und Don Giuseppe Capece ging insgeheim als Bevollmächtigter des neapolitanischen Abels nach Wien. Die Neapolitaner erboten sich, das Joch Philipps abzuwerfen und den Erzherzog Karl als König anzuerkennen, wenn die von dem früheren Herrscher ertheilten Freiheiten bestätigt, neue bewilligt und insbesondere den Theilnehmern an der geheimen Verbindung angemessene Belohnungen zuerkannt würden.

Der Kaiserhof ging auf die gemachten Vorschläge ein und versprach die Entsendung von Truppen nach Neapel. Dorthin war Capece zurückgekehrt, ihm folgte sein Bruder Girolamo, Oberst in kaiserlichen Diensten, und Chaffinet[9]), früher österreichischer Botschaftssekretär zu Rom. Jacopo Gambacorta, Fürst von Machia, ein ehrgeiziger junger Mann, von großer Beredsamkeit und allen jenen Gaben, welche zur Leitung einer Verschwörung nöthig sind, war das Haupt derselben und gab ihr seinen Namen. Am 6. Oktober 1701 sollte die Empörung ausbrechen. Den Vicekönig aus dem Wege räumen, die Castelle von Neapel besetzen, den Erzherzog Karl zum Könige ausrufen, die weithin zerstreuten spanischen Streitkräfte überwältigen und das Land bis zur Ankunft der kaiserlichen Truppen regieren, das waren die Pläne der Verschwornen. Fast der ganze Adel des Königreiches gehörte zu ihnen.

Aufgefangene Briefe des Cardinals Grimani an einen der Verschwornen entdeckten dem Vicekönige das Geheimniß. An seinen Maßregeln erkannte man, daß er um alles wußte. Um ihm nicht längere Zeit zu Vertheidigungsanstalten zu lassen, entschloß man sich schon am 22. September loszuschlagen. Aber der Aufstand, einzig und allein vom Adel ausgehend, fand nur geringe Unterstützung im Volke. In dem Kampfe, der sich entspann, blieb, weil ihm disciplinirte Truppen zu Gebote standen, der Herzog von Medinaceli Sieger. Der Fürst von Macchia und Andere entflohen, Chassinet und der kaiserliche Oberst Don Carlo di Sangro wurden gefangen, der erstere über Toulon nach Paris geschleppt und dort in die Bastille geworfen [10]), der letztere enthauptet. Eine sehr große Anzahl Verschworner büßte das Unternehmen mit dem Tode oder mit langwierigem Kerker. Allen wurden ihre Besitzthümer genommen [11]).

Die furchtbare Strenge, mit welcher die Regierung sich an den Aufständischen rächte, erregte das Mitgefühl des neapolitanischen Volkes. Schwer bereute es, den Adel im Stiche gelassen zu haben. Immer höher stieg die Unzufriedenheit, immer bringender wurde das Verlangen beim Kaiserhofe um Entsendung eines Armeecorps nach Neapel, welches durch seine Anwesenheit eine neue Schilderhebung ermöglichen und ihr günstigen Erfolg sichern sollte.

Neapel zu erwerben und sich dadurch auch den Weg nach Sicilien zu bahnen, konnte dem Kaiserhofe nur eine höchst erwünschte Aussicht sein. Um die Besitznahme des ersteren Landes zu bewerkstelligen, verlangte man von Eugen ein wohl ausgerüstetes Heer von zehntausend Mann unter den Befehlen des Feldmarschalls Prinzen Commercy. Eugen hatte, als diese Forderung an ihn gelangt war, keine Gegenvorstellungen erhoben, sondern mit den Vorbereitungen zur Zusammensetzung des nach Neapel bestimmten Armeecorps begonnen. Nun aber, nachdem bei der Unternehmung auf Cremona wieder die geringe Anzahl der Truppen sich auf's empfindlichste fühlbar gemacht hatte, über welche dem Prinzen zu disponiren vergönnt war, erklärte er im Einverständnisse mit Commercy und allen übrigen Generalen, daß es durchaus nicht rathsam sei, das Armeecorps nach Neapel abgehen zu laſſen, bevor es nicht durch andere Truppen wirklich erſetzt ſei [12]). Er würde ſonſt mit ſo geſchwächten Kräften nicht einmal vertheidigungsweiſe vorgehen können, ſondern alle Eroberungen aufgeben müſſen, wodurch dann auch das nach Neapel zu entſendende Corps von der Verbindung mit Ober-italien und den Erbländern gänzlich abgeſchnitten würde.

Zu Wien konnte man ſich der Erkenntniß nicht verſchließen, daß Eugen Recht habe und die Expedition nach Neapel unter den obwaltenden Umſtänden nicht durchführbar ſei. Daß dem jedoch ſo war, verſtimmte den kaiſerlichen Hof. Man verhüllte dieſes Gefühl ſogar Eugen gegenüber nicht ganz, ſo unſchuldig der Prinz an den Verhältniſſen auch war, welche die Entſendung des Armeecorps nach dem ſüdlichen Italien verhinderten. Ueberhaupt bereitete ihm dieſe neapolitaniſche Frage mehrfache Verlegenheit. Flüchtlinge aus jenem Lande, Vornehme und Geringe, Reiche und Arme, ſtrömten in großer Anzahl nach Eugens Heerlager. Der Erſte im Range unter ihnen, der Marcheſe von Pescara und Vasto, vom Kaiſer zum Feldmarſchall erklärt, wollte in dieſer Charge beim Heere dienen, und Eugen hatte große Mühe den Marcheſe, welcher nicht die geringſte militäriſche Kenntniß und Erfahrung beſaß, von dieſem Entſchluſſe abzubringen [13]). Mit den Neapolitanern geringeren Standes wußte er gar nichts anzufangen, denn zu dem Eintritte in die Regimenter waren ſie nicht zu bewegen und taugten auch nicht dazu, indem ſie die Anſtrengungen ſcheuten und nur geringe Neigung zum Soldatenſtande zeigten [14]). So vermehrten ſie nur die Anzahl derjenigen, für deren Ernährung Eugen Sorge tragen mußte, bei der Armuth der Kriegskaſſe eine nur ſchwer zu bewältigende Aufgabe.

Der Prinz hatte um ſo mehr Urſache gehabt, ſich gegen eine Schwächung ſeiner Kräfte zu verwahren, als Frankreich in demſelben Augenblicke die größten Anſtrengungen machte, ſein Heer in Italien neuerdings anſehnlich zu verſtärken. Zudem hatte Eugen durch die Unternehmung auf Cremona bei der feindlichen Armee eine Veränderung hervorgerufen, die Niemanden mehr als ihm ſelbſt zum Nachtheil gereichte. Er hatte den Franzoſen ihren Oberfeldherrn geraubt, und was dieſelben Anfangs als Verluſt und Schande angeſehen, zeigte ſich bald als unſchätzbarer Vortheil für ſie. Das Spottlied hatte ganz Recht, welches die Franzoſen damals ſangen, und in dem ſie ſich ſelber glücklich prieſen, daß ſie Cremona behauptet, ihren Feldherrn aber verloren hätten [15]).

Unmittelbar nachdem Ludwig XIV. die Nachricht von der Gefangen-
nehmung des Marschalls Villeroy erhalten hatte, war auch die Wahl des
Nachfolgers schon getroffen. Der Herzog Ludwig von Vendome erhielt den
Oberbefehl über das französische Heer in Italien. Von Freude erfüllt über
diese Auszeichnung, eilte der Herzog an den Ort seiner neuen Bestimmung.
Schon am 18. Februar traf er zu Mailand ein.

Ludwig von Vendome und sein Bruder, der Großprior Philipp,
waren Enkel König Heinrichs IV. von Frankreich durch dessen Geliebte,
die reizende Gabriele d'Estrées. Sie waren Söhne jenes Mercoeur, der
sich während der Fronde zuerst an Mazarin anschloß, und der schönen Laura
Mancini, der ältesten unter Eugens Tanten, somit dessen nächste Vettern.
Der ältere der Brüder, Ludwig, war von mittelmäßiger Größe und edler
Gesichtsbildung, etwas beleibt, aber kräftig und gewandt, mit natürlichem
Anstand in Gang und Haltung. Er besaß viel Verstand und obgleich er
denselben nie durch Erwerbung von Kenntnissen geschärft hatte, doch ein
meist richtiges Urtheil über Menschen und Dinge. Die Natur hatte viel
für ihn, er nichts für sich gethan. Sie hatte ihm die meisten Talente
verliehen, welche den bedeutenden Feldherrn ausmachen. Er war persönlich
tapfer, voll Unternehmungsgeist und Geschick, die Plane seines Gegners
zu ergründen, ausdauernd in widerwärtiger oder gefährlicher Lage. Dabei
war er voll Sorgfalt für das Wohl seiner Soldaten, theilnehmend und
herablassend im Umgange mit denselben, und daher mit Leidenschaft von
ihnen geliebt und verehrt.

Aber diese schönen Eigenschaften wurden durch eben so viele tadelnswerthe verdunkelt, und es war eigenthümlich zu sehen, wie Vendome
bald die eine bald die andere Seite seines Charakters hervorkehrend,
von Zeit zu Zeit als ein ganz anderer Mensch erschien. Oft gab er sich
einer Unthätigkeit und Unvorsichtigkeit hin, die seine sonstigen Feldherrngaben fast werthlos machten. Er konnte dann von einer Trägheit und
Sorglosigkeit sein, die alle Begriffe überstieg. Sein gewinnendes Äußere
verunstaltete er durch eine Vernachläßigung seiner selbst, die ganz unglaublich war. Seine abstoßenden, wahrhaft cynischen Sitten erweckten ihm viele
Gegner. Diese wurden durch die Rauhheit, welche er, für die Soldaten voll
Freundlichkeit und Güte, nicht selten gegen Männer von Rang und Einfluß
zeigte, nur noch erbitterter [16]. Niemand aber wagte es zu bestreiten, daß

der Herzog von Vendome, wenn er sich selbst zu bemeistern suchte, Ausgezeichnetes zu leisten im Stande war, und sein letzter Feldzug in Spanien
hatte davon glänzende Proben gegeben. Da er nun mit wahrem Enthusias-
mus den Oberbefehl in Italien übernahm, so glaubte der König sich von
ihm die besten Erfolge versprechen zu dürfen.

Dieß war der Feldherr, welchen Eugen sich nun plötzlich gegenüber gestellt sah. Er mußte wohl, wen er nun zu bekämpfen hatte und daß
Ludwig von Vendome ein ebenbürtigerer Gegner war als der gefangene
Villeroy. Die beiden Prinzen waren nahe Blutsverwandte, sie hatten sich
von Jugend auf gekannt und oft mag der um neun Jahre jüngere Eugen
mit Neid zugehört haben, wenn der ältere Vetter, der schon seit seinem
zwölften Jahre im französischen Heere diente, seine kriegerischen Erlebnisse
erzählte. Nun hatte er ihm nicht bloß wacker nachgestrebt, er war ihm sogar
vorangeeilt auf der Bahn der Ehre, und die wechselseitige Achtung vor dem
Gegner mag beide Feldherrn angespornt haben, alles anzuwenden, um den
schweren Kampf mit Ehren zu bestehen.

Leider waren die Streitkräfte, welche sie sich entgegen zu stellen hatten,
so sehr verschieden, daß Eugen alle Hülfsmittel seines reichen Geistes und
seines überwiegenden Talentes aufbieten mußte, um dem weit überlegenen
Feinde auch nur einiger Maßen Widerstand leisten zu können. Unablässig
wurde das feindliche Heer verstärkt und schon betrug es, die Spanier und
Piemontesen eingerechnet, achtzigtausend Mann, während Eugen noch immer
nicht über mehr als achtundzwanzigtausend Soldaten zu gebieten hatte [17].
Von diesen mußten noch gegen fünftausend Mann zur Fortsetzung der
Blokade von Mantua und eben so viele zur Bewachung der festen Plätze
verwendet werden, welche sich im Besitze der Kaiserlichen befanden. Das
ungeheure Mißverhältniß war in die Augen springend. Die Verstärkung
des Heeres und dessen bessere Ausrüstung bildeten daher den Gegenstand
fortwährender dringender Bitten und nachdrücklicher Vorstellungen Eugens
am Kaiserhofe.

. Hier aber etwas zu erreichen, war eine schwerere Aufgabe, als mit
wenig Soldaten einen zahlreichen Feind zu schlagen. Der Kaiser selbst hatte
gewiß die edelsten Absichten und den besten Willen, aber er besaß nicht mehr
die erforderliche Kraft und Energie, um in einer Zeit so großer Bedrängniß
die schwerfällige Staatsmaschine in geregeltem Gange zu erhalten. Die

langwierigen Kriege gegen Frankreich und die Pforte, die Aufstände in
Ungarn, und so manche andere Ursachen hatten die Finanzen des Kaisers
in den bedauerlichsten Zustand versetzt. Die Truppen mußten oft Monate
lang auf ihren Sold warten, niemals war ein der feindlichen Armee
gewachsenes Heer vorhanden, nie war es mit den nöthigen Bedürfnissen
zur Kriegführung versehen. Insbesondere war die Lage der kaiserlichen
Feldherrn seit dem verflossenen Jahre um vieles schlechter geworden. Hatten
sie auch früher oft Entbehrungen erdulden und wiederholt und dringend
um Geld und Kriegserfordernisse bitten müssen, so war doch der Präsident
des Hofkriegsrathes, Ernst Rüdiger Starhemberg, zu nachdrücklicher Ver-
tretung ihrer Interessen stets bereit gewesen. Doch diese Stimme war nun
verhallt. Im verflossenen Jahre war Starhemberg gestorben und der
Obersthofmarschall Heinrich Franz Graf Mannsfeld, Fürst zu Fondi,
kaiserlicher Feldmarschall und geheimer Rath, hatte die Stelle eines
Präsidenten des Hofkriegsrathes erhalten.

Dieser Posten galt zwar nicht dem Range, aber der Wesenheit nach
für den ersten am Hofe des Kaisers. Nicht nur die ganze Leitung des
Militärwesens hing von demjenigen ab, der ihn bekleidete, er hatte auch
sonst die erste Stimme in den öffentlichen Angelegenheiten, und so groß war
das Ansehen dieser Stelle auch im Auslande, daß die Pforte, mit welcher
in jenen Zeiten so häufige und wichtige Verhandlungen statt hatten, ihre
Mittheilungen und Anträge immer an den Präsidenten des Hofkriegsrathes
richtete. Denn seine Stellung, so meinte sie, käme derjenigen gleich, welche
bei ihr der Großwesir bekleide.

Es ist leicht begreiflich, daß bei Erledigung eines solchen Postens sich
zahlreiche Bewerber um denselben einfanden. Der gewichtigste unter denjenigen, welche nach Starhembergs Tode auf die von ihm bekleidete Stelle
Anspruch machen konnten, war ohne Zweifel das Haupt der kaiserlichen
Generalität, der Generallieutenant Markgraf Ludwig von Baden gewesen.
Aber in den früher so innigen Beziehungen des Markgrafen zu dem Kaiserhofe war in letzterer Zeit mehrfache Verstimmung eingetreten. Die Haltung, die derselbe als deutscher Reichsfürst gegen den Kaiser in der Angelegenheit wegen Verleihung der neunten Kurwürde an Hannover angenommen hatte, der Ungestüm, mit dem er auf Bezahlung der Rückstände seiner
Bezüge drang, welche jährlich die damals höchst beträchtliche Summe von

achtzigtausend Gulden betrugen [18]), hatten des Kaisers früher so warme
Zuneigung zu Ludwig von Baden nur vermindern können. Die Reklamation
des Markgrafen wegen seiner Bezüge war zwar vor kurzem in gütlichem
Wege geschlichtet und er zur Rückkehr an den Hof und zur Uebernahme
des Oberbefehls im deutschen Reiche bewogen worden. Er hatte jedoch den
Kaiser diese Willfährigkeit theuer genug bezahlen lassen. Die Aufhebung des
Sequesters über Hadeln, die Belehnung mit der Landvogtei Ortenau und
die Zusage einer jährlichen Rente von zweimalhunderttausend Gulden war
der geforderte Preis [19]).

Es scheint, daß in diesen schweren Bedingungen schon eine Art Entschädigung für den Entgang des Postens eines Präsidenten des Hofkriegsrathes liegen sollte. Denn es war am Kaiserhofe immer, und mit Recht,
für bedenklich angesehen worden, in die Hände eines selbstständigen Fürsten
die beiden höchsten Würden im kaiserlichen Kriegswesen, die des Generallieutenants und des Präsidenten der obersten Militärbehörde gelangen zu
lassen. Die gleiche Rücksicht war Ursache gewesen, daß nach Montecuccoli's
Tode Karl von Lothringen zum Generallieutenant, der Markgraf Hermann
von Baden aber zum Chef des Hofkriegsrathes ernannt worden war. Hiezu
kam noch das Andenken an die Präsidentschaft des letzteren, der sein hohes
Amt zur Untergrabung der Stellung des kaiserlichen Generallieutenants
Herzogs von Lothringen mißbraucht hatte. Man war wenig geneigt, den
Neffen an jenen Platz zu stellen, an welchem der Oheim so viel Unheil angerichtet hatte. Wenn aber die Bewerbung des Markgrafen Ludwig hinweg-
fiel, so war es schwer, denjenigen zu finden, der einen so wichtigen Posten
in jeder Beziehung auszufüllen im Stande war. Der tüchtigste dazu, Prinz
Eugen, mochte noch zu jung erscheinen, um ihn zum Vorgesetzten so vieler
weit älterer Feldmarschälle zu ernennen. Auch mag er, von manchen noch
immer als Fremder angesehen, aus diesem Grunde seine Widersacher
gehabt haben. Caprara war vor kurzem gestorben, und so wurde denn
Mannsfeld zum Präsidenten des kaiserlichen Hofkriegsrathes ernannt.

Leider konnte diese Wahl durchaus keine glückliche genannt werden.
Mannsfelds Verdienst bestand darin, daß er ein alter, treuer Diener der
kaiserlichen Familie war, dem Hause Oesterreich überhaupt, der Person des
Kaisers Leopold insbesondere innig ergeben. Mit der Neigung, welche der
Kaiser denjenigen immer zu erhalten gewohnt war, die er schon von Jugend

auf kannte und mit denen er stets in naher Berührung gestanden hatte, war Leopold dem Grafen Mannsfeld zugethan. Für Bekleidung von Hofwürden war derselbe daher auch wie gemacht, das schwere Amt, das ihm nun übertragen wurde, konnte er nicht ausfüllen. Von seinen kriegerischen Dienstleistungen wußte man nichts zu erzählen, er hatte keinen Namen im Heere, kein Ansehen bei den Generalen. Bei der Unentschlossenheit des Kaisers hätte es eines Mannes bedurft, der mit wahrem Feuereifer die Geschäfte betrieben und durch sie seine Thätigkeit in rascheren Gang gebracht hätte. Mannsfeld war alt, gebrechlich, immer voll Aengstlichkeit und Bedenken, selbst zu keinem Entschlusse zu bringen. Um wie viel weniger vermochte er Andere dazu anzutreiben. Er selbst schien seine Unzulänglichkeit zu dem schwierigen Posten, den er übernommen hatte, wohl zu fühlen [20]). Für die Andern war sie ohnedieß schon lange kein Geheimniß mehr.

Jetzt erst sahen die Generale ein, was sie an Rüdiger Starhemberg verloren hatten, mit dem sie, als er noch lebte, nie recht zufrieden gewesen waren. Hatte er gleich nicht immer helfen können, so war doch stets geschehen, was im Bereiche der Möglichkeit lag. Er hatte die Bitten und Begehren der Generale beim Kaiser nachdrücklich unterstützt, ihre Berichte und Anfragen niemals lange unbeantwortet gelassen. Jetzt aber blieb Eugen, wie er selbst bezeugt, Monate lang ohne Weisung, und wenn eine solche wirklich kam, so waren die in seinen Berichten besonders betonten Punkte gar keiner oder nur einer sehr oberflächlichen Besprechung gewürdigt [21]). Es kam so weit, daß Eugen die Ueberzeugung faßte, seine Berichte würden dem Kaiser, der ja während des letzten Türkenfeldzuges auf jede Anfrage so schnell und bestimmt erwiedert hatte, gar nicht mehr vorgelegt. In vertraulichen Schreiben sprach der Prinz ganz unumwunden seine Ansicht aus, daß eine andere Besetzung der Stelle eines Präsidenten des Hofkriegsrathes täglich nothwendiger werde. „Wenn nicht Jemand käme, der das Kriegswesen beim „Hofe mit Eifer behandle, so müßten die Armeen völlig zu Grunde gehen, „und mit dem Ruin derselben der Kaiser sich in Gefahr befinden, nebst der „Ehre seiner Waffen Krone und Scepter, Land und Leute zu ver„lieren [22])."

Da ihm durch den Hofkriegsrath keine Abhülfe seiner Beschwerden wurde, suchte Eugen seine Bitten und Klagen in außerordentlichem Wege vor den Thron zu bringen. Er schrieb an den Pater Bischoff, den Beichtvater des römischen Königs, der ihm als ein wohlbenkender Mann geschildert worden und dessen Einfluß auf den Kaiser sowohl, als auf den König Joseph wohlbekannt war [23]). Solche Mittel mußte Eugen ergreifen um den Monarchen von dem Elende in Kenntniß zu setzen, welches bei dem Heere herrschte. Doch auch dieser Weg erwies sich minder günstig, als Eugen vielleicht gehofft hatte, indem er ihn einschlug. Der fromme Priester wollte sich entweder in Dinge nicht einmischen, die ihn nichts angingen, oder auch er besaß nicht Kraft und Macht genug, um Leben und Thätigkeit in diejenigen zu bringen, welche in Apathie wie versunken zu sein schienen.

Keinen glücklicheren Erfolg hatten die Zuschriften, welche Eugen an die einflußreichsten Beamten der obersten Finanz- und Militärbehörden, an den Hofkammerrath von Palm und den Hofkriegsrath Locher von Lindenheim richtete. Nur wenig wurde erreicht, nur sparsam gingen die so dringend nothwendigen Gelder ein, nur langsam, in unvollständiger Anzahl und unvollkommener Ausrüstung bewegten sich die Regimenter, welche zur Verstärkung des kaiserlichen Heeres in Italien bestimmt waren, dem Kriegsschauplatze zu.

Nachdem die einbringlichsten schriftlichen Vorstellungen ohne Resultat geblieben waren, sandte Eugen einen Mann seines persönlichen Vertrauens, den Feldmarschall-Lieutenant Grafen Johann Pálffy nach Wien. Pálffy war beauftragt die Schwäche des Heeres, den Mangel den es litt, und die Größe der Gefahr, welche eine solche Vernachlässigung nach sich zog, dem Kaiser und den einflußreichsten Personen nachdrücklich vorzustellen, schleunige und durchgreifende Abhülfe zu erwirken. Insbesondere hatte Pálffy Befehl, alles anzuwenden, um den römischen König Joseph, welcher ein lebhafter, thatendurstiger Fürst war und selbst gegen Frankreich in's Feld zu gehen beabsichtigte, zu bewegen, nach Italien zu kommen und dort dem Feldzuge beizuwohnen. Denn Eugen wußte wohl, daß demjenigen Heerlager, in welchem der Sohn des Kaisers und der Erbe seiner Kronen sich befände, die Verstärkungen, die Geldhülfen und alle übrigen Erfordernisse der Kriegsführung vorzugsweise würden zugewendet werden.

Schon als Mitglied einer der wenigen vornehmen Familien Ungarns, welche in den trübsten Zeiten dem Kaiserhause unverbrüchlich treu geblieben waren, stand Pálffy bei dem Kaiser in Gunst, bei dem Hofe in Ansehen. Seine persönlichen Eigenschaften und Verdienste konnten die vortheilhafte

Meinung nur vollständig rechtfertigen, die man zu Wien von ihm hegte. Dennoch ward es Pálffy nicht leicht, beim Kaiser Zutritt zu erlangen. Als ihm dieß mit größter Mühe endlich gelungen war, nahm ihn Leopold I. sehr gnädig auf und ermunterte ihn, sich freimüthig und unumwunden auszusprechen. „Es bleibt bei uns allein," sagte ihm der Kaiser, „und ihr habt „mich nicht zu fürchten." Mit größter Aufmerksamkeit hörte er Pálffy's umfassenden Bericht und versprach alles zu thun, was in seiner Macht liege, um die verlangte Hülfe zu gewähren, „denn die Nothwendigkeit derselben „sehe er vollständig ein."

Mit Recht besorgte jedoch Pálffy, daß es nur bei den Versprechungen bleiben werde. Denn die Kaiserin Eleonore, welche wegen ihres Einflusses auf Gemahl und Söhne ein gewichtiges Wort mitzusprechen hatte, und König Joseph selbst zeigten sich der vorgeschlagenen Reise des letzteren nach Italien durchaus abgeneigt. Joseph wollte gar nicht davon reden hören und er hatte so Unrecht nicht, denn es kann nicht bestritten werden, daß der eigentliche Platz des römischen Königs im deutschen Reiche sich befand. „Da werden denn," fügte Pálffy seinem Berichte hinzu, „die übrigen kai„serlichen Völker wohl auch in das Reich bestimmt sein. Ihre Majestäten „die Kaiserin und der König haben mich gefragt," fährt Pálffy fort, „ob „es denn wahr sei, daß Eure Durchlaucht so grau werden und so übel aus„sehen. Worauf ich ihnen erwiedert, wie es anders sein könne, indem man „Ihnen weder mit Antwort auf Ihre Schreiben, noch mit Geld und ande„ren Nothwendigkeiten zuhalte."

Den Präsidenten Grafen Mannsfeld fand Pálffy so krank aussehend, „daß er kaum wieder zu erkennen sei, und dieß nur aus Kummer über die „üble Nachrede, die er vom Hofe sowohl als dem Volke zu erdulden habe." Auch zu ihm konnte Pálffy nur nach mehrtägigem fruchtlosem Warten gelangen. Graf Mannsfeld verlangte, Eugen solle sich einstweilen vertheidigungsweise verhalten, bis man ihm Verstärkungen zuschicken könne. Freimüthig entgegnete Pálffy dem Präsidenten „wie es denn ihm gefallen würde, wenn er „nach so vielen ruhmvollen und siegreichen Unternehmungen des verflossenen „Jahres sich gezwungen sähe, in der Defensive zu bleiben." Achselzuckend wurde ihm hierauf entgegnet: „Für jetzt läßt es sich nicht anders thun [24]."

Während Pálffys Anwesenheit am Kaiserhofe war Eugen im Lager so schwer erkrankt, daß man einen Augenblick an der Möglichkeit seiner

Wiedergenesung zweifelte [25]). Kaum war diese jedoch eingetreten, so fuhr der Prinz fort, alles in Bewegung zu setzen, um nicht durch Mangel an Truppen und durch Geldnoth zur Unthätigkeit gezwungen zu werden. Alle seine Kräfte mußte er aufbieten, um dem so weit überlegenen Feinde nicht sogleich und überall weichen zu müssen. Daß dieß früher oder später unausbleiblich der Fall sein werde, kündigte Eugen in jedem Berichte seinem Hofe im voraus an. Inzwischen versäumte er nichts, was an ihm lag, die unglücklichen Ereignisse, die er befürchtete, wenigstens zu verzögern. Die Blokade Mantua's wurde fortgesetzt und Eugens Wachsamkeit vereitelte die wiederholten Versuche des Herzogs von Vendome, die am weitesten vorgeschobenen Posten der Kaiserlichen zu überfallen. Die Besatzung der modenesischen Festung Brescello wurde durch siebzehn Compagnien verstärkt. General Graf Solar erhielt das Commando daselbst und den Auftrag, im Falle eines Angriffes sich auf's äußerste zu vertheidigen. Bozzolo wurde als unhaltbarer Punkt geräumt, nachdem zuvor Munition und Proviant in Sicherheit gebracht worden waren. Bei Borgoforte wurde eine Brücke über den Po geschlagen und Eugens Hauptmacht an dem linken Ufer dieses Flusses versammelt.

Nachdem der Herzog von Vendome die zahlreichen Verstärkungen erhalten hatte, die ihm aus Frankreich zugesagt worden waren, begann er die Offensiv-Bewegungen. Er hatte dieselbe Aufgabe zu erfüllen, welche der König von Frankreich schon dem Marschall Villeroy vorgezeichnet und deren sich dieser so schlecht entledigt hatte: die Gebiete von Mailand und Cremona zu schützen und Mantua zu befreien [26]).

Der Entsatz dieser Festung war in König Ludwigs Augen von überwiegender Wichtigkeit. Nach diesem Ziele richtete daher Vendome alle seine Bestrebungen. Nicht früher als am 4. Mai war der Herzog im Stande, sich in Marsch zu setzen. Bei Cremona ging er über den Po, um sich gegen Brescello zu wenden, und Eugen über sein wahres Vorhaben zu täuschen. Allein der Prinz durchschaute seinen Gegner ganz und vier Tage vor dem Aufbruche desselben berichtete er dem Kaiser, daß Vendome's beabsichtigter Uebergang über den Po offenbar nur eine List und sein wahres Vorhaben unbezweifelt sei, über den Fluß zurückzukehren, an den Oglio zu gehen und Mantua zu retten [27]).

Was Eugen buchstäblich vorhergesagt und nicht hindern zu können erklärt hatte, geschah wirklich. Nach verschiedenen fingirten Bewegungen ging Vendome über den Po zurück und wandte sich gegen den Oglio. Ein Zusammentreffen mit dem kaiserlichen Heere vermeidend, zog er diesen Fluß aufwärts und überschritt ihn am 15. und 16. Mai bei Pontevico. Zu schwach, um dieser Unternehmung ein Hinderniß in den Weg zu legen, konnte Eugen nichts thun, als bei Caneto eine gesicherte Stellung nehmen. Er gab dieselbe jedoch bald wieder auf und ging, um der Blokade von Mantua eine festere Haltung zu verleihen, noch weiter gegen diese Stadt zurück.

Die Franzosen waren inzwischen langsam vorgerückt, hatten Ustiano und die anderen von den Kaiserlichen verlassenen Orte besetzt, am 19. Mai aber Caneto genommen. Am folgenden Tage eroberte Eugen in Person die stark verschanzte Redoute, welche die Franzosen an dem einen der vier Thore von Mantua, der Porta Ceresa, angelegt hatten. Vendome aber ging über die Chiese und zwang durch diese Bewegung seinen Gegner, die Blokade Mantua's am linken Ufer des Mincio aufzugeben. So war nun die Verbindung des französischen Heeres mit der Festung wieder er-öffnet, die Gefahr für dieselbe beseitigt und Vendome hatte, ohne Verluste zu erleiden, die Aufgabe gelöst, welche ihm sein König vorgezeichnet hatte.

Eugen blieb nichts als die schmerzliche Genugthuung, daß das endlich eingetroffen war, was er so lange als unausbleiblich vorhergesagt hatte. Aber so bedauerlich diese Ereignisse auch waren, so konnten sie doch nichts dazu beitragen, den Prinzen auch nur im entferntesten zu entmuthigen. Er blieb seiner schon früher ausgesprochenen Ansicht treu, daß wenn er sich vom Po verdrängen lassen würde, er daran denken müßte, Italien ganz zu verlassen[28]. Er bezog daher eine starke Stellung zwischen Curtatone und Montanara, links an den Po, rechts an den Mincio gelehnt und über beide Flüsse sich die Uebergangspunkte sichernd. Ihm gegenüber und nur in der Entfernung eines Kanonenschusses von dem kaiserlichen Heere, durch das sumpfige Terrain des Mincio und der Fossa maestra von demselben getrennt, schlug auch Vendome ein Lager.

Es war kein Zweifel, daß der Feind das kleine kaiserliche Heer aus seiner Stellung und vom Po überhaupt zu verdrängen suchte. Eugen aber

klammerte sich nur mit um so größerer Hartnäckigkeit daselbst an und durch
nichts war er aus seiner günstigen Position zu bringen. Wie im vorigen
Jahre bei Chiari, so war auch jetzt wieder seine Defensivstellung unvergleichlich. Um aber doch auch handelnd gegen den Feind aufzutreten, und
da er zum offenen Angriffe zu schwach war, nahm Eugen zur List seine
Zuflucht, dem Gegner Schaden und Verlegenheit zu bereiten.

Das bisherige Auftreten des Herzogs von Vendome hatte ganz die
hohe Meinung gerechtfertigt, welche der Prinz von dessen Feldherrntalenten
hegte. Vendome allein hatte den Anstoß zu der energischen Art der Kriegsführung gegeben, welche die Franzosen seit seinem Eintreffen in Italien
befolgten. Wäre es daher möglich gewesen, sich der Person ihres Feldherrn zu bemächtigen, so wären die Franzosen ohne Zweifel in die größte
Verwirrung versetzt worden. Während dieser Unordnung hätte sich vielleicht,
ja höchst wahrscheinlicher Weise die Gelegenheit ergeben, ihnen eine bedeutende Schlappe anzuhängen. Durch den Ueberfall auf Cremona hatte
Eugen gezeigt, wie gern er auf kühne, von Niemanden vorausgesehene
Unternehmungen einging. Das Gleiche war nun wieder der Fall, als ihm
ein piemontesischer Parteigänger den Vorschlag machte, den Herzog von
Vendome nächtlicher Weile in seinem Hauptquartiere aufzuheben und
gefangen in das kaiserliche Heerlager zu bringen.

Zu Rivalta war es, wo der Herzog von Vendome sein Hauptquartier
aufgeschlagen hatte. Er bewohnte ein einzeln stehendes Haus am Ende
der Ortschaft, ganz nahe an dem oberen See von Mantua gelegen. Es
schien nicht unausführbar, sich zu Wasser dem Hause zu nähern, dasselbe
zu überfallen, den Herzog gefangen zu nehmen und ihn über den See nach
Eugens Lager zu schaffen.

Der kaiserliche Generaladjutant Marchese Davia wurde mit der
Vollziehung des Unternehmens beauftragt. In der Nacht vom 10. auf
den 11. Juni schiffte er sich mit zweihundert Mann auf zwölf Fahrzeugen
ein. Unbemerkt gelangten sie über den See und bewerkstelligten die Landung. Nur mit wenigen Soldaten stieg Davia an's Land und bedeutete
der anrufenden Schildwache, daß er kranke Franzosen aus Mantua bringe.
Unter diesem Vorwande näherte er sich der Wache, und wollte sie nieder-
machen, ohne Lärmen zu verursachen. So wäre die größte Schwierigkeit
schon überwunden gewesen und man hätte sich nur nach dem nahe gelegenen

Hause des Herzogs zu schleichen und denselben mit fortzuführen gebraucht. Aber einer aus Davia's Begleitung gab Feuer auf jene Schildwache und tödtete sie. Durch den Schuß wurden die in den Schiffen zurückgebliebenen Soldaten in solchen Allarm gebracht, daß sie gleichfalls ihre Gewehre abschossen. Nun entstand Lärm in dem feindlichen Lager und Davia konnte nichts thun, als den so wohl angelegten und fast schon geglückten Anschlag aufgeben und zu Schiff nach dem kaiserlichen Lager zurückkehren.

Eugen aber war hoch entrüstet über das Mißlingen eines Unternehmens, auf das er so große Hoffnungen gebaut hatte. Er ließ alle Offiziere und Soldaten, welche dabei betheiligt gewesen waren, in Haft setzen, und beabsichtigte ihr Benehmen mit Genauigkeit prüfen und die Schuldigen, um ein Exempel zu statuiren, mit Strenge bestrafen zu lassen [29]).

Dieser mißglückte Versuch Eugens weckte in Vendome die Lust, Rache zu nehmen für das Wagniß, ihn gefangen hinweg führen zu wollen. Am 15. Juni ließ er eine große Anzahl Geschütze in einer Entfernung von sechshundert Schritten von Curtatone aufführen, wo Eugens Hauptquartier war. Den ganzen Tag hindurch beschoß er diese Ortschaft und zwang Eugen wirklich sein Hauptquartier nach Montanara zu verlegen. „Sonst aber weiß „ich wirklich nicht zu ergründen," schrieb Eugen dem Kaiser, „was der Feind „im Sinne führe. Sollte er mich jedoch in meinem jetzigen Posten angreifen „wollen, so stehe ich dazu in guter Bereitschaft" [30]).

Der französische Feldherr hütete sich jedoch wohl dieß zu thun, und die Erfahrungen, welche Villeroy bei Chiari gemacht hatte, waren für Vendome nicht verloren gegangen. Er scheute einen offenen Angriff auf das kaiserliche Lager, ließ dasselbe jedoch von Mantua aus so viel als möglich beunruhigen. Um dem vorzubeugen, faßte Eugen auch bei der Porta Prabella festen Fuß und befahl dort drei Redouten aufzuwerfen und einen Graben zu ziehen. Die Feinde suchten diese neuen Werke durch ein heftiges Geschützfeuer und einen Ausfall zu zerstören, welchen sie am 27. Juni, eine Stunde nach Mitternacht unternahmen. Der Ausfall wurde jedoch zurückgeschlagen und der Bau der Redouten vollführt.

Während Eugen mit unerschütterlicher Ausdauer den doppelten Kampf mit dem äußeren Feinde und mit dem auf's höchste gestiegenen Mangel bei seinem eigenen Heere durchstritt, erhielten die kriegerischen Unternehmungen der Feinde durch die Ankunft des jungen Königs Philipp einen neuen Impuls.

Um auch in den zu Spanien gehörigen italienischen Ländern sich huldigen zu lassen, war Philipp zur See nach Neapel gegangen. Von hier aus besuchte er die spanischen Festungen an der Küste von Toskana, und begab sich über Finale nach Mailand und Cremona, wo der Herzog von Parma und Vendome ihn mit den größten Ehrenbezeugungen empfingen.

Der französische Feldherr hielt diesen Augenblick für den geeignetsten zur Ausführung eines lange erwogenen Planes, durch welchen er das kaiserliche Heer in Italien völlig zu vernichten hoffte. Während er ein starkes Corps in der früheren Stellung bei Rivalta ließ, beabsichtigte er durch drohende Bewegungen gegen Guastalla und Brescello Eugen über den Po zu locken, ihm dann die Rückkehr in sein voriges Lager zu verwehren, ihn von allen Seiten zu umschließen und endlich durch Aushungerung zu bezwingen.

In zwei Armeen getheilt, begann das Heer der Verbündeten von Cremona aus seine Operationen. Mit Spannung verfolgte Eugen die Bewegungen des Feindes. Er war auf alles gefaßt, sowohl in seiner gegenwärtigen Position zu verbleiben, als wenn es nöthig werden sollte, seine Stellung zu verändern. Zu diesem Ende hatte er bei Borgoforte ein verschanztes Lager abstecken lassen. Den Generalfeldwachtmeister Marquis Visconti aber entsandte er mit drei Cavallerie-Regimentern, die zusammen ungefähr fünfzehnhundert Mann zählten, an die Enza, um den anrückenden Feind zu beobachten und das Gebiet von Modena möglichst zu decken. Höchste Vorsicht und Wachsamkeit war dem Marquis Visconti zur strengen Pflicht gemacht worden.

Als Visconti vor dem Feinde bis an den Croftolo zurückgewichen war, erneuerte Eugen dem Feldzeugmeister Grafen Auersperg, welcher nun das Obercommando daselbst übernommen hatte, den Befehl besonderer Behutsamkeit, indem die Aufstellung der Reiterei bei Santa Vittoria durchaus nicht sicher, sondern ziemlich gefährlich zu sein scheine [31]).

Die Generale Auersperg und Visconti aber betrieben trotz der geschärften Befehle des Prinzen ihren Dienst mit nicht zu entschuldigender Nachlässigkeit. Keine Wachen waren ausgestellt, keine Vorsichtsmaßregeln ergriffen. Vendome war nur zu gut hievon unterrichtet und er beschloß einen Ueberfall auf die drei Regimenter auszuführen, welche zwischen dem Croftolo und dem Taffone gelagert waren. Seine Absicht gelang vollkommen.

Die französischen Truppen gingen in einer Furt durch den Croftolo, deffen Ufer sie unbewacht fanden, und warfen sich plötzlich auf die kaiserliche Cavallerie. Der Ueberfall geschah so ungeahnt, daß die Reiter kaum mehr Zeit hatten, ihre Pferde zu besteigen. Dieser Umstand und vielleicht mehr noch die Unregelmäßigkeit ihrer Aufstellung war ihnen verderblich. Zu weit vom Croftolo entfernt, um dem Feinde den Uebergang über denselben zu wehren, hatten sie unmittelbar im Rücken den Taffone und liefen Gefahr in denselben gestürzt zu werden. Nun aber that, wie Eugen selbst bezeugt, Visconti alles was ein tapferer General nur vermag, um seinen Fehler wieder gut zu machen. Von seinen Offizieren wacker unterstützt, sammelte er die Soldaten, die statt bestürzt zu sein, sich voll Muth und Kampflust zeigten. Visconti warf sich mit ihnen dem Feinde entgegen, drängte denselben zu wiederholten Malen zurück und nahm ihm sogar einige Standarten ab. Als aber das französische Fußvolk nachrückte und ein mörderisches Feuer gegen die kaiserliche Reiterei richtete, da vermochte diese nicht länger Stand zu halten. Sie wandte sich zur Flucht. Viele suchten den Taffone zu durchschwimmen und fanden in den Wellen oder an dem mit Sümpfen bedeckten Ufer den Tod. Eine große Anzahl Soldaten aber verdankte ihre Rettung dem Dragoner-Regimente Herbeville, welches auf die erste Nachricht von dem Ueberfalle mit verhängtem Zügel herbeieilte, die Feinde zurückdrängte und eine Verfolgung der Flüchtigen verhinderte.

Um eilf Uhr Abends erhielt Eugen Kunde von dem unglücklichen Ereignisse. Er setzte sich sogleich zu Pferde und kam noch eine halbe Stunde vor Tagesanbruch am Croftolo an, wo er die nöthigen Vorkehrungen traf, um weiteren Fortschritten der Feinde nach Thunlichkeit vorzubeugen. Einen wohlthuenden Gegensatz bildet Eugens Bericht voll schlichter Aufrichtigkeit zu den prahlerischen Angaben, mit denen der Herzog von Vendome seinen unbestreitbaren Erfolg noch auszuschmücken sich bestrebte[32]. Mit seiner gewohnten Wahrheitsliebe bekennt der Prinz, daß die drei Regimenter vollständig geschlagen, viele Offiziere aber getödtet, verwundet oder gefangen worden seien. Der sonstige Verlust wird auf vierhundert Soldaten, also fast ein Drittheil der Mannschaft angegeben, welche an dem Gefechte Antheil nahm. Noch überdieß waren verschiedene Standarten, die Zelte, der größte Theil des Gepäckes, und zwar in der Art verloren, daß den meisten Offizieren und Soldaten nichts mehr übrig blieb, als was sie am Leibe

12 *

trugen, und viele sich nach mehreren Tagen ganz ohne Montur und Waffen, ja einige sogar im bloßen Hembe wieder bei ihren Fahnen einfanden [33]).

Eugen wies den Kaiser darauf hin, daß nunmehr ein Theil der Unglücksfälle eingetreten sei, welche er schon so lang vorhergesagt habe. Bei der ungeheuren Uebermacht des Feindes dürfe er nicht wagen, es zu erwarten, daß ihn derselbe, seiner Absicht gemäß, mit allen drei Armeecorps, dem bei Rivalta zurückgelassenen und denjenigen, welche sich an beiden Ufern des Po heranbewegten, zu gleicher Zeit angreife. Es erübrige ihm nichts, als die Blokade von Mantua aufzuheben, fünf bis sechstausend Mann in dem festen Lager bei Borgoforte zurückzulassen, alle übrigen Truppen aber an sich zu ziehen und mit ihnen gerade auf den Feind loszugehen. Denn der Umstand, daß derselbe seine Macht zertheilt habe, müsse benützt werden, und so könne es doch noch möglich sein, dem Gegner trotz seiner großen Ueberlegenheit eine empfindliche Schlappe beizubringen [34]). Fest entschlossen, dem Feinde in offener Feldschlacht zu begegnen, erließ der Prinz seine berühmt gewordenen Verhaltungsregeln für den Tag der Schlacht [35]).

Man sieht, daß Eugen dem kühnen aber richtigen Grundsatze huldigte, sich als den Schwächeren nicht angreifen zu lassen, sondern dem Feinde unerschrocken zu Leibe zu gehen. Durch seinen bewundernswerthen Entschluß durchkreuzte er die Absichten des Herzogs von Vendome, der sich überzeugt hielt, daß es ihm gelingen werde, den Prinzen von drei Seiten einzuschließen und ihm jeden Ausweg ganz zu versperren [36]).

Am 1. August hatte Eugen den Uebergang seiner sämmtlichen Streitkräfte auf das rechte Ufer des Po völlig bewerkstelligt. Zu Sailetto schlug er das Hauptquartier auf. All seine Aufmerksamkeit war auf die Bewegungen des Herzogs von Vendome gerichtet, der mit einer sichtlichen Abneigung, mit den Kaiserlichen handgemein zu werden, im Modenesischen vorrückte. Eine Schlacht lag auch, so lange er von den beiden übrigen französischen Heeresabtheilungen getrennt war, weder in Vendome's Plane noch in seinem Interesse. Die Feigheit der modenesischen Besatzungen erleichterte ja auch ohne besondere Anstrengung seine Fortschritte. Reggio ergab sich, ohne Widerstand zu versuchen. Sogar die prachtvolle Citadelle von Modena öffnete ihre Thore und nahm französische Truppen ein.

Es schien in Vendome's Absicht zu liegen, eine günstige Stellung zwischen Luzzara und Guastalla zu gewinnen, um nach Belieben den einen oder ben anderen biefer feften Plätze, in welchen kaiferliche Befatzungen lagen, angreifen zu können. Eugen mußte trachten, bieß zu verhinbern unb bei biefem Anlaffe vielleicht bie fchon lang gefuchte Gelegenheit zur Schlacht zu finben. Als er baher vernahm, baß Venbome in ber Nacht vom 14. auf ben 15. Auguft vor Luzzara gerückt fei unb bafelbft am Morgen biefes Tages ein Lager bezogen habe, brach Eugen auf unb führte fein Heer, in zwei Colonnen getheilt, gegen ben Feinb.

Venbome hatte inzwifchen bie kleine Befatzung von Luzzara zur Uebergabe aufgeforbert. Mit Flintenfchüffen wurbe ihm geantwortet. Da fie jeboch in bem nur wenig befeftigten Orte fich nicht halten konnte, zog bie Befatzung fich in ben Thurm zurück, wo fie von einem feinblichen Corps eingefchloffen wurbe. Venbome felbft, von Eugens Bewegungen unterrichtet, zweifelte nicht, baß er noch benfelben Tag angegriffen werben würbe. Er formirte fein Heer in Schlachtorbnung. Den rechten Flügel lehnte er an einige wohlbefetzte Gebäube, ben linken an ben Po. Die feine Auffftellung burchziehenben Dämme unb Gräben hatte er burch ftarke Verhaue gefchützt.

Gegen brei Uhr Nachmittags traf Eugen mit ber erften Colonne feiner Truppen in ber Entfernung einer halben Stunbe von Luzzara ein. Die zweite Colonne aber war noch weit zurück. Man mußte baher anhalten. Die Truppen wurben hinter Gebüfchen unb Dämmen möglichft verborgen, währenb Eugen in Begleitung ber Generalität bie Stellung ber Franzofen recognoscirte [37]).

Erft gegen halb fünf Uhr traf bie zweite Colonne bes kaiferlichen Heeres an bem Orte ihrer Beftimmung ein. Unverweilt orbnete Eugen feine Truppen bergeftalt zur Schlacht, baß er aus bem erften Treffen ben rechten, aus bem zweiten aber ben linken Flügel bilbete. Es war fünf Uhr Nachmittags, als zwei Kanonenfchüffe bas Zeichen zum Angriffe gaben. Mit bem größten Ungeftüm warf fich ber von bem Prinzen Commerch geführte rechte Flügel bes kaiferlichen Heeres auf ben Feinb. Von bem Damme herab, hinter bem fie aufgeftellt gewefen waren, ftürzten fich bie Solbaten gegen bas franzöfifche Lager. Mit einem Hagel von Gefchoffen aller Art wurben fie empfangen. Der Prinz von Commerch, hoch zu Roß unb allen Blicken ausgefetzt auf bem Damme haltenb, fiel, von zwei Kugeln zum Tobe getroffen. Der Sturz ihres fürftlichen Führers brachte bie kaiferlichen Truppen für einige Augenblicke zum Weichen. Aber rafchen Blickes hatte Eugen bie

Gefahr erkannt. Die kaiserlichen Regimenter Bagni und Herberstein und das dänische Fußvolk wurden zum Angriffe beordert. Dreimal drangen sie vor, dreimal wurden sie von den Irländern, welche im französischen Heere dienten, wieder zurückgeworfen. Da sprengte Eugen selbst herbei, den vierten Angriff in Person zu leiten. Mit jener kühnen Todesverachtung, welche seine Truppen schon so oft bewundert hatten, stellte er sich an ihre Spitze. Fest geschlossen drangen die Bataillone neuerdings vor. In unwiderstehlichem Anlauf warfen sie die Feinde vor sich nieder, erstiegen die Dämme, behaupteten sich auf denselben und trieben die Gegner bis in ihr Lager zurück.

Während dieß auf dem rechten Flügel vorging, tobte mit noch größerer Erbitterung der Kampf auf dem linken Flügel des kaiserlichen Heeres, welchen Guido Starhemberg befehligte. Ihm stand der rechte Flügel des Feindes entgegen, wo König Philipp und Vendome selbst, wo die Kerntruppen der französischen Armee sich befanden. Kaum hatte Starhemberg das Vorrücken des Prinzen Commerch gewahrt, als er seine Infanterie gleichfalls zum Angriffe führte. Nichts vermochte seinem Ungestüm zu widerstehen. Er trieb die Feinde vor sich her, und es war nahe daran, daß der übereilte Rückzug der Franzosen sich in schleunige Flucht verwandelt hätte. Vendome aber benützte geschickt einen Augenblick, in welchem das Vordringen der kaiserlichen Truppen durch die Unebenheiten des Terrains in's Stocken gerathen war. Auf die Liebe bauend, mit welcher seine Soldaten an ihm hingen, begab er sich selbst in die höchste Gefahr, um die Seinigen dadurch zu größerer Anstrengung zu ermuntern. Er ordnete ihre Reihen, verstärkte sie durch die Reserve und warf sich mit solchem Nachdrucke auf seinen Gegner, daß er wirklich dessen Vordertreffen durchbrach. Aber ein entschlossener Reiterangriff des Prinzen Vaudemont stellte das Uebergewicht der Kaiserlichen wieder her. Starhemberg ging zum zweiten Male zur Offensive über, warf die Feinde neuerdings zurück und nahm ihnen mehrere Feldzeichen ab.

Die erneuerten Versuche Vendome's, Terrain zu gewinnen, scheiterten an Starhembergs unerschütterlicher Festigkeit und dem wohlgezielten Feuer der kaiserlichen Artillerie, welche der Feldzeugmeister Börner mit der gewohnten Umsicht befehligte. Die Franzosen zogen sich bis an ihr Lager zurück. Schon schickte sich das kaiserliche Fußvolk zu dessen Erstürmung an, aber durch den Untergang der Sonne, durch den dichten Nebel, welcher sich auf die blutgetränkte Wahlstatt niedersenkte, und durch die Finsterniß, die bald die Gefilde bedeckte, wurde ein weiteres Vordringen unmöglich gemacht. Die kaiserlichen Truppen blieben im ungestörten Besitze des Schlachtfeldes. Eugen ließ schnell einige Verschanzungen aufwerfen, die Wachfeuer anzünden und er selbst brachte die Nacht hinter einem Gebüsche auf der bloßen Erde liegend zu.

Nach der althergebrachten Regel, daß, wer im Besitze des Schlacht-feldes bleibe, sich auch den Sieg zuschreiben dürfe, ist kein Zweifel, daß die Ehre des Tages von Luzzara dem Prinzen Eugen zuzusprechen sei. Sie gebührt ihm um so mehr, wenn man bedenkt, daß ihm die feindliche Armee um nahezu ein Drittheil überlegen, daß sie in vortheilhafter Stellung und mit allen Kriegsbedürfnissen in eben dem Maße versehen war, als Eugen daran Mangel litt.

Der Entschluß des Prinzen, unter so mißlichen Umständen den Feind dennoch anzugreifen, verdient nicht geringere Bewunderung als sein ruhm-würdiges Benehmen während der Schlacht. Der Tag von Luzzara trug aber auch dazu bei, Eugens Namen mit neuer Glorie zu umgeben und wenn gleich die Franzosen mit ruhmrednerischen Berichten die Welt über-schwemmten, so mußte doch Jedermann, woran man sei und wem die Palme des Sieges gebühre. Sogar die parteiischsten feindlichen Schriftsteller sahen sich genöthigt, der Handlungsweise des Prinzen volle Anerkennung zu zollen [38]).

Mit der Bescheidenheit, welche Eugen bei jeder Gelegenheit zeigte, schrieb er den Sieg nicht sich, sondern nach Gottes Hülfe der wahrhaft unvergleichlichen Tapferkeit zu, welche die kaiserlichen Generale, Offiziere und Soldaten in glänzendster Weise an den Tag gelegt hatten. Vor allen jedoch rühmt er die Führer des rechten Flügels, den Feldzeugmeister Guido Starhemberg und den General der Cavallerie Prinzen Vaudemont, welche gethan haben, „was immer ein General an Bravour, Vernunft und Vor-„sicht nur zeigen kann.“ Des Feldmarschall-Lieutenants Fürsten Philipp Liechtenstein, der sich erst, nachdem er fünf schwere Wunden empfangen, vom Schlachtfelde hatte wegbringen lassen, und des Leiters der Artillerie, Feldzeugmeister Börner, geschieht ehrenvolle Erwähnung. Am tiefsten aber bedauert Eugen den Tod des Prinzen Commerch, „an welchem der Kaiser

„einen seiner wackersten Generale verloren habe, der außer seiner allbekann=
„ten Tapferkeit noch mit vielen anderen schönen Gaben geschmückt ge=
„wesen sei [39].“

Am Morgen des 16. August sah Eugen, daß der Feind sich noch etwas
zurückgezogen und begonnen habe, seine Fronte ansehnlich zu verschanzen.
Durch ein starkes Geschützfeuer suchte der Prinz zwar diese Arbeiten zu
stören, aber zu hindern vermochte er ihre Ausführung in keiner Weise.
Denn seine Minderzahl ließ jeden erneuerten Angriff auf den Feind, der
sich durch Zuzüge von seinen beiden anderen Heeresabtheilungen unablässig
verstärkte, als gar zu bedenklich erscheinen. Eben so wenig vermochte der
Prinz es zu ändern, daß sich das rings umschlossene kleine Häuflein kaiser=
licher Soldaten in Luzzara nach breitägiger tapferer Gegenwehr ergeben
mußte. Eugen konnte nichts thun als Vendome's Beispiele folgen, seine
Stellung immer mehr befestigen und die ferneren Schritte des Feindes
abwarten.

Die Tage, welche auf die Schlacht von Luzzara folgten, wurden von
den beiden Gegnern mit wechselseitigen heftigen Kanonaden zugebracht. In
dem kaiserlichen wie in dem französischen Lager wurde dadurch nicht
unbeträchtlicher Schaden verursacht. Empfindlicher noch war für Eugen die
Wegnahme von Guastalla, welches sich nach zehntägiger tapferer Verthei=
digung gegen die Bedingung freien Abzuges ergab. Hiedurch wurde Brescello
isolirt und die Vermuthung rege, daß es nunmehr auf diesen Platz abge=
sehen sei. Eugen warf Verstärkungen in die Festung und trug dem daselbst
befehligenden Oberstlieutenant Freiherrn de Went auf, sich bis aufs
äußerste, bis auf den letzten Mann zu vertheidigen [40].

Die Unternehmung gegen Guastalla war jedoch die letzte gewesen,
deren Durchführung Vendome sich angelegen sein ließ. Hatte er bisher in
vollem Maße all die glänzenden Eigenschaften entwickelt, welche sein
hervorragendes Feldherrntalent ausmachten, so zeigte sich von nun an die
Kehrseite seines Charakters. Unthätig ließ er die beste Zeit zu kriegerischen
Unternehmungen vorübergehen. Nicht den geringsten Nutzen zog er aus
der großen Ueberzahl an Streitkräften, die ihm zu Gebote standen, und
es schien schon etwas Bedeutendes, wenn er hie und da durch einige
Kanonenschüsse dem Gegner einen leicht zu verschmerzenden Verlust bei=
brachte.

Die Schwäche dieses Gegners, der Mangel und die Noth, mit welchen
Eugen im wahren Sinne des Wortes zu kämpfen hatte, waren die mächtigsten Verbündeten des Herzogs von Vendome. Sie fesselten Eugen gleichfalls in seinem Lager, sie hemmten seinen kühnen Unternehmungsgeist und
durchkreuzten alle seine Entwürfe. Unter den Soldaten rissen Krankheiten
ein, durch den Aufenthalt in der Nähe der ungesunden Posümpfe verursacht.
Die Pferde wurden durch eine heftige Seuche in Menge dahingerafft.
Seit Monaten schon waren Offiziere und Soldaten völlig unbezahlt geblieben. Das bei den Truppen herrschende Elend verursachte ein solches Ueber-
handnehmen der Desertion, daß bei Eugens eigenem Regimente oft zehn,
einmal sogar mehr als zwanzig Mann zugleich der Fahne entliefen. Noch
mehr riß sie bei den dänischen Hülfstruppen ein, bei welchen zu wiederholten
Malen Scharen von vierzig bis fünfzig Mann sammt Pferden und Waffen
desertirten. Der Mangel an Geld, an Unterhalt und Kleidung für die
Truppen, an Fourage, an Munition, kurz der Mangel an allem war, nach
Eugens eigenen Worten „weit größer, als er ihn zu schildern, und als
„Jemand der ihn nicht mit ansähe, zu glauben vermöchte⁴¹).

Dennoch suchte der Prinz, da es im offenen Kampfe nicht möglich
war, theils durch List, theils durch kühn erdachte und mit Verwegenheit
ausgeführte Streifzüge dem Feinde Schaden zuzufügen. Ein Anschlag gegen
Mantua mißlang zwar durch die doppelte Verrätherei eines erkauften
französischen Soldaten, ein glückliches Resultat aber hatte der Streifzug,
welchen die Reiterobersten Ebergényi, Paul Deak und Marchese Davia
mit zweihundert Husaren und dreißig deutschen Reitern ausführten. Sie
eilten durch das Gebiet von Parma und Piacenza an den Po, bemächtigten
sich der fliegenden Brücke über den Fluß und überschritten denselben, nachdem sie zuvor einige reich befrachtete Handelsschiffe und verschiedene mit
Lebensmitteln beladene Fahrzeuge weggenommen hatten. In Pavia erzwangen sie unter dem Vorgeben, die ganze kaiserliche Armee folge ihnen auf
dem Fuße, eine bedeutende Contribution. Dann brandschatzten sie die reiche
Certosa, eilten nach Mailand, schlugen die Thorwache in die Flucht
und zogen unter dem Rufe: „Es lebe der Kaiser!" in bester Ordnung in
diese Hauptstadt ein. Mit Jubel wurden sie von der Bevölkerung empfangen, welche bei dieser Gelegenheit ihrer Anhänglichkeit an das Haus Oesterreich in den lautesten Freudenbezeigungen Luft machte und die kaiserlichen

Reiter gar nicht mehr fortlaffen wollte [42]). Die fpanifchen Behörden aber und die Anhänger König Philipps waren von Beftürzung ergriffen und rüfteten fich zur Flucht.

Der Aufenthalt der kleinen Reiterabtheilung in Mailand konnte jedoch nach der Natur der Sache nur kurz fein. Mit einigen auf der Hauptwache vorgefundenen Waffen und den Schlüffeln des Stadtthores, durch welches fie gekommen war, entfernte fie fich wieder. Über die Adda, den Oglio und den Mincio kehrte fie nach Oftiglia zurück, wo fie ohne einen einzigen Sol- daten verloren zu haben, nach vierzehntägiger Abwefenheit am 3. Oktober wieder eintraf. Diefer Zug, welcher einen fo großen Theil des vom Feinde befezten Gebietes durchmaß, ohne irgendwo auf Widerftand von Seite der Bevölkerung zu ftoßen, war das fprechendfte Zeugniß der günftigen Gefin- nung derfelben für das Kaiferhaus.

Am 2. October war König Philipp, der ereignißlofen Kriegführung müde, von Luzzara aufgebrochen und über Mailand nach Spanien zurückge- kehrt. Gegen das Ende deffelben Monates begann auch Vendome allmälige Vorbereitungen zum Abzuge feines Heeres zu treffen. Er fandte die Kranken und das Gepäck nach Cremona und zerftörte den Schloßthurm von Luzzara durch Minen. Am Morgen des 5. November verließ er mit feinem Heere das Lager, in welchem er durch nahezu drei Monate bewegungslos ftillge- ftanden hatte. Der nachfezende Generalfeldwachtmeifter Marquis Vaubonne jagte ihm einige Beute ab. Eugen aber berichtete voll Freude am folgenden Tage dem Kaifer, daß ihm fein Vorhaben gelungen fei und er den Feind „ausgebauert habe [43]).“

Mit gefpannter Aufmerkfamkeit beobachtete der Prinz die Bewegun- gen feines Gegners, und errieth fie mit feinem gewöhnlichen Scharffinne. Vendome hatte vollkommen eingefehen, daß der Mangel, an welchem Eugen litt, deffen größter Feind gewefen fei. Aber der kaiferliche Feldherr befaß, wie die Franzofen felbft geftanden, eine Armee, welche das fchwerfte Unge- mach zu ertragen vermochte [44]). Daffelbe auf's äußerfte zu fteigern, beabfich- tigte nun der franzöfifche Feldherr den ganzen Landftrich am linken Ufer der Secchia zu verheeren, in welchem Eugen feine Winterquartiere zu nehmen angewiefen war. Durch einen rafchen Marfch mußte der Prinz die Durch- führung diefes Vorhabens zu vereiteln. Vendome gab feinen Plan auf, entfchädigte fich aber durch einen Angriff auf Borgoforte, welchen Ort der

Oberstlieutenant vom Regimente Lothringen, Marquis Malvezzi, feigherziger Weise ohne Widerstand übergab [45]).

Die Einnahme von Governolo war die letzte Waffenthat der Franzosen in diesem Feldzuge. Längs der Abba und im Gebiete von Cremona bezogen sie, ohne die vor kurzem begonnene Blokade von Brescello aufzugeben, nach und nach die Winterquartiere. Die Kaiserlichen thaten längs der Secchia und dem Tartaro desgleichen. Eugen selbst aber hatte schon während des ganzen Feldzuges seinen festen Entschluß angekündigt, sobald es die Umstände erlauben würden, in Person nach Wien zu gehen, um dem Kaiser mündlich die furchtbare Nothlage, die nicht zu entschuldigende Vernachlässigung des Heeres darzustellen und auf durchgreifende Abhülfe zu bringen [46]). Würde man diese nicht gewähren, oder ihm gar die Erlaubniß zur Reise nach Wien versagen, so werde er keinen Augenblick anstehen, eher ganz aus dem kaiserlichen Dienste zu scheiden, als je wieder den Oberbefehl über so völlig verwahrloste Truppen, die nicht mehr den Namen eines Heeres, sondern nur den eines schwachen Armeecorps verdienen, zu übernehmen [47]).

Nach längerem Zögern war dem Prinzen endlich der wiederholt und dringend erbetene Urlaub ertheilt worden. Er legte das Commando in die Hände des Feldzeugmeisters Grafen Guido Starhemberg. Ueber Venedig und Triest eilte er nach Wien, um zu erproben, ob es seinen Vorstellungen gelingen werde, dort Eingang zu finden und das Resultat zu erzielen, von welchem nach Eugens Ansicht die ganze Zukunft der Herrschaft des Hauses Oesterreich in Italien abhing.

Neuntes Capitel.

Es war hohe Zeit, daß Eugen nach Wien zurückkehrte, wo er seit nahezu zwei Jahren nicht mehr gewesen war. Wie er es schon in Italien nur zu deutlich gefühlt hatte, so fand er nun in der That, daß sich in diesem Zeitraume die Lage der Dinge am Hofe über alle Begriffe verschlechtert hatte. Eine unglaubliche Stockung war in alle Zweige der öffentlichen Verwaltung gedrungen. Es schien als ob durch die großartigen Entschlüsse, welche der Kaiserhof im Anfange des Successionskrieges gefaßt hatte, alle Thatkraft und Energie aufgezehrt worden wären. Die hierauf eingetretene Lethargie machte sich nur um so schmerzlicher fühlbar. In den Kanzleien herrschte fort und fort eine angestrengte Thätigkeit, Berichte, Gutachten, Anträge wurden in Menge verfertigt, Berathungen über Berathungen gehalten. Der Entschluß aber fehlte gänzlich und wenn ein solcher auch einmal in irgend einer Sache gefaßt wurde, so erlahmte die beste Absicht doch noch in der Ausführung.

Der Geldmangel war so groß, daß er eine wahre Armuth, eine Nothlage genannt werden mußte. Die Auslagen blieben unbezahlt, Niemand gab mehr Credit und es kam so weit, daß keine Kuriere mehr geschickt werden konnten, weil die Finanzen das Reisegeld für dieselben nicht aufzubringen vermochten. Der gänzliche Abgang an Staatsmitteln wirkte auf alle anderen Zweige der öffentlichen Verwaltung in empfindlichster Weise zurück. Am grellsten aber trat er in den militärischen Angelegenheiten hervor, welche eben damals, wo das Feuer des Krieges an so vielen Punkten ausgebrochen war, vor allen übrigen weitaus als die wichtigsten erschienen.

Es kann nicht geläugnet werden, daß nur ein Theil dieser Uebelstände dem Verschulden der Personen, welche darauf Einfluß zu nehmen hatten, ein anderer jedoch Umständen zuzuschreiben war, die von Grund aus zu ändern nur mit den höchsten Schwierigkeiten verbunden gewesen wäre. Die einzelnen Provinzen, aus welchen das weitläufige Ländergebiet des Kaisers zusammengesetzt war, hatten während der vergangenen langwierigen Kriege

entweder selbst zum Schauplatze des Kampfes gedient und waren daher ver=
heert, unangebaut, nur geringen Ertrages fähig, oder sie hatten wenigstens
die Lasten des Krieges getragen, viele Tausende ihrer kräftigsten Bewohner
in die Reihen des Heeres gestellt, ungeheure Summen für deren Bedürfnisse
aufgebracht. Jeglicher Handelsverkehr zwischen den Provinzen selbst und
mit dem Auslande lag darnieder. Den Producten, welche jedes der Länder
hervorbrachte, ihrer ohnedieß nur geringen Industrie fehlte der Absatz, mit
ihm aber der Aufschwung und das Erträgniß. Daher waren die Einkünfte
des Kaisers im Vergleiche zur Ausdehnung seiner Länder nicht eben beträcht=
lich. Man schätzte sie damals auf ungefähr zwölf Millionen Gulden, und
sie reichten durchaus nicht hin, die Ausgaben zu bestreiten. Das Kriegs=
wesen allein verschlang mehr, als alles was in die kaiserlichen Kassen
einging.

Hiezu kam noch die unzweckmäßige Art der Einhebung der Steuern,
die ungleiche Vertheilung derselben, deren wenig geregelte Verwendung.
Der Geldmangel, der in allen öffentlichen Kassen herrschte, die Aengst=
lichkeit der Bestrebungen, mit welchen man das Unentbehrliche herbeizu=
schaffen trachtete, die demüthigenden Bedingungen, die man sich zu diesem
Ende gefallen lassen mußte, alle diese Umstände, die sich durchaus nicht
verhehlen ließen, thaten dem Ansehen des Kaiserhauses in den Augen von
ganz Europa den höchsten Eintrag. Sie ermuthigten seine Feinde, welche
auf nichts so sehr als auf die Geldnoth, die bei ihrem Gegner herrschte,
ihre Hoffnungen bauten.

Nur durch energische, durchgreifende Heilung hätte der Kaiser dem
Uebel abzuhelfen vermocht, welches immer weiter um sich griff und endlich in
so furchtbarer Gestalt auftrat, daß wie Eugen zu oft wiederholten Malen
unumwunden aussprach, die Krone auf dem Haupte des Kaisers schwankte
und er in höchste Gefahr gerieth, den Krieg mit dem völligen Verderben
seines Hauses enden zu sehen.

Aber Energie, Entschlossenheit, durchgreifendes Handeln, das waren
eben die Eigenschaften, welche Leopolds Charakter gänzlich versagt schienen.
Er befand sich damals in seinem vierundsechzigsten Jahre. Keinem seiner
Vorgänger stand er an ausgezeichneten Geistesgaben nach. Alle die mit ihm
zu thun hatten, lobten die Schärfe seiner Auffassung, die Klarheit seines
Urtheils. Mit ruhiger Aufmerksamkeit hörte er die Vorstellungen an, die

man ihm machte, fand augenblicklich die Hauptpunkte heraus, um die es
sich handelte, und war gewandt im Ertheilen passender Antworten. Die
Geläufigkeit, mit welcher er in verschiedenen fremden Sprachen sich ausdrückte, kam ihm hiebei nicht wenig zu statten. Insbesondere war er
geschickt, sich in den Schlangengängen der damals so sehr verkünstelten Politik zurecht zu finden, gleich dem erfahrensten Minister. Er kannte genau die
Eigenschaften, die Vorzüge und Gebrechen der Menschen, welche ihn umgaben, und wußte Jeden nach seinem wirklichen Werthe zu schätzen. Aber
er hatte ein Mißtrauen gegen sich selbst, das ihn stets verhinderte, in
irgend einer Sache aus sich heraus ein Urtheil zu fällen, einen Entschluß
zu fassen. Daher kam es, daß er sich oft von Menschen leiten ließ, welche
ihm an geistiger Befähigung bei weitem nicht gleich kamen, und daß er nicht
selten Rathschläge befolgte, die seiner eigenen viel richtigeren Ansicht entgegengesetzt waren. In der That eine Bescheidenheit, eine Unterschätzung
seiner selbst, welche vielleicht bei einem Privatmanne als eine Tugend gelten kann, bei Monarchen aber oft gar schädliche Folgen nach sich zieht.

Was für eine Sache auch immer an ihn gebracht wurde, stets legte
der Kaiser sie wieder dem einen, dann einem anderen, endlich noch einem
dritten Minister zur Begutachtung vor. Unter diesen herrschte aber meistens
Eifersucht, nicht selten offene Feindschaft. So hatten Lobkowitz und
Auersperg, Strattmann und Kinsky, dann wieder dieser und Harrach sich
immer entgegen gearbeitet. Da fielen denn auch ihre Meinungsäußerungen
meistens in gar verschiedenem Sinne aus. Dadurch steigerte sich jedoch die
Unentschiedenheit des Kaisers nur noch mehr. Dort wo er hätte bestimmen
können und sollen, suchte er immer die Ansichten seiner Rathgeber zu vereinigen und es schien fast, als ob er den Einen oder den Anderen zu krän-
ken fürchte, wenn er dessen Rathschläge nicht befolge. Er verlangte ein neues
Gutachten von Einem, den er noch nicht gehört hatte. Dieser brachte wieder eine andere Meinung zu Tage, die Unentschlossenheit des Monarchen
stieg auf's höchste, und die Angelegenheit, so wichtig sie auch sein mochte,
blieb unentschieden und gerieth oft ganz in Vergessenheit.

Gleiche Bewandtniß hatte es auch mit der Verleihung der Stellen.
Die wichtigsten derselben blieben oft lange Zeit hindurch unbesetzt. Denn
der Kaiser konnte sich nicht entschließen, irgend einen der Bewerber durch
Verleihung des Postens an einen Anderen zu verletzen. Die Hofleute

hatten nicht Unrecht, wenn sie vom Kaiser sagten, es brauche große Anstrengung, ihn zu einem Entschlusse zu bringen, aber nur ein Sandkorn, ihn
von einem solchen zurückzuhalten [1]).

Die Leichtigkeit des Zutrittes zu dem Kaiser, ein so großer Vortheil
sie einerseits auch war, trug doch andererseits nicht wenig zur Hemmung
der Geschäftsbesorgung bei. Seine persönliche Liebenswürdigkeit, die
bekannte Freigebigkeit, mit welcher er es liebte, mit eigener Hand Wohlthaten zu spenden, bewirkten, daß er von Bittenden und Klagenden wahrhaft bestürmt wurde. Alle hörte er mit gleicher Zuvorkommenheit an,
antwortete ihnen trostreich und bemühte sich sie zufrieden zu stellen. Bei
jeder durchgreifenden Maßregel aber gibt es Menschen, deren Interessen
dadurch verletzt werden oder welche wenigstens sich selbst für beeinträchtigt
halten. Um ihnen nicht wehe zu thun, wurde dann oft aus übertriebener
Rücksicht die vorgeschlagene Maßregel, so nützlich sie auch gewesen wäre,
gar nicht in Ausführung gebracht [2]).

Es ist wahrhaft zu bedauern, daß durch diese Schwäche die sonst so
ausgezeichneten Eigenschaften des Kaisers verdunkelt wurden, und daß sie
ihn in einem ungünstigeren Lichte erscheinen ließ, als er es verdiente [3]).
Es ist seit einer Reihe von Jahren Mode geworden, das Andenken des
Kaisers Leopold in der Geschichte herabzusetzen und zu verkleinern. Von
den Einen wird seine Frömmigkeit verspottet, von den Anderen wieder die
Strenge, zu welcher er sich manchmal und stets gegen seinen Willen durch
die Gewalt der Umstände gezwungen sah, als barbarische Grausamkeit
verschrieen. Diejenigen seiner Zeitgenossen aber, die ihn persönlich kannten,
urtheilen anders über ihn. Die venetianischen Botschafter, deren strengste
Pflicht es war, der Republik wahrheitsgetreue Berichte zu erstatten,
schildern ihn als einen der edelsten und wohlwollendsten Monarchen, die
jemals einen Thron geziert haben [4]). Gerechtigkeit, Herzensgüte und
Frömmigkeit seien, so sagen sie einstimmig, die einzigen Triebfedern seines
Handelns gewesen. Leidenschaftlicher Ausbrüche war er ganz unfähig und
nichts mußte mehr bewundert werden, als der wahrhaft großherzige
Gleichmuth, mit welchem er die Schläge des Schicksals ertrug, die ihn
oft in empfindlichster Weise trafen.

Keiner seiner Vorgänger oder Nachfolger hat sich gleich ihm in kurzen
Zwischenräumen in verzweifelterer und gleich darauf wieder in glänzenderer

Lage befunden. Sein ganzes Leben glich einer Kette der verschiedenartigsten
Ereignisse, von welchen mit seltener Stetigkeit fast immer ein glückliches
einem unheilvollen folgte. Gewiß ist es, daß zu verschiedenen Malen,
insbesondere aber als die Türken Wien belagerten, und in dem Zeitpunkte
von welchem jetzt eben die Rede ist, die Gefahr in ihrer erschreckendsten
Gestalt bis an den Thron selbst heran trat, und ihn mit furchtbarem
Sturze, das Kaiserhaus selbst aber mit Verderben bedrohte. Diese Augen=
blicke höchster Bedrängniß schienen jedoch nur eingetreten zu sein, um die
darauf folgende Epoche des Glückes in desto strahlenderem Glanze hervor=
treten zu lassen. Wer hätte geglaubt, daß die mit Flüchtigen bedeckte
Straße über Krems nach Linz, auf welcher der Kaiser seine Hauptstadt
verließ um sich der drohenden Gefangennehmung durch die Türken zu ent=
ziehen, nur der Weg war zu der glänzenden Reihe von Siegen, welche so
bald nachher über eben dieselben Feinde erfochten wurden. Wer hätte in
dem Augenblicke, als der Kurfürst von Baiern mit zahlreicher Heereskraft
an der Grenze von Oesterreich stand, und es nur in seiner freien Wahl zu
liegen schien, ob er nach Wien oder nach Prag sich wenden wolle, wer
hätte da gedacht, daß in weniger als einem Jahre später derselbe Fürst
auf's Haupt geschlagen, aus allen seinen Besitzungen vertrieben sein und
sein Land eben dem Kaiser gehorchen werde, der von dort aus auf Tod
und Leben hätte bekriegt werden sollen.

Aber so tief auch die Wogen eines unbeständigen Geschickes sein
Schiff sinken ließen, um es dann desto höher emporzuheben, unerschütter=
lich stand der Kaiser da, stets denselben festen Gleichmuth bewahrend.
Das Glück vermochte nicht, ihn hoffärtig, das Unglück nicht ihn niederge=
schlagen oder muthlos zu machen. Diese geistige Kraft verdankte er einzig
und allein der tiefsinnigen Frömmigkeit, die sein ganzes Wesen erfüllte.
Sie ließ ihn einerseits die wahre Demuth vor dem Höchsten, andererseits
aber auch das unerschütterliche Vertrauen auf Gott niemals einen Augen=
blick verlieren. Nur in dem einzigen Punkte scheint die Religiosität den
Kaiser zu weit geführt zu haben, daß er die Diener der Kirche, denen er
sein Vertrauen schenkte, zu sehr mit weltlichen Verrichtungen betraute, die
nicht ihres Amtes und welchen sie nicht gewachsen waren.

Es ist längst von den eifrigsten Anhängern der Kirche anerkannt
worden, daß es den Interessen derselben nur schadet, wenn diejenigen, die

ihr allein zu dienen haben, zu sehr in die Welthändel verwickelt werden, Partei in denselben nehmen und dadurch die Sache der Kirche mit derjenigen, in der sie sich eben verwenden, in einen Zusammenhang zu bringen scheinen, welcher ihr völlig fremd ist. Erweiset sich dann die Wirksamkeit der betreffenden geistlichen Person in dem ihr übertragenen Geschäfte, welches weit abliegt von ihrem eigentlichen Berufe, als unersprießlich oder fällt dieses Geschäft aus anderen Gründen unglücklich aus, so wird das Mißlingen demjenigen in die Schuhe geschoben, welcher die Besorgung auf sich genommen hat. Er wird dadurch dem allgemeinen Tadel ausgesetzt und bei der Begriffsverwirrung der Menge trifft dieser und die daraus hervorgehende Mißgunst nicht nur ihn, sondern oft die Kirche selbst, welcher er angehört und der allein er hätte dienen sollen.

Dieß war auch während der Regierung Leopolds nicht selten der Fall. Es mußte Mißtrauen erwecken, und Spott oder Tadel hervorrufen, wenn der Beichtvater des Kaisers, Pater Wolf, dem Feldmarschall Caprara die Verhaltungsbefehle nach dem Lager in Ungarn brachte, und ihm den Plan auseinander zu setzen beauftragt war, welchen der Feldmarschall zu befolgen hatte. Es mußte die kaiserlichen Feldherrn mit Unmuth erfüllen, wenn sie um ihre Bitten und Anträge vor den Kaiser zu bringen, keinen anderen Weg wußten, als dieselben an Pater Bischoff, den Beichtvater des römischen Königs, zu richten. Glücklicher Weise waren sowohl dieser, als der Beichtvater des Kaisers, Pater Menegatti, durchaus würdige Männer, welche ihren großen Einfluß in keiner Weise mißbrauchten, sondern sich dessen nur mit Gewissenhaftigkeit und zum wahren Besten des Kaiserhauses und seiner Länder bedienten[5]). Aber schon die Thatsache, daß diese Priester in Kriegssachen mitzusprechen hatten, war ein nicht zu läugnender Uebelstand. Sie konnten unmöglich viel davon verstehen, und da die betreffenden Geschäfte, wenn gleich ohne ihre Schuld, wegen des Geldmangels, der Unentschlossenheit des Kaisers oder aus sonst einer Ursache nur unvollkommen besorgt wurden, so wurde über die Geistlichen, über ihren Einfluß geschmäht und ihnen so manches zur Last gelegt, woran sie nicht im entferntesten Ursache waren. Es wird kaum zu bezweifeln sein, daß diese zu weit getriebene Einwirkung der Diener der Kirche auf weltliche Dinge mit dazu beitrug, jene Abneigung gegen sie wachzurufen, welche sobald in das andere Extrem umschlug und sie einer erbitterten Verfolgung preisgab.

Was das politische Glaubensbekenntniß des Kaisers betraf, so hatte dasselbe fast seine ganze Regierungszeit hindurch in die wenigen Worte zusammengefaßt werden können: Abneigung und Haß gegen Frankreich und die Pforte, innige Verbindung mit Spanien. Er war darin so weit gegangen, daß er die französischen Streitkräfte lieber auf sich gelockt hatte, als der Ueberfluthung Spaniens durch dieselben zuzusehen⁶). Aber durch den Tod König Karls II. war dieses Band zerrissen und gewissermaßen die Allianz mit den Seemächten an dessen Stelle gesetzt worden. Doch die feindliche Gesinnung gegen Frankreich und die Pforte blieb, so wie sie der Kaiser mit sich auf den Thron gebracht hatte, bis an das Ende seines Lebens in seinem Gemüthe festgewurzelt.

So lange er die Zügel der Regierung in den Händen hielt, war Kaiser Leopold von tiefem Mißtrauen gegen Ludwig XIV. durchdrungen. Er kannte das unruhige und ehrgeizige Wesen dieses Königs und glaubte, daß er noch nach einer höheren Würde als derjenigen strebe, welche er bereits besaß. Er wußte, daß es Ludwig XIV. niemals an Vorwänden fehle, seine heiligsten Versprechungen zu umgehen, ja offen zu brechen, und aus diesem Grunde hielt er sich nie sicher vor einem plötzlichen Angriffe, einer List, einem Treubruche desselben. Nichts aber verletzte den Kaiser mehr, als die Umtriebe, welche Frankreich im deutschen Reiche anzettelte, und die Unter=stützung, die es jederzeit den ungarischen Rebellen hatte angedeihen lassen.

Hiezu kam noch der persönliche Gegensatz, welcher zwischen dem Kaiser und König Ludwig, und die Art von Rivalität, die zwischen den beiden Fürsten herrschte. In Frankreich liebte man es, den Kaiser in steter Umgebung von Priestern, mit unausgesetzten Andachtsübungen beschäftigt, als einen Herrscher darzustellen, welcher den Glanz der Monarchie nicht aufrecht zu halten verstehe. Leopold aber deutete nicht un=gern auf die Sittenverderbtheit hin, die am französischen Hofe einheimisch war und freute sich, daß dem seinigen nicht gleicher Vorwurf gemacht werden konnte. Mit einem wahren Abscheu wies er den Vorschlag zurück, durch eine Art Wechselheirath die Tochter des Herzogs von Orleans dem Könige Joseph, und dem Herzoge von Bourgogne eine Erzherzogin zu vermählen⁷).

So wie die Feindschaft gegen Frankreich seit dem Ausbruche des Successionskrieges auf's höchste gestiegen war, so war diejenige gegen die Pforte seit dem Abschlusse des Carlowitzer Friedens wesentlich gemindert worden. Mit der Furcht vor dem barbarischen Nachbar schwand auch der Haß gegen denselben. Als man den Türken den größten Theil der Länder abgenommen, in deren Besitz sie sich widerrechtlich gesetzt hatten, vermied man, vor der Hand wenigstens, ferneren Streit, und suchte sogar mit Sorgfalt ein friedliches Verhältniß zu der Pforte herzustellen, um dieselbe von jeder Unterstützung der ungarischen Rebellen zurückzuhalten.

Es muß zugegeben werden, daß Kaiser Leopold auf dem ersten Throne der Welt in noch weit größerem Maße die Tugenden des Privatmannes als die Eigenschaften des Herrschers entwickelte. Was man auch immer dagegen sagen mag, es ist doch gewiß, daß die ersteren in den Augen des besseren Theiles der Menschen den letzteren einen großen Reiz verleihen. Insbesondere ist dieß der Fall, wenn die Heiligkeit des Familienlebens durch den Monarchen einen Glanz erhält, welcher auf die Unterthanen von wohlthätigster Wirkung sein muß. Und in der That konnte nichts schöneres gedacht werden als das Band, welches den Kaiser an seine Familie knüpfte.

Leopold war dreimal vermählt. Der spanischen Margaretha war die stolze Claudia Felicitas gefolgt, die Erbtochter Tirols, eine Frau von großer Schönheit, prachtliebend, starken und männlichen Geistes. So kurze Zeit sie auch nur den Thron mit ihrem kaiserlichen Gemahle theilte, so tiefeingreifend waren doch die Wirkungen davon gewesen. Es ist kaum zu zweifeln, daß sie es war, welche den Sturz des Obersthofmeisters Fürsten von Lobkowitz und seine Verbannung herbeigeführt hatte [*]). Mehr als wahrscheinlich ist es, daß wenn die Kaiserin Claudia länger gelebt hätte, sie eine völlige Umgestaltung in den höchsten Kreisen zu Wien herbeigeführt haben würde. Aber sie starb an einem unheilbaren Brustleiden und der Kaiser selbst hatte sie während ihrer langen Krankheit und trotz der Gefahr einer Ansteckung mit größter Sorgfalt gepflegt.

Bei Claudia's Tode hatte Leopold nur eine einzige Tochter, die Erzherzogin Antonia, die ihm seine erste Gemahlin Margaretha geboren hatte. Die wichtigsten Staatsrücksichten heischten seine Wiedervermählung. Groß war die Bewegung, welche durch die Aussicht auf eine neue Heirath des

Kaisers in den Wiener Hof gebracht wurde. Die mächtige badische Partei, den Markgrafen Hermann an der Spitze, hätte gern eine Prinzessin dieses Hauses auf dem Kaiserthrone gesehen. Graf Sinzendorff, Präsident der Hofkammer, arbeitete im Interesse einer dänischen Prinzessin. Denn diese wäre mit seiner eigenen Gemahlin, einer gebornen Prinzessin von Holstein, nahe verwandt und dadurch, wie er meinte, sein Einfluß für immer gesichert gewesen. Für diese Wahl stimmten auch die Spanier, denn sie waren gegen die dritte Prinzessin, die in Vorschlag gebracht worden war, Eleonore Magdalena Theresia von Pfalz-Neuburg. Sie fürchteten den Einfluß ihres Vaters, eines hochbejahrten Mannes, der bekannt war wegen seiner großen Erfahrung, seines durchdringenden Verstandes und der Befähigung, seinen Ansichten und Wünschen dort, wo er wollte, Eingang zu verschaffen. Hiezu kam noch die große Anzahl Brüder, welche die Prinzessin besaß, und von denen man fürchtete, daß sie, wie es später in der That wirklich der Fall war, auf Kosten des Kaisers oder doch durch seinen Einfluß versorgt werden müßten.

Aber die Prinzessin von Neuburg hatte mächtige Bundesgenossen am kaiserlichen Hofe, welche ihr die Pfade daselbst zu ebnen suchten. Die höchstgestellte Persönlichkeit unter ihnen war des Kaisers Stiefmutter, die edle Eleonore Gonzaga [9]).

Seit seiner Jugend hatte ihr Leopold eine fast schwärmerische Anhänglichkeit bewahrt. Stets war er dessen eingedenk, daß sie zu einer Zeit, zu welcher Niemand seine bereinstige Thronfolge ahnte und nur wenige am Hofe um ihn sich kümmerten, sich immer mit wahrhaft mütterlicher Zärtlichkeit seiner angenommen hatte. Als es sich um Leopolds Kaiserwahl handelte, soll Eleonore mit Aufopferung ihrer Ersparnisse die Erreichung dieses Zieles zu erleichtern getrachtet haben. Solche Dinge vergaß der Kaiser nie. Deßhalb übte die Kaiserin Wittwe auch einen so mächtigen Einfluß auf ihn, daß er dem Hofe von Madrid gefährlich schien, und man ihn von dort aus durch Vermittlung der Kaiserin Margaretha, Leopolds erster Gemahlin, zu bekämpfen suchte. Dieß Bestreben erwies sich jedoch als früchtlos. Die Spanier vermochten weder das Ansehen, in welchem die Kaiserin Eleonore bei ihrem Stiefsohne stand, zu schmälern, noch sie selbst für ihre Plane zu gewinnen. Es war ihr Stolz, alle Bestrebungen, die hierauf abzielten, stets zurückgewiesen zu haben [10]). Man sagte von ihr, daß sie vorsichtig, zurückhaltend und wenig geneigt sei, sich in irgend etwas einzulassen. Wenn sie aber einmal ihren Willen erklärt habe, so gehe sie nicht mehr davon ab, bis nicht das vorgesteckte Ziel wirklich erreicht sei.

Was nun die Vermählung des Kaisers betraf, so hatte Eleonore zwar erklärt, sie werde keinen Einfluß auf die Wahl ihres Sohnes üben und jede von ihm Gewählte solle ihre geliebte Schwiegertochter sein. Aber dennoch wies sie nicht undeutlich auf die Prinzessin von Neuburg hin, welche sie zur Taufe gehalten hatte und die deßhalb gleichfalls Eleonore hieß. Auch der vornehmste Rathgeber, welchen der Kaiser damals besaß, der Hofkanzler Hocher [1]) wirkte in diesem Sinne. Leopold entschied sich für die Prinzessin von Neuburg, und seine Wahl war allerdings weitaus die glücklichste, die er hätte treffen können.

Eleonore Magdalena konnte in den meisten Beziehungen als der entschiedenste Gegensatz zu ihrer Vorgängerin gelten. War diese stolz und herrisch, so war Eleonore sanft und demüthig. Strebte Claudia Einfluß über ihren Gatten zu gewinnen und ihn nach ihrem Willen zu leiten, so bestand Eleonorens Wunsch einzig und allein darin, ihm zu gefallen und ihm zu dienen. Jene war prachtliebend und eine Gönnerin der Künste, diese aber einfach und prunklos, von einem fast klösterlichen Lebenswandel, nur mit der Sorge für ihren Gatten und ihre Kinder, und mit eifrigen Andachtsübungen beschäftigt. Von der ohnedieß nur sparsam eingerichteten Hofhaltung hatte sie alles zu entfernen gesucht, was einem überflüssigen Prunke ähnlich sah. Claudia trachtete nach politischer Macht, Eleonore aber, die wohl wußte, daß ihr Gemahl nicht liebte, wenn Frauen sich zur Theilnahme an Staatsgeschäften zu drängen suchten, vermied es, sich in die öffentlichen Angelegenheiten zu mengen. Nur was die Vertheilung der kaiserlichen Gunstbezeigungen betraf, hatte die Kaiserin ein gewichtiges Wort mitzusprechen. Doch war sie sparsam damit, und sie geizte mit ihrem Vorworte, um demselben dann größere Macht zu sichern, wenn sie es für eines der Mitglieder ihrer Familie eintreten ließ, der sie eine fast leidenschaftliche Anhänglichkeit bewahrte.

Insbesondere waren es ihre Brüder, für deren Jeden sie nicht nur hohe Ehrenposten, sondern meistens Stellen mit reichem Erträgnisse auszuwirken wußte. Immer war sie aufmerksam auf jede Gelegenheit, welche sich ergab, irgend einen Vortheil für einen der Ihrigen zu erlangen. Die

Nachfolge eines ihrer Brüder auf dem Bischofssitze von Breslau, obwohl das Capitel für den Erzbischof von Olmütz gestimmt war, die Verleihung der Stelle des Hoch- und Deutschmeisters an einen zweiten, die Bethei- lung derselben mit den Coadjutorien der einflußreichsten Bisthümer Deutsch- lands, ihre Ernennung zu Inhabern kaiserlicher Regimenter, das alles war das Werk der Kaiserin Eleonore Magdalena [12]).

Aber sie hatte eine so glückliche Art, bei dem Kaiser ihre Wünsche anzubringen, daß dieser, indem er ihnen willfahrte, doch den betreffenden Beschluß immer aus eigenem Antriebe gefaßt zu haben schien. Die scharfen Blicke der Hofleute ließen sich jedoch über das wahre Sachverhältniß nicht täuschen. Sie wußten wohl, wie mächtig das Vorwort der Kaiserin, und wie gut derjenige daran war, dem sie ihre Unterstützung lieh. Daher be- strebte sich Jeder, auch der einflußreichste Minister, ihre Gunst zu erwer- ben, und nur wenn er derselben gewiß zu sein glaubte, hielt er sich für gesichert in seiner Stellung.

Von den Kindern des kaiserlichen Paares hatte damals nur der römische König Joseph einigen, jedoch nur geringen politischen Einfluß. Er befand sich in seinem fünfundzwanzigsten Jahre, und besaß ein lebhaftes, feuriges Temperament. Er war klein von Statur, nach einer von schwerer Krankheit heimgesuchten Jugend aber stark und kräftig geworden, in allen Leibesübungen gewandt. Sein Haar war blond, fast in's Röthliche spielend, die Stirne hoch, die Augen blau, lebhaft und glänzend, die Nase länglich, die Gesichtsfarbe weiß, an den Wangen aber stark geröthet. Die dichten und schön gebogenen Augenbrauen gaben ihm oft ein nachdenkliches, etwas finsteres Aussehen, aber der regelmäßige Mund, ohne das Hervortreten der Lippe, welches seinen Vater verunstaltete, war meist von einem freund- lichen und gewinnenden Lächeln umspielt. Diese Züge bildeten zusammen ein höchst einnehmendes Ganzes, voll Geist und Leben.

So wie sein Vater war auch König Joseph mit leichter Fassungskraft, ja scharfem Verstande, insbesondere mit einem starken Gedächtnisse begabt. Gleich Kaiser Leopold war Joseph von ungemeiner Herzensgüte, von einer wahrhaft unbegrenzten, für den bedenklichen Zustand der Finanzen oft zu weitgehenden Freigebigkeit. Wie jener war er bewandert in der Kenntniß fremder Sprachen, deren er sich mit Gewandtheit und Eleganz zu bedienen wußte. An Schnelligkeit des Entschlusses und des Urtheils übertraf er seinen Vater, und im Gegensatze zu ihm zeigte er den regen Willen, je nach Bedürfniß entweder reichlich zu belohnen oder strenge zu bestrafen.

In dem Eifer aber, mit dem Kaiser Leopold sich den Staatsgeschäften widmete, und welcher verursachte, daß er an die Befriedigung seiner Neigungen immer erst nach geschehener Erfüllung seiner Herrscherpflicht dachte, stand König Joseph ihm nach. Die Vorliebe des Vaters für die Jagd war bei dem Sohne zu wahrer Leidenschaft geworden. Ihr widmete er den größten Theil seiner Zeit. Oft begab er sich mehrmals des Tages auf dieselbe. Jede Art dieses Vergnügens wurde von ihm mit gleicher Leidenschaftlichkeit betrieben. Oft war er halbe Tage hindurch zu Pferde, ein kühner Reiter, keines Hindernisses achtend, in rastlosem Laufe dem Wilde nachjagend. Nicht selten brachte ihn seine Verwegenheit in augenscheinliche Gefahr, und die muthigsten unter den Herren des Hofes suchten Vorwände, ihm nicht folgen zu müssen [13]. Dann sah man ihn wieder zu Fuße, Stunden lang Feld und Wald durchstreifend, Hitze und Kälte mit gleicher Ausdauer ertragend.

Es ist zwar nicht zu zweifeln, daß er hiedurch die Kraft seines Körpers stählte und die lang entbehrte Gesundheit immer mehr und mehr befestigte. Aber die ununterbrochene, schrankenlose Hingebung an seine Lieblingsbeschäftigung machte, daß er für ernste Arbeit wenig Sinn mehr hatte und durch dieselbe leicht gelangweilt war. Nur zum Kriegswesen bezeigte er eigentliche Lust. Dem Soldatenstande war vorzugsweise seine Aufmerksamkeit, dem Schicksale der Heere sein Antheil gewidmet. Er trug sich gerne mit dem Gedanken und der Hoffnung einst an der Spitze seiner Armeen glänzenden Kriegsruhm zu ernten. Auf die zweckmäßige Ausrüstung derselben und die Herbeischaffung ihrer Bedürfnisse war daher auch jetzt schon seine größte Sorge gerichtet. Aber all der Eifer, welchen der junge König entwickelte, war nicht im Stande, die verrostete Maschine in schnelleren Gang zu bringen und es zu bewirken, daß die Truppen des Kaisers auf den verschiedenen Kriegsschauplätzen auch nur mit einem Theile der Erfordernisse versehen wurden, die zur Fortführung des Kampfes unentbehrlich schienen.

Daß die Hauptursache der Noth, in welcher die Heere sich befanden, in dem herrschenden Geldmangel lag, ist bereits angedeutet worden. Neben der Unentschlossenheit des Monarchen, die vor durchgreifenden Maßregeln zurückschreckte, trug auch die zu große Decentralisation der Geschäfte hieran nicht geringe Schuld. Denn die Provinzen besaßen ihre eigenen Finanzbehörden, welche sich mit einer gewissen Selbstständigkeit verwalteten, und den Anordnungen, die von Wien kamen, meist lässig, oft gar nicht gehorchten, ja nicht selten den Befehlen der Centralregierung hartnäckigen Widerspruch entgegensetzten. Endlich aber muß auch der Langsamkeit und Lässigkeit, mit welcher die Leitung der öffentlichen Angelegenheiten betrieben wurde, ein Theil des Uebels zugeschrieben werden.

Die Hauptursache hievon fällt wohl der Einrichtung der obersten Regierungsbehörde zur Last. Als solche mußte der sogenannte Conferenzrath angesehen werden, in welchem die wichtigsten und geheimsten Geschäfte zur Berathung gebracht und einer Erörterung unterzogen wurden. Nach Beendigung derselben wurde das Ergebniß der Besprechung, meistens von einem Antrage begleitet, mittelst eines Berichtes dem Kaiser vorgelegt, welcher hierauf den eigentlichen Beschluß faßte.

In der Conferenz hatten nur wenige und bloß die vornehmsten der kaiserlichen Minister Sitz und Stimme. Von den Präsidenten der einzelnen Verwaltungsbehörden wurde meistens nur derjenige zur Conferenz gezogen, dessen Geschäftskreise der zur Berathung kommende Gegenstand eben angehörte. Die große Verzögerung bei dieser Art die Geschäfte zu behandeln, entstand dadurch, daß jeder Gegenstand, welcher vor die Conferenz und durch dieselbe an den Kaiser zur Entscheidung zu gelangen hatte, vorerst bei den einzelnen Conferenzministern in Umlauf gesetzt wurde. Diese sollten sich aus den betreffenden Papieren erst vollkommen unterrichten, um auf Grund genauer Kenntniß ein wohlerwogenes Urtheil abgeben zu können. Die Idee, welche diesem Vorgange zu Grunde lag, hatte wohl manches Gute, die Art der Ausführung jedoch machte sie oft ungemein schädlich. Bei jedem der einzelnen Minister blieben die betreffenden Schriften doch wenigstens einige Tage liegen. Bis sie nun ihren Umlauf beendet hatten, bis die Berathung vollzogen, der Bericht verfaßt und an den Kaiser gelangt, bis endlich dessen Entschließung erfolgt war, mußten natürlicher Weise wenigstens mehrere Wochen vergehen. Bei der Berathung eines Gesetzentwurfes wäre ein solcher Vorgang am Platze gewesen, bei dem Drängen eines Feldherrn um Uebersendung der unumgänglich nothwendigen Gelder, bei der Bitte eines Gesandten um schnelle Ertheilung einer Instruction war er von den nachtheiligsten Folgen.

Diese Uebelstände wurden noch erhöht durch die Persönlichkeit der Minister, welche eben damals die Conferenz ausmachten. Da erhob sich nur selten eine Stimme, die zu nachdrücklichem, energischem Auftreten mahnte. Die Unentschlossenheit des Kaisers schien sich seinen Räthen mitgetheilt zu haben. Ungemein fühlbar machte sich der Tod des Grafen Kinsky. Er hatte zwar auch nicht zu den entschiedenen Naturen gehört, aber reges Pflichtgefühl, unvermeiblicher Eifer für den Dienst seines Kaisers und Herrn konnte man ihm nicht absprechen. Der größte Theil der diplomatischen Geschäfte hatte in seinen Händen gelegen. Der Carlowitzer Frieden, der rühmlichste welchen das Haus Oesterreich seit langer Zeit abgeschlossen, war unter seiner Oberleitung zu Stande gekommen. „Er ist das Werk Deiner Hände" hatte ihm der Kaiser freudestrahlend gesagt, als das Friedensinstrument durch Graf Marsigli nach Wien überbracht worden war [14]). Wie früher Strattmann, so hatte später Kinsky, zwar ohne den Namen davon zu führen, völlig die Stellung eines ersten Ministers eingenommen. Um so schmerzlicher war es ihm nun, daß Harrach aus Spanien zurück berufen und gleich in der ersten Audienz vom Kaiser zum Obersthofmeister ernannt wurde. Kinsky verfiel darüber in eine Art Melancholie, und als es dazu kam, daß dem Grafen Harrach kraft seines neuen Amtes der Vorsitz in den Conferenzen übertragen werden sollte, da erkrankte Kinsky, aus Kummer wie man glaubte, über die vermeintliche Zurücksetzung. Er starb kurz nachher, und es fehlte nicht an Leuten, welche behaupteten, er habe sich aus Schwermuth selbst das Leben genommen [15]).

Wie dem aber auch sein mochte, durch Kinsky's Tod erfolgte dasjenige, was ihm immer als das Schrecklichste erschienen war. Die Leitung der Staatsgeschäfte ging völlig auf Harrach über und nur was diejenigen des deutschen Reiches betraf, theilte sie Graf Dominik Andreas Kaunitz, nach Königseggs Tode Reichsvicekanzler geworden, mit ihm.

Graf Ferdinand Bonaventura von Harrach war einer der ältesten Diener des Kaisers und als solcher in besonderer Gunst bei ihm. Früher als Oberststallmeister viel um die Person des Monarchen beschäftigt, war er demselben hauptsächlich durch sein stilles, einnehmendes Wesen und dadurch liebgeworden, daß er ihn niemals mit Bitten und Vorstellungen, weder für sich noch für andere beläftigte. Er war ihm ein willkommener Gefährte auf den Jagden und oft entfernte sich Leopold mit Harrach von dem übrigen Gefolge um sich mit ihm in vertraulicher Weise über die öffentlichen Angelegenheiten zu besprechen. Schon früh galt er für denjenigen, welchem der Kaiser die meiste Freundschaft bewies, für seinen Liebling, dem er sich mit vollem Herzen zuneigte, ohne ihm deshalb außergewöhnlichen Einfluß auf die Staatssachen einzuräumen [16]).

Erst seit seiner zweiten Sendung nach Spanien war Harrachs Name bekannter, sein Wirkungskreis ausgedehnter geworden. Zwar hatte man eben nicht Ursache, mit den Ergebnissen seiner Thätigkeit in Madrid besonders zufrieden zu sein. Aber sein langer Aufenthalt daselbst, seine Bekanntschaft mit den spanischen Verhältnissen und die Voraussetzung, daß seine Wahl dem Hofe von Madrid, welchen man der Successionsfrage wegen besonders berücksichtigen zu sollen glaubte, eine angenehme sein würde, verhalfen ihm zu dem hohen Posten, den er nun einnahm. Seine Wirksamkeit daselbst war jedoch keine segensreiche zu nennen. Selbst nur mit Widerstreben anstrengender Arbeit sich zuwendend, war Harrach nicht die Persönlichkeit, welche Kraft und Nachdruck besaß, den Geschäftsgang zu beschleunigen, insbesondere aber dem Kaiser, dessen Unentschlossenheit mit seinem Alter in erschreckendem Maße zunahm, größeres Selbstvertrauen und mehr Energie einzuflößen.

Geeigneter hiezu wäre der Reichsvicekanzler Graf Kaunitz gewesen. Er war derselbe, welcher dem Kurfürsten Maximilian Emanuel zur Truppenstellung gegen die Türken bewogen und von dem man erzählte, daß er, um den Kurfürsten fest an die Partei des Kaisers zu ketten, ein zärtliches Verhältniß zwischen seiner eigenen Frau und dem jungen leichtfertigen Prinzen angesponnen hatte.

Kaunitz hatte als des Kaisers erster Bevollmächtigter bei der Zustandebringung des Ryswiker Friedens mitgewirkt. Dort war es ihm zwar nicht gelungen, die gerechten Hoffnungen verwirklicht zu sehen, die man zu Wien von dem Friedensschlusse hegte. Aber der Kaiser maß nicht ihm die Schuld des unbefriedigenden Ergebnisses bei, sondern er wußte wohl, daß sie in den widrigen Umständen, insbesondere in der Unbeständigkeit der Verbündeten zu suchen war. Er verlieh dem Grafen Kaunitz das wichtige Amt eines Reichsvicekanzlers. Kaunitz war demselben in jeder Beziehung gewachsen. Er besaß eine außergewöhnliche Begabung und lebhaften Eifer für des Kaisers Dienst. Seine Gegner, deren er gleich jedem hervorragenden Mann in genügender Anzahl hatte, beschuldigten ihn jedoch einer zu großen Hinneigung zu Baiern. Bei der damaligen so sehr gereizten Stimmung des Kaiserhofes gegen den Kurfürsten war dieß eine allerdings schwere Anklage. Aber Niemand glaubte im Ernste daran, am allerwenigsten der Kaiser, welcher nur bedauerte, daß die schwache Gesundheit des Grafen Kaunitz ihm nicht erlaubte, sich mit jener Ausdauer der Besorgung der ihm übertragenen Geschäfte zu weihen, die sonst von seinem Eifer zu erwarten gewesen wäre.

Eines der einflußreichsten Mitglieder der Conferenz war Karl Theodor Fürst zu Salm, Ajo des römischen Königs. Er war aus dem vlämischen Zweige dieser Familie und man hatte es in Wien nur mit scheelen Augen gesehen, daß dieser Ausländer mit der Erziehung des Erben der österreichischen Länder betraut wurde. Aber die Unterstützung des damaligen Obersthofmeisters Fürsten von Dietrichstein, eines Mannes, der wegen seiner Rechtlichkeit und Güte allgemein beliebt war [17]), hatte dem ihm verwandten Fürsten von Salm zu diesem Posten des kaiserlichen Vertrauens verholfen. Und schon von dem ersten Augenblicke an hatte Salm bedeutenden Einfluß bei dem Kaiser zu erlangen gewußt. Sein Amt gab ihm häufigen Zutritt zu demselben, seine Kenntniß der Literatur, seine Achtung vor der Gelehrsamkeit, die unbestreitbare Befähigung mit welcher er in gewandter freimüthiger Rede zu glänzen wußte, erwarben ihm das Vertrauen des Kaisers. Insbesondere war es das Kriegswesen, über welches er gerne sprach und worin er sich selbst das meiste zutraute, was freilich von anderer Seite her gar oft bestritten wurde. Obgleich ein Frember, hatte er doch gar bald feste Wurzel am kaiserlichen Hofe gefaßt, und je näher der Augenblick kam, in welchem man eine Aenderung in der Person des Regenten erwarten zu sollen glaubte, desto mehr stieg das Ansehen des Fürsten von Salm. Denn schon seit Jahren zweifelte Niemand mehr daran, daß, wenn König Joseph dereinst auf den Thron gelangen sollte, Salm zum Obersthofmeister ernannt und an die Spitze der Geschäfte berufen werden würde.

Von lebhaftem, ja heftigem Temperamente, galt der Fürst von Salm für das energische Prinzip in der Conferenz. Ihm stand darin der Oberstkämmerer Graf Karl Waldstein zur Seite, der immer mehr für die

Strenge und Entschiedenheit stimmte, als für Zögern und Nachgiebigkeit [18]).

An der Spitze der einzelnen Verwaltungsbehörden befanden sich Graf
Wolfgang von Oettingen, Präsident des Reichshofrathes, der Hofkanzler
Graf Julius Bucelini, Graf Heinrich Franz von Mannsfeld, Fürst zu
Fondi, Präsident des Hoftriegsrathes, und endlich der Präsident der Hof-
kammer, Graf Salaburg.

Der Hofkanzler Bucelini, trotz seines italienisch klingenden Namens
gleichfalls von vlämischer Abstammung, war kraft seines Amtes derjenige,
mit welchem die fremden Minister in Wien unmittelbar zu verkehren hatten.
Sie waren jedoch weit entfernt, sich seiner zu beloben. Sie behaupteten er
sei seinem schwierigen Posten nicht gewachsen, es fehle ihm in gleichem Maße
die Gabe der leichten Auffassung wie jene der prompten Erwiederung.
Obgleich er die Ansichten, die er aufstelle, nicht zu vertheidigen vermöge, so
halte er doch mit um so größerer Halsstarrigkeit daran fest. Er werde von
seinen Unterbeamten geleitet, daher sei auf seine Worte nicht zu bauen
und der Verkehr mit ihm wahrhaft peinlich.

Solche Klagen, von Vielen zugleich erhoben, mußten gar bald das
Ohr des Kaisers erreichen. Leopold erkannte die Beschwerden als gegründet,
aber er schätzte eine Eigenschaft an Bucelini und diese erhielt ihn in seinem
Amte. Der Kaiser war vollkommen überzeugt von Bucelini's Unbestechlich-
keit und in einer Zeit, in welcher der Gebrauch der verwerflichsten Mittel
zur Erreichung politischer Zwecke an die Tagesordnung kam, war diese
Eigenschaft allerdings nicht hoch genug anzuschlagen. Leopold glaubte das
kleinere Uebel dem größeren vorziehen zu sollen, und alle Bemühungen,
Bucelini aus seinem Posten zu vertreiben, blieben vergebens [19]).

Wo möglich noch größere Anfeindungen als Bucelini hatte der Präsident des Hoftriegsrathes, Graf Mannsfeld zu erdulden. Er war ein
Geschöpf des Herzogs Karl von Lothringen, zu dessen treuesten Anhängern
er gehört und welcher denn auch sein Glück gegründet hatte [20]). Den Titel
eines Fürsten zu Fondi hatte er von König Karl II. von Spanien dafür
erhalten, daß er ihm seine zweite Gemahlin, die Schwester der Kaiserin
Eleonore zuführte. Nicht in den Feldlagern, sondern am Hofe legte er
seine Laufbahn zurück. Und dieser Umstand war es am meisten, der die
kaiserlichen Feldherrn, der das Heer gegen ihn aufbrachte. Denn als

Mannsfeld nach Starhembergs Tode das Amt eines Oberſthofmarſchalls mit dem des Präſidenten des Hoftkriegsrathes vertauſchte, da glaubten ſich alle diejenigen verletzt, welche ihr ganzes Leben unter den Waffen zugebracht hatten, und die ſich nun der Leitung eines Mannes untergeordnet ſahen, von deſſen kriegeriſchen Thaten kein Menſch etwas zu erzählen wußte. Die Gerechtigkeit erfordert jedoch einzugeſtehen, daß Mannsfeld ſchon bei ſeiner Ernennung den Hoftkriegsrath in einem Zuſtande vorfand, der ſo manches zu wünſchen übrig ließ.

Der frühere Präſident deſſelben, Ernſt Rüdiger Starhemberg, Wiens ruhmreicher Vertheidiger, war zwar als ſolcher unvergleichlich dageſtanden, ſeine Verwaltung der oberſten Militärbehörde erſchien jedoch durchaus nicht frei von Tadel. Mehr gewohnt mit dem Schwerte, als mit der Feder zu arbeiten, konnte er ſich nur ſchwer in das Schreibgeſchäft finden. Aber Starhembergs natürliche Talente, ſein raſches und richtiges Urtheil erſetzten viel, und wenn ihm ſeine Hitze keinen Streich ſpielte, die ihn leicht überkam, ſo wußte er ſich meiſt glücklich aus der Sache zu ziehen. Nur das warf man ihm vor, daß ſeine Luſt zu Zerſtreuungen, insbeſondere zur Jagd und zu Pferden, ihn gar zu ſehr von den Geſchäften abziehe. Und wirklich ging es in dem ſchönen Palaſte am Minoritenplatze, welchen er bewohnte und der jetzt auch der Sitz einer induſtriellen Unternehmung geworden iſt, gar fröhlich zu. Trotz alledem aber war unter Starhembergs Leitung von jener Vernachläſſigung des Kriegsweſens keine Spur, wie ſie unter Mannsfeld mit unglaublicher Schnelligkeit einriß.

Mannsfeld ſelbſt fühlte ſeine Unzulänglichkeit. Er war tief gebeugt vor Kummer über die unglückliche Wendung, welche unter ſeinen Händen die Geſchäfte nahmen. Es ſchmerzte ihn dieß nicht nur ſeiner ſelbſt, ſondern auch ſeines Monarchen wegen, denn bei allen Gebrechen war er doch dem Hauſe Oeſterreich und Leopolds Perſon aufrichtig und mit vollem Herzen ergeben. Aus dieſem Grunde ſcheint es auch, daß er geglaubt habe, auf dem Poſten ausharren zu müſſen, auf welchen er vom Kaiſer geſtellt worden war.

Ein bedauerliches Seitenſtück zu Mannsfeld bot der Chef desjenigen Verwaltungszweiges, der an Wichtigkeit dem Kriegsweſen gleich war, ja vielleicht dasſelbe noch übertraf. Es war dieß Graf Salaburg, Präſident der oberſten Finanzbehörde, welche in Oeſterreich bis auf die neueſte Zeit die Hofkammer genannt wurde.

Das Kriegsbepartement und das Finanzwesen waren somit biejenigen Verwaltungszweige, bei denen eine Reform beginnen mußte, wenn es überhaupt Ernst damit war. Eine solche ohne längeres Säumen herbeizuführen, darauf waren Eugens eifrigste Bestrebungen gerichtet. Mit einer Lebhaftigkeit und einem Nachdrucke, den man zu Wien gar nicht mehr zu hören gewohnt war, machte der Prinz seine Vorstellungen. Gegen die Art und Weise, in welcher der Hoftriegsrath und die Hoftammer geleitet oder vielmehr sich selbst überlassen wurden, erhob er seine Stimme. Auch das Generaltriegscommiffariat mußte seinen harten Tadel erfahren. Denn dieses, von welchem die Verpflegung der Armee abhing, zählte so manchen Beamten in seinen Reihen, der mehr auf seine Bereicherung als auf die Erfüllung seiner Pflicht bedacht schien. Im Allgemeinen war es jedoch nicht so sehr Veruntreuung, worüber geklagt werden mußte, als eine gewisse Art von Abspannung und Trägheit, welche jede durchgreifende Maßregel im Keime erstickte und den unheilvollsten Einfluß übte [21]).

Wie es bei einem so tief eingewurzelten Uebel in der Natur der Sache gelegen war, so ließ sich von den Bemühungen Eugens im Anfange fast gar keine Wirkung verspüren [22]). Der Prinz wurde jedoch hiedurch nicht abgeschreckt, mit mündlichen und schriftlichen Vorstellungen unermüdlich fortzufahren. Er ließ kaum einige Tage vorübergehen, ohne immer wieder von neuem bei dem Kaiser und den verschiedenen Ministern Denkschriften einzureichen, in welchen der elende Zustand der Heere dargethan und die einfachsten und wenigst kostspieligen Mittel vorgeschlagen wurden, um demselben abzuhelfen. Mit nachdrücklichen und tief einbringenden Worten unterstützte er diese Vorstellungen. Er zeigte wie das Heil des kaiserlichen Hauses und das des Staates von der genügenden Ausrüstung der Kriegsheere abhänge. Er wies nach, daß hiezu vor allem die Finanztraft des Landes in einen geordneteren Zustand gebracht werden müsse. Er schilderte die ungeheure Gefahr, welche dem Kaiser drohte, wenn die Plane der Feinde, die er auf so vielen Kriegsschauplätzen zu bekämpfen habe, gelingen würden. Er erklärte, daß keinem einzigen der kaiserlichen Feldherrn die mindeste Verantwortlichkeit für die Unglücksfälle aufgebürdet werden könne, denen man mit jedem Tage entgegensehen müsse. Der Kaiser, Mannsfeld, Salaburg gaben ihm Recht, sie stimmten seiner Ansicht bei, zu einem Entschlusse aber, zu irgend einer großen Maßregel waren sie nicht zu vermögen.

Was Eugens Worte, was die dringenden Vorstellungen nicht zu erreichen im Stande waren, welche gleichzeitig der Markgraf Ludwig von
Baden an den Kaiser ergehen ließ [23]), dazu wurde derselbe endlich fast
wider seinen Willen durch die Ereignisse gedrängt.

Diese waren allerdings in jeder Beziehung der bedauerlichsten Art.
In Oberitalien stand Starhemberg, bei Ostiglia verschanzt. Er mußte zwar
seine Stellung gegen den weit überlegenen Herzog von Vendome zu halten,
das Vordringen gegen Südtirol vermochte er jedoch nicht zu hindern.
In Deutschland schlug der Kurfürst von Baiern, der schon im Laufe des
vorigen Jahres gegen den Kaiser zu den Waffen gegriffen hatte, den Grafen
Schlik aufs Haupt und warf ihn bis Passau zurück. Villars nahm Kehl,
und trotz der Bemühungen des Markgrafen von Baden, ihn daran zu hindern, vereinigte er sich mit dem Kurfürsten. Dieser wandte sich nun nach
Tirol, Vendome die Hand zu bieten, und zugleich mit ihm durch das Herz
der kaiserlichen Erbstaaten gerade auf Wien vorzubringen und dort den
Frieden zu dictiren.

Aber noch von einer anderen Seite und aus weit größerer Nähe sah
sich die Hauptstadt des Kaisers bedroht. In Ungarn war neuerdings der
Aufruhr losgebrochen, das ganze Land stand in Flammen, und bald waren
die österreichischen Grenzen nicht mehr sicher vor den Scharen der Insurgenten.

Mit der Besiegung des Tökölyschen Aufstandes und der Beendigung
des Türkenkrieges schien Ungarn zwar äußerlich beruhigt, im Inneren des
Landes aber herrschte eine dumpfe Gährung, die alten Verhältnisse waren
beseitigt, neue hatten noch nicht Wurzel gefaßt. Dieß zu bewerkstelligen
war der ernste Wille der kaiserlichen Regierung, und die Erreichung ihrer
Absicht wäre für die Dynastie wie für Ungarn selbst von gleich segen-
bringender Wirkung gewesen. Das Land befand sich in einem wahrhaft
trostlosen Zustande. Ganz Niederungarn war durch den Krieg entvölkert
und verheert, weite fruchtbare Landstrecken lagen öde und wüst, die Hände
fehlten, um die Felder anzubauen, die Häuser wieder aufzurichten. Wie zahl-
lose Dörfer im ganzen Lande, so lag auch die Hauptstadt Ofen noch in
Trümmern und harrte des Wiedererbauers. Ein solcher Zustand konnte,
er durfte nicht länger dauern, und die Regierung suchte Hand anzulegen,
um demselben bald und von Grund aus abzuhelfen. Sie wollte Ungarn die

Ruhe, mit ihr die Fruchtbarkeit zurückgeben. Sie wollte aus dem unsteten
Reiter, der nur zu sehr an seine nomadische Abkunft erinnerte, einen fried=
lichen Ackersmann machen, die weithin verwüsteten Gebietsstrecken, insbe=
sondere zwischen der Donau und der Theiß regelmäßigem Anbau zuführen.
Gerechtigkeit im Lande wollte sie einsetzen und zu diesem Ende die unge=
zügelte Willkür der Großen beschränken. Mit der Einführung einer zweck=
mäßigen Ordnung im königlichen Schatze sollte zugleich die Zunahme des
Wohlstandes der Unterthanen bewirkt und die Möglichkeit herbeigeführt
werden, wie es gerecht und billig war, die im Lande befindlichen Truppen,
die nur einen geringen Theil des Heeres bildeten, welchem Ungarn seine
Befreiung vom türkischen Joche verdankte, nicht mehr auf Kosten der übri=
gen Erbländer, sondern aus Ungarn selbst zu erhalten [24]).

Unter solchen Umständen, und wo so viel eingewurzelter Miß=
brauch beseitigt, so viel Eigenliebe, so viel Eigennutz verletzt werden
mußte, da war es kein Wunder, daß bei diesem leicht beweglichen
Volke der Samen der Unzufriedenheit in fruchtbares Erdreich fiel. Von
jeher stark in Beschwerden, wußten sie auch damals deren in Menge zu
erheben. Das geringe Gehör, das sie am Kaiserhofe zu finden meinten,
vermehrte die mißliche Stimmung. Das Bedrohliche eines solchen Zustandes
konnte einem aufmerksamen Auge nicht entgehen. „In Ungarn“ schrieb schon
im Jahre 1699 der venetianische Botschafter Carlo Ruzzini, „können die
„Flammen des Aufruhrs leicht wieder empor lobern, wenn nur eine Hand
„sich findet, die geschickt ist, sie anzufachen.“ Nach einer solchen sahen nicht
nur die Unzufriedenen im Lande selbst, sondern auch die auswärtigen Feinde
des Kaisers sich um. Sie brauchten nicht lange fruchtlos nach ihr zu forschen.

Franz Leopold Fürst Rakoczy, durch seine Mutter ein Enkel des zu
Neustadt enthaupteten Peter Zrinyi, der Stiefsohn des in der Verbannung
lebenden Emmerich Tököly, erschien seiner Geburt und seines Reichthumes
wegen allen denjenigen, welche an der Revolutionirung Ungarns ein In=
teresse hatten, am geschicktesten dazu. Schon während des Fürsten öfterer
Anwesenheit in Wien hatte der französische Gesandte Marquis von Villars
ihm Frankreichs kräftige Unterstützung zugesagt, wenn etwa Rakoczy beab=
sichtigen sollte, nicht nur alle Güter an sich zu bringen, die ehemals im
Besitze seiner Familie gewesen waren, sondern auch die Herrschaft über
Siebenbürgen für sich zu gewinnen.

Es ist nicht erwiesen, daß Rakoczy schon damals auf diese Anträge einging. Aber ohne Wirkung auf ihn sind sie in keinem Falle geblieben. Rakoczy begab sich nach Ungarn und suchte daselbst Anhänger um sich zu sammeln. Das Schreiben, durch welches er mit dem Könige von Frankreich eine hochverrätherische Verbindung anzuknüpfen versuchte, fiel in die Hände des kaiserlichen Hofes. Der Fürst wurde auf seiner Burg zu Sáros verhaftet und nach Neustadt in's Gefängniß geführt. Er fand jedoch Mittel von hier zu entfliehen und nach Polen zu entkommen. Von dort aus knüpfte er von neuem Verbindungen mit den Unzufriedenen in Ungarn an. Und als der Kaiser den größten Theil seiner Truppen aus dem Lande gezogen hatte, um sie in dem Kriege gegen Frankreich zu verwenden, ging Rakoczy mit einem kleinen Gefolge selbst nach Ungarn. Schnell versammelten sich um seine Fahnen zahlreiche Scharen. Er streute ein Manifest im Lande aus, welches von seinem Geheimschreiber Rabay verfaßt war, die Beschwerden der Ungarn in schwungvollem Style, jedoch mit nicht geringer Uebertreibung darstellte und zum bewaffneten Widerstande aufrief.

Einer der unruhigsten Köpfe des ganzen Landes, Graf Nikolaus Bercsenyi, stieß mit sechshundert Reitern zu Rakoczy, und brachte einiges Geld, um den Scharen, die ihnen folgten, Sold zu bezahlen. Einem unaufhaltsam um sich greifenden Brande gleich verbreitete sich die Empörung, ihr gesellte sich der Verrath. Kaiserliche Generale, Männer aus den ersten Familien des Landes, brachen die beschworene Treue und gingen zu Rakoczy über. Jeder hatte wieder seine eigenen Beschwerden, die zumeist der nie versiegenden Quelle verletzter Eitelkeit oder unbefriedigter Habgier entnommen waren. So suchten sie vor sich selbst und vor der Welt den Meineid zu beschönigen, welcher wohl zumeist durch die Ueberzeugung von der allseitigen Bedrängniß des Kaisers und durch die Begierde herbeigeführt wurde, sich zeitig genug auf die Seite seiner Feinde zu schlagen und bei der zu hoffenden Theilung der Beute ein gewichtiges Stück für sich zu erhaschen.

Graf Alexander Karolyi war es, welcher das Zeichen der Fahnenflucht, des Uebertrittes zum Feinde gab. Ihm folgten, wenn gleich erst später der General Graf Simon Forgách und Oberst Graf Anton Esterházy. Das Verbrechen dieser Männer war um so strafbarer als erst durch ihren Treubruch der Aufstand seine eigentliche Stärke und Furchtbarkeit gewann.

14

Bald war die Gefahr so drohend geworden, daß man sich deren Größe zu Wien nicht mehr zu verhehlen vermochte. Man begann einzusehen, daß um ihr die Stirne bieten zu können, andere Wege eingeschlagen und energische Entschlüsse gefaßt werden müßten. Eugens unablässige Vorstellungen fanden nach und nach ein geneigteres Gehör. Zwar waren sie vornehmlich gegen die Art und Weise, wie die Geschäfte besorgt wurden, und nicht gegen die Personen gerichtet, welche mit der Leitung der betreffenden Behörden betraut waren. Am allerwenigsten war es dem Prinzen darum zu thun, sich selbst an die Stelle einer derselben setzen zu wollen [25]. Aber die Geschäfte ließen sich eben nicht anders als die Leiter derselben beurtheilen, und jeder Tadel, welcher die Besorgung der ersteren traf, mußte von selbst auf die letzteren zurückfallen. Daher kam es, daß die allgemeine Stimme mit immer größerem Drängen auf einer durchgreifenden Veränderung im Ministerium bestand. Zu laut, zu übereinstimmend waren die Klagen, welche von den kaiserlichen Heeren, insbesondere aus Deutschland und Italien erschollen. Zu hülflos war der Zustand Ungarns und Siebenbürgens, und hiezu gesellte sich noch, das Uebel voll zu machen, die bringende Gefahr eines Bruches mit der Pforte. Dort war die Friedenspartei im Begriffe zu unterliegen und die Verbindungen der Türken mit den Rebellen ließen das Aergste besorgen [26].

Der jemehr hinausgeschobene, desto nothwendiger werdende Entschluß mußte endlich doch gefaßt werden. So ungern auch der Kaiser sich dazu herbeiließ, die Aenderung in der Besetzung der wichtigsten Stellen war nicht länger zu umgehen. Graf Mannsfeld wurde zum kaiserlichen Oberstkämmerer ernannt und Prinz Eugen erhielt die Stelle eines Präsidenten des Hofkriegsrathes. Der Feldzeugmeister Graf Heister wurde ihm als Vice-Präsident beigegeben. Ihn hatte Eugen schon früher als denjenigen bezeichnet, welcher ihm zu diesem Posten am tauglichsten erschien [27]. Auch Graf Salaburg wurde von seinem Posten entfernt.

Anfangs hatte man sich mit dem Plane beschäftigt, keinen Präsidenten der Hofkammer mehr zu ernennen, sondern die Leitung der Finanzgeschäfte einer Commission von befähigten und uneigennützigen Männern zu übertragen. Dieser sollte die Befugniß eingeräumt werden, die Mißbräuche abzustellen und eine neue und bessere Verwaltungsmethode einzuführen. Dem Fürsten Adam Liechtenstein, dem „Reichen," wie man ihn all-

gemein zu Wien nannte, war der erste Platz in dieser Commission
bestimmt 28).

Andere aber machten darauf aufmerksam, daß die Leitung der Geschäfte in einer einzigen Hand liegen müsse, indem die Vielköpfigkeit nirgends schädlicher sei als dort wo es sich um nichts so sehr als um energische
Beschlüsse und um nachdrückliche Durchführung derselben handle. Diese
Meinung behielt die Oberhand. Ihr stimmte auch der Kaiser bei, vielleicht
weniger aus Ueberzeugung von ihrer Richtigkeit als aus Abneigung vor
der Einführung eines neuen Systems. Graf Gundacker Thomas Starhemberg erhielt das Präsidium der Hoftammer. Er war ein Stiefbruder
des Feldmarschalls Ernst Rüdiger. Da er sich im Besitze eines ungemein
bedeutenden und sehr wohlgeordneten Vermögens befand, so hoffte man
von ihm, er werde die wirthschaftlichen Talente, die er bei der Verwaltung
seines Eigenthums an den Tag gelegt, auch bei derjenigen des Staats-
vermögens bewähren. Man erwartete mit Zuversicht, daß er nicht wie
so mancher seiner Vorgänger seine Stellung benützen werde, um die
eigene Börse statt des Staatsschatzes zu füllen. Und wirklich gelang es
Starhemberg, der sich schon seit Jahren durch uneigennützige Vorstreckung
von Geldern besondere Verdienste erworben hatte, binnen kurzem auf
eigenen Credit die Summe von sechsmalhunderttausend Gulden aufzubringen.

Durch seine Ernennung zum Präsidenten des Hoftriegsrathes
wurde Eugen an die Spitze des gesammten kaiserlichen Heerwesens gestellt. Nur der Markgraf Ludwig von Baden als Generallieutenant
stand in der militärischen Hierarchie noch eine Stufe höher als der
Prinz, doch war auch er in Dienstsachen dem Präsidenten des Hoftriegsrathes untergeordnet und hatte von ihm Weisungen anzunehmen
und sie zu befolgen.

Bei der Uebernahme seiner neuen Würde hatte Eugen dem Kaiser
teine andere Bedingung gestellt, als die einer kräftigen Unterstützung
der Vorschläge, welche er zum Besten des Dienstes und des Heeres erstatten würde. Die Freude unter den Truppen über die Beförderung des
Prinzen war allgemein. Generale, Offiziere und Soldaten wetteiferten
ihm Beweise davon zu geben. So groß war ihr Vertrauen auf ihn, daß
sie alle überstandenen Leiden vergaßen und die Morgenröthe schönerer Tage

14 *

anbrechen sahen. Sie waren davon überzeugt, daß ihnen jetzt nichts mehr mangeln werde [29]). Doch begreift es sich leicht, daß ihre Erwartung zu hoch gespannt und es dem Prinzen unmöglich war, mit der gewünschten Schnelligkeit in dem Augiasstalle der Unordnung und Verwirrung aufzuräumen, welche in dem ihm anvertrauten Geschäftszweige herrschten. So kam es, daß noch Monate nach seinem Amtsantritte Eugen dem Feldzeugmeister Guido Starhemberg die betrübendste Schilderung von dem Zustande entwarf, in welchem man sich befand. „Ich kann Sie versichern, so schloß er sein Schreiben, „daß wenn ich nicht selbst gegenwärtig wäre und Alles mit Augen sähe, „kein Mensch es mich glauben machen könnte. Ja wenn die ganze Monar-„chie auf der äußersten Spitze stehen und wirklich zu Grunde gehen sollte, „man aber nur mit fünfzigtausend Gulden oder noch weniger in der Eile „aufhelfen könnte, so müßte man es eben geschehen lassen und vermöchte „dem Uebel nicht zu steuern" [30]).

Daß bei der alles lähmenden Geldnoth, worin doch das Hauptübel bestand, durch die bloße Berufung anderer Persönlichkeiten an die Spitze der Geschäfte noch nicht gründlich abgeholfen werden konnte, versteht sich wohl von selbst. Hier konnte die Heilung alter Schäden nur langsam und allmählig eintreten. Auf anderen Seiten zeigte es sich jedoch alsbald, daß nun eine Stimme der Energie und der Thatkraft mitzusprechen hatte in dem Rathe des Kaisers, und daß es mit der alten Politik des Zauderns und des Schwankens zu Ende ging.

Dem Kaiser und den Verbündeten war es gelungen, den König von Portugal zu dem Beitritte zur großen Allianz zu vermögen. Am 16. Mai war der Traktat zu Lissabon abgeschlossen worden. Die vertragschließenden Theile verpflichteten sich, aus allen Kräften dahin zu wirken, daß Erzherzog Karl, des Kaisers zweiter Sohn, in den Besitz der ungetheilten spanischen Monarchie gesetzt werde. Der Krieg um die Krone Spaniens solle im Lande selbst geführt werden, und jeder der Alliirten zu dem aufzustellenden Heere nach Verhältniß beitragen. Der Friede dürfe nur in Uebereinstimmung mit allen Verbündeten und nicht eher abgeschlossen werden, als wenn weder Philipp von Anjou noch ein anderer Prinz des Hauses Bourbon sich mehr in Spanien befinde. Endlich verpflichtete sich der Kaiser, den Erzherzog Karl sogleich nach Lissabon zu senden, indem von Portugal aus der Krieg gegen Spanien begonnen werden sollte. König Peter II. aber machte sich

anheischig, den Erzherzog als König von Spanien zu empfangen und anzuerkennen.

Eugen drang darauf, daß keine Säumniß eintrete in der Erfüllung
dieser Vertragsbedingung. Auch der Kaiser, so schmerzlich es ihm wurde,
den geliebten Sohn von sich zu lassen und ihn den Wechselfällen einer
weiten Seereise und eines blutigen Krieges preiszugeben, war von dieser Nothwendigkeit durchdrungen. Der Entschluß hiezu mußte ihm jedoch
um so schwerer fallen, als König Joseph bis jetzt nur Töchter besaß, und wenn
es Karl beschieden gewesen wäre, ein Opfer des Krieges zu werden, das
gänzliche Aussterben des Habsburgischen Mannsstammes und ein zweiter
blutiger Successionskrieg zu befürchten war.

Als Karl II. noch lebte, hatte Leopold I. gezögert, seinen Sohn mitten im Frieden und unter dem Schutze deutscher Truppen an den Hof des
ihm eng befreundeten Königs von Spanien zu entsenden, um dort ruhig
zum Erben des Thrones erzogen zu werden. Jetzt mußte er sich entschließen, ihn mit fremden Hülfstruppen dorthin segeln zu lassen, um sich
das Land, von welchem er noch nicht eine Handbreit Erde sein nennen
konnte, Schritt vor Schritt zu erobern und seinen Nebenbuhler aus demselben zu vertreiben. Aber mit der ihm eigenen Seelenstärke fügte sich Kaiser
Leopold in das Unvermeidliche. Heimlich entsagten er und sein Sohn
Joseph auf alle ihre Ansprüche an die spanische Monarchie. Nur Mailand
und sein Gebiet wurde in einem geheimen Artikel von dieser Verzichtleistung
ausgenommen und wie der kaiserliche Gesandte zu London, Graf Wratislaw,
zuerst angerathen hatte [31], dessen zukünftige Vereinigung mit den österreichischen Erbländern ausgesprochen. Um jedoch die Spanier nicht zu erbittern, welche nichts so sehr zu vermeiden suchten, als die Lostrennung
irgend eines Theiles der Monarchie von dem Stammlande, so wurde beschlossen, diese Verabredung, welche Karl beschworen hatte, als Staatsgeheimniß
zu bewahren. Karl wurde als König von Spanien ausgerufen und bereitete
sich zur Abreise nach Portugal vor.

Der junge König befand sich damals in seinem neunzehnten Jahre.
Das Glück schien ihn mit all den Gaben bedacht zu haben, welche es seinen
Günstlingen aufbewahrt. Er war von mittlerer Größe, hatte braunes Haar
und einnehmende Gesichtszüge, eine edle Haltung und ein gewinnendes
Wesen. Schon in früher Jugend bewunderte man die Sanftmuth seines

Charakters, die Klarheit seines Verstandes, den Eifer, mit welchem er
sich den Studien hingab. Er besaß nicht die Lebhaftigkeit seines Bruders,
sondern er verband mit einem Ausdrucke der Milde, der leicht für ihn einnahm [32]), mehr das ernste, abgemessene Wesen des Vaters. Deßhalb war
er auch dem Herzen desselben besonders theuer. Dieß zeigte sich schon in
des Erzherzogs frühester Jugend in solchem Maße, daß man der Meinung
war, der Kaiser werde ihm, auch wenn sich die Aussichten auf die spanische
Erbschaft nicht verwirklichen sollten, etwa durch Ueberlassung von Tirol
einen Landesbesitz zuzuwenden suchen [33]).

Am 12. September war der Erzherzog Karl feierlich zum Könige von
Spanien erklärt und ausgerufen worden. Drei Tage darauf unternahm er
eine Wallfahrt nach Maria Zell, den Schutz der Mutter des Heilandes
für sein großes Unternehmen zu erflehen. Der 19. September aber war
der Tag, an welchem der junge König im Lustschlosse der Favorita, dem
heutigen Theresianum, von seinen kaiserlichen Eltern Abschied nahm. Vor
ihnen auf die Kniee geworfen, empfing er unter heißen Thränen ihren Segen. Kein Auge der Umstehenden blieb trocken, nur der Kaiser selbst erschien
gefaßt und ruhig. Liebend umdrängten die Geschwister den scheidenden Bruder und begleiteten ihn zum Wagen. Von dort aus erblickte er noch die
Eltern, am Fenster stehend, und winkte ihnen die letzten Grüße zu. Es war
in der That ein Abschied für das ganze Leben. Wie es die Betheiligten
wohl im voraus befürchteten, so geschah es auch und er sah wirklich seinen Vater niemals wieder [34]).

Dadurch, daß Karl selbst zum Schwerte griff, sein Recht auf Spaniens
Krone zu verfechten, geschah ein wichtiger Schritt zur Kräftigung des
Bündnisses gegen Frankreich. Denn es konnte die Alliirten nur aneifern
zu erhöhten Anstrengungen, wenn sie denjenigen auf dem Kampfplatze erscheinen sahen, zu dessen Gunsten der Krieg ja eigentlich in erster Linie
geführt wurde. Die Freude, die man über diesen Entschluß empfand, wurde
aber durch ein anderes Ereigniß noch beträchtlich erhöht, welches der großen
Allianz eine mächtige Verstärkung zuwandte.

Schon längst hatte der Herzog Victor Amadeus von Savoyen sich
mit seinen Bundesgenossen, den Franzosen, unzufrieden gezeigt. Er hatte bei
ihnen den gehofften Lohn nicht gefunden, weder für den Treubruch den er
im vorigen Kriege an dem Kaiser begangen hatte, noch für seine schnelle

Erklärung zu Gunsten des Königs Philipp und seine thätige Theilnahme an den ersten Feldzügen des Successionskrieges. Um nichts war es ihm so sehr zu thun als um Ausbreitung seiner Macht, um Vergrößerung seines Ländergebietes. Und eben davon wollten die Franzosen durchaus nichts hören. Bald wurde es dem Herzoge völlig klar, daß er von Frankreich nicht nur keinen Landgewinn zu hoffen habe, sondern daß es, wenn die Bourbons sich dießseits der Alpen festsetzen sollten, um seine Unabhängigkeit geschehen sei. Die Art von Oberherrlichkeit und Vormundschaft, welche König Ludwig sich immerdar über das Haus Savoyen anzumaßen gesucht hatte, belästigte und beunruhigte den Herzog. Hiezu kam die geringschätzende Behandlung, welche ihm von den französischen Marschällen bei einem Heere widerfuhr, über das ihm vertragsmäßig der Oberbefehl gebührte. Die persönliche Aufopferung, mit der er sein Leben auf den Schlachtfeldern in die Schanze geschlagen hatte, war für nichts geachtet, jedes erlittene Ungemach ihm in die Schuhe geschoben worden.

Dieses Verhältniß zu Frankreich konnte dem Herzoge nur im höchsten Grade drückend erscheinen. Auf der andern Seite hingegen stand der Kaiser, welcher Gebietsabtretungen in Aussicht stellte und mit ihm die Seemächte, die reiche Subsidien boten. Bei dem bekannten Wankelmuthe des Herzogs war es nicht schwer, dessen Treue gegen Frankreich in's Schwanken zu bringen. Schon im Beginne des Jahres 1702 ließ Victor Amadeus durch seinen Gesandten in London wegen seines Abfalles von Frankreich und des Beitrittes zur großen Allianz unterhandeln. Doch verlangte er als Preis dieses Uebertrittes das ganze Herzogthum Mailand mit alleiniger Ausnahme der Stadt und des Gebietes von Cremona. Er war bereit hiefür sogar Savoyen aufzugeben.

Es begreift sich leicht, daß der Kaiser auf ein solches Begehren nicht einging und Mailand um jeden Preis seinem eigenen Hause zu erhalten dachte. So spannen sich die Unterhandlungen fort, ohne daß Eugen an denselben Antheil genommen hätte. Seit dem verrätherischen Benehmen des Herzogs in dem vorigen Kriege war ihm der Prinz, welcher jede Falschheit haßte und den sie von einem so nahen Verwandten besonders verletzen mußte, ganz entfremdet worden. Erbschaftsstreitigkeiten sollen beigetragen haben, diese Verstimmung noch zu erhöhen [35]). Dennoch ließ sich Eugen bereit finden, trotz seines gespannten Verhältnisses mit dem Herzoge die

alte Verbindung wieder anzuknüpfen, wenn es des Kaisers Wille und ein
Erforderniß des allgemeinen Wohles sei. Auf die erste Andeutung, die ihm
darüber von Wien zukam, erklärte er aber, hierin nur mit größter Vorsicht
zu Werke gehen und keinen Schritt thun zu wollen, bis er nicht vom Kaiser
ausdrücklich dazu befehligt werde und genaue Instruction darüber erhalte,
wie weit man sich mit dem Herzoge einlassen dürfe [36]).

So wenig Anhänglichkeit auch Victor Amadeus innerlich für Frankreich fühlte, so sehr fürchtete er doch dessen Macht, welche wie ein Damo-
klesschwert über seinem Haupte hing. Daher zögerte er lange, einen definitiven Entschluß zu fassen. Schon seit dem Monate Mai befand sich der kaiserliche Bevollmächtigte Graf Leopold Auersperg unter dem Namen Monsieur Constantin in dem herzoglichen Lustschlosse Castiglio, zwei Meilen von
Turin, um dort unter dem Schleier des tiefften Geheimnisses mit dem Marquis
von S. Thomas über den Beitritt des Herzogs zu der großen Allianz zu
verhandeln. Auch Victor Amadeus fand sich manchmal unter dem Vorwande
der Jagd zu Besprechungen mit dem Grafen Auersperg daselbst ein. Diese
Verhandlungen hatten jedoch nur geringen Erfolg. Das Benehmen des
Herzogs war ganz der Haltung würdig, welche er von jeher beobachtet
hatte. Unersättlich in seinen Forderungen, schien er seine Freundschaft nur
um gar hohen Preis verkaufen zu wollen und hatte den Grafen Auersperg
bereits zu Zugeständnissen gedrängt, welche dessen Vollmacht weit überschritten.

Gar zu freigebig war Auersperg in Bezug auf die Abtretung von
mailändischen Gebietstheilen gewesen, und zu Wien, wo man nichts mehr
fürchtete als eine Verstimmung der Spanier wegen Loslösung einzelner
Provinzen von der Gesammtmonarchie, erfuhr Auerspergs Benehmen lebhaften Tadel [37]).

Aber trotz dieser weitgehenden Versprechungen trennte sich Herzog
Victor noch immer nicht von dem Bunde mit Frankreich und er machte eben
Miene die Verhandlungen völlig abzubrechen [38]), als König Ludwig XIV.
selbst mit raschem Schlage der Sache eine völlig andere Wendung gab. Er hatte
Kenntniß von der Unterhandlung des Herzogs mit dem Kaiser erhalten.
Auf des Königs Befehl eilte Vendome nach dem Lager von San Benedetto.
Am 29. September ließ er während einer Parade die dabei anwesenden
piemontesischen Truppen umringen; die Offiziere wurden verhaftet, die

Soldaten unter die französischen Regimenter gesteckt. Die piemontesische Reiterei verlor ihre Pferde, welche Vendome unter seine Truppen vertheilte. An den Herzog aber wurde die Aufforderung gerichtet, binnen vierundzwanzig Stunden entweder sein Verbleiben bei dem französischen Bündnisse oder seinen Abfall von demselben zu erklären.

Dieser gewaltthätige Vorgang der Franzosen brachte die Sache zum Bruche. Victor Amadeus, auch jetzt noch zweideutig, versicherte zwar den König von Frankreich seiner fortdauernden Anhänglichkeit, zu gleicher Zeit aber ordnete er gegen dessen Streitkräfte und Unterthanen Gewaltmaßregeln an, welche für die Entwaffnung seiner Truppen als Repressalien dienen sollten. Er wandte sich an Guido Starhemberg um Hülfe, verkündigte seinen Unterthanen die Lossagung von dem französischen Bündnisse und erklärte öffentlich seinen Beitritt zur großen Allianz. In dem Vertrage vom 8. November 1703 verpflichtete er sich zur Stellung von fünfzehntausend Mann, mit welchen der Kaiser zwanzigtausend zu vereinigen und das ganze Heer dem Oberbefehle des Herzogs unterzuordnen versprach. Leopold sagte dem Herzoge als Preis seines Uebertrittes den mantuanischen Theil von Montferrat, dann Valenza und Alessandria zu. Er verpflichtete sich die Seemächte zur Zahlung von Subsidien an Victor Amadeus zu vermögen.

Die Nachricht von der Verstärkung der Allianz durch den Beitritt des Herzogs von Savoyen war in Wien doppelt willkommen, denn sie gewährte doch einigen Trost für die unglücklichen Ereignisse auf den anderen Kriegsschauplätzen.

Die beabsichtigte Vereinigung des Kurfürsten von Baiern mit Vendome in Tirol war zwar an dem begeisterten Kampfesmuthe des treuen Bergvolkes gescheitert. Andreas Hofers Vorläufer, Martin Sterzinger, zwang die Baiern zum Rückzuge, während der tapfere Widerstand von Trient, der „Bischofsstadt" wie Vendome sie verächtlich genannt hatte, das weitere Vordringen des französischen Feldherrn verhinderte. Aber der Kurfürst kehrte nach Baiern zurück und vereinigte sich von neuem mit Villars. Der kaiserliche Feldmarschall Graf Styrum wurde am 20. September bei Höchstädt gänzlich geschlagen. Es ist nicht zu zweifeln, daß die Niederlage ihn durch eigenes Verschulden traf und daß diejenigen Recht gehabt, die ihn schon vor Jahren als unfähig zur Führung eines so wichtigen Commando's bezeichnet hatten [39]). Nur die Zwistigkeiten des Kurfürsten mit Villars verhinderten eine energische Benützung des Sieges. Landau aber fiel nach heldenmüthiger Vertheidigung. Augsburg und Passau wurden besetzt und die Wegnahme dieses letzteren Platzes rückte die Gefahr in die nächste Nähe der kaiserlichen Erbländer.

Zehntes Capitel.

Während der Kurfürst von Baiern die Westgrenze der österreichischen Länder bedrohte, wurde der Osten derselben durch das Umsichgreifen des ungarischen Aufstandes völlig in Brand gesetzt. Schon war der ganze nördliche Theil von Ungarn in der Gewalt der Insurgenten und die wenigen Plätze, welche noch von kaiserlichen Truppen besetzt waren, wurden von den Aufständischen hart bedrängt. Graf Schlik, obgleich erst vor kurzem in Baiern geschlagen, wurde nun wider die ungarischen Rebellen gesendet. Auch gegen sie war er nicht glücklich. Sie bemächtigten sich der Bergstädte und erhielten durch den Besitz derselben die Mittel, dem Aufstande eine noch größere Ausdehnung zu geben. Lowentz wurde besetzt, Szolnok mit stürmender Hand erobert, Szathmar belagert und Großwardein blokirt.

Es gelang zwar dem Grafen Schlik, den Rebellenführer Ladislav Ocskay zu überfallen und seine zuchtlosen Scharen zu zersprengen. Aber nur wenige Tage darauf wurden die deutschen Truppen, während Schlik zu Neusohl des Kaisers Geburtsfest feierte, von Bercsényi und Karolyi geschlagen. Bis Preßburg wich Schlik vor den Insurgenten zurück und mit Ausnahme dieser Stadt war das ganze Land zwischen der Waag, der March und der Donau in der Gewalt der Rebellen. Karolyi selbst drang mit den beutegierigen Horden, die er führte, in Mähren ein. Brand und Verheerung bezeichnete den wilden Zug. Es ist ein erfreulicher Umstand, daß die Nachwelt für begangene Verbrechen kein eben so treues Gedächtniß wie für große Thaten bewahrt. Sonst würden die Namen derjenigen, welche Jahre hindurch Niederösterreich und Mähren mit Feuer und Schwert verwüsteten, Weiber, Kinder und Greise mit kaltem Blute ermorden ließen, Städte und Dörfer zerstörten und die Saaten auf den Feldern verheerten, auch jetzt noch in jenen Gegenden nur mit Abscheu genannt werden.

Die Noth war auf's höchste gestiegen. Keine Truppen standen zur Verfügung, und wenn man deren auch gehabt hätte, es gab keine Artillerie,

keine Munition, keinen Proviant für dieselben. Noch immer lag Ofen in
Trümmern, und die übrigen Festungen befanden sich in einem eben so
verwahrlosten, zur Vertheidigung fast unfähigen Zustande. Nicht der geringste Geldbetrag war vorhanden, wenigstens das Nöthigste herbeizuschaffen.

Wie immer so war es auch jetzt wieder Eugen, nach dem man rief,
wenn man sonst keine Hülfe mehr sah. Der Kaiser übertrug dem Prinzen
das Obercommando über seine sämmtlichen Truppen in Ungarn und Siebenbürgen. Er sandte ihn nach Preßburg, um den Widerstand gegen die
Insurgenten zu organisiren, ihren Fortschritten Einhalt zu thun, und sie
entweder im Wege der friedlichen Ueberredung oder der Gewalt zur Unterwerfung zu bringen. Um jedoch den Ungarn die Rückkehr zu ihrer Pflicht
zu erleichtern und ihnen selbst die Hand dazu zu bieten, wurde den treu
bleibenden Comitaten jede Art von Contribution nachgesehen und alle
Execution bei strenger Ahndung eingestellt. Endlich wurde der Palatin
Fürst Paul Esterházy ermächtigt, vorläufig noch in seinem eigenen Namen
mit den Insurgenten zu unterhandeln und wo möglich eine friedliche Verständigung mit ihnen herbeizuführen [1]).

Es ist ein oft wiederholter, aber dennoch ein gründlicher Irrthum,
daß Eugen dem Kaiser fortwährend zu Unterhandlungen mit den Insurgenten, zur Nachgiebigkeit gegen dieselben gerathen habe. Die zahlreichen
Schriften des Prinzen, welche aus jener Epoche stammen, liefern den vollgültigsten Beweis des entschiedenen Gegentheiles. Eugen war zu jeder
Zeit und um welches Land es auch immer sich handeln mochte, für eine
gewissenhafte Regierung, gegen jegliche Bedrückung des Volkes, für die
Heilighaltung der Gerechtsame des Landes, für Anhörung seiner Beschwerden, und wenn sie gerecht befunden wurden, für schleunige und gründliche
Abhülfe. Anders aber dachte er über ein Volk, welches seinem Monarchen
in offenem Aufruhr gegenüber stand. Er wußte, daß da jedes Nachgeben für
Schwäche angesehen wird und statt dauernder Versöhnung nur noch höher
gesteigerte Anforderungen hervorruft. Er war fest überzeugt, daß der
ungarische Aufstand in keiner anderen Weise als durch Waffengewalt ge-
dämpft werden könne. Zu nachdrücklicher Anwendung derselben rieth daher
auch Eugen in jedem seiner Schreiben. So wenig er die Art der Kriegführung des Grafen Schlik billigte, so sehr stimmte er der Ansicht des-

selben bei, „daß mit Gnadenbezeigungen und Patenten, mit guten Worten
„und Nachlassung der Contributionen, kurz mit Papier und Tinte das König-
„reich Ungarn nicht zur Ruhe gebracht werden könne und daß an nichts als
„an Behauptung des übrig gebliebenen, an Wiedereroberung des verlorenen
„Theiles des Landes zu denken sei [2].“

Hierauf war nun auch des Prinzen eifrigste Sorge gerichtet. Insbesondere war es ihm darum zu thun, das rechte Donauufer vor den Einfällen
der Rebellen zu schützen. Es schien dieß um so schwieriger zu bewerkstelligen,
als der Wasserstand des Stromes so niedrig war, wie es nach unverdäch-
tigem Zeugnisse seit einem Jahrhunderte nicht der Fall gewesen. Denn
es kam vor, daß Reiter durch den Strom setzten, ohne daß die Pferde
schwimmen mußten, und so zweifelte Eugen nicht, daß die Insurgenten
sich von einem Vordringen auf das rechte Ufer nicht lange würden abhalten
lassen. Es so viel als möglich zu hintertreiben, entsandte er den Obersten
Biard mit siebenhundert Mann und zwei Kanonen zur Deckung der Uebergangspunkte [3].

Niemand war mehr überzeugt von der Unzulänglichkeit dieser Maßregel
als Eugen selbst. Aus je größerer Nähe er die Ereignisse in Ungarn mit
ansah, desto deutlicher erkannte er die außerordentliche Gefahr, welche dem
Kaiserhause von dort her drohte. Er billigte es, daß die Kronhüter Christoph
Erdödy [4] und Niklas Pálffy beauftragt wurden, die ungarische Krone von
Preßburg nach Wien in Sicherheit zu bringen. Er bat bringend um Entsendung von Truppen, um mit ihnen ein starkes Armeecorps zu bilden,
das sogleich gegen die Insurgenten in's Feld zu ziehen hätte. Er drang
auf die Anlegung von Schanzen an der March, um die Insurgenten von
räuberischen Einfällen in Niederösterreich abzuhalten. Tag und Nacht
möge er daran arbeiten lassen, schrieb der Prinz dem Landmarschall Grafen
Traun, das Land zu sichern. Denn er selbst vermöge durchaus nicht, wie
Traun es vorgeschlagen hatte, von der schwachen Zahl seiner Truppen
welche abzugeben, um die Schlösser des niederösterreichischen Adels mit
Besatzungen zu versehen [5].

Mit dem größten Nachdrucke aber wies der Prinz auf die Nothwendigkeit einer ausgiebigen Barsendung hin. Er zeigte die Unmöglichkeit,
die Truppen zu erhalten, wenn ihnen kein Geld geschickt, zugleich aber
auch verboten würde, sich ihre Subsistenz im Lande selbst zu verschaffen.

Er bewies, daß durch die Nachsicht der Contributionen und das strenge Verbot der Executionen bei dem gleichzeitigen Ausbleiben der Bezahlung der Soldat der größten Noth preisgegeben wäre, und erklärte, daß von dermaßen vernachläffigten Truppen auch keine außergewöhnliche Leistung verlangt werden könne. Er sagte voraus, daß insbesondere die Besatzungen der festen Plätze, wenn sie vom Lande nichts zu ihrem Unterhalte fordern dürften, vom Kaiser aber nichts dazu erhalten würden, aus Noth endlich zum Feinde übergehen müßten. Wenn nicht eine Summe von viermalhunderttausend Gulden flüffig gemacht werden würde, erklärte der Prinz, so könne er für nichts mehr stehen[6]). Mit einer Lebhaftigkeit der Sprache, die auch in Wien Eindruck zu machen nicht verfehlen konnte, drang er auf energische Entschlüffe. Er befahl dem Hoftriegsrathe Campmiller, beim Kaiser Audienz zu nehmen und ihm in Eugens Namen die unabweisliche Nothwendigkeit vorzustellen, der Gefahr, die sowohl von Ungarn als in noch höherem Maße von Baiern aus drohte, noch rechtzeitig zu begegnen.

Aber nicht nur durch fremde Mittelspersonen, auch direct wandte sich Eugen an den Kaiser. Er möge versichert sein, schrieb ihm der Prinz, daß er nur von dem einzigen Gedanken beseelt sei, Gut und Blut sammt Leib und Leben mit größter Freude für ihn und seines Hauses Wohl zu opfern. „Dadurch allein aber," fügte er hinzu, „wird Eurer Majestät „wankende Krone und Scepter nicht gerettet werden können, indem von „allen Seiten die Feinde die Oberhand gewonnen haben und bis an die „Grenzen der Erblande vorgedrungen sind. Eure Majestät aber haben „weder gehörig ausgerüstete Armeen, noch sind die Geldmittel vorhanden, „sie in Stand zu setzen, den Gegnern die Spitze bieten zu können." Nirgends seien die nöthigen Vertheidigungsmittel bereit. In ganz Ungarn befinde sich nicht ein Platz, der mit Proviant, Munition, Gewehren, mit ausreichender Garnison versehen sei. Aus dem Lande selbst aber könne um so weniger auf Beistand gehofft werden, als durch den königlichen Erlaß ganz Ungarn von allen Contributionen sowohl für die Vergangenheit als die Zukunft losgesprochen wurde.

Diese Maßregel aber werde die schädliche Folge nach sich ziehen, den Comitaten einen erwünschten Vorwand zum Verharren im Aufstande zu liefern. Denn wenn man heute oder morgen doch gezwungen sein würde, irgend einen Beitrag zu den öffentlichen Lasten von ihnen zu fordern, so würden sie sich allsogleich wider durch bewaffneten Widerstand davon zu entledigen suchen. Eine reine Unmöglichkeit wäre es aber, wiederholte der Prinz, ohne Beihülfe des Landes und ohne Geldsendungen von Wien den Truppen, sie mögen im Feldlager stehen oder zu den Garnisonen gehören, den nothwendigen Unterhalt zu sichern. Es sei daher ganz unerläßlich, fuhr Eugen fort, die nothwendigen Dispositionen zu treffen und insbesondere Geldmittel herbeizuschaffen „indem ich sonst," so schloß er sein Schreiben, „vor Gott, vor Euer Majestät, vor dem durchlauchtigsten Erzhause, „ja vor der ganzen Welt selbst mich entschuldigt haben will, wenn an allen „Orten alles zu Boden sinken und, wovor Gott sein wolle, Derö völlige „Monarchie verloren gehen müßte[7]."

Unglaublich war die Thätigkeit, welche Eugen seinerseits entwickelte, um trotz der verzweifelten Lage der Dinge zu retten was noch zu retten war. Nachdem die kaiserlichen Streitkräfte zu gering an Zahl erschienen, um der ihnen gestellten Aufgabe nachzukommen, beantragte Eugen, daß mit dem Fürsten Theodor Lubomirski Unterhandlungen wegen Stellung polnischer Hülfstruppen angeknüpft würden[8]. Er drang darauf, das Anerbieten des Königs von Polen anzunehmen, mit einem Theile seiner Truppen von der Grenze her in Ungarn einzurücken und einige der nördlichen Comitate zu besetzen. Er wisse wohl, bemerkte Eugen, daß der König nichts anderes beabsichtige, als seine Truppen kostenfrei in fremdem Lande existiren zu machen[9]. Aber in der Lage, in der man sich befinde, erübrige nichts, als die Hülfe, von wem sie immer geboten und wie theuer sie auch erkauft werden möge, dennoch anzunehmen.

Der Commandant von Siebenbürgen, General der Cavallerie Graf Rabutin, zu dessen Wachsamkeit und Umsicht Eugen großes Vertrauen hegte[10], wurde zu größter Vorsicht, insbesondere aber zu sorgsamer Ueberwachung des zweideutigen Benehmens des Kanzlers Grafen Bethlen ermahnt. Er erwarte von ihm, schrieb der Prinz dem Grafen Rabutin, daß er die Insurrection, wenn sie auch in Siebenbürgen ausbrechen sollte, mit gewohnter Standhaftigkeit bis auf's äußerste bekämpfen werde. General Löffelholz aber, der Commandant von Arad, wurde beauftragt, der hart bedrängten Festung Großwardein um jeden Preis „es koste was es wolle" Hülfe zu bringen[11]. Gemessene Befehle wurden erlassen, die Commandanten jener Plätze, welche sich an die Insurgenten ergeben hatten, zu strenger Verantwortung zu ziehen. Dringend verlangte Eugen endlich, der Palatin Fürst Paul Esterházy solle sich unverweilt nach Preßburg begeben, weniger der Unterhandlungen mit den Insurgenten wegen, von denen er sich kein Resultat versprach, als um von den treugebliebenen Comitaten doch zum mindesten einige Leistungen zu Gunsten jener Truppen zu erhalten, welche zu ihrem Schutze in's Feld rücken sollten.

Fürst Esterházy hatte Anfangs nur geringe Lust gezeigt, nach Preßburg zu gehen und mit den Insurgenten in Unterhandlung zu treten. Er fühlte ganz das Schiefe der Stellung, in welche er gerathen war. So wenig Anlaß er auch jemals gegeben hatte, an seiner Anhänglichkeit an das Kaiserhaus zu zweifeln, so begriff er doch, daß man seit den letzten Ereignissen, insbesondere aber seit Karolyi's Treubruch zu Wien ein unbestimmtes Mißtrauen gegen alle Ungarn fühlen müsse. Andererseits aber wußte er, daß er eben wegen seiner bekannten Ergebenheit für den Kaiser von den Insurgenten gehaßt wurde. Deßhalb beabsichtigte der Fürst, sich auf seine Güter nach Eisenstadt zu begeben und von den politischen Begebenheiten fern zu halten [12]). Er zögerte, die Aufforderung des Prinzen, nach Preßburg zu kommen, zusagend zu beantworten. Endlich aber wich er Eugens Drängen und verfügte sich zu ihm.

Des Prinzen erstes Bestreben war, den Palatin von den schädlichen Wirkungen des Ediktes zu überzeugen, durch welches die Contributionen nachgesehen worden waren. „Gewiß und übergewiß ist es," schrieb er nach Wien [13]), „daß, wenn der Palatin durch seine Autorität keine Abhülfe zu „bewerkstelligen vermag, die Comitate durch die bloße Güte von der Bethei= „ligung an der Revolution nicht abzuhalten sein werden. Wenn nicht also= „bald Geld herabkommt, so dürfte ein Aufstand aller Garnisonen zu besor= „gen sein und es geht nur dieses noch ab, um uns völlig zu Grunde zu „richten."

Es ist schmerzlich zu sehen, wie durch die nachfolgenden Ereignisse jede der trüben Vorhersagungen des Prinzen in Erfüllung ging. Trotz alles Drängens war es nicht gelungen, die Anlegung der Schanzen an der March in's Werk setzen zu machen, welche Eugen zum Schutze wider die Einfälle der Rebellen für unumgänglich nöthig hielt. Die Strafe dieser Versäumniß folgte auf dem Fuße. Ein Rebellenhaufe, der bei einigen

Gegenvorkehrungen gar leicht zurückzutreiben gewesen wäre, ging durch die
March, fiel in Oesterreich ein, brannte die Ortschaft Hof und das dortige
Schloß nieder und kehrte sogleich mit der Beute nach Ungarn zurück. Das
Landvolk war so eingeschüchtert, daß es sich nicht zur Wehre zu setzen
wagte. So groß war dessen Zaghaftigkeit, daß die Bauern weder zur
Schanzarbeit noch zu bewaffnetem Widerstande zu bewegen waren. Dabei
wurde der Wasserstand immer niedriger, die March drohte endlich ganz
zuzufrieren und es gebe sodann kein Hinderniß mehr, schrieb der Prinz dem
Landmarschall Grafen Traun, welches das Vorbringen des Feindes bis
an die Vorstädte von Wien vereiteln könnte [14]).

Die unumwundenen Vorstellungen, welche Eugen theils durch seine
eigenen Schreiben, theils durch den Mund des Hofkriegsrathes Campmiller,
der mit Bearbeitung der ungarischen Angelegenheiten betraut war, an
den Kaiser und den römischen König richtete, fanden bei beiden die zuvorkommende Aufnahme welche sie verdienten [15]). Es fehlte nicht an gutem
Willen, auch nicht an der Ueberzeugung, daß Niemand es redlicher meine
als Eugen, und daß seine Behauptungen und Schlußfolgerungen, so düster
sie auch klangen, der Wahrheit völlig getreu seien. Es fehlte wirklich an den
Mitteln zur Abhülfe. So viel als möglich zur Bestreitung der dringendsten
Bedürfnisse herbeizuschaffen, wurde beschlossen, einen Betrag von hundert
fünfzigtausend Gulden für die Kriegführung in Ungarn zu widmen. Graf
Czernin, der in Böhmen, sowie Fürst Hans Adam Liechtenstein in Oesterreich und Mähren, nur „der Reiche" genannt wurde, hatte sich anheischig
gemacht, diese Summe für Verleihung der Stelle eines Oberstburggrafen
von Böhmen an den kaiserlichen Staatsschatz baar zu erlegen [16]).

Auch außerdem zeigten der Kaiser und König Joseph ungemeinen
Eifer zur Herbeischaffung der von Eugen als nothwendig bezeichneten Erfordernisse. Besonderes Interesse wandte der junge König der Aufbringung von
Pferden zu, von welchen bei den in Ungarn befindlichen Regimentern Schlik
und La Tour allein mehr als fünfhundert abgingen. Er bewirkte es, daß
der Adel, die höheren Beamten, die vermöglicheren Bürger und verschiedene
Corporationen sich anheischig machten, aus ihren Privatmitteln diesen
Abgang zu decken. Am 2. Jänner wurden allein hundert dreißig Pferde in
der kaiserlichen Hofreitschule für die Armee nach Ungarn gestellt. Die
Wiener Universität brachte nicht weniger als achtzig Stücke auf. Diejenigen,

15

welche keine Pferde besaßen, gaben Geld. Andere rüsteten Fußvolk aus und die dem Hofmarschallstabe angehörigen Beamten erboten sich, hundert achtzig Fußknechte anzuwerben, welche binnen wenigen Tagen beisammen sein sollten.

Eugen begrüßte mit Freuden diese Zeichen der Bereitwilligkeit, zum allgemeinen Besten nach Kräften beizutragen. Nur bat er, daß diejenigen welche die Pferde stellten, dieselben auch mit Sattelzeug und ein Paar brauchbaren Pistolen versehen möchten, um die Pferde sogleich nach ihrer Ankunft zum Dienste verwenden zu können, „denn," setzte er wie scherzend hinzu, „ob nun auch der eine oder andere der Herren um einige Gul-„den mehr hiebei ausgibt, das wird keinen weder reicher noch ärmer „machen [17]."

Aber so sehr der Prinz auch den guten Willen schätzte, der in solcher Weise zu Tage trat, so erkannte doch Niemand besser als er, daß ganz andere und durchgreifendere Maßregeln getroffen werden mußten, um die Dinge in Ungarn auf einen günstigeren Stand zu bringen. Denn die Umstände verschlechterten sich daselbst von Tag zu Tag. Die Kälte hielt an, das baldige Zufrieren der Flüsse war zu erwarten und hiemit die Erschwerung der Zufuhr für die kaiserlichen Truppen, die Erleichterung der Stromübergänge für die Rebellen. An der March waren noch immer keine Linien angelegt, keine Reiterei war vorhanden, das Land vor den flüchtigen Scharen des Feindes zu decken, gegen welchen mit Fußvolk allein nur wenig ausgerichtet werden konnte. Die Unterhandlungen aber, welche der Palatin mit den Insurgenten zu pflegen hatte, zeigten nicht den min-desten Fortgang. Es sei ihnen durchaus nicht Ernst, versicherte Eugen, zum Abschluß eines Vertrages zu schreiten [18]. Ihre einzige Absicht sei, den Kaiser durch Verhandlungen hinzuziehen, und inzwischen ihre Macht immer weiter auszubreiten, um, wenn der günstige Zeitpunkt für sie eingetreten wäre, die Maske völlig abzuwerfen und wo möglich mit einem großen Schlage die Verwirklichung ihrer Absichten zu erreichen.

Eugen kannte die Männer genau, welche sich an der Spitze des Auf-standes befanden, und er irrte nicht in der Beurtheilung derselben. Hatte er doch zugleich mit Rakoczy lange Zeit in Wien zugebracht, sogar eine und dieselbe Straße bewohnt [19], und in vielfacher Berührung mit ihm gestan-den. Er begriff vollkommen, daß ein Mann von der geringen geistigen

Begabung Rakoczy's nicht das eigentliche Haupt der rebellischen Partei, sondern nur das Werkzeug eines Mannes sein könne, der ihn nach seinem Willen zu leiten verstehe. Und zu einem solchen Werkzeuge taugte Rakoczy vollkommen. Seine hohe Gestalt, sein imponirendes und zugleich einneh= mendes Aeußere, welches insbesondere in den Gesichtszügen ganz den un= garischen Typus an sich trug [20]), erwarben ihm die Sympathie der Massen, namentlich seiner Landsleute, die ja so leicht von Aeußerlichkeiten geblendet sind. Seine persönliche Bravour gewann ihm die Anhänglichkeit der Sol= daten, die Frömmigkeit aber, die er mit vieler Ostentation zur Schau trug, diejenige der Landleute in hohem Maße. Einsichtsvollere aber ließen sich durch diese äußerliche Haltung Rakoczy's nicht täuschen. In der Zurückhal= tung, die er an den Tag legte, sahen sie nur den Ausdruck des Gefühles seiner eigenen Unzulänglichkeit. Die Aeußerungen der Gottergebenheit, welche er fortwährend im Munde führte, hielten sie für Heuchelei, und nicht mit Unrecht behaupteten sie, ein Mann, dem es Ernst damit sei, würde nicht seinem Monarchen die Treue gebrochen und in selbst= süchtiger Absicht sein eigenes Vaterland in so unermeßliches Elend gestürzt haben.

Auch Eugen theilte aus voller Ueberzeugung diese Ansicht. Jahrzehnte waren vorübergegangen, Eugen sowohl als Rakoczy waren alt geworden, und noch immer hielt der Prinz an seiner früheren Meinung fest, Ra= koczy sei nichts als ein Heuchler, dessen Worten und Versprechungen in keiner Weise zu trauen sei [21]).

Ein bedeutenderer Mann, wenn gleich die verwerfliche Richtung, die er genommen hatte, in noch grellerer Weise in ihm zu Tage trat, war Ra= koczy's vornehmster Rathgeber, der Oberbefehlshaber seiner gesammten Streitmacht, Graf Niclas Bercsenyi. Ihn sah Eugen gleich Anfangs als den eigentlichen Leiter Rakoczy's, als die Seele des Aufstandes an. Er mag zugleich als das böse Prinzip desselben gelten. Er hatte Rakoczy in Polen empfangen, ihn zu offenem Aufstande gegen den Kaiser gestachelt, die ersten Verbindungen mit dem französischen Hofe und mit verschiedenen polnischen Großen angeknüpft. Er war zuerst mit einem starken Reitercorps zu Ra= koczy gezogen, wodurch der Insurrection Kraft und Halt verliehen wurde. Er hatte nun aber auch einen unbeschränkten Einfluß auf Rakoczy gewon= nen und die Leitung der Kriegsoperationen, wenn die ungeregelten Raub=

züge der Insurgenten so genannt werden können, wie der Unterhandlungen lag völlig in seiner Hand.

Zu so wichtigem Standpunkte aber fehlte es, wie die parteiischsten Schriftsteller gestehen [22]), Bercsenyi an hinlänglicher Besonnenheit und Selbstbeherrschung, an Scharfblick, an Kriegskunde und Gewandtheit. Hart, gebieterisch gegen seine Untergebenen, konnte Bercsenyi Niemand sich gleichgestellt dulden. Er war beißend im Tadel, spöttisch in der Vertraulichkeit, wandelbar in der Strenge, wegwerfend und bitter im Verweisen. Hartnäckig in seinen Meinungen, verachtete er die Ansichten Anderer. Beredt in Worten, schwankend und voll Bedenken im Handeln, unstät und unbestimmt in seinen Entschlüssen, voll ungemessenen Ehrgeizes, pflegte er widrige Vorfälle, auch wenn sie Folgen seiner eigenen Mißgriffe waren, immer nur Anderen zuzuschreiben [23]). So wie Rakoczy beliebt war bei den Seinigen, so wurde Bercsenyi auch von denjenigen gehaßt, welche mit ihm derselben Sache dienten.

Alexander Karolyi war es, der mit Rakoczy und Bercsenyi das Triumvirat bildete, das an der Spitze der Insurgenten stand. Seinen beiden Genossen an militärischen Kenntnissen und an Kriegserfahrung überlegen, wußte er gar wohl für die Sache des Aufstandes dasjenige zu verwerthen, was er in der Schule des kaiserlichen Heeres gelernt hatte. Wie es bei Abtrünnigen so oft der Fall ist, legte er nun einen besonderen Eifer in Bekämpfung jener Fahne an den Tag, der er so lange gefolgt war. Der Haß, welchen Karolyi gegen den Wiener Hof zur Schau trug, wurde dort redlich vergolten. Und mit vollem Rechte, denn Karolyi hatte das verletzende Schauspiel des empörendsten Treubruches gegeben, indem er als kaiserlicher General, eben noch selbst mit der Bekämpfung der Rebellen beschäftigt, ohne daß ihm irgend ein genügender Anlaß geboten worden wäre, in ihre Reihen übertrat. Denn die Behauptung, seine Rathschläge seien nicht gehört, seine Anliegen nicht befriedigt worden, kann doch nur als Vorwand und nicht als genügende Entschuldigung des gebrochenen Fahneneides gelten. So tief war damals die Kluft, welche Karolyi von der kaiserlichen Regierung trennte, daß wohl Niemand denken konnte, gerade durch seine Mitwirkung werde dereinst der Aufstand in Ungarn beendigt und das Land zum Gehorsam gegen seinen rechtmäßigen Oberherrn zurückgeführt werden.

Es ist für den Oesterreicher ein erfreulicher Anblick, diesen Führern der Rebellen gegenüber zwei Männer hervortreten zu sehen, von unerschütterlicher Anhänglichkeit an ihren Monarchen und zugleich voll warmer, uneigennütziger Liebe für ihr Vaterland, wahre Stützen des Thrones und unerschrockene Vertheidiger seiner Gerechtsame. Diese Männer waren Brüder, aus einer der edelsten Familien des Landes entstammt, Ungarn durch und durch, dennoch aber und wohl eben deßhalb, weil sie das wahre Wohl ihres Vaterlandes klar erkannten, nie wankende Anhänger ihres Herrscherhauses.

Die Grafen Niklas und Johann Pálffy waren es, welche ihren Landsleuten das leider zu wenig nachgeahmte Beispiel einer Gesinnung gaben, die mitten im tobenden Sturme, unbeirrt vom Geschrei der Parteien, klar sich ihres letzten Zweckes bewußt, sich selber immerdar gleich blieb. Beide Brüder dem kaiserlichen Heere angehörend, beide Feldmarschalllieutenants, dienten mit gleichem Eifer, je nach ihrer Individualität aber in verschiedener Weise, Niklas mehr in dem Rathe, Johann aber im Felde.

Mit Niklas Pálffy stand Eugen in vertrauter Correspondenz [24]) und bat ihn, sich über die ungarischen Angelegenheiten stets freimüthig und unumwunden gegen ihn aussprechen zu wollen. Niklas Pálffy's Rathschläge hatten zu Wien großes Gewicht, und obgleich die Insurgenten dieß wußten, so stand er doch auch bei ihnen, wohl eben seiner pflichttreuen Haltung wegen, in einem gewissen Ansehen. Dasselbe war mit seinem Bruder Johann der Fall, welcher nach Schlik's Entfernung die Leitung des Armeecorps übernahm, das jener befehligt hatte.

Johann Pálffy war schon in den italienischen Feldzügen Eugens treuer Waffengenosse und eine Person seines besonderen Zutrauens gewesen. Zeuge dafür ist jene Sendung Pálffy's nach Wien, um den Hof zu besserer Vorsorge für Eugens Heer zu vermögen. Bei jeder Gelegenheit wurde Johann Pálffy's militärische Kenntniß, seine Tapferkeit, sein Diensteifer, seine treue Anhänglichkeit an das Kaiserhaus von Eugen sowohl als den übrigen Feldherrn, unter welchen er gedient hatte, rühmend hervorgehoben [25]). Nachdem der Aufstand in Ungarn ausgebrochen war, hatte der Prinz wohl gefühlt, daß Johann Pálffy nirgends besser zu verwenden sei, als seinen empörten Landsleuten gegenüber. Sie würden an ihm ein praktisches Beispiel haben, daß die glühendste Liebe zum ungarischen Vaterlande sich mit unerschütterlicher Treue für das Kaiserhaus gar wohl vereinigen lasse. Eugens Scharfblick hat sich auch dießmal bewährt. Die Dienste, welche Pálffy seinem Monarchen in Ungarn leistete, waren der wichtigsten Art, und ihm war es, allerdings nach langwierigem, wechsel= vollem Kampfe beschieden, den Aufstand zu beenden und Ungarn die Ruhe wiederzugeben.

Esterházy und die beiden Pálffy waren die Häupter derjenigen unga= rischen Partei, welche, größtentheils aus Magnaten bestehend, es mit dem Kaiser hielt, und deren Mitglieder, meist zu Wien ihren Wohnsitz nehmend, damals allgemein die „Fibeles" genannt wurden. Ihnen gegenüber standen, Rakoczy, Bercsenyi und Karolyi als die Führer der Insurrection. Zwischen beiden Parteien hatte sich aber noch eine mittlere gebildet, welche in den meisten Punkten die Anforderungen der Insurgenten für gerecht hielt, aber nicht so weit ging wie jene, dem Kaiser den Gehorsam zu versagen und sich in bewaffnetem Aufstande wider ihn zu erheben. An der Spitze dieser Partei stand der Erzbischof von Colocza Paul Széchényi.

Durch die scharfe Opposition, welche Széchényi schon seit einiger Zeit gegen die kaiserliche Regierung an den Tag gelegt hatte, war er zwar der= selben keine Person ihres Vertrauens geworden. Man wußte jedoch zu Wien, daß der hochgestellte Priester, wenn er auch seine Unzufriedenheit mit so mancher Maßregel, die dort beschlossen worden war, unverholen zeigte, sich doch niemals zu offenem Treubruche gegen seinen Monarchen werde fortreißen lassen. Andererseits hatte dem Erzbischof eben sein Wider= spruch gegen die Regierung die Sympathien der Insurgenten gewonnen. Als nun die Verhandlungen, mit welchen Fürst Esterházy beauftragt war, zu keinem Resultate geführt hatten, glaubte man zu Wien den Erzbischof Széchényi, eben weil er mitten zwischen den Parteien stand, als den geeignetsten ansehen zu sollen, eine Vermittlung herbeizuführen. Széchényi unterzog sich dem Willen des Kaisers, welcher vorerst das Zustandekommen einer Waffenruhe wünschte, um während derselben über die Beilegung der Ursachen des Streites berathen zu können. Der Erzbischof trat auch wirk= lich mit Rakoczy in Unterhandlungen. Eugen aber, der sich nicht viel gutes davon versprach, beharrte darauf, daß dem Kurfürsten von Baiern wie dem ungarischen Aufstande gegenüber die Rettung nur in der eigenen Kraftanstrengung beruhe. Auf das Verlangen des Kaisers, ihm mit Rath und That zur Seite zu stehen, erwiederte der Prinz mit seinem gewohnten Freimuthe „in so gefährlichen Zeitverhältnissen bestehe der Rath und die „That durchaus in nichts Anderem als in Kriegsvolk und in Geld." Keine Minute dürfe länger verabsäumt, sondern die äußersten Mittel müßten ergriffen werden, um augenblicklich nahmhafte Geldsummen aufbringen und dort, wo die Noth am größten, zugreifen zu können.

Sonst gebe es keinen Rath versicherte Eugen, die Monarchie aus dem drohenden Verderben zu retten. „Eure Majestät deuten mir nicht ungnädig," fuhr der Prinz fort, „daß ich meiner Feder freien Lauf lasse, allein ich „könnte es bei Gott nicht verantworten, wenn ich es nicht thäte. Ich sehe „die Sachen in einem so betrübten Zustande, als sie vielleicht noch niemals „gewesen sind, so lange das Erzhaus regiert. In der äußersten Gefahr wer-„den aber die äußersten Mittel erfordert. Eurer Majestät Länder, vornehme „Fürsten und Herren, auch viel andere vermögliche Familien sind noch „nicht so sehr angegriffen und erschöpft, daß nicht von ihnen noch große Bei-„hülfe zu beanspruchen wäre, wie ich denn auch in meinem Gewissen nicht „finde, daß der Clerus selbst sich dieser Bürde entziehen könnte. Unser „Krieg ist ja weltkundig eine gerechte Sache. Er wird nur geführt, um das „Recht zu vertheidigen, welches Gott selbst in die Welt gebracht hat. „Ueberdieß hängt davon noch die selbsteigene Erhaltung Eurer Majestät „geistlichen und weltlichen Vasallen ab, so daß also Jeder nach Eid und „Pflicht schuldig ist, Hülfe und Beistand zu leisten, da der Allmächtige „Eure Majestät als ihren rechtmäßigen Kaiser, König, Landesfürsten und „Herrn mit so schweren Bedrängnissen heimsucht. Der Stand der „Armeen und Garnisonen ist Eurer Majestät sattsam bekannt. Der meiste „Theil der Soldaten ist nackt und bloß, dabei ohne Geld, und die Offiziere „bettelarm. Viele sterben fast aus Hunger und Noth, und wenn sie erkrankt „sind, aus Mangel an Wartung. In keiner Festung ist ein Vertheidigungs-„vorrath, ja nicht einmal auf einige Tage das Erforderniß vorhanden. „Nirgends befindet sich nur ein einziges Magazin. Niemand ist bezahlt, „folglich aus diesem Grunde das Elend allgemein. Die Offiziere und Sol-„daten sind kleinmüthig und von allen Seiten werden nur Klagen und Aus-„drücke der Verzweiflung gehört [26]."

„Ich bitte Eure Majestät um des Himmels willen," sagt Eugen in einem um zwei Tage jüngeren Schreiben, „ergreifen Sie schleunige, starke

„und kräftige Entschlüsse, verbleiben Sie aber auch fest auf denselben und
„halten Sie mit größter Strenge auf deren pünktliche Ausführung. Viel-
„leicht wird alsdann der Allerhöchste größeren Segen senden und Eure
„Majestät sammt ihren bedrängten Königreichen und Ländern wieder in
„glücklicheren Stand setzen, wozu ich dann meines Ortes alle äußersten
„Kräfte anstrengen werde [27].“

Sichtlich fürchtete der Prinz, daß man trotz dieser drängenden Vorstellungen in Wien zu keinem energischen Entschlusse kommen werde. Er
sandte Abschriften der Berichte, welche an den Kaiser abgingen, dem römischen Könige Joseph zu, und begleitete sie mit erneuerter, wo möglich noch
lebhafterer Beschwörung zu nachdrücklichem Handeln. „Nunmehr hat Gott
zugelassen,“ schrieb er dem Könige, „daß Alles nur noch an einem dünnen
„Faden hängt. Das Sprichwort sagt, wenn der Mensch hilft, so wird auch
„Gott helfen. Aber nichts thun als den Krieg mit Papier und Wort-
„gefechten führen, daraus sieht man nun was erfolgen muß. Eure Majestät
„verzeihen, daß ich mich so weit versteige, aber die Zeit ist gekommen, daß
„ich zu meiner Rechtfertigung vor mir selbst nicht schweigen kann. Noch
„höhere Zeit aber ist es, daß man arbeite und streite, um mit der einen
„Hand zu helfen und mit der andern abzuwehren. Zu beidem sind aber die
„schnellsten und stärksten Entschlüsse nothwendig, und auf diese zu bringen,
„ist vor allem die Sache Eurer Majestät. Zwischen morgen und übermor-
„gen hoffe ich persönlich vor Ihnen zu erscheinen und sobann das Aeußerste
„anzuwenden, um dem größten Unglücke steuern zu können [28].“

Der Entschluß des Prinzen, ungesäumt nach Wien zurückzukehren,
war durch die Erkenntniß herbeigeführt worden, daß seine Gegenwart
dort vor allem nothwendig sei, denn die Gefahr, die von Baiern her
drohte, schien ihm noch weit größer als die Besorgniß vor dem Umsichgreifen des ungarischen Aufstandes. Hier waren regellose Rebellenhorden
unter wenig bedeutenden Führern. Dort aber befanden sich wohlgeübte
Kriegerscharen, von einem tapferen, kriegsgewandten Fürsten befehligt,
welcher aus einem ehemaligen Verbündeten der erbittertste Feind gewor-
ben war. Hier war zwar Verwüstung des Landes, empfindlicher Schaden
von vielerlei Art, dort aber unwiederbringlicher Verlust ganzer Provinzen, ja sogar ein regelmäßig ausgeführter Angriff auf Prag oder Wien
zu befürchten. Hier war zwar eine Unterstützung der Insurgenten, sei es

von der Pforte, von Rußland oder Polen nicht unwahrscheinlich. Jedenfalls aber stand sie noch in weitem Felde, während dort die innige Verbindung Baierns mit Frankreich, dem mächtigsten Continentalstaate der
damaligen Zeit, eine vollendete Thatsache war. Ueberdieß wurden noch in
Wien Unterhandlungen in den ungarischen Angelegenheiten gepflogen, von
denen sich Eugen zwar keinen Erfolg versprach, deren Ausgang aber doch
abgewartet werden mußte, bevor der offene Kampf gegen die Insurgenten
wieder aufgenommen wurde.

Diesen wenigstens mit einiger Aussicht auf Erfolg führen zu können,
darauf war Eugens unablässige Sorge gerichtet. Insbesondere veranlaßte
er, was ausführbar war, um Oesterreich vor den Einfällen der Rebellen
zu schützen. Das Schloß von Ungarisch-Altenburg wurde in Vertheidigungsstand gesetzt, die Landesgrenze bis gegen Neustadt möglichst gedeckt,
hauptsächlich aber alles gethan, um das zu Preßburg befindliche Armeecorps zu verstärken und streitfähig zu machen. Denn dieses Corps sei noch
das einzige Hinderniß, versicherte der Prinz, welches die Feinde bisher
vor dem Vordringen bis an die Thore Wiens abgehalten habe.

Nachdem er dem Feldmarschallieutenant Grafen Johann Pálffy auf-
getragen hatte, die Truppen, auf welchen Eugens letzte Hoffnung beruhte,
wie seinen Augapfel zu schonen, bis sie an Zahl stark genug wären, um
mit ihnen etwas Entscheidendes unternehmen zu können, eilte der Prinz
nach Wien zurück, um den Vorstellungen, welche er schriftlich dahin abge-
sandt hatte, durch seine persönliche Gegenwart Nachdruck zu verleihen.

Eilftes Capitel.

In dem Augenblicke, in welchem Eugen nach Wien zurückgekehrt war, schien die Bedrängniß des Kaiserhofes den höchsten Grad erreicht zu haben. So groß aber die Noth, so mächtig war auch die Anstrengung, die hauptsächlich auf Eugens Impuls gemacht wurde, um sich aus dem drohenden Schiffbruche zu retten. Der letzte Mann, kann man sagen, wurde aufgeboten, der letzte Gulden flüssig gemacht, um auf den verschiedensten Kriegsschauplätzen Heere aufzustellen, die dort schon vorhandenen zu ergänzen und auf kriegsmäßigen Stand zu setzen. Die fähigsten Männer endlich, die dem Kaiser zur Verfügung standen, wurden hervorgezogen, und mit seltener Eintracht, mit Aufbietung aller ihrer Kräfte wirkten sie, die Staatsmänner wie die Feldherrn, zusammen zur Erreichung des einzigen großen Zieles, der Rettung des Herrscherhauses aus der nahen, drohenden Gefahr.

In Italien war es Guido Starhemberg, der die kaiserlichen Truppen commandirte, berühmt wegen seiner unerschütterlichen Ausdauer in den unsäglichsten Widerwärtigkeiten, unerschöpflich in Mitteln, sich dort noch dem Feinde furchtbar zu machen, wo einem Andern die kleine Heerschar, die unter seiner Führung stand, unter den Fingern zerschmolzen wäre. Das Reichsheer am Rheine befehligte Markgraf Ludwig von Baden, hochberühmt durch die Lorbeern, in siegreichen Kämpfen gegen die Pforte errungen, durch manchen Feldzug, welchen er mit Ehren gegen die französische Kriegsmacht bestanden hatte. Zwar war sein Körper gebrochen durch die Mühsal so zahlreicher und anstrengender Kriegesfahrten, deren verderblicher Einfluß leider durch eine wenig geregelte Lebensweise noch gesteigert wurde [1]). Aber noch war er zur Leitung großer Heeresmasse vor Vielen befähigt, mit dem Kriegsschauplatze, auf dem er sich zu bewege hatte, auf's innigste vertraut, durch das Ansehen endlich, das er im Reich genoß und zur Aneiferung der Fürsten und Stände benützte, dem Kaiser fast unentbehrlich. In Ungarn war es Sigbert Heister, welcher den Obe befehl gegen die Insurgenten führte, und der General der Cavallerie Graf Rabutin bekämpfte in Siebenbürgen mit noch geringeren Mitteln denselben Feind. Der ausgezeichnetste der kaiserlichen Feldherrn war noch übrig, mit Eugen selbst noch keine Verfügung getroffen worden. Man hätte ihn gern auf allen Kriegsschauplätzen zugleich verwendet. Im Jahre 1703 hatte es sich von Woche zu Woche um seine Abreise nach Italien gehandelt. Dann war er zur Einrichtung der Vertheidigungsanstalten gegen die ungarischen Insurgenten gebraucht worden. Nach dem plötzlichen Tode des Prinzen Vaudemont beschloß der Kaiser, Eugen nach Ostiglia zu senden, um das Commando des dort befindlichen Armeecorps zu übernehmen und mit demselben die Operationen zu beginnen ²). Aber großartigere Entwürfe, welche auftauchten und mit deren Durchführung nur so geschickte Hände wie diejenigen des Prinzen betraut werden konnten, vereitelten diesen Entschluß.

Eugens klarem Blicke war es nicht entgangen, daß von all den kriegerischen Aufgaben, welche dem Kaiser gestellt waren, die Bezwingung des Kurfürsten von Baiern als die bringendste erschien. Der ungarischen Insurrection gegenüber war es einstweilen schon genügend, wenn sie nur von Einfällen auf österreichisches Gebiet abgehalten wurde. Daß sie außerhalb ihres Landes nachhaltig die Oberhand gewänne, war ohnedieß nicht zu besorgen.

In Italien war durch den Uebertritt des Herzogs von Savoyen und dessen Vereinigung mit Starhemberg längere Zeit hindurch für eine Beschäftigung der französischen Streitkräfte gesorgt, einem Vordringen derselben gegen die kaiserlichen Erblande vorgebeugt. Die ärgste Gefahr, welche diesen drohte, kam von Baiern.

In keiner Weise waren Oberösterreich und Böhmen gegen die Einfälle aus dem Nachbarlande geschützt. Mit der Besetzung dieser Provinzen wären dem Kaiser die letzten Hülfsquellen versiegt, mit denen er seine Heere nothdürftig zu erhalten vermochte. Er wäre von allen Seiten umrungen, und wie es in des Kurfürsten Absicht lag, zu einem schimpflichen Frieden gezwungen worden.

Außerdem bedrohte Maximilian Emanuel durch seine Stellung den Rücken des Heeres, welches der Markgraf von Baden befehligte. Durch einen Unfall desselben wäre die letzte Schutzwehr zerstört worden, welche

das deutsche Reich vor der Ueberfluthung durch die Franzosen zu bewahren
vermochte. Einer solchen Katastrophe mußte zeitlich vorgebeugt und darum
vor allem mit ganzer Macht an die Bekämpfung des Kurfürsten geschritten
werden. War dieser niedergeworfen, so schien es an der Zeit, an nach-
drücklicheres Auftreten auf den übrigen Kriegsschauplätzen zu denken.

Es war ein Glück für Eugen, daß er zur Ausführung der großartigen Entwürfe, mit denen er sich trug, der Mithülfe eines Mannes
theilhaftig wurde, der ihn besser als ein anderer verstand, dem es ein
leichtes war, auf kühngedachte Plane einzugehen, der sie mit Meisterschaft
in's Werk zu setzen wußte. Das lebhafte Vertrauen, welches Englands
berühmter Heerführer Marlborough zu Eugen hegte, trug nicht wenig
dazu bei, ihn so schnell auf die Plane des Prinzen eingehen zu machen.
Schon seit mehreren Jahren hatten die beiden Feldherrn sich bei den verschiedensten Anlässen Beweise einer wechselseitigen und tiefempfundenen
Hochachtung gegeben. Nichts kann verbindlicher sein, als die Schreiben,
welche Marlborough schon im Jahre 1702 an den Prinzen richtete, und
in denen er ihn über seine Haltung in Italien beglückwünschte [3]). Dieser
Verkehr, welcher mit gegenseitigen Zeichen der Zuvorkommenheit begonnen
hatte, verwandelte sich bald in ein inniges Freundschaftsverhältniß, das
in jeder Lage des Lebens unverbrüchlich festhielt und die gedeihlichste Wirkung für die gemeinsame Sache hervorbrachte. Es ist ein erhebender Anblick,
das Zusammenwirken dieser beiden ausgezeichnetsten Heerführer ihrer Zeit
zu beobachten, zu sehen, wie sich das Genie des Einen an den Geistes-
funken des Anderen entzündete, wie Einer den Andern unterstützte und
ergänzte und sie fern von kleinlichem Neide nur dasselbe große Ziel verfolgten.

John Churchill, Herzog von Marlborough, war ohne Zweifel einer
der größten Männer, welche im Anfange des verflossenen Jahrhunderts
die Welt mit ihren Thaten erfüllten. Schon in früher Jugend war er in
Kriegsdienste getreten und hatte bald auch an den öffentlichen Angelegenheiten seines Vaterlandes hervorragenden Antheil genommen. So war es
ihm gelungen, durch sein außerordentliches Talent, das sich in der verschiedensten Richtung, auf dem militärischen und dem diplomatischen Felde
wie in der Thätigkeit eines Parteihauptes in gleichem Maße bewährte,
sich eine Stellung zu erringen, die ihm die Fähigkeit wie das Recht gab,

die Lücke auszufüllen, welche König Wilhelms Tod in der Reihe der vordersten Kämpfer gegen Frankreich gelassen hatte [4]).

„Mylord Marlborough," schreibt die Herzogin von Orleans an die
Rangräfin Louise „war einer der schönsten Männer, so man mit Augen
„zu sehen vermag [5])." Man weiß, wie leicht es demjenigen wird, welchem
diese Gabe zu Theil geworden ist, die Menschen für sich einzunehmen.
Für Jemanden, dessen Stellung es wünschenswerth macht, Andere zu
gewinnen, für das Haupt einer Partei, den diplomatischen Unterhändler,
ja auch für den Feldherrn, dessen Anblick seine Krieger ermuthigen soll
und begeistern, ist diese Eigenschaft von unschätzbarem Werthe. Marlborough
vor oder mitten in der Schlacht, hoch zu Roß die Reihen seiner Krieger
durchfliegen zu sehen, eine weithin leuchtende Heldengestalt, war eine
herrliche Erscheinung. Einer der vorzüglichsten Strategen, die jemals
existirten, war Marlborough in der Schlacht, wenn ihm gleich jene genialen
Eingebungen mangelten, die Eugen eigen waren und durch welche im
Augenblicke höchster Gefahr und vielfacher Bedrängniß plötzlich der einzig
rettende und entscheidende Ausweg gefunden wird, von jener hartnäckigen
Festigkeit, welche die englischen Feldherrn characterisirt und durch die auch
Wellington seine Siege erfocht [6]). Voll persönlicher Gewandtheit, uner-
schöpflich an Hülfsmitteln, so lang es auf Berechnung, Einrichtung und
geschickte Behandlung ankam, war Marlborough ganz der Mann, die
Fäden dieses vielfach verschlungenen Bündnisses durch diplomatische
Geschicklichkeit festzuhalten. In England durch seinen eigenen und seiner
Gattin Einfluß bei der Königin Anna, durch das Ueberwiegen seiner
Partei, durch Verwandtschaft und persönliche Verbindung mit den vornehmsten Ministern auf die höchste Spitze politischer Macht gestellt, als
außerordentlicher Gesandter Englands in Holland fungirend, führte Marlborough nicht nur den Oberbefehl über die britischen, sondern auch über
die holländischen Truppen in den ehemals spanischen Niederlanden. So
war eine ungeheure Gewalt in die Hände dieses einzigen Mannes gelegt.
Er brauchte sie, wie von ihm zu erwarten war, mit rastlosem Eifer
und größter Gewandtheit. Er brauchte sie gegen Frankreich, zum Dienste
seines Vaterlandes, und des österreichischen Kaiserhauses, dessen Interessen in Marlboroughs Augen mit denen Großbritanniens völlig identisch
waren.

Der glückliche Ausgang, welchen der verflossene Feldzug auf allen Punkten für ihn gehabt hatte, ermuthigte den König von Frankreich zu verstärkten Anstrengungen, die gewonnenen Vortheile festzuhalten und neue zu erringen. Außer dem Armeecorps, welches er unter des Marschalls Berwick Befehlen nach Spanien schickte, und dem Corps, das der Marschall Villars in den Cevennen befehligte, standen drei französische Armeen in Italien, drei in Deutschland und den Niederlanden zum Angriffe auf die Verbündeten in Bereitschaft. In Italien befehligte der Herzog von Vendome das in Piemont befindliche Hauptheer, sein Bruder der Großprior das Corps, welches in der Lombardei, und der Herzog de la Feuillade das-jenige, das in Savoyen stand. Die französischen Truppen in Baiern führte der Marschall Marsin unter dem Oberbefehle des Kurfürsten selbst, die am Rheine der Marschall Tallard, an der Spitze derjenigen in Flan-dern stand der Marschall von Villeroy.

Diesen Streitkräften auf allen Punkten zu begegnen, mußten die Ver-bündeten ihre Truppen in ähnlicher Weise vertheilen. In Portugal wurde ein Heer aus britischen, holländischen und portugiesischen Regimentern ge-bildet, welches unter der Führung des jungen Königs Karl in Spanien eindringen sollte. Den französischen Truppen in Savoyen und Piemont standen Victor Amadeus und Guido Starhemberg gegenüber, welch letzterer sich durch einen meisterhaften Zug mitten durch feindliches Land mit dem Herzoge zu vereinigen gewußt hatte. Die Franzosen in der Lombardei be-kämpften das von Starhemberg bei Ostiglia zurückgelassene Armeecorps, dessen Führung zuerst Prinz Karl Thomas Vaudemont, nach dessen plötz-lichem Tode Graf Leopold Herberstein und nach diesem der General der Cavallerie Graf Leiningen übernahmen. Das kaiserliche und Reichsheer in Deutschland befehligte der Markgraf von Baden, die englischen und hol-ländischen Truppen in Flandern der Herzog von Marlborough. So blieb nur mehr der Oberbefehl über die Armee zu vergeben, welche dem Mar-schall Tallard am Rhein und an der Mosel entgegengestellt werden sollte. Eugen wurde mit diesem Commando betraut.

Außer diesen verschiedenen Heeresabtheilungen hatte der Kaiser noch die beiden Armeecorps auf den Beinen, von welchen das eine unter Heister in Ungarn, das zweite unter Rabutin in Siebenbürgen gegen die Insurgen-ten kämpfte.

Aus den Vorbereitungen zur Kriegführung, welche der König von Frankreich während des Winters traf, und aus der Sachlage selbst errieth Eugens Scharfblick mit Leichtigkeit, daß es Ludwig XIV. darum zu thun war, in Italien und in Deutschland die Hauptschläge zu führen. In Spanien sowohl als in den Niederlanden sollte nur vertheidigungsweise vorgegangen werden und man sich auf Zurückweisung etwaiger feindlicher Einfallsversuche beschränken.

Diese Absicht des Königs von Frankreich wurde bei Eugens Berechnungen gar sehr in Betracht gezogen. Italiens Vertheidigung mußte einstweilen, so schwer dieser Entschluß auch fiel, den Anstrengungen des Herzogs von Savoyen und der insbesondere in solchen Lagen ganz unvergleichlichen Geschicklichkeit des Grafen Guido Starhemberg überlassen werden. Im Herzen Deutschlands war der gefährlichste, der erbittertste Feind zu bezwingen, war dieser überwunden, so sollte daran geschritten werden, durch kühne Maßregeln auch den Stand der Dinge in Italien wieder aufzurichten. Ein Blick auf die Stellungen der feindlichen Truppen in Deutschland und an dessen Grenzen wird zeigen, wie gefahrvoll damals die Lage der Dinge für den Kaiser und das Reich war.

Zwischen dem Lech und dem Inn standen die Truppen des Kurfürsten von Baiern. Kufstein auf der einen, Passau auf der anderen Seite, sammt verschiedenen Posten in Oberösterreich befanden sich in ihren Händen. Einige baierische Regimenter lagen in der Oberpfalz. Der Kurfürst selbst hatte zu München sein Hauptquartier.

Mit ihm in unmittelbarer Verbindung stand der Marschall Marsin, dessen Streitkräfte zwischen dem Lech, der Iller und der Donau vertheilt waren und dessen Hauptquartier sich in Augsburg befand.

Die Truppen des Marschalls Tallard waren größtentheils im Elsaß und der Franche-Comté einquartiert. Ihnen bot das Armeecorps des Generallieutenants de Coigny die Hand, das an der Mosel postirt und sich je nach Bedarf nach dem Rheine oder den Niederlanden zu wenden beauftragt war.

Die Streitkräfte, welche der Kaiser und die ihm verbündeten Reichsfürsten dem französischen Heere entgegenzusetzen hatten, lagen theils zwischen dem Bodensee, dem Schwarzwalde und der oberen Donau, theils in Schwaben und Franken, dann das rechte Rheinufer entlang bis zum Main und in der Wetterau in den Quartieren. Aus diesen Truppenabtheilungen sollten die beiden Armeen gebildet werden, welche der Markgraf und Eugen zu befehligen hatten.

Die vorstehende Skizze der Stellungen der beiderseitigen Heere läßt erkennen, daß die Verbindung Baierns mit dem Elsaß durch die kaiserlichen Truppen unterbrochen war, welche Freiburg und die Pässe des Schwarzwaldes besetzt hielten. Den Feinden schien es aber dringend nöthig, die Armee des Marschalls Marsin mit neuen Verstärkungen, mit Rekruten und Remonten zu versehen. Das Hauptaugenmerk des Königs von Frankreich war daher vorerst auf die Herstellung einer direkten Verbindung mit Baiern gerichtet.

Markgraf Ludwig zweifelte keinen Augenblick an dieser Absicht des Königs. Um sie wo möglich zu verhindern, wandte er sich mit dringenden Vorstellungen an den Kaiserhof, an die Reichsfürsten. Mit beredten Worten schilderte er überall die Nothlage seines Heeres, seine Bedrängniß, und bat um schleunigste Abhülfe. Aber nur wenig vermochte er zu erreichen. Bekannt war die Lässigkeit der Reichsfürsten in Erfüllung ihrer Verpflichtungen. Was aber den Kaiserhof anging, so war er nach allen Richtungen hin zu sehr in Anspruch genommen, um die von allen Seiten an ihn gelangenden dringenden Bitten um Truppen, um Geld, um Geschütz, um Munition und Proviant auch nur einigermaßen befriedigen zu können. Trotz angestrengtester Arbeit hatte Eugen in der kurzen Zeit seines Wirkens als Präsident des Hofkriegsrathes noch bei weitem nicht alles in der Weise einzurichten vermocht, wie er es selbst gewünscht hätte. „Ich arbeite," schrieb er dem Markgrafen, „mit dem neuen Kammerpräsidenten Tag und „Nacht, die aller Orten vernachläßigten Rüstungen auf einen anderen Fuß „zu setzen, vermag aber nicht in einem Tage zu repariren, was seit Jahren „in Unordnung gebracht worden ist [7]."

So sah sich denn Markgraf Ludwig so ziemlich nur auf sich selbst und dasjenige angewiesen, was er an Truppen und Kriegsbedürfnissen bereits besaß. In einer Linie, die sich vom Bodensee über Stockach und die Waldstädte bis Mannheim zog, hatte er seine Streitkräfte aufgestellt. Die Führung dieser Truppen lag in den Händen der Feldmarschälle Thüngen und Styrum; der Markgraf selbst hielt sich in Aschaffenburg auf, denn es schien ihm der Ausbruch der Feindseligkeiten noch nicht so nahe,

und er erwartete den Ausgang der Unterhandlungen, welche über die kriegerischen Unternehmungen mit England gepflogen wurden.

Rastlos war Eugen bemüht gewesen den Herzog von Marlborough
zu überzeugen, daß eine energische Kriegführung vom Kaiser erst dann
erwartet werden könne, wenn durch Besiegung des Kurfürsten von Baiern
die unmittelbare Gefahr von den österreichischen Erbländern abgewendet
und Deutschland pacificirt wäre, wenn kein Feind mehr im Rücken der
gegen Frankreich operirenden Heere stände und deren concentrisches Zusammenwirken nach demselben Zielpunkte zu stören vermöchte. Da aber
die kaiserlichen und die Reichstruppen zur Durchführung dieser Unternehmung zu schwach seien, so müsse man einstweilen in den Niederlanden auf
Offensiv-Operationen verzichten, und englisch-holländische Streitkräfte zur
Mithülfe bei der Bekämpfung des Kurfürsten und des französischen Heeres
nach Baiern führen.

Die Großartigkeit dieser Idee fand leichten Eingang in Marlboroughs
Gemüthe. Er unterstützte mit seinem ganzen Ansehen die Vorstellungen,
welche der kaiserliche Gesandte in London, Graf Johann Wenzel Wratislaw, in gleichem Sinne an die englische Regierung richtete. Nachdem dieselbe dem Plane endlich ihre Zustimmung ertheilt hatte, eilten Marlborough
und Wratislaw nach dem Haag, um auch die Generalstaaten für ihre
Vorschläge zu gewinnen.

Hier begegneten sie aber gerade entgegengesetzten Ansichten. Die
Generalstaaten hatten so eben dem Markgrafen von Baden angekündigt,
daß sie nicht nur keine neuen Truppen nach dem Oberrhein entsenden
würden, sondern ihre schon daselbst befindlichen Streitkräfte zurückrufen
müßten [8]). Marlborough und Wratislaw kannten die Engherzigkeit der
Holländer und wußten, daß ihre Bedenklichkeiten nicht so schnell zu beseitigen sein würden. Sie sprachen ihnen daher einstweilen nur von einer
Vorrückung an die Mosel. Der holländische Feldmarschall Overkerke
sollte inzwischen die Franzosen unter Villeroy beobachten und das holländische Gebiet vor feindlicher Bedrohung schützen.

Nach langer Weigerung gaben endlich die Generalstaaten ihre Einwilligung. Der Großpensionär Heinsius, ein Geistesverwandter Eugens
und Marlboroughs, hatte dazu das Beste gethan. Zu Wien begrüßte
man mit Freude dieses Resultat. Man sah darin ein Anzeichen, daß die

Alliirten mehr thun würden, als man von ihnen zu hoffen gewagt hatte. Das Schwierigere schien Eugen schon überwunden, und er glaube fest daran, schrieb er Tags vor der Abreise auf seinen Posten an seinen Vetter, den Herzog von Savoyen, daß das kühne Unternehmen binnen zwei Monaten von einem glücklichen Erfolge gekrönt sein würde. „Freilich muß „Jeder dazu thun, was er nur immer zu leisten im Stande ist. Das Ge- „lingen hängt von dem einträchtigen Zusammenwirken ab und davon, daß „Jeder an nichts denke als einzig und allein an das allgemeine Wohl [9]).“

Diesen Grundsatz, die unverbrüchliche Richtschnur aller seiner Hand- lungen, befolgte Eugen auch hier. Nichts scheuen Generale, welche schon selbstständig den Oberbefehl geführt haben, gewöhnlich mehr, als sich später dem Commando eines Anderen unterzuordnen. Es war dieß allerdings eine starke Zumuthung für einen Feldherrn, der über die Türken bei Zenta gesiegt und in Italien zwei ruhmvolle Feldzüge durchgekämpft hatte. Aber Eugen zögerte keinen Augenblick, dort wo der Dienst des Kaisers es forderte, sich in eine Stellung zu begeben, in welcher er ohne Zweifel unter die Befehle des Generallieutenants Markgrafen von Baden kommen mußte. Da seiner Meinung nach alles davon abhing, die Vereinigung der Heere des Mark- grafen von Baden und Marlboroughs zu bewerkstelligen und ein gutes Ein- vernehmen zwischen diesen beiden Feldherrn festzusetzen, nahm Eugen mit gewohnter Selbstverleugnung diese dornenvolle Aufgabe auf sich [10]). Er unterzog sich ihr um so bereitwilliger, als auch Markgraf Ludwig die An- wesenheit des von ihm hochgeschätzten Vetters in Deutschland gewünscht und vom Kaiser förmlich verlangt hatte [11]). Zu Ende des Monats Mai begab sich daher Eugen auf dem weiten Umwege über Tirol und Vorarl- berg auf den Kriegsschauplatz. Freudig wurde seine Ankunft von dem Heere begrüßt, und auch die Gegner sahen in ihm einen Vorboten bedeutsamer Ereignisse. „Es ist nicht zu zweifeln,“ schrieb der Kurfürst von Baiern dem Könige von Frankreich, „daß der Prinz von Savoyen nur zur Ausfüh- „rung großer Projekte nach dem Kriegsschauplatze gekommen ist [12]).“

Hier waren inzwischen Begebenheiten eingetreten, welche die Sach- lage sehr zu Ungunsten der Verbündeten zu ändern drohten. In Folge der Befehle seines Königs und genauer Verabredung mit Marsin hatte Mar- schall Tallard im Elsaß seine Streitkräfte zusammengezogen, dann mehr als zehntausend Rekruten und einen ungeheuren Convoy von Kriegsbe-

dürfnissen jeder Art gesammelt, welche er dem Kurfürsten zuzuführen beabsichtigte. Auf die Nachricht von seiner Bereitschaft brachen der Kurfürst
und Marsin aus ihren Quartieren auf, und rückten gegen Donaueschingen
vor. Sich vor ihrer überlegenen Macht sicher zu stellen, wich der alte
Thüngen auf Rottweil zurück. Während so die Aufmerksamkeit des Feldmarschalls von dem Gegner gefesselt wurde, der ihn von Osten her bedrängte, ging Tallard am 13. Mai mit vierundzwanzigtausend Mann,
dreißig Geschützen und dem ganzen für den Kurfürsten von Baiern bestimmten Convoy bei Breisach über den Rhein. Ihn zu unterstützen überschritt
zu gleicher Zeit Generallieutenant de Coigny mit dreizehntausend Mann bei
Rheinau den Strom. An Freiburg vorüber setzte Tallard unaufgehalten
seinen Marsch durch den Schwarzwald fort und bewerkstelligte am 20. Mai
zwischen Villingen und Donaueschingen seine Vereinigung mit dem Kurfürsten und Marsin. An demselben Tage traf Markgraf Ludwig in der
Gegend ein, und überzeugte sich zu seinem Verdrusse, daß die Uebergabe
des aus vier tausend Wagen bestehenden Convoy's und der Gesammtzahl
der Rekruten bereits stattgefunden habe.

Nachdem die feindlichen Feldherrn sich über die bevorstehenden Ope-
rationen berathen hatten, trat jedes der beiden Heere seinen Rückzug an,
Tallard nach dem Rheine und der Kurfürst in der Richtung gegen Ulm.
Am 2. Juni war Tallard wieder auf dem linken Rheinufer zurückgelangt.
Markgraf Ludwig folgte dem Kurfürsten. Fortwährend zaudernd und un-
entschlossen vermochte er nicht demselben etwas anzuhaben. Bei Ulm bezog
Maximilian Emanuel, bei Ehingen der Markgraf und zwar letzterer in
demselben Augenblick das Lager, in welchem Eugen daselbst eintraf.

Einem Siege gleich wurde das Gelingen dieser gewagten Unternehmung von den Franzosen und dem Kurfürsten gefeiert. Mit Bestürzung
aber sahen der Kaiser und die ihm verbündeten Fürsten den Erfolg, welchen
der Feind in so leichter Weise errungen hatte. Immer lauter erhoben sich
die Stimmen des Tadels wider das Benehmen des Markgrafen und während die Einen sich damit begnügten, ihn als geistig und körperlich geschwächt, als nicht länger fähig zur Leitung so großer Heeresmassen zu
schildern, wagten es Andere sogar von Verrath, von geheimem Einverständnisse mit dem Feinde zu sprechen. So unerklärlich war die unthätige
Haltung des Markgrafen dem Kaiserhofe erschienen, daß er die Anklagen

16 *

wider denselben nicht unbeachtet lassen zu können glaubte. Es war nicht das erstemal, daß sich derlei Gerüchte über den Markgrafen in Umlauf befanden. Der Kaiser theilte Eugen insgeheim seinen Argwohn mit, und beauftragte ihn, die Schritte des Generallieutenants mit Aufmerksamkeit zu beobachten, von jedem Verdachtsgrunde aber sogleich Anzeige zu erstatten.

Auch bei diesem Anlasse zeigte Eugen die edle Denkungsart, die ihn beseelte. So mancher Andere würde die Gelegenheit benützt haben die Stellung des Markgrafen zu untergraben, um sich selbst auf dessen Kosten zu erheben. Niemand war aber weiter davon entfernt als Eugen. Niemals hatte er es dem Markgrafen Ludwig vergessen, daß er sein erster Führer gewesen war auf der Kriegeslaufbahn, sein Lehrmeister nicht nur, sondern immerdar sein freundschaftlich gesinnter, zu jeglicher Dienstleistung bereiter Verwandter. Des Markgrafen Rathschläge waren es zumeist gewesen, welche den Kaiser bewogen hatten, dem Prinzen von Savoyen den Ober= befehl in Ungarn in jenem Feldzuge anzuvertrauen, welcher durch den Sieg bei Zenta ein so glorreiches Ende erhielt. Aller Wahrscheinlichkeit nach hatte Markgraf Ludwig auch zu Eugens Entsendung nach Italien im Jahre 1701 das seinige beigetragen, wie denn jener glänzende Feldzug an dem Markgrafen stets einen warmen Lobredner fand [13]. Ob Prinz Ludwig auch über die Ernennung seines Vetters Eugen zum Präsidenten des Hof= kriegsrathes Freude empfand, ist zwar billig in Zweifel zu ziehen [14]. Gewiß ist aber daß Eugen alles that, um durch Bezeigung unbeschränkten Vertrauens den Markgrafen bei guter Stimmung und das ersprießliche Einvernehmen mit ihm aufrecht zu erhalten.

Ein gleiches Bestreben und dieselbe wohlwollende Gesinnung für den Markgrafen bethätigte der Prinz auch jetzt. Mit Eifer ergriff er die Partei des Generallieutenants. „Man wisse ja," schrieb der Prinz dem Kaiser, „daß schon seit langer Zeit solche Gerüchte in Umlauf gebracht worden „wären, ohne daß irgend Jemand für jene Behauptungen einen Beweis „beizubringen vermocht hätte. Es sei zur Genüge bekannt, daß die Ver= „läumdungen der Menschen nie mit größerer Lebendigkeit auftauchen, als „wenn dieselben von Widerwärtigkeiten betroffen werden. Er habe das „Benehmen des Markgrafen strenge beobachtet und nicht das Mindeste „bemerkt, wodurch zu irgend einem Verdachte Anlaß gegeben werden „könnte [15]."

Während dieser Ereignisse am Rheine und an der oberen Donau war der Herzog von Marlborough mit einer gewissen freudigen Entschlossenheit an die Ausführung der mit ihm verabredeten Operationen geschritten. Er werde zu allem die Hand bieten, hatte er dem Grafen Wratislaw erklärt, wovon sich eine durchgreifende Wirkung erwarten lasse. „Siegen wolle er „oder sterben [16].“

Ohne längeres Säumen hatte Marlborough den verabredeten Marsch nach Deutschland angetreten uud emsig fortgesetzt. Aus Engländern und Holländern, aus deutschen und dänischen Soldtruppen bestand sein Heer. Am 26. Mai führte er es bei Coblenz über den Rhein, am 3. Juni stand er bei Ladenburg am rechten Ufer des Neckar. Sieben Tage darauf, am 10. Juni, trafen Eugen und Marlborongh zum ersten Male in Mundels-heim zusammen.

Hier wurde der Grund zu der gegenseitigen Hochachtung, dem uner-schütterlichen Zutrauen gelegt, welches von nun an beide Feldherrn bis an das Ende ihres Lebens beseelte. Gleich der erste Eindruck, welchen die Heeres-fürsten auf einander machten, scheint ein ungemein günstiger gewesen zu sein. In den rühmendsten Ausdrücken schrieb Eugen dem Kaiser von der „ungemein „großen Fertigkeit,“ welche Marlborough in allem an den Tag lege, und von dem rastlosen Eifer, den er für den Dienst des Kaisers und das allgemeine Wohl zeige [17]. Und an den Herzog von Savoyen schrieb Eugen, daß Marlborough voll Geist, tapfer, von der besten Gesinnung beseelt sei und lebhaft wünsche eine große Unternehmung zu vollbringen.

Marlborough hingegen fand sich wieder durch den Freimuth, mit welchem Eugen ihm gegenüber sich aussprach, auf's angenehmste berührt [18]. Eine Vertraulichkeit des Umganges, eine Verbindlichkeit der gegenseitigen Berührungen entspann sich zwischen ihnen, welche auch nach außen hin sichtbar wurde und ungemein günstig wirkte.

Als Eugen das stattliche Aussehen der englischen Truppen nach einem so anstrengenden Marsche lobte, erwiederte der Herzog: „Meine Leute „sind immer von Eifer für die gemeinsame Sache beseelt. Heute aber sind „sie durch Ihre Gegenwart enthusiasmirt. Dieser ist das Vorhandensein jenes „militärischen Geistes zu verdanken, welchen Sie an ihnen bewundern [19].“

Am 13. Juni trafen Eugen und Marlborough mit dem Markgrafen von Baden zu Großheppach zusammen. Noch zeigt man in dem dortigen

Gasthofe zum Lamm den Baum, unter welchem die drei berühmten Kriegsfürsten sich zuerst bewillkommt haben, unter dem sie über den Feldzugsplan
übereingekommen sein sollen. Auch zwischen dem Markgrafen und Marlborough herrschten die rücksichtsvollsten Verkehrsformen, aber jenes vertrau-
liche Einvernehmen kam zwischen ihnen nicht zu Stande, welches sich sogleich zwischen dem letzteren und Eugen in erfreulichster Weise festgesetzt
hatte. Umsonst soll Marlborough den Markgrafen zu bewegen gesucht haben,
den Oberbefehl über die Armee zu übernehmen, welche Tallard gegenüber
am Rheine zu stehen kommen sollte, während Eugen mit ihm an der Donau
zu operiren hätte. Dieß war auch der Wunsch und die Absicht des Kaiserhofes gewesen. Der Markgraf aber wollte das Kriegstheater nicht verlassen,
auf dem die glänzenderen Resultate zu erwarten waren. Er bestand darauf,
als der Höhere im Range sich das Commando wählen zu dürfen, und blieb
dabei, mit dem Herzoge gemeinschaftlich an der Donau zu agiren. Die
Schwierigkeiten, welche sich wegen der Führung des Oberbefehls zwischen
den beiden Feldherrn erhoben, schreckten den Markgrafen nicht ab, auf
dieser Combination zu bestehen. So wurde denn die unglückliche Einrichtung getroffen, daß der Oberbefehl zwischen dem Markgrafen Ludwig und
Marlborough täglich wechseln, und daß Eugen die Armee am Rheine commandiren solle.

Eugen unterwarf sich dieser Einrichtung, so wenig erfreulich sie für
ihn war, mit seiner gewohnten Selbstverleugnung [20]). So gefahrvoll das
ihm übertragene Commando auch sei, schrieb er dem Grafen Starhemberg
nach Turin, so habe er sich demselben doch unter den obwaltenden Umständen unmöglich entziehen können.

Aber nicht blos gefährlich war das von Eugen übernommene Commando wegen der zu besorgenden Vereinigung Tallards mit Villeroy, der
mit dem größten Theile seiner Truppen nach Marlboroughs Abzuge aus
den Niederlanden aus seinen Stellungen aufgebrochen war und sich der
Rheinpfalz genähert hatte. Die Hauptunannehmlichkeit bestand in der
Zusammensetzung des eigenen Heeres. Nicht ein einziges Regiment und nur
ein oder zwei Bataillone von den kaiserlichen Truppen sollten dazu stoßen.
Aus brandenburgischen, pfälzischen und dänischen Kriegsvölkern, aus den
Contingenten des oberrheinischen und des westphälischen Kreises wurde
sein Heer gebildet.

Weder die Soldaten noch deren Führer hatten früher unter Eugen gedient. Es mußte erst erwartet werden, wie die verschiedenen Befehlshaber der Reichstruppen, wie insbesondere Prinz Leopold von Anhalt=Dessau sich in dieses Unterordnungsverhältniß fügen würden. Der letztere war der Commandant der preußischen Truppen. Diese ließen zwar, was ihre Kriegstüchtigkeit betraf, nichts zu wünschen übrig, aber sie galten von jeher für wenig fügsam unter fremdes Commando. Es war bekannt, daß sie einen Befehl nicht selten unbefolgt ließen, wenn er ihnen nicht eben genehm war, daß man um den militärischen Gehorsam förmlich mit ihnen markten mußte, und sie immer eine für den Feldherrn höchst peinliche Sonderstellung beim Heere einnahmen.

Eugen säumte nichts desto weniger keinen Augenblick, sich auf seinen Posten zu begeben. Am 15. Juni traf er zu Rastadt ein und entwickelte nun eine rastlose Thätigkeit, den etwaigen Entwürfen der Feinde zu begegnen. Durch seine gewinnende Persönlichkeit hatte er bald die Führer der unter seine Befehle gestellten Truppen völlig für sich eingenommen. Insbesondere verstand er es durch auszeichnende Behandlung den Fürsten von Anhalt an sich zu fesseln[21]). So sicherte er sich nach Möglichkeit die unbeirrte Verfügung über seine Streitkräfte, und die pünktliche Befolgung der zu ertheilenden Befehle.

Die Truppen, deren er nicht zur Besetzung der Stollhofener Linien bedurfte, postirte er den Rhein entlang, von Rastadt bis Mannheim. Von allen Seiten zog er Soldaten, Geschütz und Munition herbei, so viel er davon nur habhaft werden konnte. Die Stellungen, welche seine Truppen inne hatten, wurden unausgesetzt befestigt. Denn es war dem Prinzen aus des Gegners Dispositionen vollkommen klar geworden, derselbe sei angewiesen, über den Rhein zu gehen und an die Donau vorzudringen. Welchen Weg er dahin zu nehmen beabsichtige, war Eugen unbekannt und er konnte nur vermuthen, daß dieß neuerdings durch den Schwarzwald geschehen werde.

Obgleich er von vornherein die begründetsten Zweifel an der Möglichkeit hegte, dem Marschall Tallard den Uebergang zu wehren, so wollte Eugen doch seinerseits keine Vorkehrung dagegen außer Acht gelassen haben[22]). Er beobachtete daher die Bewegungen des Feindes mit gespanntester Aufmerksamkeit.

Tallard war einer jener vielen Männer im damaligen Frankreich, welche zunächst gesellschaftlichen Talenten ihr Emporkommen verdankten. Sie waren Ursache, daß er viel in diplomatischen Geschäften gebraucht wurde, und diese verhalfen ihm wieder zu militärischer Beförderung. Liebenswürdig und geistreich im Umgange, voll Feinheit und Biegsamkeit, voll des lebhaftesten Wunsches zu gefallen, wußte er dieß Verlangen auch zu verwirklichen. Von ungemessenem Ehrgeiz gestachelt, suchte er das, was ihm an Genialität mangelte, durch angestrengteste Thätigkeit, durch eine auf das geringste Detail sich ausdehnende Sorgsamkeit zu ersetzen. Daher gab es Niemand, der eifriger auf Verpflegung seiner Truppen, auf die Befriedigung der Bedürfnisse seiner Soldaten bedacht war als Tallard. Diese vergalten hinwieder durch die lebhafteste Anhänglichkeit die Sorgsamkeit ihres Führers. Durch die Erfolge, welche Tallard im vergangenen Feldzuge errungen hatte, insbesondere aber durch die vor wenig Monaten so glücklich bewerkstelligte Verstärkung des kurfürstlichen Heeres hatte sein Kriegsruhm gewonnen und man schien Großes von ihm zu erwarten. Aber es zeigte sich gar bald, daß er demungeachtet nicht geboren war für den großen Krieg, daß er umfassenderer Entwürfe nicht fähig, und wenn sie von Anderen erdacht und vorgezeichnet wurden, ängstlich war und zaudernd in deren Ausführung [23]).

Eugens Voraussetzung, daß der Feind neuerdings den Uebergang über den Rhein und die Entsendung beträchtlicher Streitkräfte nach Baiern beabsichtige, wurde bald im vollsten Umfange bestätigt. König Ludwig war zu bringend von dem Kurfürsten und dem Marschall Marsin darum angegangen worden, als daß er es hätte verweigern können, ihren vereinigten Bitten zu willfahren. Er gab den Befehl, seine sämmtlichen Streitkräfte, die sich noch auf dem linken Rheinufer befanden, in drei Armeecorps zu theilen. Das eine, welches vierzig Bataillone und fünfzig Schwadronen zählte, sollte unter Tallard über den Rhein und durch den Schwarzwald nach Baiern gehen. Das Commando des zweiten Armeecorps erhielt der Marschall Villeroy. Er war beauftragt, seine Truppen nach Offenburg zu führen, dort die Feinde zu beobachten, sie in den Linien von Stollhofen festzuhalten, bei einem etwaigen Vordringen derselben in das Elsaß aber ihnen dorthin zu folgen und sie daselbst zu bekämpfen. Sollte jedoch Eugen seine Truppen der Donau zuführen, so war Villeroy angewiesen, sich mit Tallard vereinigt gleichfalls dahin zu begeben. Das dritte und kleinste französische Armeecorps endlich war bestimmt, das Elsaß vor etwaigen feindlichen Einfällen zu decken [24]).

Unverzüglich schritten die französischen Marschälle an die Ausführung der Befehle ihres Monarchen. Schon am 1. Juli ging Tallard mit sechs-undzwanzigtausend Mann bei Straßburg über den Rhein. Ihm folgte nach wenigen Tagen Villeroy mit einem ungefähr gleich starken Heere, und nahm die ihm angewiesene Stellung bei Offenburg ein. Coignty endlich blieb zwischen Fort Louis und Drusenheim stehen, auch seiner Seits den rechten Flügel der Stollhofener Linien fortwährend bedrohend.

Eugen erkannte bald, daß es ihm nicht möglich sei, den Marsch Tallards nach Baiern zu hindern. Er suchte denselben nur noch so viel an ihm lag, zu verzögern und wenigstens Villeroy am Rheine festzuhalten. Der Commandant von Villingen, Oberst Freiherr von Willstorf, erhielt Befehl seinen Posten auf's äußerste zu halten „das heißt bis auf den letzten „Mann," schrieb ihm der Prinz, „widrigenfalls ich keine Entschuldigungen „annehmen werde" [25]).

Ohne anderen Hindernissen als denjenigen zu begegnen, welche der Marsch durch die engen Thäler und Schluchten des Schwarzwaldes mit sich brachte, setzte Tallard den ihm vorgezeichneten Weg fort. Nur zu Vil-lingen widerstand Oberst Willstorf, der strengen Ordre seines Feldherrn eingedenk, und von sechshundert Bürgern mannhaft unterstützt. Aber auf die Länge hätte sich das Städtchen trotz des preiswürdigen Muthes seiner Vertheidiger gegen die ungeheure Uebermacht der Feinde doch nicht halten können, wenn dieselben nicht durch die dringenden Hülferufe des Kur-fürsten und Marsins bewogen worden wären, die Belagerung freiwillig abzubrechen und in aller Eile den Marsch nach Baiern fortzusetzen.

Denn dort hatte sich die Lage der Dinge gar sehr zu Gunsten des Kaisers geändert. Der Markgraf von Baden und Marlborough hatten den Beschluß gefaßt, sich eines gesicherten Uebergangspunktes über die Donau zu bemächtigen. Sie ersahen als solchen das Städtchen Donauwerth, wel-ches von der stark verschanzten Stellung des Schellenbergs gedeckt wurde. Sogleich erkannte der Kurfürst den Endzweck ihrer Bewegungen und ent-sendete den Feldmarschall Grafen Arco mit achttausend Mann zur Besetzung des Schellenberges. Demungeachtet wurden die Verschanzungen am 2. Juli

nach tapferem Widerstande erstürmt, die Truppen Arco's völlig aufgerieben, und Donauwerth fiel in die Hände der Verbündeten. Diese überschritten die Donau, der Kurfürst aber wich nach Augsburg zurück. Hier
blieb er im Süden der Stadt und unter den Kanonen des Platzes ruhig
stehen. Er unternahm nichts gegen die Verbündeten, welche gleichsam selbst
erschöpft durch die Anstrengungen des Kampfes am Schellenberge, langsam
bis Friedberg vorgerückt waren.

Hier machten sie gleichfalls Halt. Die lange schon angeknüpften Verhandlungen wegen friedlicher Ausgleichung des Zwiespaltes zwischen dem
Kaiser und dem Kurfürsten wurden mit erhöhtem Eifer wieder aufgenommen. Man hatte sich von Seite der Verbündeten geschmeichelt, Maximilian
Emanuel zu einer Aussöhnung mit seinen alten Freunden geneigter zu finden. Man wußte, daß die Franzosen, so wenig sie der kriegerischen Haltung des Kurfürsten eine gewisse Anerkennung versagen konnten, denselben
doch mit vielfacher Kränkung und Zurücksetzung nicht verschonten. Man
kannte die wilden Ausbrüche des Unmuthes, welchen der Kurfürst
sich darüber nicht selten hingab. Aber die Berechnung, die man darauf gründete, war dennoch falsch. Der zügellose Ehrgeiz des Kurfürsten,
der sich bald mit dem Plane trug, das deutsche Reich in Stücke zu zerreißen
und sich den Löwenantheil davon zuzueignen [26]), bald aber wieder die Krone
eines Königreichs Franken, ja sogar die Kaiserkrone auf seinem Haupte
erblickte [27]), dazu die Verschwendung seiner Einkünfte und die Nothwendigkeit von den französischen Subsidien und den Geldsummen zu leben, die
er aus den spanischen Niederlanden erhielt, seine persönliche Abneigung
gegen den Kaiserhof endlich waren Ursachen, daß Maximilian Emanuel
die an ihn gelangenden Anerbietungen zurückwies, oder sie eigentlich
durch überspannte Anforderungen zu nichte machte. Der Kurfürst that
vielmehr alles Mögliche um Tallards Anzug zu beschleunigen. Als ihm
die Nähe des Marschalls angezeigt wurde, brach er die Unterhandlungen ab. Der eiserne Würfel des Krieges sollte über sein Schicksal
entscheiden.

Und Tallard war in der That in vollem Anmarsche gegen Augsburg
begriffen. Am 3. August war er drei Stunden von dieser Stadt angelangt.
Tags darauf verfügte er sich zum Kurfürsten um ihn zu begrüßen und seine
Befehle zu empfangen.

Schon auf die Nachricht von Tallards Bewegungen hatte Eugen den größeren Theil seiner Truppen in Marschbereitschaft gesetzt. Er war schnell entschlossen, auch seiner Seits nach Baiern zu gehen, um dort das feindliche Heer demjenigen der Verbündeten nicht zu sehr überlegen werden zu lassen. Zu dem gleichen Ende mußte aber Villeroy um jeden Preis von dem Vordringen nach Baiern abgehalten werden. Ihn zu täuschen und zu beschäftigen, ließ daher Eugen ungefähr zwanzigtausend Mann pfälzischer, oberrheinischer und westphälischer Truppen im Schwarzwald und den Stollhofener Linien zurück[28]). Den Oberbefehl über dieselben mußte er, in Ermanglung eines anderen Generals, dem Feldmarschall Grafen von Nassau übertragen, obgleich man seit dem unglücklichen Kampfe bei Speier von demselben eine ungünstige Meinung hegte und dieses Commando weit lieber in fähigeren Händen gesehen hätte.

Eugen selbst zog mit fünfzehntausend Mann auf einem mit der Marschroute der Franzosen parallel laufenden Wege derselben Gegend zu, nach welcher Tallard sich begab. Obgleich nicht viel mehr als die Hälfte der Streitmacht seines Gegners zählend, war Eugen doch entschlossen, denselben anzugreifen, wenn sich nur irgend eine günstige Gelegenheit dazu böte[29]). Aber Tallard war sehr auf seiner Hut, er gab keine Blöße, und der Prinz mußte sich auf eine genaue Beobachtung desselben beschränken.

Nachdem Tallard von Villingen weggezogen war, begab sich Eugen dorthin. In anerkennendster Weise belobte er die Besatzung und die Bürgerschaft, und sorgte für Ausbesserung der Festungswerke, für Proviantirung des Platzes. Die Garnison zog er an sich, und übertrug die Bewachung der Stadt ihrer wackeren Bürgerschaft.

Am 31. Juli führte der Prinz sein Armeecorps nach Dondorf, und drei Tage darauf traf er mit seinen Truppen bei Höchstädt ein, wo sie ein Lager bezogen. In meisterhafter Weise hatte Eugen die sich selbst gestellte Doppelaufgabe vollendet, mit einem Armeecorps nach dem Hauptschauplatze des Krieges zu eilen, dadurch die Hülfe möglichst aufzuwiegen, welche der Feind durch Tallards Anmarsch erhielt, und zugleich den zweiten seiner Gegner, den Marschall Villeroy vollständig zu täuschen und ihn noch einige Zeit wenigstens an sein Verweilen in den Stollhofener Linien glauben zu machen.

Der unmittelbare Erfolg zeigte die Richtigkeit der Berechnungen des Prinzen, denn um dieselbe Zeit waren der Markgraf und Marlborough, ihre Vereinigung mit Eugen zu beschleunigen, von Friedberg aufgebrochen. Am 6. August lagerten sie zu Schrobenhausen an der Paar. Hieher eilte Eugen für seine Person, um mit den Feldherrn Rücksprache zu pflegen über die künftigen Unternehmungen und sie zu größerer Thätigkeit anzuspornen.

Denn der Prinz war in hohem Grade unzufrieden mit der Haltung, welche der Markgraf und Marlborough seit ihrem Siege am Schellenberge beobachtet hatten. Von Anfang war er beständig dabei geblieben, daß alles von der Schnelligkeit der Operationen in Baiern und von der Benützung der Verwirrung abhänge, welche Marlboroughs Anzug in dem Kurfürstenthume und die Erstürmung des Schellenberges hervorgebracht hatten [30]). Die Langsamkeit ihres Vorrückens, die Trägheit und zuletzt der gänzliche Stillstand ihrer Operationen wollten ihm daher gar nicht gefallen. Insbesondere tadelte er die Hartnäckigkeit, mit welcher der Markgraf jeder Unternehmung zuwider war. Mit seinem gewöhnlichen Freimuthe hatte Eugen seine Meinung keineswegs verschwiegen, sondern sie unverholen gegen Markgraf Ludwig und Marlborough ausgesprochen. Er hatte darauf gedrungen, daß man gleich nach der Schlacht gegen Augsburg marschiren, unweit der Stadt ein Lager schlagen, die kleineren Plätze der Umgegend wegnehmen und dem Feinde die Verbindung mit Ulm und dem Heere Tallards abschneiden solle. Erschiene dieß unausführbar, so möge München angegriffen oder doch irgend etwas von Bedeutung unternommen werden [31]).

Nicht bloß brieflich war Eugen hierauf gedrungen, auch durch den Mund des Grafen Wratislaw, der den Prinzen völlig verstand und sich demselben immer inniger anschloß, hatte er in diesem Sinne angelegentliche Vorstellungen gemacht. Aber es geschah nichts. Jeder Vorschlag wurde von dem Markgrafen getadelt, dasjenige, was dagegen vorgebracht werden konnte, weitläufig ausgesponnen, alles als viel zu gewagt dargestellt, jedoch nichts besseres an dessen Stelle gesetzt. Die kostbarsten Momente gingen unbenützt verloren. Es sei die höchste Zeit, schrieb Eugen dem Kaiser, mit den beiden Feldherrn „klar zu reden,“ und man möge versichert sein, er werde dasjenige vorkehren, was des Kaisers Dienst und

fein Intereffe erfordern. „Er werde dieß thun," fügte der Prinz mit einer
deutlichen Anspielung auf fein bisheriges Freundschaftsverhältniß zu seinem
Vetter, dem Markgrafen von Baden, hinzu, „wenn es auch wider meinen
„eigenen Vater geschehen müßte [32])."

Von diesen Absichten beseelt war Eugen in das Heerlager der Hauptarmee geeilt. Wie schon früher schriftlich, so drang er nun mündlich darauf, daß man unverzüglich an irgend eine Unternehmung von größerer
Bedeutung schreiten solle. Der Markgraf schlug als solche eine Belagerung von Ingolstadt vor, des wichtigsten festen Platzes, welchen der Kurfürst von Baiern besaß. Eugen war es zufrieden und erbot sich die Belagerung zu übernehmen, während ihn die Hauptarmee gegen den Feind
decken solle. Wollten übrigens der Markgraf oder Marlborough die Belagerung leiten, so sei er gern bereit, erklärte Eugen, seinerseits zur
Hauptarmee zu stoßen. Alles hänge jedoch von der Schnelligkeit der
Operationen und der baldigen Wegnahme Ingolstadts ab, denn erst dann
könne an eine Unternehmung gegen Ulm geschritten werden. Dieses letzteren Platzes aber müsse man sich um jeden Preis noch in diesem Feldzuge
versichern, um die Winterquartiere in Baiern nehmen, die Verbindungen
des Feindes mit Frankreich unterbrechen und mittelst der Donau das
Reich sowohl als einen großen Theil der kaiserlichen Erbländer decken zu
können. Der Prinz schloß mit einer eindringlichen Hinweisung auf die
Größe der Gefahr, durch welche die Seemächte zu dem gewagten Entschlusse
einer Entsendung ihrer Streitkräfte nach Baiern vermocht worden seien.
Von diesem kühnen Schritte müsse nun ohne alle Säumniß der möglichst
größte Vortheil gezogen werden. Denn das Vorschreiten der Jahreszeit
und hundert andere Umstände drängen gebieterisch, keinen Augenblick
mehr unbenützt vorübergehen zu lassen [33]).

Der Markgraf sowohl als Marlborough stimmten dem Gutachten
des Prinzen bei. Nur wünschte der Herzog lebhaft, daß Prinz Ludwig
statt Eugens die Belagerung von Ingolstadt übernehmen und Eugen denselben bei der Hauptarmee ersetzen solle. Viele Ursachen wirkten zusammen,
um auch diesem Vorschlage die allseitige Zustimmung zu sichern. Der
Markgraf faßte den gewünschten Entschluß, durch die ihm eigenthümliche
Vorliebe für den Belagerungskrieg und vielleicht mehr noch durch das
Verlangen dazu vermocht, den ewigen Reibungen mit Marlborough zu

entgehen. Auch die Aussicht, durch die Eroberung der wichtigen Festung Ingolstadt neuen Kriegsruhm und neues Verdienst um den Kaiser sich zu erwerben, mag auf den Generallieutenant bestimmend eingewirkt haben.

Marlborough wurde zu seinem Vorschlage ohne Zweifel durch den Wunsch, der lähmenden Gegenwart des Markgrafen überhoben und allein im Besitze des Oberbefehls zu sein, so wie durch die Ueberzeugung bewogen, an Eugen den geeignetsten Förderer einer großen Unternehmung zu erhalten. Der Prinz endlich, seinen Grundsätzen treu, ordnete die Rücksichten auf sich selbst stets denen auf das allgemeine Wohl unter, und stellte sich dorthin, wo man sich von seiner Gegenwart den meisten Nutzen versprach. Allerdings mag ihm sein Entschluß durch die Aussicht, mit Marlborough gemeinschaftlich zu operiren, und durch die Vorahnung glücklicher Ereignisse wesentlich erleichtert worden sein.

Während dieß im kaiserlichen Hauptquartiere zu Neuburg vorging, fanden ähnliche Besprechungen in jenem des Kurfürsten von Baiern statt. Wie dort so saßen auch hier drei Feldherrn beisammen und berathschlagten über die künftigen Unternehmungen des Feldzuges. Der Kurfürst hatte sich im ganzen Verlaufe des Krieges als tüchtiger Heerführer gezeigt. Nicht gering war der Kriegsruhm, den er sich bei den Franzosen errungen hatte, die doch mit der Anerkennung fremden Verdienstes von jeher so sparsam gewesen sind. Aber auch seine Zuversicht auf einen günstigen Ausgang des Kampfes, auf eine glanzvolle Erhöhung seines Hauses war dadurch ungemein gesteigert worden. Je mehr er sich so stolzen Hoffnungen hingab, desto weniger war er gewaffnet, die herben Schläge zu ertragen, mit welchen das Schicksal ihn heimzusuchen drohte. Die Niederlage der Seinigen am Schellenberge war das erste Mißgeschick, welches ihn unvermuthet, wie ein Blitzstrahl aus heiterem Himmel traf. Die Wirkung dieses Ereignisses auf das Gemüth des Kurfürsten war eine tiefe und erschütternde. Er verlor jene frohe Lebendigkeit, mit welcher er bisher seine Truppen zu beseelen gewußt hatte, und wenn er von dem Kampfe am Schellenberge und dem Schicksale sprach, welches seine Lieblingsregimenter betroffen hatte, rannen Thränen über seine Wangen [34]). Die Verheerungen, denen sein Land durch diesen Unglücksfall Preis gegeben wurde, steigerten seine Schwermuth. Sie würden ihn ohne Zweifel dazu vermocht haben, auf die Friedensvorschläge des Kaisers einzugehen, wenn er nicht zu sehr von dem Einflusse der Franzosen umstrickt gewesen wäre.

Diese hatten kein Verständniß für das Wehmuthsgefühl, welches den Kurfürsten bei dem Anblicke des Unheils ergriff, das er selbst über sein Land hereingerufen hatte. Marsin nannte es Schwäche, daß der Kurfürst den Ruin seines Landes nicht ruhig mit ansehen könne [35]). Aber er fürchtete im Ernste, daß diese Schwäche Oberhand über den Kurfürsten erlangen könnte, und er that daher alles mögliche, um dem vorzubeugen und Maximilian Emanuel in dem Bündnisse mit Frankreich zu erhalten.

Marsin war ganz dazu geeignet, dieses Ziel zu erreichen. Er war ein kleiner, lebhafter Mann voll einschmeichelnden Wesens, der durch stete Dienstbeflissenheit und das ungemessene Lob, das er den kriegerischen Thaten des Kurfürsten spendete, sich völlig in dessen Gunst festzusetzen gewußt hatte [36]). Auch jetzt stimmte er unbedingt dem Gutachten des Kurfürsten bei, welcher durch Verwerfung der Vorschläge seines kaiserlichen Schwiegervaters die Brücke hinter sich abgebrochen hatte und auf Lieferung einer Hauptschlacht drang. An der Spitze drei schöner und starker Heere hoffte er auf einen Sieg, der die Macht des Hauses Habsburg vor der seinigen beugen werde. Bestimmte Nachrichten von einem Vordringen der ungarischen Insurgenten gegen Wien waren nach Baiern gelangt. In Vereinigung mit ihnen sollte die Demüthigung des Kaiserhauses vollendet werden.

Gleich Marsin stimmte auch Tallard der Ansicht des Kurfürsten bei. Der Marsch gegen die Donau und nach Höchstädt wurde beschlossen. Dort hoffte man Eugens Armeecorps vielleicht noch vor seiner Vereinigung mit der Hauptarmee angreifen und die Gegner abgesondert schlagen zu können.

Diese waren inzwischen, wie sich von ihnen erwarten ließ, nichts weniger als müßig geblieben. Am 9. August war der Markgraf mit erlesenen Streitkräften zur Belagerung von Ingolstadt abgerückt und an demselben Tage hatte Eugen Abschied von Marlborough genommen, um sich wieder zu seinem Heere zu begeben. Aber nur wenige Stunden waren verflossen, als der Prinz in höchster Eile mit der Nachricht zu Marlborough zurückkam, der Feind sei in vollem Anmarsche gegen Dillingen begriffen. Diese Bewegung ließ keinen Zweifel an dessen Absicht, auf das linke Ufer der Donau überzugehen und das schwache Armeecorps Eugens zu überfal-

len. Der Kurfürst hoffte ihm das gleiche Schicksal zu bereiten, welches ein
Jahr zuvor auf demselben Schlachtfelde den Feldmarschall Styrum betroffen hatte. Aber nur zu bald sollte er fühlen, daß er es mit einem ganz anderen Gegner zu thun habe.

Marlborough wurde von Eugen bestimmt, sogleich den regierenden
Herzog von Württemberg gegen Höchstädt abzusenden, um die Verbindung
mit Eugens Armeecorps herzustellen. Seinen eigenen Truppen hatte der
Prinz den strengen Befehl ertheilt, auf die erste Bewegung des Feindes
gegen die Donau hinter die Wernitz zurückzuweichen, um dadurch die Vereinigung mit Marlborough zu erleichtern. Dieß wurde mit Pünktlichkeit
befolgt, und als Eugen bei seinem Armeecorps eintraf, hatte ein Theil desselben bereits den Schellenberg besetzt und arbeitete thätigst an der Wiederherstellung der dortigen Verschanzungen. Der Prinz sandte auch noch den
Rest seiner Infanterie und einen Theil der Reiterei gegen Donauwerth. Da
er jedoch überzeugt war, der Feind werde den ganzen 10. August mit dem
Uebergange seines Heeres auf das linke Donauufer beschäftigt sein, beschloß
er die feste Stellung am Kesselbach nicht aufzugeben, sondern Marlborough
zu erwarten, der in der Nacht vom 9. auf den 10. August die Donau bei
Marxheim überschritten hatte und sich in vollem Anzuge befand.

Eugen blieb daher mit zwanzig Schwadronen die Nacht hindurch
hinter dem Kesselbache zwischen Münster und Oppertshofen stehen. Die
Pferde waren gesattelt und gezäumt, die Leute in völliger Bereitschaft auf-
zusitzen. Noch spät am Abende stießen die Schwadronen des Herzogs von
Württemberg zu Eugen, und dermaßen vorbereitet durfte er schon hoffen, den
ersten Angriff abschlagen zu können [37].

Eugens Entschluß war kühn, denn er mußte mit Grund besorgen,
am Morgen des 11. August von einem dreifach überlegenen Feinde angegriffen zu werden. Marlborough aber konnte nicht wohl vor dem Abende
dieses Tages eintreffen, denn die Entfernung von seinem früheren Stand-
orte bis an den Kesselbach war weit größer als jene des Feindes. Aber die
Thätigkeit, welche Marlborough entwickelte, glich diesen Nachtheil wieder
aus. Während die Baiern und die Franzosen den 11. August ungenützt
vorübergehen ließen, setzte Marlborough mit seinem ganzen Heere
den Anmarsch unablässig fort. Im Laufe dieses Tages traf die Vorhut unter seinem Bruder Churchill, spät Abends die Hauptstärke des

Heeres und mit dem frühesten Morgen des 12. August auch die Artillerie und das Gepäck bei dem Prinzen ein.

Diesen Tag hatte der Kurfürst von Baiern zum Angriffe auf Eugens Armeecorps bestimmt, dessen Vereinigung mit Marlboroughs Heer ihm noch unbekannt war. Zuvor sollte noch das feste Schloß von Höchstädt weggenommen werden, welches die Verbündeten mit einer schwachen Besatzung versehen hatten. Als Tallard sich dem Städtchen näherte, gewahrte er über die weite Ebene hin eine Staubwolke, die sich lang hinzog auf der Straße gegen Donauwerth. Es waren Eugen und Marlborough, die mit einer Bedeckung von fast zweitausend Pferden ausgeritten waren, die Gegend zu recognosciren. Nun erst wurden die Feinde die Vereinigung Eugens und Marlboroughs inne.

Nachdem die beiden Feldherrn sich zurückgezogen hatten, vollendeten die Gegner die Wegnahme Höchstädts, und das ganze französisch=baierische Heer wurde hinter den Nebelbach geführt, wo es ein Lager bezog. Der rechte Flügel lehnte sich bei Blindheim, wo Tallard sein Quartier nahm, an die Donau. Der linke von Marsin geführt, stützte sich auf Lutzingen und an die Abhänge des Goldberges. Der Nebelbach lief vor der Fronte. Der Kurfürst selbst stand mit seiner Garde=Cavallerie zu Sondernheim, in geringer Entfernung hinter Blindheim.

Wie die Franzosen hinter dem Nebelbache, so hatten die Verbündeten hinter dem Kesselbache sich aufgestellt. Marlborough, welcher den linken Flügel befehligte, stand zu Münster an der Donau, Eugen mit dem rechten zu Oppertshofen. Den Tag über hatten die Truppen gerastet, die Feldherrn aber vor allem sich eine genaue Kenntniß der Gegend verschafft, welche sie von dem Feinde trennte.

Südwestlich von Donauwerth dehnt sich, die Donau entlang, durch mehrere Stunden eine Ebene aus, welche nördlich von waldigen Bergen bekränzt, nur unmerklich zum Strome abfällt. Sie ist stark von Bächen durchzogen und war damals weit mehr als es jetzt der Fall ist, an vielen Stellen sumpfig, mit Moorgrund und Büschen bedeckt. Zahlreiche Ortschaften bevölkern dieselbe. Ihre Breite beträgt zwischen Lutzingen und Blind=heim wohl anderthalb Stunden, während an der engsten Stelle bei Schweningen und Tapfheim die bewaldeten Abhänge bis auf zweitausend Schritte an den Strom treten. Dieser fließt in schlangenartigen Krümmungen;

Flußbett und Ufer sind mit Inseln, Auen, Sandbänken und Buschwerk bedeckt.

Dieß war das Terrain, welches am 12. August Eugen und Marlborough mit erfahrenen Blicken betrachteten. Bevor sie die Stellung der Feinde kannten, hatten sie beabsichtigt, ihre Truppen über den Nebelbach zu führen und sich in der Nähe von Höchstädt festzusetzen. Da erblickten sie, als sie auf Schweningen zuritten, in großer Entfernung feindliche Streitkräfte. Außer Stande sich ein Urtheil über die Stärke derselben zu bilden, bestiegen sie den Kirchthurm von Tapfheim. Von hier aus entdeckten sie mit Hülfe ihrer Ferngläser die französischen Quartiermeister, welche eben mit der Aussteckung des Lagers hinter dem Nebelbache beschäftigt waren.

Mit der lebhaftesten Freude erfüllte diese Wahrnehmung die Gemüther der beiden thatendurstigen Feldherrn. Sie beschlossen sogleich eine Schlacht zu liefern, bevor der Feind sich in seiner Stellung zu befestigen vermöge. Sie befahlen die unverweilte Ausfüllung der Gräben, welche das Vorrücken erschweren konnten. Ein Angriff feindlicher Reiter auf die Arbeiter wurde abgewiesen, die Verengung der Ebene, wo der Widerstand den besten Stützpunkt gefunden hätte, stark besetzt und der Rest des Tages bis tief in die Nacht mit gemeinschaftlicher Berathung über die für den nächsten Morgen beabsichtigten Unternehmungen zugebracht.

Zwölftes Capitel.

Nur wenige Stunden gönnten die Feldherrn der Ruhe. Denn schon um zwei Uhr Morgens wurden den Truppen die Signale gegeben, welche sie aus dem Nachtschlummer empor und unter die Waffen riefen. Nach und nach brach der Tag an, der 13. August, an welchem die größte Waffenthat der ersten Jahrzehnte des vorigen Jahrhunderts sich ereignen sollte, ein Tag der bis auf den jetzigen Augenblick in dem Gedächtnisse der Bewohner jener Gegenden fortlebt.

Zwei und fünfzigtausend Mann stark war das Heer, welches Eugen und Marlborough unter ihren Fahnen versammelten. Seine Zusammensetzung war verschiedenartig genug. Aus kaiserlichen Soldaten war es gebildet, aus Preußen, Hannoveranern, Hessen, Pfälzern, Württembergern und all den buntscheckigen Bestandtheilen eines deutschen Reichsheeres. Ihnen schlossen die Dänen sich an, die Holländer und endlich die Briten. So trefflich auch der Geist war, welcher diese Heeresmasse beseelte, so mußte ihre verschiedenartige Zusammensetzung doch immerhin die Leitung derselben erschweren. Insbesondere fiel dieß einem Feinde gegenüber in's Gewicht, dessen Streitkräfte zwar bloß um viertausend Mann stärker, aber im ganzen nur aus zwei verschiedenen Bestandtheilen, Franzosen und Baiern, zusammengesetzt waren.

Um drei Uhr Morgens wurde der Befehl zum Vorrücken ertheilt. Dichter Nebel bedeckte die weite Ebene und hemmte die Aussicht über dieselbe nach der Gegend hin, in welcher sich das feindliche Lager befand. Eugens Heer, welches am rechten Flügel aufmarschirte, war in vier Colonnen getheilt, von denen zwei durch das Fußvolk, zwei durch die Reiterei gebildet wurden. Die Infanterie begann, die Cavallerie schloß den Zug, das Geschütz befand sich in der Mitte. Gleiche Eintheilung wurde bei Marlboroughs Armee beobachtet, welche den linken Flügel bildete. Dieß war die Ordnung, in der das Heer der Verbündeten den Marsch gegen den Feind antrat.

17 *

An dem ersten Gewässer, welches die Ebene durchströmt, dem Reichenbach, wurde Halt gemacht und die Frontlinie hergestellt. Die beiden Infanterie-Colonnen jedes Flügels kamen auswärts, so daß sich die gesammte Reiterei in der Mitte befand. Ein Theil des Geschützes war zwischen den Truppen vertheilt, der Rest folgte der Infanterie. Bei Tapfheim angekommen, nahm das Heer der Verbündeten die Bataillone auf, welche die Nacht hindurch daselbst gestanden hatten. Noch durch andere Truppen verstärkt, bildeten sie die neunte Colonne, welche bestimmt war, den Marsch der englischen und der holländischen Artillerie zu decken und seiner Zeit Blindheim anzugreifen, dessen Besitz den Uebergang des Heeres über den Nebelbach erleichtern und die rechte Flanke des Feindes bloßgeben sollte.

In tiefem Schweigen wurde der Marsch gegen den Feind fortgesetzt. Es war sechs Uhr Morgens, als man unter Deckung einer aus Cavallerie gebildeten Plänklerkette den Gebirgsabfall zwischen dem sogenannten Augraben und dem Nebelbache erreichte, wo neuerdings Halt gemacht wurde. In Begleitung von viertausend Pferden gingen Marlborough und Eugen weiter vor, um die Aufstellungen des Feindes zu erforschen und die noch erforderlichen Anordnungen zu treffen. Der brandenburgische Generalmajor von Natzmer, welcher im verflossenen Jahre bei Styrums Niederlage hier gefangen worden war, begleitete die Feldherrn und diente ihnen als Führer. Nach kurzer Besprechung erließen Eugen und Marlborough die letzten Dispositionen.

In eben dem Maße als die Armee der Verbündeten vorrückte, zogen sich die feindlichen Vorposten zurück. Um sieben Uhr, als das Heer die Erhöhung des Terrains erreichte, welche gegen Wolpertstetten sich hinzieht, hatte der Nebel sich verzogen und das ganze feindliche Lager wurde in seiner vollen Ausdehnung sichtbar. Von hier aus konnte man auch den Lauf des Nebelbaches übersehen, welcher die Stellung der Gegner schützte. Man überzeugte sich, daß bei den Häusern und Mühlen am rechten Flügel des Feindes die leichtesten Uebergangspunkte sich darboten, während das Erdreich weiter nordwärts gegen das Dorf Oberglauheim zu diesem Ende zu sumpfig erschien. Endlich sah man, daß diesseits des Nebelbaches das Terrain zur Bewerkstelligung des Ueberganges zwar günstig war, daß jedoch die jenseitige Ebene, auf welcher die Truppen zum Angriffe formirt

Dillingen

Schwenningen

Dorf Bach

Münster

Erlinkoven

Tapfheim

Bragstetten

Appershoven

a b

werden mußten, von den Höhen beherrscht wurde, welche die Feinde inne hatten.

Diese waren bis zur Stunde in einer wahrhaft unbegreiflichen Ver-blendung über die Absichten der Verbündeten befangen gewesen. Bis auf den letzten Augenblick hatten sie geglaubt, Marlborough und Eugen würden sich vor ihnen zurückziehen. Noch kurz vor Beginn des Kampfes meinten sie, der Aussage der Ueberläufer vertrauend, der Markgraf von Baden sei wieder zur Hauptarmee gestoßen, und diese beabsichtige nun nach Nörd-lingen zu ziehen, um sich dieses allerdings wichtigen Punktes zu versichern. Noch als Eugen und Marlborough mit ihren vierzig Schwadronen gegen den Nebelbach vorrückten, hielt man im französischen Lager an dieser An-sicht fest und sah in der Bewegung der verbündeten Feldherrn nur eine Demonstration, um den Abzug auf Nördlingen zu maskiren. „Der Feind „hat diesen Morgen um zwei Uhr," so schrieb Tallard in jenem Augenblicke dem französischen Kriegsminister, „Reveille geschlagen. Er ist in Schlacht-„ordnung vor seinem Lager aufgestellt, und zieht allem Anscheine nach noch „heute, wie das Gerücht behauptet, gegen Nördlingen ab. Hiedurch läßt „er die Donau zwischen sich und uns und wird daher kaum im Stande sein, „seine Magazine in Baiern zu behaupten "[1]).

Erst nachdem der Nebel völlig gesunken war, nachdem man sich deut-lich überzeugen konnte, daß die Verbündeten in schönster Ordnung ihren Aufmarsch bewerkstelligten und sich zum Angriffe anschickten, da schwand auch die so lange festgehaltene Täuschung. Allgemeiner Lärm entstand nun im französisch-baierischen Lager. Drei Kanonenschüsse riefen die auf Foura-girung ausgesendete Reiterei zurück und der Generalmarsch sammelte die Truppen auf ihren Posten. Ihrer Lagerung gemäß bildeten Tallard den rechten, der Kurfürst und Marsin den linken Flügel. So wie bei den Ver-bündeten, so stand auch bei den Franzosen und Baiern die Reiterei in der Mitte, das Fußvolk auf beiden Flügeln.

Tallard selbst betrachtete das Dorf Blindheim als den Schlüssel seiner Stellung. Um daher dasselbe mit großer Stärke zu besetzen, beging er den Fehler, sieben und zwanzig Bataillone aus seinem Centrum zu ziehen und nach Blindheim zu entsenden. Das Commando dieser Truppen ver-traute er dem Generallieutenant Grafen Clerambault. Außerdem wurde noch der Zwischenraum zwischen dem Dorfe und der Donau durch eine Wagen-

burg gesperrt, hinter welcher vier Regimenter unberittener Dragoner aufgestellt waren. Das Dorf selbst wurde gegen die Angriffsseite mit Ver-
hauen bedeckt. Clerambault hatte den Auftrag seinen Posten bis aufs
äußerste zu halten.

Mit dem Nebelbache parallel, aber nicht an seinem Ufer, sondern in
einiger Entfernung von demselben stand die französische Reiterei, von
Infanterie unterstützt. Generallieutenant Baron Zurlauben, der dort
befehligte, war angewiesen, die Feinde wirklich über den Bach kommen zu
lassen, um durch ihr Zurückwerfen deren Niederlage noch vollständiger zu
machen.

Zu Oberglauheim, in dessen Nähe der Marschall Marsin sich befand,
standen zwölf Bataillone unter dem Generallieutenant Marquis Blainville,
einem Offizier von bekannter Tapferkeit, aber einer so ungestümen Hitze,
daß dessen nahe Beaufsichtigung nothwendig war. Dieses Dorf und
Lutzingen waren die Stützpunkte des linken Flügels, dessen letzte Bataillone
sich bis an den Waldrand erstreckten und denselben so wie den sogenannten
Eichbergerhof stark besetzten. Die ganze Ausdehnung der Stellung von
Blindheim bis zum Eichbergerhofe betrug gegen anderthalb Stunden.

Um neun Uhr Morgens begann die Artillerie Tallards ein mörderisches Feuer gegen das Fußvolk der Verbündeten. Die Engländer erwiederten es und bald waren alle Geschütze auf der ganzen langen Linie in
vollster Thätigkeit. Insbesondere waren es die Colonnen Eugens, welche
harte Verluste erlitten, da sie auf ihrem Marsche über Wolpertstetten
und Berghausen in der linken Flanke beschossen wurden, und mehr in der
Tiefe marschirend, das Feuer nicht kräftig zu erwiedern vermochten. Der
Prinz, welcher bisher bei Marlborough verweilt hatte, um sich mit ihm
auch über die geringfügigeren Punkte zu verständigen, war nun zu seinen
Truppen geeilt, die des Feldherrn dringend bedurften. Er hatte Marlborough mit dem Versprechen verlassen, ihn von dem Augenblicke zu benach-
richtigen, in welchem seine Linien formirt sein würden, um den Angriff auf
beiden Seiten zugleich beginnen zu können. Es gelang dem Prinzen, auf
einer Anhöhe an seinem linken Flügel Geschütze anzubringen. Gleichzeitig
wurden fünf Brücken über den Nebelbach geschlagen und im heftigsten
Kanonenfeuer die Ausbesserung der zerstörten steinernen Chausseebrücke
bewerkstelligt.

Eugen war, was den Anmarsch gegen den Feind betraf, die bei weitem schwerere Aufgabe zu Theil geworden. Seine Colonnen mußten einen großen Bogen beschreiben, das Erdreich war von kleinen Bächen durchschnitten, sumpfig und mit Gebüsch bedeckt. Außerdem kam man mit jedem Schritte mehr und mehr in den Bereich des feindlichen Geschützes. Erst gegen eilf Uhr stand Eugen auf den Höhen und an dem Walde gegen- über von Lutzingen und dem Eichbergerhofe. Der Feind bot ihm jedoch eine so langgedehnte Frontlinie dar, daß der Prinz im letzten Augenblicke seine Dispositionen ändern, und die Zwischenräume mit der Reserve aus- füllen mußte. Dieß nahm noch einige Zeit in Anspruch, so daß erst um die Mittagszeit Marlborough benachrichtigt werden konnte, auch der rechte Flügel sei zum Angriffe bereit.

Unverweilt wurde hiezu der Befehl ertheilt. Marlborough hatte sein Pferd bestiegen und den englischen Generallieutenant Lord Cutts gegen Blindheim vorrücken lassen. Die beiden vereinzelten Mühlen vor dem Dorfe wurden von den Engländern genommen, Blindheim selbst aber, durch seine Bauart und seinen befestigten Kirchhof zur Vertheidigung treff- lich geeignet, hielt sich wacker. Zu gleicher Zeit ging Marlboroughs Rei- terei auf allen Punkten über den Nebelbach. Ein lebhaftes Gefecht mit der französischen Cavallerie entspann sich. Zu wiederholten Malen drang die Reiterei der Verbündeten vor, immer wurde sie wieder von den Fran- zosen zurückgetrieben. Das furchtbare Feuer aber, welches das Fußvolk, am Nebelbache haltend, immer wieder auf die heransprengende französische Reiterei richtete, hielt dieselbe auf und verursachte ihr den größten Schaden. So litten beide Theile, die Verbündeten und ihre Gegner, in gleich em- pfindlicher Weise. Jeder behauptete sich in seinen Stellungen und der einzige Vortheil, der sich hier für Marlborough zeigte, bestand darin, daß die französischen Pferde durch das stete Hin- und Herjagen sichtlich ermatte- ten und mit ihnen, wie dieß immer zu geschehen pflegt, auch ihre Reiter nach und nach die frühere entschlossene Haltung zu verlieren schienen.

Während hier der Kampf tobte, hatte Marlborough die Colonnen verstärkt, welche gegen Blindheim dirigirt worden waren, und den erneu- erten Angriff auf das Dorf befohlen. Aber dort schien alle Anstrengung fruchtlos. Furchtbar waren die Menschenopfer, welche die wiederholten Stürme gegen Blindheim gefordert hatten. Marlborough überzeugte sich bald, daß hier nichts auszurichten sei. Mit der Geistesgegenwart, welche den großen Feldherrn kennzeichnet, änderte er sogleich seinen Angriffsplan. Gegen Blindheim wurden fortan nur Scheinangriffe ausgeführt, welche ein starkes Geschützfeuer unterstützte. Der Herzog beschloß gegen die Mitte des feindlichen Heeres seinen Hauptstoß auszuführen. Denn Tallard hatte sie durch die Entsendungen nach Blindheim unverhältnißmäßig geschwächt und dadurch die Aufrechthaltung seiner Verbindung mit Marsin auf's äußerste gefährdet.

Kaum hatte Marlborough diesen Gedanken gefaßt, so schritt er auch schon an dessen Ausführung. Neuerdings sandte er seine Reiterbrigaden über den Nebelbach und wieder entspann sich in der früheren Weise das Gefecht mit der französischen Cavallerie. Nun aber wurde auch das Fußvolk der Verbündeten in den Kampf gezogen. Der Prinz von Holstein-Beck führte zwei Infanterie-Brigaden gegen Oberglauheim vor. Als die Spitze seiner Colonne über den Nebelbach gegangen war und bevor sie sich zum Angriffe formiren konnte, stürzte sich Generallieutenant Blainville mit neun Bataillonen auf sie. Das Fußvolk des Prinzen wurde zurückgeworfen, er selbst schwer verwundet und gefangen. Nun setzte sich Marlborough selbst an die Spitze der dänischen Brigade Bernstorff und führte sie zum Angriffe auf Oberglauheim über den Bach. Aber Marsins Reiterei warf sich ihm entgegen und das dänische Fußvolk schien verloren. Da wandte sich Marlborough im Augenblicke der höchsten Noth an Eugen um Hülfe. Der Prinz gewährte sie unverzüglich. In wilder Eile rasselten die kaiserlichen Küraffiere, von General Graf Fugger geführt, zu Marlboroughs Unterstützung herbei. In unwiderstehlichem Anprall warfen sie sich auf die französische Reiterei und stellten das Treffen wieder her.

Stundenlang raste schon der Kampf, noch schwankte unentschieden die Wage der Schlacht. Gleiches war auch auf der Seite der Fall, wo Eugen stritt. Ihm war weitaus die härteste Arbeit zu Theil geworden. Marlborough hatte gleich Anfangs den großen Fehler begangen, dem Prinzen die unverhältnißmäßig schwächere Streitmacht zur Verfügung zu stellen. An Reiterei waren die beiden Flügel gleich, während Eugen nicht mehr als eilf preußische und sieben dänische Bataillone, zusammen neuntausend Mann Infanterie unter seinen Befehlen hatte, Marlboroughs Fußvolk aber fünfundzwanzigtausend Mann stark war. Und gerade des Fußvolkes hätte der Prinz so sehr bedurft, weil er auf der bergigen und bewaldeten Stelle des Schlachtfeldes zu operiren hatte. Außerdem stand ihm eine noch größere Heeresmacht als Marlborough gegenüber, und sie wurde nebst Marsin von dem Kurfürsten von Baiern befehligt, der an jenem Tage ohne allen Zweifel die beiden französischen Marschälle weit überstrahlte.

Aber es war ja immer Eugens Los gewesen, auf den Platz gestellt zu werden, welcher am schwierigsten auszufüllen war. Auch dießmal rechtfertigte der Prinz das in ihn gesetzte Vertrauen in glänzendster Weise. Er hatte seine Angriffsbewegung mit Errichtung von Uebergängen über den Bach und mit Aufführung von zwei Batterien begonnen. Unmittelbar darauf führte Prinz Leopold von Anhalt-Dessau das preußische und dänische Fußvolk über den Nebelbach. Während er jedoch stille hielt, seine Artillerie zu erwarten, waren seine Truppen einem mörderischen Feuer von Seite der Batterie ausgesetzt, welche vor Lutzingen aufgestellt war. Endlich gelang es, am Waldsaume eine Gegenbatterie anzubringen. Die Bataillone wurden zum Angriffe formirt und die Preußen auf Lutzingen, die Dänen aber auf den rechts von diesem Dorfe gelegenen Wald gesendet. Die Preußen trieben das feindliche Fußvolk zurück und nahmen in kühnem Anlauf die Batterie, welche so viel Unheil unter ihnen angerichtet hatte. Gleichzeitig wurden die am Eichberger Hofe postirten Franzosen nach lebhaftem Angriffe zurückgeworfen. Nun sandte Eugen seine Cavallerie gegen die Reiterei des Feindes. Dieser wich und zog sich auf sein zweites Treffen zurück. Jetzt aber wurden die kaiserlichen Reiter, welche zu hitzig nachgesetzt hatten, mit vereinigter Stärke angegriffen und wieder bis über den Bach getrieben. Gleichzeitig warf sich der Kurfürst auf das preußische Fußvolk, gewann die Geschütze wieder und drückte die Brigaden Natzmer und Bielke in ihre frühere Aufstellung zurück.

Der zweite Reiterangriff, welchen Eugen jetzt auszuführen versuchte, glückte um so weniger, als der Prinz so eben eine Anzahl seiner besten Schwadronen zu Marlboroughs Unterstützung hatte abgeben müssen. Nun trat eine Pause der Erschöpfung ein. Es schien unausführbar, daß der Prinz mit achtzehn Bataillonen die ihm entgegenstehenden fünfundzwanzig Bataillone des Kurfürsten und Marsins forcire. Eugen mußte nun seinerseits den Herzog von Marlborough um Verstärkung ersuchen. In Erwartung derselben durchritt der Prinz die Reihen der Seinigen, die Muthigen belobend und die Zaghaften durch Wort und Beispiel ermahnend. Nicht ohne Verwunderung sah man, wie auf feindlicher Seite der Kurfürst, Eugens Beispiel nachahmend, ein Gleiches that. Aber der Prinz ließ ihm nicht lange Zeit zur Ermuthigung seiner Truppen. Noch bevor die verlangte Verstärkung von Marlborough eingetroffen war, schritt Eugen zum erneuerten, dritten Angriffe. Mit seinem scharfen Blicke ersah er, daß sich allmälig der Vortheil der Schlacht auf Marlboroughs Seite zu neigen begann, und daß alles darauf ankam, die Entsendung von Verstärkungen nach dem rechten Flügel der Franzosen zu hindern. Prinz Leopold sollte vom Walde her gegen die Flanke des Feindes vorbringen und die Reiterei ihn dabei unterstützen. Allein diese wurde durch die wiederholten Angriffe des Kurfürsten dermaßen erschüttert, daß sie statt kräftig zur Erstürmung der feindlichen Stellung mitzuwirken, zum dritten Male wich. Eugen vermochte sie nicht zum Stehen zu bringen. Zureden und Drohungen waren gleich fruchtlos. Zwei der vordersten Flüchtlinge soll der Prinz mit eigener Hand niedergeschossen haben, aber alles war vergebens. Da wandte Eugen schmerzvoll sich ab von der Reiterei, welche bisher der Gegenstand seines Stolzes, seiner Vorliebe gewesen war. Er überließ seinen Cavallerie-Generalen, dem regierenden Herzoge von Württemberg und dem Prinzen Maximilian von Hannover die Sorge, die Flüchtigen zu sammeln und wieder zu ordnen. Er selbst eilte zu dem Fußvolke. Er trat an die Spitze desselben und fiel mit Ungestüm den Baiern in die Flanke. Mit kühner Todesverachtung setzte er sich hiebei der augenscheinlichsten Gefahr aus. Er wäre bald von einem baierischen Dragoner niedergeschossen worden, wurde jedoch von einem seiner Leute gerettet, der in dem entscheidenden Augenblicke dem feindlichen Reiter den Säbel in den Leib stieß. Eugens herrliches Beispiel fachte den Muth seiner Truppen an. Es gelang ihm die linke Flanke der Feinde zu umgehen, sie durch den Wald zu treiben und über den Hohlweg bei Lutzingen zu werfen. Von seiner ganzen Reiterei folgten ihm hiebei nur zwei Schwadronen. Durch diesen Umstand war er verhindert, die errungenen Vortheile weiter zu verfolgen und mußte zufrieden sein, sich in der gewonnenen Position behaupten zu können.

Seine Lage in derselben wäre vielleicht sogar höchst gefährlich geworden, wenn nicht endlich der Kampf auf dem linken Flügel zur Entscheidung gebracht worden wäre.

Hier hatte die Schlacht die Gestalt beibehalten, die sie gleich Anfangs angenommen hatte. Fortwährend erneuerte die Cavallerie Marlboroughs ihre Angriffe, stets wurde sie wieder von der französischen Reiterei zurückgetrieben und zog sich auf das eigene Fußvolk, das seinerseits wieder durch heftiges Gewehrfeuer die feindlichen Reiter zur Rückkehr zwang. Aber immer mehr und mehr gab sich auf der andern Seite des Gegners dessen Erschöpfung kund. Zuletzt vermochte Tallard nicht mehr, seine Reiterei zum Vordringen zu bewegen. Nur einzelne Schwadronen gehorchten noch der Stimme besonders beliebter Führer, aber ihre Wagnisse endigten meistens mit ihrem Verderben. Immer mehr verwirrte sich die Schlachtordnung der Franzosen, ihre Aufstellung bildete nur mehr eine unbeholfene Masse. Da erkannte Marlborough, daß der entscheidende Augenblick gekommen sei. Er versammelte seine ganze Cavallerie zu einem einzigen ungeheuren Stoß auf den Feind. Mit furchtbarer Energie wurde der Angriff ausgeführt, er war unwiderstehlich. Die französische Reiterei, in kleine Haufen zersprengt, wendete sich zur Flucht. Das bloßgegebene Fußvolk wurde im Nu umzingelt und größten Theils niedergehauen. Aber viele der französischen Soldaten sollen ihr Leben durch List gerettet haben. Sie schleuderten ihre Waffen von sich, warfen sich zur Erde und stellten sich todt. Sie wurden später zu Gefangenen gemacht.

Zum letzten Male versuchte es Tallard, der bereits zweimal verwundet war, seine Reiterei zu sammeln. Nicht mehr für den Sieg, nur für seine Rettung wollte er noch kämpfen. Es gelang ihm nur einen kleinen Theil zusammen zu bringen, welchen er den anbringenden Feinden entgegen warf. Aber er vermochte nicht mehr, deren siegreiches Vordringen zu hemmem. Er wandte sich an Marsin um Hülfe. Der abgesandte Adjutant kehrte jedoch mit der Antwort zurück, man habe selbst kaum Truppen genug, um sich gegen den von allen Seiten vordringenden Eugen zu halten. So war Tallards Niederlage entschieden. Mit größter Mühe sammelten die Obersten die Trümmer ihrer Regimenter hinter Blindheim. Tallard erkannte jetzt die Nutzlosigkeit, ja das Gefährliche einer längeren Behauptung dieses Dorfes. Er sandte dem Generallieutenant Grafen Clerambault den Befehl, Blindheim zu räumen und sich auf Sondernheim zurückzuziehen. Allein der Bote erreichte das Dorf nicht, er fiel in die Hände der Verbündeten.

Marlborough ließ Tallards Cavallerie nicht mehr zu Athem kommen. Unaufhaltsam drang er vor. Was noch bisher Stand gehalten hatte, ergriff nun vollends die Flucht. Der eine Haufen, welcher die Straße nach Höchstädt einschlug, wurde von dreißig Schwadronen verfolgt, der andere aber, etwa fünfzehn Schwadronen stark, in eine Flußkrümmung gedrängt. Viele suchten sich durch Schwimmen zu retten, nur wenigen gelang es, die meisten ertranken. Viele wurden am Ufer niedergemacht, einige aber schlugen sich durch und entkamen in der Richtung gegen Lauingen. Nur der Oberst Marquis Hautefort sammelte eine kleine Schar um sich und wußte sich den Rückweg zu erzwingen.

Da Graf Clerambault mit dem Fußvolke aus Blindheim noch immer nicht zum Vorschein kam, so beabsichtigte Tallard selbst dahin zu eilen und die Truppen, seine letzte und einzige Stütze, aus dem Dorfe zu ziehen. Seine Kurzsichtigkeit aber ließ ihn in eine feindliche Reiterabtheilung gerathen, die er für Franzosen ansah. Der Oberstlieutenant Baron Bohneburg, Adjutant des Erbprinzen von Hessen-Cassel, erkannte den Marschall am Orden des heiligen Geistes, den er trug ²), und machte ihn zum Gefangenen. „Dieß ist die Vergeltung für Speierbach,“ rief der Erbprinz, als man den Marschall vor ihn führte. Tallard wurde in Sicherheit gebracht und mit der Auszeichnung behandelt, die seinem militärischen Range gebührte.

Vom Waldrande bei Lutzingen gewahrte Eugen die Fortschritte Marlboroughs und führte nun sein Fußvolk zum abermaligen Angriffe auf den Feind. Der Kurfürst und Marsin gaben den Tag verloren. Sie steckten die Dörfer in Brand, die sie bisher gehalten hatten, und ordneten ihre Truppen zum Rückzug. In drei Colonnen traten sie denselben, den Waldsaum entlang, Höchstädt links lassend, gegen Mörschlingen an. Der Kurfürst in Person befehligte die Nachhut. Er entwickelte dabei so große Geschicklichkeit, daß er ferneren Verlusten vorzubeugen wußte. Ohnehin wäre es Eugen, dem keine Reiterei zu Gebote stand, schwer geworden, mit dem Fußvolke allein eine nachdrückliche Verfolgung vorzunehmen. Und als endlich die Reiterei sich gesammelt hatte und gleichfalls zur Verfolgung erschien, hatten die Feinde hinter dem Brunnenbache eine Aufstellung genommen, welche weiterem Nachdrängen Einhalt that.

Bis hieher war nun das Schlachtfeld völlig von den Feinden gesäubert. Noch ganz in der Nähe hatten zwei französische Bataillone vom Heere

Tallards vor dem General Hompesch die Waffen gestreckt. Nur auf dem äußersten rechten Flügel behaupteten sich die Franzosen. Blindheim war noch von ihnen besetzt.

Durch die günstige Bauart des Dorfes und die angebrachten Vertheidigungswerke geschützt, hatte Graf Clerambault sich mit anerkennenswerther Ausdauer in Blindheim gehalten. Als er aber die Fortschritte der Feinde, die Sprengung der französischen Reiterei, die Niederlage des Fußvolkes mit angesehen hatte, da entsank ihm der Muth. Sich selbst zu retten, verließ er seinen Posten. Er wollte die Donau zu Pferde durchschwimmen, erreichte jedoch nicht das jenseitige Ufer, sondern ertrank. Als der Obercommandant vermißt wurde, trat der Marechal de Camp Graf Blansac an seine Stelle. Auch er war der Mann nicht, in solcher Lage denjenigen Entschluß zu fassen, welcher der angemessenste gewesen wäre. Die Boten, die er um Weisungen an Tallard sandte, erreichten denselben ebenso wenig, als die von dem Marschall abgeschickten Offiziere nach Blindheim zu gelangen vermochten. So war es bald zu spät zum Abzuge geworden, dem einzigen Entschlusse, durch welchen Blansac sich hätte retten können. In dumpfer Erstarrung harrten die französischen Generale in Blindheim ihres Schicksals. Immer enger sahen sie sich von den Heerscharen Marlboroughs umschlossen. Nun endlich, nachdem jeder Versuch fruchtlos erscheinen mußte, machte Blansac wiederholte Anstrengungen sich durchzuschlagen. Nirgends gelang seine Absicht. Die französischen Truppen befanden sich in einer wahrhaft verzweifelten Lage. Dennoch wurde die Aufforderung zur Ergebung mit Stolz zurückgewiesen. Marlborough traf daher die Anstalten zum Sturme. Nach einem hartnäckigen, mörderischen Kampfe wurde der befestigte Kirchhof erobert und dadurch der Zugang zu dem Dorfe selbst wesentlich erleichtert.

Während dieses Gefechtes war der französische Oberst Denonvile zum Gefangenen gemacht worden. Lord Cutts zeigte ihm die Fruchtlosigkeit des Widerstandes der Franzosen in Blindheim. Er beredete ihn, sich mit einem Parlamentär nach dem Dorfe zu begeben und den Grafen Blansac zum zweitenmale aufzufordern. Denonvile ging auf den Antrag ein und eilte nach Blindheim. Statt sich an den Commandanten zu wenden, redete er jedoch die Truppen an und verlangte von ihnen, die Waffen niederzulegen und sich dadurch dem Dienste des Königs noch länger zu erhalten. Graf Blan=

sac gebot ihm zu schweigen und zurückzukehren, von wo er gekommen war.
Aber Denonvile's Worte hatten tiefen Eindruck auf die Gemüther der Soldaten gemacht. Blansac mußte befürchten, daß seine Befehle nicht mehr
befolgt werden würden. Während man also unentschieden stand und nicht
wußte welchen Entschluß fassen, erschien ein dritter Abgeordneter Marlboroughs und verlangte den Befehlshaber zu sprechen. Er stellte dem Grafen Blansac vor, daß Marlborough sich mit vierzig Bataillonen und sechzig
Kanonen vor Blindheim befinde, daß er noch weit mehr Truppen heran-
zuziehen vermöge, daß durch den Verlust des Kirchhofes das Dorf in seinen Flanken entblößt, der geringe Ueberrest von Tallards Armee auf der
Flucht, das Heer des Kurfürsten und Marsins in vollem Rückzuge begriffen
sei und Blansac somit von keiner Seite her Hülfe zu hoffen habe. Es wäre
daher besser eine Capitulation anzunehmen und sich kriegsgefangen zu ergeben, als so viele brave Truppen von beiden Seiten dem sicheren Verderben Preis zu geben, ohne dadurch den leicht vorauszusehenden Ausgang
des Kampfes ändern zu können.

Als Blansac es dennoch verweigerte, sich zu ergeben, bat ihn der
englische Offizier, ihn auf Ehrenwort vor das Dorf hinaus zu begleiten
und sich mit eigenen Augen von der Wahrheit des Gesagten zu überzeugen.
Blansac ging darauf ein. Er und General Hautefeuille verfügten sich vor
das Dorf. Tief erschüttert von dem furchtbaren Schauspiele, das sie gesehen
hatten, kehrten sie nach Blindheim zurück. Blansac versammelte seine vornehmsten Offiziere. Es wurde beschlossen sich zu ergeben und so streckten
denn um acht Uhr Abends noch ungefähr neuntausend Mann das Gewehr.
Mit dem Ingrimm der Verzweiflung hatten die französischen Soldaten sich
ihrem Schicksale unterworfen. Das Regiment Navarra aber schleuderte
seine Fahnen in die Flammen der brennenden Häuser und zerbrach seine
Waffen, um durch dieselben die Trophäen der Sieger nicht zu vermehren.

So war endlich der schreckliche Kampf zu Ende [3]. Die Armee Marsins war geschlagen, diejenige Tallards völlig vernichtet. Dieß war das
Schicksal der beiden Heere, welche noch wenige Wochen zuvor der Marschall
Tallard in eitler Selbstüberschätzung unbesiegbar genannt hatte [4]. Eine
der blutigsten Schlachten der neueren Zeit war durchgekämpft, zum unsterblichen Ruhme der Sieger, zu unberechenbarem Schaden der Besiegten,
für beide mit ungemein großen Opfern verbunden. Der Gesammtverlust

der Alliirten mag annähernd auf zwölftausend Mann an Todten und Verwundeten, der ihrer Gegner, die Gefangenen und Versprengten mit eingerechnet, auf mehr als das doppelte angegeben werden. Denn die Franzosen
gestehen selbst mehr als vierzehntausend Todte und Verwundete zu, und
die Zahl der Gefangenen muß zum mindesten gegen dreizehntausend Mann
betragen haben [5]).

Schon vom Schlachtfelde hinweg hatte Eugen den Oberstlieutenant
Grafen Gundacker von Althan, vom Infanterie-Regimente Taaffe, mit der
Siegesbotschaft nach Wien gesendet. Marlborough aber riß aus seinem
Taschenbuche ein Blatt Papier und schrieb mit Bleistift an seine Gemahlin:

„Ich habe nicht Zeit Dir mehr zu sagen, sondern nur Dich zu bitten,
„der Königin meine Ehrerbietung zu melden und ihr anzuzeigen, daß ihr
„Heer einen ruhmvollen Sieg erfochten hat. Marschall Tallard und zwei
„andere Generale sind in meiner Kutsche, und ich verfolge den Rest des
„feindlichen Heeres. Der Ueberbringer, mein Adjutant Oberst Parke wird
„Bericht erstatten über das was geschehen ist. Ich werde dieß in einem oder
„zwei Tagen durch ein anderes Schreiben selbst weitläufiger thun" [6]).

Als die Dunkelheit hereinbrach über das blutgetränkte Schlachtfeld,
führte auch Marlborough seine Truppen gegen den Brunnenbach vor, an welchem Eugen bereits stand. Die Soldaten brachten die Nacht unter den
Waffen und auf freiem Felde zu. Die Vorräthe, welche sie im französischen Lager erbeuteten, waren ihnen hoch willkommen nach den Anstrengungen des langen Kampfes. Marlborough verweilte die Nacht hindurch
in einer Mühle bei Höchstädt und genoß daselbst einige Stunden Ruhe.
Da die Besatzung dieses Städtchens die Waffen gestreckt hatte, begaben
sich Eugen und Marlborough mit dem Anbruche des nächsten Tages nach
demselben und trafen hier die nöthigsten Anordnungen.

Hierauf verfügten sich die beiden Feldherrn in Begleitung des Grafen
Wratislaw und des savoyischen Abgesandten Grafen Maffei, dann verschiedener Generale zu dem Marschall Tallard, der sich in dem Hauptquartiere
des Erbprinzen von Hessen befand. Auf dem Wege dorthin besichtigten sie
die Menge weggenommener Geschütze, hundert ein und vierzig an der Zahl,
die eroberten Fahnen und Standarten, die ungemein große Beute, die gemacht worden war. Vier und dreißig Kutschen „mit französischem Frauen-
„zimmer" sollen sich darunter befunden haben. Der Marschall, obwohl

äußerst niedergeschlagen, brachte doch selbst das Gespräch auf die Ereignisse
des vergangenen Tages. Auf die Frage, warum die Franzosen nicht schon
am 12. angegriffen hätten, erwiederte er, es wäre dieß gewiß geschehen,
wenn nicht vier Ueberläufer vom Heere der Verbündeten, obgleich abgesondert befragt, übereinstimmend ausgesagt hätten, der Markgraf von Baden sei zur Hauptarmee gestoßen. Eugen und Marlborough hörten die
Lobsprüche, mit welchen die französischen Generale sie überhäuften, mit
großer Bescheidenheit an. Sie erwiederten sie mit anerkennenden Worten.
Insbesondere lobte der Prinz über die Maßen das Benehmen des Kurfürsten von Baiern und dasjenige seiner Truppen. Er gestand freimüthig, daß er mehrmals von ihm zurückgeworfen worden sei. Als er von
seinen eigenen Streitkräften sprach, sagte er: „Ich habe keine Schwadron
„und kein Bataillon, welches nicht zum wenigsten vier Mal angreifen
„mußte" [7]).

Nachdem der Besuch ungefähr eine Stunde gedauert hatte, ritten die
Feldherrn über das Schlachtfeld, das noch mit den Leichen der Gefallenen
bedeckt war und einen furchtbaren Anblick darbot. Dann begaben sie sich zu
ihren Truppen, entsandten zwei Detaschements zur Besatzung von Dillingen und Lauingen, und erließen Anordnungen über die Verfügungen,
welche mit den zahlreichen Gefangenen getroffen werden mußten.

Bei diesem Anlasse wie in jedem Augenblicke vor, während und nach
der Schlacht mußte das seltene Einverständniß bewundert werden, welches
zwischen Eugen und Marlborough herrschte. Es ist keine Parteilichkeit, wenn
das Hauptverdienst davon Eugen zugeschrieben wird. Denn der Prinz hätte,
wenn er gewollt, mehr als einen Grund zur Klage gehabt. Die Truppen,
welche er befehligte, waren nahezu um die Hälfte schwächer, als diejenigen,
die Marlborough am linken Fügel in's Treffen geführt hatte. Die Heere
Tallards und Marsins waren sich aber ungefähr gleich. Die Anzahl der
Streitkräfte Eugens stand also an Zahl derjenigen seines Gegners um
ebenso viel nach als Marlborough dem seinigen überlegen war. Es durfte
daher nicht Wunder nehmen, daß auf Seite des Herzogs das glänzendere
Resultat errungen wurde. Zu bedauern war dieß nur aus einem einzigen
Grunde. Wenn das Verhältniß umgekehrt, wenn Eugens Flügel der stärkere
gewesen und von diesem der Ausschlag gegeben worden wäre, so hätte das
ganze feindliche Heer aufgerollt und in die Donau gedrängt werden müssen,

statt daß ihm, wie es jetzt wirklich der Fall war, die sichere Rückzugslinie nach Ulm freigelassen wurde.

Wie dem aber auch sein mochte, Eugen war der letzte, der sich zu Beschwerden hinreißen ließ, wenn sein eigenes Interesse dabei im Spiele zu sein schien. Es gab keinen eifrigeren Lobredner und Bewunderer der Talente Marlboroughs, als Eugen und Niemand schrieb mit größerer Wärme dem Herzoge den Hauptantheil am Siege zu als der Prinz.

Durch ein solches Benehmen Eugens wurde der Herzog völlig für ihn gewonnen. Auch er war voll des wärmsten Lobes über die Haltung des Prinzen in der Schlacht und über die Tapferkeit seiner Truppen[8]). In seinen Privatbriefen aber verweilt Marlborough mit besonderer Vorliebe bei der Schilderung des Freimuthes und des Edelsinnes des Prinzen. Seine Bescheidenheit und sein gewinnendes Benehmen lobt er mit nicht geringerer Lebhaftigkeit als seine kriegerischen Eigenschaften. Diese Eintracht der Feldherrn, allerdings ein seltenes Beispiel, erfüllte die Welt mit Bewunderung, und begeisterte die Dichter und Schriftsteller zu emphatischer Anpreisung. Man nannte sie zwei Körper, von einem Geiste beseelt. Auf einer Medaille, welche man aus Anlaß des Sieges bei Höchstädt in Holland schlug, wurden sie mit Castor und Pollux verglichen und die Umschrift bezeichnete mit vielem Rechte die Eintracht der Feldherrn als die Ursache des Sieges.

Ungemein groß war der Eindruck, welchen die Nachricht von der Schlacht und ihrem Ausgange in ganz Europa hervorbrachte. In Paris wollte man Anfangs gar nicht daran glauben. Die erste Kunde war dahin durch den Marschall Villeroy gelangt, welchem der Feldmarschall Graf von Nassau durch einen Trompeter Briefe gefangener französischer Offiziere übersandt hatte. Sechs Tage war König Ludwig in der tödtlichen Unruhe, von einer furchtbaren Niederlage seines Heeres in Baiern zu wissen, ohne die näheren Umstände zu kennen. Der Brigadegeneral Silly, welchen der gefangene Marschall Tallard nach Paris zu senden die Erlaubniß erhalten hatte, brachte dem Könige die ersten umständlichen Nachrichten. Ludwig XIV. war nicht gewohnt, Unglücksbotschaften zu vernehmen. Seine Niedergeschlagenheit, die Bestürzung des Hofes, des ganzen Landes war außerordentlich groß. Fast jede angesehene Familie hatte einen Todten zu beklagen, für einen Verwundeten, einen Gefangenen zu fürchten. Die Entmuthigung war allgemein.

18

Um so größer war andererseits die Freude, welche die Kunde von dem Siege bei Höchstädt in den Ländern der verbündeten Mächte erregte. Zu London und im Haag feierte man Freudenfeste. Zu Berlin war man stolz auf die Tapferkeit, welche die preußischen Truppen in der Schlacht bewährt hatten, und auf das glänzende Zeugniß, das ihnen und ihrem wackeren Führer, dem Prinzen Leopold von Anhalt-Dessau, von Eugen ertheilt wurde [9]). Nirgends aber fühlte man lebhafter den Triumph als zu Wien und am kaiserlichen Hofe, denn nirgends mehr als dort konnte man die unmittelbaren Wirkungen des großen Ereignisses stärker verspüren. Die Gefahr eines Einbruches des französisch-baierischen Heeres in die Erbländer erschien völlig beseitigt, die Insurgenten in Ungarn wurden durch das Verschwinden der Hoffnung auf eine Vereinigung mit dem Kurfürsten in ihren stolzesten Planen durchkreuzt, der so sehr schon gesunkene Muth des Herzogs von Savoyen war wieder aufgerichtet und überall, auf den Kriegsschauplätzen wie in den Cabineten der Regierungen, der Sache des Hauses Habsburg ein neuer und kräftiger Aufschwung verliehen. Der Nimbus, welcher die französische Kriegsmacht bisher umgeben hatte, war gebrochen. Seit Ludwig XIV. auf dem Throne saß, war er zum ersten Male nicht nur in empfindlicher Weise, sondern in einer Art geschlagen, die damals unerhört genannt werden konnte. Und einem einzigen kühnen und glücklichen Streiche verdankte man diese völlige Umgestaltung der Verhältnisse. War es ein Wunder, daß da jeder Mund überfloß von Lobpreisung und Dankbarkeit für diejenigen, welche diesen Streich zu führen gewagt hatten?

In höchstem Maße war dieß bei dem edlen Kaiser selbst der Fall. Zeuge dessen ist das Schreiben, welches er nach Empfang der Siegesnachricht an den Prinzen richtete. Innigst dankte er ihm für den durch seine „ungemeine Prudenz und Tapferkeit, so wie durch das valorose und stand-„hafte Beithun des englischen Feldherrn" errungenen herrlichen Sieg, durch welchen Eugen jetzt und bei der Nachwelt sich einen unsterblichen Ruhm gesichert habe. „Er könne jedoch dem Prinzen," so fährt der Kaiser fort, „durchaus nicht bergen, daß seine Freude mit wahrhaftem Schrecken ver-„bunden war, ob der Gefahr in der sich Eugen befunden habe. Er müsse ihn „daher dringend bitten, für seine Sicherheit und Erhaltung in Zukunft „mehr Obsorge zu tragen, da er wohl wisse, wie viel dem Kaiserhause und „der ganzen Allianz an seinem Wohle gelegen sei [10])."

Auch Marlborough erhielt ein in den wärmsten Ausdrücken abgefaßtes Dankschreiben des Kaisers. Um ihm jedoch ein öffentliches und bleibendes Kennzeichen der kaiserlichen Dankbarkeit zu geben, ernannte ihn Leopold I. zum Fürsten des heiligen römischen Reiches mit Sitz und Stimme auf dem Reichstage. Er erhielt das Fürstenthum Mindelheim in Schwaben mit dem Rechte der Vererbung auf seinen Erstgebornen.

Dem Prinzen Eugen wurde zwar kein so großartiges Merkmal kaiserlicher Anerkennung zu Theil, wie es Marlborough erhielt. Um jedoch auch Eugen ein Zeichen seines „danknehmenden Gemüthes" zu geben, erhob der Kaiser den Palast des Prinzen in der inneren Stadt Wien zu einem „privilegirten adeligen Freihause" und befreite ihn für ewige Zeiten von jeder wie immer gearteten Besteuerung, Einquartierung oder sonstigen Belastung. Auf daß aber durch diese Begünstigung den übrigen Hausbesitzern in Wien keine größere Betheiligung an den öffentlichen Gaben auferlegt werde, ließ der Kaiser einen Betrag von sechstausend Gulden zu Handen des Bürgermeisters der Residenzstadt verabfolgen [11]).

Dieselbe Dankbarkeit, mit welcher der Kaiser sich den beiden Feldherrn verbunden fühlte, beseelte auch den römischen König Joseph. Nur sprach sie sich bei ihm, seiner Jugend und seines stürmischen Wesens wegen, mit größerer Lebendigkeit aus. Er bezeigte den lebhaftesten Wunsch sich wieder zur Hauptarmee zu begeben und wie vor zwei Jahren an deren Siegen und Schicksalen persönlichen Antheil zu nehmen. Ruhm und Ehre wollte er auch für sich gewinnen, und nebenbei dem Gefühle der tiefen Abneigung freien Lauf lassen, welche er wider den Kurfürsten von Baiern empfand. Der Verrath, den dieser an seinem kaiserlichen Schwiegervater begangen, hatte Josephs frühere Liebe zu ihm in wahren Haß verwandelt. „Es ist mein einziges Verlangen," schrieb er dem Markgrafen von Baden, „wenn Maximilian Emanuel sich zu billigen und vernünftigen Bedingungen „nicht bequemen will, ihn mit Gewalt zur Vernunft zu bringen und dabei „in Person anwesend zu sein [12])." Er traf mit größtem Eifer alle Anstalten zur Abreise und langte auch wirklich nach wenigen Wochen bei der Hauptarmee an.

Bei dieser handelte es sich, nachdem der Sieg errungen war, vor allem darum, denselben so fruchtbar als möglich zu machen. Es scheint fast, als ob hiezu nicht alles dasjenige geschehen wäre, was doch in der

Macht der Sieger gelegen war. An eine rasche Verfolgung des Feindes mag man wohl gedacht haben, doch ließ man sich durch vielerlei Rücksichten, insbesondere durch diejenige auf Unterbringung der ungeheuren Anzahl Gefangener davon abhalten [13]). Den Tag nach der Schlacht machte die Armee nur einen kurzen Marsch und lagerte zwischen Wittislingen und Steinheim. Hier blieb sie vier Tage stehen, die Truppen ausruhen zu lassen und die Vertheilung der Gefangenen vorzunehmen. Es trat eine Zögerung ein, welche ohne Zweifel die Früchte des Sieges in nicht geringem Maße schmälerte. Die Idee, welche diesem Verfahren zu Grunde lag, entsprang gewiß aus den edelsten Beweggründen. Den Truppen Zeit zur Rast und Erholung, zum Genusse der Beute zu geben, nachdem sie mit so großer Tapferkeit und Anstrengung gefochten hatten, schien eine Anforderung der Billigkeit zu sein. Und dennoch muß diese Schonung, der wir in der Kriegführung jener Zeit auf allen Punkten begegnen, als eine übel angebrachte angesehen werden. Es ist kaum zu bezweifeln, daß wenn der größte Theil des verbündeten Heeres dem Feinde mit derselben Schnelligkeit gefolgt wäre, mit der jener dem Rheine zueilte, die Resultate des Feldzuges noch weit größer gewesen wären. Marsins Armee konnte, ohne daß es eines ferneren Kampfes bedurft hätte, nur durch den Schrecken vor dem verfolgenden Feinde zerstreut und aufgerieben werden [14]). Landau hätte fallen müssen, bevor der Platz Verstärkungen erhalten konnte. Eine Zeit raubende, Geld und Menschen kostende Belagerung wäre erspart und der Krieg endlich, was Eugen so dringend wünschte, auf französisches Gebiet versetzt worden.

Aber die Raschheit der Bewegungen wurde damals nicht in gleichem Maße als ein Vortheil in der Kriegführung angesehen, wie es jetzt der Fall ist. Gleich waren die alten, bedächtigen Feldherrn mit dem Vorwurfe bei der Hand, man wolle den Krieg „à la hussarde" führen, wie man es damals nannte, und die „raison de guerre" gänzlich außer Acht lassen. Genugsam hatte Eugen solche tadelnde Aeußerungen nach seinem herrlichen Feldzuge des Jahres 1701 hören müssen, und auch jetzt wieder, nur kurze Zeit vor der Höchstädter Schlacht, hatte der Markgraf von Baden in gleichem Sinne seine Stimme erhoben. Dieß machte denn, daß man auch nach dem Siege bei Höchstädt mit etwas zu großer Bedächtigkeit vorging. Die Benutzung eines so entscheidenden Sieges müsse, so meinte

man, mit größter Sorgfalt erwogen werden. Diese Erwägung aber, so noth=
wendig sie an und für sich war, nahm doch gar zu viele Zeit in Anspruch.
Am 19. August stand die Armee erst bei Gundelfingen, nur anderthalb
Meilen vom Schlachtfelde. Dann brauchte sie noch zwei Tage um bis
Ulm zu kommen, wo die Feldherrn durch neun Tage, bis zum 30. August,
in Berathungen verweilten.

Ihnen hatte sich auch der Markgraf von Baden wieder angeschlossen.
Dem Grafen Wratislaw war der schwierige Auftrag zu Theil geworden, den
Generallieutenant zur Aufgebung der Belagerung von Ingolstadt und zur
Vereinigung seiner Streitkräfte mit der Hauptarmee zu bewegen. Man hoffte
hiedurch eine solche Ueberlegenheit zu erlangen, daß man auf beiden Ufern
der Donau zu gleicher Zeit zu operiren im Stande wäre. Nur höchst ungern
willfahrte der Markgraf diesem Begehren. Auf's lebhafteste bedauernd,
daß ihm kein Antheil an dem großen Siege beschieden war, hätte er gar
zu gern die von ihm begonnene Unternehmung gleichfalls zu einem gün=
stigen Ende geführt. Aber die Rücksichten auf das allgemeine Beste über=
wogen auch bei ihm diejenigen seiner Privatinteressen. Denn er hielt es
gleich Eugen und Marlborough für das nothwendigste, durch Zusammen=
ziehung aller Streitmacht die Feinde ganz aus den deutschen Ländern zu
vertreiben oder sie nochmals zur Schlacht zu zwingen. Die Aussicht, hie=
bei auch für sich einen nicht geringen Antheil an dem noch zu erntenden
Kriegsruhme zu gewinnen, mag gleichfalls nicht wenig zu dem schnellen
Entschlusse des Markgrafen beigetragen haben. Am 18. August verwan=
delte er die Belagerung von Ingolstadt in eine Blokade, deren Leitung er
dem Feldmarschall=Lieutenant von Aufseß übertrug. Am 24. traf er in
Söflingen, unweit von Ulm, mit Eugen und Marlborough zusammen.

Die Beschlüsse, welche daselbst gefaßt wurden, bestanden im wesent=
lichen darin, daß die vereinigte Armee sich in fünf Colonnen und auf fünf
verschiedenen Straßen nach dem Rheine bewegen, Eugen aber mit Post=
pferden nach Rottweil vorauseilen solle, um sowohl dort als bei dem in
den Stollhofener Linien zurückgebliebenen Corps an der Hand zu sein,
wenn sich Villeroy mit dem Kurfürsten zu vereinigen und noch etwas gegen
Württemberg zu unternehmen gedächte [15]). Feldmarschall von Thüngen
erhielt den Befehl über ein Corps, welches das vom Feinde noch besetzte
Ulm wegnehmen sollte. Die Belagerung von Landau, die Marlborough

schon vor dem Beginne des Feldzuges gewünscht und zu der er damals einen Plan von Eugen verlangt hatte [16]), wurde als der Hauptzweck der noch zu unternehmenden Operationen hingestellt.

Wie die Feldherrn der Verbündeten vorausgesetzt hatten, so war es wirklich eingetroffen. Der Kurfürst und Marsin hatten sich von dem Schlachtfelde mit größter Beschleunigung gegen Ulm zurückgezogen. Hier wollte Maximilian Emanuel sich behaupten, um seine Erblande nicht völlig aufgeben zu müssen, sondern in der Nähe zu sein und bei günstiger Ge-legenheit sie wieder besetzen zu können. Er glaubte hiebei auf Villeroy's Unterstützung und Beihülfe rechnen zu dürfen. Marsin aber war einer ganz anderen Ansicht. Er wollte von einem Verbleiben dießseits des Rheines nichts mehr hören, nur jenseits dieses Flusses schienen ihm die französischen Truppen in Sicherheit zu sein. Der Kurfürst war in solcher Abhängigkeit von den Franzosen, daß er den Willen derselben als Gesetz befolgen mußte. Dennoch schlug er das Anerbieten aus, welches Eugen und Marlborough ihm machten, ihn in Besitz seines ganzen Landes zu setzen und ihm von England und Holland viermalhunderttausend Kronen zuzusichern, wenn er die Partei der Verbündeten gegen Frankreich ergreifen und achttausend Mann gegen dieselben in's Feld stellen würde. Maximilian Emanuel übertrug der Kurfürstin, seiner zweiten Gemahlin, einer Tochter des Königs Johann Sobieski, die Regierung seines Lan-des. Er selbst ließ zu Ulm eine Besatzung zurück, wahrscheinlich um das ihm folgende Heer der Verbündeten aufzuhalten. Dann setzte er mit der französischen Armee den Marsch gegen den Rhein fort. Am 25. August traf er in Hüfingen unweit von Donaueschingen mit dem Marschall Villeroy zusammen, dessen Benehmen während des ganzen Verlaufes der Ereignisse einen erneuerten Beweis seiner militärischen Unfähigkeit geliefert hatte.

Villeroy hatte sich von Eugen gänzlich täuschen lassen. Er war von seinem Könige beauftragt worden, den Prinzen in den Linien von Stoll-hofen festzuhalten, seine Entfernung nach Baiern zu hindern und wenn dieß unmöglich wäre, ihm dahin zu folgen. Es war Eugen vollständig geglückt, mit einem Theile seines Heeres den Abmarsch nach Baiern zu bewerkstelligen und zugleich den Marschall glauben zu machen, daß er sich noch mit allen seinen Streitkräften in den Linien am Rheine befinde. Erst denselben Tag, an welchem die Feldherrn an den Ufern der Donau zur Feldschlacht sich rüsteten, erfuhr Villeroy, daß Eugen sich vom Rheinufer entfernt habe. Nun beabsichtigte der Marschall irgend etwas gegen die in den Linien zurückgebliebenen Truppen zu unternehmen, aber bevor er an die Ausführung dieses Vorsatzes schritt, wurde er durch die Schreckensnachricht von der Niederlage bei Höchstädt überrascht. Jetzt blieb ihm nichts mehr übrig, als dem geschlagenen Heere entgegen zu gehen und dasselbe beim Rückmarsche zu unterstützen.

Bei Villeroy's Zusammenkunft mit dem Kurfürsten und Marsin wurden die Verabredungen wegen der Rückkehr ihrer sämmtlichen Truppen auf das linke Rheinufer getroffen. Am 30. August und 1. September langte das vereinigte Heer zu Kehl an, nicht ohne auf dem mühseligen Marsche durch den Schwarzwald eine sehr beträchtliche Anzahl Soldaten eingebüßt zu haben, von denen ganze Scharen desertirten. Insbesondere war dieß unter den baierischen Truppen der Fall, welche laut erklärten, sich nicht über den Rhein schleppen lassen zu wollen.

Am 2. September war der Uebergang des Heeres über den Strom vollendet. Der Kurfürst verließ die Armee. Er hätte sich gern mit dem Könige von Frankreich besprochen, aber eine so traurige Zusammenkunft war nicht nach dem Geschmacke König Ludwigs, so sehr der Kurfürst sich auch, vom französischen Standpunkte betrachtet, durch die Standhaftigkeit, mit der er an dem Bunde mit Frankreich festhielt, einer Berücksichtigung werth gemacht hatte. Ueber Metz verfügte sich Maximilian Emanuel, von dem Reste seiner Haustruppen geleitet, nach Brüssel, um dort das Amt eines spanischen Statthalters der Niederlande auszuüben, da es ihm vom Schicksal versagt war, die eigenen Länder zu regieren.

Bevor Eugen sich an den Rhein begab, bot er der Kurfürstin von Baiern für sie und ihre Familie ein sicheres Asyl zu München an, wenn sie Ulm und die übrigen von den baierischen Truppen besetzten Plätze den Kaiserlichen übergeben würde. Er übertrug dem Grafen Wratislaw die Fortführung dieser Unterhandlung und begab sich selbst nach Rottweil, von da aber nach Rastadt, nachdem er die schwäbischen Kreistruppen gegen Philippsburg in Marsch gesetzt hatte. Am 2. September langte er selbst in Philippsburg an und nahm sein Hauptquartier im Kapuzinerkloster von Waghäusel [17]). Mit bewunderungswerther Thätigkeit traf er alle Anstalten um zwei Brücken über den Rhein zu schlagen, und dem Heere den Uebergang über den Strom zu ermöglichen. Es handelte sich vor allem darum, den Feinden in der wichtigen Position am Speierbache zuvorzukommen.

Eugen ließ daher schon am 6. September, nachdem die erste Schiff= brücke vollendet war, die Kreistruppen aus den Stollhofener Linien über den Rhein gehen und die Stellung am Speierbache einnehmen. An dem= selben Tage traf Marlborough, und zwei Tage später der Markgraf von Baden bei Eugen ein. Während dieser Zeit wurde der Uebergang des Heeres über den Rhein bewerkstelligt. Villeroy, welchem nach des Kur= fürsten Abreise als dem älteren Marschall das Obercommando über das französische Heer zugefallen war, hatte mit seinen Truppen eine vortheil= hafte Position hinter der Queich eingenommen. Da er in derselben Lan= dau bedeckte, waren die Verbündeten entschlossen, ihn von dort zu vertrei= ben. Aber Villeroy wartete keinen Angriff ab. Ohne Widerstand zu ver= suchen, trat er den Rückzug an, und wich hastig über die Lauter, zuletzt sogar über die Motter zurück. Die Armee der Verbündeten rückte in die früheren Stellungen der Feinde ein und erschien am 10. September vor Landau. Der Belagerung dieser Festung stand somit kein Hinderniß mehr im Wege. Prinz Ludwig von Baden übernahm die Leitung der Belage= rung. Eugen und Marlborough machten sich zur Deckung derselben anhei= schig. In Kronweißenburg schlugen sie ihr Hauptquartier auf.

Um dieselbe Zeit traf die erfreuliche Nachricht ein, daß Ulm sich an den wackeren Thüngen ergeben und der Feldmarschall sein Armeecorps sammt der vor Ulm gebrauchten Artillerie und Munition nach dem Rheine in Marsch gesetzt habe. Durch diese Truppen erhielt das Belagerungs= corps des Markgrafen eine erwünschte Verstärkung. Noch vor ihnen war der römische König Joseph vor Landau eingetroffen und hatte wenigstens dem Namen nach die Oberleitung der Belagerung übernommen. Am Tage nach seiner Ankunft besuchten Marlborough und Eugen den jungen Mo= narchen und wurden von ihm in der schmeichelhaftesten Weise bewillkommt.

Die Garnison von Landau, ungefähr fünftausend Mann stark, ward von dem französischen Generallieutenant Grafen Laubanie befehligt. Der Graf, ein bejahrter Mann von großer Erfahrung [18]), einer der besten Gene= rale des französischen Heeres, wurde bei der Vertheidigung des Platzes

durch seine braven Offiziere und wackeren Truppen auf das nachdrücklichste unterstützt. Diesem Umstande, und vielleicht der Langsamkeit, mit
welcher die Belagerungsbedürfnisse herbeigeschafft wurden, so wie der etwas
lässigen Leitung des Angriffes, welche gar zu viele Zeit in Feierlichkeiten
und Paraden vergeudete, muß wohl die lange Dauer der Belagerung
vorzugsweise zugeschrieben werden. Gewiß ist es, daß die beiden thatendurstigen Feldherrn zu Kronweißenburg den langsamen Fortschritt derselben
nur mit höchster Ungeduld betrachteten. Ihr lebhafter Geist beschäftigte
sich unablässig mit Entwürfen zu Unternehmungen, welche noch in diesem
Feldzuge oder wenigstens mit Eintritt des künftigen Frühlings auszuführen
wären. Sie hatten dabei die Anschauungsweise vieler gar hochgestellter
Offiziere zu bekämpfen, welche der Ansicht waren, mit der Vertreibung
der Feinde von deutschem Boden sei völlig genug gethan.

Eugen und Marlborough waren aber nicht dieser Meinung. Sie erklärten, daß noch in dem gegenwärtigen Jahre, wenn nicht mehr, doch
wenigstens dasjenige geschehen müsse, was nöthig sei, um für den künftigen Feldzug die Versetzung des Kriegsschauplatzes auf französisches Gebiet
möglich zu machen. Die Verbündeten hätten sich daher, außer Landau's,
auch noch der wichtigsten Posten an der Mosellinie zu versichern. Hier sei
die verwundbarste Stelle Frankreichs, von hier aus müßten denn auch die
gewaltigsten Streiche wider dasselbe geführt werden [19]).

Nach reiflicher Berathung kamen die beiden Feldherrn überein, daß
Eugen allein das Commando der Bedeckungsarmee übernehmen, Marlborough aber sich der beiden Plätze Trier und Trarbach bemächtigen solle,
deren Besitz zu künftiger Durchführung einer entscheidenden Unternehmung
unerläßlich sei. Eugen war es zwar, welcher zu Anfang des Feldzuges
die Bestimmung erhalten hatte, an der Mosel zu befehligen. Es hätte ihm
also wohl auch jetzt dieses Commando gebührt, bei welchem nicht geringer
Kriegsruhm zu erwerben war, während die Bedeckungsarmee den Rest des
Feldzuges voraussichtlich in Unthätigkeit zuzubringen hatte. Aber der Prinz
war es gewohnt, dem allgemeinen Wohle überall und zu jeder Zeit sein
Privatinteresse unterzuordnen. Er stand daher auch jetzt gern zurück und
überließ dem englischen Feldherrn den glänzenderen Schauplatz der Thätigkeit, sich mit dem Bewußtsein begnügend, schon durch diesen Entschluß vielleicht mehr noch als jener zu dem gemeinsamen Besten beigetragen zu haben.

Der von Eugen und Marlborough ersonnene Plan wurde von dem letzteren, wie sich von ihm mit Bestimmtheit erwarten ließ, mit Energie und Geschicklichkeit durchgeführt. In der Hälfte des Monats October trennte sich ein Armeecorps von zwölftausend Mann von dem Bedeckungsheere, das unter Eugens Commando bei Kronweißenburg zurückblieb. Durch gewandte und schnelle Bewegungen kam Marlborough bei der Besetzung Triers den Franzosen zuvor. Trarbach aber mußte durch den Erbprinzen von Hessen-Cassel mittelst einer förmlichen Belagerung eingenommen werden.

Nachdem Marlborough diese Streitkräfte von dem Heere Eugens abgetrennt hatte, konnte es schon als ein Gewinn erscheinen, wenn der Prinz mit einem derart geschwächten Heere seiner eigentlichen Aufgabe, der Deckung der Belagerung von Landau, zu entsprechen vermochte. Von einer Unternehmung gegen Villeroy, der hinter den wohlverschanzten Linien von Drusenheim am Rheine bis zum Schloß Lichtenberg in den Vogesen stand, konnte nicht die Rede sein. Aber es war ein merkwürdiges Zeichen der unablässigen Geistesthätigkeit Eugens, daß er auch in Lagen, in denen jeder andere zufrieden gewesen wäre, sich auf die Vertheidigung zu beschränken, und Niemand ein angriffsweises Vorgehen von ihm erwarten konnte, sich stets mit Anschlägen zu Ueberfällen und dergleichen Unternehmungen beschäftigte, bei denen auch mit geringer Kraft bedeutendes bewirkt werden kann. Es ist wahr, daß fast alle diese Plane mißglückten. In dem Feldzuge des Jahres 1702 war dieß bei nicht weniger als drei solchen Unternehmungen der Fall gewesen, dem Ueberfalle auf Cremona, demjenigen gegen Vendome's Hauptquartier und dem Anschlage auf Mantua. Wer jedoch bedenkt, von welch kleinen Zufälligkeiten hiebei das Gelingen abhängt, und wie leicht irgend ein an sich geringfügiger Zwischenfall eintritt, an dem der ganze Plan scheitert, der wird dieß leicht begreifen. Eine Hauptursache des häufigen Mißglückens ist in dem Umstande gelegen, daß zu derlei Anschlägen meist nur eine geringere Anzahl Truppen verwendet werden kann, als deren Durchführung erfordert. Denn durch das Aufbieten größerer Streitmassen würde die so nöthige Geheimhaltung des Planes erschwert und die Schnelligkeit der Bewegungen gehemmt werden.

Trotz all dieser Schwierigkeiten, trotz des wiederholten Scheiterns seiner Anschläge kam Eugen doch immer, wenn es eben nicht möglich war, sich mit großen Projekten zu beschäftigten, auf solche kleinere Unternehmun-

gen zurück. Und wenn er sonst gar nichts damit erreicht hätte, so machte er
doch den Feind unruhig und besorgt, sich aber gefürchtet und als einen
Gegner bekannt, vor dem man niemals und auf keinem Punkte sicher sein
konnte.

Auch jetzt, während des ruhigen Verweilens im Hauptquartier zu
Kronweißenburg, beschäftigte sich der Prinz mit dem Plane, die im September des vorigen Jahres verlorne Festung Altbreisach durch einen Ueberfall
wieder zu erobern. Durch eine vertraute Person zog er leider nicht ganz
genaue Erkundigungen ein über die Schwäche der Besatzung und über die
Nachlässigkeit, mit welcher sie den Sicherheitsdienst betrieb. Hierauf baute
Eugen seinen Anschlag, mit dessen Ausführung er den Generalfeldwachtmeister Winkelhofen beauftragte.

Es wurde hiezu ein Tag bestimmt, an welchem die gewöhnlichen Heu-
lieferungen nach der Festung stattfinden sollten. Fünfzig Wagen wurden mit
Waffen und Pechkränzen beladen, und mit Heu überdeckt. Einige derselben
waren von innen hohl und darin eine Anzahl von Offizieren und Soldaten
verborgen. Alle sollten als Lieferungswagen in die Festung zu gelangen
suchen, von zweihundert auserlesenen Offizieren und Unteroffizieren in der
Verkleidung von Fuhrleuten und Bauern geleitet. In die Stadt eingedrungen, sollten sie vor allem die Thorwache überwältigen und den Zuzug der
außerhalb des Platzes aufgestellten Reserve möglich machen. Mit Genauigkeit waren die Plätze bestimmt, nach welchen die Truppen sich zu begeben
hatten, jeder Abtheilung war ihre Aufgabe pünktlich vorgezeichnet. Der
Plan schien wohl ersonnen, dennoch sollte er an einem Zufalle scheitern.

Am 9. November um neun Uhr Abends brach General Winkelhofen
mit einer Truppenabtheilung von zweitausendvierhundert Mann von Freiburg auf. Nach einem anstrengenden Nachtmarsche war man um fünf Uhr
Morgens unweit Breisach, an dem Neuthore angelangt. Um acht Uhr erschienen die vordersten Wagen mit ihrer Begleitung am Thore. Die erste
Wache wurde glücklich passirt, die zweite jedoch, welche Verdacht geschöpft
hatte, niedergemacht. Am Hauptthore aber entspann sich ein Streit zwischen
dem Oberstlieutenant Briglières, welcher gleichfalls als Bauer verkleidet,
die Wagen geleitete, und dem feindlichen Fortifikations-Commissär. Dieser
versetzte dem vermeintlichen Landmann einen Schlag mit seinem Rohr, der
kaiserliche Stabsoffizier jedoch, sich vergessend, feuerte seine Pistolen auf

den Beleidiger ab. Nun entstand Lärm, ein Gefecht entspann sich, das Fall-
gitter wurde herabgelassen und dadurch die schon innerhalb des Thores befindliche Schar von der nachrückenden Reserve getrennt. Diese, von den
Wällen scharf beschossen, vermochte ihre in der Stadt eingeschlossenen Ka-
meraden nicht mehr zu befreien und mußte unverrichteter Dinge den Rückzug antreten.

Inzwischen hatte sich endlich die Belagerung von Landau ihrem Ende
genähert. Nichts konnte lebhaftere Bewunderung verdienen, als die unerschütterliche Standhaftigkeit, mit welcher Graf Laubanie die Vertheidigung
leitete. Schon am 10. October war der Graf bei der Abwehr eines Sturmes durch eine neben ihm einschlagende Bombe mit Steinen und Sand
bedeckt worden. Als man ihn unter dem Schutte hervorzog, hatte er das
Augenlicht für immer verloren und war noch überdieß am Unterleibe schwer
verletzt worden. Aber die Kraft seines Widerstandes wurde hiedurch keinen
Augenblick geschwächt. Jede Handbreit Erde wurde hartnäckig bestritten
und jedes Mittel angewendet, den Fall der schwer bedrängten Festung
möglichst zu verzögern. Und wirklich waren erst am 22. November, also
siebzig Tage nach dem Beginne der Belagerung, die Dinge so weit gekommen, daß längerer Widerstand nur mit dem Verderben der braven Besatzung hätte endigen können. Erst als auch die wackersten Offiziere dem
Commandanten dieß bestätigten, machte er von der schon seit langer Zeit
in seinen Händen befindlichen Erlaubniß zu capituliren Gebrauch. Am 26.
verließ die tapfere Garnison mit allen Kriegsehren die Festung und kehrte
nach Frankreich zurück. Graf Laubanie, schon von König Joseph auf's ehren-
vollste behandelt, wurde von seinem dankbaren Monarchen, wie er es verdiente, glänzend belohnt.

Dieß war der Ausgang eines Feldzuges der, so groß die in demselben
errungenen Resultate auch waren, doch nach dem Siege bei Höchstädt noch
weiter gehende Hoffnungen erweckt hatte. Der König von Frankreich irrte
nicht, als er dem Marschall Villeroy schrieb, daß so empfindlich ihm der
Verlust von Landau auch sein werde, ihn unter den obwaltenden Umständen doch kein geringeres Mißgeschick habe treffen können, als daß seine
Gegner sich auf diesen Platz geworfen haben [20]).

Nachdem Landau gefallen war, wurden die Kriegsunternehmungen
für den gegenwärtigen Feldzug als beendigt angesehen und der größte

Theil der Truppen in die Winterquartiere verlegt. König Joseph kehrte nach Wien zurück. Eugen aber war kein Augenblick der Ruhe und Erholung beschieden, sondern man bedurfte seiner neuerdings in Angelegenheiten, welche für den kaiserlichen Hof von der größten Wichtigkeit waren.

Während die Feldherrn der Verbündeten, der Markgraf von Baden, Eugen und Marlborough wider den Kurfürsten Maximilian Emanuel und die französischen Marschälle an der Donau im Großen den Krieg führten, wurde derselbe in verschiedenen anderen Theilen von Baiern, insbesondere aber an der tirolischen Grenze zwischen kaiserlichen und baierischen Truppenabtheilungen im Kleinen fortgesponnen. Beiderseits zu schwach, um irgend ein entscheidendes Resultat herbeizuführen, waren die Streitenden doch eben stark genug, durch die steten Kämpfe, durch die Excesse der Soldaten, durch Brandschatzungen und Plünderungen den Ruin des Landes herbeizuführen. Die Baiern selbst begingen genug der Verheerungen, mehr noch die Kaiserlichen. Das Verfahren dieser letzteren war, wenn gleich nicht zu rechtfertigen, doch einigermaßen zu entschuldigen. Sie wußten, daß der Kaiser, und mit Recht dem Kurfürsten zürne. Was zu Paris als Standhaftigkeit gepriesen wurde, mußte in Wien als hartnäckige Verstocktheit angesehen werden. Das Benehmen des Kurfürsten erbitterte daselbst um so mehr, als der Schwiegersohn, der langjährige Verbündete des Kaisers es war, welcher in so feindseliger Haltung gegen seinen Oberherrn verharrte. Je lebhafter die Beängstigung gewesen, die man vor Maximilian Emanuel gefühlt hatte, desto größer war nun der Haß gegen denselben. Bei den kaiserlichen Truppen war dieß wohl bekannt und man erlaubte sich leicht manch schweren Unfug in dem Lande eines Fürsten, der sich gegen den Kaiser so sehr vergangen hatte.

Noch während der Belagerung von Landau schien jedoch die Sache ein anderes Ansehen zu gewinnen. Die Baiern sahen sich von ihrem Kurfürsten verlassen. Maximilian Emanuel war nach Brüssel zurückgekehrt und eine Unterstützung von ihm in keiner Weise zu hoffen. Auch von Frankreich konnte sie nach den Ereignissen des letzten Feldzuges nicht erwartet werden. Was blieb also der Kurfürstin, welche die Regentschaft der baierischen Lande übernommen hatte, übrig als darnach zu trachten, eine gütliche Ausgleichung des Streites mit dem Kaiser zu bewerkstelligen.

Zu Ilbesheim wurden die Verhandlungen gepflogen. Außer Wratislaw führten sie die Grafen Trautson und Sinzendorff im Namen des Kaisers, der Hofkammerdirektor von Neusönner aber für die Kurfürstin.

Am 11. November kam endlich der Vertrag zu Stande, kraft dessen alle Festungen und militärischen Etablissements in Baiern dem Kaiser abgetreten und die Truppen mit Ausnahme von vierhundert Mann Garden entwaffnet wurden. Der Kurfürstin blieb die Nutznießung des Rentamtes München, dann diejenige von Ingolstadt, Rain und Kempten. Die Landesverwaltung aber mit Ausnahme jener des Rentamtes München ging an den Kaiser über.

Leopold I. übertrug die Ausführung dieser Convention dem Prinzen Eugen, welcher mit den ausgedehntesten Vollmachten nach dem Kurfürstenthume abgeordnet wurde [21]). Durch Eugens Ernennung zeigte der Kaiser deutlich, daß die harte Behandlung Baierns nicht in seinem Willen lag. Denn der Prinz war es, welcher die Bedrückung des Landes immer und unverholen gemißbilligt hatte. Von ihm war jener strenge Befehl an den Feldmarschall Grafen Herbeville ausgegangen, die unverantwortlichen Gelderpressungen bei scharfer Ahndung zu meiden und nicht zu glauben, daß man, weil in Feindes Land, zu dessen Ruin nach eigener Willkür darin schalten könne. „Er erinnere dieß", schrieb Eugen dem Grafen, „als „guter Freund, und mache ihn darauf aufmerksam, daß auch das schon „Begangene wieder gut gemacht, und Alles, was weggenommen worden „sei, mit Pünktlichkeit zurückgestellt werden müsse [22])."

Baiern konnte sich Glück wünschen, daß Eugens Sendung einem Manne zu Theil geworden war, welchen solche Gesinnungen beseelten. Leider waren aber die Verhältnisse so verwickelter und trauriger Natur, daß der Prinz trotz des edelsten Willens in dem unglücklichen Lande nicht so viel Gutes zu wirken vermochte, als es in seiner Absicht lag. Schon das erste Geschäft war der Art, daß es die ernstesten Verwicklungen herbeiführen mußte.

Der wichtigste Punkt des Tractates bestand in der Uebergabe der baierischen Festungen, auf welche der Kaiserhof vorzugsweise sein Augenmerk gerichtet hatte. Die Kurfürstin schien entschlossen, ihren Verpflichtungen nachzukommen und die festen Plätze des Landes den kaiserlichen Truppen einräumen zu lassen. Aber schon zu Ingolstadt, welches nach dem Tractate am 18. November übergeben werden sollte, zeigten sich unvorhergesehene Schwierigkeiten.

Die Besatzung der Festung war aus zwölftausend Mann baierischer und französischer Truppen zusammengesetzt. Als Feldmarschall Graf Herbeville von Straubing heranzog, die Festung zu übernehmen, begaben sich der Generalmajor von Lützelburg und der Direktor von Neusönner [23]) als baierische Bevollmächtigte nach Ingolstadt. Hier aber erregte die Besatzung, statt die Festung zu verlassen, einen Tumult und verlangte vorerst die Ausbezahlung ihres sechsmonatlichen Soldrückstandes. Neusönner, ernstlich bedroht, flüchtete zu Herbeville; General Lützelburg aber harrte nicht ohne Gefahr zu Ingolstadt aus.

Erst am 29. November gelang es der Kurfürstin durch Entsendung des Kammerrathes Löhr, welcher einstweilen eine Abschlagszahlung überbrachte, die Aufregung einigermaßen zu beschwichtigen. Dennoch weigerten sich die Truppen noch immer die Festung zu verlassen.

Inzwischen war Eugen mit fünfunddreißig Bataillonen und dreiundsiebzig Schwadronen, welche er auf baierischem Gebiete in die Winterquartiere zu verlegen den Auftrag hatte, zu Großmöhring, unweit von Ingolstadt eingetroffen. Mit Unzufriedenheit vernahm er die Vorgänge in der Festung. General Lützelburg wurde angegangen, binnen vierundzwanzig Stunden eine kategorische Antwort zu ertheilen, ob man gesonnen sei, den Vertrag zu vollziehen und Ingolstadt zu übergeben oder nicht. „Er sei „nicht gewillt" erklärte der Prinz, „nach einem so langen und beschwer-„lichen Feldzuge seine Truppen noch zu fruchtlosen Märschen nöthigen zu „lassen. Er protestire vor Gott und der Welt" so schloß er seine Aufforderung, „gegen das Unglück, welches die Nichterfüllung des Vertrages für „das Land, für die armen unschuldigen Unterthanen, ja selbst für das kur-„fürstliche Haus nach sich ziehen würde. Die Verantwortung bleibe den-„jenigen überlassen, die deren Ursache, und welche unter dem Vorwande, „den Aufstand in Ingolstadt nicht bewältigen zu können, vielleicht dessen „eifrige Beförderer seien [24])."

Nach München entsandte der Prinz einen Offizier mit der Bitte an die Kurfürstin, die Bestimmungen des Vertrages mit gleicher Pünktlichkeit erfüllen zu wollen, wie dieß von Seite des Kaisers durch Ueberlassung des Rentamtes München schon geschehen sei und auch fürder der Fall sein werde [25]).

Als die meuterische Garnison durch General Lützelburg von dem Prinzen gewisse Sicherstellungen verlangte, konnte Eugen mit edlem Selbstbewußtsein erwiedern, er habe sich bei der ganzen Welt einen solchen Namen erworben, daß Niemand an der genauen Erfüllung einer von ihm eingegangenen Verpflichtung zweifeln dürfe ²⁶).

Die Kurfürstin zeigte sich zu pünktlicher Vollziehung der von ihr abgeschlossenen Convention bereit. Sie sandte einen dritten verschärften Befehl nach Ingolstadt und bewies dadurch, wie durch ihr ganzes Benehmen, Eugens Zeugnisse zu Folge, daß sie an dem Aufstande keinen Theil habe ²⁷). Am 7. December wurde denn auch ohne ferneren Anstand die Räumung von Ingolstadt vollzogen. Die anderen Plätze folgten diesem Beispiel. Der größte Theil des baierischen Militärs, Fußvolk wie Reiterei, trat unter die kaiserlichen Fahnen. Die neue Verwaltung fand überall Eingang und schlug nach und nach Wurzel im Lande. Eugen bewies Ernst und Festigkeit, wo es nöthig war, sonst aber Milde und Zuvorkommenheit, um die vielfach verletzten, theils mißtrauischen, theils erbitterten Gemüther zu gewinnen. Er selbst bezeigte bei jeder Gelegenheit der Kurfürstin in unzweideutiger Weise seine Ehrfurcht. Strenge hielt er darauf, daß ihr die etwaigen Reisen im Innern des Landes nicht verwehrt und überall die ihr gebührenden Ehrenbezeigungen erwiesen wurden.

Es war bewunderungswürdig, wie Eugen die gleiche unparteiische Strenge nach beiden Richtungen hin, gegen seine Soldaten sowohl als wider die Bewohner eines in gefährlicher Gährung befindlichen Landes zu handhaben wußte. Er zeigte keine Vorliebe für die ersteren, keine Gereiztheit gegen die letzteren; er bewies es, daß er im wahren Sinne des Wortes über den Parteien stand. Den Landleuten seien die Waffen, so lautete sein Befehl, mit denen sie versehen wären, zuerst in Güte abzuverlangen, und erst dann, wenn sie darauf nicht hören wollten, mit Gewalt wegzunehmen. Jedes Landgericht sei bei schwerer Ahndung anzuweisen, seine Unterthanen in Zucht und Gehorsam zu erhalten. Den unruhigsten Köpfen aber, den Studierenden zu Ingolstadt, ließ Eugen bedeuten, daß sie in den gehörigen Schranken und in Ruhe verbleiben und keiner Thätlichkeit wider die Soldaten sich unterfangen sollten. Würde dieß der Fall sein, so müßte der Erstbeste, den man auf frischer That betrete, nicht nur beim Kopf genommen, sondern als Aufrührer und Aufwiegler mit dem Strange bestraft, die Uebrigen aber würden abgeschafft und die Schulen gesperrt werden, „wohingegen," fügte Eugen hinzu, „wenn sie „sich friedlich aufführen, man sie gar gern ihre Privilegien genießen lassen „werde. Daß aber die Bürger den Soldaten keinen guten Willen erzeigen, „dazu sind sie nicht gehalten, und ist sich beßwegen auch nicht über selbe „zu beklagen ²⁸)."

Diese letzten Worte des Prinzen beweisen klar, daß so wie er die Soldaten vor jeglicher Unbill geschützt, er auch den friedlichen Bürger vor unberechtigten Anforderungen gewahrt haben wollte. Daher hatte Eugen es nöthig gefunden, die beiden in Baiern commandirenden Feldmarschälle Gronsfeld und Herbeville durch scharfe Instructionen zu binden, „auf daß sie keine freie Hand haben, noch in dem geringsten sich in die „Geldsachen oder das Contributionswesen mischen könnten ²⁹)." Und als dennoch gegründete Klagen über Excesse sowohl, als wegen überspannter und schwer zu erfüllender Begehren eingingen, da verlangte Eugen, ihm die Schuldigen unumwunden zu bezeichnen, ohne Rücksicht auf die Person oder den Rang derselben. „Ja wenn es die Feldmarschälle selber seien, „denen es zur Last falle, sich nur einen Heller mehr als dasjenige ange- „eignet zu haben, was ihnen gebühre, so werde er schon wissen, was zu „thun sei, um sie zur erforderlichen Genugthuung zu verhalten und der „verdienten Ahndung zu unterziehen ³⁰)."

Durch eine solche Sprache und durch solche Maßregeln gewann Eugen das Vertrauen der Kurfürstin, die sich in mancher Bedrängniß um Rath und Beistand an ihn wandte ³¹). Aber auch das Zutrauen im Lande kehrte wieder. Hunderte von Gesuchen und Eingaben erhielt der Prinz täglich, meist von Leuten aus den höheren Ständen, die um Belassung der früheren oder um Uebertragung neuer Aemter baten, oder welche gelobten, dem Kaiser Treue und Gehorsam zu bewähren. Der Prinz bestätigte einstweilen die früheren Beamten und rieth dem Kaiser angelegentlich, die erfahrenen unter ihnen beizubehalten und nicht etwa gleich Anfangs neue einzusetzen, welche von dem Lande und dessen Einrichtungen nichts verstehen und den Interessen des Kaisers nur Nachtheil bringen würden. Insbesondere drang er darauf, daß der Verwaltung des Landes ein Oberhaupt gegeben werde, welches diesem Posten in jeder Beziehung gewachsen sei. Vor allem müsse der Statthalter, so meinte Eugen, das

Land und dessen Kräfte genau kennen, die Art und Weise wie dasselbe
bisher regiert worden sei, inne haben, insbesondere aber von den mit
der Kurfürstin abgeschlossenen Tractaten und den Verfügungen genaue
Wissenschaft besitzen, welche in Folge derselben getroffen worden waren [32]).
Schon früher hatte von der Absicht des Kaisers verlautet, den Cardinal
Lamberg zum Generalstatthalter des Kurfürstenthums zu erheben. Eugen
schien diese Wahl für des Kaisers Dienst zu schädlich zu sein, als daß er es
hätte unterlassen können, auf die Bedenken aufmerksam zu machen, welche
seiner Meinung nach dagegen in die Wagschale fielen.

Von jeher hatte der Cardinal für einen eifrigen Anhänger des Kur-
hauses gegolten. Die häufigen Berührungen, in welche er als Bischof von
Passau mit Maximilian Emanuel kam, knüpften diese innigen Beziehungen
noch fester. Die schnelle Uebergabe Passau's wurde als ein untrügliches
Zeichen dieser Hinneigung des Cardinals zu dem Kurfürsten angesehen.
Aufgefangene Briefe hatten den bestimmten Nachweis geliefert, daß der
gegen Lamberg gefaßte Argwohn ausreichend begründet war. Wenn nun
die Regierung des Landes in die Hände eines Mannes gelegt wurde, von
welchem größere Anhänglichkeit an den früheren als an den jetzigen Landesherrn zu erwarten war, so konnte nach Eugens Meinung für den letzteren
daraus nur Unheil entstehen.

Der Prinz beschwor also den Kaiser, den eifrigen Bewerbungen des
Cardinals um jene Stelle in keiner Weise Folge zu geben [33]). Er nannte
dagegen einen Mann, in dessen Hände dieser wichtige Posten mit größter
Beruhigung gelegt werden konnte, und der dem Prinzen zur Bekleidung
desselben in jeder Beziehung der geeignetste schien. Dieser Mann war
Johann Wenzel Graf Wratislaw.

Wratislaw war aus einem der ältesten böhmischen Adelsgeschlechter
entsprossen, der erstgeborne Sohn des Grafen Franz Christoph Wratislaw,
Kammerpräsidenten und Statthalters in Böhmen, und der Gräfin Maria
Elisabeth von Waldstein. Nachdem er seine Studien vollendet hatte und
von einer längeren Bildungsreise zurückgekehrt war trat er, fünf und
zwanzig Jahre alt, im Jahre 1695 als Assessor bei der böhmischen Hofkanzlei in den Staatsdienst. Seine hervorragende geistige Begabung, von
glücklichen äußeren Verhältnissen getragen und in den Vordergrund gestellt,
gewann ihm schnell das vollste Vertrauen des Kaisers Leopold und seiner

vornehmsten Räthe. Bald erhielt Wratislaw Aufträge von höchster Wichtigkeit, bei der Jugendlichkeit seines Alters doppelt ehrend für ihn. Nach dem Tode des Königs Karl II. von Spanien wurde er nach England gesendet, die Allianz des Kaisers mit König Wilhelm III. gegen Frankreich zu Stande zu bringen. Es ist bekannt, in welch glücklicher Weise dieser Auftrag vollführt wurde. In der kürzesten Zeit war es Wratislaw gelungen, sich die Neigung und das Vertrauen der einflußreichsten britischen Staatsmänner zu gewinnen [34]). Als im Jahre 1703 der junge König Karl sich von Wien nach London begab, kam ihm Wratislaw nach dem Haag entgegen und begleitete ihn nach England. Auf dieser Reise und im täglichen Umgange gewann Karl die höchste Meinung von Wratislaws intellectueller Befähigung, von seinen Kenntnissen, seiner Redlichkeit und Uneigennützigkeit, von seiner unerschütterlichen Anhänglichkeit an das Kaiserhaus. Die Folge dieses Zutrauens des jungen Königs zu Wratislaw war ein Briefwechsel, in welchem der Graf mit einem Freimuthe, zu dem nur die unbedingteste Hingebung berechtigen konnte, in Karls schwieriger Stellung demselben die erprobtesten Rathschläge ertheilte [35]).

Nach Karls Abreise war Wratislaw noch in London geblieben, dort der Sache des Hauses Oesterreich zu dienen. Dann eilte er zu Marlboroughs Armee. Seine Vorstellungen trugen wesentlich zu dem kühnen Entschlusse des britischen Feldherrn bei, sein Heer nach Baiern zu führen. Auf Marlboroughs Verlangen [36]) begleitete ihn Wratislaw dorthin. Er wohnte allen Kriegsbegebenheiten des ganzen Feldzuges bei und führte die Unterhandlungen mit Maximilian Emanuel und mit der Kurfürstin von Baiern. Es war daher kein Zweifel, daß er, wie Eugen erklärte, zu dem wichtigen Posten eines Statthalters dieses Landes vor allen andern Mitbewerbern als der geeignetste erschien.

Diese Bezeichnung des Mannes, dem seiner Ansicht nach die Leitung der Angelegenheiten des Kurfürstenthums übertragen werden sollte, war die letzte Pflichterfüllung Eugens in Baiern gewesen. Die Bestimmungen des Ilbesheimer Traktates waren vollzogen, der Auftrag des Prinzen erfüllt, und er dachte an die Rückkehr nach Wien, wohin die wichtigsten Angelegenheiten ihn riefen. Es war ihm genug den Weg angedeutet zu haben, welchen man nach seiner Meinung einschlagen sollte, um nach der kriegerischen auch die friedliche Eroberung von Baiern durchzuführen.

Hätte man Eugens Rath und sein Beispiel befolgt, so wäre manche traurige Begebenheit, manche bedauerliche Verwicklung erspart worden, und das Haus Oesterreich hätte dort treuergebene Unterthanen gefunden, wo es bald darauf trotzigem Widerstande und bewaffnetem Aufruhr begegnete.

Dreizehntes Capitel.

Unter den vielen gewichtigen Angelegenheiten, welche Eugens Rückkehr nach Wien erforderten, waren es insbesondere zwei wahrhaft bren-
nende Fragen, die man durch ihn gelöst zu sehen hoffte. Die bisherige
Art der Kriegführung gegen die Rebellen in Ungarn und diejenige wider
die Franzosen in Italien konnte nicht länger so fortdauern. Jedem Auge,
dessen Blick nicht durch vorgefaßte Meinungen getrübt wurde, war es klar,
daß man in ganz anderer Weise auf diesen Kriegsschauplätzen auftreten
müsse, als es bisher geschehen war, wollte man nicht länger den empfind-
lichsten Nachtheilen ausgesetzt bleiben. Denn als solche mußten die verheerenden Streifzüge der ungarischen Insurgenten nach Mähren, Oesterreich und Steiermark, die Verwüstung des eigenen Landes, die Einschrän-
kung kaiserlicher Macht auf wenige feste Plätze angesehen werden. Als
solche mußte die stete Furcht gelten, den Herzog von Savoyen, wenn er
nicht ausgiebiger als bisher vom Kaiser unterstützt, wenn nicht jede Bestimmung des mit ihm abgeschlossenen Allianzvertrages pünktlich erfüllt
würde, wieder zu Frankreich zurücktreten zu sehen und mit ihm den mächtigsten Bundesgenossen in Italien zu verlieren.

In so bedrohlicher Sachlage traten in wahrhaft erschreckendem Maße
die Gebrechen hervor, an denen die kaiserliche Regierung litt. Mit dem
zunehmenden Alter hatten sich bei Leopold diejenigen Eigenschaften, welche
schon früher so vieles zur Hemmung eines energischen Auftretens der
Regierung beigetragen, seine Unentschlossenheit, der Mangel an Selbstvertrauen, der Hang zu zauberndem Hinausschieben entscheidender Maßregeln ungemein gesteigert. Andauernde Erkrankung, sichtliche Abnahme
der körperlichen Kräfte mehrten noch das Uebel. Auch andere Umstände
kamen dazu, dasselbe besonders fühlbar zu machen. Jene begabten Männer,
welche dereinst des Kaisers Vertrauen besessen hatten, Hocher, Strattmann, Kinsky, waren längst gestorben, seine übrigen Räthe aber, Harrach,
Mannsfeld mit ihm alt geworden, und weder geeignet noch des Willens,

dem Kaiser eine Entschlossenheit einzuflößen, die ihnen selbst fremd war.

Der Einzige, der dieß vielleicht zu thun im Stande gewesen wäre, Kaunitz, war selbst schwer krank und dem Tode nahe[1]). Unter diesen Umständen war es leicht erklärlich, daß alle Männer, die ein Herz für ihr Vaterland hatten, der Rückkehr Eugens mit Sehnsucht entgegen sahen. Seine glänzenden Erfolge im vergangenen Feldzuge hatten am Kaiserhofe sowohl als im österreichischen Volke die günstige Meinung, die man immer von ihm gehegt, ungemein gesteigert[2]). Von ihm allein glaubte man noch Rettung erwarten zu dürfen.

Von keiner Seite war dieß mehr als von denjenigen der Fall, welche vorzugsweise auf Beendigung des Kampfes in Ungarn ihr Augenmerk gerichtet hatten. Das Zutrauen und die Liebe, welche die Bewohner dieses Landes dem Prinzen widmeten[3]), ließen von seiner Rückkehr eine günstige Wirkung hoffen. Und eine solche war in der That auch dringend nöthig. Denn der Kaiser war während des Jahres 1704 in Ungarn nicht glücklich gewesen. Niemals waren die Einfälle der Rebellen nach Oesterreich mit größerer Verwegenheit ausgeführt worden, nie hatten sie barbarischer daselbst gehaust, als im Sommer dieses Jahres. Den kaiserlichen Generalmajor Georg Adam von Riczan, einen kränklichen und daher zum Commando nur wenig tauglichen Mann, hatten sie am 28. Mai bei Schmolenitz geschlagen und gefangen[4]). Wien selbst wurde von ihnen auf's höchste beunruhigt, und es war unausführbar, daß der Kaiser seiner langjährigen und ihm liebgewordenen Gewohnheit nach den Sommeraufenthalt in Laxenburg nahm.

Um Wien vor den Rebellen zu schützen, wurde in weitem Bogen um die Vorstädte herum vom Ufer der Donau bei S. Marx angefangen bis zum Wienerberge, und von da wieder zum Donauufer hinter der Vorstadt Rossau ein Wall und ein Graben gezogen, und diese Linie auch noch überdieß mit Pallisaden und an geeigneten Orten mit Redouten versehen. Dennoch streifte Graf Alexander Karolyi am 9. Juni mit viertausend Mann bis vor Wien, und erweckte großen Allarm in der Stadt, welche eben das Geburtsfest des Kaisers beging. Die Bürgerschaft aber griff entschlossen zu den Waffen und eilte scharenweise auf den Wall. Ihre feste Haltung schreckte die Ungarn von einem Angriffe auf die Vorstädte ab. Das außerhalb der Ringmauer gelegene Neugebäude vermochte man jedoch nicht vor ihnen zu schützen. Mit wahrer Zerstörungslust warfen sie sich auf dasselbe, welches sogar von den Türken verschont worden war. Um den Kaiser recht eigentlich in dem zu verletzen, was ihm Freude bereitet hatte, zerstörte Karolyi die im Neugebäude befindliche Menagerie, und ließ die dort aufbewahrten wilden Thiere, unter ihnen die beiden gezähmten Jagdleoparden tödten, welche Leopold I. vom Sultan zum Geschenke erhalten hatte.

Sich selbst und seine Hauptstadt aus der steten Bedrängniß zu erretten und den Einfällen der Rebellen auf österreichisches Gebiet zu steuern, hatte der Kaiser dem Feldmarschall Grafen Sigbert Heister den Oberbefehl über diejenigen Streitkräfte anvertraut, welche er gegen die Insurgenten in's Feld zu stellen vermochte.

Graf Heister hatte durch eine lange Dienstzeit im kaiserlichen Heere, durch manch rühmliche Waffenthat, an der er hervorragenden Antheil genommen, sich große Erfahrung und einen nicht unbedeutenden Namen erworben. Noch als Oberst hatte er bei Wiens Vertheidigung mitgewirkt. Jedem der folgenden Feldzüge wohnte er bei, bis er endlich als Feldzeugmeister in der Schlacht bei Zenta den rechten Flügel des kaiserlichen Heeres befehligte. Als Eugen zum Präsidenten des Hofkriegsrathes ernannt wurde, erhielt Heister den Posten eines Vicepräsidenten dieser obersten Militärbehörde. Er verblieb jedoch nicht lange in dieser Stellung, sondern wurde nach Tirol gesendet, um dort den Widerstand gegen die Einfälle der Franzosen und Baiern zu organisiren. Trotz der nicht unwichtigen Dienste, die er daselbst leistete, hielt ihn jedoch Eugen nur für wenig geeignet zur Führung eines selbstständigen Commando's. Zwar verstehe er es wohl, sagte der Prinz von ihm, unter günstigen Umständen dem Feinde hie und da eine Schlappe anzuhängen; aber er wisse keinen leitenden Gedanken, keinen Zusammenhang in seine Operationen zu bringen, ziehe nutzlos hierhin und dorthin, und richte die eigenen Truppen durch übertriebene, meist ganz überflüssige Anstrengungen, die er ihnen zumuthe, zu Grunde. In einer Lage, wie die des Kaisers, der nicht mehr wisse, woher die Soldaten nehmen, die auf den verschiedenen Kriegsschauplätzen in's Feld geführt werden sollten, sei dieß ein vor allem zu beachtender Umstand.

Ueberdieß kannte der Prinz die harte und grausame Gemüthsart
Heisters. So sehr auch Eugen der Ueberzeugung war, daß Ungarn nur
durch unerschütterliche Festigkeit, ja durch Strenge zum Gehorsam zurück-
gebracht werden konnte, so sehr mißbilligte er doch die erbitternde Feindseligkeit, welche Heister gegen die ganze ungarische Nation an den Tag
legte [5]). Er tadelte die Gewaltthätigkeit, die sich Heister gegen dieselbe zu
Schulden kommen ließ und durch welche die ohnedieß schon zu weit ge-
diehene Spaltung sich zu unausfüllbarer Kluft zu erweitern drohte.

Eugens Ansicht wurde durch die eintretenden Ereignisse nur zu bald
bestätigt. Gleich zu Anfang des Feldzuges drang Heister in forcirten
Märschen so tief in Ungarn ein, daß er selbst alle Verbindung mit Oesterreich verlor. „Seine Kriegsmanier und Dispositionen," schrieb der Prinz
an den Kaiser, „seien dermaßen konfus, daß ein großes Unglück nicht aus-
„bleiben könne. Auch seien die Ungarn wider ihn so erbittert, daß so lange
„er das Commando führe, sie zu einer friedlichen Beilegung des Streites
„sicher nicht die Hand bieten würden [6])."

Eugen trug darauf an, daß Heister aus Ungarn abberufen und das
Commando daselbst dem Ban von Kroatien, Graf Johann Pálffy, oder
dem General der Cavallerie Grafen Huyn übertragen werde.

Bevor jedoch in dieser Sache etwas geschah, glückte es Heister, einen
der Anführer der Rebellen, den Grafen Simon Forgách, welcher vormals
als General in kaiserlichen Diensten, nun aber Karolyis Beispiele folgend,
in schmachvollem Treubruch zu den Feinden übergegangen war, bei Raab
auf's Haupt zu schlagen. Es war dieß der erste Sieg von Bedeutung,
welcher gegen die Insurgenten erfochten wurde. Es verstand sich nun von
selbst, daß man denjenigen nicht abrief, dem man diesen Vortheil zu
verdanken hatte. Leider wußte Heister hieraus nicht Gewinn zu ziehen.
Statt seinen Sieg mit Gewandtheit zu benützen, wich er nach Ungarisch-
Altenburg zurück, dort neue Truppen zu erwarten, deren man ihm keine
zuzusenden vermochte. Er verlor seine Zeit mit erbittertem Wortstreite
gegen den Erzbischof Széchényi, welchen er des Treubruches am Kaiser
beschuldigte, und mit Gehässigkeiten wider den Grafen Johann Pálffy,
den er nach Croatien zu entfernen suchte. Vom Kaiser verlangte er un-
umschränkte Vollmacht, um jegliche Verhandlung einzig und allein führen,
Krieg und Frieden oder Waffenstillstand abschließen zu können [7]).

S.Gr. Heister

Stich u. Druck der Typogr. litr art Anstalt in Wien

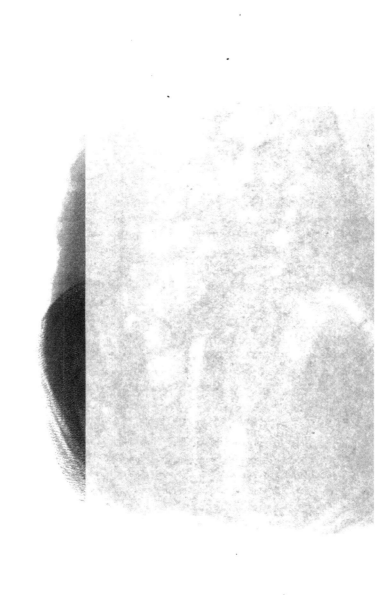

Denn Verhandlungen liefen allerdings während des ganzen Jahres neben den kriegerischen Unternehmungen hin. Anfangs waren sie durch den Palatin Esterházy, dann durch den Erzbischof Széchényi, endlich durch den Freiherrn Stephan Szirmay gepflogen worden. Wegen angeblicher Mitschuld an Rakoczy's Flucht zur Haft gebracht, war Szirmay wieder auf freien Fuß gestellt, und da man sich von ihm eines besonderen Einflusses auf Rakoczy versah, zur Anknüpfung von Verbindungen mit demselben gebraucht worden [8]). Aber alle diese Verhandlungen dienten zu nichts als höchstens zur Herbeiführung kurzer Waffenruhe. Der ungarische Aufstand sei ein Dorn, hatte Marlborough gesagt, der um jeden Preis ausgerissen werden müsse [9]). Eugen stimmte dem vollkommen bei, und er blieb der Meinung treu, die er gleich Anfangs ausgesprochen hatte. „Mit den Friedensverhand-"lungen," schrieb er dem Hofkriegsrath Tiell, „wird Niemand mehr als "der Hof selbst getäuscht werden. Ja ich will meinen Kopf zum Pfande "geben, wenn in Ungarn ein Frieden erfolgen wird, ohne daß man andere "Mittel ergreife und den Truppen wie auch den Festungen beispringe, mit-"hin nicht um einige hunderttausend Gulden das ganze Königreich sammt "den Truppen verloren gehen lasse. Denn es ist gewiß, daß die Ungarn, "nachdem sie einmal revoltirt haben, sich bis zur letzten Extremität und mit "der äußersten Verzweiflung zu erhalten suchen werden [10])."

Je länger jedoch die Wirren in Ungarn dauerten, desto trüber wurden die dortigen Verhältnisse für den kaiserlichen Hof. Seine Geldarmuth gestattete ihm nicht, für die Ausrüstung und Verstärkung der Truppen, für die Instandsetzung der Festungen namhafte Opfer zu bringen. Hiezu kam noch, daß die wenigen vorhandenen Mittel in Heisters Händen gar zu schnell verbraucht wurden. Nachdem er die Operationen wieder aufgenommen hatte, zog er planlos im Lande umher, verfuhr mit Grausamkeit gegen die Bewohner, machte seinen Namen verhaßt und verminderte noch, statt sie zu mehren, die Zahl der Anhänger des Kaisers. So kam es, daß die Sache des Hauses Oesterreich in Ungarn keinen Boden gewann, ja Schritt vor Schritt denjenigen verlor, in dem sie bisher gewurzelt hatte. Einmal wollte Heister den Grafen Karolyi, dann wieder Bercsenyi überfallen, und jagte deren flüchtigen Scharen nach, durch die rastlosen und forcirten Märsche seine eigenen Truppen zu Grunde richtend. Die Feinde aber, stets gewarnt, wußten ihm immer rechtzeitig zu entkommen [11]).

Während Heister dem einen Parteiführer folgte, fand ein anderer Gelegenheit und Muße Erfolge zu erringen. So wurde der kaiserliche General Graf Joseph Rabatta von Karolyi bei S. Gotthardt auf's Haupt geschlagen. Und als Heister nach Stuhlweißenburg hinab zog, um, wie man ihn beschuldigte, sein eigenes Gut Lovasbereny vor den Insurgenten zu decken [12]), brachen diese neuerdings verheerend in das Marchfeld ein, bis Wien das Land in Schrecken versetzend. Forgách gelang es Kaschau und Eperies zu nehmen, Rakoczy aber belagerte Neuhäusel.

So weit war es nach und nach in Ungarn gekommen, daß Eugen selbst sich mit dem Gedanken befreunden mußte, auf dem Wege friedlicher Verhandlungen nach einem Ziele zu streben, welches man durch kriegerische Unternehmungen zu erreichen unvermögend zu sein schien. Er stimme zwar, erklärte er, der Meinung des Feldmarschalls Heister bei, daß es am „besten „und reputirlichsten wäre, wenn man durch die Gewalt der Waffen die „Rebellen zur Vernunft bringen und ihnen den Frieden vorschreiben könnte, „nicht aber denselben von ihnen empfangen müßte. Wenn man aber die „Mittel zum Widerstande herbeizuschaffen nicht vermöge, so könne auf „dem bisher befolgten Wege nur ein Platz nach dem andern verloren und „die verfügbare Streitmacht zu Grunde gehen. Ehe als dieß geschehe, sei „auf die Friedensverhandlung einzugehen, so schlecht dieselbe auch sein möge, „um wenigstens Luft zu bekommen und insbesondere den Festungen beizu- „stehen, bevor sie eine nach der andern von selbst fallen müßten [13])."

Schemnitz war als Zusammenkunftsort der Bevollmächtigten ausersehen worden, welche von beiden Seiten über die friedliche Beilegung des Streites unterhandeln sollten. Der Vicekanzler Freiherr Johann Friedrich von Seilern war von Seite des Kaisers, Bercsenyi von derjenigen Rakoczy's der eigentliche Leiter der Unterhandlungen. Auch die Repräsentanten von England und Holland am Wiener Hofe, Georg Stepney und Jacob Hamel-Bruyninx, nahmen unter dem Titel von Vermittlern an demselben Theil. Denn die beiden Seemächte, welche die Beendigung des Krieges in Ungarn lebhaft wünschten, um des Kaisers ganze Streitmacht gegen Frankreich verfügbar zu machen, hatten ihre Vermittlung angetragen und zu Wien glaubte man dieselbe nicht ablehnen zu sollen.

Eugen war dieser Einmischung fremder Mächte in eine innere Regierungsangelegenheit des Kaisers von Anfang an entgegen gewesen. Da er

dieselbe jedoch nicht zu hindern vermochte, so hatte er wenigstens die Befug-
nisse der Vermittler thunlichst einzuschränken gesucht. Er drang bei Marlborough darauf, daß die Gesandten strenge angewiesen würden, sich keine
Machtvollkommenheit anzumaßen, die ihnen nicht vom Kaiser selbst eingeräumt würde [14]). Die Parteilichkeit, welche die Gesandten, insbesondere
aber Stepney, für die Sache der Insurgenten an den Tag legten, war
Eugens Scharfblick nicht entgangen [15]). Sie trat gar bald in so unver-
hüllter und vielfach hemmender Weise zu Tage, daß der Kaiserhof es nur
bereuen konnte, durch Annahme einer solchen Vermittlung sich selbst eine
schwer zu überwindende Schwierigkeit geschaffen zu haben.

Es war leicht vorauszusehen, daß Verhandlungen, die unter so trüben
Auspizien ihren Anfang nahmen, kein günstiges Ergebniß an's Licht fördern
würden. Man befand sich von beiden Seiten auf zu verschiedenartigen
Standpunkten, als daß auf eine Vereinigung zu hoffen gewesen wäre.
Die Insurgenten waren unerschöpflich in ungereimten Anforderungen, der
Hof für die wirkliche Sachlage vielleicht zu karg mit Zugeständnissen. Die
Haupturfache aber lag wohl darin, daß es den beiden streitenden Theilen
nicht so rechter Ernst mit den Verhandlungen war. Beiden schien es mehr
darum zu thun, Zeit damit hinzubringen und während ihres Verlaufes sich
zur Fortsetzung des Kampfes zu rüsten, als eine wirkliche Ausgleichung
herbeizuführen. Die Insurgenten hofften auf völlige Losreißung Ungarns
von Oesterreich, der Kaiserhof auf gänzliche Unterwerfung der Wider-
spänstigen. So fand sich auf keiner Seite die erforderliche Neigung zum
Nachgeben, zu Zugeständnissen vor, ohne welche eine Vereinigung nicht
gedacht werden konnte.

Aus jedem Verhandlungspunkte nicht nur, schon aus jeder Formfrage
schien ein unübersteigliches Hinderniß erwachsen zu sollen. So hatte
Seilern gleich Anfangs an den Titeln sich gestoßen, welche Rakoczy in den
Geleitsbriefen und Vollmachten sich beilegte. Eugen mißbilligte solche
Kleinlichkeiten. Wenn man die Herbeiführung friedlichen Einvernehmens
ernstlich beabsichtigt, sagte er, soll man sich mit solchen Dingen nicht aufhalten, durch welche nur die Zeit unnütz verloren geht, die Insurrection
noch eigensinniger und das Uebel nur ärger gemacht wird [16]).

Dieser Vorgang und die Art und Weise, in welcher die Verhandlungen zu Schemnitz fortgesetzt wurden, bestärkten Eugen in der Ansicht,

daß nichts von denselben zu erwarten und nur an erneuerte und nachdrück-
lichere Fortsetzung des Kampfes zu denken sei. Um diese möglich zu machen,
war seine vorzüglichste Bestrebung auf Verstärkung der Streitkräfte des
Kaisers gerichtet. Fünf Cavallerie-Regimenter [17]) erhielten Marschbefehl,
aus dem Heerlager in der Pfalz nach Baiern aufzubrechen und sich von da
auf der Donau nach Ungarn zu verfügen. Doch würde auch diese Hülfe
nichts fruchten, erklärte der Prinz unumwunden, wenn für die Bedürfnisse der Truppen nicht mehr als bisher vorgesorgt, wenn nicht ihre
Leitung in die Hände eines Mannes gelegt werde, der ihr in höherem
Maße gewachsen sei als Heister. Der Ban von Croatien, Graf Johann
Pálffy wurde von Eugen neuerdings als besonders tauglich bezeichnet,
wenigstens ein Armeecorps in Ungarn zu befehligen [18]).

Noch während der Dauer der Friedensverhandlungen war Heister
selbst nach Wien gekommen, sein bisheriges Verfahren zu rechtfertigen
und seine Plane für die künftige Kriegführung vorzulegen. So strengen
Tadel das erstere von Seite des Prinzen erfuhr, so war er doch zu gerecht,
um den letzteren, welche manches Zweckmäßige enthielten, seine Billigung
zu versagen [19]). Es wurde beschlossen, ein Corps von fünfzehntausend
Mann zu formiren und mit demselben vor allem das Land bis an die
Waag vom Feinde zu säubern, um endlich einmal den verheerenden Einfällen der Insurgenten nach Mähren und Oesterreich mit Kraft zu
steuern.

Obwohl er die Plane Heisters nicht eben mißbilligte, so war doch
Eugen fortwährend der Ueberzeugung, daß der Feldmarschall zu ihrer
Ausführung nicht der geeignete Mann sei und daß dieselbe geschickteren
Händen übergeben werden solle. Zu drei verschiedenen Malen suchte der
Prinz durch schriftliche Vorstellungen den Kaiser zu Heisters Zurückberu-
fung zu bewegen [20]). Aber Leopold war hiezu nicht zu vermögen. Einfluß-
reiche, wenn gleich des Krieges unkundige Personen dienten Heister als
Stütze, und es wurde beschlossen, ihm einstweilen das Obercommando in
Ungarn noch zu belassen. Als aus Schemnitz die Nachricht von der definitiven Weigerung der Insurgenten eintraf, auf die Friedensvorschläge einzugehen, die ihnen im Namen des Kaisers gemacht worden waren, als
kurz darauf die Trauerkunde anlangte, Rakoczy habe Neuhäusel wirklich
eingenommen und sich zur Belagerung von Leopoldstadt gewendet, da er-

hielt Heifter Befehl unverzüglich nach dem Kriegsschauplatze zu eilen. Es gelang dem Feldmarschall, am 26. December die Insurgenten neuerdings, dießmal bei Thrnau in offener Feldschlacht zu überwinden. Aber es zeigte sich gar bald, wie wenig mit diesen Siegen eigentlich gewonnen war. Die schnell beweglichen Scharen der Rebellen zerstreuten sich leicht, um sich eben so geschwind wieder zu sammeln. Die Getödteten waren im Augenblicke durch neu ausgehobenes Landvolk ersetzt und die feindlichen Streitkräfte kurze Zeit nach einer Niederlage nicht selten stärker als zuvor. Dieß geschah auch nach der Thrnauer Schlacht. Statt der gehofften Entmuthigung hatte Rakoczh bald darauf sein Haupt höher erhoben als je. Szathmar und Thrnau fielen in die Gewalt der Insurgenten.

Während dieß in Ungarn vorging, kämpfte der kaiserliche Feldmarschall Graf Rabutin in Siebenbürgen mit den weit überlegenen Scharen der Rebellen um den Besitz des Landes. Auch Rabutin war einer der erfahrensten Offiziere in des Kaisers Heer. Als die Türken Wien belagerten, hielt er die allzeit getreue Neustadt und beantwortete die Aufforderung zur Uebergabe mit Kanonenschüssen. Später diente er in Ungarn, in Deutschland, in Italien. In diesen zahlreichen Feldzügen hatte Eugen ihn als fähigen Reitergeneral kennen gelernt und selbst vieles zu seiner Beförderung beigetragen.

Sonst war Rabutin hochmüthig, voll herausfordernden Stolzes auf seine Geburt, durch die er zu allem berechtigt zu sein glaubte, rauh und streng gegen andere, weniger gegen sich selbst. Denn so pünktlichen Gehorsam er forderte, so wenig liebte er es ihn selbst zu leisten. Er vermied es so lang als möglich, fremdem Befehle sich unterzuordnen, und im Zentaer Feldzuge hatte Eugen sich nach Wien wenden müssen, um Rabutins Anzug aus Siebenbürgen zu erwirken. Seither hatte er daselbst befehligt, fern von dem überwachenden Auge des Kaiserhofes, über Beamte und Soldaten gleichmäßig seine Macht ausdehnend, ein unumschränkter Fürst.

Die Liebe des Landes hatte Rabutin sich nicht erworben, sie vielleicht auch gar nicht gesucht. Denn an den Hauptnachtheil, welcher ihm aus der geringen Popularität erwachsen mußte, deren er im Lande genoß, hat Rabutin wohl gar nicht gedacht. Er bestand darin, daß schon bei dem ersten Aufflackern des Aufruhrs in Ungarn derselbe mit Blitzesschnelle auch Siebenbürgen ergriff, dessen Volk, demjenigen abgeneigt, der es regierte, mit um so größerem Eifer die Partei derer ergriff, welche es von ihm zu befreien versprachen. Und in der That fiel bald der größte Theil des Landes Rakoczy zu. Die wenigen Magnaten, die sich hiezu nicht bequemen mochten, saßen unschlüssig in Hermannstadt. Dem Aufruhr im Herzen abgeneigt, von dem sie nur eine Schmälerung ihrer bevorzugten Stellung erwarten zu müssen glaubten, hielten sie sich zwar entfernt von demselben; aber ganz wollten sie es doch auch mit den Insurgenten nicht verderben, und daher war keiner unter ihnen, der mit Entschlossenheit und Selbstaufopferung sein eigenes Wohl für die Sache des Kaiserhauses in die Schanze geschlagen hätte. Nur ein Josika wird genannt, dessen Treue so probehältig war in jener Zeit der Bedrängniß, daß er sammt seinen Mannen die Waffen trug für seinen Kaiser²¹).

Obgleich somit einzig und allein auf sich und die kleine, nicht über viertausend Mann zählende Schar der Seinigen beschränkt, stritt Rabutin doch mit Muth und bewunderungswürdiger Ausdauer gegen die Insurgenten, welche mit ihren Horden Siebenbürgen überflutheten und überall das Volk zum Aufstande riefen. Manches glänzende Gefecht lieferte Rabutin den Rebellen, und wo es auf offenen Kampf ankam, da konnten sie seinen wohldisciplinirten Heerhaufen nirgends widerstehen. Aber diese schmolzen von Tag zu Tage, von allen Seiten angegriffen, unbezahlt, Montur und Waffen verbrauchend, ohne irgend woher neue Ausrüstungsgegenstände erhalten zu können, gänzlich abgeschnitten von der deutschen Heimath, sichtlich zusammen, während jene lawinenartig anwuchsen und zuletzt weder durch Kriegskunst noch durch Tapferkeit, sondern durch ihre ungeheure Ueberzahl Rabutins kleines Häuflein zu ersticken drohten.

Auf die Rettung des Feldmarschalls und seiner Truppen war nun Eugens eifrige Sorge gerichtet. Ein Armeecorps sollte ausgerüstet werden, welches sich den Durchzug durch Ungarn zu erkämpfen und Rabutin Hülfe zu bringen die Bestimmung hatte.

Während der Prinz sich hiemit beschäftigte, war seine Thätigkeit mit der Vorbereitung zu einer anderen Truppensendung wo möglich in noch größerem Maße in Anspruch genommen.

Wie in Ungarn, so standen auch in Italien die wichtigsten Interessen des Kaisers auf dem Spiele.

Nachdem Guido Starhemberg mit dem größeren Theile seiner Truppen zu dem Herzoge von Savohen gestoßen war, hatte der Kaiser zwei
Armeecorps in Italien, dasjenige, welches unter Starhemberg in Piemont
stand, und ein zweites, das unter dem General der Cavallerie Grafen Trauttmansdorff in Revere und Ostiglia zurückgeblieben war. Beide Corps
befanden sich in einem trostlosen Zustande. Von Geld entblößt, außer
Stande, den täglich sich mehrenden Abgang an Soldaten und Pferden,
an Waffen und Bekleidungsstücken zu erstetzen, minderte sich ihre Zahl zusehends und in gleichem Verhältnisse mit ihr deren Kampffähigkeit. Die Truppen in Piemont hatten wenigstens noch das Glück unter einem Feldherrn
zu stehen, der berühmt war durch seine Sorgfalt für die Bedürfnisse der
Soldaten, durch seine Aufopferung für sie, durch das Talent, das er besaß, mit wenigen und verwahrlosten Streitkräften einem übermächtigen
Feinde die Spitze zu bieten. Anders stand es mit dem kleinen Armeecorps,
das sich zu Ostiglia befand. Dort befehligte der General der Cavallerie
Graf Trauttmansdorff, der zwar eine lange Dienstzeit hinter sich hatte,
dessen Kränklichkeit aber und seine dadurch veranlaßte Unthätigkeit ihn zur
Führung eines selbstständigen Commandos nicht geeignet erscheinen ließ.
Hiezu kam noch eine kleinliche Eifersucht auf Starhembergs Kriegsruhm,
in welcher Trauttmansdorff so weit ging, den Anordnungen des Feldmarschalls nicht länger gehorchen zu wollen. Durch strengen Befehl wurde
er zwar von Eugen eines Besseren belehrt [22], der Prinz sah aber bald ein,
daß Starhemberg mit der Behauptung Recht gehabt habe, zu Ostiglia sei
noch mehr von den Freunden als von den Feinden zu fürchten [23].

In einer so gefährlichen Lage, wie diejenige war, in welcher sich damals der Kaiser befand, konnte man nicht daran denken, engherzige Rücksichten zu nehmen auf einen einzelnen Mann oder eine einzelne Familie,
dort wo es sich um das allgemeine Wohl handelte. Durch offene Ueber-
tretung der kaiserlichen Befehle, welche den Inhabern der Regimenter
den Verkauf der Offiziersstellen nun streng untersagten, hatte sich Trauttmansdorff noch überdieß einer besonderen Berücksichtigung unwürdig gezeigt. Das Commando wurde ihm genommen und dem Prinzen Vaudemont
übertragen. Trauttmansdorff zog sich nach Venedig zurück und Vaudemonts Ankunft im Lager flößte den Truppen, wie Eugen bezeugt, „neues
„Herz und neuen Muth ein [24].“

Die Persönlichkeit des Prinzen war in der That vollkommen geeignet, die Soldaten, welche durch die Verwirrtheit des früheren Commando's entmuthigt worden waren, wieder mit Selbstvertrauen zu erfüllen. Gleich Eugen und Commerch war Vaudemont ein Repräsentant jener glänzenden französischen Bravour, welche, wenn sie mit Ausdauer gepaart ist, so überraschende Erfolge zu erringen weiß. Obgleich noch jung an Lebensjahren, war er doch an Kriegserfahrung schon alt, denn er hatte bereits achtzehn Feldzüge mitgekämpft und durch jeden derselben seinem Namen neuen Ruhm gebracht. Doch gerade ihm war es beschieden, mitten in einer glanzvollen Laufbahn abberufen zu werden und wenn gleich nicht auf dem Schlachtfelde, doch in voller Ausübung seiner Pflichten, auf dem Bette der Ehre den Tod zu finden. Schon am 12. Mai 1704 raffte ihn ein hitziges Fieber zu Ostiglia hinweg. „Der Kaiser verliert einen seiner besten Offiziere an „ihm", schreibt der englische Gesandte in Turin, Richard Hill, an Lord Nottingham „und zwar zu einer Zeit, in der er ihn am wenigsten zu „entbehren vermag" [25]).

Nach Vaudemont übernahm Graf Leopold Herberstein, zum Feldzeugmeister befördert, das Commando. Aber schon in dem ersten Berichte, in welchem er Meldung erstattete von Vaudemonts Tode, erklärte er, daß er sich der übernommenen Bürde nicht gewachsen fühle, und bitten müsse, daß einem anderen General die Leitung des Armeecorps übertragen werde [26]).

In betrübender Weise gab es sich kund, daß so zahlreich die kaiserliche Generalität auch war, doch verhältnißmäßig nur Wenige die Eigenschaften in sich vereinigten, welche zur Führung eines selbstständigen Commando's befähigen. Bei Herberstein war es wenigstens lobenswerth, daß er es selbst einsah, es freimüthig erklärte und aus eigenem Antriebe um Entsendung eines anderen bat. Schon sein Aeußeres hatte durchaus nichts Soldatisches, und glich mehr dem eines Priesters als demjenigen eines Feldherrn. Das Sanfte und Zuvorkommende seines Wesens machte ihn zwar persönlich beliebt, aber er war zu weich und zu biegsam für eine Stellung, in der es sich mehr darum handelt, das Kräftige und Entschlossene im männlichen Charakter hervorzukehren. Die Uneigennützigkeit jedoch und die Redlichkeit, die er selbst durch das Geständniß seiner eigenen Unzulänglichkeit klar an den Tag legte, gewann dem Grafen Herberstein

Eugens Neigung. Der Prinz suchte ihn in eine Stellung zu bringen, in welcher diese Eigenschaften vorzugsweise an ihrem Plaße waren, und Herberstein wurde bald darauf zum Vicepräsidenten des kaiserlichen Hofkriegsrathes ernannt [27]).

Die Leitung des in Oftiglia stehenden Armeecorps erhielt der beim Heere in Deutschland befindliche Feldmarschall-Lieutenant Graf Leiningen, unter gleichzeitiger Beförderung zum General der Cavallerie. Der Kaiser erkannte zwar, daß auch Leiningen nicht „die große Prudenz besiße, „welche die gegenwärtigen gefährlichen Umstände wohl erfordern möchten. „Da aber keine Wahl bleibe, müsse man dennoch nach ihm greifen, weil „er wenigstens ein Mann sei, auf dessen Treue, Wachsamkeit und Tapfer-„keit man sich verlassen könne, weil er sich endlich gerne leiten und fremden „vernünftigen Rath nicht außer Acht lasse [28])."

Leiningen rechtfertigte wenigstens theilweise die günstige Meinung, die man von ihm hegte. Denn er führte sein Armeecorps, welches in dem ungesunden Sumpfklima von Oftiglia zu Grunde gegangen wäre, mit größter Vorsicht und unter den zweckmäßigsten Vorkehrungen, ohne daß ihm sein Gegner, der Großprior Vendome, irgend etwas anzuhaben vermochte, an die tirolische Grenze zurück. Aber mit dieser Maßregel schien auch Leiningens Energie völlig erschöpft zu sein. Unthätig blieb er an der lombardischen Grenze stehen und auf Eugens Aufforderung, doch irgend etwas zu unternehmen, führte er zwar seine Truppen bis Gavardo vor, konnte sich aber hier nicht zu irgend einem entscheideneren Schritte ermannen. Jeden Aufruf zur Thätigkeit beantwortete er mit einer düsteren Schilderung des jammervollen Zustandes seiner Truppen. Hier bewährte er auch den zweiten Theil der über ihn ausgesprochenen Ansicht, leider nicht zu seinem Vortheile. Denn seinem Hange folgend, sich von Anderen leiten zu lassen, räumte er seinen Offizieren viel zu großen Einfluß auf Angelegenheiten ein, welche nur ihn als Obercommandanten angingen. Disciplin und Subordination litten dadurch und es kam so weit, daß der Feldmarschall Starhemberg Leiningens Kriegsrath einem „tumultuarischen Parlamente" verglich [29]), in welchem Jeder nur seinem eigenen Kopfe zu folgen gewohnt sei.

Während sich hier das Bedürfniß einer Vermehrung der Truppen und einer kräftigen Leitung derselben dringend kundgab, nahmen die Ereignisse in Piemont keinen günstigeren Verlauf. Dort war zwar durch die

20

Vereinigung Starhembergs mit dem Herzoge von Savoyen die Streitmacht größer, welche dem Feinde entgegengesetzt werden konnte. Dennoch
besaß Frankreich auch in Piemont die weitaus zahlreichere Heeresmacht
unter den Befehlen des Herzogs von Vendome. Trotz aller Anstrengungen
vermochten Victor Amadeus und Starhemberg nicht es zu verhindern, daß
ein fester Platz des Landes nach dem andern den Franzosen in die Hände
fiel. Crescentino und Susa ergaben sich nach schwachem Widerstande der
piemontesischen Besatzungen, Ivrea erst nach tapferer Gegenwehr von
Seite des kaiserlichen Generalmajors Baron Kriechbaum.

   Es bedurfte all der glänzenden Siegesnachrichten aus Deutschland,
um den Herzog von Savoyen in seiner Anhänglichkeit an die große Allianz
nicht wankend zu machen. Bei seiner wohlbekannten Unbeständigkeit, von
der er schon oftmals so unwiderlegliche Beweise gegeben hatte, war eine
solche Befürchtung doppelt begründet. Der Rücktritt des Herzogs zu Frankreich, von der französischen Partei in Turin angelegentlich bevorwortet, hätte
jedoch der Sache des Kaisers in Italien unberechenbaren Schaden zugefügt. Man war deßhalb zu Wien in der äußersten Besorgniß [30]) und Eugen
that alles Mögliche, um Victor Amadeus zur Ausdauer bis zu dem Zeitpunkte zu bewegen, in welchem er ihm Hülfe zu bringen vermochte.

   So sehr lag dem Prinzen die Sache seines Vetters am Herzen, daß
er gleich nach der Höchstädter Schlacht den Vorschlag machte, demselben
durch Entsendung eines starken Armeecorps aus Deutschland die Verstärkung zukommen zu lassen, welche er so oft und in so bringender Weise
verlangt hatte. Eugen selbst hatte schon früher erklärt, wenn in Deutschland Truppen entbehrt werden könnten, an der Spitze eines Armeecorps
nach Piemont eilen zu wollen [31]). Man glaubte jedoch den Prinzen in
Deutschland noch nicht missen zu können; doch nach der Eroberung von
Landau, so hatte der Kaiser versprochen, werde er nicht länger Anstand
nehmen, Eugen mit Truppen nach Italien zu schicken [32]).

   Das Bedürfniß Baiern zu unterwerfen und die Franzosen von dem
Boden Deutschlands zu vertreiben, schien jedoch noch überwiegend zu sein.
Victor Amadeus mußte neuerdings vertröstet werden. Es hielt dieß um
so schwerer, als inzwischen Vendome die Belagerung von Verrua begonnen
hatte. Nach dem Falle dieser Festung wäre dem Herzoge von seinem ganzen
Lande fast kein anderer Platz mehr als Turin geblieben.

Glücklicher Weise war die Vertheidigung Verrua's in die Hände des Obersten Baron Fresen gelegt, eines der tapfersten Offiziere im kaiserlichen Heere. Derselbe leistete so heldenmüthigen Widerstand, daß Verrua, dessen Fall der König von Frankreich schon nach wenig Wochen erwartet hatte, sich erst nach einer sechsmonatlichen Vertheidigung am 9. April 1705 zu ergeben gezwungen war.

Eugen hatte inzwischen mit rastloser Thätigkeit daran gearbeitet, sein Wort lösen und mit ausgiebiger Streitmacht dem Herzoge zu Hülfe eilen zu können. Im Einvernehmen mit dem Prinzen war Marlborough nach Berlin gegangen, und hatte mit dem Gelde der Seemächte den König von Preußen bewogen, die Entsendung des Prinzen Anhalt mit achttausend Mann nach Italien zu beschließen. In Wien selbst setzte der Prinz alles in Bewegung, um wenigstens einige Geldsummen für die Kriegführung in Italien flüssig zu machen und die Abschickung einer angemessenen Anzahl Truppen dorthin zu erwirken.

Hier war es jedoch schwerer als je geworden, etwas zu erreichen. Die ungarischen Unruhen hatten große Verwirrung in die Geschäfte gebracht. Was jedoch die Hauptsache war, die Finanzen befanden sich in einem wahrhaft trostlosen Zustande. In ihrer gegenwärtigen Verfassung waren sie ganz unzureichend, den Erfordernissen so ausgedehnter Kriegführung zu genügen. Nirgends war diese Vernachlässigung der Truppen größer gewesen als in Italien. Zu empfindlich hatte Eugen vor drei Jahren gefühlt was es sei, mit schwachen und verwahrlosten Truppen einem zahlreichen und wohlversorgten Feinde gegenüber gestellt zu werden. Der glänzende Kriegsruhm, den er sich errungen, war ihm zu theuer erkauft, als daß er sich neuerdings in eine solche Lage begeben und „Ehre und „Reputation", auf's Spiel setzen wollte. Aus diesem Grunde und vielleicht mehr noch um den Kaiser zu energischen Maßregeln zu bewegen, entschloß sich Eugen zu dem äußersten Mittel und erklärte seine Stelle eines Präsidenten des Hofkriegsrathes niederzulegen, wenn nicht für die Truppen reichlicher gesorgt würde. Auch könne er das Commando in Italien nicht übernehmen, wenn nicht eine genügende und gehörig ausgerüstete Heeresmacht daselbst aufgestellt werde.

So unschlüssig auch Kaiser Leopold selbst war, so schätzte und liebte er doch an Anderen, insbesondere an Eugen den regen Eifer für das allgemeine Wohl. Er verpfändete sein Wort, daß dem Verlangen des Prinzen mit möglichster Vollständigkeit Genüge geleistet werden solle. Und wirklich geschah einiges um insbesondere die zerrütteten Finanzverhält=nisse zu verbessern.

Die Errichtung der Wiener Stadtbank eröffnete ihnen einen neuen nicht unbedeutenden Zufluß. Die eingehenden Summen wurden so viel als möglich zur Fortsetzung des Krieges auf den verschiedenen Kampfplätzen verwendet. So gelang es Eugen wenigstens die nach Italien bestimmten Truppen in Bewegung setzen zu können. Sie bestanden außer den Rekruten, welche für die dortigen Streitkräfte abgesendet wurden, noch aus den kaiser=lichen Regimentern Württemberg Infanterie und Sinzendorff Dragoner, den preußischen und den pfälzischen Hülfstruppen.

Aber die Mobilmachung dieser Streitkräfte war auch alles was Eugen zu erlangen vermochte. Zur Kriegführung selbst konnte er keine Gelder erhalten und in dem Schreiben, in welchem er dem Herzoge von Savoyen ankündigte, daß er sich unfehlbar im Monate April auf dem Kriegsschauplatze einfinden werde, versicherte er denselben, daß er nur durch die Rücksicht auf ihn zur Uebernahme eines so wenig wünschens=werthen Commando's habe bestimmt werden können [33]).

Dem Feldmarschall Starhemberg aber eröffnete Eugen im Vertrauen, daß wenn er das Commando in Italien nicht schon über sich genommen hätte, ihn Niemand mehr dazu zu bewegen vermöchte. Denn er wisse nicht einmal, ob er bei seiner Abreise auch nur mit der geringsten Geldsumme für sein Heer werde versehen werden [34]). Und auf die bitteren Vorwürfe, mit welchen ihn Starhemberg über die lange Vernachlässigung der Truppen in Italien nicht verschonte, antwortete der Prinz, daß er sich in dieser Sache durchaus nichts vorzuwerfen habe. Er habe alles gethan, was seiner Seits zur Rettung aus jenem bedauerlichen Zustande geschehen konnte. Doch sei es über seine Kräfte gewesen, die unglückseligen Umstände zu ändern, welche überall, ja im Angesichte des Kaisers selbst, an's Licht getreten seien und die so sehnlichst gewünschte Abhülfe unmöglich gemacht haben.

Der Feldmarschall möge, so schloß Eugen sein Schreiben, den Herzog nur noch für diese wenigen Wochen ermuthigen und ihn versichern, daß er sogleich nach seiner Ankunft an der italienischen Grenze Himmel und Erde in Bewegung setzen werde, um mit Gewalt nach Piemont durchzubringen und dem dortigen Kriege eine bessere Gestalt zu verleihen [35]).

Am 17. April verließ Eugen Wien und am 23. desselben Monats traf er zu Roveredo ein. Gleich die ersten Nachrichten, die er von dort zu geben vermochte, lauteten wenig tröstlich. Er müsse gestehen, schrieb der Prinz, daß er alles in einem weit schlechteren Zustande gefunden, als er es habe glauben können, und daß die Noth und das Elend noch viel größer seien, als er so oft zu Wien mündlich und schriftlich vorgestellt habe. Verrua sei erobert, Mirandola belagert, und wenn nicht schon binnen wenig Tagen der Succurs eintreffe, so müsse es fallen. „Es wäre nun meine erste „Pflicht," fuhr der Prinz fort, „dem hart bedrängten Platze zu Hülfe zu „eilen. Wie ich dieß jedoch mit ausgehungerten und halbnackten Soldaten, „ohne einen Kreuzer Geld, ohne Zelte, ohne Brod, ohne Fuhrwesen, ohne „Artillerie werde in die Wege richten können, scheint fast eine Unmöglichkeit „zu sein, weil ich überall wo ich mich hinwende, nichts als Klagen, Noth „und Elend sehe, indem alles in solchen Kleinmuth verfallen ist, daß „Niemand zu rathen und zu helfen weiß."

„Viele Regimenter sind derart ohne Montur, daß ihre Kleidung zer-„rissener und abgetragener aussieht, als die von Straßenbettlern, so zwar, „daß die Offiziere sich schämen, sie zu befehligen. Wenn man ein Com-„mando von nur hundert Mann ausschickt und dieß nicht weiter als eine „halbe Stunde geht, so bleibt gewiß die Hälfte davon aus Mattigkeit an „der Straße liegen, weil die Leute dergestalt ausgehungert sind, daß sie „mehr Schatten als lebenden Menschen ähnlich sehen. Bisher sind sie zwar „dadurch noch etwas in Geduld erhalten worden, daß ich bald ankommen „und dem einen oder dem anderen abzuhelfen im Stande sein werde. Jetzt „aber, da ich zwar hier, hingegen von allen Mitteln entblößt bin, fürchte „ich leider, es werde alles in Verzweiflung gerathen. Und wirklich hat die „Desertion schon so überhand genommen, daß nicht nur binnen vier „Tagen gegen zweihundert Mann, sondern vor kurzem sogar an einem „Tage sechzig Mann zum Feinde übergegangen sind [36])."

Eugen dachte nicht, als er dieses schrieb, daß die beredte Schilderung der Noth, welche bei seinen Truppen herrschte, nicht mehr vor die Augen des Kaisers gelangen werde. Zwei Tage vor der Abreise des Prinzen aus Wien, am 15. April war Leopold erkrankt, aber man erwartete damals noch nicht, daß dieses Unwohlsein einen traurigen Ausgang nehmen werde. Sichtlich schwanden jedoch die Kräfte des Kaisers und die angewandten Mittel vermochten nicht, seine Lebenstage zu verlängern. Ja man sollte fast fürchten, daß sie dazu dienten, es zu verkürzen, wenn man vernimmt, daß am 26. April der Oberstkämmerer Graf Mannsfeld, Fürst zu Fondi, einer Berathung von dreizehn Aerzten präsidirte, welche von halb fünf bis neun Uhr Abends dauerte.

Alles war von Angst und Besorgniß ergriffen, nur der Kaiser selbst bewahrte seine Ruhe, und die Frömmigkeit, die er während seines ganzen Lebens bewährt hatte, trat nie glänzender an's Licht, als in seinen letzten Tagen. Schon am 24. April hatte ihm sein Beichtvater Pater Franz Menegatti, die Gefährlichkeit der Krankheit vorgestellt. Vier Tage darauf übertrug der Kaiser dem römischen Könige Joseph die Leitung der Regierungsgeschäfte. Er selbst wandte sich ganz von menschlichen Dingen ab und dem Jenseits zu. Am Morgen des fünften Mai fühlte er sein Ende nahe. In rührendster Weise ertheilte er dem Könige Joseph seinen väterlichen Abschiedssegen für ihn und den abwesenden Bruder Karl. Er ermahnte die Brüder zu steter Eintracht und bat den König, seines Bruders Recht auf den spanischen Thron mit Kraft zu schützen und zur Geltung zu bringen.

Wie von dem Sohne, nahm er von der ganzen kaiserlichen Familie Abschied. Gegen ein Uhr Nachmittags starb er, nachdem er bis zum letzten Augenblicke vollkommen Herr seiner Sinne geblieben war. Jener moralische Muth, den er so oft in schwierigen Augenblicken gezeigt hatte, verließ ihn auch im letzten und schwersten nicht. Er starb wie er gelebt hatte, sagt der venetianische Botschafter Dolfin von ihm, mit allen äußeren Zeichen wahrhaft christlicher Frömmigkeit, und jene Charakterstärke an den Tag legend, mit welcher ein Cäsar in's Grab steigen muß [37]).

Niemand glaubte größere Hoffnungen auf Josephs Regierungsantritt setzen zu dürfen, als die Soldaten seiner Heere. Hatte er ihnen doch von jeher besondere Zuneigung gezeigt, sich mit Vorliebe unter ihnen bewegt, Feldzüge mitgemacht und ihre Mühen und Beschwerden getheilt. Diese Betrachtung und die Hoffnung auf eine erfreuliche Zukunft mochte bei Manchem den Schmerz lindern, den er über des Kaisers Tod empfand. Eugens Trauer aber war aufrichtig, denn er hatte in Leopold einen Vater verloren, der ihn in dem ersten Augenblicke ihres Zusammentreffens mit

Zuvorkommenheit empfangen, ihn seither nur mit Gnadenbeweisen über=
häuft und seine Liebe, sein Vertrauen zu ihm von Tag zu Tag gesteigert
hatte. Es konnte kein Gemüth geben, welches hiefür empfänglicher war,
als das Eugens. Er sprach mit Vorliebe davon, daß Leopold ihm stets ein
Vater gewesen sei, und er bewahrte die innigste Anhänglichkeit an des
Kaisers Andenken bis an sein Ende.

Am 14. Mai war die Todesnachricht im Lager des Prinzen eingetrof=
fen. Am nächsten Morgen ließ Eugen den Truppen die Trauerkunde be=
kannt geben, wobei nach altem Gebrauche jedes Regiment um seinen Ober=
sten einen Kreis bildete und an jede Fahne und jede Standarte ein Flor
geheftet wurde [38]).

Traurige Botschaften kommen jedoch selten allein, meistens folgt noch
eine zweite nach. Dieß war auch bei Eugen der Fall. Kaum war die Nach=
richt von dem Tode des Kaisers in dem Lager des Prinzen angelangt, so
traf auch die von dem Verluste Mirandola's daselbst ein. Nachdem es fast
ein Jahr hindurch blokirt war, hatte es Graf Königsegg nach dreiwöchent=
licher Belagerung dem Feinde übergeben müssen.

So begann Eugens Feldzug in Italien unter keineswegs günstigen
Auspizien. Der Prinz bedauerte lebhaft, Mirandola nicht haben retten zu
können. Schon in den ersten Tagen des Monats Mai war er nach Gavardo ge=
eilt, und hatte die dortige Aufstellung der kaiserlichen Truppen besichtigt. Nach
dem Etschthale zurückgekehrt, führte er die zu Roveredo gesammelten Streit=
kräfte bei Pescantina über die Etsch, und versuchte den Mincio an dem=
selben Punkte zu überschreiten, an welchem ihm vor vier Jahren der Ueber=
gang gelungen war. Der Feind aber stand auf seiner Hut. Als Eugen am
11. Mai sich bemühte, bei Salionze eine Brücke zu schlagen, wurde diese
Absicht durch das wohlgezielte Feuer der Franzosen verhindert. Eugen,
niemals hartnäckig auf einer Unternehmung beharrend, wenn die Umstände
ihr ungünstig waren, zog seine Truppen zurück und beschloß dieselben gleich=
falls nach Gavardo zu führen, um ihre Vereinigung mit dem dortigen Ar=
meecorps zu bewerkstelligen. Die Reiterei umging zu Lande den Garbasee,
das Fußvolk aber marschirte das östliche Seeufer entlang bis San Vigilio.
Hier schiffte es über den See. Am 18. Mai befand sich der Prinz zu Saló
und drei Tage später zu Gavardo, wo nach und nach sämmtliche Truppen
im kaiserlichen Heerlager eintrafen.

Von Salò aus richtete Eugen jenes merkwürdige Schreiben an den jungen Kaiser, in welchem er, wie er es vor kurzem noch dem Vater gethan, nun auch dem Sohne in eindringlichen Worten zu Gemüth führte, daß die Bewahrung seiner Macht und durch sie das Glück und der Glanz seiner Regierung doch in erster Linie von dem Zustande der Streitkräfte abhänge, die er in's Feld zu stellen vermöge. Er rief dem Kaiser in's Gedächtniß zurück, wie er erst vor kurzem seine Stelle eines Präsidenten des Hofkriegs- rathes habe niederlegen wollen, weil es eben sowohl seine Kräfte überstie= gen habe, bei einem so vernachlässigten Militärwesen ferner nützlich zu dienen, als er es nicht hätte ertragen können, daß unter seiner Verwaltung die Armeen zu Grunde und mit denselben dem Kaiser auch seine Länder verloren gegangen wären.

Eugen erinnerte den Monarchen, daß Kaiser Leopold und er selbst ihm feierlich zugesichert hatten, dem Uebel mit Nachdruck steuern zu wollen. Er bat um Einlösung dieses kaiserlichen Wortes, trug auf Abstellung und Bestrafung verschiedener arger Mißbräuche an und knüpfte an diese allge= meine Vorstellung mehrere besondere Vorschläge, welche die Fortführung des Kampfes auf den verschiedenen Kriegsschauplätzen betrafen [39]).

Während Eugen in dieser Weise den Pflichten nachkam, die ihm seine Stelle eines Präsidenten des Hofkriegsrathes auferlegte, war er nicht weniger derjenigen eines Feldherrn eingedenk. Nachdem er alle seine Trup= pen zu Gavardo versammelt hatte, verschanzte er sich dort noch mehr und traf alle Vorkehrungen, um seine Stellung selbst einem überlegenen Feinde gegenüber halten zu können.

Nach Verrua's Fall und der Nachricht von Eugens Ankunft in Ita- lien hatte sich der Herzog von Vendome in eigener Person nach der Lom= bardie begeben, um dort den Kampf wider einen so furchtbaren Gegner selbst zu organisiren. Mit seiner gewohnten Zuversicht hatte er dem Könige von Frankreich angekündigt, Eugen werde nicht lange im Stande sein, ihm Widerstand zu leisten. Die Stellung von Gavardo lasse eine längere Vertheidigung nicht zu, und der Prinz werde bald aus derselben vertrieben sein [40]).

Aller Augen waren auf den Kampf gerichtet, der sich nun zwischen den beiden so nahe verwandten, mächtigen Gegnern von neuem entspann. „Die Franzosen besitzen," schrieb ein scharfer Beobachter, der englische

Gesandte Hill, „die Städte, die Pässe und die Flüsse. Auf der andern Seite liegt die Ueberlegenheit in dem Genie, der Tapferkeit, der Begabung des Prinzen Eugen⁴¹).“ Alles war gespannt zu erfahren, ob die Gunst der Umstände und die Ueberzahl der Streitkräfte, oder ob das größere Talent des Feldherrn den Sieg erringen werde.

Vendome zögerte nicht an die Ausführung seines Vorhabens zu schreiten. Am 23. Mai rückte er in zwei Colonnen, die eine von dem Fußvolke, die andere von der Reiterei gebildet, gegen Gavardo vor. Er selbst mit seinem Bruder den Truppen voraneilend, sah von den umliegenden Höhen die kaiserliche Infanterie sich hinter ihren Verschanzungen aufstellen. Ein schwaches Reitercorps, denn die Mehrzahl der Cavallerie war noch nicht angelangt, stand in Schlachtordnung zwischen dem Lager und den hinter demselben befindlichen Höhen, die gleichfalls von kaiserlichem Fußvolk besetzt waren. Der Rücken dieser Stellung erschien durch die schroffen Felswände des Hochgebirges geschützt.

Bei diesem Anblicke verlor Vendome, so überlegen seine Streitkräfte auch der Zahl und der Ausrüstung nach dem Heere seines Gegners waren, dennoch die Lust zum Angriffe. Er dachte nur mehr daran, selbst eine Stellung einzunehmen, welche diejenige des Prinzen Eugen deckenen und ihm das Vordringen in die lombardische Ebene unausführbar machen sollte. Das Terrain bot ihm eine solche auf eben den Höhen, über welche er herbeigezogen war. Er eröffnete eine Kanonade gegen das kaiserliche Lager, welche mit Nachdruck erwiedert wurde. Nach Beendigung des Feuers lagerte er mit seinen Truppen, einen Kanonenschuß von Eugens Verschanzungen entfernt. Er lehnte seinen rechten Flügel an einen schwer zugänglichen Berg, den linken aber an die Chiese, und begann unverweilt sich in seiner Stellung zu verschanzen. Der berühmte Ingenieur Graf Lapara befestigte das Lager der Franzosen⁴²).

Nachdem Vendome in dieser Weise seine Truppen in eine günstige Stellung gebracht hatte, eilte er nach Piemont zurück. Seinem Bruder empfahl er noch im Augenblicke des Scheidens, wohl auf seinen Gegner zu achten und wenn Eugen sich wider besseres Hoffen dennoch gegen den Oglio wenden sollte, ihm längs des Naviglio auf Brescia zu folgen.

Der Großprior wollte jedoch nicht bloß ruhig in seinem Lager verweilen, er dachte auch den Feind in seiner Stellung zu beunruhigen und dieselbe nach und nach unhaltbar zu machen. Er besetzte zu diesem Ende am 31. Mai mit vier Grenadier-Compagnien die Casine Moscoline, welche zwischen Goglione und Gavardo, unweit der steinernen Brücke über den Naviglio gelegen war. Von hier aus beherrschte man eine der Schanzen Eugens, und war völlig Meister von der Straße, welche von Gavardo nach der lombardischen Ebene führt. Eugen erkannte die Wichtigkeit dieser Position und unternahm den Versuch, den Feind aus derselben zu vertreiben.

Schon in der Nacht des 31. Mai auf den 1. Juni entsandte Eugen den General-Feldwachtmeister Prinzen Alexander von Württemberg mit zweitausend fünfhundert Mann, die Casine wegzunehmen. In tiefster Stille näherten sich die kaiserlichen Truppen. Das Thor wurde gesprengt, im Hofe aber entspann sich ein wüthendes Gefecht zwischen den Angreifern und der französischen Besatzung. Der Widerstand war so hartnäckig, daß er dem Großprior Zeit gab, den Seinigen zu Hülfe zu kommen. Der Prinz von Württemberg mußte das Unternehmen aufgeben und sich nach dem kaiserlichen Lager zurückziehen.

Die Angriffe Eugens auf die Casine hatten dem Großprior einen noch höheren Begriff von der Wichtigkeit dieser Stellung beigebracht. Er ließ sie an den folgenden Tagen auf's stärkste verschanzen und versah sie mit zahlreicher Besatzung.

Da dem kaiserlichen Feldherrn hiedurch die Aussicht benommen wurde, auf dieser Seite nach den lombardischen Ebenen vorzudringen, beschloß er den Versuch westlich gegen Brescia hin zu wagen. Denn er war keinen Augenblick darüber im Zweifel, daß er sich in jenen Bergschluchten nicht einschließen lassen dürfe, und sich um jeden Preis von dort losmachen müsse. So groß die Schwierigkeiten auch waren, die sich ihm entgegen stellten, er war entschlossen und gewiß, sie zu besiegen[43]. Eugen wartete nur noch seine Verstärkungen und insbesondere das Eintreffen der pfälzischen Hülfstruppen ab. Als diese jedoch angelangt waren, zögerte der Prinz nicht länger, an die Ausführung seines Vorhabens zu schreiten. Da ihm die Straße direkt gegen Süden durch die Franzosen versperrt war, ging Eugen bis auf Sopraponte zurück und schlug hier den Gebirgsweg ein, welcher in westlicher Richtung auf Nave führt. Am Abende des 21. Juni hatten die letzten Truppen Eugens, welche nun in ihrer Gesammtstärke ungefähr fünfunbzwanzigtausenb Mann zählten, diesen Marsch angetreten. Nur Oberst Zumjungen war mit wenigen Solbaten im Lager zurückgeblieben, um burch eine Kriegslist dem Feinbe den Abmarsch noch durch einige Zeit verborgen zu halten.

In die Batterien zunächst dem Feinbe hatte man hölzerne Kanonen gestellt; die Zelte waren nicht abgebrochen, die Wachfeuer brannten helle unb von den Vorposten tönte von Zeit zu Zeit das Halt! wer ba? in die stille Nacht hinaus. Ja als der Tag zu grauen begann, erscholl wie ge= wöhnlich von Gavarbo bie Tagreveille, zu welchem Zwecke ein Theil der Spielleute im Lager zurückgeblieben war. Die Täuschung gelang vollkom= men. Der Großprior glaubte noch immer, Eugens sämmtliche Streitkräfte vor sich zu haben. Er begann erst einem leisen Zweifel Raum zu geben, als seine Kanoniere wie gewöhnlich nach dem feinblichen Lager einige scharfe Schüsse abfeuerten, welche jeboch dießmal unerwiebert blieben. Nun ließ der Großprior durch eine starke Reiterabtheilung eine Recognoscirung vornehmen. Der Führer der Cavallerie aber, in bem sehr durch= schnittenen Boben einen Hinterhalt fürchtenb, wagte sich nicht weit genug vor, unb so erfuhr Benbome noch immer nicht, wie es in Eugens Lager stanb. Erst um Mittag, nachbem auch die Vorhut des Prinzen ihren Abzug bewerkstelligt hatte, erhielt der Großprior Kunbe von dem= jenigen, was vorgegangen war[44].

Statt jeboch bem Befehle seines Bruders zu folgen unb sich den Naviglio entlang sogleich gegen Brescia zu wenden, um Eugen wo möglich noch den Ausgang aus bem Gebirge zu versperren, ging der Großprior längs der Chiese herab auf Montechiaro. Eugen hingegen benutzte die Zeit, die ihm hieburch freigelassen war. Schon am 23. hatte er unweit von Brescia die Ebene gewonnen, unb wanbte sich nun seinem ursprünglichen Plane getreu gegen den Oglio. Dort kam er auch, wie es seine Absicht gewesen war, bem Großprior zuvor, welcher seine Zeit unnütz vergeubet hatte. Benbome wußte, baß der Fluß während der letzten Regentage hoch angeschwollen war. Eugen könne, so schloß er, ben Uebergang entweber gar nicht bewerkstelligen, oder Generallieutenant Toralba, der mit sieben Bataillonen am Oglio stanb, werde den Prinzen wenigstens so lange auf= halten, bis die französische Hauptarmee herbeieilen unb Eugen entweder schlagen, oder boch zum Rückzuge nöthigen könne[45].

Eugen aber sah die Sachlage mit ganz anderen Augen an. Seiner Ansicht nach war der Uebergang möglich, er sollte, er mußte bewerkstelligt werden. In raschem Marsche hatte er sich dem Flusse genähert und am Abende des 27. Juni dessen linkes Ufer besetzt, das Geschütz aber zur Deckung des Ueberganges gegen die schwache Truppenabtheilung Toralba's auf den Höhen von Urago aufgestellt und eine Grenadier-Abtheilung auf Kähnen über den Oglio geschafft. Die beiden Dragoner-Regimenter Savoyen und Herbeville wurden beauftragt, an einer seichteren Stelle durch den Fluß zu setzen. Aber auch hier war derselbe noch immer so tief, daß die Pferde schwimmen mußten. Der brave Feldmarschalllieutenant Graf Szerenyi, welcher mit dem Prinzen Leopold von Anhalt einer der ersten durch den Strom setzen wollte, wurde von dem hochgehenden Wasser fortgerissen. Er ertrank, sechs Dragoner mit ihm, welche ihn zu retten versucht hatten [46]).

Während die Reiterei durch den Fluß ging, wurde der Bau der Brücke begonnen und die Nacht hindurch mit Eifer fortgesetzt. Eine halbe Stunde vor Tagesanbruch war sie fertig, und die Infanterie begann sogleich den Uebergang. Er wurde im Laufe des Tages vollbracht. Zu Calcio, dessen kleine spanische Besatzung kriegsgefangen worden war, schlug Eugen sein Lager. Zu spät hatte der Großprior seinen Irrthum begriffen und die frühere Versäumniß durch verdoppelte Schnelligkeit wieder gut zu machen gesucht. Die Eile ward fast zur Uebereilung, denn in so angestrengten Märschen begab er sich an den Oglio, daß, wie er selbst zugibt, vierzig bis fünfzig Soldaten vor Hitze verschmachteten, die Unordnung unter seinen Truppen einriß und ihre Reihen sich völlig auflösten. Plündernd zerstreuten sie sich in die Dörfer, viele wurden von den Bauern niedergemacht, viele kehrten nicht mehr, andere erst einige Tage später zu ihren Fahnen zurück. Nachdem er gleichfalls den Oglio passirt hatte, schlug der Großprior zu Soncino ein Lager.

Eugen war für den Augenblick mit dem erlangten Erfolge vollkommen zufrieden. Er hielt es für zu gefährlich, schon jetzt noch weiter in die Lombardie vorzudringen, weil auch der Herzog von Vendome sich gegen ihn wenden und er so zwischen zwei Feuer gerathen könnte [47]). Er beschloß vielmehr, für jetzt in seiner Stellung zu verharren und zur Aufrechthaltung seiner Verbindung mit Tirol den Generallieutenant Toralba aus Pontoglio

und Palazzuolo zu vertreiben, wohin sich derselbe nach dem Uebergange
des Prinzen über den Oglio zurückgezogen hatte.

Um dieß zu bewerkstelligen, entsandte Eugen den Feldmarschalllieutenant Marquis Visconti mit einer starken Truppenabtheilung gegen die
beiden vom Feinde besetzten Punkte. Toralba schien seit dem Uebergange
des Prinzen über den Oglio völlig den Kopf verloren zu haben. Nachdem
er auf die erste Nachricht von dem Anmarsche der Kaiserlichen über sechstausend Säcke mit Mehl, Getreide und Reis in den Oglio hatte werfen lassen,
trat er eiligst den Rückzug auf Bergamo an. Mit den zwei Dragoner-Regimentern Savoyen und Herbeville eilte Visconti ihm nach. Toralba wurde einge-
holt und mit Ungestüm angegriffen. Viele wurden niedergehauen, viele
gefangen und ein Theil nur suchte eine Stellung zu nehmen, um sich vor
den Angriffen der kaiserlichen Reiterei zu sichern. Nachdem aber Visconti's
Grenadiere gleichfalls eingetroffen waren und der kaiserliche General sich
anschickte, die Stellung der Feinde anzugreifen, ergaben sich dieselben.
Nur Generallieutenant Louvigny entkam mit einigem Fußvolke in die
Berge. Gegen eilfhundert Mann, eine beträchtliche Anzahl Offiziere,
unter ihnen Toralba selbst, der mit seinem Pferde gestürzt war und sich
verletzt hatte, wurden gefangen genommen [48]. Pontoglio und Palazzuolo
fielen, ihre Besatzungen, ungefähr fünfhundert Mann, wurden gleichfalls
gefangen.

Diese Reihe glücklicher Erfolge, welche Eugen errang, ohne daß es
ihn irgend ein Opfer kostete, verbreitete die größte Bestürzung unter seinen Feinden. Der Herzog von Vendome war empört über das tadelnswerthe Benehmen seines Bruders und beschloß, sich unverzüglich und in
Person nach der Lombardie zu begeben. Der Statthalter von Mailand,
Fürst von Vaudemont, setzte alles in Bewegung, um der Kriegführung
eine andere Wendung zu geben. Des Großpriors eigene Generale tadelten
unverholen seine Maßregeln und deuteten in ziemlich verständlicher Weise
auf seine Abberufung als das einzige Mittel zur Wiederherstellung des so
lange behaupteten Uebergewichtes der französischen Streitkräfte in der
Lombardie. Der Großprior selbst war so eingeschüchtert, daß er ohne alle
Ursache seine Stellung bei dem wohl gelegenen und stark befestigten Soncino aufgab und mit Hinterlassung einer Besatzung daselbst an die Abba
zurückwich.

Die Ursache all dieser Erregung aber, der Prinz, hatte ruhig in seinem Lager zu Calcio gestanden und mit Freude gesehen, daß der Hauptzweck seiner Anstrengungen sich bereits zu verwirklichen begann. Denn Vendome eilte nicht nur persönlich aus Piemont herbei und übertrug das Commando daselbst dem weit weniger befähigten Herzog de la Feuillade; er trennte auch neun Bataillone und zehn Schwadronen von der dortigen Armee und sandte sie nach der Lombardie. So wurde dem so hart bedrängten Herzoge von Savoyen, wenn gleich nur schwache, doch wenigstens einige Erleichterung bereitet.

Vierzehntes Capitel.

Mit einer Art mitleidiger Verwunderung muß Eugen die Schritte
des Großpriors mit angesehen haben. Gewiß ist es, daß er über die Bedeu=
tung Soncino's eine ganz andere Ansicht hatte als sein Gegner. Als er von
dessen Abzuge Nachricht erhielt, brach er mit seinem Heere von Calcio
auf und rückte vor Soncino. Am 12. Juli ergab sich die Besatzung, über
fünfhundert Mann stark, und blieb kriegsgefangen [1]).

Nach diesem Erfolge beabsichtigte Eugen an die Adda zu gehen und
den Uebergang über diesen Fluß zu bewerkstelligen. Sollte er jedoch hiebei
unbesiegbare Hindernisse begegnen, so wollte der Prinz sich gegen Süden
wenden und den Po überschreiten [2]). Er entsandte zu diesem Ende den
General-Feldwachtmeister Baron Wetzel den Oglio entlang bis zum Po,
um sich aller Schiffe zu bemächtigen, welche den Flußübergang ermöglichen
konnten. Eugen selbst brach mit seinen Truppen von Soncino auf und
führte dieselben gegen Romanengo. Hier aber stieß er auf den Feind. Denn
zwei Tage nach dem Falle Soncino's war der Herzog von Vendome aus
Piemont bei dem Heere seines Bruders eingetroffen. Er hatte dasselbe
über den Serio zurück, gerade gegen Soncino geführt. Als er gegen
Romanengo anrückte, meldete man ihm die Nähe seines Gegners.
Vendome's Vorhut gerieth mit Eugens Feldwache in's Gefecht. Der Prinz
suchte diesen Umstand zu benützen, um ein allgemeines Treffen anzuspinnen.
Vendome aber zog sich allsogleich zurück. Außerdem war auch das Terrain
mit Canälen und Wassergräben durchschnitten und nicht allzugünstig zum
Schlagen. Eugen beschloß daher einstweilen in einer vortheilhaften Stellung
zu verharren und den günstigen Moment zur Fortsetzung seiner Operationen
abzuwarten.

Leider waren die äußeren Umstände der Art, daß sie dem Prinzen
jedwede Unternehmung ungemein erschwerten. Außer der Ueberlegenheit
der feindlichen Streitkräfte machte sich jetzt auch die Geschicklichkeit fühlbar,

mit welcher dieselben seit der Rückkehr des Herzogs von Vendome geführt wurden.

Wie er es schon so oft gethan und es als eine wahre Eigenthümlichkeit seiner Kriegführung angesehen werden muß, so hatte Vendome auch jetzt sich wieder in nächster Nähe von seinem Gegner verschanzt, um demselben das weitere Vordringen unmöglich zu machen. Vendome hatte eine Stellung gewählt, von der aus er dem Prinzen Eugen sowohl gegen die Adda als den Po hin, wenn er sich gegen einen dieser Flüsse wenden sollte, zuvorzukommen hoffen durfte. Vielleicht mehr noch als diese Haltung seines Gegners erschwerte der Mangel, welchen Eugen an den nöthigsten Erfordernissen, insbesondere an allen zum Brückenschlage und zum Weiterbringen von Geschütz und Bagage nothwendigen Gegenständen litt, dem Prinzen jede Bewegung ungemein. Ueberdieß waren seit längerer Zeit her durch anhaltende Regengüsse die Flüsse so angeschwollen, daß sie recht im Widerspruche mit der sonst gewöhnlichen Dürre und Trockenheit der Jahreszeit, breiten und reißenden Strömen, die kleinsten Canäle aber tosenden Wildbächen glichen. Unter solchen Verhältnissen war an einen Uebergang über die Adda nur schwer zu denken. Die steten Hülferufe aber, welche dem Prinzen unablässig von Seite des Herzogs von Savoyen zukamen, bestimmten ihn endlich alle anderen Rücksichten bei Seite zu setzen und das Wagniß zu unternehmen, von welchem er sich jedoch gleich von Anfang an keinen sehr günstigen Erfolg versprach [3]).

Nachdem der Prinz den General Wetzel wieder an sich gezogen hatte, ließ er die Kähne, welche derselbe mitgebracht, auf die wenigen Wagen laden, deren man habhaft werden konnte. Die Kranken und Verwundeten sandte er über Palazzuolo nach Tirol und am 9. brach Eugens Vorhut, am 10. der Prinz selbst von Romanengo auf. In drei Colonnen marschirte er mit thunlichster Beschleunigung der Adda zu. Am 12. traf er mit seinen Truppen zu Brembate, am Ufer der Adda ein. Er fand aber den Fluß durch die neuerlichen Regengüsse so angeschwollen, daß dem Prinzen ein Uebergang mit den geringen Hülfsmitteln, die er besaß, unausführbar erschien. Während man weiter aufwärts eine Stelle suchte, die zum Brückenschlage geeignet wäre, ging die Zeit und mit ihr der Vorsprung verloren, welchen man vor dem Feinde gewonnen hatte. Denn Vendome, nachdem er den Aufbruch Eugens erfahren, hatte sich gleichfalls in Marschbereitschaft gesetzt. Nachdem er über die Richtung des Weges, welchen Eugen genommen, nicht mehr in Zweifel sein konnte, folgte er ihm mit möglichster Beschleunigung. Mit einem Dragoner-Regiment eilte er seinem Heere voraus. Zu Lodi ging er über die Abba und zog dann am rechten Ufer derselben aufwärts, dem Punkte zu, wo Eugen den Uebergang zu bewerkstelligen drohte. Als er sah, daß der Prinz bei der Villa Paradiso am Brückenschlage arbeiten ließ, nahm er außer dem Bereiche der feindlichen Geschütze eine Stellung und eröffnete ein lebhaftes Feuer gegen die Brücke.

Eugen sah ein, daß er unter diesen Umständen seine Absicht wenigstens hier nicht ausführen könne. Aber niemals entmuthigt, beschloß er sogleich an einem anderen Orte das Unternehmen neuerdings zu versuchen. Er ließ die Kanonade zum Schein fortsetzen, brach am Abende des 15. August die Brücke wieder ab und verließ noch vor Anbruch des nächsten Morgens seine Stellung in der Absicht, mittelst eines forcirten Marsches Lodi zu erreichen und dort über die Abba zu gehen.

Auf dem Punkte angelangt, an welchem die Straße nach Lodi diejenige durchschneidet, die von Mailand nach Verona führt, erfuhr Eugen von einer gefangen genommenen feindlichen Patrouille, der Großprior stände mit zehntausend Mann noch dießseits des Stromes. Jedoch sei seine Stellung vortheilhaft, indem sie durch den Canal Ritorta gedeckt, den Uebergang über die Brücke nach Cassano beherrsche.

Obgleich diese Schilderung den Erfolg eines Angriffes zweifelhaft erscheinen ließ, so hielt doch Eugen die Gelegenheit für günstig, die eine Hälfte des feindlichen Heeres anzugreifen und zu schlagen. Schnell entschlossen, stellte der Prinz sein Heer in Schlachtordnung und wandte sich wider den Feind. In drei Colonnen marschirte er gegen denselben. Den rechten Flügel führte der General der Cavallerie Graf Leiningen. Er war bestimmt, die Brücke von Cassano zu gewinnen, und wie Eugen hoffte, hiedurch die Schlacht zu seinen Gunsten zu entscheiden. Das Centrum unter dem Feldzeugmeister Baron Bibra und der linke Flügel unter dem Prinzen Leopold von Anhalt waren angewiesen, die in ihrem Wege befindlichen Canäle zu durchwaten, die feindlichen Stellungen anzugreifen und die Franzosen wo möglich in die Abba zu drängen.

Während Eugen dergestalt die Anstalten zum Angriffe traf, waren auf der Seite des Feindes wichtige Aenderungen vorgegangen. Zu Vendome's größtem Erstaunen war am Morgen des 16. August die Brücke, welche Eugen Tags zuvor gebaut hatte, verschwunden, das Lager des Prinzen geräumt[4]). Der Herzog, der seines Bruders Fahrläßigkeit kannte, zitterte für denselben und verlor keinen Augenblick, zu seiner Hülfe herbeizueilen. Während er seinen Truppen den Befehl gab, ihm mit größter Beschleunigung nach Cassano zu folgen, sprengte er mit seinen besten Generalen denselben voraus. Schon um neun Uhr Morgens traf er zu Cassano ein. Der Anblick, der sich ihm hier bot, war aber ein höchst unerfreulicher. Niemand kümmerte sich um die Aufstellung der Truppen und sein Bruder, der Großprior, hatte sich durch die wiederholte Meldung von der Annäherung des Feindes nicht aus seiner Morgenruhe aufstören lassen[5]). Wie dieß bei begabten Naturen immer der Fall ist, so entwickelte auch Vendome um so rascher und glänzender die Hülfsquellen seines Genie's, je gefährlicher die Lage war, in welcher er sich befand. Er ordnete seine Hauptmacht hinter den Canälen Cremasca und Pandina. Besonders stark besetzte er die Insel, die von der Abba und der Ritorta gebildet wird, und das massive Gebäude, die sogenannte Osteria, welche die Insel und die steinerne Brücke über die Ritorta beherrscht.

Es war ungefähr ein Uhr Mittags, als Eugen, wie er dem Kaiser schrieb, „im Namen Gottes" die Armee in Schlachtordnung gegen den Feind anrücken ließ[6]). Ein heftiges Geschützfeuer eröffnete den Kampf. Dann führte der General der Cavallerie Graf Leiningen seine Truppen in's Gefecht. Mit unglaublicher Bravour wurde der erste Angriff vollzogen, die Brücke über den Canal Ritorta genommen, die Osteria erobert. Man suchte die Schleuse des Canals zu schließen um die Tiefe des Wassers in demselben zu verringern. Bevor man jedoch völlig damit zu Stande gekommen war, führten die Franzosen einen stürmischen Anfall gegen die neu gewonnenen Positionen der Kaiserlichen aus. Sie nahmen die Osteria, ja selbst die Brücke wieder, drängten viele ihrer Gegner in den Canal und öffneten die Schleusen auf's neue.

Graf Leiningen, in seine frühere Stellung zurückgeworfen, ordnete seine Truppen zu einem wiederholten Angriffe. Die Soldaten anzufeuern, begab sich Eugen selbst unter sie. In zwei Colonnen gereiht drangen die Kaiserlichen neuerdings vor. Die eine Abtheilung watete durch die Ritorta, die andere warf sich auf die Brücke und nahm dieselbe zum zweitenmale.

Aber auch dießmal vermochte man nicht auf der Insel weiter vorzubrin=
gen. Insbesondere war es das heftige Feuer, das von dem rechten, erhöh=
ten Ufer der Abba unterhalten wurde, welches Eugen nöthigte, bis an die
Ritorta zurückzugehen. Hier aber hielt sich der Prinz, und als Graf Leiningen,
durch eine Flintenkugel zum Tode verwundet, gefallen war, übernahm er
selbst das Commando des rechten Flügels. Zum drittenmal führte er seine
braven Soldaten in den dichtesten Kugelregen, schlug eine Abtheilung feind=
licher Dragoner in die Flucht, breitete sich auf der Insel aus, warf mehrere
französische Compagnien in die Abba, und schritt an die Erstürmung der
starken Verschanzungen, mit welcher die Brücke über den Fluß gedeckt war.

Hier aber fand das bisher unaufgehaltene Vordringen des Prinzen
ein Ziel. Hier commandirte Vendome in Person. Stirn an Stirne bekämpf=
ten sich nun die beiden erlauchten Gegner, jeder seine höchste Kraft aufbie=
tend um den Kriegsruhm des ebenbürtigen Widersachers zu verdunkeln.
Wahrhaft fürchterlich war das Feuer, welches von beiden Seiten unterhal=
ten, und schrecklich das Gemetzel, das hier wie dort dadurch angerichtet
wurde. Die kaiserlichen wie die französischen Soldaten, ihren Feldherrn mit
begeisterter Liebe anhänglich, wetteiferten sich unter ihren Augen durch Kühn=
heit und Todesverachtung hervorzuthun. Schon war die Wagenburg, welche
die Franzosen um ihre Verschanzungen gebildet hatten, durchbrochen, schon
hatte ein Trupp kaiserlicher Grenadiere die Brustwehr der Schanze
erklommen und auf derselben den Doppeladler aufgepflanzt. Schon hatte
eine zweite Abtheilung das Sperrgitter an der Chaussee aufgebrochen und
versuchte von dort in die Verschanzung einzudringen. Aber so heldenkühn
der Angriff, so unerschrocken war auch die Vertheidigung. Vendome fühlte,
daß hier alles auf dem Spiele stand. Durch die Wegnahme der Brücken=
schanze wären alle dießseits der Abba befindlichen Truppen von Caffano
abgeschnitten worden. Nichts wäre ihnen übrig geblieben, als sich entweder
in den Fluß zu werfen oder die Waffen zu strecken. Es wurde daher die
äußerste Anstrengung gemacht, die Schanze zu halten. Wie Eugen seine
Truppen zum Sturme, so führte Vendome die seinigen in Person zur Ver=
theidigung. Scharen auf Scharen zog der Herzog aus Caffano über die
Brücke, um die Gefallenen zu ersetzen. Reihenweise schmetterte sein Geschütz
die Angreifer nieder und Eugen standen keine Truppen zu Gebote, die Ver=
luste wieder zu ersetzen. Nachdem sie wahre Wunder von Tapferkeit gethan,

mußten die kaiserlichen Soldaten sich von der Schanze zurückziehen. Aber noch stand der Prinz von seinem Vorhaben nicht ab. Sein Leben wagend, als wenn weiter nichts daran gelegen gewesen wäre, sammelte Eugen seine Truppen von neuem und führte sie zu einem zweiten Angriffe. Vendome stand jedoch seinem Gegner nicht nach an Muth und Entschlossenheit. Hartnäckig vertheidigte er seine Position, und zwang endlich den Prinzen, vom Angriffe abzulassen und seine erschöpften Soldaten auf geringe Entfernung von der Schanze zurückzuführen.

Während dieß am rechten Flügel vorging, hatten das Centrum und der linke Flügel gleichfalls den Angriff auf die ihnen gegenüberstehenden feindlichen Stellungen ausgeführt. Unbeirrt durch die zu besiegenden Hindernisse war Prinz Leopold von Anhalt durch die Canäle gedrungen, wobei ihm und den Seinigen das Wasser bis an die Schultern reichte. Mancher brave Soldat war daselbst ertrunken, und am jenseitigen Ufer angekommen, besaßen die Angreifer bei ihrer völlig durchnäßten Munition dem wohlgenährten Feuer der Franzosen gegenüber nichts als das Bajonett. Dennoch sprengten die tapfern Preußen zwei französische Brigaden in ungestümem Anlauf. Sie konnten sich jedoch in den gewonnenen Stellungen nicht halten, und mußten über die Canäle zurück, wobei sie neuerdings viele Leute verloren.

Eugen hatte einen letzten verzweifelten Versuch gemacht und mit heldenmüthiger Todesverachtung war er nochmals gegen die Brückenschanze vorgedrungen. Da erhielt er einen Streiffchuß am Halse, und obgleich er den Kampfplatz nicht verließ, so sah er sich doch außer Stande, noch länger die Schlacht zu regieren. Dem Feldzeugmeister Baron Bibra übertrug er den Oberbefehl. Vendome, der sich neuerdings verstärkt hatte, ging nun zum Angriffe vor. Bibra mußte langsam an die Ritorta zurückweichen und vermochte sich nur mit Anstrengung an der Brücke zu behaupten. Er selbst und der Feldmarschall-Lieutenant Graf Reventlau wurden hier schwer verwundet.

Eugen sah bald, daß die Fortsetzung des Kampfes für ihn nutzlos sein würde. Sein linker Flügel und das Centrum waren über die Canäle zurückgeworfen, der rechte Flügel an der Ritorta hart vom Feinde bedrängt, Bibra, Reventlau, die Prinzen Leopold von Anhalt und Alexander von Württemberg, Prinz Joseph von Lothringen endlich verwundet worden. Auf

allen Punkten ergriff der Feind die Offensive. Es war ungefähr halb
sechs Uhr Abends, als der Prinz den Kampf abbrach und mit solcher Ruhe
und Ordnung auf Treviglio zurückging, daß Vendome nicht wagte ihn zu
verfolgen, sondern ihn bloß durch einige Reiterabtheilungen beobachten
ließ. Bei Treviglio bezog Eugen ein festes Lager.

Die Schlacht von Cassano war die blutigste, welche seit Beginn des
Successionskrieges auf italienischem Boden geschlagen worden war. Sie
übertraf in dieser Hinsicht noch bei weitem den Kampf, der vor drei Jahren
bei Luzzara stattgefunden hatte. Denn Eugen selbst gab seinen Verlust bei
Cassano auf viertausend fünfhundert Mann an, und wenn er gleich den
seines Gegners noch weit höher schätzte, so kann ihm doch die Ehre des
Sieges nicht zugesprochen werden. Bei Luzzara nahm er sie mit Recht in
Anspruch, weil er sich im Besitze des Schlachtfeldes behauptete und der
Feind sich von demselben zurückzog. Der gleiche Umstand aber fällt bei
Zuerkennung der Siegespalme von Cassano gegen Eugen in's Gewicht.

Hiezu kommt noch in Betracht, daß der Prinz keine der Absichten er-
reichte, zu deren Erzielung er am Morgen des Schlachttages seine frühere
Stellung verlassen hatte. Er vermochte weder den Uebergang über die
Abba zu erzwingen, noch war er im Stande gewesen, das Armeecorps des
Großpriors, wie er es gehofft hatte, aufzureiben. Daß dieß mißlang, darum trifft zwar Eugen keine Schuld, denn es läßt sich ihm kein Fehler, kein
Versäumniß nachweisen. Aber der Sieg kann ihm nicht zuerkannt werden,
und daß er sich ihn selber zuschrieb, mag bei seiner bekannten Bescheidenheit wohl nur die Folge einer leicht verzeihlichen Selbsttäuschung gewesen
sein. Auch mochte der Prinz von der Ansicht ausgehen, daß die Franzosen,
welche jedes noch so sehr zu ihrem Nachtheile ausschlagende Gefecht als
einen Sieg ausposaunten und damit bei der leichtgläubigen Menge immer
einigen Eindruck hervorbrachten, mit den gleichen Waffen bekämpft werden
müßten. Endlich fürchtete er vielleicht die üble Wirkung auf den andern
Kriegsschauplätzen, insbesondere in Piemont und in Ungarn, wenn sich
dorthin die Nachricht von einem Siege Vendome's verbreiten sollte. Man
würde geglaubt haben, daraus folgerichtig auf eine Niederlage Eugens
schließen zu können, und von einer solchen war allerdings nicht im entferntesten die Rede. Durch die Schlacht von Cassano war weder die Sache
des einen, noch diejenige des andern der beiden streitenden Theile irgend-

wie gefördert worden. Was aber wesentlich gewann, das war Eugens Kriegsruhm. Denn selbst die Gegner mußten die Schnelligkeit und Kühnheit seines Entschlusses, das Heer des Großpriors in seiner gedeckten Stellung anzugreifen, und das heldenmüthige Benehmen preisen, das der Prinz in der Schlacht gezeigt hatte.

Die wärmste Anerkennung aber fand er bei dem Kaiser selbst. In den lebhaftesten Ausdrücken sprach Joseph I. dem Prinzen seinen Dank aus. Wie der Vater nach der Schlacht von Höchstädt gethan, so bat auch der Sohn seinen Feldherrn, das eigene Leben nicht immer mit so großer Selbstverläugnung den augenscheinlichsten Gefahren auszusetzen [7]).

Nächst Eugen erntete insbesondere Prinz Leopold von Anhalt, dessen „ungemein tapfere Anführung" der Prinz dem Kaiser besonders angepriesen hatte, das reichlich verdiente Lob. Auch der Todten wurde ehrend gedacht, Leiningens Verlust, und namentlich derjenige des Prinzen Joseph von Lothringen schmerzlich bedauert. Er starb, erst neunzehn Jahre alt, neun Tage nach der Schlacht an den Folgen seiner Verwundung. Eugen sagte von ihm, er wäre mit der Zeit ein großer Feldherr geworden, denn seine Tapferkeit sei unvergleichlich und sein Eifer zur Erlangung militärischer Kenntnisse so unermüdlich gewesen, daß er Tag und Nacht sich ausschließlich damit beschäftigt habe, sich in jeder Beziehung zum Kriegsdienste auszubilden [8]).

Auch Feldzeugmeister Baron Bibra starb und zwar ungefähr um dieselbe Zeit wie Prinz Joseph, zu Brescia. Eugen nannte ihn einen General von großer Vernunft, Tapferkeit und stattlicher Kriegserfahrenheit, an dem der Kaiser viel verloren habe [9]). Da außerdem noch der Prinz von Anhalt, der Feldmarschall=Lieutenant Graf Reventlau, dann die Generalfeldwachtmeister von Harsch und Prinz Alexander von Württemberg verwundet waren, so besaß Eugen nur wenig diensttaugliche Generale und mehr noch als zuvor fiel die ganze Last der Kriegführung auf den Prinzen selbst.

Der furchtbare Zweikampf, welchen die beiden Heere so eben durchgestritten hatten, und in dem jedes von ihnen sein kostbarstes Herzblut verspritzte, lähmte für längere Zeit alle Bewegungen derselben. Eugen befestigte seine Stellung zu Treviglio und suchte sie unangreifbar zu machen. Vendome folgte wieder seiner gewöhnlichen Taktik. Nicht über zwei

Miglien von Eugen entfernt, durch zahlreiche Canäle sattsam gedeckt, schlug auch er ein Lager. Zwischen der Abba und Agnadello stand er, und so günstig war seine Stellung gewählt, daß er hoffen durfte, dem kaiserlichen Feldherrn den Uebergang über diesen Fluß eben so wie das Vordringen gegen den Po völlig verwehren zu können.

Eugen hütete sich wohl hiezu einen voreiligen Versuch zu machen und dabei alles auf's Spiel zu setzen. Er beschränkte sich für's erste auf Versuche, die Wunden zu heilen, welche die lange Vernachlässigung seinen Truppen, die Anstrengung der Märsche, hauptsächlich aber der eben bestandene blutige Kampf seinem Heere geschlagen hatte. Nur Schiffe sammelte er, um sie zu einem Uebergange über die Abba zu gebrauchen, und hiedurch so wie durch Entsendung von Streifparteien in das flache Land beunruhigte er seinen Gegner. Diesen in der Lombardie festzuhalten und zur Heranziehung immer größerer Streitkräfte aus Piemont zu nöthigen, war ja auch ein nicht gering anzuschlagender Gewinn.

Denn dort waren in der That die Dinge schon bis auf den äußersten Punkt gediehen. Nach Verrua's Fall hatten zwar der Herzog von Savohen und Starhemberg verschiedene kleinere Streifzüge ausführen lassen und dem Feinde einigermaßen Abbruch gethan. Insbesondere hatte der brave Oberst Pfefferkorn von Ottersbach, ein alter verwegener Haudegen, der sich nur durch sein Verdienst vom gemeinen Reiter emporgeschwungen, einen Zug vollbracht, der bis Mailand Schrecken verbreitete. Eine französische Cavallerie-Abtheilung rieb er gänzlich auf, den Generallieutenant Baubecourt aber tödtete er mit eigener Hand. Wurde nun auch der tief gesunkene Muth der kaiserlichen und der piemontesischen Truppen durch solche Waffenthaten wieder etwas gehoben, ein nachhaltiger Erfolg konnte durch sie dennoch nicht erzielt werden. Vendome schritt an die Belagerung von Chivasso. Man suchte zwar dieses Unternehmen zu stören, es gänzlich zu hintertreiben vermochte man nicht. Nach einer tapferen Vertheidigung mußte der Platz geräumt werden. Die Festungswerke wurden gesprengt, so daß die Franzosen, als sie am 30. Juli Chivasso besetzten, keinen festen Platz mehr, sondern nur einen ungeheuren Trümmerhaufen vorfanden [10]).

Victor Amadeus und Starhemberg zogen nun ihre Streitkräfte, die wenig mehr als siebentausend Mann zählten, nach Turin zurück, und lagerten auf dem Glacis dieser Stadt. Täglich erwartete der Herzog, die

Franzosen zum Angriffe auf seine Hauptstadt schreiten zu sehen. Wenn Turin falle, hatte Victor Amadeus dem Feldmarschall Starhemberg erklärt, sei der Krieg in Piemont zu Ende. Daß es aber fallen werde, dafür hatte ja der Herzog von Vendome sich schon vor Monaten bei dem Könige von Frankreich verbürgt [11]). Und der Herzog von la Feuillade, nachdem er von Vendome mit dem Commando in Piemont betraut worden war, setzte, um seinen Vorgänger an Großsprecherei noch zu überbieten, seinen Kopf zum Pfande, daß er Turin in kurzer Zeit erobern werde. Er verlange, fügte er hinzu, keine größere Verstärkung als zwei Bataillone und ein Dragoner=Regiment, wodurch die übrigen Eroberungen des Königs nirgends aufgehalten würden. „Es scheint mir" so schloß er sein selbstzufriedenes Schreiben, „daß Seine Majestät Vertrauen in mich haben könne, „und daß die ganze hiesige Armee, so kurze Zeit ich sie auch befehlige, wie „mit einem Munde hiezu einstimmen würde" [12]).

Mit diesen Großsprechereien der französischen Feldherrn contrastirte in seltsamer Weise das Zutrauen, welches man in dem entgegengesetzten Heerlager auf Eugen setzte. „Wir schlafen ruhig in Turin," schrieb um dieselbe Zeit der englische Gesandte Hill, „in vollstem Vertrauen, daß der „Prinz Eugen zu unserer Rettung Alles thun wird, was er vermag. Wir „haben sein Wort dafür, und Niemand kann dasselbe auch nur im Ent„ferntesten verdächtigen" [13]).

So sehr der Herzog von Savoyen die zuversichtlichen Kundgebungen der Franzosen gewohnt sein mochte, so sehr auch er auf das Wort seines Vetters vertraute, so konnte er sich doch das Ungünstige seiner Lage keinen Augenblick verhehlen. Turin war nicht nur der letzte feste Platz, den er besaß, es war seine Hauptstadt, das Kleinod seines Landes. Mit dem Falle Turins war auch seine Besiegung vollendet. Bisher hatten seine eigene Standhaftigkeit, Starhembergs Ausdauer, insbesondere aber Eugens kühnes Auftreten in der Lombardie die Franzosen verhindert, auch dieses letzten Bollwerkes seiner Herrschaft sich zu bemächtigen. Nun aber schienen alle Hülfsquellen völlig erschöpft. Eugen vermochte nicht nach Piemont durch= zubringen, darüber schien kein Zweifel mehr obzuwalten. Und wäre es auch gelungen, so wäre der Erfolg davon noch sehr zu bezweifeln gewesen. Denn Vendome hätte ebenfalls alle seine Streitmacht nach Piemont geführt und die bisherige Ueberlegenheit auf zwei Kriegsschauplätzen hätte sich einem einzigen Feinde gegenüber in nicht geringerem Maße gezeigt.

Vendome behauptete sogar, daß er nichts lebhafter wünsche, als den Marsch Eugens nach Piemont [14]), obwohl die Maßregeln, die er dagegen ergriff, mit diesen Worten gar sehr im Widerspruche standen. Wie dem aber auch sein mochte, gewiß war nur, daß die Widerstandsmittel, über welche der Herzog von Savoyen zu gebieten hatte, von der ungenügendsten Art waren. Zu der geringen Anzahl, der schlechten Ausrüstung, der völligen Abnützung seiner Truppen kam noch der Zwiespalt, in welchen der Herzog schon seit einiger Zeit mit dem Befehlshaber der kaiserlichen Streitkräfte in Piemont, dem Feldmarschall Grafen Guido Starhemberg gerathen war.

Mit Ludwig von Baden und Eugen von Savoyen bildete Guido Starhemberg das Kleeblatt der besten Feldherrn, welche in des Kaisers Dienste standen. Von früher Jugend an dem Kriegshandwerke obliegend, hatte Starhemberg seit den Kriegen gegen Frankreich, welche dem Nymweger Frieden vorhergingen, all den Kämpfen beigewohnt, an denen jene bewegte Zeit so reich war. Keine nur irgend bedeutende Unternehmung wurde vollführt, ohne daß Starhembergs Name dabei mit Ehren genannt ward. Die Unerschrockenheit, die er beim Brande des Wiener Zeughauses an den Tag gelegt hatte, und der vielleicht die Stadt ihre Rettung verdankte, bewährte sich so oft sie auf die Probe gestellt wurde. Und dieß wiederholte sich fast bei jeder neuen Waffenthat des kaiserlichen Heeres, bei den Stürmen auf Neuhäusel, auf Ofen, auf Belgrad, in den Schlachten am Berge Harsan, bei Nissa, und vor allen bei Szlankament. Fast aus jedem Feldzuge brachte Starhemberg eine neue schwere Wunde mit heim in das Winterquartier, aber seine Lust am Kriegsdienste wurde dadurch nicht gemindert. Seine Kaltblütigkeit, die zum Sprichworte geworden war im ganzen Heere, seine kühne Todesverachtung, die unbeugsame Hartnäckigkeit, mit der er in schwierigster Lage und wenn schon alles den Muth sinken ließ, noch zähen Widerstand leistete, hatten ihm allgemeine Bewunderung gewonnen. Das ihm angeborne militärische Talent, verbunden mit seiner großen Erfahrung und dem unermüdeten Eifer, mit welchem er dem Studium der Kriegswissenschaften oblag, sicherten ihm bald einen der ersten Plätze in der Reihe der kaiserlichen Feldherrn. Bei Zenta und während der ersten

Feldzüge in Italien hatte Eugen Starhembergs Werth in vollem Maße
schätzen gelernt. Ihm übertrug er daher zu Ende des Jahres 1702 den
Oberbefehl über das Heer in Italien. Ihn nannte er bei jeder Gelegenheit, wenn Noth an Mann war und es sich um Besetzung eines Postens
handelte, der nur in die verläßlichsten Hände gelegt werden konnte.

Starhembergs Haltung in den beiden verflossenen Feldzügen rechtfertigte vollkommen die günstige Meinung, welche der Prinz von ihm hegte.
Seine Vertheidigung von Ostiglia, die Schlappe, die er bei San Martino
dem französischen General Albergotti anhing, insbesondere aber der be-
wunderungswürdige Zug, durch welchen er sich mit dem Herzoge von Savoyen vereinigte, hatten bewiesen, daß er ein selbstständiges Commando
in glänzendster Weise zu führen verstand. Der Ruhm seiner Thaten hatte
sich weithin ausgebreitet, und überall zollte man ihm die vollste Anerkennung. Um so schmerzlicher war es dem Feldmarschall, die ihm untergeordneten Streitkräfte in einer Weise verwahrlost zu sehen, die es ganz
unmöglich machte, mit solchen Werkzeugen Erfolge zu erringen. Abgeschnitten
von den kaiserlichen Erblanden, war von einer Verstärkung oder Ergänzung
der Truppen, von einer Erneuerung ihrer Bewaffnung und Bekleidung,
von irgend einer zureichenden Geldsendung für sie nicht im entferntesten
die Rede. Trotz Starhembergs unermüdeter, wahrhaft väterlicher Sorgfalt für seine Soldaten sah er deren Anzahl immer mehr und mehr zusam-
menschmelzen. Mit verbissenem Ingrimme war er Zuschauer, wie einer
der piemontesischen Plätze nach dem andern in die Hände des übermächtigen Feindes fiel. Nicht nur den eigenen Kriegsruhm, den er durch so
viel tapfere Thaten sich erworben, auch die wichtigsten Interessen seines
Monarchen sah er auf's äußerste gefährdet, ohne dem um sich greifenden
Uebel Einhalt thun zu können. Das Corps von zwölftausend tapferen
deutschen Kriegern, auserlesenen Soldaten, seit drei Jahren an Italiens
heiße Sonne gewöhnt, hatte er auf weniger als ein Drittheil zusammen-
schmelzen gesehen. Es schien ihm als habe er sie auf eine Schlachtbank
nach Piemont geführt. Da bemächtigte sich des Feldmarschalls eine düstere
Stimmung, welche durch die starken Vorwürfe, die ihm Victor Amadeus
über die Nichterfüllung der Allianzbestimmungen unablässig zu hören gab,
nur noch erhöht wurde. Schwere körperliche Leiden, durch seine vielen Wunden
verursacht, mehrten Starhembergs Verstimmung. Durch tausend kleinliche

Neckereien suchte Victor sie auf's äußerste zu steigern. Aber der Herzog fand in Starhemberg in jeder Beziehung seinen Meister. „Dieser Oester-„reicher", sagte der englische Gesandte Hill von ihm, „ist so stolz und „hochfahrend wie ein großer Fürst, aber er ist voll Bravheit und Ehre, „und wird überall Großes leisten [15]."

So kam es, daß sich nach und nach zwischen dem Herzoge von Savoyen und Starhemberg ein gereiztes, fast feindseliges Verhältniß bildete. Der Herzog zeigte auch hier wieder seine gewöhnliche Doppelzüngigkeit, die ihn von einem Extrem in das andere verfallen ließ. Bald klagte er bitter über Starhemberg und gab deutlich zu verstehen, daß ihm dessen Abberufung höchst erwünscht wäre. Dann aber fühlte er wieder, daß Niemand seiner Sache so ersprießliche Dienste leisten könne als der Feldmarschall. Er begriff, wie thöricht es wäre, persönlicher Empfindlichkeit wegen sich der besten Stütze selbst zu berauben. Er erklärte Starhemberg unter keiner Bedingung von sich zu lassen, ja wenn es nöthig wäre, ihn sogar mit Gewalt zurückhalten zu wollen [16]).

Umsonst bemühte sich Eugen, die Eintracht zwischen dem Herzoge und Starhemberg wieder herzustellen. Jedem schrieb er abgesondert und beschwor ihn, mit der üblen Laune des Andern Geduld zu haben. Jeder betheuerte dagegen, daß die Schuld nicht an ihm liege. Jeder versicherte, daß er es sei, welcher allen Anlaß zu Reibungen mit Sorgfalt vermieden habe.

Unter solchen Verhältnissen war an ein Zusammenwirken des Herzogs mit dem Feldmarschall nicht mehr zu denken. Die stete Zögerung la Feuil-lade's, zur Belagerung von Turin zu schreiten, die Langsamkeit, mit welcher er fortwährend zu Susa Kriegsmaterial anhäufte, seine Aengst-lichkeit endlich, die mit der früheren Zuversicht gar sehr contrastirte und ihn unausgesetzt Verstärkungen nachsuchen ließ, gereichte den Verbündeten zum Glücke. Hiezu kam noch, daß der König von Frankreich, statt neue Truppen nach Piemont zu entsenden, deren von dort abrief, um sie nach den im Aufstande begriffenen Cevennen zu schicken.

Unter diesen Umständen neigte König Ludwig sich zu der Ansicht, die Belagerung von Turin auf den künftigen Feldzug zu versparen. Mit Lebhaftigkeit erklärte Vendome sich gegen diese Meinung. Er stellte dem Könige vor, daß die Schwierigkeiten nur gering seien, welche sich der Ausführung des Unternehmens entgegenstellten. Er tadelte mit Heftigkeit das Benehmen des Herzogs be la Feuillabe, und als gewichtigsten Gegengrund führte er dem Könige zu Gemüthe, daß, wenn Turin nicht belagert würde, dieß mit Recht der größte Triumph für Eugen wäre. Denn diese Belagerung zu verhindern, sei für ihn ja der Hauptzweck des Feldzuges, der Endpunkt aller seiner Bemühungen gewesen. Frankreich aber würde in ganz Italien seinen Kriegsruhm, dessen piemontesische Armee aber ihr Ansehen völlig verlieren [17]).

Einer anderen Ansicht als Vendome war jedoch der Herzog be la Feuillabe. In entschiedenem Widerspruche mit sich selbst war er nun plötzlich ein Gegner der Unternehmung wider Turin geworden. Er sandte dem Könige eine Erklärung, von seinen vornehmsten Generalen unter-schrieben, in welcher die Belagerung widerrathen wurde. Dieser Meinung neigte sich auch der König zu, und der Plan, noch in diesem Feldzuge an den Angriff auf Turin zu schreiten, wurde von Frankreich nun definitiv aufgegeben. Als kein Zweifel mehr darüber obwalten konnte, hielt auch der Herzog den Grafen Starhemberg nicht länger in Piemont zurück. Bevor der Feldmarschall daran dachte sich nach Wien zu begeben, eilte er nach der Lombardie in das Heerlager des Prinzen Eugen.

Hier war nach dem erschöpfenden Kampfe von Caffano kein Ereigniß von Wichtigkeit mehr eingetreten. Bevor Eugen an irgend eine Bewegung schreiten konnte, hatte er Vorkehrung treffen müssen, sich seiner zahlreichen Verwundeten zu entledigen und diese theils nach Palazzuolo, theils nach Tirol in Sicherheit zu bringen. Bei den geringen Hülfsquellen aber, die dem Prinzen zu Gebote standen, und dem Mangel an Wagen ging dieß nur äußerst langsam von Statten. So verharrte Eugen vier Wochen hindurch unbeweglich in seiner Stellung, von dem ihm gegenüber gelagerten Feinde mit Sorgfalt bewacht. Nur der kleine Krieg wurde zwischen den beiden Gegnern, jedoch ohne erhebliche Erfolge geführt. Die Entsendung des Grafen Königsegg, um sich des Postens von Trebici ponti zu bemäch-tigen, wurde von Vendome vereitelt. Eugen ließ sich jedoch hiedurch nicht irre machen. Er beschloß, noch einmal den Versuch zu wagen und nach Piemont durchzubringen. Er wußte, daß man dort auf ihn allein alle Hoffnung gesetzt hatte [18]). Zwar schien es ihm fast unmöglich, im Ange-sichte eines so weit überlegenen Feindes den Uebergang über die Abba

ober ben Po zu erzwingen. Aber so wenig er auch auf das Gelingen
zählen zu dürfen glaubte, der Versuch mußte gemacht werden [19]). Sobald
Eugen aus Wien nur einige Geldhülfe empfangen hatte, schritt er muthig
an das schwere Werk.

Am Morgen des 10. Oktober brach Eugen von Treviglio auf und
rückte in südlicher Richtung, an Crema vorüber bis Montodine, hier den
Uebergang über den Serio zu bewerkstelligen. Denn der Prinz beabsichtigte
vorerst, Castiglione und Goito zu nehmen, und so dem Kaiser wenigstens
festen Fuß in Italien zu sichern [20]). Bevor es jedoch gelungen war, das
Material zur Erbauung einer Brücke zu sammeln, erschien Vendome am
jenseitigen Ufer des Flusses. Er hatte sich nach Eugens Abmarsch vorerst
über die Richtung vergewissert, die derselbe genommen, und sich bemüht,
ihm zuvorzukommen. Im Angesichte des überlegenen Feindes den Serio
zu überschreiten, schien kaum ausführbar. Dennoch wollte Eugen nicht so
unverrichteter Dinge von seinem Vorhaben abstehen. Nachdem er zwei
Bataillone am jenseitigen Ufer sich hatte verschanzen lassen, begann er am
16. Oktober den Brückenschlag. Aber schon nach wenigen Stunden griff
Vendome mit weit überlegener Heeresmacht das kleine Häuflein an. Nach
zweistündiger Gegenwehr mußten die kaiserlichen Truppen über den Fluß
zurückgehen. Sie warfen einen Theil der Brücke hinter sich ab. Sogleich
besetzte Vendome die verlassene Stellung und führte am Ufer mehrere
Batterien auf, den Fluß zu beherrschen.

Die Absicht Eugens, den Uebergang über den Serio nun bei Crema
zu bewerkstelligen, wurde von Vendome in ähnlicher Weise vereitelt. Bei
Mozzanica endlich gelang das Vorhaben, denn hier brauchte keine Brücke
geschlagen zu werden, und die Truppen konnten durch den Fluß selbst
gehen. Vendome gab es auf, einen Uebergang zu bestreiten, den er nicht
länger zu hindern vermochte. Er warf sich hingegen auf Soncino, beschoß
das Castell und zwang die kleine Besatzung, sich zu ergeben. Eugens
Befehl, den Platz früher zu räumen, war ihr nicht zugekommen. Hier
bezog Vendome ein festes Lager und hieher berief er die zahlreichen Ver=
stärkungen, welche ihm ohne Unterlaß von Piemont aus zugekommen
waren.

Trotz dieser Uebermacht des Feindes gab Eugen die frühere Absicht
nicht auf, Castiglione delle Stiviere und Goito zu nehmen, hier starke

Befatzungen zurückzulaffen, felbft aber den Uebergang über den Po zu verfuchen. Freilich fügte er, fo oft er diefes Vorhaben ausfprach, fogleich die Befürchtung hinzu, daß er in dem bedauerungswürdigen Zuftande, in welchem feine Truppen fich befanden, auf die Durchführung diefer Plane nicht rechnen könne. Der Mangel bei Eugens Heere hatte einen Grad erreicht, welcher an die trübften Zeiten des Feldzuges des Jahres 1702 erinnerte. Die feindfelige Gefinnung des neuen venetianifchen Proveditore Dolfino zu Brescia trug nicht wenig dazu bei, die Verlegenheiten des Prinzen noch zu erhöhen. Dolfino's ganze Familie galt für franzöfifch gefinnt, wie denn auch ein Mitglied derfelben durch Frankreichs Einfluß den Carbinalshut erhalten hatte [21]). Bei jeder Gelegenheit fuchte der Proveditore den Bezug der Heeresbedürfniffe, insbefondere was die Verproviantirung betraf, zu erfchweren oder ganz zu vereiteln.

Hieburch wurde die Noth, welche ohnehin bei den Truppen herrfchte, noch ungemein gefteigert. Die Soldaten litten fo fehr, daß der Prinz faft mehr als von dem Feinde von einer Meuterei beforgte, die unter feinen Truppen ausbrechen könnte. „Es ift fo weit gekommen," fchrieb Eugen an den Kaifer, „daß die Leute fich gar nicht fcheuen, öffentlich zu fagen, „ohne Geld und ohne Brod könnten fie nicht leben, fie müßten daher durch „Plündern fich zu ernähren fuchen. Ich bemühe mich zwar dagegen die „fchärffte Disciplin zu halten, doch muß ich manchmal durch die Finger „fehen, um nur einen allgemeinen Aufftand zu vermeiden. Denn die „Noth ift zu groß und die Officiere haben faft gar nichts mehr zu fagen, „da der gemeine Mann das Elend feines Vorgefetzten mit anfieht und „daburch die Liebe, den Refpekt und den Gehorfam verliert. Denn es find „deren gar Viele, welche zu dem bloßen Waffer nicht einmal das trockene „Brod zu verzehren haben." [22])

„Jedermann," fuhr Eugen in einem anderen Schreiben fort, „vom „Erften bis zum Letzten, ift verzweifelt. Der gemeine Mann lacht jeden „Verbotes, fcheut keine Bedrohung, und fetzt fich zur Gegenwehr, wenn man „feinen Muthwillen beftrafen will. Ich fehe dieß mit Augen an und muß „zwifchen den beiden Extremen, der höchften Nachficht oder der äußerften „Strenge, wählen. Ich bin zwar zu der letzteren entfchloffen, und werde „mich bemühen, die Mannszucht herzuftellen, foweit es in meiner Macht „liegt. Daß es aber wirken und ohne einen allgemeinen Aufftand ablaufen

„soll, ist eben so sehr zu wünschen als für ein Wunder zu halten. Denn
„das Elend währt zu lange und der Feldzug ist zu aufreibend für die
„Truppen. Wenn die Strapatzen, die Krankheiten, die Desertion und
„der Verlust vor dem Feinde zusammengerechnet werden, so kann man sich
„leicht einen Begriff von dem machen, was mir übrig bleibt. Die Noth
„spricht für sich selbst. Die Armee gehört nicht mir, sondern Eurer
„Majestät. Sie ist der letzte Pfeiler, welcher Dero Monarchie, Krone
„und Scepter zu unterstützen hat. Verlieren Sie solche, so ist leicht zu
„begreifen, welche die Folgen davon sein werden. Ich aber werde
„vor Gott, vor Eurer Majestät und vor der ganzen Welt entschuldigt sein,
„wenn Alles auf einmal zu Trümmern geht, wie es denn auch von Tag
„zu Tag wirklich schon zu erwarten ist" 23).

„Er stelle es der Beurtheilung des Kaisers anheim," sagte Eugen,
„wie ihm bei einem Commando zu Muthe sein müsse, bei welchem er
„weder Hülfe noch Rettung sehe." Nichts als der Drang, seine Pflicht
zu thun, hielt den Prinzen aufrecht, und gab ihm die Fassung, sich unauf-
hörlich mit Entwürfen zu beschäftigen, um seine Lage zu verbessern, dem
Herzoge von Savoyen Erleichterung zu gewähren, und wenn es unmöglich
wäre, bis zu ihm durchzubringen, doch sich selbst wenigstens in Italien
zu erhalten.

Am 3. November ging Eugen bei Urago über den Oglio, und wandte
sich gegen Brescia, um von da aus sich Castiglione zu nähern. Die unausgesetzten Regengüsse, welche inzwischen eingetreten waren, die Wege grund-
los machten und die Ueberschwemmung des Landes verursachten, erschwerten die Bewegungen des Prinzen ungemein. Ja sie brachten ihn sogar zu
der Ueberzeugung, daß unter den obwaltenden Verhältnissen ein Uebergang
über den Po nicht mehr ausführbar sein werde. Der Prinz rückte zwar bis
Montechiaro vor, concentrirte seine Truppen an der Chiese und bedrohte
Castiglione. Vendome aber wußte eine günstige Stellung einzunehmen, in
welcher er diesen Platz vollkommen schützte. Nun blieb Eugen nichts übrig,
als selbst eine vortheilhafte Position auszuwählen, in der er seinen völlig
erschöpften Truppen die Winterquartiere anweisen konnte. Eine solche bot
das Städtchen Lonato, nahe der Südwestspitze des Gardasee's. Es gelang
ihm dort dem Feinde zuvorzukommen, welcher, die günstige Lage Lonatos
gleichfalls erkennend, sich dessen zu bemächtigen versuchte. Zu spät in der

Nähe von Lonato angelangt, beschränkte sich Vendome darauf, das Städtchen zu beschießen und sich, wie Eugen dort gethan hatte, ihm gegenüber
gleichfalls zu verschanzen.

Im Lager von Lonato empfing Eugen den Besuch des Feldmarschalls
Guido Starhemberg. Von Piemont zurückkehrend, wo er den Befehl über
die wenigen kaiserlichen Truppen dem Feldmarschallieutenant Grafen Wirich
Daun übertragen hatte, war Starhemberg zu dem Prinzen gekommen,
dessen Aufträge nach Wien zu empfangen. Denn dorthin hatte der Feldmarschall sich zu begeben, um wie ihm der Kaiser in einem huldvollen eigenhändigen Schreiben angekündigt hatte, den Oberbefehl in Ungarn zu übernehmen [24]).

Eugen und Starhemberg hatten sich nicht mehr gesehen, seit der
letztere vor drei Jahren aus den Händen des Prinzen den Oberbefehl über
die kaiserlichen Truppen in Oberitalien erhalten hatte. Diese Jahre waren
eine Zeit unablässiger Mühen und Anstrengungen für beide gewesen.
Eugen aber hatten sie durch den glänzenden Höchstädter Sieg auch Ruhm
und Ehre gebracht, während Starhemberg, obgleich seine Haltung den
vollsten Beifall des Kriegskundigen erwarb, doch den Erfolg nicht für
sich hatte.

Seine ganze Existenz in Italien war ein steter Kampf gegen Drangsale
jeder Art gewesen, wie sie sich selbst bei Eugens Heer, das den Verstärkungen
und der Geldhülfe näher lag, nicht in so erschreckendem Maße gezeigt hatten. Dadurch war das Gemüth des Feldmarschalls mit tiefster Erbitterung
erfüllt worden. Seiner gewohnten Geradheit folgend, ließ er dieser Stimmung nur zu freien Lauf. Auch Eugen verschonte er nicht mit den Ausbrü-
chen seines Unmuthes. Die Vorwürfe, die er dem Prinzen machte, daß er
ihn während des Jahres 1703 von Woche zu Woche auf seine Ankunft in
Italien vertröstet habe und am Ende doch nicht erschienen sei, hatten den
Prinzen nicht wenig verletzt. Aber die seltene Herrschaft, welche Eugen über
sich selbst ausübte, bewährte sich auch hier. Das frühere freundschaftliche
Einvernehmen mit dem Feldmarschall schwand zwar nach und nach; der
vertraute Briefwechsel zwischen beiden wurde immer seltener und hörte
endlich ganz auf. Aber seine amtliche Verbindung mit Starhemberg unterhielt der Prinz nach wie vor auf's eifrigste. Niemals gestattete er einer
Empfindlichkeit oder Gereiztheit Einfluß auf die Angelegenheiten des Dienstes.

Nie erlaubte er sich, wie es von Andern so oft geschah, dem bloß persönlichen Widersacher in der Ausübung seiner Dienstespflichten Hindernisse in den Weg zu legen. So konnte der Feldmarschall, so getrübt nun seine früheren Freundschaftsbeziehungen zu dem Prinzen auch sein mochten, doch in seiner amtlichen Wirksamkeit stets auf Eugens Beihülfe zählen.

Dieß war das Verhältniß jener beiden Männer, als sie im Lager zu Lonato zusammentrafen. Auch Starhemberg war durchdrungen von der Nothwendigkeit, den persönlichen Groll schweigen zu lassen vor den Anforderungen der Dienstpflicht. Deßhalb hielt er sich durch eine Woche bei Eugen auf, um sich von allem völlig zu unterrichten und in Wien eine genaue Schilderung der Sachlage entwerfen zu können. Eine solche war auch in der Vorstellung enthalten, welche Eugen um dieselbe Zeit an den Kaiser richtete, und in der er nach erneuerter Schilderung des gänzlich vernachlässigten Zustandes seiner Truppen die Bitte aussprach, ihn von diesem Commando in Gnaden zu entheben. „Denn Leib und Leben," schrieb der Prinz an den Kaiser, „Gut und Blut bin ich zwar schuldig, Eurer Majestät „aufzuopfern, gleichwie ich es auch mit größter Freude hingeben würde, „wenn dadurch nur der Noth gesteuert werden könnte. Daß ich aber dabei „Ehre und Reputation bei der Welt verlieren sollte, welche von dem wirk„lichen Zustande der Dinge nicht unterrichtet ist, werden Euer Majestät „selbst einsehen, wie schwer es mir fallen, ja tausendmal ärger als der Tod „sein müsse 25)."

Starhemberg hatte sich zu lange in einer gleichen, wenn nicht noch ärgeren Nothlage befunden, um nicht die Klagen des Prinzen völlig zu verstehen. Gleich Jenem die Beschwerden bei Seite setzend, die er selbst gegen Eugen zu haben glaubte, widmete er sich der Sache desselben mit all dem Eifer, welchen die Wichtigkeit des Gegenstandes erheischte. Am 2. December hatte der Marschall das Lager zu Lonato verlassen. Acht Tage später traf er zu Wien ein und sein erstes Geschäft war, sich der Aufträge des Herzogs von Savoyen und des Prinzen Eugen mit Pünktlichkeit zu entledigen. Man durfte von ihm erwarten, daß seine Schilderung der Zustände in Piemont und der Lombardie nicht mit zu glänzenden Farben entworfen sein würde. Und so war es auch in der That. Mit dem Nachdrucke, der seiner energischen Persönlichkeit eigen war, drang Starhemberg auf kräftige

Abhülfe. Seine hierauf abzielenden Vorschläge wurden zu Wien in eifrige Berathung gezogen ²⁶).

Diesen Verhandlungen auch Erfolg zu verleihen und sie mit dem Ge-wichte seines Ansehens zu unterstützen, ging Eugen im Jänner des folgen-den Jahres gleichfalls nach Wien. Die Winterquartiere seiner Truppen dehnten sich zwischen Lonato und Brescia aus. Zu Gavardo war das Hauptquartier. Feldmarschall-Lieutenant Graf Reventlau führte als älte-ster General den Oberbefehl. Prinz Leopold von Anhalt commandirte das kleine Corps, welches Eugen an der Etsch aufgestellt hatte, um den Zugang nach Tirol zu decken. In dem Augenblicke seiner Abreise ertheilte der Prinz seinem Stellvertreter eine erschöpfende Instruction über das Benehmen, das er während seiner Abwesenheit zu beobachten habe. Sollte sich ein An-laß ergeben, dem Feinde eine Schlappe anzuhängen, so möge er, jedoch nur mit höchster Vorsicht und nach erfolgter Zustimmung der Generalität be-nützt werden. Da der Feind ohne Zweifel über kurz oder lang die eine oder die andere der Stellungen angreifen werde, so habe man vor Ueberfällen auf guter Hut und in beständiger Bereitschaft zu stehen. Jeder Tag solle dazu benützt werden, die Vertheidigungsanstalten dermaßen zu vervollkommnen, daß eine Ueberraschung unmöglich und die Postirung bis zu Eugens Rück-kehr um jeden Preis behauptet werde. Die Haltung schärffter Manns-zucht, die strengste Ahndung jeglichen Excesses wurde angeordnet, das Uebrige aber Reventlau's bekannter Tapferkeit und Kriegserfahrung an-heimgestellt ²⁷)

Nachdem er in solcher Weise für die Sicherstellung seiner Truppen nach Kräften gesorgt hatte, eilte Eugen nach Wien, wo er gegen Ende des Monates Jänner 1706 eintraf.

Fünfzehntes Capitel.

Nicht allein die Sorge für die öffentlichen Angelegenheiten, für das Wohl des ihm anvertrauten Heeres hatte den Prinzen bestimmt, sich nach Wien zu begeben. Es lag ihm auch der persönliche Wunsch am Herzen, sich dem neuen Kaiser vorzustellen und ihm mündlich seine warm gefühlten Segenswünsche zu der Regierung auszusprechen, welche derselbe in einem so gefährlichen Zeitpunkte angetreten hatte. Aus tiefstem Herzen kamen diese Wünsche, denn Eugen verehrte in Joseph nicht nur seinen Kaiser und Herrn, er liebte den jüngeren Freund in ihm, und mit Zuversicht hoffte er Gutes und Großes von dem edel denkenden und warm empfindenden jungen Manne, der in der Blüthe der Lebensjahre, im Vollgefühle seiner geistigen und körperlichen Kraft jenen Thron bestiegen hatte, welcher damals noch unbestritten für den ersten der Welt galt.

Und in der That machte sich die Wirkung dieser Thronbesteigung auch gleich von Anfang an in durchgreifender Weise fühlbar. Schon die Persönlichkeit des neuen Kaisers war eine so ganz andere im Vergleiche mit derjenigen seines Vorgängers, daß dieser Unterschied nach jeder Seite hin auffallend zu Tage trat. Auf das stille, ernste, oft fast mönchische Wesen Leopolds war die heitere, lebenslustige, prachtliebende Weise Josephs gefolgt, auf die ängstliche Unentschlossenheit des ersteren die energische Thatkraft des zweiten. Doch würde man groß Unrecht thun, wenn man bei einer Vergleichung beider alles Licht auf den Sohn, den Schatten aber nur auf den Vater werfen würde. Leopolds emsige Arbeitslust mangelte Joseph, und die Freigebigkeit, die der Vater geübt hatte, überstieg bei dem Sohne so sehr alle Grenzen, daß die Finanzkraft des Staates ernstlich darunter litt. Es fehlte nicht an Menschen, welche diese Eigenschaft des jungen Kaisers für sich auszubeuten wußten. Wenn Leopold Vielen, aber doch mit Maß gegeben hatte, so gab Joseph Jedem, der sich an ihn wandte, mit vollen Händen, und da war denn der Stoff des zu Gebenden nur zu bald erschöpft.

22 *

Bei der Vergleichung des Wesens der beiden Kaiser wird es klar, daß der Unterschied der ersten Eindrücke, welche beide in ihrer Jugend empfangen hatten, sich ihr ganzes Leben hindurch geltend machte. Leopold war zum geistlichen Stande erzogen worden; Joseph hatte seine Bildung zwar auch von einem Priester, aber von einem derjenigen empfangen, welche man für Anhänger einer freieren Richtung hielt. Es war dieß der Weltpriester Franz von Rummel, gleichfalls ein Pfälzer, wie so viele, welche damals am kaiserlichen Hofe in gewichtiger Stellung sich befanden. Der gelehrte Capuziner Marco d'Aviano soll ihn dem Kaiser zum Erzieher für den bereinstigen Thronerben vorgeschlagen haben. Er bekleidete dieß Amt auch mit gewissenhafter Treue, denn er war ein Mann von exemplarischer Reinheit der Sitten, von wahrer Frömmigkeit. So sehr gewann er sich die Liebe und Anhänglichkeit seines erlauchten Zöglings, daß obgleich er sich entfernt hielt von aller Einwirkung auf die öffentlichen Geschäfte, doch die Eifersucht hochstehender Personen rege gemacht wurde. Nach manchem fruchtlosen Versuche gelang es endlich, ihn mit dem Titel eines Bischofs von Tinia und unter Verleihung einer Abtei nach Prag zu versetzen.

Der Schmerz des Königs Joseph über die Entfernung des geliebten Lehrers war ein tief empfundener gewesen [1]). Er verhehlte denselben nicht, und da die Kaiserin Eleonore selbst es war, der man Rummels veränderte Bestimmung zuschrieb, so glaubte man, daß nach Josephs Regierungsantritte eine etwaige Verstimmung desselben gegen seine Mutter an den Tag treten werde. Dem war aber durchaus nicht so. Alle die darauf Hoffnungen gebaut haben mochten, wurden arg enttäuscht [2]). Josephs erste Worte, nachdem sein kaiserlicher Vater den Geist aufgegeben hatte, waren Ausdrücke kindlicher Liebe und Verehrung für seine erhabene Mutter. Zwar rief er Rummel nach Wien zurück und verlieh ihm den dortigen Bischofssitz. Der Mutter aber bewahrte Joseph gleichwohl unverändert die Ehrerbietung, die er ihr schuldete, und ihr Einfluß auf den Sohn war kaum geringer, als er es auf den Vater gewesen war.

Kaiserin Eleonore theilte denselben mit Josephs Gemahlin, Wilhelmine Amalie, einer Tochter des Herzogs Johann Friedrich von Hannover.

Die Prinzessin Amalie war im katholischen Glauben erzogen worden, welchen ihr Vater auf einer Reise durch Italien angenommen hatte. Ihre

Jugend verlebte sie in Paris, wo ihre Mutter, eine Prinzessin von Pfalz-Simmern, sich nach dem Tode des Gemahls ansäßig gemacht hatte.

In Deutschland hat es leider von jeher genügt, fremd zu sein, um vor dem Einheimischen Bevorzugung zu erhalten. In Frankreich war, in früherer Zeit wenigstens, das Umgekehrte der Fall. Wie der Herzog von S. Simon nicht ohne Selbstgefälligkeit erzählt, wurde die Herzogin von Hannover zu Paris mit geringer Zuvorkommenheit behandelt, und erlitt sogar von der Prinzessin von Bouillon eine Beschimpfung, für welche sie von dem Könige von Frankreich keine Genugthuung zu erlangen vermochte[3]). Was jedoch von der Herzogin von Hannover und ihren Töchtern als ein Mißgeschick angesehen worden war, gereichte ihnen zum Glücke. Die Herzogin verließ Paris und zog sich nach Deutschland zurück. Hier vermählte sie bald die ältere der Prinzessinnen an den Herzog Rinaldo von Este, denselben, der schon Cardinal gewesen, dem Papste aber den Purpur zurückschickte, um die Regierung antreten zu können, welche ihm durch den Tod seines Bruders zugefallen war. Weit glänzender noch war das Los der jüngeren Schwester Amalie. Der römische König Joseph reichte ihr seine Hand.

Die Prinzessin Amalie war durch ausgezeichnete Eigenschaften eines so viel beneideten Glückes vollkommen würdig. Obgleich nicht von vollendeter Schönheit, war sie doch reichlich ausgestattet mit körperlichen Vorzügen. Eine große Gestalt, ein schöner Bau des Körpers, ein leichter Gang gaben ihr ein majestätisches und doch einnehmendes Ansehen. Weit größeren Reiz gewann sie jedoch durch die Lebhaftigkeit ihres Geistes und die vielseitige Bildung ihres Verstandes, den eine sorgfältige Erziehung zu vollständiger Entwicklung gebracht hatte. Diese Eigenschaften dienten dazu, ihr großen Einfluß auf ihren Gemahl zu sichern, welcher, wie er überhaupt einem Bittenden nur schwer zu widerstehen vermochte, ein Verlangen der Kaiserin niemals unerfüllt ließ[4]). Und Amalie, ihrer Macht sich bewußt, war eben nicht ganz sparsam mit Anliegen. Eine überraschende Aehnlichkeit mit der Kaiserin Eleonore besaß Amalie darin, daß sie beide mit einer wahrhaft leidenschaftlichen Anhänglichkeit ihren Verwandten zugethan waren. Wie Eleonore das pfälzische Kurhaus begünstigte, wie sie jede hohe oder einträgliche Stellung für eines ihrer zahlreichen Geschwister zu erlangen trachtete, so war das gleiche auch bei der Kaiserin Amalie, nur mit dem Unterſchiede der Fall, daß dieſe ihre Neigung ganz auf ihre Schweſter, die Herzogin von Modena und deren Angehörige concentrirte. Niemals beſaß das Haus Eſte einen Vertreter zu Wien, der mit höherer Stellung einen größeren Eifer beſeſſen hätte als die Kaiſerin Amalie.

Es war lebhaft zu bedauern, daß eine ungemein ſchwankende Geſund=heit, daß vielfaches körperliches Leiden das Lebensglück der Kaiſerin in empfindlicher Weiſe trübte. Hiezu kam noch, daß ſie um nicht weniger als acht Jahre älter war als ihr Gemahl. Dieſer Umſtand, zuſammengehalten mit dem, daß ſie weder die Tochter eines regierenden Fürſten war, noch einem der erſten Regentenhäuſer Europa's angehörte, mußte verurſachen, daß die Wahl der Prinzeſſin Amalie zur Gemahlin König Joſephs viel=fache Verwunderung erregte. Man ſchrieb ſie, und mit Recht, dem Einfluſſe des Fürſten von Salm zu, welcher als Schwager der Herzogin von Hannover durch Erhebung ſeiner Nichte auf den Kaiſerthron ſeinen Einfluß am Wiener Hofe für immer zu befeſtigen trachtete ⁵).

Fürſt Salm hatte als Ajo die Erziehung des Königs Joſeph geleitet, und war es ihm gleich nicht gelungen, ſich die Liebe und Zuneigung ſeines erlauchten Zöglings in ähnlichem Maße zu erwerben, wie deſſen Lehrer Rummel, ſo war doch der Einfluß, den er auf ihn ausübte, immerhin ein mächtiger zu nennen. Da Fürſt Salm, im Gegenſatze zu Rummel, vorzugsweiſe nach politiſcher Macht ſtrebte, ſo hatte man immer erwartet, ihn bereinſt in tonangebender Stellung am Wiener Hofe zu ſehen. Und dieſe Erwartung war nach Joſephs Thronbeſteigung in vollem Maße in Erfüllung gegangen. Als Oberſthofmeiſter des Kaiſers ohnehin im erſten Range am Hofe, fiel ihm als ſolchem, wie es ſchon unter Leopold gehalten worden, der Vorſitz in den Conferenzen zu. Fürſt Salm war ganz der Mann, der aus dieſer bevorzugten Stellung die eines Premierminiſters zu ſchaffen wußte. Seine Befähigung hiezu hatte er ſchon lange vor Joſephs Thronbeſteigung vielfach bewieſen. Nichts glich der Schnelligkeit, mit welcher Salm ſich am Kaiſerhofe Einfluß zu gewinnen verſtanden hatte. In welch hohem Maße er trotz ſeines heftigen, aufbrau=ſenden Weſens jene Feinheit in der Anlegung, jene ruhige Conſequenz in der Verfolgung eines Planes beſaß, welche deſſen Gelingen faſt immer ſicher ſtellen, hatte er durch Herbeiführung der Vermählung ſeiner Nichte Amalie mit König Joſeph gezeigt. Trotz der Ungunſt der äußeren Verhält-

niſſe, troß des Widerſtandes einer mächtigen Hofpartei hatte Salm dieſe
Verbindung zu Stande zu bringen gewußt. Schon ſeit Jahren hatte er
den Samen der Neigung in Joſephs Herz gepflanzt, ſie in jeder Weiſe
genährt und endlich zu warmer Liebe groß gezogen. Jeden Wider=
ſtand hatte er zu beſeitigen, jede Einrede zu beſchwichtigen, jede Neben=
buhlerin zu verdächtigen getrachtet. Als ihm endlich der große Plan gelungen
war und er die Prinzeſſin dem Könige vermählt ſah, insbeſondere aber
als ſie an deſſen Seite den Kaiſerthron beſtiegen hatte, da zögerte Salm
auch keinen Augenblick, an die Einſammlung der Früchte ſeines Werkes
zu ſchreiten. Der Leitung der öffentlichen Geſchäfte wußte er ſich faſt ganz
zu bemächtigen. Die geringe Neigung des Kaiſers zu denſelben kam ihm
dabei zu Hülfe. Bald war die Macht des Fürſten eine ſo große, wie
man ſie ſeit den Zeiten der Fürſten Auersperg und Lobkowiß nicht mehr am
Wiener Hofe geſehen hatte. Was Leopold in den leßten Jahrzehnten ſeiner
Regierung ängſtlich vermieden hatte, die Einſeßung eines erſten Miniſters,
hatte nun, wenn vielleicht nicht dem Namen, doch gewiß der Sache nach,
ſtattgefunden, und die Wiener, welche für alles ein Wißwort vorräthig
haben, nannten von nun an den Fürſten von Salm nicht mehr anders als
den Großweſir.

Nicht nur in der Perſon des Monarchen ſelbſt und in derjenigen des
Mannes, welcher auf die Regierung den mächtigſten Einfluß übte, war
eine völlige Veränderung eingetreten, auch die anderen Männer, die früher
im Rathe des Kaiſers die erſten Stimmen geführt hatten, waren durch
neue erſeßt worden. Graf Kauniß war wenige Monate vor dem Kaiſer
geſtorben, Harrach und Bucelini hatten ſich ihres hohen Alters wegen
von den Geſchäften zurückgezogen. Harrachs Poſten, der des Oberſthof=
meiſters, war an den Fürſten von Salm übergegangen, die Stelle aber,
welche Bucelini bekleidet hatte, die eines Hofkanzlers, wurde in zwei
getheilt und an den Freiherrn Johann Friedrich von Seilern und den
Grafen Philipp Ludwig von Sinzendorff vergeben.

Seilern war gleichfalls ein Geſchöpf des pfälziſchen Kurhauſes. Er
hatte demſelben lange und mit Hingebung als ſein Repräſentant an ver=
ſchiedenen fremden Höfen gedient, die er ſpäter als kaiſerlicher Miniſter
wiederſah. Seine muſterhafte Frömmigkeit, die bekannte Integrität ſeines
Charakters hatten ihn ſchon dem Kaiſer Leopold werth gemacht. Seine

wiſſenſchaftliche, ja gelehrte Bildung, mit einer großen Erfahrung verbunden, ließ ihn in den öffentlichen Geſchäften beſonders brauchbar
erſcheinen⁶). In den verſchiedenartigſten derſelben wurde er verwendet, wie
er denn auch im Namen des Kaiſers mit den ungariſchen Inſurgenten die
Verhandlungen führte. Aber die deutſchen Angelegenheiten waren ſein
eigentliches Fach; in ihnen war er mehr als jeder Andere zu Hauſe, und
Niemand wußte gleich ihm Beſcheid in den labyrinthiſchen Gängen des
damals geltenden deutſchen Staatsrechts.

Wie Seilern nächſt eigenem Studium dem Umgange mit Männern
der Wiſſenſchaft ſeine Bildung und damit ſeine Laufbahn verdankte, wie
er ihre Geſellſchaft jeder anderen vorzog, ſo klebte ihm auch das ſteife
pedantiſche Weſen, welches man Jenen ſo gerne vorwirft, in nicht geringem
Maße an. Die ſo leicht beſtechende Genialität des Geiſtes, die Strattmann beſeſſen und die ihn zu einem ſo angenehmen Mitarbeiter gemacht
hatte, mangelte Seilern gänzlich. Er erſetzte ſie dadurch, daß er ſich eine
ſtreng logiſche Redeweiſe angeeignet, daß er durch ſtete Uebung ſein Urtheil
in ungewöhnlichem Maße geſchärft hatte. Weil er nicht mit Leichtigkeit
arbeitete, ſo that er es mit nie ermüdendem Fleiße. Und wirklich hatte er
es dahin gebracht, daß ſeine Feder als die gewandteſte galt, welche dem
Kaiſer zu Gebote ſtand. Noch ſpät, als Seilern längſt geſtorben war,
pflegte man am Wiener Hofe von einer recht gelungenen Ausarbeitung zu
ſagen, auch Seilern hätte ſie nicht beſſer machen können.

Seilerns Amtsgenoſſe Sinzendorff war der zweite Sohn jenes Hof-
kammerpräſidenten Georg Ludwig Sinzendorff, welcher durch die coloſſalen
Veruntreuungen, die er an dem kaiſerlichen Staatsſchatze beging, endlich
ſogar die Langmuth des Kaiſers Leopold erſchöpft hatte. Im Jahre 1680
war ihm der Prozeß gemacht und er zu immerwährender Gefangenſchaft
verurtheilt worden. Dieſer Spruch wurde ſodann in Verbannung auf
ſeine Güter gemildert. Sinzendorffs Mutter war Dorothea Eliſabeth,
eine geborene Prinzeſſin von Holſtein, eine geiſtvolle, ſtolze Frau, welche
mit den von ihrem Gatten, freilich in ſträflichſter Weiſe, herbeigeſchafften
Summen ſo ungeheuren Aufwand trieb, daß ſie darin mit der pracht-
liebenden Kaiſerin Claudia rivaliſirte und oft deren eiferſüchtigen Unwillen
erregte⁷). Nach dem Tode ihres Gemahls verheirathete ſich die Gräfin
Sinzendorff in zweiter Ehe mit dem nachmaligen Feldmarſchall Rabutin.

Lange Jahre hindurch bildete ihr Haus in Wien den Mittelpunkt der er=
lesensten Gesellschaft. In den Kreis zugelassen zu werden, welchen sie in
dem vor einigen Jahren abgebrochenen Schwarzenbergischen Palaste in
der Wollzeile um sich sammelte, galt für eine eifrig gesuchte und vielfach
beneidete Auszeichnung.

Der junge Sinzendorff beabsichtigte Anfangs sich der Kirche zu wid=
men. Nach dem Tode seines älteren Bruders aber, der im Jahre 1687
gegen die Türken blieb, trat er aus dem geistlichen Stande, legte die Dom=
herrnstelle nieder, die ihm bereits zu Köln verliehen worden war, und
machte an der Seite seines Stiefvaters Rabutin einige Feldzüge mit. Bei
Orbassano war er Eugens Kampfgenosse; bald aber wandte Sinzendorff
sich dem Civildienste zu. Einer der vielen Beweise für die Herzensgüte
des Kaisers Leopold ist die ungemeine Förderung, welche er der Laufbahn
Sinzendorffs zu Theil werden ließ. Statt daß der Sohn des Mannes,
der sich so schwer am Kaiser vergangen hatte, überall Hemmnissen
begegnet wäre, fand er nichts als hülfreiche Erleichterung und mächtige
Unterstützung. Es schien, als ob der Kaiser an dem Sohne gutzumachen
suche, daß er den Vater zu bestrafen gezwungen gewesen sei.

Wie im Fluge durcheilte Sinzendorff die unteren Stufen des Dien=
stes und er war noch nicht dreißig Jahre alt, als er schon seinen Monar=
chen am Hofe von Versailles repräsentirte. Nach dem Ausbruche des Suc=
cessionskrieges wurde er von dort abberufen. Sein kurzer Aufenthalt zu
Paris hatte jedoch hingereicht, ihn mit lebhaftester Bewunderung für den
französischen Hof, für die Einrichtungen, Sitten und Gebräuche desselben,
für die Art und Weise zu erfüllen, in welcher König Ludwig XIV. die
Staatsgeschäfte besorgte. Sinzendorff hätte wohl gewünscht, diese Ein=
richtungen nach seinem Vaterlande zu übertragen[³]. Aber um in gewissem
Sinne als Reformator aufzutreten, dazu war er zu wenig bedeutend, zu
oberflächlich, von zu geringer geistiger Bildung und Tiefe.

Nicht ohne Gewandtheit mit der Feder, suchte Sinzendorff im Spre=
chen durch Fülle der Worte oft das zu ersetzen, was denselben an Gewicht
abging. Ihn reden zu hören ermüdete leicht, und es gelang ihm bei Nie=
mand, eine besonders günstige Meinung von seiner Befähigung zu erwecken.
Auch vor seinem Charakter hatte man keine sehr hohe Achtung. Denn
wenn ihm gleich keinerlei Verschulden zur Last gelegt werden konnte, so

hielt man ihn doch für wenig verläßlich, seines eigenen Vortheils eingedenk, und eben deßhalb es mit demjenigen haltend, der die Macht in Händen hatte und von dem sich irgend ein Gewinn, welcher Art derselbe auch
sein mochte, versprechen ließ.

Eine vielleicht weniger einnehmende Persönlichkeit als Sinzendorff,
aber sonst in jeder Beziehung weit über demselben stehend, war Graf Johann Wenzel Wratislaw. Nach seiner Rückkehr aus Baiern war er zum
Oberstlandrichter, bei der Einrichtung der böhmischen Hofkanzlei aber zum
Kanzler des Königreichs Böhmen ernannt worden. Als solcher erhielt er
bald einen Einfluß, welcher den seines unmittelbaren Vorgesetzten, des
obersten Kanzlers Grafen Norbert Octavian Kinsky ganz in Schatten
stellte. Kinsky, ein Bruder des verstorbenen Ministers, betagten Alters,
aber noch voll Feuer und Kraft, suchte umsonst durch unumwundene Rede
und leidenschaftliche Protestationen dagegen anzukämpfen *). Er beunruhigte nur sich und Andere fruchtlos, der von Tag zu Tage zunehmenden
Hinneigung des Kaisers zu Wratislaw vermochte er keine andere Richtung
zu geben.

Obwohl gleich Sinzendorff noch jung, erst wenig über die dreißig,
war Wratislaw doch von einer körperlichen Hinfälligkeit, welche eine nur
kurze Lebensdauer für ihn befürchten ließ. Er litt an einer Art Fettsucht
und wurde von gichtischen und podagrischen Leiden arg geplagt. Aber so
schwerfällig sein Körper, so lebhaft und gewandt war sein Geist. „Er ist
„schnell im Begreifen," sagt von ihm der venetianische Botschafter Dolfin,
„weiß reiflich zu überlegen und ist thatkräftig im Ausführen." Da er sich
durch längere Zeit als kaiserlicher Gesandter am englischen Hofe befunden
hatte, da er oft im Haag gewesen war und mit allen einflußreichen Personen, welche an der Regierung dieser beiden Länder theilnahmen, in Verbindung stand, so waren die diplomatischen Geschäfte mit denselben in seine
Hand gelegt worden. Dieser Theil der auswärtigen Angelegenheiten um-
faßte aber damals nahezu Alles, was von Wichtigkeit war. Insbesondere
griff seine Wirksamkeit oft und vielmals in die Kriegssachen über. Denn
in ihnen beruhte ja für den Augenblick die hauptsächlichste Verbindung des
Kaisers mit den Seemächten. Es lag in der Natur der Sache, daß diese
amtliche Stellung Wratislaws ihn in vielfache und nächste Berührung
mit dem Präsidenten des Hofkriegsrathes bringen mußte. Es knüpfte sich

bald ein enges Verhältniß zwischen Eugen und Wratislaw an. Der letztere
leistete dem Prinzen, insbesondere bei der Person des Kaisers, die wesent=
lichsten Dienste. Denn Wratislaws Einfluß auf seinen kaiserlichen Herrn
war in steter Steigerung begriffen. Wie einst Strattmann den Kaiser Leo=
pold, so wußte Wratislaw dessen Sohn und Nachfolger bei seinen Eigen=
thümlichkeiten zu fassen, und ihm die Geschäfte, die er sonst nicht liebte,
angenehm erscheinen zu machen. Er selbst gestand, daß er immer in leichtem
scherzhaftem Tone von den ernstesten Angelegenheiten zu reden beginne,
und daß er niemals eine Regierungssache zur Sprache bringe, wenn ihm
hiezu nicht ein bestimmter und zu ihrer erschöpfenden Entwicklung ausrei=
chender Zeitraum zugestanden worden sei [10]).

Durch dieses Benehmen, mehr aber noch durch die Ueberzeugung,
welche er von seiner umfassenden Befähigung, wie von seinem uneigennützi=
gen Diensteifer dem Kaiser beizubringen wußte, hatte sich Wratislaw Jo=
sephs unbeschränktes Zutrauen erworben. Wenn er gleich nicht an allen
Conferenzen Theil nahm, so glaubte man doch, daß der Kaiser in allen wich=
tigen Angelegenheiten sein Gutachten höre, bevor er einen Entschluß fasse.
Kaum meldete er sich zur Audienz, so öffneten sich ihm schon die Thüren.
Bei jedem Anlasse gab Joseph seine Neigung für Wratislaw kund. Es
begreift sich leicht, daß hieburch die Eifersucht der Einen, welche, wie Fürst
Salm, ihre eigene Macht durch den neu emporkommenden Günstling beein=
trächtigt zu sehen fürchteten, und die Beflissenheit der Andern geweckt
wurde, einem Staatsmanne, der in so bevorzugter Stellung sich befand und
dem man eine noch hervorragendere leicht vorhersagen konnte, ihre Hul=
bigungen darzubringen. Auch die fremden Minister trachteten ihn mit Allem,
was ihnen zu Gebote stand, zu gewinnen. Jede Art der Bestechung aber,
sei es durch Schmeichelei oder äußeren Vortheil, scheiterte an Wratislaws
starrer Redlichkeit. Seine Geradheit verschmähte die Winkelzüge einer
ränkesüchtigen Politik. Unumwunden gab er seine Eindrücke kund, rückhalts=
los sprach er sich über jeden Gegenstand aus, der ihm vorgelegt wurde, und
niemals war er zu bewegen, in irgend einer Sache nur ein Haar breit von
demjenigen abzuweichen, was seiner Ansicht nach durch das Interesse des
Kaiserhauses gefordert wurde.

Es war eine Eigenthümlichkeit in der Stellung Wratislaws, daß er,
der sich bei Kaiser Joseph in so hoher Gunst befand, einer gleichen sich

auch bei dem jüngeren Bruder Karl erfreute. Bei dem vielfachen Gegensatze in den Interessen der beiden Brüder wäre das Gegentheil weit begreiflicher gewesen. Wenn sie auch im Ganzen und Großen denselben Zweck, die Wiedergewinnung der spanischen Monarchie für ihr Haus verfolgten, so war doch, was die Ausführung betraf, der Vortheil des Königs Karl nicht immer auch der des Kaisers. Im Interesse des Ersteren lag es, den Krieg mit äußerster Kraftanstrengung zu führen und ihm wäre es nach der damaligen Lage der Verhältnisse sogar nicht unwillkommen gewesen, zur Eroberung Spaniens die deutschen Erbländer nöthigenfalls zu entkräften. Das widersprach aber durchaus dem Interesse des Kaisers. Es konnte daher nicht anders sein, als daß zwischen dem Wiener Hofe und dem zu Barcelona, wo Karl nach der glücklich vollbrachten Landung in Spanien seine Hofstatt aufgeschlagen hatte, fortwährend kleine Reibungen stattfanden.

Niemand war zur Beschwichtigung derselben eine geeignetere Persönlichkeit als Wratislaw. Joseph und Karl waren in gleicher Weise von seiner Vortrefflichkeit überzeugt. Beide kannten keine geschickteren Hände zur Besorgung ihrer Angelegenheiten als die seinigen. Wratislaw aber, tief davon durchdrungen, daß nur die Einigkeit der beiden Brüder der Sache ihres Hauses zum Siege verhelfen könne, that zu deren Aufrechthaltung was er nur vermochte. Sein noch vorhandener Briefwechsel mit dem Könige Karl gibt davon das sprechendste Zeugniß [11]).

Zu dem Fürsten von Salm, dem Freiherrn von Seilern, den Grafen Sinzendorff und Wratislaw als den einflußreichsten Persönlichkeiten im Rathe des Kaisers, gesellten sich noch Graf Leopold Trautson, welcher an Mannsfelds Stelle Oberstkämmerer, und Graf Friedrich Karl Schönborn, der statt Kaunitz Reichsvicekanzler geworden war, endlich der Hofkammerpräsident Graf Gundacker Thomas Starhemberg.

Trautson gehörte zu den bevorzugtesten Jugendfreunden des Kaisers Joseph, in dessen Umgebung er sich von jeher befunden hatte. Durch eine gewisse emsige Aufmerksamkeit auf die Wünsche des Kaisers hatte er sich dessen Wohlwollen erworben. Er war ein ernster, gewissenhafter und rechtliebender Mann, voll Religiosität. Wie seine persönliche Gemüthsart eine friedliche, jedem Streite abgeneigte war, so übertrug er diese Gesinnung auch auf seine politische Anschauungsweise. Stets sprach er den milderen, den verföhnlichen Maßregeln das Wort, im Kleinen wie im großen fand gütliche Beilegung eines Streites an ihm immer einen eifrigen Anwalt.

Lebendigeren, aber auch unruhigeren Geistes als Trautson war Schönborn, ein noch ganz junger Mann, welcher der nahen Verwandtschaft und der Gunst seines Oheims, des Kurfürsten Lothar Franz von Mainz, seine Erhebung zu der wichtigen Stelle verdankte, die er seit kurzem bekleidete. Schönborn war ein vielseitig begabter Mann, welcher später eine bedeutende politische Rolle spielte, damals aber, als ein Neuling in seinem Amte und ein Fremder am kaiserlichen Hofe, noch weniger in den Vordergrund getreten war.

Größer als der Einfluß Schönborns war derjenige Starhembergs, welcher den wichtigen aber dornenreichen Posten eines Chefs der obersten Finanzbehörde bekleidete. Gleich Sinzendorff und Wratislaw war er noch jung, aber ein stiller, schweigsamer Mann von feinem Verstande. Mit Thätigkeit und Talent wußte er dem Geschäftskreise vorzustehen, welcher seiner Leitung zugewiesen war. Es gehörte eine Individualität wie diejenige [12]) Starhembergs dazu, um an der Spitze einer Behörde auszuharren, welche aus Ursachen, die außer ihr lagen, den an sie gestellten Anforderungen in keiner Weise zu genügen vermochte. Nur dadurch, daß es Niemanden im Entferntesten beifiel, an Starhembergs Rechtlichkeit den mindesten Zweifel zu hegen, nur dadurch, daß Jedermann sah, wie er Alles that, was immer möglich war, den Pflichten seines schweren Amtes nachzukommen, nur dadurch gelang es ihm in einer Zeit, in welcher Jeder über den trostlosen Zustand der Finanzen schmähte und Jeder noch zu dessen Verschlimmerung beitrug, wenigstens sich selbst von persönlichem Vorwurfe völlig frei zu erhalten. In einem Geschäftskreise, in welchem man mehr als in irgend einem andern mit den Vorstehern zu wechseln liebt, weil man von jedem Nachfolger das Heil und eine gründliche Besserung jenes betrübenden Zustandes erwartet, an dem man oft selbst nicht ganz ohne Schuld ist, in einem solchen Geschäftskreise wußte sich Starhemberg fortwährend auf seinem Posten zu erhalten. Wenn er auch später zu höherem Titel und Range emporstieg, so blieb er doch, so lange er lebte, factisch an der Spitze des österreichischen Finanzwesens.

Dieß sind die Namen derjenigen Männer, aus welchen Eugen, als er aus dem italienischen Feldlager nach Wien kam, den Rath des Kaisers gebildet fand. Mit einziger Ausnahme Starhembergs waren sie Alle erst durch Kaiser Joseph in ihre gegenwärtigen Stellen eingesetzt worden. Obgleich Eugen sie längst persönlich kannte, so waren sie ihm doch in den Posten neu, die sie jetzt bekleideten. Er mußte es wohl, daß er nicht auf Jeden unter ihnen zu zählen haben werde, obgleich die Sache, die er vertrat, keine andere als die des Kaiserhauses selbst war. Insbesondere war es der erste und mächtigste unter den Ministern, der Fürst von Salm, von welchem Eugen in jeder Beziehung mehr Widerstand als Unterstützung zu gewärtigen hatte.

Fürst Salm war ohne allen Zweifel ein Mann von bedeutenden geistigen Fähigkeiten, voll lebhafter Ergebenheit für seinen kaiserlichen Herrn, und erfüllt von einem Eifer für den Glanz und die Größe des deutschen Reiches, wie er leider schon damals viel zu selten vorkam und nach und nach völlig erstarb. Es war überhaupt ein sonderbares Zusammentreffen, daß Salm, obgleich deutscher Reichsfürst mit Sitz und Stimme auf den Reichstagen, dennoch ein Fremder, ein Flamänder, der, wie es scheint, der deutschen Sprache gar nicht oder nur unvollkommen mächtig war, am kaiserlichen Hofe sich zum Mittelpunkte einer einheimischen, einer deutschen Partei machte, welche alles Fremde mit rastlosem Eifer verfolgte. So glücklich der Grundgedanke an und für sich auch war, welchem diese Partei huldigte, und so thöricht es erscheinen mochte, wenn in Deutschland überhaupt und in Oesterreich insbesondere jeder Ausländer, sei er Italiener oder Franzose, einzig und allein deßhalb sein Glück machte, weil er ein Fremder war, so verkehrt schien doch eine Befolgung dieser Maxime gegen Männer, welche bereits eine feste Stellung im Heere oder in der Staats- verwaltung einnahmen, welche dieselbe als Lohn für geleistete Dienste erhalten hatten und die darin Erfprießliches, oft Ausgezeichnetes leisteten. Bei Niemand war dieß in höherem Maße als bei Eugen der Fall. Aber ein so heftiges, ungezähmtes Gemüth, wie dasjenige Salms, verstand es auch nicht dort eine Ausnahme zu machen, wo sie durch die wichtigsten Rücksichten gefordert wurde. Er haßte, er verfolgte die Fremden aus Grundsatz, so mußte er sie denn auch alle, ohne eine einzige Ausnahme, hassen und verfolgen. So trat er gegen Eugen gleichfalls als Widersacher auf. Aber der Prinz scheute keinen Gegner. Er war sich wohl bewußt, daß er nicht seinen eigenen Vortheil, sondern nur die Sache seines Herrn und Kaisers verfechte, und dieß that er denn auch Jedem gegenüber, furchtlos und ohne Scheu.

Es konnte dieß von Seite des Prinzen mit um so größerem Erfolge geschehen, als er durchaus nicht allein stand. Eine mächtige Partei bekannte sich zu seiner Fahne, an ihrer Spitze Wratislaw als unerschrockener kampfesmuthiger Vorfechter. Auch Trautson hielt fest zu Eugen, wenn gleich seinem Wesen nach jedes entschiedene Auftreten gern vermeidend. Aber der mächtigste Beschützer des Prinzen war der Kaiser selbst. Eine lebhafte Sympathie zog den jungen Monarchen zu seinem ruhmreichen Feldherrn, während er für Salm, so sehr er auch unter dessen Einflusse stand, doch durchaus keine Neigung mehr fühlte.

Dieß war der Stand der Sachen zu Wien, als Eugen daselbst eintraf, vor allem die Noth des Heeres in Italien vorzustellen, zugleich aber auch über die Fortführung des Kampfes auf den übrigen Kriegsschauplätzen zu berathen.

Die Leitung der militärischen Operationen in Deutschland hatte während des Feldzuges des Jahres 1705 in den Händen des Markgrafen Ludwig von Baden gelegen. Sie verblieb ihm auch für die bevorstehende Campagne. Der selbstständige, ja starrsinnige Charakter des Markgrafen, seine militärische Stellung, eine höhere als diejenige war, welche Eugen einnahm, konnten dem Prinzen in Bezug auf die Kriegsunternehmungen in Deutschland keine maßgebende, nur eine berathende Stimme einräumen.

Das Gegentheil davon war hinsichtlich der Operationen in Ungarn und Siebenbürgen der Fall. Hier war Eugens Einfluß, insbesondere nach Kaiser Leopolds Tode, ein bestimmender, und sein Rath wurde von dem neuen Kaiser genau befolgt. Gleich die erste Maßregel Josephs gibt davon Zeugniß. Am 5. Mai war Kaiser Leopold gestorben, und schon am 13. Mai konnte der Feldmarschall Graf Herbeville dem Prinzen Eugen anzeigen, daß ihm das Obercommando in Ungarn übertragen, Heister aber zur Armee des Markgrafen Ludwig beordert worden sei [13]).

Eugen begrüßte diesen Schritt, auf welchen er schon lange angelegentlich gedrungen hatte, mit wahrer Genugthuung [14]). Seiner Ansicht nach besaß zwar der Kaiser eigentlich nur zwei unter seinen Feldmarschällen, welchen er das schwierige Commando in Ungarn mit völliger Beruhigung

hätte anvertrauen können. Diese waren Rabutin und Guido Starhem=
berg. Bei dem Ersteren fürchtete man jedoch seine zerrüttete Gesundheit,
bei Beiden, daß sie von den Posten, die sie damals bekleideten, Rabutin
in Siebenbürgen und Starhemberg in Piemont, ohne höchste Gefahr nicht
abgerufen werden könnten [15]).

Unter diesen Umständen hatte selbst Eugen schon früher auf Herbe=
ville als denjenigen hingewiesen, welcher Heister noch am passendsten
ersetzen könnte. Herbeville war ein alter Reitergeneral, der viele Dienst=
jahre zählte, zahlreiche Feldzüge mitgemacht hatte und deßhalb nicht
geringe Erfahrung besaß. Seine sonstige militärische Befähigung war
aber wenig erheblich. Außerdem klebten ihm Mängel an, über welche
man bei großen Talenten hinwegzusehen pflegt, die aber bei geringer
Begabung sehr empfindlich in die Wagschale fallen. Er war gar keiner
anderen als der französischen Sprache mächtig [16]), der Rede und Schrift
aber in gleichem Maße ungewohnt [17]). Niemand erkannte besser als
Eugen all dasjenige, was an Herbeville auszusetzen war, und er erklärte
dieß unverholen dem Kaiser. Aber Herbeville sei wenigstens ein Mann,
schrieb der Prinz, der fremden Rath annehme und demjenigen Folge
leiste, was ihm befohlen wird. Um möglichst das zu ersetzen, was dem
Oberfeldherrn abging, schlug Eugen vor, demselben einige besonders taug=
liche Untergenerale beizugeben, als welche der Prinz die Grafen Schlik
und Johann Pálffy bezeichnete.

Vor allem aber sei es nöthig, erklärte Eugen, in Ungarn mit der
größten Entschiedenheit aufzutreten. Man solle entweder mit Ausschluß
der Insurgentenführer, welche den Kaiser nur hinzuhalten suchen,
mit dem Lande allein unterhandeln, oder wenn auch dieß nichts fruchten
sollte, die Langmuth endlich fahren lassen und mit größter Schärfe gegen
die Rebellen vorgehen. Frankreich selbst gebe durch seine Strenge gegen
die Aufständischen in den Cevennen ein Beispiel, das Nachahmung ver=
diene. Wenn jegliches Mittel der Güte fruchtlos geblieben sei, so müsse
endlich mit Feuer und Schwert gegen treulose und meineidige Unterthanen
verfahren werden, bis sie selbst um Gnade zu bitten gezwungen seien,
ihre Nachkommen aber stets die gemachte Erfahrung im Gedächtnisse
haben und sich die Lust zu ähnlichen Insurrektionen vergehen lassen
mögen. Es sei dieß um so dringender nöthig, als bei längerer Zögerung

die Türkei mit in's Spiel kommen könnte, und es scheinen müßte, als ob man für sich allein nicht den Aufrührern gewachsen und die Rebellion zu dämpfen im Stande wäre [18]).

Dem in Siebenbürgen in höchster Bedrängniß befindlichen Rabutin Hülfe zu bringen, hatte Eugen wiederholt als das dringendste Bedürfniß bezeichnet. Herbeville schickte sich an, diese Absicht in's Werk zu setzen. Nachdem er Leopoldstadt verproviantirt und Rakoczy bei Cziffer eine tüchtige Schlappe angehängt hatte, wandte sich Herbeville gegen Ofen, um von hier durch das Herz von Ungarn nach Siebenbürgen vorzudringen. Mit tausend Mühseligkeiten und Hindernissen hatte Herbeville auf seinem Marsche zu kämpfen. Die Uneinigkeit, die in seinem eigenen Hauptquartiere herrschte, war nicht das geringste Hemmniß. Denn Herbeville selbst stand völlig unter dem Einflusse seines Schwiegersohnes, des Obersten Grafen Draskovich, und dieser war wieder in offener Fehde mit Schlik, welcher als Generalkriegscommissär und vornehmster Rathgeber des Oberfeldherrn das Heer begleitete.

Seiner geistigen Ueberlegenheit über Herbeville sich wohl bewußt, benahm sich Schlik als ob er selbst derjenige sei, welcher allen übrigen zu befehlen habe. Er machte dadurch Herbeville's Eifersucht im höchsten Grade rege. Es war fast ein Wunder, daß unter so mißlichen Umständen die Aufgabe gelang, welche Herbeville gestellt worden war. Bei Sibo, an der Grenze des Fürstenthums Siebenbürgen, dessen Huldigung zu empfangen Rakoczy dorthin gezogen war, schlug ihn Herbeville am 11. November auf's Haupt. Vier Tage darauf zogen die kaiserlichen Truppen in Klausenburg ein. Freiherr Peter Szereby überbrachte die Schlüssel der Stadt und bat für sie um Gnade. Klausenburg und alle haltbaren Plätze des Feindes wurden besetzt, die siebenbürgischen Stände vernichteten Rakoczy's Wahl und erneuerten dem Kaiser den Huldigungseid.

Während diese Erfolge in Siebenbürgen errungen wurden, standen die Dinge in dem Oesterreich näher gelegenen Theile von Ungarn um so schlechter. Die Insurgentenführer drängten den Grafen Johann Pálffy, der zum Schutz der Landesgrenze zurückgeblieben war, über dieselbe, und streiften nach wie vor plündernd und verheerend nach Mähren und Oesterreich. Güns ergab sich an die Rebellen und auch der Zugang nach Steiermark wurde ihnen durch eine Schlappe eröffnet, welche die Truppenabtheilung des kaiserlichen Obersten Grafen Kaspar Esterházy während der Zeit erlitt, als ihr Führer sich zu einer Comitatscongregation begeben hatte [19]).

Auch der Weg der Unterhandlungen ward, jedoch gleichfalls nicht mit größerem Glücke als früher betreten. Kaiserlicher Seits war Graf Wratislaw, von derjenigen der Insurgenten aber Bercseny die Seele derselben. Der Name des letzteren genügte, um jeden Einsichtsvollen zu überzeugen, daß es den Rebellen nicht Ernst sei mit der so oft betheuerten Sehnsucht nach dem Frieden. Bercseny war der grimmigste Feind des Herrscherhauses, und zugleich wußte er seine Aufstandsgenossen völlig nach seinem Willen zu lenken. Einen „neuen ungarischen Cromwell," nennt ihn der Hofkriegsrath von Tiell, „dessen Hoffahrt unerträglich sei und dessen „Grundsätze mit denjenigen, auf welche das Wohl des Landes sich stütze, „durchaus nicht übereinstimmen" [20]).

Es war durchaus nicht blinde Kampflust, welche den Prinzen zu der Meinung bestimmte, daß nicht durch Unterhandlungen, sondern nur durch die Gewalt der Waffen den Unruhen in Ungarn ein Ende zu machen sei. Er selbst hätte auch eine friedliche Ausgleichung mit Freude begrüßt, denn er wußte wohl, daß Frankreich mit Zittern einer Beilegung der ungarischen Wirren entgegensah, und dieselbe von Vendome als das größte Unglück bezeichnet wurde, welches bei der damaligen Lage der Dinge der französischen Sache widerfahren könnte [21]). Deßhalb hatte Eugen es zwar gern gesehen, daß Wratislaw zu den Verhandlungen berufen wurde; dennoch versprach er sich niemals ein günstiges Resultat von denselben. Er hielt sie nur dazu für zweckmäßig, um den Seemächten zu zeigen, daß nicht der Kaiserhof, sondern die Insurrection es sei, welche die Fortsetzung des Krieges wolle und an allem Uebel die Schuld trage [22]).

Die Friedensunterhandlungen mit den Insurgenten führten, wie Eugen vorhergesagt hatte, nach den mannigfachsten Phasen die sie durchzumachen hatten, zu nichts als zu einem Waffenstillstande. Um so eifriger ließ sich der Prinz die Vorbereitungen zur Fortsetzung des Kampfes angelegen sein, und es war ihm eine Beruhigung, daß seinem Antrage gemäß das Obercommando in Ungarn endlich definitiv in Guido Starhembergs Hände gelegt wurde.

So lebhaft die Aufmerksamkeit auch war, welche der Prinz den ungarischen Angelegenheiten widmete, so war sein Eifer für diejenigen Italiens wo möglich noch größer. Eine Verstärkung der dortigen Streitkräfte, eine bessere Vorsorge für die Ausrüstung und die Bedürfnisse der Truppen schien ihm unerläßlich, und er hatte es schon im Laufe des verflossenen Jahres zu wiederholten Malen ausgesprochen, daß er nicht wieder zu bewegen sein werde, unter gleich mißlichen Umständen das Commando zu übernehmen.

Diese zu verbessern, fand Eugen an Marlborough eine kraftvolle Mitwirkung. Der Herzog war im Spätherbste des Jahres 1705 zu Wien gewesen, um über die Art der Fortsetzung des Krieges auf den verschiedenen Kampfplätzen zu berathen. Hier hatte sich Marlborough mit eigenen Augen von der Bedrängniß des Kaiserhofes und von der Nothwendigkeit überzeugt [23]), daß die äußerste Anstrengung gemacht werden müsse, um der gänzlichen Entblößung des Staatsschatzes von baren Mitteln wenigstens einiger Maßen abzuhelfen. Von Wien aus war Marlborough nach Berlin gegangen und hatte den König von Preußen bewogen, seine Truppen in Italien zu belassen und sie auf die vertragsmäßige Zahl von achttausend Mann zu vervollständigen. Endlich erwirkte er bei der englischen Regierung eine Vermehrung ihrer dortigen Soldtruppen, und verlangte deren neue von dem Kurfürsten von der Pfalz und dem Herzoge von Sachsen - Gotha.

So gern Eugen schon nach seinem ursprünglichen Plane in den ersten Tagen des Monats März zu seinem Heer zurückgekehrt wäre, so mußte er doch noch wider seinen Willen in Wien verweilen, um die Mobilmachung der nach Italien bestimmten Streitkräfte und die Auszahlung der dorthin gewidmeten Summen zu bewirken. Auch die Seemächte theilten des Prinzen Ungeduld, und die holländischen Gesandten Graf Rechteren und Hamel-Bruyninx wiesen in einer eigenen Vorstellung dem Kaiser nach, daß Frankreich in Italien seine Hauptmacht sammle. Es sei daher, so erklärten sie, die höchste Zeit, daß sowohl die Truppenverstärkung als auch der Prinz selbst nach Italien abgesendet werde, um mit allen Mitteln zur Fortsetzung des Krieges versehen, unverzüglich an dessen Wiederaufnahme zu schreiten [24]).

Zweimalhundertfünfzigtausend Pfund Sterling betrug die Summe des Anlehens, welches Marlborough zunächst für die Fortführung des Krieges in Italien durch rastlose Bemühungen in England aufgebracht und in Wechseln auf Venedig an den Prinzen Eugen übermacht hatte [25]). So beträchtlich diese Summe auch war, so mußte doch leider der größte Theil zur Tilgung früherer Verpflichtungen verwendet werden und nur wenig blieb für Bestreitung der Kriegsbedürfnisse im bevorstehenden Feldzuge.

Auch außerdem hatten die Verhältnisse in Italien eine für den Kaiserhof sehr ungünstige Gestalt angenommen. Was vorerst den Feind betraf, so war König Ludwig XIV., eingedenk der Einfälle, welche Herzog Victor und Eugen in dem vorigen Kriege nach seinem Lande unternommen hatten, noch jetzt der Ansicht, daß von Italien aus, so vortheilhaft auch die Dinge daselbst für ihn standen, dennoch das französische Gebiet am meisten einer Bedrohung ausgesetzt sei. Aus diesem Grunde hatte er seine dortige Armee nicht allein stets vollzählig erhalten, sondern sie immer noch vermehrt. Die Bekämpfung eines so starken, ungemein wohlgerüsteten Feindes war daher für die zusammengeschmolzenen, den härtesten Entbehrungen preisgegebenen Truppen des Kaisers und des Herzogs von Savoyen äußerst schwierig.

Hiezu kam noch die üble Stimmung eines Theiles der italienischen Regierungen. Die Republik Venedig drohte, sich gegen die Verbündeten zu erklären, wenn diese ihr Gebiet nicht räumen würden. Die kleineren italienischen Fürsten stimmten dieser Erklärung bei und machten Miene, eine Vereinigung wider die Alliirten zu schließen. Das Volk selbst, obwohl im Allgemeinen den Deutschen weit mehr geneigt als den Franzosen, war der Leiden des Krieges müde und nahm eine drohende Haltung an.

So vielen Hemmnissen zu begegnen, wäre nur durch das entschiedenste Auftreten möglich gewesen. Ein solches wurde von Eugen dringend bevorwortet. Seiner Ansicht nach sollten außer den Streitkräften in Piemont zwei verschiedene Armeecorps in der Lombardie unterhalten werden. Mit dem einen derselben wäre die dortige feindliche Streitmacht zu bekämpfen, mit dem andern dem Herzoge von Savoyen Hülfe zu bringen und die Verbindung mit demselben herzustellen. Die Vereinigung mit Victor Amadeus würde der Uebermacht der französischen Waffen in Italien ein Ende bereiten, denn die letzteren müßten die Vortheile der Verbindung mit dem von ihnen besetzten Unteritalien einbüßen. Hiezu sei jedoch die Mitwirkung der Seemächte dringend nothwendig. Das Erscheinen einer Flotte an den italienischen Küsten würde Nizza befreien, Neapel bedrohen,

Genua und Florenz zu Kriegsbeiträgen zwingen. Nur auf solche Weise könne der Krieg in Italien rasch und mit Erfolg geführt werden. Wolle man auf diese Vorschläge nicht eingehen, so müßte Eugen dem Kaiser rathen, seine Truppen, bevor sie völlig zu Grunde gerichtet wären, gänzlich aus Italien zurückzuziehen, und dem Herzoge von Savoyen wäre es zu überlassen, sich so gut als möglich mit dem Feinde zu vergleichen. Eugen selbst aber würde durch nichts in der Welt bewogen werden können, noch einen Feldzug mitzumachen, in welchem es wie in dem vergangenen an jedem Erfordernisse gebräche [26]).

Die Drohung Italien aufzugeben und den Herzog von Savoyen seinem Schicksale zu überlassen, war wohl nicht so ganz ernstlich gemeint, sondern mehr ein Mittel um die Seemächte zu größeren Opfern für die allgemeine Sache zu vermögen. Und obgleich diese Opfer hinter den Anträgen Eugens weit zurückblieben, obgleich keine Flotte an den Küsten Italiens erschien, obgleich der Zustand des kaiserlichen Heeres noch immer ein höchst unbefriedigender genannt werden mußte, so zögerte Eugen doch keinen Augenblick, dem Wunsche des Kaisers zu folgen, und, wenn gleich unter den ungünstigsten Umständen, doch den Oberbefehl in der Lombardie neuerdings zu übernehmen.

Am 7. April reiste Eugen von Wien ab, und begab sich über Innsbruck nach Roveredo, wo er für einige Tage Halt machte, um die Herbeiziehung der Verstärkungen zu beschleunigen und viele Anordnungen zu treffen, welche im Interesse des Heeres nothwendig waren. Hätte er geahnt, wie verhängnißvoll demselben diese Zögerung werden sollte, so würde wohl nichts ihn abgehalten haben, sich unverzüglich zu seinen Truppen zu begeben.

Zur Wiederaufnahme des Kampfes in Italien waren von dem Könige von Frankreich die großartigsten Vorbereitungen getroffen worden. Die beiden Heere, die er daselbst aufgestellt hatte, wurden von den Herzogen von Vendome und la Feuillade befehligt. Dem ersteren war die Aufgabe gestellt, die kaiserlichen Truppen völlig vom lombardischen Boden zu vertreiben und sie nach Tirol zurückzuwerfen, dem letzteren aber, Turin zu erobern und damit dem Kriege in Piemont ein Ende zu machen. In dieser Weise hoffte man die Deutschen gänzlich aus Italien zu verdrängen und den Besitz der dortigen spanischen Gebietstheile dem Könige Philipp zu sichern,

Mit der den Franzosen eigenen Großsprecherei hatten beide Feldherrn dem Könige die Erfüllung ihrer Aufgabe auf's bestimmteste zugesagt.
Keiner zweifelte im mindesten an der Lösung derselben. Seine Absicht
mit einem Schlage und noch vor der Rückkehr des gefürchteten Gegners
zu erreichen, hatte Vendome den Plan entworfen, das kaiserliche Heer in
seinen Quartieren zu überfallen und aufzureiben. Zu Versailles, wohin
er sich, wie Eugen nach Wien, im Winter begeben hatte, legte Vendome
dem Könige seine Plane dar und erhielt deren völlige Billigung. Ludwig
XIV. war so voll des festen Vertrauens auf Vendome, daß er demselben,
ein Merkmal höchster Auszeichnung, die Ermächtigung ertheilte, auch die
französischen Marschälle zu befehligen, welche sich in einem und demselben
Heere mit ihm befinden könnten [27]).

Die ersten Schritte Vendome's nach seiner Rückkehr nach Italien
schienen in der That das Vertrauen des Königs zu rechtfertigen. Am 6.
April zu Mantua angelangt, erfuhr er, daß Graf Reventlau, vor kurzem
zum Feldzeugmeister ernannt, bis jetzt erst den geringsten Theil der Verstärkungen erhalten habe, welche aus Deutschland nach Italien bestimmt
waren. Die Stellungen, welche Reventlau im Gebiete von Brescia, um
Montechiaro und Gavardo, dann am Gardasee und die Etsch entlang
einnahm, waren von Eugen angegeben, also konnte über deren günstige
Wahl kein Zweifel sein. Dennoch beschloß Vendome seine große Uebermacht zu benützen und den Hauptstreich auszuführen, den er dem Könige
in Aussicht gestellt hatte.

Das Gelingen zu sichern, bedurfte es List und Verschlagenheit in der
Entwerfung und Vorbereitung, energische Kühnheit in der Durchführung
des Planes. Vendome zeigte neuerdings, daß ihm diese Eigenschaften nicht
fremd waren. Seit langer Zeit schon hatte Generallieutenant Medavi,
in's Vertrauen gezogen, nach und nach die Magazine gefüllt und die besten
Truppen in diejenigen Posten verlegt, welche dem Feinde am nächsten
waren. Als Vendome selbst beim Heere eingetroffen war, soll er sich unzufrieden mit den dortigen Anstalten und krank gestellt haben. Auch ließ
er sich verlauten, daß bis zur Hälfte des Monates Mai an keine militärische Unternehmung zu denken sei.

In dieser Weise suchte er seinen Gegner sorglos zu machen und dessen
Wachsamkeit einzuschläfern. Plötzlich aber, in der Nacht vom 18. auf den

19. April, setzte er von Castiglione aus seine Armee in Marsch. Mit Anbruch des Tages erreichte und überschritt er den Naviglio, welcher von Caneto nach Montechiaro führt. Hier nahmen die Leute Vendome's einen kaiserlichen Dragoner gefangen, welcher den französischen Feldherrn versicherte, Reventlau stehe noch immer in seinem befestigten Lager, die rechte an Montechiaro, die linke an Calcinato gelehnt, und ahne nichts von dem Marsche der Franzosen [28]).

Diese letztere Angabe, welche auch in alle Darstellungen der damaligen Kriegsereignisse übergegangen ist, muß nichtsdestoweniger als irrig bezeichnet werden. Die Gegner Vendome's waren durch dessen Benehmen nicht einen Augenblick getäuscht worden. Denn die Hauptbedingung zur Durchführung einer Kriegslist, die Bewahrung des Geheimnisses, fehlte bei den Franzosen gänzlich. Schon seit mehreren Wochen wußte man im kaiserlichen Lager, daß der Herzog noch vor Eugens Rückkunft einen Ueberfall versuchen werde [29]). Der 16. April war als der zum Angriffe auf Calcinato und Montechiaro bestimmte Tag bezeichnet worden [30]). Reventlau untersuchte noch einmal in Begleitung der Generale Visconti und Falkenstein alle seine Posten, ordnete seine Vertheidigungsanstalten, und fand insbesondere das Lager selbst im besten Zustande.

Wenn Graf Reventlau noch den mindesten Zweifel an der Absicht Vendome's, ihn anzugreifen, gehabt hätte, so würde derselbe durch die Herüberkunft des Grafen Platz, Hauptmanns im Regimente Daun, vollends gehoben worden sein. Graf Platz, durch Auswechslung aus der Gefangenschaft befreit, hatte am 16. Mantua verlassen. Dort kannte man allgemein die bevorstehende Bewegung Vendome's, und die französischen Offiziere, unfähig eine Prahlerei zu unterdrücken, sagten ihm für den folgenden Tag ihren Besuch im kaiserlichen Lager zu [31]).

Unter solchen Umständen konnte wohl nicht davon die Rede sein, daß der kaiserliche Oberbefehlshaber von der Vorbereitung zu einem Ueberfalle keine Ahnung gehabt habe. Um so unbegreiflicher ist es daher, daß der Anschlag, von dem man schon so lange vorher unterrichtet war, dennoch gelang. Die geringe Sorgfalt des Grafen Reventlau, sein Mangel an Wachsamkeit muß ebenso getadelt werden, als die Kopflosigkeit, mit welcher er im Augenblicke der Gefahr handelte. Der kaiserliche Oberstkriegskommissär Baron Martini hatte wohl recht gesehen, wenn er schon vor mehreren Wochen dem Prinzen schrieb, er möge eilen, zu seinem Heere zu kommen, denn im Falle eines Angriffes sei nicht geringe Verwirrung zu besorgen [32]).

Vendome hatte nicht so bald das kaiserliche Lager recognoscirt, als er auch schon dessen Unangreifbarkeit einsah, so gut war es durch Gräben und Canäle gedeckt. Er faßte den Entschluß, die feindliche Stellung zu umgehen, sie von Gavardo abzuschneiden und dadurch den Gegner zu zwingen, seine Position zu verändern und sich auf einem weniger vortheilhaften Terrain zu schlagen.

Reventlau scheint noch am Morgen des 19. April nichts von Vendome's Annäherung gewußt zu haben. Als er endlich des Feindes ansichtig wurde, da waren die Truppen weder zusammengezogen noch zum Treffen formirt [33]). Gleich von Anfang an herrschte die schädlichste Verwirrung. Der Ueberflügelung durch Vendome zuvorzukommen, besetzte Reventlau mit seiner ganzen Reiterei und einem Theile des Fußvolkes die Höhen von Calcinato, und that damit recht eigentlich das, was Vendome bezweckte. Dem Reste seiner Infanterie aber befahl der Feldzeugmeister, von Montechiaro gleichfalls gegen Calcinato anzurücken.

Vendome beschloß nun, von seiner Uebermacht Gebrauch zu machen und Reventlau anzugreifen, bevor noch derselbe seine letzten Bataillone herangezogen haben würde. Mit überraschender Schnelligkeit ordnete der Herzog seine Streitkräfte zur Schlacht. Voll kühner Entschlossenheit erstiegen die französischen Truppenabtheilungen, ohne einen Schuß zu thun, die Höhen. Reventlau ließ sie bis auf die Entfernung weniger Schritte herankommen, dann gab er ihnen eine volle Ladung. Die Franzosen aber hielten nicht nur das mörderische Feuer, dem sie ausgesetzt waren, unerschüttert aus, sondern sie warfen sich mit Ungestüm auf die Reihen ihrer Gegner. Diese fühlten bald das Schwankende, das in den Anordnungen ihres Führers herrschte. Des Kaisers eigene Truppen hielten sich zwar wacker und bewährten neuerdings den alterworbenen Ruhm. Nachdem aber zuerst die preußischen Bataillone, welche den linken Flügel gebildet, sich zur Flucht gewendet und hiebei sechs Kanonen verloren hatten [34]), war auch die Stellung der Kaiserlichen nicht mehr zu halten. Reventlau ordnete den Rückzug an, der Anfangs in ziemlicher Ordnung bewerkstelligt wurde. Bald aber riß Verwirrung ein, und sie nahm dergestalt überhand, daß Eugen, welcher sich eben von Roveredo aus nach dem Lager zu verfügen Willens war, seine Kriegsvölker in völliger Auflösung antraf.

Hier zeigte es sich wieder was der Anblick und das Beispiel eines geliebten und verehrten Führers auf die Soldaten vermag. Die einzelnen Truppenabtheilungen, obgleich sie gänzlich in Unordnung gerathen waren, auf kein Commando mehr hörten und rastlos dahinstürmten in regelloser Flucht, waren kaum ihres Feldherrn ansichtig geworden, als sie um ihn sich sammelten, neuen Muth faßten und dem Feinde wieder die Stirne boten. Allerdings trug hiezu auch die entschlossene Haltung der beiden Cavallerieregimenter Harrach und Herberstein wesentlich bei. Von den kaiserlichen Grenadieren unterstützt, hatten sie unter ihrem Führer, dem Generalmajor Grafen Joseph Harrach, den Rückzug gedeckt und Vendome an nachdrücklicher Verfolgung gehindert.

Auf den Höhen von Gavardo, dort, wo im Anfange des verflossenen Feldzuges Vendome's Lager gestanden hatte, zog Eugen seine zerstreuten Truppen zusammen. Am Tage nach der Schlacht führte er sie etwas näher gegen den Feind, in ein Lager, das er daselbst hatte abstecken lassen. Er beabsichtigte, sich hier zu halten und die Verstärkungen abzuwarten, die ihm aus Deutschland angekündigt waren. Dem Kaiser aber führte er zu Gemüthe, daß das unglückliche Treffen bei Calcinato nur ein Beweis für die unumgängliche Nothwendigkeit sei, rechtzeitig und nicht immer später als der Feind die Ausrüstung und die Verstärkung des Heeres zu bewerkstelligen, sich nicht stets von demselben überflügeln zu lassen und den Feldzug statt ihn mit Erringung von Vortheilen zu eröffnen, mit schwer zu verwindenden Verlusten beginnen zu müssen. Reventlau's Benehmen endlich erfuhr zwar einen scharfen Tadel von Seite des Prinzen, den Vorschlag aber, eine kriegsgerichtliche Untersuchung vornehmen zu lassen, wies Eugen mit den Worten von der Hand, „daß dieselbe kein anderes „Ergebniß liefern würde, als zu zeigen, daß eben nicht Jedermann verstehe „eine Armee zu commandiren [35].“

Noch an demselben Tage, an welchem Eugen seine Truppen in das neue Lager geführt hatte, näherte sich ihm Vendome bis auf die Entfernung einer Stunde, ohne jedoch einen Angriff zu versuchen. Er dachte dasselbe Ziel, das er verfolgte, und welches in der Vertreibung des kaiserlichen

Heeres vom italienischen Boden bestand, in leichterer Weise und mit geringerem Blutvergießen zu erreichen.

Vendome war es kein Geheimniß, daß Eugen seine Verbindung mit Tirol hauptsächlich mittelst des Gardasee's aufrecht erhielt, über welchen ihm die Lebensmittel zugeführt wurden. Der Herzog beschloß daher, diese Communication gänzlich zu unterbrechen und dadurch seinen Gegner zur Rückkehr in die tirolischen Berge zu zwingen. Eugen sah ein, daß bei der mehr als doppelten Stärke seines Gegners für jetzt nichts besseres zu thun sei, als scheinbar wenigstens dem Drängen des Feindes nachzugeben und das Gebiet von Brescia zu verlassen. Er zog seine Streitkräfte bis auf Riva zurück, nicht aber um dort zu bleiben, sondern um in dem Gebiete von Verona den italienischen Boden neuerdings zu betreten und sich mit der dort befindlichen Truppenabtheilung des Obersten Battée zu vereinigen [36]). Hier wollte er alles, was er von Soldaten verfügbar machen konnte, zusammenziehen, seine Verstärkungen erwarten und die Kriegsoperationen von neuem beginnen.

Kaum war dieser Beschluß gefaßt, als Eugen auch schon an dessen Ausführung schritt. Die Reiterei ging zu Lande zunächst nach Lobrone, das Fußvolk sammt Geschütz und Gepäck über den See nach Riva. Die erbitterten Angriffe, welche Eugens Nachhut von den Franzosen zu erdulden hatte, wurden von dem braven Generalmajor von Zumjungen mit Entschlossenheit abgewiesen. Die Verluste, welche die Feinde dabei erlitten, trugen nicht wenig dazu bei, den Muth der deutschen Kriegsvölker wieder aufzurichten und ihr Vertrauen auf ihren fürstlichen Führer, wenn es dessen noch bedurft hätte, wieder neu zu beleben [37]).

Nachdem Eugen den Rückzug seines Heeres gesichert hatte, eilte er demselben in das Thal der Etsch voraus, um ihm dort eine vortheilhafte Stellung zur Erwartung der Verstärkungen so wie zum Wiedereintritte nach Italien zu gewinnen. Zu Ala schlug der Prinz sein Hauptquartier auf. General Graf Harrach, welcher mit seiner Brigade zuerst über den Gardasee gekommen war, erhielt den Befehl, ohne allen Zeitverlust die Höhen des Montebaldo zu besetzen und sich auf demselben zu befestigen. Harrach vollführte seinen Auftrag zu Eugens vollster Zufriedenheit. Die Feinde, welche ihn mit überlegener Macht daran zu hindern suchten, wies er mit blutigen Köpfen zurück [38]).

Vendome's Hauptaugenmerk war darauf gerichtet, dem Prinzen den Rückweg nach Italien zu versperren. Truppen hatte er genug zur Verfügung, und so zweifelte er nicht daran, daß Eugen, die ihm gegenüber stehenden Hindernisse als unübersteiglich anerkennend, den Gedanken der Fortsetzung des Krieges in Italien, auf welchem man in Wien mit solcher Festigkeit bestanden hatte, aufgeben, den Herzog von Savoyen seinem Schicksale überlassen, sich auf die Vertheidigung von Tirol beschränken und die entbehrlichen Truppen nach dem Kriegsschauplatze am Rheine absenden werde [39]). Auch zu Versailles war man derselben Ansicht, und zeigte dadurch nur, wie wenig man noch immer den Charakter Eugens kannte, wie wenig man wußte, daß der wahre Muth sich nie glänzender als im Mißgeschick entfalte, und daß eben dieser Muth des Ertragens, dieses ausdauernde Beharren auf einem Plane, dessen Durchführung er als nothwendig erkannt hatte, zu Eugens schönsten Eigenschaften gehörte.

Wäre aber auch der Prinz im Angesichte der ungeheuren Schwierigkeiten, die ihm gegenüberstanden, an der Lösung seiner Aufgabe verzweifelt, so war er durch das persönliche Wort seines Kaisers zur Ausdauer verpflichtet. Er solle lieber den letzten Mann seiner Armee daran wagen, hatte Joseph dem Prinzen vor dessen Abreise gesagt, als das Vordringen in Italien und den Entsatz von Turin unversucht zu lassen. Hierauf war denn auch Eugens Absehen unermüdet gerichtet. Während Vendome sich täglich mehr in der Ueberzeugung befestigte, daß von seinem Gegner durchaus nichts mehr zu befürchten und derselbe im Begriffe sei, von dem Kampfe in Italien gänzlich abzustehen, war Eugen rastlos bemüht, sich zur Fortsetzung desselben mehr und mehr in den Stand zu setzen. Der Montebaldo wurde mit noch zahlreicherer Mannschaft versehen, und durch alle die engen Thäler, welche von Tirol nach dem Veronesischen führen und die Eugen noch aus dem Feldzuge des Jahres 1701 so genau kannte, sandte der Prinz seine Truppppen, Reiterei und Fußvolk, an die Eingangspunkte auf veronesisches Gebiet, um an verschiedenen Orten zugleich den Durchbruch versuchen zu können. Aber überall waren sie den ihnen gegenüberstehenden französischen Heeresabtheilungen an Zahl durchaus nicht gewachsen, und dem Prinzen erübrigte daher nichts, als noch fortwährend auf die ihm zugesagten Verstärkungen zu warten, auf deren Eintreffen nicht vor Ende des Monats Mai gehofft werden konnte.

Die Verzögerung ihres Anmarsches fiel hauptsächlich dem Kurfürsten von der Pfalz zur Last. Er verlangte plötzlich, daß seine Truppen, welche die Seemächte in Sold genommen hatten, um sie nach Italien zu senden, an der Grenze von Tirol Halt machen sollten, bis ihm dasjenige, was der Kaiser ihm zugesagt, auch durch feierliche Verbriefung zugesichert worden sei. Es war dieß die Einräumung der Oberen Pfalz und des ersten Ranges nach den geistlichen Kurfürsten [40]). Beides war bisher ein Besitz des Kurfürsten von Baiern gewesen, welcher gleich seinem Bruder Joseph Clemens von Köln am 29. April vom Kaiser in die Acht des Reiches erklärt worden war. Diese Weigerung der Pfälzer diente auch den Truppen des Herzogs von Sachsen-Gotha zum Vorwande, ihr Vorrücken zu verzögern. Der Kaiserhof aber beseitigte die Hemmnisse durch die unumwundene Hinweisung auf den Umstand, daß die Hülfstruppen nicht in seinem, sondern im Solde der Seemächte ständen und die Erfüllung des Vertrages daher nicht von neuen, ihm aufzuerlegenden Bedingungen abhängig gemacht werden dürfe. Diese Festigkeit half, und die Truppen setzten, wenn gleich nur langsam, ihren Marsch nach dem Kriegsschauplatze fort.

Eugens unermüdliche Thätigkeit, welche sein glanzvolles Auftreten im Jahre 1701 dem Gedächtnisse eines Jeden zurückrufen mußte, hatte auch Vendome aus seiner Sicherheit etwas geweckt. Sie hatte ihm die Nothwendigkeit einleuchtend gemacht, so günstig sich auch die Verhältnisse für ihn gestalteten, doch einem so rastlosen Feinde gegenüber wohl auf der Hut zu sein. Er ließ zwischen dem Garbasee und der Etsch eine verpallisadirte Linie mit Graben und Brustwehr anlegen und auch die Etsch entlang Erdwerke aufwerfen, um Eugen desto leichter an dem Uebergange über den Fluß zu hindern. Nun glaubte aber Vendome auch alles gethan zu haben, um dem Prinzen das Vordringen auf italienischem Gebiete zu wehren. Die Blicke auf die Ereignisse in Piemont geheftet, versank Vendome wieder einmal in jene Unthätigkeit, die ihn so oft nach der Erringung eines Erfolges befiel und welche ihm nicht selten die schönsten Früchte seiner Siege geraubt hatte.

Sechzehntes Capitel.

In Piemont war der Herzog de la Feuillade ohne längeres Säumen an die ihm gestellte Aufgabe, die Belagerung von Turin geschritten. Diese war die Losung der Franzosen; Turin zu retten, diejenige des Kaisers und seiner Verbündeten. Aus diesem Grunde war man denn auch von Seite der letzteren, und insbesondere des Herzogs Victor mit der größten Sorgsamkeit bei der Wahl des Mannes zu Werke gegangen, welchem man die Vertheidigung der Stadt übertragen hatte. Es war dieß der kaiserliche Feldmarschall-Lieutenant Graf Wirich Daun, welcher nach Guido Starhembergs Entfernung aus Piemont das Commando der dort befindlichen kaiserlichen Truppen übernommen hatte.

Graf Daun war ohne Zweifel von allen kaiserlichen Generalen seines Ranges derjenige, welcher einem Guido Starhemberg am füglichsten ein Nachfolger sein konnte. Nicht daß er an hoher militärischer Begabung, an Festigkeit des Charakters an Starhemberg hinanreichte, aber er blieb doch in vieler Beziehung nicht gar zu weit hinter ihm zurück. Wie Starhemberg war er eigentlich ein Infanterie-General, von großer kriegerischer Erfahrung, ein Mann von unerschütterlicher Anhänglichkeit an das Kaiserhaus und in Ansehen und Vertrauen bei dem Monarchen. Biegsamer und willfähriger als Starhemberg war er Eugen und dem Herzoge von Savoyen angenehmer als dieser. Denn er benahm sich nicht als ein gleichberechtigter Rival, sondern als ein fügsames, dabei aber gleichzeitig höchst brauchbares Werkzeug. Aus diesen Gründen wurde die Wahl Dauns zum Leiter der Vertheidigung von Turin, zu welcher der Herzog in seinem Heere keinen tauglichen General besaß [1]), von allen Seiten gebilligt und durch den Erfolg glänzend gerechtfertigt.

Daun selbst kündigte seine Ernennung zum Commandanten, und was damit gleichbedeutend war, seine Bestimmung zum Vertheidiger von Turin dem Prinzen mit der Zusage an, daß er alles anwenden werde, was zu einer tapferen Gegenwehr nur immer einem Menschen möglich sei.

„Allein Eure Durchlaucht werden," fügte er hinzu, „von selbst ermessen, „daß endlich dieser Platz wie alle anderen wird fallen müssen, wenn ihm „keine Hülfe gebracht wird." Insbesondere sei dieß bei der geringen Güte der herzoglichen Truppen der Fall, welche in allem und jedem weder Ernst noch Eifer, sondern eine solche Lauigkeit und Nachlässigkeit zeigten, daß der Herzog selbst es mit Schmerz habe mitansehen müssen [2]).

Allein weder dieser Umstand, noch das Leiden, welches dem Grafen Daun eine alte Wunde am Fuße verursachte, hinderte ihn, des gegebenen Wortes eingedenk zu sein und mit aller Thatkraft den übernommenen Pflichten nachzukommen. Da er zu Anfang der Belagerung weder gehen noch ein Pferd besteigen konnte, ließ er sich in einem Armstuhle dorthin tragen wo seine Gegenwart nöthig war. Denn schon am 13. Mai war die französische Belagerungsarmee, in einer Gesammtstärke von vierzigtausend Mann, vor Turin erschienen und hatte Tags darauf die Arbeiten begonnen. In der Nacht vom 26. auf den 27. Mai wurden die Trancheen eröffnet, und von diesem Zeitpunkte an datirte Graf Daun den Anfang der Belagerung Turins [3]).

Während dieselbe von dem Herzoge be la Feuillade mit Eifer fortgesetzt wurde, hatte Eugen seine Truppen nach und nach immer tiefer auf das Gebiet von Verona gezogen und sein Hauptquartier oberhalb dieser Stadt, zu S. Martino aufgeschlagen. Sein rechter Flügel hielt den Montebaldo und die Chiusa, sein linker Castelbaldo an der unteren Etsch besetzt. Mit Ungeduld wartete er hier auf den Rest der pfälzischen und gotha'schen Truppen, die sich mit schwerfälliger Langsamkeit ihrem Bestimmungsorte näherten. Bevor aber dieselben noch daselbst eingetroffen waren, traten zwei Ereignisse ein, welche der Sache Frankreichs bedeutenden Eintrag thaten und derjenigen ihrer Gegner neuen Aufschwung verliehen.

Schon während des verflossenen Jahres war der junge König Karl, von der Begierde entflammt, sein Reich sich selber zu erobern, auf spanischem Boden gelandet. Catalonien und Valencia hatten sich ihm leicht unterworfen und zu Barcelona war seine Hofstatt aufgeschlagen worden.

Ihn von dort zu vertreiben, näherte sich der Gegenkönig Philipp mit einem starken französisch-spanischen Heere Barcelona und unternahm die Belagerung dieser Stadt. Aber Karls Ausdauer und die Tapferkeit seiner

Getreuen hatten dem Feinde mit solchem Erfolge Widerstand geleistet, daß bei dem Erscheinen einer Flotte der Seemächte die Belagerung aufgehoben und in kläglicher Verwirrung der Rückzug angetreten wurde. Philipp verließ sogar, wenn gleich nur auf kurze Zeit, den Boden Spaniens.

Der Eindruck dieser Begebenheiten war ein gewaltiger in ganz Europa. Er wurde noch mächtig verstärkt durch den glänzenden Sieg, welchen Marlborough bei Ramillies über Villeroy erfocht. Ueberall, und nirgends mehr als in Italien waren die Anhänger Frankreichs sichtlich niedergedrückt, die Spanier schienen schwankend zu werden. Die Getreuen des Hauses Oesterreich erhoben mit neuem Muthe das Haupt. Eugen drang darauf, daß der günstige Augenblick benützt werde.

Er wußte wie gern man sich überall, insbesondere aber in Italien, an denjenigen Theil hält, für welchen die Aussichten günstiger stehen [4]). Die Venetianer waren die ersten, deren Benehmen die Richtigkeit dieser Betrachtung von neuem darthat. Bisher hatten sie immer eine Hinneigung zu Frankreich gezeigt, und in dem gerechten Wunsche, den Kriegsschauplatz von ihrem Gebiete zu entfernen, die Miene angenommen als würde ihnen die von den Franzosen im voraus verkündete Vertreibung der kaiserlichen Truppen aus ganz Italien nicht unwillkommen sein. Wie viel Gehässigkeit hatten die letzteren nicht von den venetianischen Beamten, insbesondere dem Proveditore Dolfino [5]) zu erdulden gehabt. Wie heftig, ja wie drohend waren nicht die Vorstellungen gewesen, welche unmittelbar nach dem unglücklichen Treffen bei Calcinato der venetianische Botschafter zu Wien gegen die Anwesenheit der deutschen Truppen auf dem Gebiete der Republik an den Kaiserhof richtete [6]). Nun aber wendete sich das Blatt. Das hochmüthige Benehmen Frankreichs hatte die Republik vielfach verletzt [7]), und die ungeheuren, gleich Festungswerken sich erhebenden Verschanzungen, welche Vendome die Etsch entlang aufwarf, um Eugen den Uebergang über den Strom zu wehren, ließen sie ein beständiges Verweilen der beiden Heere auf ihrem Boden besorgen. Hiezu kamen noch die furchtbaren Excesse, welche die französischen Soldaten im Lande verübten, während Eugen mit eiserner Hand darauf hielt, daß von seinen Truppen nicht die geringste Ausschweifung begangen wurde. Mitten unter den kaiserlichen Heeresabtheilungen brachte der Landmann ungehindert seine Ernte ein [8]), und ein solches Verfahren konnte nicht anders, als das Land und dessen Regierung immer mehr für die Sache des Kaisers gewinnen.

Die Republik zeigte sich daher auch geneigt, die Hand zu bieten, um dem Prinzen das Ueberschreiten der Etsch zu erleichtern. Dolfino selbst, ein Bruder des venetianischen Botschafters zu Wien, hatte einen Unterhändler zu Eugen gesendet und sogleich wurden die Besprechungen zwischen ihnen eröffnet. So abgeneigt der Provveditore sich früher dem Interesse des Kaisers und dem Wohle seiner Truppen gezeigt hatte, so willfährig erwies er sich nun [9]). Eugen verlangte nichts weniger, als daß ihm gestattet werde, unter den Kanonen von Verona eine Brücke über die Etsch zu schlagen und von denselben geschützt seinen Uebergang zu bewerkstelligen. Seinen Kriegsvölkern sollte erlaubt werden durch Verona selbst zu marschiren, wogegen Eugen sein Wort als Feldherr, als Fürst und als Ehrenmann verpfänden wollte, daß nach vollzogenem Uebergang und Durchmarsch kein Mann der Seinigen in der Stadt zurückbleiben werde. Für den Fall eines Angriffes der Franzosen auf Verona sagte Eugen der Republik seinen bewaffneten Beistand zu [10]).

Die Benetianer zögerten jedoch, einen Entschluß zu fassen, der sie aus ihrer bisherigen Neutralität herausgerissen und völlig zu Bundesgenossen des Kaisers gestempelt haben würde [11]). Sie fürchteten die Rache Frankreichs, wenn dasselbe in Italien die Oberhand behalten sollte. Die Verhandlungen führten zu keinem bestimmten Ergebnisse und Eugen sprach schon den Gedanken aus, sich Verona's mit Gewalt zu bemächtigen und mittelst der dortigen steinernen Brücke über die Etsch zu gehen, wenn ihm dieß an einer anderen Stelle nicht möglich sein sollte. Doch wünschte er selbst nicht einen Schritt thun zu müssen, welcher die Republik höchst wahrscheinlich empfindlich verletzt und in das Lager der Feinde des Kaisers getrieben hätte. Und in der That zeigte Eugens Talent ihm noch einen anderen Weg, sein Vorhaben zu erreichen.

Die Umstände drängten immer mehr einer Entscheidung zu. Einerseits wurden die Nachrichten über die Fortschritte der Belagerung von Turin immer drohender und die Aufforderungen des Herzogs von Savoyen zu Hülfe und Beistand immer stürmischer, andererseits war nach und nach die Mehrzahl der deutschen Hülfstruppen bei Eugen angelangt. Die hessischen Kriegsvölker waren zwar noch weit zurück und ihr Eintreffen konnte noch nicht so bald erwartet werden, Eugen beschloß aber auch vor demselben den Uebergang über die Etsch zu bewerkstelligen.

Mit einer Geschicklichkeit ohne Gleichen hatte der Prinz durch verstellte Bewegungen in seinem Gegner die Ueberzeugung genährt, er werde seine Unternehmung an der oberen Etsch auszuführen suchen. Deßhalb hatte Vendome immer größere Befestigungen daselbst errichtet, immer zahlreichere Truppenmassen dort angehäuft. Der untere Theil der Etsch aber war von französischen Kriegsvölkern nur schwach besetzt und alle Gegenvorstellungen des dort befehligenden Generals Saint Fremont hatte Vendome von der Hand gewiesen. Er zweifelte keinen Augenblick an der Vortrefflichkeit seiner Vorkehrungen, und daß von Eugen nicht das Mindeste zu fürchten sei [12]). Aber nur zu bald sollte es sich zeigen, wie sehr er sich in seinen Berechnungen getäuscht habe. Schon in der Nacht vom 4. auf den 5. Juli wurde Oberst Battée mit einer Truppenabtheilung an die untere Etsch nach Rottanuova entsendet. Der Prinz selbst vertrieb den Feind aus der gleichfalls an der Etsch gelegenen Ortschaft Masi. Nun gaben die Franzosen Badia auf und zogen sich bis Canda am Canal bianco zurück. Eugen aber schlug eine Schiffbrücke über den Strom und überschritt ihn, während Battée weiter unten dasselbe that und bei Lusia und Boara Stellung nahm.

Am 14. Juli stand Eugen mit seiner Hauptmacht auf dem rechten Ufer der Etsch und ließ nur General Wetzel jenseits zurück, um durch ihn die Verbindung mit den hessischen Truppen aufrecht zu erhalten, welche noch immer nicht auf dem Kriegsschauplatze erschienen waren. Am 15. Juli überschritt der Prinz den Canal bianco bei Castelguglielmo, und die Franzosen, welche so lang damit geprahlt hatten, daß sie die Kaiserlichen nächstens ganz aus Italien vertreiben würden, wichen ohne Widerstand zu versuchen, vor dem gefürchteten Gegner zurück. „Die Armee muß eher zu „Grunde gehen," hatte noch vor wenig Wochen Vendome seinem Könige geschrieben, „als dem Feinde die Etsch zu überlassen [13])." Nun aber that er, völlig uneingedenk seiner so oft wiederholten Zusage, selbst fast ohne Schwertstreich das Letztere.

Rasch und sicher waren Eugens Bewegungen und er zeigte sich wieder einmal in seiner ganzen Meisterschaft und Feldherrngröße. Noch hatten die Franzosen sich nicht von dem Schrecken erholt, welchen ihnen der so

24

leicht und ohne jedes Opfer vollzogene Uebergang des Prinzen über die
Etsch verursachte, so hatte Eugen auch schon bei Polesella eine Brücke über
den Po geschlagen und diesen Fluß gleichfalls überschritten. Nun wandte
er sich an Ferrara vorüber westwärts, und am 21. Juli stand sein Heer,
fünfundzwanzigtausend Mann stark, bei Santa Bianca am Passaro, wo er
in dem Palaste des Grafen Pepoli Wohnung nahm. Am 24. Juli befand
sich das kaiserliche Heer zu Finale bi Mobena.

So hatte der Prinz mit der Ueberlegenheit des Genie's den ersten
Theil der ihm gestellten Aufgabe glänzend vollbracht. Vendome sah sich in
allen seinen Berechnungen betrogen. Von seinem Hauptquartiere Santa
Maria bei Zivio aus hatte er geglaubt, die ganze Etschlinie an jedem
bedrohten Punkte vertheidigen zu können. Es war ihm dieß völlig mißlungen und es erschien als grobe Selbsttäuschung, wenn er gemeint hatte,
Eugen gegenüber seine Sache besser machen zu können, als es der einst so
hart getadelte Catinat vor ihm gethan.

Ohne Zweifel würde jedoch Vendome dem Prinzen noch manch gewichtiges Hinderniß in den Weg gelegt haben, wenn ihn nicht Ludwig XIV.
selbst in jenem kritischen Zeitpunkte aus Italien entfernt hätte. Marlboroughs Sieg bei Ramillies bedrohte den Norden Frankreichs. Villeroy's
Unfähigkeit war längst Niemanden ein Geheimniß mehr und Alles zeigte
auf Vendome als denjenigen, welcher als der geeignetste unter König
Ludwigs Feldherrn zur Vertheidigung des französischen Gebietes erschien.
Vendome ward aus Italien abberufen und der Herzog Philipp von Orleans
zu seinem Nachfolger ernannt. Ihm wurde der Marschall Marsin als
Rathgeber beigesellt.

In mehr als einer Beziehung interessant ist das Urtheil, welches
Eugen im Augenblicke der Abberufung Vendome's über denselben fällte.
Wie jeder Ausspruch des Prinzen, zeichnet sich auch dieser durch Klarheit
des Urtheils und strenge Unparteilichkeit aus. „Vendome ist," schrieb Eugen
dem Herzoge von Marlborough, „geliebt von seinen Soldaten. Wenn er
„einen Plan gefaßt hat, so verfolgt er denselben ohne sich durch irgend
„etwas davon abwendig machen zu lassen. Auf die Anlegung von Verschan=
„zungen versteht er sich vorzüglich. Ist man aber im Stande gewesen, seine
„Maßregeln zu durchkreuzen, so kostet es ihn die größte Mühe, die Sache
„wieder zurecht zu bringen, selbst in der Schlacht, wo er dann alles dem

„Zufalle überläßt. In Belagerungen ist er unternehmend und gern bereit,
„es mit einer Armee aufzunehmen. Doch greift er sie nicht leicht an, wenn
„er sie entschlossen findet, ihn zu erwarten, er müßte denn über eine sehr
„große Uebermacht zu gebieten haben [14].“

So sehr das allgemeine Vertrauen Vendome schmeicheln mochte, und so
wenig er daran dachte, dem Befehle des Königs zu widerstreben, so verhehlte
er ihm doch nicht, daß in einer Zeit, in welcher der Feind eben zu großen
militärischen Unternehmungen schritt, seine Abberufung aus Italien gefährlich
erscheine. Die dortige Kriegführung, von der auf anderen Kampfplätzen so
ganz verschieden, bedürfe bringend der Talente und der Erfahrung eines
hervorragenden Feldherrn. Daß der König einen Prinzen von Geblüt mit
der Leitung seines Heeres beauftrage, sei nur zu billigen, denn ein großer
Name sei eine unbedingte Nothwendigkeit für Italien. Aber zugleich bedürfe
es dort des festesten Willens und wirklicher Kühnheit, insbesondere aber
einer großen Selbstständigkeit des Urtheils um in kritischen Augenblicken
aus sich heraus einen schnellen Entschluß fassen zu können. Man brauche
hier, fügte Vendome hinzu, einen Kopf von Eisen, um denselben nicht bei
einer der zahlreichen Verlegenheiten zu verlieren, denen man täglich zu
begegnen hat. Alle diese Eigenschaften scheine ihm Marsin zu entbehren,
der Marschall Berwick aber sie in dem erforderlichen Maße zu vereinigen [15].

König Ludwig blieb jedoch bei seinem Entschlusse und der Herzog von
Orleans erhielt Befehl, sich zur unverzüglichen Abreise nach Italien bereit zu machen.

Der Herzog von Orleans war ohne Zweifel, den König selbst ausgenommen, der begabteste unter den damals lebenden Prinzen des französischen Königshauses. Die vielseitige wissenschaftliche Bildung, die er sich zu
eigen gemacht hatte, die gewandte und einnehmende Weise, in welcher er
seine Kenntnisse zu verwerthen wußte, erhoben ihn weit über die anderen
Mitglieder der königlichen Familie. Er selbst legte den meisten Werth auf
seine militärische Befähigung, und in der That schrieb ihm die öffentliche
Meinung nicht allein Muth, sondern auch Feldherrngaben zu [16]. Aber alle
die schätzenswerthen Eigenschaften, die ihn schmückten, wurden leider durch
eben so große Laster wieder verdunkelt. Von einem rastlosen Ehrgeize
beseelt, wollte er es wie in kriegerischen Thaten, wie in Leistungen der

Künste und Wissenschaften, so auch in Ausschweifungen allen Anderen zu-
vorthun. Die Sucht selbst in solchen Dingen als der Erste, nicht zu Ueber-
treffende dazustehen, hat ihm für alle Zeiten eine traurige Berühmtheit
gewonnen.

Gerade zu dem Zeitpunkte, in welchem Eugen den Uebergang über
die Etsch und den Po bewerkstelligt hatte, war der Herzog von Orleans im
französischen Hauptquartiere eingetroffen und hatte den Oberbefehl übernommen. Vendome, der sich unverzüglich nach Paris und von da nach
den Niederlanden begab, hinterließ seinem Nachfolger die Dinge in Italien
in einem wenig erfreulichen Zustande. Zwar behauptete er noch im Augenblicke seiner Abreise, es sei undenkbar, daß Eugen die Belagerung von
Turin zu stören vermöge [17]. Doch hatte er selbst nach monatelanger Vorbereitung nicht vermocht, Eugens Vordringen in Italien zu verhindern.
Sollte es dem Herzoge von Orleans gelingen, die ferneren Absichten des
Gegners, über welche man nicht mehr in Zweifel sein konnte, scheitern
zu machen? Konnte er darauf hoffen, dieß mit einer Armee bewerkstelligen
zu können, welche über die eben so plötzlichen als reißenden Fortschritte
ihres Gegners auf's äußerste bestürzt war? Binnen zehn Tagen hatte
Eugen die Flüsse überschritten, auf deren Behauptung Frankreich die
Sicherheit seiner Herrschaft in Italien gegründet hatte. War es billig
von dem Herzoge zu erwarten und zu begehren, daß er nun die Dinge in
Italien nicht nur auf den vorigen Stand zurückführen, sondern die Fortschritte eines kühnen und gewandten Gegners hemmen solle, von dem man
wußte, daß ihm die Aufgabe gestellt sei, alles anzuwenden um Turin zu
retten?

Wie dem auch sein mag, das kann nicht geläugnet werden, daß das
erste Auftreten des Herzogs sich von dem zuletzt beobachteten Benehmen
seines Vorgängers vortheilhaft unterschied. Vendome hatte sich für die
Vertreibung der Kaiserlichen aus Italien verbürgt, doch nur wenig dazu
gethan und am Ende das gerade Gegentheil geschehen lassen. Der Herzog
von Orleans hütete sich wohl, sich auf den gleichen großsprecherischen
Verheißungen betreten zu lassen. Aber er entwickelte eine um so größere
Thätigkeit, die Ausführung der Plane Eugens zu hintertreiben. Den
General Medavi ließ er zur Beobachtung Wetzels am Mincio zurück.
Mantua, Governolo, Ostiglia, Mirandola, Modena, Reggio und

Guastalla erhielten starke Besatzungen. Mit seiner Hauptmacht beabsichtigte er sich Eugens weiterem Vorbringen zu widersetzen. Er schlug zwei Brücken über den Po und sandte dem Herzoge de la Feuillade bringenden Befehl, alle Truppen, die nur immer vor Turin zu entbehren seien, nach dem Engpasse von Strabella zu entsenden, welchen Eugen, gleichwie vor zwei Jahren Guido Starhemberg, auf dem Wege nach Piemont passiren mußte. Der Herzog selbst nahm sein Hauptquartier zu Volta. Nach wenig Tagen aber brach er von dort auf, um mit einer Streitkraft, die zum mindesten ebenso stark war wie diejenige Eugens, demselben zu folgen. Er hoffte den Prinzen zwischen dieses Heer und die zu Strabella lagernden Truppen zu bringen, und ihn entweder aufzureiben oder doch von dem Vorbringen nach Piemont abzuhalten.

Die Aussicht auf Verwirklichung dieses Planes wurde jedoch von Tag zu Tage trüber. Einerseits behauptete der Herzog de la Feuillade, die verlangte Anzahl Truppen vor Turin nicht entbehren zu können, andererseits wurden Eugens Unternehmungen immer kühner und erfüllten die französischen Generale mit Angst und Verwirrung.

Der Prinz selbst hatte erwartet, daß die Feinde, welche ihn die Etsch, den Canal bianco und den Po hatten ungehindert überschreiten lassen, ihm den Uebergang über die Secchia hartnäckig bestreiten würden. „Ist ein Fluß „auch noch so klein," schrieb er dem Herzoge von Savoyen, „so vermag er, „wenn hinter demselben eine ganze Armee den Gegner erwartet, doch immer „große Hindernisse darzubieten" [18]). Der Herzog von Orleans war aber einer anderen Ansicht. Nach seiner Meinung und derjenigen Marsins boten die kleinen Nebenflüsse des Po, welche im Hochsommer fast wasserleer waren, keinen genügenden Stützpunkt dar, um sie gegen Eugen zu halten [19]). Dieß war der Grund, warum der Prinz auch bei Ueberschreitung der Secchia keinen Schwierigkeiten begegnete.

Ohne sich irgendwo länger als nöthig war aufzuhalten, aber doch mit größter Vorsicht drang der Prinz weiter vor, wie sich denn kühnste Entschlossenheit und weise Bedachtsamkeit in seltenstem Maße in ihm vereinigten. Die Vorsicht war nöthig, weil er nirgends Magazine, aus denen er Lebensmittel beziehen, nirgends Waffenplätze besaß, auf welche er sich zu stützen und in denen er seine Kranken unterzubringen vermocht hätte [20]). Der letzteren gab es insbesondere der furchtbaren Hitze wegen, die in jener

Jahreszeit herrschte, ungemein viele. Durch Entbehrungen, welche die Truppen zu erdulden hatten, war auch die früher so streng aufrecht erhaltene Mannszucht gelockert worden und aus dem Lager bei Carpi erließ Eugen ein scharfes Edikt, wodurch jeder Exceß bei Androhung härtester Strafe untersagt wurde [21]).

Um dem so fühlbaren Mangel eines Waffenplatzes abzuhelfen, hatte Eugen Carpi angegriffen und nach drei Tagen genommen. Auch Reggio nahm er, mit Mirandola und Modena aber meinte er sich nicht aufhalten zu sollen, um sein Eintreffen vor Turin nicht zu sehr zu verzögern [22]). Denn die Rettung dieses Platzes bildete nach wie vor das Hauptaugenmerk des Prinzen, und der Herzog von Orleans täuschte sich völlig in Eugen, wenn er meinte, daß dieser sich durch die vielfachen Hindernisse, die er auf seinem Marsche begegnete, von der Verfolgung seines Zieles werde abschrecken lassen.

Und beträchtlich waren diese Hindernisse allerdings, ganz darnach angethan, um ein weniger standhaftes Gemüth als das des Prinzen schwankend zu machen. Da war vor Allem ein zahlreiches feindliches Heer, bald vor dem Prinzen, bald in seinem Rücken, zwar jede Gelegenheit zu einer offenen Feldschlacht vermeidend, aber auch stets auf Gelegenheit lauernd, dem Gegner eine Schlappe anzuhängen. Nicht weniger furchtbar war die ungeheure Hitze, welche zwar die Flüsse vertrocknet und somit den Uebergang über dieselben erleichtert hatte; aber auch die Quellen, die Brunnen waren versiegt, viele Soldaten blieben verschmachtend an der Straße liegen, nicht wenige waren während des Marsches todt niedergestürzt. Die kaiserlichen Truppenabtheilungen ertrugen diese Beschwerden noch leichter. Die Soldaten der deutschen Hilfsvölker aber, weniger an Entbehrungen und mehr an das rauhe nordische Clima gewöhnt, litten schrecklich unter den versengenden Strahlen der italienischen Sonne [23]).

Aber nichts von alle dem machte den Prinzen irre an der unverrückten Durchführung seiner Aufgabe. Durch das Gebiet des Herzogs von Parma näherte Eugen sich Piacenza. Der Herzog hatte Anfangs seine Bereitwilligkeit gezeigt, der Sache des Kaisers allen Vorschub zu leisten. Kaum hatte jedoch der Prinz seinen Marsch fortgesetzt, so warf der Herzog die Maske ab, zeigte unverholen seine feindliche Gesinnung, und suchte dem Prinzen durch Verweigerung von Lebensmitteln Verlegenheiten zu bereiten.

Eugen versparte sich die Züchtigung des Herzogs auf eine passendere Gelegenheit und eilte vorwärts gegen Turin, von wo die Hülferufe des Herzogs
von Savoyen und des Grafen Daun immer bringender erschollen.

Verschiedene Beweggründe hatten den Herzog von Orleans und
Marsin vermocht den früheren Plan, durch starke Besetzung des Engpasses
von Strabella dem Prinzen den Weg nach Piemont zu versperren, aufzugeben. Die gewichtigsten davon waren die Weigerung des Herzogs de la
Feuillade, eine genügende Anzahl Truppen von Turin aus dorthin zu entsenden, und die Ankunft der hessischen Hülfstruppen, welche unter dem Befehle ihres Erbprinzen Friedrich im Heerlager des Generals Wetzel eintrafen. Dieser Umstand nöthigte den Herzog von Orleans, dem am Mincio
zurückgelassenen General Medavi Verstärkung zuzuschicken. Dieß hinderte
jedoch nicht, daß General Wetzel unverweilt Goito angriff. Auf die erste
Kunde davon verließen der Herzog von Orleans und Marsin ihr Heer und
eilten herbei, Goito zu retten. Sie kamen jedoch zu spät. Der Commandant von Goito hatte bereits auf die Bedingung freien Abzuges nach
Mantua capitulirt. Er büßte diese Eilfertigkeit mit seinem Kopfe.

Während dieß am Mincio vorging, setzte Eugen rastlos den Marsch
nach Piemont fort. Von lebhafter Freude erfüllt, daß die Franzosen die
Verschanzungen des Engpasses Strabella verließen und zerstörten, hatte
der Prinz den General Kriechbaum dorthin vorausgesendet. Als Oberstlieutenant St. Amour, welcher Kriechbaums Vorhut befehligte, sich den
gefürchteten Engpässen näherte, sah er jenseits des Po dichte Staubwolken
aufsteigen. Es war der Marsch des abziehenden Feindes, welcher sie verursachte [24]).

Am 21. August stand St. Amour schon zu Voghera, und vier Tage
später Eugen mit seinem ganzen Heere an der Scrivia. Nun war das
Aergste überstanden. Die Hitze minderte sich und starker Regen trat ein,
welcher dem Mangel an Wasser einigermaßen abhalf. An Tortona und
Alessandria vorüber traf der Prinz am 29. August zu Isola ein und überschritt hier den Tanaro. Den ganzen Troß sammt allen Kranken sandte er
nach Alba und behielt nichts bei sich zurück, als was wirklich kampffähig
war. Er für seine Person eilte noch an demselben Tage dem Heere voraus
zu dem Herzoge von Savoyen. Hier wurde er mit der erfreulichen Nachricht empfangen, daß der Sturm des Feindes auf die Citadelle von Turin

abgeschlagen worden sei [25]). Am 1. September erfolgte zu Villa Stellone die Vereinigung der kaiserlichen Truppen mit denjenigen des Herzogs von Savoyen. Im Vergleiche zu den ausgestandenen Beschwerden befanden sich Eugens Streitkräfte in trefflichem Zustande.

In solcher Weise hatte der Prinz die Aufgabe vollendet, welche ihm von seinem Kaiser gestellt worden war. Die Zuversicht eines Gegners, der sich für die Unmöglichkeit ihrer Durchführung verbürgt hatte, war zu Schanden geworden, und die Hoffnung der wenigen Personen glänzend gerechtfertigt, welche an Eugens Begabung, an die Kühnheit seines Unternehmungsgeistes, an die unerschütterliche Beharrlichkeit seines Charakters auch die höchste Anforderung stellen zu dürfen glaubten. Sein Zug von der Grenze Tirols nach Piemont, für alle Zeiten in der Kriegsgeschichte berühmt, bildet die interessantesten Vergleichspunkte für den ähnlichen Marsch, welchen dritthalb Jahre früher Guido Starhemberg von Ostiglia am Po ungefähr auf demselben Wege zur Vereinigung mit dem Herzoge von Savoyen vollführt hatte. Auch zu dem Zeitpunkte, in welchem Eugen seine Unternehmung vollbrachte, wurde jener Vergleich nicht selten gezogen, und zum erstenmale begegnet man hier einer gewissen Rivalität, der selbst Eugen sich gegen Starhemberg nicht erwehren kann. In manchen seiner Schreiben deutet er darauf hin, daß die Hindernisse, welche Starhemberg zu überwinden gehabt hat, weit geringer als diejenigen gewesen seien, deren Besiegung ihm selber oblag [26]).

Bei dieser Behauptung kann dem Prinzen nur theilweise Recht gegeben werden. Es ist wahr, daß Mirandola als Stützpunkt der Bewegungen Starhembergs diente, während Eugen sich solche an Carpi und Reggio erst erobern mußte. Es ist wahr, daß der Weg, den Starhemberg zu machen hatte, von Ostiglia bis auf piemontesisches Gebiet, ein viel kürzerer war als der des Prinzen, welcher von der tirolischen Grenze bis in die Gegend von Ostiglia drei schwierige Flußübergänge zu bewerkstelligen hatte. Endlich machte die furchtbare Hitze, welche damals herrschte, Eugen und seinen Soldaten viel zu schaffen, während Starhemberg seinen Marsch in Winterszeit, in den letzten Wochen des Jahres 1703 und den ersten des Jahres 1704 bewerkstelligte. Aber gerade hierin lag andererseits eine durchaus nicht gering anzuschlagende Schwierigkeit für Starhemberg. Wo Eugen nur steinige, ausgetrocknete Rinnsale der Flüsse traf, hatte Starhemberg reißende

Ströme vorgefunden und den Uebergang jedesmal im wahren Sinne des Wortes erkämpfen müssen. Nicht weniger als Eugens Soldaten durch Sommerhitze, hatten diejenigen Starhembergs durch Kälte, Nässe und Schnee zu leiden gehabt. Hiezu kam noch, daß Eugens Truppen wohl ausgerüstet die tirolische Grenze verließen, während Starhembergs Leute durch die vorhergegangenen Feldzüge und die damalige Vernachläsfigung des Heeres schon bei ihrem Ausmarsche aus Ostiglia in einem wahrhaft bedauerungswürdigen Zustande sich befanden.

Mehr aber als alles dieß fällt in die Wagschale, daß Starhemberg es mit Vendome zu thun hatte, welcher ihn unausgesetzt verfolgte, bei jeder Gelegenheit aufzureiben suchte und auch bei Strabella einen hartnäckigen Kampf mit ihm bestand. Der Herzog von Orleans und Marsin aber hatten den Gedanken, dem Prinzen den Durchmarsch nach Piemont zu bestreiten, bald gänzlich aufgegeben. Ja Marsin war, in Uebereinstimmung mit der Meinung des Herzogs be la Feuillade, die längste Zeit über in Zweifel, ob es Eugen wirklich Ernst sei mit dem Marsche nach Turin, und ob er nicht vielmehr beabsichtige, sich im Gebiete von Parma, Mailand oder Alessandria festzusetzen. Die französischen Feldherrn hatten keine andere Absicht mehr, als Mailand vor dem Feinde zu decken, und sich dann ihrerseits mit dem Heere zu vereinigen, welches vor Turin stand. Dann glaubten sie stark genug zu sein, um die Belagerung fortzusetzen, Eugen und den Herzog von Savoyen aber abzuhalten, zur Rettung von Turin etwas entscheidendes zu unternehmen.

Einen Tag früher als Eugen mit dem Herzoge von Savoyen zusammentraf, war der Herzog von Orleans mit Marsin wieder vor Turin erschienen. Sie fanden die Belagerung in einem wenig befriedigenden Zustande. Dem Mangel an Ingenieuren und der geringen Geschicklichkeit der wenigen, welche vorhanden waren, gab man die Langsamkeit der Fortschritte Schuld, welche die Belagerung bisher gemacht hatte. Dennoch hoffte man auf Erreichung des gewünschten Zieles. Sie zu beschleunigen, ordnete der Herzog von Orleans einen neuen Sturm an. Er wurde gleich dem früheren von dem Grafen Daun zurückgeschlagen, und der Verlust, welchen die Angreifer hiebei erlitten, war ein höchst empfindlicher. Er genügte, um den leicht beweglichen Sinn der Franzosen, welche noch vor kurzem den baldigen Fall von Turin als etwas unausbleibliches vorhergesagt hatten, mit Mißtrauen gegen sich selbst zu erfüllen und sie an dem Erfolge ihres Unternehmens zweifeln zu machen. Dennoch glaubten sie auf die Fortführrung desselben vor der Hand ihr Hauptaugenmerk richten zu sollen.

Der Herzog von Orleans hätte zwar gewünscht, den Feinden in offenem Felde entgegen zu gehen und ihnen eine Schlacht zu liefern. Marsin aber erklärte sich dagegen. Der Marschall befand sich überhaupt in einer sonderbaren Gemüthsverfassnng. Von dem Augenblicke an, als er den Befehl erhalten hatte, sich nach Italien zu begeben, war er von der Idee verfolgt, daß er daselbst umkommen werde. Ein Schreiben, welches er seinem Beichtvater einhändigte, um nach seinem Tode dem Kriegsminister Chamillart übergeben zu werden, beweiset, wie Marsin sich ganz und gar einer Ahnung hingab, die ihn allerdings nicht täuschte [27]). Sie beschäftigte ihn dergestalt, daß er zu kräftigen Entschlüssen nicht mehr fähig war. Sein Ansehen zog die meisten andern Generale mit sich fort. Der ganze Kriegs= rath, mit Ausnahme Albergotti's und d'Estaings stimmte Marsins Ansicht bei. Der Herzog von Orleans, nach seinen eigenen Worten noch in dem Noviziat der Heerführung [28]), wagte der größeren Anzahl nicht zu wider= sprechen. So ward der Entschluß gefaßt, den Feind in den Verschanzungen vor Turin zu erwarten.

Und in der That waren Eugen und der Herzog von Savoyen ganz die Männer, welche die Geduld des Feindes nicht zu sehr zu mißbrauchen drohten. Schon am Tage nach der Vereinigung ihrer Truppen eilten die beiden Fürsten auf die Höhen der Superga, um die feindlichen Stellungen zu recognosciren. Von hier übersahen sie in voller Deutlichkeit das franzö= sische Lager, die Circumvallationslinien, die Angriffswerke und das ganze Terrain um Turin. An der Stelle, auf welcher die Feldherrn sich befanden, stand ein kleines Kapellchen und Victor Amadeus that das Gelübde, statt desselben für den Fall eines Sieges dem Herrn der Heerscharen auf dem gleichen Platze ein prächtiges Gotteshaus zu erbauen. Es ist dieß die schöne Grabeskirche der Könige von Sardinien, welche seit jener Zeit stolz her= niederblickt auf die zu ihren Füßen ruhende Hauptstadt des Landes.

Der dritte September wurde damit zugebracht, das Heer der Ver= bündeten mit allen Bedürfnissen zu dem bevorstehenden Kampfe zu ver= sehen. Tags darauf brachen die beiden Fürsten aus ihrem Lager auf, gingen zwischen Carignano und Moncalieri über den Po, und griffen am 5. Sep=

tember einen starken feindlichen Transport an, dessen Bedeckung sich in größter Verwirrung nach Pianezza warf. Aber auch dieser Ort wurde noch am selben Abende von Eugen genommen, und daselbst große Beute gemacht.

Am 6. September ging die Armee bei Alpignano über die Dora und lagerte bei der Veneria reale, wohin das Hauptquartier kam. Eugen und der Herzog hatten den Plan entworfen, die Feinde zwischen der Stura und der Dora anzugreifen, dort wo deren Verschanzungen am schwächsten schienen. In dieser Absicht lehnten sie den linken Flügel des Heeres an die Mühle von Altezzano, den rechten gegenüber von Colegno an Margaria. In dieser Stellung wurden für den folgenden Tag die Dispositionen ausgegeben, welche mit solcher Klarheit und Deutlichkeit abgefaßt waren, daß eine Verwirrung, ein Mißverständniß völlig unmöglich zu sein schien ²⁹).

Das Heer der Verbündeten bestand damals aus ungefähr dreißigtausend Mann, wovon vier Fünftheile Fußvolk und ein Fünftheil Reiter waren. Mehr als die Hälfte der Streitkräfte bestand aus kaiserlichen und fast die ganze andere Hälfte aus deutschen Hülfstruppen. Piemontesen befanden sich nur wenige bei dem Heere, weil die Mehrzahl derselben vor vier Tagen unter dem Grafen von Santena nach Chieri abgeschickt worden war, um die feindlichen Linien von Seite der Gebirge anzugreifen, und wo möglich einen Transport in die Festung zu bringen. Ihm hatten die Franzosen den Generallieutenant Albergotti entgegen gesendet und es schien fast als ob Marsin sich noch immer mit der Hoffnung schmeichle, die Alliirten hegten keine weiter gehende Absicht, als Turin mit Lebensmitteln zu versehen. Er sollte bald grausam enttäuscht werden.

Kaum graute der Morgen des siebenten Septembers, so sah man auch schon in den weiten Ebenen die dichtgedrängten Scharen des verbündeten Heeres aus ihren Lagerplätzen rücken. In acht Colonnen wurde die Infanterie formirt, vier derselben sollten das erste, vier das zweite Treffen bilden. Auf den linken Flügel hatte man die auserlesensten Truppen, die Grenadierbrigaden gestellt, aus den verschiedenen Contingenten gebildet. Mit ihnen dachte man den Hauptschlag zu führen. An sie schlossen die wackeren Preußen sich an, von dem Prinzen Leopold von Anhalt-Dessau geführt, Eugens tapferem Waffengefährten von Höchstädt und Cassano. Das Centrum wurde von dem kaiserlichen Fußvolke und einem Theile der

Pfälzer, der rechte Flügel wieder von Pfälzern und von Sachsen gebildet. Aehnlich war die Vertheilung der Truppen im zweiten Treffen, nur daß hier statt der Sachsen kaiserliche Bataillone auch den rechten Flügel formirten. Zwei deutsche Prinzen befehligten die beiden Flügel, Alexander von Württemberg den linken, der Prinz von Sachsen-Gotha den rechten, Feldmarschall-Lieutenant Rehbinder aber das Centrum des ersten Treffens. Die Führung der Reserve war dem Marquis de Langallerie anvertraut, der erst vor kurzem aus dem Dienste des Königs von Frankreich in den des Kaisers übergetreten war. Die Reiterei aber wurde von den Generalen Baron Kriechbaum, Marquis Visconti und Prinz Philipp von Darmstadt befehligt [30]). Der Herzog von Savoyen und Eugen behielten sich vor, dorthin zu eilen, wo die Gefahr ihre Gegenwart erforderte.

Streng die ihnen angewiesene Ordnung einhaltend, rückten die verschiedenen Truppenabtheilungen gegen die französischen Verschanzungen vor. In der Entfernung eines halben Kanonenschusses von denselben machten sie Halt und man sah die beiden Fürsten des Hauses Savoyen die Reihen ihrer Krieger durchsprengen, sie mit ihrem eigenen Siegesvertrauen zu erfüllen, noch einmal die Aufstellung der feindlichen Truppen zu beobachten und die letzten Anordnungen zu treffen.

Kaum war dem Herzoge von Orleans und Marsin der Marsch des verbündeten Heeres gemeldet worden, als sie sich nach dem bedrohten Punkte begaben und sich beeilten so viel Truppen dorthin zu ziehen, als sie nur immer verfügbar machen konnten. Sobald sie sich irgend eine Wirkung davon zu versprechen vermochten, eröffneten sie eine starke Kanonade, um den Gegner aufzuhalten und noch einige Zeit zu gewinnen, sich in Vertheidigungsstand zu setzen. Der Herzog selbst und der Marschall blieben im Centrum ihrer Streitkräfte, Graf d'Estaing befehligte den rechten Flügel, der sich an die Stura lehnte, und Generallieutenant Saint-Fremont den linken, welcher die Dora berührte und sich auf das Schloß Lucento stützte.

Das verbündete Heer hatte nicht lange gezögert, das feindliche Feuer zu erwiedern. Mit fünfzehn Kanonen, auf dem linken Flügel postirt, wurde das Schießen eröffnet, ihnen folgten bald die übrigen Geschütze. Das anhaltende Feuern diente der Besatzung der Stadt als Signal, daß auch für sie der Augenblick gekommen sei, sich zum Ausfalle anzuschicken

und die Anstrengungen des Entsatzheeres zu unterstützen. Dem Befehle
gemäß, welchen Eugen in die Stadt zu bringen gewußt hatte, stand Graf
Daun mit zwölf Bataillonen, mit vierhundert Grenadieren, fünfhundert
Reitern und sechs Geschützen zum Ausfalle bereit. Die Einwohner von
Turin aber eilten auf die Wälle und die erhöhten Punkte, von wo sie
Zeugen des Kampfes zu sein hoffen durften. Die Dächer der Häuser, die
Thürme der Kirchen wurden bestiegen und Jeder suchte das Treffen zu
schauen, um je nach dessen Fortschritten sich der nahenden Rettung zu
freuen oder der Hoffnung auf dieselbe gänzlich zu entsagen. Aber die weite
Entfernung und der dichte Pulverdampf waren Schuld, daß man die Vor-
gänge auf dem Kampfplatze nur sehr schwer zu unterscheiden vermochte.

Nahezu durch zwei Stunden dauerte die Artillerieschlacht, und sie
brachte für das kaiserliche Heer empfindliche Verluste mit sich. Es stand
ungeschützt den feindlichen Schüssen preisgegeben, während seine eigenen
Kugeln nur die französischen Verschanzungen trafen. Dieser Umstand steigerte noch die Begierde der Soldaten, zum Handgemenge zu kommen.

Sie sollten nicht lange darauf zu warten haben. Kaum waren die
Reihen vollständig gebildet und auch die letzten Dispositionen getroffen,
als das Zeichen zum Vorrücken gegeben wurde. Die Grenadiere des linken
Flügels setzten sich zuerst in Marsch, ihnen nach drangen die Preußen unter
Prinz Anhalts Führung. In ruhiger, gemessener Haltung, unbeirrt durch
das furchtbare Feuer des Feindes, ohne selbst einen Schuß zu thun, gingen
diese wackeren Krieger bis auf zehn Schritte von den feindlichen Verschanzungen vor. Hier aber war der Kugelregen so dicht, daß die Reihen der
Angreifer davon erschüttert wurden. Von vorn und in der Flanke trafen
die Kugeln der Feinde, und der Streit war um so ungleicher, als die
übrigen Abtheilungen des kaiserlichen Heeres, durch Terrainschwierigkeiten
aufgehalten, noch nicht zum Kampfe gekommen waren.

Nicht ohne in Unordnung zu gerathen, waren die Grenadiere und das
preußische Fußvolk vor dem fürchterlichen Feuer des Feindes zurückgeprallt.
Kaum bemerkte dieß Eugen, als er herbeieilte und den Rest des linken
Flügels zur Unterstützung seiner Waffengefährten in's Gefecht führte.
Ihm folgten das Centrum und der rechte Flügel. Die ganze ungeheure
Schlachtlinie entlang wurde das Feuer allgemein. Länger als eine halbe
Stunde währte es mit ungemeiner Heftigkeit fort. Unentschieden schwankte

die Schlacht. Auf beiden Seiten wurde mit Todesverachtung gestritten; Niemand vermochte vorzudringen, aber es wich auch Niemand zurück. Einer ganz außerordentlichen Anstrengung schien es zu bedürfen, um für den einen der streitenden Theile die Wagschale des Kampfes sinken zu machen.

Niemand war tiefer von diesem Gefühle durchdrungen als Prinz Eugen, und Niemand war zugleich geeigneter als er, eine solche Anstrengung von Seite der Seinigen hervorzurufen. Mit einem unentschiedenen Kampfe war ihm nicht gedient, Turin mußte gerettet werden, das war die Losung; dieß zu erreichen, mußte der Feind geschlagen werden, es koste, was es wolle. Wie immer bei bedeutsamen Anlässen, so erwachte auch jetzt Eugens Genie in seiner vollen Größe, und Niemand glich ihm an Schärfe des Blickes, das Rechte zu finden, und an Kühnheit des Entschlusses, es mit unwiderstehlichem Nachdrucke auszuführen. Der Unentschiedenheit mußte um jeden Preis ein Ende gemacht werden, das fühlte Eugen, und er zögerte keinen Augenblick, zur Erreichung dieses Zieles das Höchste in die Schanze zu schlagen. Auch dießmal wieder, wie man es ihm schon so oft zum Vorwurfe gemacht hatte, sein Leben wagend wie ein einfacher Soldat, sprengte Eugen zum linken Flügel, wo die Preußen standen, um wie er schon von Anfang an beabsichtigt hatte, dort den Hauptschlag herbeizuführen. Sie hatten noch von Calcinato etwas einzubringen, die wackeren Brandenburger, wo sie mehr durch schlechte Führung als durch eigene Schuld in Verwirrung gerathen waren und empfindliche Verluste erlitten hatten. Nun aber fühlten sie sich hoch erhoben durch die Auszeichnung, die ihnen zu Theil wurde, daß sie die Entscheidung des Tages herbeiführen sollten. Unter Eugens unmittelbarer Führung, ihm nachdrängend und dem tapfern Dessauer, dem Bullenbeißer, wie Eugen ihn genannt haben soll, warfen sie sich auf die feindlichen Verschanzungen. Nicht schreckt sie mehr der dichteste Kugelhagel, sie überschreiten den Graben, sie ersteigen die Verschanzungen, sie befestigen sich daselbst. Eugen befindet sich mitten unter ihnen. Ein Page und ein Diener werden an seiner Seite getödtet, er achtet es nicht. Da plötzlich bricht er zusammen und verschwindet in dem Gewühle der Kämpfenden. Schon beginnt bei diesem Anblicke der Schrecken seine Krieger zu ergreifen, aber schnell erhebt sich Eugen wieder und winkt mit der Hand und ruft es laut, daß ihm nichts widerfahren und nur sein Pferd zum Tode getroffen worden sei.

Kurz nachdem Eugen in die feindlichen Verschanzungen gedrungen, war dieß auch dem Prinzen von Württemberg mit dem kaiserlichen Fußvolke geglückt. Er ließ sogleich die Vertheidigungswerke niederwerfen, um der Cavallerie den Eingang zu erleichtern.

Nach dem ursprünglichen Plane hätte der linke Flügel in der gewonnenen Stellung verbleiben und warten sollen, bis das Centrum und der rechte Flügel gleichfalls die ihnen gegenüber liegenden Verschanzungen überstiegen hätten. Aber in der Hitze des Gefechtes hörten die Soldaten auf keinen Befehl mehr und sie verfolgten den Feind weiter als es gerathen schien. So standen die Verschanzungen wenige Augenblicke nach deren Eroberung wieder völlig unbewacht da. Eugen, dessen Adlerauge nichts entging, hatte dieß nicht sobald bemerkt, als er das kaiserliche Regiment Maximilian Starhemberg aus dem Centrum des zweiten Flügels zog, und dessen Obersten Heindl den Befehl ertheilte, die eroberten Geschütze gegen den Feind zu kehren, den Posten aber, es komme was da wolle, auf's äußerste zu vertheidigen.

Niemals war eine Anordnung glücklicher getroffen, niemals eine solche pünktlicher befolgt worden. Denn die Feinde hatten inzwischen Gelegenheit gefunden, sich wieder etwas zu sammeln. Sie nöthigten die Reiterei zum Rückzuge, warfen sich auf die Preußen und schlugen auch diese zurück, was um so leichter geschehen konnte, als der Prinz von Württemberg sich in der Verfolgung etwas zu weit rechts gezogen hatte, und die preußischen Truppen dadurch isolirt worden waren. Es wäre nicht unmöglich gewesen, daß die Franzosen sich wieder Luft gemacht hätten, wenn nicht alle ihre Angriffe von dem Regimente Starhemberg mit nicht zu erschütternder Ruhe zurückgewiesen worden wären. Dieß gewann der Reiterei und den preußischen Truppen Zeit, sich wieder zu sammeln, und von dem Reste der Cavallerie des linken Flügels unterstützt, den Feind neuerdings anzugreifen und nochmals zurückzuwerfen.

Inzwischen waren auch die Truppen des Centrums mit einander handgemein geworden. Hier standen die beiden obersten Führer der Heere, die Herzoge von Savoyen und Orleans einander gegenüber. Unter ihren Augen stritten auf beiden Seiten die Soldaten mit heldenmüthiger Tapferkeit. Dreimal wurden die deutschen Kriegsvölker zurückgeworfen, dreimal rückten sie wieder vor, um endlich auch auf diesem Punkte die Feinde zu verjagen und sich der Verschanzung zu bemächtigen. Die tödtliche Verletzung des Marschalls Marsin, die zweifache Verwundung des Herzogs von Orleans, welcher vom Kampfplatze scheiden mußte um sich verbinden zu lassen, mag zur Entmuthigung der französischen Soldaten nicht wenig beigetragen haben. Zugleich mit seinen Truppen drang der Herzog von Savoyen in die Schanzen ein. Auch hier wurden die Vertheidigungswerke niedergeworfen und feste Stellungen eingenommen.

Nur der rechte Flügel unter dem Prinzen von Sachsen-Gotha blieb noch zurück. Er hatte den Widerstand des Feindes bisher nicht überwinden können, auch war derselbe an dieser Stelle bei weitem am stärksten, denn aus dem Schlosse Lucento unterhielten die Franzosen in völliger Sicherheit ein furchtbares Feuer auf die Angreifer. Sie vermochten nicht so leicht aus dem Schlosse vertrieben zu werden, wie aus einer Verschanzung. Schon während nahezu zwei Stunden hatte hier der Kampf gedauert und der französischen Reiterei war es sogar gelungen, bei einer offen gelassenen Stelle aus ihren Verschanzungen hervor zu bringen und die sächsischen Hülfstruppen in die Flanke zu nehmen. Da warf sich der Feldmarschall-Lieutenant Baron Kriechbaum, von dem Generalmajor Grafen Joseph Harrach unterstützt, mit kaiserlicher Reiterei auf die feindliche Cavallerie. Dieselbe wird in heftigem Anprall geworfen und in ihre Verschanzungen zurückgejagt. Dort verbreitet sich Schrecken und Verwirrung. Muthig drängt der Prinz von Sachsen-Gotha nach, er bemächtigt sich der Verschanzungen, trotz des unausgesetzten Feuers aus dem Schlosse von Lucento. Ja er erreicht noch mehr, er macht sich zum Meister einer Casine, welche eine der feindlichen Brücken über die Dora beschützte. Ein ganzes feindliches Bataillon wird dort gefangen.

Nun schien der Sieg für das kaiserliche Heer entschieden zu sein. Ihrer ganzen Länge nach waren die Verschanzungen genommen und die Reiterei hatte innerhalb derselben Posten gefaßt. Dennoch sammelte der Feind sich wieder auf seinem rechten Flügel und suchte das Treffen neuerdings aufzunehmen. Bevor sich jedoch Eugen darauf einließ, erwartete er die Infanterie des zweiten Treffens, welche weit zurückgeblieben und noch nicht zum Kampfe gekommen war. Kaum aber langte sie an, so entspann sich ein neues Gefecht. Die Reihen der Feinde wurden geworfen und zersprengt. Alle Führung hatte bei denselben aufgehört. Ein Theil wandte sich zur Linken

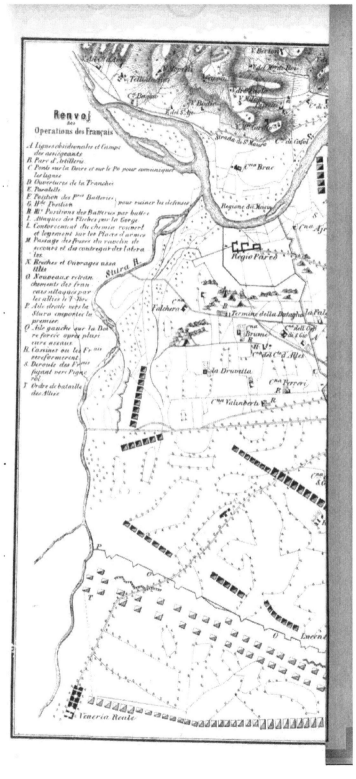

Renvoj
des
Operations des Français

A Lignes obsidionales et Camps
des assiegeants
B Parc d'Artillerie
C Ponts sur la Doire et sur le Po pour communiquer
les lignes
D Ouvertures de la Tranchee
E Paralelle
F Position des Pres Batteries pour ruiner les defenses
G Hde Position
H Mes Positions des Batteries par batterie
I Attaques des Fleches par la Gorge
L Contorcement du chemin rouvert
et logement sur les Places d'armes
M Passage des Fosses du ravelin de
secours et du contregarde lateral
les
N Breches et Ouvrages assa
illis
O Nouveaux retran
chiments des fran
cais attaques par
les allies le 7 7bre
P Aile droite vers la
Stura emportee la
premiere
Q Aile gauche sur la Doi
re forcée apres plusi
eurs assaus
R Casines ou les Frais
se reformerent
S Deroute des Frais
fuyant vers Pigne
rol
T Ordre de bataille
des Allies

nach der Seite des alten Parks, ein anderer zur Rechten, die Brücken über die Dora zu gewinnen. Der dritte, zahlreichste Heerhaufen suchte sich hinter den Po zu ziehen, wo eine zweite, weit stärkere Verschanzung einen sicheren Zufluchtsort versprach. Aber nichts vermag Truppen zu schützen, welche von Schrecken ergriffen und in völliger Auflösung sind. In der Nähe der Pobrücke stießen sie auf denjenigen Theil der Garnison, mit welchem Graf Daun einen Ausfall aus der Festung unternommen hatte. Viele Franzosen wurden gefangen, unter ihnen der Marechal de Camp Marquis von Senneterre.

Diejenige feindliche Heeresabtheilung, welche sich nach dem alten Parke gewendet hatte, traf hier auf den Herzog von Savoyen, der mit Reiterei und Geschütz sie angriff und zerstreute. Die Mehrzahl warf sich in den Po, den Strom zu durchschwimmen. Viele fanden in demselben den Tod.

Die französischen Truppen, welche den Weg nach der Dora eingeschlagen hatten, gingen auf einer Brücke über den Fluß und hielten sich durch einige Zeit auf dem jenseitigen erhöhten Ufer, von welchem sie ihre Kanonen auf die Verfolger richteten. Die Streitkräfte, die in den Laufgräben zurückgeblieben waren, unterstützten sie und das Schloß von Lucento schützte ihre Flanke. Aber diese Vertheidigung war nicht von langer Dauer. Die Besatzung des Schlosses, nachdem sie die allgemeine Niederlage mit angesehen hatte, steckte es in Brand und verließ dasselbe. Ihr Verfahren rechtfertigte Eugens ausdrücklichen Befehl, an die Erstürmung des Schlosses weder Mannschaft noch Zeit zu wenden. Sei der Feind geschlagen, so werde es von selber fallen. Die Besatzung ging über die Dora zurück. Die deutschen Truppen folgten ihr dorthin. Sie erzwangen den Uebergang über die Brücken und versprengten entweder die französischen Heeresabtheilungen, die sich daselbst festgesetzt hatten, oder machten sie zu Gefangenen.

Es ist bemerkenswerth, daß während der ganzen Schlacht die Feinde nicht aufhörten, die Wälle zu beschießen. Es schien als ob der Herzog de la Feuillade, der in den Laufgräben zurückgeblieben war, geglaubt hätte, die Stadt noch im letzten Augenblicke erobern zu können. Als er endlich einsah, daß alles verloren sei, und seine Truppen, wenn sie noch länger in den Laufgräben verblieben, dort gefangen gemacht werden könnten, befahl er den Rückzug. Derselbe wurde jedoch ohne alle Ordnung, in größter Verwirrung ausgeführt. La Feuillade schien völlig den Kopf verloren zu haben. Ein Theil seiner Truppen zog sich auf Cavoretto, ein anderer auf Moncalieri. Die in Brand gesteckten Magazine bezeichneten die Straße ihres Abmarsches. Eines nach dem anderen flog in die Luft. Die heftigste Explosion verursachte das Pulvermagazin, welches in der Kirche von Pobestra sich befand. Durch das Auffliegen desselben wurden kleinere Magazine entzündet, die in der Nähe lagen. Die Häuser der ganzen Umgegend wurden theils durch die Erschütterung, theils durch den Brand völlig zerstört.

Die Niederlage der Franzosen war nun vollendet und es handelte sich für dieselben nur mehr darum, deren Folgen so wenig als möglich verderblich zu machen. Der Herzog von Orleans, obgleich gefährlich verwundet, versammelte die vornehmsten Generale zu einem Kriegsrathe, in welchem über den zu fassenden Entschluß berathen wurde. Der Herzog dachte sich über die Höhen von Moncalieri auf Alessandria zu ziehen, um sich im Gebiete von Mailand mit dem Fürsten von Vaudemont und General Medavi zu vereinigen. Eine falsche Nachricht aber, die ihn glauben machte, Moncalieri und Chieri befänden sich in Eugens Händen und der Marsch auf Alessandria oder Casale erscheine deßhalb unausführbar, bestimmte den Herzog zu dem Entschlusse, sich gegen Pignerol zurückzuziehen. Dort glaubte er auf Verstärkungen aus der Dauphiné hoffen zu dürfen und Magazine zu finden, welche der Herzog von Savoyen in jener Gegend angelegt haben sollte. Seine Berechnung zeigte sich jedoch als falsch, der Zug gegen Frankreich erwies sich als verhängnißvoll für die französischen Streitkräfte, und man behauptet, daß der Prinz Eugen, als er diesen Entschluß erfuhr, ausgerufen haben soll: „Italien ist unser, und seine Erobe-„rung wird uns nicht theuer zu stehen kommen."

Während der Rückzugsbewegungen der Franzosen waren die beiden Fürsten von Savoyen durch das verlassene Lager der Feinde geeilt, um an Lebensmitteln und Munition noch zu retten was möglich war, und um Excesse bei der Plünderung zu verhindern. Dann hielten sie gegen vier Uhr Nachmittags unter des Volkes unbeschreiblichem Jubel ihren Einzug in Turin. Ihr erster Weg führte sie nach der Cathedrale, an deren Thoren sie der Erzbischof mit seinem Clerus in kirchlichem Festgewande empfing. Zu den Salven, welche das Te Deum begleiteten, wurde das letzte Pulver verbraucht, das der Besatzung noch zu Gebote gestanden hatte. Zu Abend speisten die Fürsten bei dem Grafen Daun, dem glorreichen Vertheidiger der Stadt, welcher, obgleich erst einer der jüngsten Feldmarschall-Lieutenants, doch schon während der Belagerung auf Eugens dringenden Antrag vom Kaiser zum Feldzeugmeister ernannt worden war.

Es begreift sich leicht, daß der glänzende Sieg nicht ohne Opfer erkauft werden konnte. Der Verlust des kaiserlichen Heeres wurde auf breitausend Mann an Todten und Verwundeten geschätzt. Der Prinz von Braunschweig-Bevern, Oberst des Regimentes Wolfenbüttel, und der brave Oberst Hofmann, noch von Cremona her wohlbekannt in der Armee ³¹), befanden sich unter den Todten. Der Feldmarschall-Lieutenant Baron Kriechbaum und die preußischen Generale Stillen und Hagen waren verwundet.

Aber was war das im Vergleiche zu dem Verluste, welchen die Franzosen erlitten. Die Zahl ihrer Verwundeten und Todten soll zwar nicht viel mehr als diejenige des kaiserlichen Heeres betragen haben, unter den letzteren Marsin, den seine Todesahnung wirklich nicht betrogen hatte. Aber sechstausend Gefangene gingen für sie verloren, eine Unzahl ihrer Soldaten war versprengt. An Artillerie, an Munition, an Proviant hatten sie Unglaubliches eingebüßt. An Pferden allein erbeuteten die Verbündeten breitausend Stücke; sie hatten dreißig Schwadronen Dragonern gehört, welche man zur Vertheidigung der Schanzen zu Fuß hatte kämpfen lassen. Höher als dieses alles aber wog der ungeheure Eindruck, welchen die Schlacht bei Turin in Italien, in ganz Europa hervorbrachte. Mit einem einzigen Schlage wurde Frankreich, das sich seit vier Jahren als den alleinigen Herrn und Meister in ganz Italien angesehen und benommen hatte, von dieser Höhe herabgeworfen. Je lauter zuvor die prahlerische Ruhmredigkeit der Franzosen gewesen, desto schimpflicher erschien nun die Demüthigung, welche sie erlitten hatten, und alles, was in Italien Sinn hatte für kriegerischen Ruhm und wahre Größe, wandte sich von Frankreich ab und den von Eugen so glorreich getragenen Bannern des Kaisers zu.

Kaum geringere Bewunderung als der glänzende Sieg gewann dem Prinzen die unglaubliche Bescheidenheit, mit welcher er von demselben sprach. Das Schreiben, in dem er den errungenen Vortheil dem Herzoge von Marlborough ankündigte, ist ein Muster von Einfachheit und Kürze. Es schmälerte darum den herzlichen Antheil nicht, welchen Marlborough

25 *

an diesem Siege seines Freundes nahm. „Ich kann die Freude nicht genug-
„sam aussprechen," schrieb derselbe seiner Gemahlin, „welche mir diese
„Nachricht bereitet hat. Denn ich schätze nicht bloß den Prinzen Eugen,
„ich liebe ihn wahrhaft [32]). Seine ruhmreiche That muß Frankreich so
„sehr erniedrigen, daß wenn der Krieg nur noch ein Jahr lang mit Nach-
„druck fortgesetzt wird, wir mit Gottes Segen einen Frieden haben sollen,
„der uns die Ruhe unserer künftigen Tage sichern wird."

Die ersten Begebenheiten nach der Schlacht von Turin schienen in
der That Marlboroughs Hoffnungen der Verwirklichung zuführen zu wollen.
Durch seinen Rückzug nach Pignerol hatte der Herzog von Orleans das
ganze mailändische Gebiet der Gnade des Gegners preisgegeben und dem
einzigen französischen Armeecorps, welches sich unter dem Befehle des
Generallieutenants Medavi noch in Oberitalien befand, jede Hülfe ent-
zogen. Der französische Hof war darüber in Verzweiflung. Eugen aber
hatte es auf den ersten Blick durchschaut, daß es so kommen müsse, und
daher alles vermieden, was den Herzog hätte veranlassen können, von
der eingeschlagenen Richtung wieder abzuweichen [33]). Deßhalb war der
Prinz zu Turin stehen geblieben, bis die Franzosen völlig in das Gebirge
gerückt waren und hatte sich damit begnügt, deren Marsch nur durch Streifparteien zu beunruhigen. Von Oberst Hautois und Oberstlieutenant St.
Amour geführt, deren „stattliche Kriegsdienste" an Eugen einen warmen
Lobredner fanden, fügten sie dem Feinde beträchtlichen Schaden zu. Der
Prinz selbst gedachte sich nicht lange unthätig zu verhalten. Sein Augenmerk war darauf gerichtet, einerseits dem Herzoge von Orleans den Rückweg auf piemontesisches Gebiet zu versperren, und andererseits die Operationen gegen Medavi's Armeecorps zu eröffnen. Um jeden Unfall zu vermeiden, hatte Eugen dem Erbprinzen von Hessen-Cassel strengen Auftrag
zugesendet, sich mit Medavi durchaus in keinen Kampf einzulassen, sondern
eine gesicherte Stellung einzunehmen, bis Eugen selbst herbeikomme und
Medavi in Folge der Schlacht von Turin auf seinen Rückzug bedacht sein
müsse [34]).

Eugens Befehl war jedoch entweder zu spät an den Erbprinzen von
Hessen-Cassel gelangt, oder derselbe, zwar ein persönlich tapferer Soldat
aber als Feldherr von geringer Bedeutung, hatte demselben nicht nachzukommen vermocht. Am 9. September war er von Medavi bei Castiglione

belle Stiviere angegriffen und geschlagen worden. Der Erbprinz wich auf Valeggio zurück. Sein Verlust war empfindlich und das Treffen hätte in seinen Folgen von übler Bedeutung werden können, wenn nicht der Glanz des herrlichen Sieges von Turin den Flecken dieser Schlappe bedeckt und den begangenen Fehler im voraus gutgemacht hätte. Eugen befahl dem Prinzen, über den Po zu gehen, sich einiger fester Plätze zu bemächtigen und die Verbindung mit der Hauptarmee herzustellen [35]).

Während im äußersten Osten des italienischen Kriegsschauplatzes Generallieutenant Medavi noch einmal den französischen Waffen einen kurzen Triumph errang, hatten dieselben im Westen Italien fast ganz den Rücken gewandt. In Pignerol angekommen, fand der Herzog von Orleans weder die versprochenen Magazine, noch sonst ausreichende Lebensmittel vor. An Pferden zu deren Herbeischaffung aus größerer Entfernung mangelte es gänzlich. Die Truppen waren entmuthigt und entliefen haufenweise ihren Fahnen. Ja selbst Offiziere verließen dieselben ohne Erlaubniß und so kam es, daß der Herzog von Orleans, von allem entblößt, nur mehr in der Hülfe Rettung zu finden glaubte, welche er aus der Dauphiné erwartete. Derselben näher zu sein, zog er sich daher hart an die Grenze Frankreichs zurück und verlegte sogar einen Theil seiner Truppen auf französischen Boden. Hier beschäftigte er sich unablässig damit, seine Armee in den Stand zu setzen, baldigst wieder nach Italien zurückzukehren.

Eugen wußte wohl, daß der Herzog ziemlich lange damit zu thun haben werde. Denn die erlittene Niederlage war eine so gewaltige, daß eine Erholung von derselben nicht so schnell zu besorgen war. Nachdem er seinen Truppen einige Tage Ruhe gegönnt von den furchtbaren Anstrengungen des mehrwöchentlichen Marsches und der Schlacht, nachdem er Turin mit Lebensmitteln versehen und die Linien geschleift hatte, verließ Eugen am 14. September das Lager, in welchem sein Heer seit dem Schlachttage gestanden hatte. Am folgenden Tage ging er über die Dora baltea, zwei Tage später ergab sich Chivasso, worin zwölfhundert Gefangene gemacht wurden.

Von keiner Seite auf Hindernisse stoßend, setzte der Prinz seinen Marsch nach dem Herzogthume Mailand fort, auf dessen Besitzergreifung zunächst sein Augenmerk gerichtet war. Vercelli fand er vom Feinde verlassen, Novara überlieferten der Bischof, der Adel und die Bevölkerung, nachdem sie sich des spanischen Offiziers, der daselbst commandirte, bemächtigt, und die Besatzung von fünfhundert Mann entwaffnet hatten. Crescentino ergab sich an Graf Königsegg. Am Morgen des 23. September überschritt das kaiserliche Heer den Tessin. Am folgenden Tage war Eugen schon bis Corsico, wenige Miglien von Mailand vorgerückt. Er sandte den Generaladjutanten Grafen Beaufort nach der Stadt, sie zur Unterwerfung aufzufordern. Sogleich erschienen einige der angesehensten Bürger als Deputation im Lager des Prinzen, um die freudige Theilnahme der Stadt über dessen lang ersehntes siegreiches Vordringen auszusprechen. Die Grafen Battista Scotti und Uberto Stampa überreichten Eugen die Schlüssel der Stadt. Der spanische Gouverneur Fürst von Vaudemont war nach Pizzighetone entflohen. Nur das Castell war von zwei französischen und vier spanischen Bataillonen besetzt. Der Marquis von Florida befehligte daselbst, der Marquis Valsuentes und Fürst Pio unterstützten ihn. Sie hatten den gemessenen Befehl, sich auf's äußerste zu vertheidigen.

Der Fürst von Vaudemont hatte sich der Hoffnung hingegeben, Eugen werde durch eine Belagerung des Castells von Mailand so lange Zeit verlieren, bis das Heer des Herzogs von Orleans, ansehnlich verstärkt, neuerdings in Italien einzurücken vermöchte. Aber der Prinz war nicht der Mann, in eine solche Falle zu gehen. Er entschloß sich ohne Zögern, das Castell von Mailand einzig und allein zu blokiren, selbst aber auf fernere Ausdehnung der kaiserlichen Herrschaft in der Lombardie bedacht zu sein. Am 26. September hielt der Prinz seinen feierlichen Einzug in Mailand. Die Bürgerschaft stand unter den Waffen und bildete Spalier bis zum Dome, wo der Erzbischof Archinto, aus einer der edelsten Familien des Herzogthums, das Hochamt hielt. Die ganze Bevölkerung drückte durch enthusiastischen Zuruf ihre Freude aus, und mit Begeisterung wurden die Deutschen als Befreier von dem französisch-spanischen Joche begrüßt.

An demselben Tage, an welchem Eugen in Mailand eingezogen war, hatte er den Feldzeugmeister Grafen Daun mit acht Regimentern gegen Pavia entsendet, wohin Vaudemont eine Besatzung von fünf Bataillonen gelegt hatte. Aber auch hier gewann die Bewegung, welche die Bevölkerung der lombardischen Städte bei Annäherung der deutschen Truppen ergriff, die Oberhand. Adel und Bürger waren einig in ihrer Sympathie für das kaiserliche Heer, in ihrem Widerwillen gegen die Franzosen und Spanier.

Sie zeigten sich entschlossen, Pavia dem Grafen Daun zu übergeben. Der in der Stadt befehligende General Graf Sartirana mußte sich in's Schloß zurückziehen, und war froh, nach einigen Tagen auf die Bedingung freien Abzuges capituliren zu können.

Eugens ferneres Vordringen in Oberitalien glich einem wahren Siegesmarsche. Como, Lodi ergaben sich ohne Widerstand, eine Unzahl kleinerer Plätze that desgleichen, Ivrea, Pizzighetone, Alessandria, Asti, Mortara wurden angegriffen und fielen alle nach mehr oder minder tapferer Gegenwehr. Die Stadt Modena wurde durch einen glücklichen Ueberfall von General Wetzel genommen. Tortona, das sich lange gehalten hatte, mußte mit Sturm erobert werden. Endlich verließ der Feind auch Guastalla, die Besatzung von Casale aber ergab sich als kriegsgefangen.

Mit dieser Reihe von Eroberungen waren die Monate Oktober und November vorübergegangen. Man sieht, Eugen hätte sie unmöglich besser benützen können. In geringerem Maße war dieß von Seite seiner Gegner geschehen. Zwar hatte König Ludwig dem Herzoge von Orleans zu wieder-holten Malen auf's bestimmteste befohlen, unverzüglich alles zum Wieder-einmarsche in Italien in's Werk zu setzen und sich mit Medavi's Truppen zu vereinigen, die sich noch daselbst befanden [36]). Zwar hatten die Franzosen, auch im Unglücke noch von ihrer Großsprecherei nicht lassend, es Jedem versichert, der es hören wollte, daß nach diesem Wiedereinmarsche die Lage Eugens und seines Heeres übler sein werde als je zuvor [37]). Aber sie glaubten wohl selbst nicht daran, den Prinzen wenigstens vermochten sie nicht damit einzuschüchtern. Obwohl er niemals, auch in der günstigsten Lage nicht, eine Vorsicht gegen den Feind vernachlässigte und auch jetzt die Ausgänge aus dem Gebirge nach den piemontesischen Ebenen mit Sorgfalt bewachen ließ, so glaubte er doch nicht an die Möglichkeit einer so schnellen Vollziehung der Befehle des Königs von Frankreich. Eine Ar-mee, die so viel gelitten habe, welche von Artillerie und Gepäck völlig ent-blößt sei, die keine Magazine besitze, könne bei so weit vorgerückter Jahreszeit unmöglich mitten in das feindliche Land eindringen und sich daselbst festzusetzen trachten [38]).

Der Erfolg bestätigte Eugens Anschauungsweise vollkommen. Vor der Mitte des Monats November konnte man nicht ernstlich daran denken, das französische Heer in Bewegung zu bringen. Und ehe noch dieser Zeitpunkt eintrat, waren einerseits die meisten der festen Plätze schon gefallen, auf welche der Herzog von Orleans sich hätte stützen sollen, andererseits war die Jahreszeit so weit vorgerückt, und die Witterung so ungünstig, daß der Marsch durch das Gebirge mit den größten Beschwerden verbunden schien. Endlich begann selbst König Ludwig Eugens Ueberlegenheit anzuerkennen. Er fürchtete sein Heer einem sicheren Verderben entgegen zu senden, und überließ es dem Herzoge von Orleans, dasjenige zu thun, was nach seiner Meinung ausführbar sei. Bald ging König Ludwig noch weiter. Er hielt die Lage der Dinge in Italien für eine verzweifelte und dachte nicht mehr an die Wiederherstellung des früheren Zustandes, nicht mehr an Entsendung von Truppen dorthin, sondern nur noch an die Rettung derjenigen, welche er daselbst besaß.

Der König befahl dem Herzoge von Orleans, sein Heer aufzulösen und in die Winterquartiere zu verlegen. Den Fürsten von Vaudemont aber ermächtigte er zu friedlicher Unterhandlung mit Eugen, um gegen Uebergabe sämmtlicher Plätze die französischen und spanischen Truppen ungefährdet aus Italien ziehen zu können. Er wies ihn an, den Herzog von Mantua zu vermögen, zur Rettung seines Besitzthums gleichfalls mit Eugen zu unterhandeln [39]).

Der Prinz hatte sich, nachdem Casale gefallen und das kaiserliche Heer ebenfalls in die Winterquartiere verlegt worden war, nach Mailand begeben. Hiermit hatte die Kriegführung für dieses Jahr ihr Ende erreicht. So glorreich auch viele der früheren Feldzüge für Eugen gewesen waren, keiner hatte ihm höheren Ruhm gebracht, keiner seinem Namen durch ganz Europa ungetheiltere Bewunderung gesichert. Man wußte nicht, welchen Theil der Thätigkeit Eugens man lauter zu preisen habe, seinen kühnen Zug aus den tirolischen Grenzgebirgen mitten durch die weit überlegene feindliche Heeresmacht nach Piemont, sein herrliches Benehmen in der Schlacht von Turin oder die fruchttragende Benützung des Sieges. Alles was an der Sache des Hauses Habsburg Antheil nahm, war voll des begeistertsten Lobes des Prinzen, Niemand mehr als der Kaiser selbst. Das Schreiben, worin er dem Prinzen nach der Schlacht von Turin seinen Dank ausspricht [40]), ist der beste Beweis, wie tief der Kaiser von den Gefühlen innigster Dankbarkeit gegen seinen Feldherrn durchdrungen war. Ein glänzendes Geschenk, in einem prächtigen, reich mit Diamanten besetz-

ten Degen bestehend, sollte dem Prinzen als sichtbares Merkmal der lebhaften Anerkennung seines kaiserlichen Kriegsherrn dienen.

Aber nicht nur von seinem Monarchen, auch von den anderen alliirten
Höfen kamen Eugen die verbindlichsten Dankschreiben zu. Mehr aber als
dieses war es in seinen Augen von Werth, daß sein Ruhm tief eingedrungen war in die Herzen der Bevölkerung der mit dem Kaiserhause verbündeten Staaten. Nirgends zeigte sich dieß lebhafter als in England, wo das
Volk mehr als jedes andere in Europa immer einen regen Sinn für Feldherrngröße, so wie für hervorragende staatsmännische Dienste bewährt hat.
Es sind kleine aber bedeutsame Züge, wenn eine unverheirathete Frauensperson dem Prinzen, den sie wahrscheinlich niemals gesehen, auf ihrem
Todbette den Betrag von zweihundert Pfund Sterling vermacht, und nur
ihr Bedauern ausspricht, daß sie ihm nicht das hundertfache dieser Summe
zu hinterlassen vermöge [41]. Ein Gärtner bedachte in seinem Testamente
den Prinzen mit hundert Pfund [42]. Von allen Seiten kamen ihm Beweise
der Liebe und Anhänglichkeit zu. Selbst die Franzosen, die er doch so tief
gedemüthigt hatte, und welche ihm, da sie ihn noch immer halb und halb
als einen der Ihrigen betrachteten, darum doppelt gram waren, konnten
ihm ihre Bewunderung nicht versagen. Der schönste Lohn jedoch, welchen
der Kaiser seinem siegreichen Feldherrn zuzuwenden dachte, bestand darin,
daß er im Einvernehmen mit seinem Bruder, dem Könige Karl, ihn zum
General-Gouverneur der Stadt und des Herzogthums Mailand ernannte.

Das eigenthümliche Verhältniß, in welches Mailand nach seiner
Eroberung durch die kaiserlichen Truppen gerathen war, brachte es mit sich,
daß das Ernennungspatent dem Prinzen durch König Karl ausgefertigt und
zugeschickt werden mußte. Denn für diesen war die Besitznahme erfolgt,
und man hielt es für nöthig, die Spanier, welche ungemein eifersüchtig waren
auf die Integrität ihrer Monarchie, das wahre Sachverhältniß nicht ahnen
zu lassen. Dieses bestand jedoch darin, daß Kaiser Leopold und sein Sohn
Joseph sich bei ihrer Verzichtleistung auf das Nachfolgerecht in Spanien die
Stadt und das Gebiet von Mailand vorbehalten hatten. Es sollte ihnen als
Lohn ihres Beistandes bei Verfechtung der Ansprüche des Königs Karl auf den
spanischen Thron verbleiben. So kam es, daß während der leitende Gedanke
und die eigentliche Anordnung bei der Administration Mailands von Wien
ausging, die Dekrete und Verordnungen selbst aus Barcelona dahin kamen, ein

Zwitterverhältniß, welches die Urſache unſäglicher Verwitrung werden mußte. Sei es, daß Eugen das Unangenehme dieſer Stellung und den Zwieſpalt, der daraus zwiſchen den Höfen von Wien und Barcelona zu beſorgen war, vorauszuſehen glaubte, ſei es, daß er einzig und allein dem Kaiſer dienen und ſich nicht in Abhängigkeit von dem Könige Karl verſetzen wollte, ſei es, daß er eine Rivalität mit dem Herzoge von Savoyen zu vermeiden ſuchte, gewiß iſt nur, daß er das Dekret, welches ihm Karl über ſeine Ernennung zum Gouverneur von Mailand hatte ausfertigen laſſen, vorerſt noch zurückwies [43]).

Alle die Zeichen höchſter Anerkennung und allgemeiner Huldigung, welche dem Prinzen zuſtrömten, erfüllten ihn jedoch nicht mit hochmüthiger Selbſtzufriedenheit, ſie ſchienen, wenn es deſſen noch bedurft hätte, für ihn nur eine neue Triebfeder zu unermüdeter Pflichterfüllung zu ſein. Wenigſtens gönnte er ſich ſelbſt, während ſeine Truppen von den Anſtrengungen des Feldzuges ſich erholten, nicht einen Augenblick Ruhe, und er ſchien den Geſchäften des Krieges nur für kurze Zeit Lebewohl geſagt zu haben, um ſich denjenigen des Friedens mit um ſo größerem Eifer zu widmen.

Siebzehntes Capitel.

Schon im Anfange des verflossenen Feldzuges hatte der Kaiser beschlossen, den savoyischen Botschafter zu Wien, Hercules Turinetti, Marquis von Prié, in seine Dienste zu ziehen und ihn als kaiserlichen Commissär zur Besorgung der Civilgeschäfte an Eugens Seite nach Italien zu schicken. Die bekannte Geschicklichkeit Prié's, seine genaue Kenntniß Italiens und der verschiedenen dortigen Höfe, insbesondere aber das Ansehen, in welchem er bei dem Herzoge von Savoyen stand, ließen von ihm ersprießliche Dienste erwarten. Wohl mag die Hoffnung, daß durch Prié's Vermittlung der wetterwendische, unverläßliche Herzog leichter bei der Allianz festgehalten würde, zu dem Entschlusse des Kaisers den Ausschlag gegeben haben. So lange der Feldzug dauerte, trat Prié's Thätigkeit nicht in den Vordergrund und bot weder zu lobender, noch zu tadelnder Bemerkung besonderen Anlaß. Sobald aber die Waffen des Kaisers und diejenigen des Herzogs von Savoyen vom Siege gekrönt waren, sobald es sich um die Ausdehnung der Herrschaft beider auf die früher vom Feinde besetzten Landstriche handelte, so mußte die Thätigkeit des Civilcommissärs allsogleich in den Vordergrund treten.

Nun aber erhoben sich allerlei gewichtige Bedenken gegen denselben. Dem ehemaligen Minister des Herzogs von Savoyen glaubte man bei einem etwaigen Conflicte der Interessen seines früheren mit denjenigen seines jetzigen Dienstherrn nicht vollkommen trauen zu können. Und daß ein solcher Conflict nicht lange auf sich warten lassen werde, daran war bei der bekannten Denkungsart des Herzogs nicht einen Augenblick zu zweifeln.

Schon hatte er mit einem gewissen Ungestüm die Erfüllung der Bedingungen des Allianzvertrages vom Jahre 1703 und die Abtretung der ihm zugesagten Landstriche verlangt, fast noch bevor sie dem Feinde abgenommen waren. Tadelnswerther als dieses vielleicht nicht zeitgemäße, immerhin aber nicht ungerechtfertigte Begehren war der Unmuth des Herzogs, den er über die Verleihung der Statthalterschaft von Mailand an Eugen verspüren ließ. Sein Mißvergnügen darüber war so lebhaft und zeigte sich so unverholen, daß die Franzosen darauf schon Hoffnungen bauten, den Herzog mit dieser Lockspeise von dem Bündnisse mit dem Kaiser trennen zu können [1]).

Wenn dieß auch zu befürchten gewesen wäre, so hätte ein Eingehen auf den Wunsch des Herzogs doch in jeder Beziehung den schärfsten Tadel verdient. Schon an und für sich war die damals so oft beobachtete Sitte eine höchst schädliche, fremden Fürsten die Statthalterschaft ganzer Provinzen zu übertragen. Wratislaw hatte vollkommen Recht, wenn er in seiner unumwundenen Weise dem Kaiser erklärte, Niemanden sei ein solcher Posten anzuvertrauen, als demjenigen, welchem man, wenn er es verdiene, den Kopf vor die Füße legen lassen könne [2]). Die Gefahr wuchs noch, wenn der Statthalter ein benachbarter Fürst war, dessen Ländergebiet angrenzte an dasjenige, dessen Regierung er übernahm. Schon die Versuchung lag nahe, das anvertraute Land zu Gunsten des eigenen zu vernachlässigen, und mehr noch die Verlockung, das letztere auf Kosten des ersteren zu vergrößern. War nun der fremde Herrscher, der sich um eine Statthalterschaft bewarb, ein Fürst, dessen Ländergier so bekannt war wie diejenige des Herzogs von Savoyen, so wäre es wahre Tollheit gewesen, ihm das Gouvernement des Herzogthums Mailand anzuvertrauen, jenes reichen Landes, nach welchem er von jeher ein unbezähmbares Gelüst an den Tag gelegt hatte.

Herzog Victor war nicht der Mann, welcher sich durch eine ausweichende Antwort, ja selbst durch eine bestimmte Weigerung abhalten ließ von fernerem Streben nach einem Gegenstande, den er seines Begehrens werth geachtet hatte. Je geringer die Geneigtheit des Kaiserhofes war, auf seine Wünsche einzugehen, desto bringender wurden die Vorstellungen, mit welchen er zu London und im Haag die Vermittlung der Seemächte ansuchte, um durch ihre guten Dienste dennoch die ersehnte Einsetzung in die Statthalterschaft von Mailand zu erlangen [3]).

Es war natürlich, daß die Art von Spannung, welche hiedurch eintrat, die schon an sich etwas zweideutige Stellung des Marquis Prié noch sehr erschwerte. Schon hatte der Kaiser den Grafen Joseph Scipio Castelbarco, welcher in Südtirol reich begütert war und sich stets durch seine Anhänglichkeit an das Herrscherhaus ausgezeichnet hatte, mit dem speziellen Auftrage nach Italien geschickt, die Angelegenheit der Forderungen des Herzogs von Savoyen in's Reine zu bringen. Aber zu Wien glaubte man damit noch nicht genug gethan zu haben. Man war dort insbesondere der Ansicht, daß Prié, dessen sonstige Gewandtheit man nicht verkannte, die ihm gleichfalls übertragene Funktion, für die Verpflegung der Truppen zu sorgen, nicht in genügender Weise verstehe. Diesem Umstande schrieb man die Verwirrung zu, welche in diesem wichtigen Geschäftszweige eingerissen war. Insbesondere war es der Generalkriegscommissär Graf Schlik, der großes Aufheben davon machte, freilich in der Absicht, wie wenigstens Prié behauptete[4]), selbst nach Italien zu gehen und dort von der günstigen Lage der Dinge auch für sich Nutzen ziehen zu können.

Eugen war gleichfalls der Ansicht, daß Prié, dem es an Willen und Fleiß nicht fehle, die Erfahrung nicht besitze, welche jenes wichtige Amt erfordere. Eine Aenderung darin sei im Interesse der Armee dringend nöthig, doch möge man sie in einer Weise herbeizuführen suchen, durch welche die ohnehin schon sehr gereizte Empfindlichkeit des Herzogs von Savoyen nicht noch höher gesteigert werde[5]).

Des Prinzen Meinung bestimmte den Wiener Hof, den Grafen Schlik mit dem Auftrage nach Italien abzusenden, das Verpflegswesen wieder in besseren Stand zu bringen, die Bestimmung und Einrichtung der Quartiere zu besorgen, endlich aber mit Eugen, Prié und Castelbarco die Größe der Summen festzusetzen, welche als Kriegscontribution den italienischen Reichsvasallen aufzuerlegen wären[6]).

Eugen hatte zu jeder Zeit für die Einforderung solcher Contributionen gestimmt. Nicht nur die Erkenntniß der Nothwendigkeit, auch andere Länder zur Tragung der Kriegslasten herbeizuziehen und sie nicht allein den kaiserlichen Erbstaaten aufzubürden, bewog ihn dazu. Er war fest überzeugt von der Berechtigung des Kaisers, Kriegssteuern von Fürsten und Regierungen zu fordern, welche sich im Besitze von Reichslehen befanden. Endlich sah er darin ein geeignetes Mittel der Bestrafung für diejenigen, welche sich während der Dauer des Krieges den Franzosen günstig gezeigt, der Sache des Kaisers hingegen in jeder Weise Abbruch gethan hatten.

Insbesondere waren es die Herzoge von Parma und Mantua, welche in dieser Beziehung des Prinzen Unzufriedenheit in höchstem Maße traf. Dem Ersteren war von Eugen das Anfangs zweideutige, dann feindselige Benehmen nicht vergessen worden, welches er gegen das kaiserliche Heer während des letzten Durchmarsches beobachtet hatte. In ziemlich kategorischer Sprache, welche den Herzog mit Schrecken erfüllte [7]), wurde von ihm die Summe von hunderttausend Pistolen als Kriegsbeitrag gefordert. Eugen bestand auf seinem Begehren, obgleich der Herzog den Betrag als unerschwinglich darstellte. Zu Piacenza unterhandelten Prié und General Visconti im Auftrage Eugens mit den parmesanischen Ministern. Endlich verglich man sich auf Bezahlung einer Summe von fünfundachtzigtausend Louisdor [8]).

In ähnlicher Weise wie Parma wurden der Großherzog von Toscana, dann die Gebiete von Ferrara und Bologna mit Contributionen belegt. Nach Genua wurde der Generaladjutant Graf Philippi abgesendet, den Senat zur Entrichtung einer Kriegssteuer einzuladen. Ein härteres Schicksal aber sollte den Herzog von Mantua treffen. Bei seinem Benehmen voll Undankbarkeit und Feindschaft gegen das Kaiserhaus, welches ihn mit Wohlthaten überhäuft hatte, ließ sich nichts anderes erwarten, als daß dieses, nachdem es die Oberhand in Italien erlangt hatte, den Herzog sein Verschulden theuer büßen lassen werde. Daher war auch Frankreichs Bestreben darauf gerichtet, bei den Unterhandlungen, welche es wegen des ungefährdeten Abzuges seiner Truppen aus Italien eröffnete, für den Herzog von Mantua möglichst gute Bedingungen zu erhalten.

Es dachte weniger daran, damit eine Pflicht der Dankbarkeit gegen einen Fürsten zu erfüllen, welcher jederzeit an ihm gehangen und je nach den Umständen entweder offen oder doch insgeheim zahlreiche Beweise dieser Anhänglichkeit geliefert hatte. Seine Hauptabsicht war, in der Person des Herzogs von Mantua eine eben nicht machtlose Stütze in Italien zu besitzen, mit deren Beihülfe sich früher oder später das Projekt der Wiederaufrichtung der französischen Herrschaft in jenem Lande in's Werk setzen lassen könnte.

Hierauf zielten denn auch die Verhandlungen ab, welche der Fürst von Vaudemont mit dem Prinzen Eugen anzuknüpfen trachtete. Unter dem Vorwande, eine Auswechslung der Gefangenen zu verabreden, sandte er den Generallieutenant Saint-Pater an den Prinzen. Saint-Pater besaß genug Verstand und Takt, um in einer so wichtigen Angelegenheit gebraucht zu werden. Ihn begleitete der Generalmajor de la Javelière, von dessen Gewandtheit der Fürst von Vaudemont einen heilsamen Einfluß auf die Verhandlungen erwartete [9].

Die beiden französischen Generale hatten den Auftrag, dem Prinzen die Verabredung völliger Neutralität für Italien vorzuschlagen. Dem Kaiser würde Mailand mit dessen Gebiete eingeräumt, dem Herzoge Victor Amadeus aber Savohen und die Herrschaft Nizza zurückgestellt werden. Der Herzog von Mantua habe im Besitze seiner Staaten, Casale's und entweder des ihm gehörenden Theiles von Montferrat zu bleiben, oder er sei statt des letzteren in den von Cremona und des Gebietes dieser Stadt zu setzen. In Mantua dürfe er diejenigen neutralen Truppen, welche er vorziehe, als Besatzung aufnehmen. Die französischen Streitkräfte würden auf dem kürzesten Wege Italien verlassen und nach Frankreich zurückkehren.

Sollte Eugen diese Bedingungen verwerfen, so waren Saint-Pater und la Javelière angewiesen, ihm die Räumung der Plätze von den französischen Truppen anzubieten und nur für den Herzog von Mantua die Neutralität seiner Staaten und die Bewilligung auszubedingen, eine neutrale Besatzung in seine Festung aufzunehmen.

Eugen empfing die Bevollmächtigten des Fürsten Vaudemont mit vieler Zuvorkommenheit. Er hatte es vorausgesehen, daß der Vorwand ihrer Sendung nicht deren wirklicher Endzweck war [10]. Auf ihre Anträge aber, von denen sie einstweilen nur mit den ersten hervorrückten, lautete seine Antwort kurz und bündig. Weder er noch der Fürst von Vaudemont, erklärte der Prinz den beiden Abgesandten, seien von ihren Monarchen nach Italien geschickt worden, um daselbst Frieden zu schließen. Er wenigstens hätte einzig und allein den Auftrag, den Krieg mit Energie zu Ende zu führen. Ohne spezielle Erlaubniß des Kaisers dürfe er daher Friedensvorschläge nicht anhören und er sei gewiß, daß ein Gleiches auch von Seite des Kaisers nicht ohne Wissen und Zustimmung sämmtlicher Verbündeten geschehen werde.

Die französischen Generale brachten es jedoch wenigstens dahin, daß der Prinz ihre Vorschläge schriftlich annahm und sich anheischig machte, sie dem Kaiserhofe zu übersenden. Eugens Hauptabsicht dabei war die beiden Unterhändler so bald als möglich los zu werden und sie nach Mantua zu dem Fürsten von Vaudemont zurückkehren zu machen. Er wollte es um jeden Preis zu verhindern suchen, daß sie nicht etwa mit dem Herzoge von Savoyen in unmittelbare Verbindung träten [11]).

Denn kaum war den vereinigten Waffen des Kaisers und des Herzogs ein Kriegsglück ohne Gleichen beschieden gewesen, kaum waren Ereignisse eingetreten, von denen man hätte glauben sollen, daß sie die kühnsten Wünsche des Herzogs überflügelt hätten, so begann derselbe gleich wieder eine Haltung anzunehmen, welche ein ernstes Mißtrauen gegen ihn wachrufen mußte. Der Kaiser that alles, was in seinen Kräften stand, um dem Herzoge keinen gerechten Grund zur Unzufriedenheit zu geben. Er erklärte wiederholt seinen unerschütterlichen Entschluß, alles treulich zu erfüllen, wozu er sich durch den Allianzvertrag anheischig gemacht hatte. Er ermächtigte den Grafen Castelbarco, dem Herzoge die Einkünfte der ihm traktatmäßig zugesprochenen Orte und Landstriche allsogleich zur Verfügung zu stellen. Nur wünschte der Kaiser lebhaft, daß mit der Besitzergreifung selbst noch einige Zeit gezögert werde. Die gleiche Rücksicht, welche man hinsichtlich des Herzogthums Mailand beobachten zu sollen glaubte, waltete auch hier ob. Man fürchtete den üblen Eindruck, welchen in Spanien überhaupt und in Mailand insbesondere die Loslösung verschiedener Gebietstheile und deren Ueberlassung an ein fremdes Land hervorbringen müßte [12]).

Zu wiederholten Malen schon hatte Eugen dem Herzoge in diesem Sinne Vorstellungen gemacht. Er war als Bürge eingetreten für die unerschütterliche Absicht des Kaisers, die Vertragsbestimmungen heilig zu halten. Er hatte ihm zu Gemüth geführt, daß es ja in dem gemeinsamen Interesse der Verbündeten liege, die Bevölkerung des neu gewonnenen Landes nicht durch Abreißung einzelner Gebietstheile zu erbittern und französische Sympathien daselbst wieder zu erwecken. Victor Amadeus schien überzeugt und umgestimmt, nach wenigen Wochen aber trat er neuerdings mit den alten Anforderungen hervor. Und nicht nur bei Eugen, nicht nur in Wien drang er auf dasjenige, was er die Erfüllung der Traktatsbestimmungen nannte, auch in England und Holland mußten seine Minister Vorstellungen erheben und die Vermittlung der Seemächte in Anspruch nehmen. Es geschah dieß mit einem Ungestüm, welcher mit den vor kurzem gegebenen Erklärungen des Herzogs seltsam contrastirte. Ihn nochmals zu beruhigen, zugleich aber sich über die Unternehmungen des künftigen Feldzuges zu berathen, begab Eugen sich zu Anfang des Monats Jänner 1707 nach Turin.

Was den ersten Punkt, die Verschiebung der Besitznahme jener Landstriche betraf, welche ihm vom mailändischen Gebiete zufallen sollten, schien es als ob es Eugen gelungen wäre, den Herzog nochmals zu beschwichtigen. Der zweite Punkt aber, der von den Operationen für den künftigen Feldzug handelte, gab zu den ernstesten Erörterungen Anlaß.

England und Holland drangen mit Macht darauf, daß der Krieg auf französisches Gebiet gespielt und Toulon, die Pflanzstätte französischer Seemacht im Mittelmeere, angegriffen werde.

Schon seit Jahren hatte England sein Hauptaugenmerk auf die Zerstörung von Toulon gerichtet [13]). Von allen kriegerischen Unternehmungen im Süden Europa's lag ihm keine so sehr am Herzen als diese. Der furchtbare Schlag, der durch ihr Gelingen wider die französische Marine geführt worden wäre, war zu verführerisch für England, als daß es nicht alle seine Bestrebungen auf dieses Ziel gerichtet hätte. Schon im Monate April des Jahres 1704, zu einer Zeit, in welcher von einem Uebergewichte der Verbündeten in Italien noch nicht entfernt die Rede sein konnte, hatte der englische Gesandte Hill zu Turin an Lord Nottingham geschrieben: „Die Zerstörung von Toulon ist dasjenige, was ich auf Erden „am heißesten ersehne, und ich will unermüdet daran arbeiten [14])."

Mit all der zähen Hartnäckigkeit, welche ihre Bestrebungen so sehr kennzeichnet, hielten die Engländer an diesem Plane fest, so ungünstig auch die Umstände eben für ihn sein mochten. Toulon war das Ziel der Anstrengungen, welche die Seemächte für den Krieg in Italien machten. Kaum war daher derselbe durch Eugens Siege mit so glücklichem Erfolge gekrönt worden, als England durch Marlboroughs Mund allsogleich wieder die Zerstörung Toulons als den Endzweck des nächsten Feldzuges hinstellte [15]). Es war so erpicht darauf, daß es erklärte nur dazu allein seine Flotte nach dem Mittelmeere senden, und wenn es nöthig sein sollte, einen erhöhten Beitrag zu den Kriegskosten leisten zu wollen [16]). Es verfolgte diese Bestrebungen mit unglaublichem Eifer und suchte seinen

Wünschen und Absichten bei den übrigen Verbündeten Eingang und that-kräftige Unterstützung zu verschaffen.

Nirgends wurde ihm dieß leichter als bei Holland, welches durch gleiche Plane und gleiche Interessen völlig an England geknüpft war. Auch der Herzog von Savoyen schloß sich der Ansicht Englands an und vertrat sie mit dem größten Nachdrucke. Er that dieß um seine Freundschaft mit den Seemächten, insbesondere mit England immer fester zu knüpfen, denn von diesen hoffte er ausgiebige Unterstützung bei den weitreichenden Planen, die er in seinem Innersten hegte. Er that es ferner, weil ihm das Vordringen in ein benachbartes Land, von welchem aus feindliche Heerscharen so oft sein Gebiet mit Krieg überzogen hatten, aus den verschiedensten Gesichts-punkten nur erwünscht sein konnte. Endlich war er gleich den Seemächten derjenigen Unternehmung abgeneigt, die dem Kaiser und dem Könige Karl am meisten am Herzen lag, einem Zuge nach Neapel zur Eroberung dieses Landes.

Nach Eugens Meinung waren die Seemächte nicht für den Marsch kaiserlicher Truppen nach Neapel, weil sie dieses Land nicht ungern dem Könige Philipp zugewendet hätten, wenn er, was damals schon so ziemlich ausgemacht schien, der spanischen Krone verlustig geworden wäre. Auch der Herzog von Savoyen wollte nicht mitwirken, seiner Tochter, Philipps Gemahlin, den letzten Zufluchtsort zu entreißen und sie auch dieser Königs-krone zu berauben [17]). Der Kaiserhof aber bestand aus den gewichtigsten Gründen auf der Unternehmung gegen Neapel.

In keinem Theile des weiten Ländergebietes der spanischen Monarchie war man der französischen Herrschaft abgeneigter, als dort. Nirgends hatte man sehnsüchtiger die österreichischen Truppen herbeigewünscht, nirgends mehr gethan, sich der bourbonischen Herrschaft zu entledigen und sich unter das Scepter des Hauses Habsburg zu begeben. Der mißglückte Aufstand des Jahres 1701 hatte von gleichen Bestrebungen nicht abgeschreckt und das Blut der zahlreichen Hingerichteten das unter der Asche fort-glimmende Feuer nicht zu löschen vermocht. Die unzufriedene Stimmung war vielmehr, einer ansteckenden Krankheit ähnlich, im ganzen Lande verbreitet worden, und Cardinal Grimani, der sich zu Rom befand und alle Fäden in seiner Hand vereinigte, konnte nicht mit Unrecht Neapel einer reifen Frucht vergleichen, nach der man nur den Arm auszustrecken brauche um sie zu pflücken.

Was war natürlicher, als daß Oesterreich nicht länger damit zögern wollte, sich diese köstliche Frucht auch wirklich zuzueignen.

War es nicht schon eine Sache der Ehre und des Gewissens, demjenigen, welche sich schon einmal freiwillig und mit Selbstaufopferung erhoben hatten um der Sache des Hauses Habsburg zu dienen und sich ihm unterzuordnen, zu solchem Vorhaben hülfreiche Hand zu bieten? Konnte man nicht mit Bestimmtheit erwarten, aus Neapel Geld, Soldaten, Kriegsbedürfnisse und Lebensmittel zu beziehen, um den Kampf auf den andern Kriegsschauplätzen am Mittelmeere desto leichter fortführen zu können? War es vernünftig, alle diese reichen Hülfsmittel noch länger in der Hand und zur Verfügung Frankreichs zu lassen? Und lag es nicht jedenfalls näher, da die Gewinnung der spanischen Monarchie für König Karl den ausgesprochenen Endzweck des ganzen Krieges bildete, eines dieser Länder nach dem andern zu erobern und Philipps Herrschaft zu entreißen, als dem Kampfe ein den ursprünglichen Motiven des Krieges fremdes Ziel, die Zerstörung der französischen Seemacht zu geben?

Ein Hauptgrund war endlich noch übrig, um deffentwillen die fernsichtigeren unter den kaiserlichen Ministern, Wratislaw an der Spitze, auf das Unternehmen gegen Neapel drangen. Kaiser Joseph besaß keinen Sohn; bei der andauernden Kränklichkeit der Kaiserin glaubte man auf keine fernere Nachkommenschaft hoffen zu dürfen. Der Kaiser war zwar jung und kräftig, und sein Leben hätte noch lange Dauer versprochen. Aber ein Schreckbild war vorhanden, welches ängstliche Gemüther mit bangen, leider nicht trügerischen Ahnungen erfüllte. Joseph hatte noch nicht geblattert, und da er seiner Art nach keine Furcht kannte und jede Vorsichtsmaßregel verabscheute, glaubte man immer einen Unglücksfall besorgen zu müssen. Wratislaws Briefe an den König Karl sind mit dem Ausdrucke dieser Befürchtungen erfüllt. Würde aber ein solches verhängnißvolles Ereigniß eintreten, so müßte, behauptete man zu Wien, dem Kaiserhause der Gewinn Italiens von größerem Nutzen sein, als selbst derjenige der spanischen Halbinsel [18]).

Auf die völlige Eroberung Italiens hatte daher der Kaiserhof sein Hauptaugenmerk gerichtet. Neapel war ihm nächst Mailand der wichtigste der ehemaligen spanischen Gebietstheile in Italien, sowohl an und für sich wie als Brücke nach Sicilien. Man beharrte daher zu Wien uner-

schütterlich auf der beabsichtigten Unternehmung. Bei so weit auseinander-
gehenden Ansichten der verschiedenen Verbündeten schien es ungemein
schwer, einen Mittelweg einzuschlagen, auf welchem die Wünsche beider
Theile verwirklicht werden konnten. Eugen versuchte einen solchen zu
finden. Er bestritt den Vorschlag der Seemächte und des Herzogs von
Savoyen nicht, er sagte vielmehr des Kaisers kräftige Mitwirkung zu
dessen Ausführung zu. Von dem Projekte gegen Neapel sprach er nicht
viel; er gab es jedoch durchaus nicht auf, sondern beschäftigte sich im
stillen mit der Zusammensetzung eines kaiserlichen Armeecorps, welchem
die Eroberung jenes Landes übertragen werden sollte. Auch würde, so
bemerkte der Prinz mit Recht dem Kaiser, die Unternehmung gegen Toulon
insofern wenigstens mittelbar zum Gelingen des Zuges nach Neapel beitragen, als Frankreich dadurch verhindert würde, Schiffe und Truppen
dorthin zu entsenden.

Nach kurzem Aufenthalte in Turin wieder nach Mailand zurückgekehrt, fand Eugen daselbst einen Trompeter des Fürsten Vaudemont vor,
welcher neuerdings Pässe für die Generale Saint-Pater und de la Javelière
zur Reise nach Mailand ansuchte. Eugen wies Anfangs dieses Verlangen
zurück; da jedoch Fürst Vaudemont versicherte, daß die beiden Abgesandten
neue Bedingungen überbrächten, wurden die erbetenen Pässe ausgefertigt.
Doch wurde Brescia als Ort der Verhandlungen bestimmt und von Seite
Eugens der General Baron Wetzel dorthin abgeschickt.

Ohne Zweifel geschah dieß, um die beiden Unterhändler sowohl von
jeder Verbindung mit dem Herzoge von Savoyen, als mit der Besatzung
des noch immer in Blokadezustand befindlichen Castells von Mailand fern
zu halten.

Während die Verhandlungen ihren Anfang nahmen und später zu
größerer Beschleunigung doch nach Mailand übertragen wurden, sah sich
diese Stadt durch die in ihrer nächsten Nähe, in und vor dem Castell, vor-
gehenden Ereignisse nicht wenig beängstigt. Der Marquis von Floriba,
welcher in dem Schlosse commandirte, war ein alter und tapferer General,
auf dessen Festigkeit und Entschlossenheit man zählen konnte. Jede Aufforderung zur Uebergabe hatte er zurückgewiesen, und es schien als wolle er,
im Gegensatze zu den französischen und spanischen Befehlshabern der meisten
italienischen Plätze, den ihm anvertrauten Posten bis auf's äußerste halten.

Als ihm die Lebensmittel zu mangeln begannen, verfiel er auf ein eigenthümliches Mittel, sich deren wieder zu verschaffen. Er verlangte sie in kategorischer Weise von der Stadt Mailand selbst, und drohte dieselbe für den Fall einer Zurückweisung seines Begehrens in Asche zu verwandeln.

Wie bei jedem Anlasse, so zeigte Eugen auch hier wieder die Gesinnung wahrer Humanität, die ihn beseelte, im schönsten Lichte, und er bewies, daß dieselbe mit wirklicher Feldherrngröße gar wohl vereinbar sei. Wie mancher General würde darin eine Demüthigung gesehen haben, selbst seine Zustimmung zur Lieferung von Lebensmitteln an den bedrängten Feind zu ertheilen. Die Gefahr, welcher die Stadt Mailand ausgesetzt war, würde dagegen auf den Entschluß gar manches Feldherrn nur geringen Einfluß geübt haben. Eugen hingegen dachte anders. In seinen Augen überwog der drohende Ruin einer prachtvollen Stadt, die zu befürchtende Zerstörung so vieler Meisterwerke der Kunst, das Elend endlich, das so viele friedliche Bürger durch Zertrümmerung ihrer Wohnhäuser, durch Gefährdung ihres Lebens treffen sollte, bei weitem die Unannehmlichkeit, welche aus einer längeren Widerstandsfähigkeit des Castells erwachsen konnte. Dessen endliches Schicksal war ja ohnedieß nicht zweifelhaft. Eugen, damals in Turin anwesend, gab daher den Vorständen der Stadt seine Einwilligung zur Lieferung von Lebensmitteln nach dem Castell.

Um jedoch der Sache ein Ende zu machen und es zu hindern, daß die Angegriffenen sich gewissermaßen auf Kosten der Angreifer hielten, eilte der Prinz nach Mailand zurück. Ein zweites Verlangen des Marquis von Florida um Herbeischaffung von Proviant wurde zurückgewiesen. Doch bot Eugen, um die Stadt zu schonen, ihm an, die Feindseligkeiten von beiden Seiten einzustellen, bis der Marquis von Florida entweder zur Uebergabe des Castells angewiesen werden oder ihm in einem zu bestimmenden Zeitraume kein Entsatz zukommen würde. Aber der Marquis wollte hievon nichts hören. Er hatte sich einmal das Bombardement in den Kopf gesetzt, und schien es um jeden Preis ausführen zu wollen, unbekümmert um den Schaden, welcher dadurch einer beim Kampfe unbetheiligten Stadt zugefügt würde [19]. Er ging daran, seine Drohungen wahr zu machen. Eugen hatte aber inzwischen so gute Vorkehrungen getroffen, daß das Bombardement nur geringen Schaden that. Es völlig aufhören

zu machen, setzte der Prinz Drohung gegen Drohung, Festigkeit gegen
Festigkeit. Er ließ dem Marquis von Floriba sagen, wenn er das Bom-
bardement der Stadt nicht endige, so werde er ihn nach Eroberung des
Castells an dessen Thoren aufknüpfen lassen. Zu gleicher Zeit ließ er die
Blokade in eine Belagerung verwandeln und durch seine Kanonen die
Batterie zerstören, aus welcher die Stadt beschossen worden war. Die
Belagerung des Castells nahm nun ihren ungehinderten Fortgang.

Das Gleiche war auch mit den Verhandlungen der Fall, welche
wegen der Räumung Italiens zu Mailand gepflogen wurden. In geheimen
Zusammenkünften hatte der Prinz selbst mit den Generalen Saint-Pater
und be la Javelière über den Gegenstand ihrer Sendung Besprechungen
gehalten[20]). Denn Eugen wünschte auch seinerseits die baldige Errichtung
eines befriedigenden Vertrages, weil er die schnelle Entfernung der Franzosen aus Italien als vortheilhaft für die Sache des Kaisers erkannte.
Man war dann in den ferneren Bewegungen, insbesondere aber in den
beabsichtigten Unternehmungen gegen die Provence und Neapel weit
weniger behindert. Beide hätten sich mit einer nicht unbedeutenden
feindlichen Streitmacht im Rücken durchaus nicht in's Werk setzen lassen.

Der Prinz hatte daher im Wesentlichen die Vorschläge Vaudemonts
angenommen, welcher gegen die Uebergabe sämmtlicher Festungen den
unbehinderten Abzug der französischen Truppen nach Susa verlangte. Nur
der Punkt wegen des Herzogs von Mantua fand den Prinzen unbeugsam. Vaudemont wollte demselben den Besitz des ihm gehörigen Theiles
von Montferrat, oder als Ersatz dafür den der Stadt Cremona und ihres
Gebietes sichern, für das Mantuanische selbst aber völlige Neutralität
festgesetzt sehen. Eugen jedoch schlug dieses Begehren rund ab und erklärte
zugleich, es sei unnütz darüber an den Kaiserhof zu appelliren, der weit
entfernt sein werde darauf einzugehen. Vaudemont konnte nichts anderes
thun als den General be la Javelière mit den einstweilen verabredeten
Vertragsbestimmungen nach Versailles entsenden, um sie dem Könige von
Frankreich zur Genehmigung vorzulegen.

Der Kaiser hatte gern den von seinem siegreichen Feldherrn festgesetzten Vertragsbestimmungen die Genehmigung ertheilt. Seinem Stolze
wurde dadurch nicht wenig geschmeichelt, daß die Franzosen bei Eugen um
die Bewilligung zum Abzuge ihrer Truppen aus Italien demüthig hatten

bitten müffen [21]). Der König von Frankreich aber fügte sich schweigend der drängenden Nothwendigkeit. Ludwig erklärte, alle Bedingungen, welche verabredet worden waren, annehmen zu wollen, wenn Eugen sich für deren pünktliche Ausführung verbürge [22]). Nur für den Herzog von Mantua wollte er noch Zugeständniffe erhalten, und er beauftragte seinen Bevollmächtigten, zu deffen Gunften das Unmögliche zu verfuchen. Aber Eugen blieb unbeugfam, und fogar das Begehren der Ertheilung einer Penfion an die Herzogin lehnte er ab und verwies fie einzig und allein an die Gnade des Wiener Hofes.

Am 13. März 1707 ward der Vertrag zu Mailand abgeschloffen und von den Grafen Schlik und Daun kaiferlicher, den Generalen Saint-Pater und de la Javelière aber französischer Seits unterzeichnet. An demselben Tage wurde er von Eugen und drei Tage später von Herzog Victor ratificirt.

An dem Tage der Unterzeichnung des Tractates hatte auch die Belagerung des Castells von Mailand ein Ende gefunden. Den Befehlen des Königs von Frankreich nachkommend, wurde das Castell von dem Marquis von Florida geräumt. Seine Truppen gingen gleich den übrigen, welche Frankreich und Spanien noch in Italien hatten, in kurzen Märschen nach Sufa zurück. Mit Strenge hielt Eugen darauf, daß den Franzosen die Bedingungen der Capitulation pünktlich gehalten wurden. Der Herzog von Savoyen, dem es eine wahre Genugthuung zu sein schien, jede Gelegenheit zu benutzen, die zu einem Treubruche sich darbot, wollte die zurückkehrenden Regimenter gefangen nehmen laffen, obgleich er selbst den Räumungstractat feierlich garantirt hatte. Er machte diesen Vorschlag unter dem Vorwande von Repreffalien für die im Jahre 1703 durch die Franzosen erfolgte Entwaffnung seiner eigenen Truppen. Eugen aber legte hiegegen ernste Verwahrung ein. Er erklärte, daß des Kaisers Wort und sein eigenes heilig gehalten werden müffe, und daß ein Treubruch des Herzogs, wenn auch am Feinde begangen, selbst das Zutrauen seiner Verbündeten zu ihm nur schmälern könne [23]).

Eugens freimüthige Erklärung verfehlte ihre Wirkung nicht. Ungekränkt setzten die französischen Truppen ihren Marsch nach Sufa fort. Zu Ende April trafen die letzten daselbst ein und vertheilten sich in verschiedenen Quartieren längs der französischen Grenze.

Die glanzvolle Thätigkeit, welche Eugen auf dem Gebiete der Schlachten wie auf jenem diplomatischer Unterhandlung entwickelte, erfüllte den Kaiser mit der lebhaftesten Erkenntlichkeit. Joseph schien glücklich darin zu sein, Eugens großartiges Wirken auch in würdiger Weise belohnen zu können. Ein sonst bedauerliches Ereigniß, der Tod des General-Lieutenants Markgrafen Ludwig von Baden, der am 4. Jänner 1707 in den Hallen seines neu erbauten Schlosses zu Rastatt gestorben war, bot den ersten Anlaß hiezu.

Es gibt Menschen, denen das Glück beschieden ist, eben in dem Augenblicke ihrer ruhmvollsten Wirksamkeit von dem Schauplatze irdischer Thätigkeit abberufen zu werden. Niemals hat der Glanz ihrer Thaten heller gestrahlt, als in dem Momente, in welchem denselben ein plötzliches Ende gesetzt wurde. Niemand wird daher auch höher gepriesen, Niemand lebhafter bedauert als sie, und so Großes sie auch geleistet haben mögen, immer war ihnen noch Größeres zugetraut, noch Außerordentlicheres von ihnen erwartet worden. Anders und ungleich trauriger ist das Schicksal derer, bei welchen auf eine herrliche Vergangenheit eine weniger glänzende Gegenwart und endlich in stetem Abnehmen ein trübes Ende folgt. Sie scheinen das nicht gehalten zu haben, was sie Anfangs versprachen. Wie bei einem, der seinem Worte nicht treu geblieben, fühlt man sich ihnen gegenüber getäuscht und erbittert. Ihre Handlungen werden zuletzt strenger und weniger gerecht beurtheilt, als es bei denjenigen geschehen wäre, die geringere Erwartungen rege gemacht haben.

Dieß letztere war bei dem Markgrafen Ludwig von Baden der Fall. Es wäre ein thörichtes, ja frevlerisches Beginnen, den hellen Glanz des Kriegsruhmes zu trüben, welchen der Prinz sich in den Tagen seiner vollen Feldherrnkraft, insbesondere in den Kämpfen gegen die Osmanen erworben hatte. Es ist aber auch ein eitles Bemühen, ein völlig gleiches Lob für dessen spätere Jahre in Anspruch nehmen zu wollen. Nicht leicht hat die Macht der Zeit in einer hervorragenden Individualität so durchgreifende Veränderungen hervorgebracht, wie in dem Markgrafen Ludwig. In seiner militärischen Thätigkeit wie in seiner sonstigen Haltung, insbesondere aber in derjenigen, welche er gegen den Kaiserhof beobachtete, machte sich dieß schmerzlich fühlbar. Wo war jene kühne Entschlossenheit, die sich in dem blutigen Reitertreffen bei Derbent, in den Kämpfen bei Patacin

und Nissa, vor allem aber in der gewaltigen Schlacht von Szlankament so
großartig gezeigt hatte. Wohl war der Gegner ein Anderer, welchen der
Markgraf seither zu bekriegen hatte. Aber auch wider die Franzosen so wie
gegen jeden Feind war Energie und gefahrverachtende Thatkraft am Platze,
wie dieß ja Eugen und Marlborough am klarsten bewiesen. Aus dem kühnen
Schlachtengewinner war ein bedächtiger Städtebelagerer geworden, aus
dem gewaltigen Manne ein früh hinfälliger Greis, aus dem Feldherrn,
stets bereit dem Rufe des Kaisers zu folgen zu Kampf und Sieg, ein klug
berechnender Reichsfürst, der wohl auf seinen Vortheil bedacht war, und
der es so weit gebracht hatte durch schwankendes, fast zweideutiges Benehmen, daß viele von denen die fest an ihn geglaubt und das Größte von
ihm erwartet hatten, zuletzt sogar an seiner Treue zweifeln zu müssen
meinten.

Daß dieser Verdacht niemals ein ausreichend begründeter gewesen,
daß bei Erregung und Verbreitung desselben viel böswillige Geschäftigkeit
im Spiele war, ist wohl nicht im mindesten zu bezweifeln. Daß ihm aber
überhaupt Raum gegeben werden konnte, daß der Markgraf selbst ihn wenn
nicht nährte, so doch in vielfacher Weise, wie zum Beispiele durch seine
hartnäckige Weigerung, sich im Winter des Jahres 1706 zur Berathung
über die Kriegsunternehmungen nach Wien zu begeben, wie recht absichtlich
den Kaiserhof zum Unwillen reizte, das war im Interesse des Hauses Oesterreich sowohl als in dem des Markgrafen selbst auf's höchste zu bedauern.
So geschah es, daß der Tod des Markgrafen weit weniger schmerzlich
empfunden wurde, als es einige Jahre früher der Fall gewesen wäre,
und er es auch verdient hatte. Denn trotz all der Mängel und Gebrechen,
welche nach und nach bei ihm zu Tage traten, war er doch noch immer
einer der vorzüglichsten Feldherrn, die dem Kaiser zu Gebote standen,
einer der wenigen, welche große Massen zu führen vermochten, und hat er
gleich keine großen Erfolge mehr errungen, so erlitt er doch nie eine bedeutende Schlappe, und dieß mußte so gewandten Feinden gegenüber, wie
die Franzosen es waren, oft auch als ein Gewinn angesehen werden.

Ein beglaubigtes Zeugniß der Art und Weise, in welcher Eugen den
Tod des Markgrafen aufnahm, ist nicht vorgefunden worden. Es ist jedoch
nicht zu zweifeln, daß dieser Verlust den Prinzen schmerzlich berührte. So
lange er lebte, hatte er in dem Markgrafen den nahen Verwandten, so lange

er die Waffen trug, in ihm seinen ersten Lehrmeister in der Kriegskunst geliebt und verehrt. Immer hatte dieses freundschaftliche Einvernehmen zwischen ihnen bestanden, und alles was von einer kleinlichen Eifersucht, einem hämischen Neide des Markgrafen gegen Eugen gesagt wird, gehört in das Gebiet müßiger Erfindung. Wenigstens läßt sich keine einzige Thatsache, kein einziger beglaubigter Buchstabe dafür anführen. Das Gegentheil ist vielmehr durch die eifrige Bemühung dargethan, mit welcher Markgraf Ludwig sich vor dem Zentaer Feldzuge für Uebertragung des Commando's an Eugen, und in gleichem Sinne bei dem Ausbruche des spanischen Successionskrieges in Bezug auf den Oberbefehl in Italien verwendete. Und auch in der trübsten Zeit für den Markgrafen, in den drei letzten Jahren seines Lebens, ist wider ihn kein Wort des Tadels von Eugen, und von ihm keines der Mißgunst wider den Prinzen laut geworden [24]).

Durch des Markgrafen Ludwig Tod waren zwei wichtige Stellen erledigt worden, die eines kaiserlichen Generallieutenants, was gleichbedeutend mit Generalissimus war, und die eines Reichsfeldmarschalls. Der Kaiser dachte die eine wie die andere Stelle dem Prinzen zuzuwenden. Die eine als von ihm abhängig verlieh er ihm sogleich, wegen Erlangung der zweiten mußte die Sache vor den Reichstag zu Regensburg gebracht werden.

Durch Ernennung zum Generallieutenant hatte der Kaiser dem Prinzen eine Auszeichnung erwiesen, deren sich seit Montecuccoli kein kaiserlicher Feldherr mehr zu erfreuen gehabt hatte. Denn seit Montecuccoli's Tode hatte keiner mehr die beiden höchsten Würden im Heerwesen, die des Generallieutenants und des Präsidenten des Hoffkriegsrathes, in sich vereinigt. Sogar der Herzog Karl von Lothringen, auf dessen Treue doch felsenfest gebaut werden konnte, war dieses Beweises des unbegrenzten Vertrauens nicht theilhaftig geworden. Eugen aber erhielt ihn und er hat sich dessen bis an sein Ende werth gezeigt. Auch die Würde eines katholischen Reichsfeldmarschalls wurde dem Prinzen von der Regensburger Versammlung mit seltener Einstimmigkeit und in den verbindlichsten Ausdrücken übertragen [25]). Freilich knüpfte sich daran der Wunsch und das Verlangen, Eugen bald am Rheine und an der Spitze der deutschen Kriegsvölker den Franzosen gegenüber treten und dem Kampfe daselbst einen neuen Aufschwung geben zu sehen.

Eugen dankte in seiner bescheidenen Weise dem Kaiser für die Verwendung bei dem Reichstage mit den Worten, daß er sich in allem seinem
Willen unterwerfe und auch diese Stelle nicht anders anzunehmen gedenke,
als insofern es der Kaiser für vereinbar mit seinem Dienste ansehe [26]).

Das Begehren des Reichstages, den Prinzen bald mit der Kriegsführung in Deutschland betraut zu wissen, widersprach jedoch geradezu dem
Verlangen, welches die übrigen Verbündeten hinsichtlich Eugens Person
an den Kaiser gerichtet hatten. Der Herzog von Savoyen war der
erste gewesen, welcher darauf gedrungen hatte, daß Eugen in Italien verbleiben und an der Expedition nach der Provence Antheil nehmen solle.
Die Seemächte stimmten diesem Wunsche bei, und mit ihrem gewöhnlichen
Ungestüm drangen sie auf Erfüllung desselben.

Marlborough, welcher zu fürchten schien, Eugen könne der Kriegführung in Italien, etwa wegen der vielen Reibungen mit dem Herzoge Victor,
überdrüssig geworden sein, wandte alle Künste der Ueberredung an, um
ihn zum Bleiben daselbst zu bewegen. Durch den Einbruch in Frankreich,
behauptete er, werde Eugen sich unsterblichen Nachruhm und den Segen
aller kommenden Jahrhunderte erwerben. Am Rheine hingegen sei bei
der üblen Beschaffenheit des dortigen Heeres durchaus nichts Großes zu
erwarten [27]).

Nur ungern gab der Kaiser nach, denn er hätte wohl am liebsten den
Prinzen an der Spitze der beabsichtigten Expedition nach Neapel gesehen.
Aber Eugen selbst, so geringen Erfolg er sich auch schon von Anfang an
von dem Zuge gegen Toulon versprach, hatte doch mit seiner gewohnten
Selbstverläugnung erklärt, daß seiner eigenen Ueberzeugung nach seine
Anwesenheit bei der Hauptarmee, die aus so verschiedenartigen Elementen
zusammengesetzt und welcher weitaus die schwierigste Aufgabe übertragen
sei, viel nöthiger erscheine als bei dem nach Neapel bestimmten Armeecorps.

Es war noch ein anderer Grund, welcher das Verbleiben des Prinzen
in Italien einstweilen nothwendig machte. Die Schwierigkeiten, die sich der
Uebernahme des Gouvernements von Mailand vorerst entgegen gestellt hatten, waren beseitigt worden. Der Kaiser hatte den lebhaften Wunsch geäußert,
daß Eugen diesen wichtigen Posten übernehme. Josephs Wille war dem
Prinzen ein Befehl, und er zögerte nicht länger das Ernennungsdekret
anzunehmen, welches ihm zur Bewahrung des Geheimnisses über das

wirkliche Besitzverhältniß Mailands vom Könige Karl ausgefertigt worden war.

Lebhaft waren die Freudenbezeigungen, mit welchen die leicht beweglichen Lombarden dieses Ereigniß feierten. Sie waren stolz darauf, nach
den kraftlosen spanischen Gouverneuren endlich einmal einen Mann an die
Spitze ihres Staates treten zu sehen, dessen Lobes Europa voll war,
und von dessen bekannter Gewissenhaftigkeit, mit der er übernommenen Pflichten nachkam, sie nur Gutes für ihr Vaterland erwarten
durften.

Die Festlichkeiten, welche Eugens Einsetzung in die Würde eines
Gouverneurs von Mailand begleiteten, waren ganz im Geschmacke jener
Zeit gehalten, der an prunkvollen Aufzügen großes Gefallen fand. Am
16. April 1707 fand die Feier statt. Der Zug des Prinzen ging vorerst
von dem herzoglichen Palaste an das Mailänder Stadtthor, welches die
Porta Romana genannt wird. Herolde in antiker Kleidung eröffneten den
Zug, dessen Herannahen durch den Klang kriegerischer Instrumente weithin
verkündend. Ihnen folgte der Prinz, sein prächtig gezäumtes Schlachtroß
reitend und von allen Generalen umgeben, die sich damals zu Mailand
befanden. Eine große Anzahl der jüngeren Mitglieder des lombardischen
Adels schloß sich an, gleichfalls auf schönen Pferden wohl beritten. Eine
ungeheure Menge junger Leute aus der Bürgerschaft beendigte den Zug,
Lorbeerzweige und Blumenkränze tragend. An der Porta Romana empfing
der Prinz aus den Händen des Marchese Castiglione die Schlüssel der
Stadt. Der Marchese Pirro Visconti aber hielt eine Begrüßungsrede,
und bot dem Prinzen zwei Gefäße dar, nach altem Gebrauche mit Wasser
und Erde gefüllt. Von dem Inhalte dieser Gefäße streute Eugen in die
Luft, um zu zeigen, daß er Besitz ergreife von der Stadt und dem Herzogthume Mailand im Namen des Königs Karl III. von Spanien.

Alle Straßen, durch welche der Zug ging, waren mit Teppichen geschmückt, mit Blumen bestreut, mit jubelnden Menschenmassen angefüllt.
Der Prinz, welcher nach beendigter Ceremonie der Besitzergreifung vom
Pferde gestiegen war, begab sich in einer sechsspännigen Prachtcarrosse
nach dem Dome, wo Cardinal Archinto die gottesdienstliche Feier verrich-
tete. Ein glänzendes Mahl im herzoglichen Schlosse und zahlreiche Lustbarkeiten in der Stadt beendigten das schöne Fest.

Um dem unbemittelten Theile des lombardischen Adels etwas Angenehmes zu erweisen und ihn so wie seine Standesgenossen fester an sich zu ketten, errichtete Eugen neben der Leibwache der Hellebardenträger, welche die Gouverneure von Mailand von jeher besaßen, eine berittene adelige Leibgarde, fünfzig Köpfe stark. Er verlieh den Befehl über dieselbe seinem Oberstallmeister von Anblaw. Ihre Bezahlung aber und ihr Unterhalt wurde aus den Bezügen bestritten, welche Eugen als Gouverneur von Mailand zu Theil geworden waren.

Dieses Einkommen mußte, insbesondere in Berücksichtigung der damaligen Geldverhältnisse, als ein höchst beträchtliches angesehen werden. Der baar zu beziehende Gehalt allein belief sich auf die Summe von hunderttausend Gulden jährlich. Es war dieß ein höchst bedeutender Zuwachs, der dem Prinzen an äußeren Glücksgütern zu Theil ward. Wie es von Eugen zu erwarten war, bewies er seine Dankbarkeit durch die rastlose Thätigkeit, mit welcher er der Pflichten seines neuen Amtes sich annahm.

Seine Sorgfalt war theils auf die innere Einrichtung des Staates, theils auf dessen äußere Beziehungen gerichtet. In ersterer Hinsicht nahm der Prinz die Huldigung der Einwohner für König Karl entgegen und bevorwortete zu Wien angelegentlich die Einsetzung der nothwendigen Regierungsbehörden. In der letzteren beschäftigte ihn insbesondere die Herstellung eines freundschaftlichen Verhältnisses zu den Nachbarländern. In beide Richtungen aber schlug das Hauptgeschäft ein, welches Eugen oblag, die Leitung der vertragsmäßigen Abtretungen vom Mailänder Gebiete an den Herzog von Savoyen.

Eugen hatte in wenig Worten seine Ansicht über das Benehmen zusammengefaßt, welches seiner Meinung nach der Kaiser gegen den Herzog zu beobachten habe. Man solle, erklärte der Prinz, vor allem den Tractat heilig halten und ihn vollständig zur Ausführung bringen, jede weiter gehende Anforderung des Herzogs aber mit Entschiedenheit zurückweisen und sich überhaupt in keiner Weise gegen ihn bloßgeben [28]).

Am Wiener Hofe theilte man diese Anschauungsweise und Eugen erhielt den Auftrag, die Uebergabe der nach dem Allianztractate abzutretenden Orte und Landstriche, wenn der Herzog darauf beharren sollte, unverzüglich vorzunehmen [29]). Man werde daraus, so hoffte man, die Pünktlichkeit erkennen, mit welcher der Kaiser seinen Verpflichtungen nachzukommen gewohnt sei. Nur was die Huldigung betraf, so verlangte man, daß sie auch in den abzutretenden Theilen des Mailänder Gebietes für König Karl, gegen schriftlich erneuerte Versicherung der Abtretung, vorgenommen werden solle. Trotz der Gegenvorstellungen des Herzogs blieb man hiebei unverändert stehen, so sehr fürchtete man durch die etwa kundwerdende Abtrennung einzelner Gebietstheile die Liebe und Anhänglichkeit der Mailänder, welche dieselben seit dem Einrücken der Kaiserlichen bei jedem Anlasse gezeigt hatten, wieder erkalten zu sehen. Umsonst suchte Herzog Victor den Beweis zu führen, daß man mit dem unterworfenen Staate, der noch jedesmal seinem Oberherrn gehorcht habe, thun könne was man wolle, und daß dessen Unzufriedenheit nicht rege gemacht werden könne durch Abtretungen an ihn, der so wesentlich dazu beigetragen habe, Mailand dem Hause Oesterreich wieder zu gewinnen [30]).

Weder der Kaiserhof noch Eugen ließen sich durch diese Vorspiegelungen täuschen. Sie sahen zu gut, wie schon das Gerücht einer Verkleinerung des Herzogthums nicht nur die Bevölkerung selbst, sondern auch die benachbarten italienischen Regierungen in Aufregung und Mißtrauen versetzt hatte. Denn das Geheimniß, so sorgfältig man es auch zu hüten glaubte, war dennoch nicht völlig bewahrt worden. Der Senat von Venedig, dessen wachsames Auge überall haftete, der an jedem Orte seine Späher besoldete, hatte schon zu Anfang des Jahres 1704 eine Spur davon entdeckt. Ihm wäre es weit lieber gewesen, wie bisher eine kraftlose spanische Regierung als den mächtigen deutschen Kaiser zum Nachbarn zu haben [31]). Die übrigen italienischen Fürsten waren gleicher Ansicht, insbesondere Victor Amadeus selbst, der seine Vergrößerungsplane gegen Mailand hin weit leichter wider Spanien, als wider Oesterreich durchzusetzen hoffen mußte. Auch in England und Holland war die Sache ruchbar geworden und hatte Aufsehen und Verstimmung erregt [32]). Da es aber früher oder später doch auf die Erfüllung des Tractates und somit auf die Abtretung ankommen mußte, so rieth Eugen dem Kaiser bringend, frühzeitig daran zu denken, diesen Verlust in anderer Weise zu ersetzen. Es sei dieß nicht nur zur Beruhigung der lombardischen Bevölkerung, es sei auch aus dem Grunde nöthig, weil das Herzogthum Mailand sonst die Lasten nicht zu tragen vermöge, die ihm schon unter der spanischen Herrschaft auferlegt waren und die zu erleichtern jetzt nicht in der Macht des Kaisers stehe. Der weitaus beste Ersatz biete sich jedoch durch die Erwerbung von Mantua und dessen Vereinigung mit dem Herzogthume Mailand dar. Der Kaiser möge daher wohl darauf bedacht sein, Mantua nicht in fremde Hände gelangen zu lassen [33]).

Die Beziehungen zu den übrigen benachbarten Staaten drehten sich hauptsächlich um die ihnen, insofern sie im Besitze von Reichslehen waren, auferlegten Kriegscontributionen, und um die Beschwerden, welche durch die Belegung eines Theiles ihrer Gebiete mit kaiserlichen Truppen hervorgerufen worden waren. In beider Hinsicht hatten die Begehren des Prinzen nur Weigerungen und Ausflüchten begegnet. Nichts war natürlicher, als daß sich die Regierungen der ihnen zugemutheten Belastung zu entziehen suchten, nichts begreiflicher als daß Eugen dennoch darauf bestand. Seiner Ueberzeugung nach war der Kaiser im vollen Rechte, von den Besitzern der Reichslehen verhältnißmäßige Kriegsbeiträge zu fordern. Aber nicht allein das Recht, auch die dringendste Nothwendigkeit war dafür, denn es sei rein unmöglich, den völlig ausgesaugten Erbländern die Bestreitung der Kosten einer Fortsetzung des Kampfes allein aufzubürden. Da jedoch dieser Kampf um jeden Preis, und zwar bald zu Ende geführt werden müsse, so sei auf die Beitragsleistung der italienischen Regierungen unerschütterlich zu bestehen, und weder ihren eigenen Gegenvorstellungen, noch der Verwendung fremder Höfe Gehör zu geben.

In diesem Sinne erklärte sich der Prinz gegen Jedermann. So schrieb er nach Wien, so beantwortete er die zahlreichen Bitten um Verminderung der festgesetzten Summen, sei es, daß ihm diese Vorstellungen von Seite der Regierungen selbst, sei es, daß sie ihm von fremden Mächten zukamen, wie dieß von den Generalstaaten zu Gunsten des Großherzogs von Toscana der Fall war [34]).

Eine ähnliche Haltung wie in Bezug auf die Kriegscontributionen beobachtete Eugen auch hinsichtlich der Nothwendigkeit, einige der benachbarten Gebiete mit Truppen zu belegen. Insbesondere waren es Parma und der Kirchenstaat, welche dagegen Klage erhoben. Dem Herzoge wurde gestattet, sich von der Einquartierung frei zu kaufen, und auch mit der päpstlichen Regierung suchte der Prinz die entstandenen Mißhelligkeiten in Güte beizulegen. Denn er kannte und billigte den lebhaften Wunsch des Kaisers, mit dem Papste in keinen ernsten Conflict zu gerathen [35]). Der Wiener Hof sowohl als Eugen thaten so viel als die gar zu ausgesprochene

Parteilichkeit des Papstes für die Bourbonen nur immer möglich machte, um jede Mißhelligkeit mit der obersten kirchlichen Gewalt zu vermeiden.

Vielleicht noch in höherem Maße als die Regierungsgeschäfte nahmen den Prinzen die Vorbereitungen zu dem bevorstehenden Feldzuge in Anspruch. Die Unglücksnachrichten aus Spanien, wo die Truppen König Karls bei Almanza völlig auf's Haupt geschlagen worden waren, hatten neue und noch heftigere Protestationen der Seemächte gegen den Zug nach Neapel geweckt. In England wollte man durchaus nichts von dieser Unternehmung wissen, die Generalstaaten erklärten sie in einem eigenen Schreiben an Eugen für eine höchst schädliche Beeinträchtigung der gemeinsamen Sache [36]). Beide Seemächte kündigten dem Prinzen ihren festen Entschluß an, ihre Flotte in keiner Weise an der Ausführung des Anschlages wider Neapel Theil nehmen zu lassen. Auch Victor Amadeus stimmte in diesen Ton ein und drang auf das Aufgeben oder wenigstens das Verschieben des Planes gegen Neapel. Sie alle befürchteten, daß die Streitkräfte zersplittert und eine zu geringe Heeresmacht zu dem Einbruche in Frankreich verwendet werden würde. Denn damals war die Behauptung aufgestellt und insbesondere von den Seemächten, die darin ihren Vortheil sahen, mit Nachdruck zur Geltung gebracht worden, daß man nur in Frankreich selbst Spanien zu erobern vermöge.

Während der Prinz von allen Seiten mit solchen Vorstellungen bestürmt wurde, erhielt er von Wien aus den wiederholten und bestimmten Befehl sich durch nichts in den Vorbereitungen zu dem beabsichtigten Zuge irre machen zu lassen. Es sei dieser Plan, schrieb der Kaiser, schon kundbar und dadurch die dem Hause Oesterreich treugesinnte Partei in Neapel zu Schritten veranlaßt worden, nach welchen sie ohne Verletzung der Ehre und des Gewissens nicht hülflos gelassen werden könne. Ueberdieß würde dadurch dem Feinde der gewisseste und empfindlichste Streich versetzt, dem Erzhause Oesterreich aber der größte Nutzen geschafft werden [37]).

Eugen ließ sich, wie es seine Pflicht war, die pünktliche Befolgung der Befehle seines Kaisers angelegen sein. Er that dieß um so leichter, als er selbst der Ansicht war, daß so gering auch die Anzahl einer Heeresmacht von wenig mehr als dreißigtausend Mann zu einer Unternehmung auf Toulon sei, es doch ganz unmöglich sein würde, für eine zahlreichere Armee während des Marsches und des Aufenthaltes in Frankreich Lebensmittel

herbeizuschaffen. Mit Ernst und Entschiedenheit beantwortete er das unge-
stüme Drängen derjenigen, welche glaubten, in solcher Weise die Erfüllung
ihrer Wünsche erzwingen zu können. Er bewies ihnen, daß man das Eine
zu thun vermöge und das Andere nicht zu lassen brauche, daß der Krieg
auf französischen Boden gespielt und dennoch Neapel erobert werden
könne. Er zeigte, daß des Kaisers Ehre dabei betheiligt sei, diejenigen,
welche sich ihm vertrauensvoll in die Arme geworfen, nicht länger mit
leeren Worten hinzuhalten [38]. Er erklärte die unerschütterliche Absicht, das
Unternehmen gegen Neapel ohne längere Säumniß durchzuführen. Er versprach aber auch, daß durch dasselbe der Zug gegen Toulon in keiner Weise
beirrt werden solle.

Wie es schon so oft der Fall gewesen war, so half Eugens Festigkeit
auch dieses Mal. Bald erhielt er ein Schreiben von Marlborough, laut
dessen der heftige Widerstand der Seemächte nach und nach zu erkalten
schien [39]. Auch Herzog Victor erklärte, seit ihm der bestimmte Wille des
Kaisers bekannt sei, nichts mehr gegen die Befolgung desselben einwenden
zu wollen [40]. Die Mittheilung Eugens, daß er selbst bei der Hauptarmee
verbleiben werde, mag hiezu nicht wenig beigetragen haben. Denn außer
dem hohen Werthe, den sie an und für sich auf seine Anwesenheit legten,
dachten sie, und mit Recht, daß dort wo sich des Kaisers Oberfeldherr
befinde, auch seine Hauptmacht sein werde.

Eugen aber hatte, sowohl um die Verbündeten zufrieden zu stellen,
als auch aus dem Grunde für sein eigenes Verbleiben bei dem Hauptheere
gestimmt, weil er seine Anwesenheit daselbst für weit nöthiger hielt. Denn
die Armee, schrieb er dem Kaiser, sei aus so verschiedenartigen Bestandtheilen zusammengesetzt, daß befürchtet werden müsse, es werde viele
Verwirrung in dem Commando statthaben, Keiner dem Anderen gehor-
samen „und es eine rechte Republik dabei abgeben [41].“ Da gleichzeitig
das Begehren des Königs Karl kund wurde, den Prinzen bei sich in
Spanien zu haben, so erklärte Eugen dem Kaiser, sich all dem unterwerfen zu wollen, was er über seine Person beschließen würde. „Ich
„wünschte nur,“ so schloß er sein Schreiben, „daß ich mich an allen Or-
„ten einfinden könnte, wo es Euer Majestät Interesse erheischt und ich
„vermögend wäre, Ihnen allenthalben mit Nutzen Dienste leisten zu
„können [42].“

27

So gern der Kaiser den Prinzen selbst an der Spitze der nach Neapel zu entsendenden Truppen gesehen hätte, so begriff er doch völlig die Gründe, welche Eugen bei seinem Antrage geleitet hatten. Der Einbruch in Frankreich war die schwierigere und die gewagtere Unternehmung, also konnte Eugen bei derselben nicht fehlen. Außerdem bedurfte man gar scharfer Blicke um das Benehmen des Herzogs von Savoyen genau zu überwachen. Nachdem ihm das Bündniß mit dem Kaiser die Früchte getragen, die er von demselben erwartet hatte, mußte man fürchten, daß er etwa auf französischer Seite neuen Gewinn zu suchen sich beikommen lassen könnte. Ja man hielt ihn zu Wien nicht für zu gut dazu, daß er, nur um das kaiserliche Heer in Italien zu schwächen und demselben desto eher böses anhaben zu können, mit solcher Hartnäckigkeit auf dem beschwerlichen Zuge nach Toulon bestehe [43]). Aus diesen Gründen billigte auch der Kaiser Eugens Verbleiben beim Hauptheere, und es handelte sich nun darum, einen Führer zu finden, welchem die Leitung des Unternehmens gegen Neapel mit Beruhigung anvertraut werden konnte.

Eugen hatte hiezu den General der Cavallerie Prinzen Philipp von Hessen Darmstadt oder den Feldzeugmeister Grafen Wirich Daun in Vorschlag gebracht [44]). Der Kaiser wählte den letzteren, von dessen militärischer Befähigung er, und zwar mit Recht, eine höhere Meinung hatte als von der des Prinzen Philipp. Um jedoch diesen für die ihm widerfahrende Zurücksetzung schadlos zu halten, bat Eugen für denselben um Verleihung des Postens eines Gouverneurs von Mantua. Seine Vorstellung, daß diese wichtige Stelle einem General, und nicht einem Civilstaatsdiener verliehen werden möge, war so wohlbegründet und so dringend [45]), daß der Kaiser auch dießmal den Wünschen seines Feldherrn nachgab und statt des Grafen Battista Castelbarco, welcher schon eine Art von Anwartschaft darauf hatte, dem Prinzen von Darmstadt die lebhaft gewünschte Stelle verlieh.

Ungefähr zehntausend Mann auserlesener Truppen zählte das Armeecorps, welches zur Durchführung der Unternehmung gegen Neapel bestimmt wurde. Auch die Führer desselben waren mit besonderer Sorgfalt gewählt worden.

An der Spitze der Expedition stand der Feldzeugmeister Graf Daun, dessen Name seit kurzem durch die standhafte Vertheidigung von Turin in

ganz Europa bekannt geworden war. Ihm stand der Feldmarschall-Lieutenant Marquis Baubonne zur Seite, derselbe welcher sich schon in den
beiden ersten Feldzügen des Successionskrieges als wackerer Parteiführer
hervorgethan hatte. Er sei ein „kecker und unternehmender Offizier" hatte
der Markgraf Ludwig von ihm gesagt, als er ihn im Jahre 1703 statt
des erkrankten Grafen Schlik nach Baiern verlangte, wo er „gewiß große
Unruhe machen sollte [46]." Im Sommer des Jahres 1704 war Baubonne
in dem unglücklichen Gefechte bei Trino in die Gefangenschaft der Franzosen gerathen, welche ihn, als gebornen Unterthan ihres Königs, nicht
als Kriegsgefangenen, sondern als Hochverräther behandeln wollten. Nur
die scharfen Erklärungen Eugens, und seine Drohung Repressalien zu ergreifen, hielt sie davon ab [47]. Aber erst spät war Baubonne frei gewor-
ben, um sogleich wieder die Waffen für seinen Kriegsherrn zu tragen und
an dem Zuge nach Neapel Theil zu nehmen.

Unter Daun und Baubonne dienten die Generalmajore Baron Wetzel
bei der Infanterie und Battée bei der Reiterei. Sie wurden beide zu
den verdienstvollsten Offizieren ihrer Kategorie gerechnet, und fast bei jeder
wichtigeren Begebenheit in den italienischen Feldzügen wird der Eine oder
der Andere von ihnen mit Auszeichnung genannt [48].

Achtzehntes Capitel.

Während das nach Neapel bestimmte Armeecorps sich versammelte, zum Abmarsche anschickte und denselben endlich auch wirklich antrat, war Eugen rastlos mit den Vorbereitungen zu der Hauptunternehmung des Feldzuges, dem Zuge nach der Provence und gegen Toulon beschäftigt. Bevor er jedoch mit den nothwendigen Anstalten zu diesem großartigen Unternehmen zu Stande kam, trat ein Ereigniß ein, welches klar bewies, wie Eugens Ruhm bis in die fernsten Länder gedrungen war, wie er Aller Augen auf sich gezogen hatte und man fest überzeugt war, daß er in jeder, auch einer völlig fremdartigen Lage Außerordentliches zu leisten vermöge.

Während die südlicheren Staaten Europa's um die spanische Erbfolge in einem gewaltigen Kampfe lagen, war der Streit, in welchen sich die nordischen Kronen verwickelt hatten, nicht weniger erbittert und blutig. Auf der einen Seite stand Karl XII. von Schweden, auf der anderen Czar Peter von Rußland und Friedrich August, König von Polen und Kurfürst von Sachsen. In den ersten Jahren des Krieges war das Glück dem Könige von Schweden so günstig, daß er seinen Gegner August entthronen, ihm in Stanislaus Leszczynski einen Nachfolger wählen lassen und durch den Altranstädter Frieden sogar die Entsagung Augusts auf den polnischen Thron erzwingen konnte.

Mit Standhaftigkeit hatte Czar Peter, trotz der Unglücksfälle die ihn trafen, an dem Bunde mit König August wider Karl XII. festgehalten. Aber der einseitige Abschluß des Friedens und die schmachvolle Auslieferung des russischen Bevollmächtigten Patkul an den ergrimmten Schwedenkönig, welcher ihn hinrichten ließ, erbitterte den Czar. Wer sich selber zur Entsagung seiner Krone zwingen lasse, der verdiene nicht länger, so meinte Peter, daß man ihm eine solche zu erhalten suche.

In einem langen Schreiben voll von Ausdrücken der tiefsten Entrüstung über König August wandte sich Czar Peter an den Kaiser [1]). Er

nannte August einen „ehrvergessenen Prinzen" und verlangte, der Kaiser
solle als Haupt des Reiches Gericht halten über den treubrüchigen Kurfürsten.

Dem Schreiben des Czars folgten Anträge, welche in seinem Namen dessen bevollmächtigter Minister Johann Christoph Urbich an den
Kaiser richtete. Der Czar verlangte Antheil nehmen zu dürfen an der
großen Allianz. Er bot seine Vermittlung, und wenn diese nichts fruchten
sollte, seine Truppen an zur Dämpfung der ungarischen Unruhen. Endlich
schlug er vor, daß bei dem polnischen Reichstage durch des Kaisers und
Rußlands vereinigten Einfluß darauf hingewirkt werde, die Königswahl
auf den Prinzen Eugen fallen zu machen [2]).

Trotz aller Vorsicht war das Projekt, Eugen zum König von Polen
zu erheben, bald offenkundig geworden. Auch jetzt ließen die Gelegenheits-
dichter den ersehnten Anlaß nicht vorübergehen, den Ergüssen ihrer Muse
freien Lauf zu lassen, und Graf Wratislaw konnte dem Prinzen schon
gedruckte Verse übersenden, welche auf seine Thronbesteigung gemacht
worden waren [3]).

Der Kaiser hätte jeden Anlaß mit Freuden ergriffen, der sich ihm
darbot, auf das Haupt seines siegreichen Feldherrn die höchsten Ehren
zu sammeln. Aber der Antrag des Czars mußte als ein sehr gefährlicher angesehen werden. Mit einem kampfgewohnten, abgehärteten Heere
stand König Karl in Sachsen, nur des Anlasses harrend, der sich ihm
bieten sollte, um in Böhmen einzubrechen. Der Kaiser, dessen Streitmacht am Rheine, in Italien und Ungarn vertheilt war, hatte keine
genügende Anzahl von Truppen zur Verfügung, sie dem Könige von
Schweden entgegenzustellen. Es mußte somit alles, was zu einem Bruche
mit Schweden hätte führen können, mit Sorgfalt vermieden werden.
Der Eintritt des Czars in die große Allianz und die Aufstellung eines
Gegenkönigs wider Stanislaus wäre aber von Karl XII. sicher als ein
Akt der Feindseligkeit angesehen und mit offenem Angriffe erwiedert worden.
Die kaiserliche Regierung beschloß daher, mit äußerster Behutsamkeit vorzugehen. In einer Conferenz, welche, da Wratislaw und Sinzendorff
abwesend waren, nur zwischen Salm und Seilern stattfand, einigte man
sich zu einer verbindlichen, aber ausweichenden Antwort. Was die Allianz
betreffe, erklärte man, so vermöge der Kaiser ohne früheres Einvernehmen

mit den übrigen Verbündeten sich unmöglich mit Bestimmtheit darüber aussprechen. Prinz Eugen aber könne während des Feldzuges durchaus nicht entbehrt werden. Nach Beendigung desselben, während des nächsten Winters, möge die fernere Verabredung getroffen werden, und es sei dann der Kaiser durchaus nicht gesinnt, des Prinzen Glück im mindesten hindern zu wollen [4]).

In ähnlichem Sinne hatte Joseph I. sich schon früher in einem eigenhändigen Schreiben an Eugen ausgesprochen [5]). Die darin enthaltene Versicherung, daß ihn nichts mehr erfreuen würde als den Prinzen auf einem Königsthrone begrüßen zu können, war für Eugen wahrhaft unschätzbar. Denn er erblickte in ihr den besten Ausdruck der lebhaften Zuneigung, welche der Kaiser ihm widmete, und durch diese sah der Prinz, seinem Monarchen mit voller Seele ergeben, sich reichlicher belohnt, als durch eine Königskrone von gar zweifelhaftem Werthe.

Eugen hatte immer nur den Ehrgeiz gehabt, welcher großen Seelen eigen ist, Außerordentliches zu leisten und sich durch seine Thaten hoch zu erheben über die gewöhnliche Menge. Jener andere Ehrgeiz aber, welcher nach Würden und Ehrenbezeigungen strebt, der auf Titel Werth legt und auf Rangeserhöhung, mußte einem Manne wie Eugen fremd sein. Hiezu kam noch des Prinzen stets sich bewährende Selbstverläugnung, welche das eigene Wohl immer der Rücksicht auf die öffentlichen Interessen hintansetzte. Diese Gesinnung war Ursache, warum Eugen auf das Anerbieten der polnischen Krone nur ausweichend antwortete. Sie sprach sich auch unverholen in der Erwiederung aus, die er an den Kaiser richtete. Der Prinz gab ihm die Versicherung, daß er sich niemals durch eine „eitle Ambition" werde verleiten lassen, irgend etwas zu thun, was dem Interesse des Kaiserhauses schädlich sein könnte. Seit den vierundzwanzig Jahren, die er in dessen Diensten stehe, habe er diesen Grundsatz als unverbrüchliche Richtschnur befolgt. Er bitte daher den Kaiser, in so wichtiger Angelegenheit nur seinen eigenen Vortheil zu bedenken und sich hievon durch keine andere Rücksicht, am wenigsten durch eine auf Eugen selbst, abbringen zu lassen [6]).

Mit dieser Erklärung verband der Prinz noch bei jedem Anlasse den Rath, wenn es nur immer möglich sei, dem Ausbruche von Feindseligkeiten mit dem Könige von Schweden vorzubeugen. Denn hiedurch könnte der Krieg gegen Frankreich, der eine so günstige Gestalt angenommen habe, eine ganz andere Wendung erhalten.

Die kaiserliche Regierung handelte nach Eugens Ansicht, und sie befand sich wohl dabei. Der Friede mit Schweden wurde gewahrt und die übrigen Kriegsunternehmungen konnten ungehindert ihren bisherigen Gang verfolgen.

Wie es bei ihrem überwiegenden Einflusse nicht anders sein konnte, so hatte der Wille der Seemächte für die Unternehmung gegen Toulon entschieden. Victor Amadeus war ihrer Ansicht, wohl eben so seines eigenen Vortheils willen, als weil er sich ganz an die Seemächte anschloß, unbedingt beigetreten. Der Prinz aber hatte, wie immer, wenn er sich in der Minderheit sah, dennoch mit ungeschmälertem Eifer daran gearbeitet, den verabredeten Plan mit möglichster Aussicht auf Erfolg in's Werk zu setzen. Eine nicht geringe Schwierigkeit bot ihm hiebei die Zusammensetzung seines Heeres, welches nach Dauns Abzug nach Neapel nur etwa zur Hälfte aus kaiserlichen Truppen bestand. Preußen, Hessen und Pfälzer, dann die Truppen des Herzogs von Sachsen-Gotha bildeten Eugens Armee, und so wacker sich dieselben auch in manch blutigem Kampfe gehalten hatten, so schwierig war ihnen gegenüber die Stellung des Oberfeldherrn, so lange die Waffen ruhten.

Endlos waren die Beschwerden, welche die deutschen Fürsten, die sie gesendet hatten, bald über Verletzung des Soldvertrages, bald über Nichterfüllung der einen oder der anderen Zusage, über die Einquartierung, die Verpflegung ihrer Truppen, über hundert andere wirkliche oder vermeintliche Ursachen zur Klage erhoben. Auch die Eifersucht der Commandanten unter einander war nicht gering. Alle Augenblicke behauptete der Eine, eine Bevorzugung des Anderen, meistens in Bezug auf die Quartiere zu bemerken. Dann wollte wieder dieser vor jenem nicht ausrücken zu irgend einer Unternehmung, oder glaubte sich zu mühevolleren Dingen verwendet. Da wurde denn klagend nach Hause berichtet, von dort wieder lebhafte Beschwerde erhoben, mit dem Rückmarsche der Truppen gedroht, auch wohl wie es von Seite der Hessen geschah, der Befehl hiezu schon ausgefertigt und nach Italien gesendet.

Nur Eugens Ansehen, sein mildes und doch ernstes, imponirendes Wesen vermochte so widerstrebende Elemente im Zaume zu halten. Aber

auf die schnelle Verfügbarkeit der Truppen nahmen sie doch einen hemmen-
den Einfluß und sie waren Schuld, daß erst im Anfange des Juni 1707
die Regimenter aus ihren Quartieren aufbrachen und ihren Sammelplätzen
zuzogen. Den Feind leichter über ihre wahre Absicht zu täuschen, waren
sie in drei Corps getheilt. Dem einen war die Gegend zwischen Saluzzc
und Cuneo, dem andern Rivoli, dem dritten das Ufer der Dora baltea als
Sammelplatz angewiesen. Nur die pfälzischen Truppen, die ohnedieß in
der kläglichsten Verfassung waren, erklärten, nicht aus ihren Quartieren
aufbrechen zu können, sondern auf Befehl ihres Kurfürsten so lange daselbst
verweilen zu müssen, bis dessen Anforderungen befriedigt wären [7]. Eugen
bat in Wien nochmals dringend um Abhülfe, er selbst aber verließ am
Abende des 12. Juni Mailand und traf am folgenden Tage zu Turin ein.
Hier fanden die letzten Besprechungen mit dem Herzoge von Savoyen
statt. Sir John Norris, Contre-Admiral der blauen Flagge, wohnte ihnen
als Abgesandter des Admirals Sir Cloudesly Shovel bei, um die Mitwirkung der Flotte bei der beabsichtigten Unternehmung zu regeln.

Shovel hatte in seinem Begleitungsschreiben an Herzog Victor den
Contre-Admiral einen Mann genannt, in welchem Ehrliebe, Verläßlichkeit
und Erfahrung sich in gleichem Maße vereinigten, der das Seewesen aus
dem Grunde verstehe und welcher in der speziellen Angelegenheit seiner
Sendung mit den erschöpfendsten Instruktionen versehen sei [8]. Mit einem
solchen Manne war die Verständigung nicht schwer. Kaum war sie erreicht,
so wurde an die Ausführung des Feldzugsplanes geschritten, dessen Festsetzung den Gegenstand so vieler Discussionen und der Einmischung von
den verschiedensten Seiten gebildet hatte.

In Folge der im März abgeschlossenen Capitulation war den Franzosen von allen ihren weitausgedehnten Eroberungen in Italien nichts als
Savoyen, das Thal von Susa, Perosa und die Herrschaft Nizza geblieben.
Die unglücklichen Erfahrungen, welche Frankreich im vergangenen Feldzuge
gemacht hatte, verleideten ihm den Gedanken, in Italien neuerdings auf
Ländergewinn auszugehen. König Ludwig beschloß sich daselbst nur vertheidigungsweise zu verhalten. Er übertrug das Commando über die dortigen
Truppen dem Marschall Tessé, denn der Herzog von Orleans war bestimmt worden, den Oberbefehl über die französischen Streitkräfte in Spanien zu übernehmen.

Es war mehr als ein Jahrzehent verflossen, seit Eugen und Tessé, beide damals noch in untergeordneter Stellung, sich auf demselben Schauplatze gegenüber gestanden waren. Die Erfolge, die Tessé damals errungen, hatte er einer ränkevollen Verhandlung, nicht der Schärfe seines Schwertes zu verdanken gehabt. Es war seither wenig von Tessé's kriegerischen Erlebnissen gehört worden, die Thaten Eugens aber erfüllten mit ihrem Ruhme die ganze gebildete Welt. Niemand hielt Tessé für einen Gegner, der mit Eugen sich messen könne, und dennoch machten ganz besonders günstige Umstände es ihm möglich, den gewaltigen Strauß mit Ehren zu bestehen.

Bis auf den letzten Augenblick schien es Tessé wahrscheinlich zu sein, daß die Absicht seiner Gegner sich auf die Wiedereroberung Savoyens und der Herrschaft Nizza erstrecke. Auch der französische Hof war dieser Ansicht. Er gab dem Generallieutenant Medavi das Commando über die französischen Truppen in Savoyen und verstärkte die letzteren ansehnlich. Doch dachte er auch an die Möglichkeit eines Einfalles in die Provence. Bevor jedoch die wahre Absicht der Verbündeten näher ergründet werden konnte, beschränkte man sich einstweilen auf die Bewachung der verschiedenen Gebirgspässe, um sodann dort, wo es nöthig erscheine, größeren Kraftaufwand entfalten zu können.

Die Franzosen sollten nicht lange in Ungewißheit bleiben über die eigentlichen Plane ihrer Gegner. Es war nicht einmal gelungen, dieselben so geheim zu halten, als wünschenswerth gewesen wäre. Schon am 15. Juni hatte Tessé, wenn gleich noch mit einem Anschein von Ungläubigkeit, berichtet, man verbreite wie absichtlich das Gerücht, daß der Marsch nach der Provence ausgeführt werden solle ⁹). Derselbe wurde nach Beendigung der nöthigen Vorbereitungen ohne längere Säumniß auch wirklich angetreten. Von Cuneo aus rückte die Armee in vier Abtheilungen in das Gebirge ein. Sie verfolgte die Straße durch das Thal Vermegnana, dem Laufe dieses Flusses entgegen, über Limone bis auf den Col di Tenba. Am 5. Juli wurde dieser Berg von dem ersten Armeecorps überstiegen und das Städtchen Tenba besetzt. Nun war man in das Thal der Roja gelangt, und drang dieß Flüßchen entlang, in südwestlicher Richtung vor. Die kleine Besatzung von Sospello capitulirte. Aber der beschwerliche Marsch hatte die Truppen so ermattet, daß Eugen, der sich stets in deren

vorderster Abtheilung befand, dieselben am 8. Juli ausruhen ließ. Es
fehlte an vielen der nothwendigsten Erfordernisse und schon jetzt sah der
Prinz die Meinung bestätigt, welche er den ganzen Winter hindurch vertreten hatte, daß man bei Durchführung des begonnenen Unternehmens
mit den größten Hemmnissen zu kämpfen haben werde [10]).

Ueber die Höhen von Scarena wurde der Marsch, der großen Hitze
wegen, die in jenen südlichen Gegenden doppelt drückend ist, Tag für Tag
am frühen Morgen und spät Abends gegen Nizza fortgesetzt. Das Fort von
Montalbans vermied man, weil die Franzosen dort eine starke Besatzung
hatten. Man hätte zu dessen Bezwingung schweren Geschützes bedurft,
welches das Heer nicht mit sich führte und das auf der Flotte eingeschifft
war. Andererseits war große Eile nöthig, weil man wußte, daß der
französische General Dillon mit zwölf Bataillonen zur Verstärkung der
Verschanzungen im Anmarsche sei, welche die Franzosen den Var entlang
angelegt hatten.

Am 11. Juli wurden die Verschanzungen von dem Herzoge von
Savoyen und Eugen recognoscirt. Der Prinz fand, daß sie von großer
Ausdehnung und ziemlicher Stärke waren. Ihre Besatzung erschien ihm
jedoch unzulänglich und er hielt es aus diesem Grunde für dringend nothwendig, bevor dieselbe vermehrt werden würde, die Verschanzungen anzugreifen. Es geschah dieß mit der Beihülfe des Admiral Sir Cloudesly
Shovel, welcher mit der vereinigten Flotte gleichfalls vor Nizza eingetroffen
war. Siebenhundert Soldaten und Matrosen gingen unter den Befehlen
des Contre-Admirals Norris in kleinen Schiffen den Var hinauf. Auch aus
den vorhandenen Kriegsschiffen der Flotte wurden die leichtesten abgesendet,
um die Verschanzungen zu beschießen. Die Landtruppen waren durch eine
Furt gegangen, und der Angriff erfolgte unverzüglich. Er dauerte nicht
lange. Die Feinde, welche befürchteten eingeschlossen zu werden, ließen
von jedem Widerstande ab. Auf ihrem Rückzuge, der mit großer Unordnung
bewerkstelligt wurde [11]), erlitten sie nicht geringe Verluste durch die nach-
setzende Reiterei. Der Prinz von Sachsen-Gotha bemächtigte sich des
Städtchens St. Laurent.

Nach der Einnahme der Linien begaben der Herzog und Eugen sich
auf die Flotte zu Admiral Shovel, der sie mit allen ihrem Range
gebührenden Ehrenbezeigungen empfing. In dem Kriegsrathe, der hierauf

gehalten wurde, drang der Admiral im Namen der Seemächte neuerdings auf die Verwirklichung des Angriffes auf Toulon. Eugen hatte oft genug seine Bedenken gegen diese Unternehmung dargelegt und war damit nicht durchgedrungen. Jetzt würde es ein nutzloses Hemmniß gewesen sein, dieselben neuerdings vorzubringen. Ueber Cannes und Frejus wurde der Marsch weiter fortgesetzt. Antibes hatte man, um sich nicht zu lang aufzuhalten, unangefochten liegen gelassen. Daß man keine förmliche Belagerung vornahm, daran mag man wohl recht gethan haben, daß man den Platz aber nicht wenigstens blokirte, hatte man später zu bereuen. Denn die Besatzung von Antibes entsendete unabläſſig zahlreiche Streif-parteien, welche die Verbindung des Heeres mit den Staaten des Herzogs von Savoyen völlig unterbrachen.

Furchtbar litten die Truppen unter der ungeheuren Hitze und dem schwer zu ertragenden Wassermangel. Schon während des Marsches durch das Gebirge hatten die Soldaten ihre Fußbekleidung eingebüßt, die Pferde die Hufeisen verloren. Ermattet wie sie waren, erlagen viele dem glühenden Sonnenbrande. Auch der Abgang an Lebensmitteln machte sich fühlbar und steigerte die Leiden des Soldaten. Die Hoffnung eines Aufstandes des französischen Landvolkes, von welchem sich die Engländer große Resultate versprochen hatten [12]), verwirklichte sich nicht. Wenn es gleich jetzt noch keine offene Feindseligkeit gegen das einbringende Heer gewagt hatte, so zeigte es ihm doch auch keine Sympathie und gewährte ihm nicht die mindeste Unterstützung.

Am 26. Juli traf endlich die Armee in einem Zustande großer Erschö-pfung zu Valette, eine halbe Stunde vor Toulon ein. Der Herzog von Savoyen und Eugen schlugen hier ihr Hauptquartier auf.

Es ist kein Zweifel, daß Toulon als Festung betrachtet, damals noch bei weitem nicht von der Stärke war, welche es seither durch die sich gleichbleibende Sorgfalt so vieler auf einander folgenden Regierungen erhielt. Acht Bastionen umgaben die Stadt in einem Halbkreise, dessen beide Endpunkte an das Meer stießen. Sie waren theilweise in verfallenem Zustande, aber die ungemein vortheilhafte Lage des Platzes mußte jeden Angriff auf denselben als ein höchst gewagtes Unternehmen erscheinen lassen. Gegen die offene See hin war sie durch die große und die kleine Rhede geschützt. Beide waren mit festen Werken, Thürmen und Strandbatterien wohl versehen. Erst nach der Eroberung dieser beiden Rheden hätte man in die zwei Häfen gelangen können, von welchen der östlich gelegene, der alte Hafen, für die Kauffahrteischiffe, der westliche aber nur für die Kriegsschiffe bestimmt war.

Besondere Aufmerksamkeit hatten jedoch die Franzosen der Bildung von verschanzten Lagern zugewendet, von welchen der Marschall Tessé nicht weniger als drei anlegen ließ. Das eine, der Ostseite zugekehrt, lehnte sich mit dem rechten Flügel an die Festungswerke von Toulon, mit dem linken aber an die Höhen von Sainte Anne. Hier befand sich General-lieutenant Guebriant mit sechsundzwanzig Bataillonen. Ein zweites Lager war gegenüber der Schlucht von Sainte Antoine errichtet, um das Thal von Faviere und die dasselbe durchziehende Straße zu sperren. Es war von acht Bataillonen besetzt. Westlich von Toulon, in der Nähe des Meeres, wurde ein drittes verschanztes Lager angelegt, in welchem sech-zehn Bataillone zum Schutze der Stadt standen. Alle diese Posten waren unter sich und mit Toulon selbst durch gute und breite Straßen ver-bunden.

Dieß sind in kurzen Umrissen die Vertheidigungsanstalten, welche Tessé in der Eile errichten ließ. Seiner eigenen Ansicht nach war die Stadt nach der Seeseite stark, nach dem Lande hin aber nur schwach zu nennen. Den Oberbefehl in Toulon hatte König Ludwig dem Generallieutenant Saint-Pater anvertraut, demselben welcher mit Eugen den Vertrag wegen der Räumung Italiens abgeschlossen hatte. Tessé selbst aber glaubte durch-aus nicht auf langen Widerstand. Wenn etwas die Stadt zu retten ver-möge, erklärte er, so sei es das verschanzte Lager an den Höhen von Sainte Anne, von welchem man sich eine größere Haltbarkeit als von den Festungs-werken zu versprechen habe [13]).

Auch Eugen hatte es mit seinem scharfen und erfahrenen Blicke sogleich erkannt, daß das feste Lager dem Angriffe die größten Schwierigkeiten bereiten werde. Von dem erhöhten Punkte, der Croix Faron genannt, von wo die kaiserlichen Grenadiere eine französische Infanterie-Abtheilung mit leichter Mühe vertrieben hatten, übersah der Prinz die Stadt und die Vertheidigungswerke. Alles was er erblickte, bestätigte ihn in seiner ursprünglichen Anschauungsweise. Er sprach sich auch in diesem Sinne gegen den Herzog Victor und den Admiral Shovel aus und wiederholte

ihnen die Besorgnisse, welche sich ihm aufdrangen und ihn ein wenig
erfreuliches Ende der Unternehmung ahnen ließen.

Eugen, welcher bei so vielen Gelegenheiten, bei Zenta, bei Luzzara
und Cassano, zuletzt aber erst bei Turin in so überzeugender Weise dar=
gethan hatte, daß er recht eigentlich der Mann der kühnen Entschlüsse, daß
er jederzeit für den Angriff sei, wenn auf günstigen Erfolg nur irgend
gehofft werden könnte, Eugen erklärte sich jetzt lebhaft dagegen. Er zeigte
die ungeheure Schwierigkeit, die es haben müsse, daß ein Heer, welches
an den wesentlichsten Bedürfnissen Mangel litt, einem gleich starken Feinde,
der mit Allem wohl versehen war, eine wohlbefestigte, durch Ver=
theidigungswerke der verschiedensten Art geschützte Stadt abgewinnen solle.

Aber dieser Umstand vermochte nicht diejenigen auf die Gefahr auf=
merksam zu machen, welche mehr ihrem eigenen Kopfe, als der weiseren
Einsicht eines Anderen folgen wollten. Auf des Prinzen Vorstellungen
antwortete der Admiral in trockenen Worten, daß die Seemächte auf dem
Angriffe durchaus beständen und er hiezu die bestimmtesten Befehle habe.
Wenn es zu einem Rückzuge kommen müsse, so achte er das schwere
Geschütz für nichts, welches er zur Belagerung ausschiffen lasse. Er
erbiete sich vielmehr, für jenen Fall das ganze Fußvolk an Bord zu neh=
men und hinwegzuführen, während die Reiterei immerhin einige Tage
Vorsprung haben werde, sich zu Lande zurückzuziehen.

Nicht nur die englischen Admirale vor Toulon, Alles, was dieser
Nation angehörte, und Marlborough selbst waren dermaßen eingenommen
von der Begierde, Toulon in ihre Hände fallen zu sehen, daß sie wie taub
sich stellten gegen Jeden, der ihnen nicht sicheres Gelingen verhieß. In dieser
Beziehung sind Marlboroughs Bemerkungen gegen Lord Godolphin über
die warnenden Zeilen, die er von Eugen erhielt, von vielfachem Interesse.
„Es ist so seine Art und Weise," sagte er von dem Prinzen, „sich Alles
„schwierig vorzustellen. Schreitet er aber einmal zur Ausführung, dann
„handelt er mit solchem Nachdrucke, daß man ihm die frühere Besorgniß
„gern vergibt. Obgleich er mir in dieser Weise schreibt, bin ich doch
„überzeugt, daß er sich zu den Offizieren seiner Armee gerade im ent=
„gegengesetzten Sinne äußert" [14]).

Eugen widersprach nicht länger, denn er fürchtete, daß Shovel die
von den Seemächten bis auf den letzten Augenblick so hartnäckig bestrittene

Expedition nach Neapel auf's Tapet bringen werde. Er besorgte, den Vorwurf hören zu müssen, daß wenn die nach Neapel abgesendeten Truppen bei der Hand wären, man zwei Armeen bilden und mit der einen die Belagerung anfangen und zu Ende führen, mit der anderen aber den Angriffen begegnen könnte, die man von Außen her zu erwarten hatte [15]).

Einer der Hauptübelstände bei der Unternehmung war noch, daß das Heer seine Verbindung mit den Staaten des Herzogs von Savoyen und durch dieselben mit der Lombardie und den kaiserlichen Erbländern völlig unterbrochen sah. Wenn, wie es gerade zu jener Zeit vorkam, die See stürmisch war, so konnte wochenlang kein Bericht nach Wien abgehen, keine Weisung von dort eintreffen.

Eugen war daher völlig auf sich selbst angewiesen. Aber so lebhaft er auch gegen die Belagerung gestimmt hatte, so war er doch jetzt, da sie einmal unternommen werden sollte, derjenige, der am meisten für sie that. Leider sah er sich überall durch seine Kampfgenossen, insbesondere die Seeoffiziere gehemmt. Gleich von Anfang an hatte der Prinz dafür gestimmt, daß die Werke weggenommen werden sollten, welche den Zugang zur Stadt von der Seeseite schützten. Aber die Admirale wollten nicht viel davon hören, und sie gaben nicht undeutlich Mißtrauen zu erkennen, daß man beabsichtige, ihnen die größere Anstrengung aufzubürden.

Um diesen Vorwurf zu beseitigen, beschloß der Prinz, daß das Landheer mit gutem Beispiele vorangehen solle. Er bestand darauf, daß die Verschanzung, welche die Feinde auf der Anhöhe Sainte Catherine angelegt hatten, weggenommen werde, weil es nicht ganz unmöglich schien, vielleicht von dort aus dem Feinde mit Kanonen beizukommen und ihn aus seinem Lager zu vertreiben [16]).

Am 30. Juli, noch vor Anbruch des Tages, wurde Eugens Anordnung von den kaiserlichen Grenadieren ausgeführt. Unter den Befehlen des Feldmarschall-Lieutenants Baron Rehbinder und des Generalfeldwachtmeisters Grafen Königsegg wurde die Anhöhe erstürmt. Die Franzosen verließen sie in großer Verwirrung, mit ihr die Befestigungswerke, welche sie in die Luft sprengten, und vier Kanonen, die sie vernagelten [17]). Eugen befestigte sich auf der eroberten Anhöhe. Er vollendete die Verschanzungen, welche die Feinde angelegt hatten, und ließ mit unendlicher Mühe schweres

Geschütz hinaufschleppen, um damit das Lager von Sainte Anne und die Stadt zu bestreichen.

In der Nacht vom 1. auf den 2. August bemächtigten sich die Verbündeten der Kapelle von Sainte Catherine und der Höhen von la Malgue. An beiden Posten wurden Batterien angelegt, um das Lager und die große Rhede zu bestreichen. Eine starke Linie ward erbaut, welche die Anhöhen von la Malgue mit der Katharinenkapelle verband. Das grobe Geschütz, welches in Hyères ausgeschifft worden war, brachte man in die Batterien und eröffnete aus denselben ein nachdrückliches Feuer gegen die verschiedenen Befestigungswerke.

So emsig auch Eugen alle diese Anstalten leitete, so verhehlte er es doch nicht, daß er sich keinen Erfolg davon erwarte. Auch in dem Herzoge von Savoyen begann eine Ahnung davon aufzudämmern, daß der Plan, welchen die Seemächte hervorgerufen und so nachdrücklich unterstützt hatten, vielleicht doch nicht so unfehlbar gewesen sei und er vielmehr, wie Eugen es immer vorhergesagt, die Keime des Mißlingens schon von Anfang an in sich getragen habe. Aber Herzog Victor war weit davon entfernt, dieser Meinung auch unverholenen Ausdruck zu verleihen. Seine Hauptabsicht war mit den Seemächten auf gutem Fuß zu bleiben. Wenn daher deren Gesandte und Generale fortwährend auf der Unternehmung wider Toulon bestanden, so wies er sie einzig und allein an Eugen, der alles leite und welcher daher auch in dieser Frage den entscheidenden Entschluß zu fassen habe. Es kam so weit, daß die Bevollmächtigten von England und Holland sich erlaubten, gegen Eugen ein Mißbehagen an den Tag zu legen, obgleich er ihnen stets mit der größten Zuvorkommenheit begegnet war und erklärt hatte, daß was auch unternommen werden möge, es an der nachdrücklichsten Mitwirkung der kaiserlichen Truppen nicht fehlen werde [18]).

. Aber bei der hartnäckigen Verbissenheit, mit welcher die Engländer an ihrer Meinung festhielten, verfing keine vernünftige Vorstellung. Zu wiederholten Malen hatte Eugen den englischen Admiralen nachgewiesen, daß die Streitmacht der Verbündeten zu gering sei, um auf einer so ausgedehnten Angriffslinie überall mit dem erforderlichen Nachdrucke zu wirken. Ja selbst die gewonnenen Posten konnten nicht mit genügender Truppenzahl besetzt werden, um sie vor einem plötzlichen Anfalle der Feinde sicher zu stellen. „Aber die Admiralität," schrieb der Prinz dem Kaiser,

„obgleich sie ben Krieg zu Lande nicht versteht, beharrt boch, ohne Gegen-
„gründe anzuhören, beständig auf ihrer vorigen Meinung. Sie will es auf's
„äußerste ankommen lassen, bie Belagerung Toulons fortzusetzen unb zu
„bem gewünschten Enbe zu führen, obgleich bie Unmöglichkeit bavon klar
„vor Augen liegt. Die Posten welche wir gegen ben Feinb einnehmen, sinb
„also beschaffen, baß wenn er sie bei seiner jetzigen Stärke angreifen
„sollte, wir sie schwerlich zu behaupten im Stanbe sinb. Denn sie sinb viel
„zu weit von unserem Lager entfernt, welches hinwieber wegen ber allzu-
„großen Anzahl ber feinblichen Kanonen nicht näher hinzugezogen werben
„kann. Ich muß es noch einmal wieberholen," so schloß Eugen sein Schreiben, „baß biese Belagerung von Toulon eine unmögliche Sache ist, weil
„bie feinbliche Armee, welche sich baselbst verschanzt hat, nicht angegriffen
„unb aus ihrem vortheilhaften Lager vertrieben werben kann. Von Seite
„Eurer Majestät hat man bis jetzt bazu Alles gethan, was nur immer
„Menschen möglich ist, bie Seemächte hingen haben nichts als Kanonen,
„Mörser unb Munition gegeben, so baß es an allem Uebrigen völlig
„fehlt [19]."

Eugen sollte nur zu balb bie traurige Genugthuung erleben, baß seine
Weissagung in Erfüllung ging. In berselben Nacht, in ber er sein eben
erwähntes Schreiben an ben Kaiser absanbte, rüsteten bie Franzosen, um bie
Anhöhen von Sainte Catherine unb ber Croix Faron wieber zu nehmen.
Sie eroberten bie beiben Posten unb vertrieben bie Solbaten bes verbünbeten Heeres aus benselben. Der Prinz von Sachsen-Gotha, ein junger Mann
von ungefähr breißig Jahren, ber zu großen Hoffnungen berechtigte, verlor
babei bas Leben. Aber bie Franzosen glaubten bie gewonnenen Stellungen
nicht behaupten zu können. Nachbem sie bie Verschanzungen unb Batterien
zerstört hatten, zogen sie sich zurück.

Eugen hielt ben Verlust, welchen bie Verbünbeten erlitten hatten, an
sich für keinen bebeutenben. Denn bie wichtigsten Batterien, bie zur Linken
ber Angriffslinie, waren in seiner Hanb geblieben. Ja es schien ihm sogar
nicht mehr angemessen, bie vom Feinbe verlassenen Posten neuerbings zu
besetzen. Seine Hauptaufmerksamkeit war vielmehr auf bie Unternehmungen zur See gerichtet, bie er gleich von Anfang an für besonbers wichtig gehalten hatte. Die Forts Sainte Marguerite unb Saint Louis, welche beibe bie
große Rhebe beschützten, wurben mit einem so gewaltigen Feuer überschüttet,

daß das erste sich ergeben, das zweite aber verlassen werden mußte. Es wurde in die Luft gesprengt, und begrub dabei unter seinen Trümmern eine nicht unbedeutende Anzahl von Soldaten des verbündeten Heeres. Nun war die Annäherung der Flotte ermöglicht und man dachte daran, da die Belagerung selbst völlig unausführbar erschien, wenigstens die Stadt zu bombardiren und sich dann mit möglichst geringem Verluste zurückzuziehen.

Dieser Entschluß wurde gefaßt, als sich auch die andern Heerführer nach und nach von der Richtigkeit der von Eugen gleich Anfangs aufgestellten Ansicht überzeugt hatten. Außer der Unmöglichkeit, bei der täglich zunehmenden Stärke des Feindes, bei der Unangreifbarkeit seiner Stellung, bei der Uebermacht seines Geschützes an dessen Bezwingung zu denken, kamen auch von außenher Nachrichten der bedenklichsten Art. Sie bestätigten die Anhäufung der zahlreichen Truppenmassen, welche der König von Frankreich zusammenzog, ja sogar aus Deutschland und Spanien kommen ließ, um Toulon zu befreien. Generallieutenant Medavi schnitt alle Zufuhren ab und unterbrach alle Verbindungen, so daß das Heer sich in jeder Beziehung einzig und allein auf die Flotte angewiesen sah. Eine solche Lage wurde mit jedem Tage gefährlicher. Wer nur irgend etwas vom Kriegswesen verstand, konnte sich dieser Erkenntniß nicht verschließen und hatte endlich Eugens Ansicht beigestimmt, der nach wie vor auf die Aufhebung der Belagerung drang.

Nur die Kurzsichtigsten und Starrsinnigsten blieben noch immer auf ihrer vorigen Meinung. Es waren gerade diejenigen, welchen die Sache, um die es sich handelte, am meisten fremd war. Ihren Reigen führte Chetwynd, der neue englische Gesandte zu Turin, ein junger Mann, im Kriegswesen gänzlich unerfahren [20]. Aber man hörte nicht mehr auf ihn und die Wenigen, die ihm zustimmten. Die Aufhebung der Belagerung wurde beschlossen und unverzüglich in's Werk gesetzt.

Wie sie schon seit einigen Tagen von der Landseite her gethan, so warfen die Verbündeten nun auch von denjenigen ihrer Schiffe, die sich der Stadt zu nähern vermocht hatten, Bomben auf dieselbe. Während dieß geschah, wurden zuerst die Kranken, dann ein Theil des Geschützes eingeschifft. Nach und nach verstummte das Feuer der Landbatterien, während die Schiffe dasselbe eifrig fortsetzten. Endlich war Alles, was nöthig war, an Bord gebracht, und in der Nacht des 12. August trat das Heer in fünf

Colonnen den Rückmarsch an. Derselbe wurde von Eugen meisterlich bewerkstelligt. Erst mit Tagesanbruch bemerkten die französischen Vorposten die
Abwesenheit ihrer Gegner. Obwohl Tessé dem Heere des Prinzen unverweilt nachrückte und auch Medavi hiezu angewiesen wurde, so vermochte
ihn doch weder der Eine noch der Andere einzuholen. Nur Eugens Nachhut, von dem Generallieutenant von Bielke geführt, litt nicht wenig durch
die französischen Bauern, welche man aufgerufen und bewaffnet hatte. Am
30. August war das Heer wieder in Saint Laurent. Hier verließ es durch
Ueberschreitung des Var das französische Gebiet. In fünf Colonnen setzte
es den Rückmarsch über das Gebirge fort und am 16. September war die
ganze Armee in einem von Eugen gewählten Lager bei Scalenghe an der
Lemnia concentrirt. Die Flotte hatte das Heer bis Nizza begleitet und
war dann nach Lissabon zurückgekehrt.

Eugens wohlgeordneter Rückzug trug nicht wenig dazu bei, seinen
Kriegsruhm zu mehren. Mitten durch ein feindliches Land, mit einer von
den Mühen der Belagerung und den beschwerlichen Märschen hart mitge-
nommenen Armee, an vielen der nothwendigsten Bedürfnisse Mangel lei-
dend, im Rücken und in der Flanke von einem ausgeruhten, wohl gerüsteten
und überlegenen Heere verfolgt, war er unbeirrt seinen Weg gezogen, ohne
einen nennenswerthen Verlust zu erfahren. Dieses überraschende Resultat
machte alle diejenigen verstummen, welche es wagten, ihm eine Schuld an
dem Mißlingen der Unternehmung gegen Toulon aufzubürden. Die Ein-
geweihten mußten ohnedieß, wie sich der Prinz von Anfang an über diesen
unreifen Plan ausgesprochen hatte und daß er nicht angeklagt werden durfte,
wenn die schönste Zeit zum Feldzuge ungenützt vorübergegangen, so viele
Menschenleben, so bedeutende Geldsummen nahezu fruchtlos aufgewendet
worden waren.

Ganz ohne alle Wirkung war aber der Einbruch in die Provence und
der Zug nach Toulon doch nicht gewesen. Er hatte, wie die beste Autorität,
der Herzog von Marlborough gesteht [21]), dem Feinde auf den anderen
Kriegsschauplätzen eine mächtige Diversion verursacht. Dieselbe hatte sich
im deutschen Reiche merkbar gemacht, das den nothwendig gewordenen
Entsendungen französischer Truppen nach der Provence die Rettung vor
einer erneuerten Ueberfluthung durch die Franzosen verdankte. Insbesondere aber war sie in Spanien fühlbar, wo nach der unglücklichen

Schlacht von Almanza die Dinge eine höchst ungünstige Wendung für König Karl genommen hatten. Statt ihren Vortheil zu verfolgen, der so groß war, daß Lord Galway, der Befehlshaber der englischen Truppen in Spanien, es für unmöglich hielt, sich dort noch länger zu halten, waren die Franzosen wieder zurückgegangen und hatten dem Könige Karl Zeit gelassen, einen Theil seiner Truppen neuerdings zu vereinigen und zu längerem Widerstande Kräfte zu sammeln. Außerdem war es den Franzosen unmöglich geworden, nach Neapel Hülfe zu senden, welches von dem Feldzeugmeister Grafen Daun ohne Schwierigkeit im Namen des Königs Karl besetzt wurde.

Dieser mehrfache Vortheil, obgleich keineswegs für nichts zu rechnen, erschien doch Eugen zu gering als das Resultat eines mit so glänzenden Hoffnungen begonnenen Feldzuges. Von einer Beendigung desselben konnte noch nicht die Rede sein und es handelte sich nur darum, über die Unternehmung einig zu werden, welche man in's Werk setzen wollte. Der Herzog von Savoyen drang auf die Belagerung von Susa, jenes wichtigen Platzes, welcher in Gemäßheit des Räumungsvertrages in den Händen der Franzosen geblieben war.

Eugen hielt die Schwierigkeiten dieser Unternehmung für höchst bedeutend, weil der Feind nicht nur die Festung selbst, sondern auch alle Höhen rings umher stark besetzt hielt. Dennoch erklärte er sich bereit, auf das Verlangen des Herzogs einzugehen, nur müsse dieser selbst mitwirken zu der Eroberung, die er so sehr wünschte, und nicht, wie er Miene machte, nach Turin gehen, die Kriegsarbeit aber seinem Vetter Eugen und dessen Truppen überlassen [22]).

Eugens nachdrückliches Zureden vermochte den Herzog, sich mit dem Prinzen gemeinschaftlich nach dem Lager von Scalenghe zu begeben. Die Belagerung von Susa wurde beschlossen, und schon am 19. September führte Eugen seine Truppen an's Werk. Victor Amadeus war zu keiner größeren Anstrengung, als zur Deckung der Belagerung zu bewegen gewesen. Zu diesem Ende blieb er im Lager von Scalenghe stehen, während Eugen am 21. September vor Susa erschien. Bei seiner Annäherung hatte der französische General Braignes die verschanzten Linien, welche zum Schutze von Susa am rechten Ufer der Dora angelegt waren, verlassen und sich in die Stadt zurückgezogen. Vierzehn Geschütze und bedeutende Proviantvorräthe fand Eugen in den Linien vor.

28 *

Der Marschall Tessé, welcher vor zwei Monaten mit so außergewöhnlicher Schnelligkeit eine beträchtliche Truppenmacht nach Toulon
geworfen und dadurch, so wie durch die rasche Anlegung mächtiger Verschanzungen die Rettung der Stadt entschieden hatte, war seit dem Abzuge
der Verbündeten nicht mehr mit gleicher Thätigkeit vorgegangen. Seine
Verfolgung derselben war nur lässig gewesen und daher hatten sie, wie die
Feinde selbst zugestehen, weit weniger verloren, als man mit Bestimmtheit
erwarten konnte [23]). Auch zur Rettung von Susa kam er zu spät. Schon
am Tage nach der Ankunft Eugens hatte die Stadt, von den Franzosen
verlassen, sich an den Prinzen ergeben. Die Besatzung zog sich in die
starke Citadelle und in das Fort Catinat zurück, welches die Höhe
des Berges Brunetta krönte. Eugen vollendete unverweilt die Einschlie-
ßung der Citadelle. Zugleich nahm er aber eine so günstige Stellung ein,
daß er einem Angriffe des Feindes mit Ruhe entgegensehen konnte.

Unmittelbar nach dem Eintreffen des schweren Geschützes wurde die
Beschießung eröffnet. Schon am 29. September war in das Fort Catinat
Bresche gelegt und es wurde noch an demselben Tage mit Sturm genom-
men. Am Abende des 3. Oktober begehrte der Commandant der Citadelle,
Brigadier Masselin, zu capituliren. Er verlangte freien Abzug der Besa-
tzung. Dieß wurde ihm abgeschlagen und nun ergab er sich kriegsgefangen.

Der Marschall Tessé, welcher schon eine bedeutende Streitmacht in
der Nähe von Susa versammelt hatte, war unschlüssig stehen geblieben,
um noch weitere Verstärkungen abzuwarten. Dadurch versäumte er die
günstige Gelegenheit zur Bewerkstelligung des Entsatzes.

Durch die Wegnahme von Susa wurde, wie der Marschall Tessé
selbst ganz richtig bemerkte, der Herzog von Savoyen in die Lage versetzt,
wann es ihm beliebte, in Frankreich einzubringen, während früher das
Entgegengesetzte der Fall war. Schon fürchtete man am Hofe von Versailles
einen neuen Einfall Eugens auf französisches Gebiet. Tessé erhielt gemessenen Befehl alles anzuwenden, um die Dauphiné vor einem Einbruche der
Verbündeten zu bewahren. Eugen aber dachte nicht mehr an ein solches
Unternehmen in so weit vorgerückter Jahreszeit. Schon waren die Höhen,
die er zu übersteigen gehabt hätte, mit tiefem Schnee bedeckt. Wie wäre
es möglich gewesen, mit einem Heere, welches während des ganzen
Feldzuges so außergewöhnliche Beschwerden ausstehen mußte, ein so

gefährliches Unternehmen zu beginnen. Was hätte er dadurch erreicht und wie wäre er im Stande gewesen, sich entweder in Frankreich gegen die überlegensten Streitkräfte zu halten oder in der übelsten Jahreszeit den Rückzug zu bewerkstelligen. Eugen war weit entfernt von einem so tollkühnen Unternehmen, in welchem er ohne Zweifel seine Armee zu Grunde gerichtet hätte. Er setzte Susa wieder in Stand, ließ eine Besatzung darin und ging nach Turin zurück, wo über die Winterquartiere des Heeres der Verbündeten Beschluß gefaßt wurde. Von den savoyischen Gebirgen bis Mantua, Ferrara und Bologna erstreckten sich die Quartiere der Truppen. Die pfälzischen Regimenter wurden nach Catalonien eingeschifft, die hessischen Streitkräfte aber traten den Rückmarsch nach Deutschland an. Eugen selbst kehrte nach Mailand zurück.

Hier hatte er noch eine ungemein große Menge von Geschäften zu verrichten, welche sich auf die Regierung dieses Herzogthums bezogen. Der wichtigste Theil derselben bestand in der Schlichtung der Streitpunkte mit dem Herzoge von Savoyen über die Forderungen, welche derselbe noch immer auf Grundlage des Allianztractates an das Kaiserhaus stellte. Eugen rieth unablässig dazu, jedes berechtigte Verlangen allsogleich zu befriedigen, um dem Herzoge auch nicht den mindesten Grund zu den Klagen zu lassen, die er fortwährend bei den Seemächten gegen den Wienerhof vorbrachte. Uebertriebenes Begehren aber sei, meinte Eugen, standhaft zurückzuweisen. Um jedoch zu bestimmen, welche Forderungen berechtigt, welche unberechtigt seien, schlug der Prinz die Zusammensetzung einer Commission, aus Männern von Verstand und Gelehrsamkeit bestehend, vor, welche über die zu entscheidenden Streitfragen nach bestem Wissen und Gewissen ihr Gutachten abgeben sollten.

Da jedoch die Mitglieder dieser Commission großentheils in den Gegenden Güter besaßen, welche dem Herzoge abgetreten worden waren, so besorgte Eugen, daß sie vielleicht nicht furchtlos genug seien, die Sachen in ihrem wahren Lichte darzustellen, und auch dort offen ihre Meinung an den Tag zu legen, wo es wider des Herzogs Vortheil sei. Der Prinz verlangte daher zum Vorsitze in dieser Commission vom Kaiser einen Mann, auf dessen Treue und Ergebenheit man sich verlassen könne. Doch dürfe es auch keiner sein, von dessen Eigensinn oder Hartnäckigkeit mehr üble Folgen zu befürchten, als gute zu hoffen seien [24]).

Der Kaiser aber, der in allen Geschäften des Krieges wie des Friedens das meiste Vertrauen auf Eugen setzte, wünschte daß er sich der
Vollmacht nicht begebe, welche ihm zum Vorsitze in der beantragten Commission ausgestellt worden war. Da er aber einsah, daß Eugen seiner
zahlreichen anderweitigen Beschäftigungen wegen das Präsidium nur selten
werde führen können, beauftragte er ihn, Einen aus den mailändischen Se-
natoren oder dem dortigen Adel, der auf piemontesischem Gebiete nicht begütert sei, zu seinem Stellvertreter zu erwählen. Die Namen Bolagnos,
Alvarez, Trotto und Pagani wurden dem Prinzen genannt, um aus ihnen
mit der Zustimmung des Herzogs seine Wahl zu treffen [25]).

Was die Sache selbst, die Anforderungen des Herzogs betraf, so erklärte sich der Kaiser zu allen nur immer möglichen Zugeständnissen bereit.
Daß die Belehnung mit Montferrat noch nicht vollzogen worden, sei nur
an der noch mangelnden Einwilligung der Kurfürsten gelegen, welche zu
erlangen jedoch kaum ein Zweifel obwalte. Dann werde auch die Investi-
tur des Herzogs ohne Anstand erfolgen.

Wie in dieser Angelegenheit, so war auch in allen andern Punkten
Eugen auf das Wohl des ihm anvertrauten Landes mit Sorgfalt bedacht.
Ein Hauptaugenmerk richtete er darauf, tüchtige und angesehene Männer
für den Staatsdienst zu erhalten und zu gewinnen. Auch hier gerieth er
in manchen Conflict mit Victor Amadeus, welcher ausgezeichnete Individuen, insbesondere aber aus Mailand, gar zu gern in seinen Dienst zu
ziehen suchte, um dort immer mehr Einfluß zu erlangen. Statt vieler nur ein
einziges Beispiel anzuführen, wünschte der Herzog den Fiscal Cacoval, welchen
Eugen einen der gelehrtesten Mailänder nennt, als ersten Präsidenten zu
Turin mit einer Besoldung von viertausend Reichsthalern anzustellen. Da
Cacoval sich weigerte, ging Herzog Victor so weit das Verlangen zu stellen,
daß man es ihm befehle. Eugen widerrieth dieß lebhaft und suchte den
Kaiser zu überzeugen, wie nothwendig es sei, hervorragende Capacitäten
an sich zu fesseln und nicht in den Dienst fremder Fürsten übergehen zu
lassen [26]).

Man sieht, das nachbarliche Verhältniß zu dem Herzoge von Savoyen
gestaltete sich nicht in freundlicher Weise. In kleinen Angelegenheiten fanden Reibungen statt, welche die gegenseitige Empfindlichkeit wach riefen.
In den großen Dingen aber glaubte man dem Herzoge mißtrauen zu müssen,

und das mit Recht. Denn durch oft wiederholten Treubruch nach allen Seiten hin hatte er jedweden Anspruch auf Zutrauen, von wem es auch sein mochte, völlig verscherzt. Als Freund war er kaum minder zu fürchten denn als Feind. Selbst Eugen, so schmerzlich es ihm auch sein mußte, konnte sich diesem Verdachte nicht verschließen. Derselbe war durch die Anzeige des kaiserlichen Gesandten in Turin, Grafen Castelbarco, noch gesteigert worden, daß Herzog Victor mit Marschall Tessé in Unterhandlung stehe und für deren günstigen Ausgang gute Hoffnung hege [27]. Deßhalb beauftragte der Prinz auch den General der Cavallerie, Marchese Visconti, als er ihm das Commando in Oberitalien übertrug, mit Castelbarco emsig zu corresponbiren, sich im tiefsten Geheimniß über das Thun und Lassen des Herzogs Victor zu unterrichten und ihm unter keinem Vorwande, außer auf Eugens ausdrücklichen Befehl, Truppen anzuvertrauen [28].

Eugen selbst zögerte nicht länger, nach Wien abzureisen, wo er seit dem Monate April des verflossenen Jahres nicht gewesen war, und man seiner Ankunft mit Sehnsucht entgegen sah. Marlborough hatte zwar bringend verlangt, daß Eugen zu Mainz mit ihm zusammentreffe, um sich mit ihm über die Unternehmungen des künftigen Feldzuges zu berathschlagen. Der Prinz aber wollte zuvor hierüber die Ansichten des Kaiserhofes kennen lernen und ertheilte dem englischen Feldherrn einstweilen eine ausweichende Antwort [29]. Er selbst eilte nach Wien, wo er als der Retter, der Befreier Italiens mit einstimmigem Jubel begrüßt wurde. Nur hinsichtlich eines Punktes soll der Kaiser den ernsten Vorwurf, welchen er schon schriftlich dem Prinzen gemacht, münblich wiederholt haben, daß er sein eigenes Leben und damit Oesterreichs kostbarstes Gut so oft der augenscheinlichsten Gefahr ausgesetzt habe.

Anmerkungen.

Vorwort.

[1] Histoire du Prince François Eugène de Savoie. Amsterdam et Leipzig, 1750. 5 vol.

[2] F. v. Kausler, das Leben des Prinzen Eugen von Savoyen, hauptsächlich aus dem militärischen Gesichtspunkte. Freiburg, 1838. 2 Bde.

[3] Es versteht sich von selbst, daß die Behauptung, die im Jahre 1811 in der Cotta'schen Buchhandlung zu Tübingen in sieben Abtheilungen erschienene „Sammlung der hinterlassenen politischen Schriften des Prinzen Eugen von Savoyen," sei nichts als eine Fälschung der gröbsten Art, von der es nur unbegreiflich erscheine, wie man sich so vielfach durch sie habe täuschen lassen, nicht bloß ausgesprochen, sondern auch bewiesen werden müsse. Andererseits würde dieser Nachweis bei einer Publikation, welche gegen tausend Druckseiten stark ist und ungefähr siebenhundert Briefe umfaßt, gewissermaßen wieder ein eigenes Werk erfordern. Es wird daher genügend erscheinen, wenn die Unechtheit bei einer bestimmten Anzahl von Schreiben schlagend gezeigt und es sodann dem Leser überlassen wird, von diesen auf die übrigen zu schließen. Ich fasse zu solchem Ende gleich die erste Abtheilung heraus, nicht als ob sie ärgere Blößen barböte, als die nachfolgenden, sondern nur weil die darin enthaltenen Schreiben demjenigen Abschnitte von Eugens Leben angehören, welcher in dem ersten Bande des vorliegenden Werkes geschildert ist, und daher ein Vergleich der wahren mit den erdichteten Angaben um so leichter möglich wird.

Gleich der erste Brief der Sartorischen Sammlung, welchen Eugen an den Grafen Sinzendorff geschrieben haben soll, trägt alle Merkmale der Fälschung an sich. Er ist vom 12. Jänner 1689 aus Ofen datirt, während Eugen, wie ein im Turiner Staatsarchive befindliches eigenhändiges Schreiben desselben an den Herzog von Savoyen vom 13. Jänner 1689 beweiset, sich um diese Zeit in Wien befand. Das Schreiben bei Sartori ist an den Grafen Sinzendorff gerichtet, er wird mit Excellenz, und in einer Weise angeredet, als wenn die Leitung der auswärtigen Geschäfte in seinen Händen läge. Nun war aber jener Sinzendorff, welcher mehr als zwanzig Jahre später an die Spitze der auswärtigen Geschäfte trat, im Jahre 1689 ein fünfzehnjähriger Knabe, und es gab in dem eben bezeichneten Zeitpunkte gar keinen Sinzendorff, welcher sich in der bei Sartori vorausgesetzten, oder überhaupt nur in hervorragender Stellung befunden hätte.

Ferner läßt Sartori Eugen sagen, er schreibe dem Herzoge von Savoyen nur ein oder zweimal des Jahres, während im Turiner Staatsarchive aus dem Jahre 1688 allein noch zehn eigenhändige Briefe Eugens an Herzog Victor vorhanden sind. Der letzte derselben ist vom 26. Dezember 1688 datirt, und schon nach zwei Wochen, am 13. Jänner 1689 schrieb der Prinz neuerdings an den Herzog. Endlich sagt Eugen bei Sartori, er sei außer allem Zusammenhange mit dem Turiner Hofe und wisse gar nicht wer auf die Leitung der dortigen Geschäfte Einfluß habe. Das Gegentheil davon beweiset aber das im Turiner Archive befindliche eigenhändige Schreiben Eugens vom 6. Dezember 1688 an den ersten Minister des Herzogs, den Marquis von S. Thomas, worin er denselben bittet, sich bei dem Herzoge zu verwenden, daß er ihn in seiner ziemlich bedrängten Lage und bei den

Ausgaben, welche ihm die Heilung der vor Belgrad empfangenen Wunde verursache, mit Geld unterstützen möge.

Der Brief Nr. 3 ist aus Turin vom 22. Jänner 1691 datirt, während der Prinz, wie aus seiner Originalcorrespondenz ersichtlich ist, sich diesen ganzen Monat hindurch ununterbrochen in seinem Hauptquartier Moncalvo aufhielt. Eugen räth darin, man müsse dem Herzoge zusetzen, die Waldenser auf seine Seite zu bringen, während dieß längst geschehen war und sie sich schon den ganzen vorhergegangenen Feldzug für den Herzog geschlagen hatten.

Eugens fünftes Schreiben bei Sartori ist vom 29. Juli 1691 aus Turin datirt, während der Prinz sich damals im Lager von Moncalieri befand. Sartori läßt Eugen sagen „das gute Cuneo ist den 26. Juli glücklich befreit worden," während der Entsatz der Stadt durch Eugen selbst um vier Wochen früher, am 28. Juni statthatte. Bei Sartori sagt Eugen, er habe sich bei diesem Entsatze mit dem Degen in der Faust gegen eine viermal überlegene Anzahl Feinde durchschlagen müssen, während durch Eugens zu Turin befindliches Schreiben an den Grafen Tarini vom zuletzt erwähnten Tage bekräftigt wird, daß er das Schwert nicht zu ziehen brauchte, indem einige Stunden vor seinem Eintreffen vor Cuneo der Generallieutenant Bulonde die Belagerung aufgehoben und sich in größter Eile zurückgezogen hatte.

Das Schreiben Nr. 7, wieder an Sinzendorff, ist aus Turin vom 5. September 1691 datirt, während Eugen damals zu Carignano im Lager stand. Es ist darin von demjenigen die Rede, was nach Mauvillon, dessen Erdichtungen als bare Münze nacherzählt werden, bei der Belagerung von Carmagnola geschah, die aber erst am 28. September, also um drei Wochen später begann, als dieser Brief datirt ist.

In dem Schreiben Nr. 8, an Carafa gerichtet, mit welchem Eugen sich damals völlig überworfen hatte, also gewiß nicht freundschaftlich correspondirte, ertheilt der Prinz dem Feldmarschall Befehle, während faktisch gerade das entgegengesetzte Verhältniß obwaltete, indem Carafa der Vorgesetzte, Eugen der Untergebene war.

Gleiches ist in dem nächstfolgenden Schreiben vom 27. November 1692 der Fall, und die Fälschung ist hier umsomehr in die Augen springend, als Carafa, welchem Weisungen in Bezug auf die Führung der Truppen in Italien gegeben werden, sich schon das ganze Jahr hindurch gar nicht mehr daselbst befunden hatte.

Das Schreiben Nr. 12 ist aus Turin vom 2. September 1693 datirt, und es wird darin die Einnahme von Gap in Frankreich, die Erkrankung und Wiedergenesung des Herzogs von Savoyen, der Rückmarsch aus der Dauphiné als eben geschehen erzählt. Aber so viel hätte doch selbst Sartori wissen sollen, daß dieß lauter Ereignisse des Feldzuges von 1692 waren. Wollte man einwenden, es sei nur die Jahreszahl irrig gedruckt und das Schreiben vom 2. September 1692, so würde dadurch dessen Unechtheit erst um so handgreiflicher. Denn Eugen befand sich damals selbst in Gap, und nicht zu Turin, die Wiedergenesung des Herzogs aber und der Rückmarsch aus Frankreich erfolgten erst mehrere Wochen später. Endlich ist nicht, wie Eugen bei Sartori erzählt, Herzog Victor Anfangs von den Pocken, dann aber von einem gefährlichen Fieber befallen worden. Die Sache verhielt sich in der Wirklichkeit gerade umgekehrt, denn es kam, wie es ja immer der Fall ist, zuerst das Fieber und dann erst brachen die Pocken aus. Ebenso unwahr ist die vermeinte Wegnahme Pignerols durch Pálffy, denn diese Festung blieb den ganzen Krieg hindurch in den Händen der Franzosen.

Nr. 14 ist an einen Feldmarschallieutenant Grafen Pálffy gerichtet. Es gab aber damals keinen Pálffy in dieser militärischen Würde. Graf Johann Karl Pálffy war General der Cavallerie und wurde nach wenig Monaten zum Feldmarschall ernannt. Sollte er aber doch darunter gemeint sein, so kann Eugen ja ihm, der in der Schlacht von Orbassano mitkämpfte, unmöglich die Ereignisse derselben ausführlich erzählen.

Ich übergehe, daß alle die nächstfolgenden Schreiben aus ganz anderen Aufenthalts-orten datirt sind, als in denen Eugen sich eben befand. Ich übergehe all die abgeschmack-ten Aussprüche, welche Eugen in den Mund gelegt werden, und die nur von Jemanden, der niemals ein wirkliches Schreiben Eugens gesehen und der sich von der Art und Weise wie der Prinz sich ausdrückte, gar keinen Begriff zu machen vermag, für echt hingenommen werden können. Nur einige thatsächliche Unwahrheiten mögen hier als solche noch beson-ders bezeichnet werden. In Nr. 50 erzählt Eugen, Catinat habe nach Villeroy's Ankunft das Lager verlassen, während allbekannt ist, daß er neben Villeroy daselbst verblieb und sich erst nach seiner Verwundung, welche beim Rückzuge über den Oglio erfolgte, vom französischen Heere entfernte.

In Nr. 59 wird der bei Cremona gebliebene Graf Dietrichstein Feldmarschall ge-nannt, während er nur Generalfeldwachtmeister war. Sartori fährt fort: „er war wie „allezeit zu hitzig und beynahe Ursache, daß ich auch eine Kugel in den Leib bekommen „hätte." Wie sinnlos ist dieß, wenn man weiß, daß Dietrichstein gar nicht bei dem Ar-meecorps Eugens, sondern bei demjenigen des Prinzen Baudemont sich befand, welches am rechten Pouser stand, und daß er durch eine von den Wällen Cremona's abgefeuerte Kanonenkugel tödtlich verwundet wurde.

In Nr. 63 ist Rüdiger Starhemberg mit seinem Neffen Guido verwechselt; in Nr. 64 aber sagt Eugen, er habe die Franzosen am 22. August nochmals angegriffen, sie hätten aber nicht Stich gehalten. Da müßten sie ja geflohen sein, während sie doch be-kanntlich durch drei Monate unbeweglich in ihrem Lager vor Luzzara stehen blieben. Auch hier wird die Fabel erzählt, daß dem Regimente Gschwind in der Schlacht von Luzzara alle seine Offiziere todt geschossen worden seien und ein Korporal dasselbe gleich einem Obersten commandirt habe. „Ich bin begierig," schreibt Eugen, „ob der Kaiser wegen „dieses würdigen Mannes meinen Vorschlag genehmigen wird." Es findet sich aber in den fortlaufenden Berichten des Prinzen, von denen im kaiserlichen Kriegsarchive keiner fehlt, nicht nur kein Vorschlag zu Gunsten eines solchen Corporals, sondern es befand sich von dem ganzen Regimente Gschwind kein einziger Mann in der Schlacht von Luzzara, wie die Liste der dabei betheiligten Regimenter und die im Kriegsarchive befindliche Schlacht-ordnung, in welcher das Regiment Gschwind gar nicht aufgeführt ist, unwiderleglich beweisen.

In Nr. 70 sagt Eugen von seinem Bruder, dem Grafen von Soissons, der in kaiser-lichem Dienste stehend vor Landau fiel: „Er ist der Absicht des Königs ihn nach Spa-„nien zu berufen, durch seinen Tod zuvorgekommen." Hier könnte nur der Erzherzog Karl gemeint sein, welcher jedoch erst ein volles Jahr später den Titel eines Königs von Spanien annahm. Ebenso spricht er in Nr. 71 vom 8. Oktober 1702 von dem gleich-falls erst ein Jahr später erfolgten Uebertritte des Herzogs von Savoyen zur großen Allianz. In Nr. 74 wird Eugen ein schaler Witz über die Frau eines Obersten bei seinem Regimente in den Mund gelegt, während doch der Prinz um diese Zeit der einzige Oberst bei dem Regimente war und dasselbe von dem Oberstlieutenant commandirt wurde.

In Nro. 86 schreibt Eugen an Starhemberg am 3. Dezember 1703, daß der Herzog von Savoyen die bei Nizza della Paglia erfolgte Vereinigung der beiden Heere angezeigt und Starhemberg die volle Gerechtigkeit habe widerfahren lassen, welche er verdient. Die Vereinigung erfolgte aber erst am 13. Jänner 1704, also um mehr als sechs Wochen später, als Eugens Glückwunsch datirt ist.

In Nro. 96 ist die leider auch in die militärischen Briefe eines Verstorbenen, Band II. S. 103, übergegangene, ganz irrige Angabe, daß Eugen auf die Belagerung von Ulm gedrungen habe, und die emphatische Antwort enthalten, welche Marlborough in den Mund gelegt wird. Wahrhaft widerlich ist das in Nro. 98 vorgebrachte Lob der preußischen auf Kosten der österreichischen Truppen. So sehr Eugen die wackeren preußischen Soldaten nach ihrem wirklichen Verdienste schätzte, so fiel es ihm doch niemals ein, sie den kaiserlichen Regimentern vorzuziehen, welche, wie Eugen oft bezeugt, damals von allen deutschen Truppen unstreitig die besten waren.

In Nro. 100 wird behauptet, Marlborough hätte lieber den Feind in freiem Felde aufgesucht, als die Belagerung Landau's zu unternehmen, während gerade Marlborough es war, welcher im großen Kriegsrathe auf das nachdrücklichste für die Belagerung von Landau sprach und zu Gunsten derselben den Ausschlag gab.

In Nro. 102 schreibt Eugen am 23. Oktober 1704, daß Baiern durch den Subjectionsaccord außer Stande gesetzt sei, zu schaden. Nun wurde aber die Ilbesheimer Convention, welche allein unter obiger Bezeichnung gemeint sein kann, erst am 11. November, also fast drei Wochen später abgeschlossen, als der Brief datirt ist.

Nro. 108 trägt das Datum: Wien den 8. Mai 1705, an der Stirne, während Eugen schon am 23. April bei seinen Truppen in Roveredo angelangt war. Gleich der erste Satz lautet: „Der Todesfall des Kaisers verlängerte meinen Aufenthalt zu Wien „noch um einige Tage. Würde der neue Souverän," fährt Eugen oder vielmehr Sartori fort, „nicht meine Gegenwart erfordert und mir zugleich noch einige Dispositionen zu„kommen überlassen haben, so hätte ich meine Reise nach Italien schon angetreten." Es ist dieß Alles vollkommen unwahr, indem der Tod des Kaisers mehrere Wochen nach Eugens Abreise von Wien stattfand und derselbe erst am 14. Mai die erste Nachricht hievon in seinem Lager von Tione erhielt.

In Nro. 111 beginnt Eugen ein Schreiben an Marlborough aus Caravaggio den 5. September 1705 mit den Worten: „Daß ich E. D. nichts von meiner Blessur mel„dete, rührt daher, weil ich Sie mit einer solchen Kleinigkeit in meiner vorläufigen „Nachricht nicht unterhalten wollte." Nun beginnt aber das Schreiben, welches Eugen schon am Tage nach der Schlacht von Cassano an Marlborough richtete, mit den Worten: „V. A. me pardonnera si je ne luy écris pas de ma propre main, estant ma „blessure qui me l'empeche, quoyqu'elle ne soit pas dangereuse." Die Fälschung ist hier um so ungeschickter, als Eugens wirkliches Schreiben schon im Theatrum europaeum und bei Lamberty abgedruckt ist. Auch befand sich Eugen damals nicht in Caravaggio, sondern in dem allerdings nur wenige Meilen davon entfernten Treviglio. Ueberhaupt sind, wie bereits angedeutet, fast alle von Sartori gebrachten Schreiben aus ganz anderen, oft weit entlegenen Orten datirt, als in denen Eugen wirklich anwesend war. Nur um die Geduld des Lesers nicht auf eine noch härtere Probe zu stellen, als ohnehin geschieht, wird der spezielle Nachweis davon unterlassen.

In Nro. 113 und 116 wird der englische Gesandte in Wien, Georg Stepney, als Lord bezeichnet, was er nicht war und wie er auch von Eugen in seinen wirklichen Schreiben niemals genannt wird. Wahrhaft komisch ist es aber, wenn in dem letzteren Briefe Sartori den Prinzen sagen läßt: „die von Heister errungenen Erfolge erfreuen „ihn sehr und er wünsche nur, daß ihn die Wiener Jakobiner nicht schnell aus dem Sattel „heben." Zufälliger Weise war aber Heister schon sieben Monate früher, im Mai 1705, und zwar hauptsächlich auf Eugens Anbringen, der mit seiner Führung des Obercommando's höchst unzufrieden war, aus Ungarn abberufen worden.

Ich fürchte in der Nachweisung der Unechtheit der Sartori'schen Briefe eher zu viel als zu wenig gethan zu haben. Nach dem Gesagten wird die Versicherung genügen, daß das gleiche Register mit Leichtigkeit durch die noch übrigen sechs Abtheilungen der angeblich von Eugen herrührenden Schreiben fortgeführt werden könnte. Es wird dieß hoffentlich von Niemand verlangt werden. Wie sieht es aber mit der historischen Kritik aus, welche trotz der monströsen Irrthümer, wie die hier nachgewiesenen sind, so plumpe Fälschung für baare Münze genommen hat?

Erstes Capitel.

[1]) Mémoires du Duc de S. Simon. VII. 190.

[2]) Mémoires de Madame de Motteville. IV. 468.

[3]) Renée. Les nièces de Mazarin. Paris, 1856. 479—484.

[4]) Litta. Famiglie celebri italiane. Duchi di Savoja. tav. XXII.

[5]) Mémoires de Madame de Motteville. V. 369.

[6]) Lettres de Madame de Sévigné. I. 263.

[7]) Mémoires de l'abbé de Choisy.

[8]) Mémoires du Duc de S. Simon. III. 350.

[9]) Mauvillon. Histoire du Prince Eugène de Savoie. I. 12.

[10]) Schreiben der Prinzessin Elisabeth Charlotte von Orleans an die Raugräfin Louise. Herausgeg. von W. Menzel. S. 140. Versailles 27. April 1709. „prinz „eugene hatt meriten umbt verstandt ist aber klein umbt beßlich von person hatt die „oberleffzen so kurtz daß Er den Mundt nie zu thun kan, man sieht also allezeit zwey „große breyte Zähn; die Naß hatt Er Ein wenig aufgeschnupfft umbt ziemblich weitte „Naßlöcher, aber die augen nicht beßlich umbt lebhafft."

[11]) Obige Briefe. S. Cloud 30. Oktober 1720. „Kenn Ihn gar woll, habe Ihn „offt geplagt wie Er noch ein Kindt, da hatt man gewollt daß Er geistlich werden solte, „war Wie Ein abbé gekleydt, Ich habe Ihn doch allezeit versichert daß Er Es nicht „bleiben würde wie auch geschehen; wie Er den geistlichen habit quittirte hießen Ihn „die jungen leütte nur made. simone umbt made. cansiene, den Man pretentirte „daß Er offt bei jungen leütten die dame agirte, da sagt Ihr woll liebe Louise daß „Ich den prince Eugene gar woll Kene. . ." S. 476.

[12]) Eugen an König Karl Emanuel III. Wien 18. Juli 1731. Kriegsarch. „. .notre „maison n'a pas d'ennemi plus dangereux que cette couronne. ."

[13]) Er gehörte einer Nebenlinie des Hauses Este an. Die Finalrelation des venetianischen Botschafters Domenico Contarini vom 29. November 1685 sagt von ihm: „Il Marchese di Borgomaine, huomo pratichissimo degl'interessi di stato per

„la lunga esperienza che l'età sua avanzata gli ha in molteplici maneggi gua-
„dagnato... Hausarch.

[14]) Contarini's Relation: .. „il Marchese di Baden, Presidente di guerra,
„il quale bisognoso d'appoggio del Cattolico Ministro, e poco fidandosi del
„suo talento, secondava quanto dall'Ambasciatore veniva dettato." ..

[15]) In dem trefflichen Werke des Freiherrn von Röder über die Feldzüge des Markgrafen Ludwig von Baden gegen die Türken ist I. 39—42 der Bericht des Markgrafen
an seinen Oheim abgedruckt, worin über den Angriff auf Preßburg gesagt wird: „Wie
„aber auff Eine Höhe oder des Erzbischoffs garthen khommen, ... hab Ich den letzten
„hohlweg nit passirt, sondern den Jungen Herrn im Zaume gehalten, vnd
„nachdem Ich meine Dragoner zue Fueß, so guet Ichs verstanden, postirt, den Hertzog
„alsobald von allem avisiren lassen." .. Röder bleibt uns die Erklärung schuldig, wer
hier unter dem „Jungen Herrn" gemeint sei. Spricht nicht alle Wahrscheinlichkeit dafür,
daß von Eugen die Rede ist, der bei den Dragonern stand und überall, auch in der
Entsatzschlacht, an des Markgrafen Seite kämpfte?

[16]) Finalrelation des venetianischen Botschafters Ascanio Giustiniani vom 28. Febr.
1681. Hausarchiv. Es wird darin gesagt, Sobieski sei wegen der französischen Gesinnung seiner Gattin, die auf ihn großen Einfluß übe, dem Kaiser verdächtig. „Pure
„quel rè, con il mezzo del Nuntio pontificio, ha tentato più d'una volta disim-
„primere queste opinioni, procurando di render il figlio consorte dell' Arci-
„duchessa Antonia nata dalla Spagnuola, non volutosi intendere, non che con-
„siderare per vantaggiose ne decorose le insinuazioni del Bonvisi...

[17]) Contarini's Relation: ... „soggetto di rari talenti e di zelo ardentissimo
per il bene della Christianità, ... godendo presso l'Imperatore gran credito et
autorità. ...

[18]) Contarini's Relation: „volate le due faccie dei Balovardi Leible e di
„Corte, roversciato il ravelino che fra essi era alzato, preparate più mine sotto
„le cortine, restava libero al Visir il comandar un assalto e occupar a viva forza
„la piazza ... Aber die Geldgier persuase il Visir a voler la piazza d'accordo, per
„impadronirsi delle richezze che v'erano rinchiuse, le quali con permetter
„l'assalto, sarebbero state dalle soldatesche saccheggiate .."

[19]) Schon vom 25. Jänner 1684 findet sich in dem Kaunitz'schen Archive zu Jarmeritz in Mähren ein Schreiben Eugens aus Linz an den kaiserlichen Gesandten zu
München, Grafen Dominik Andreas Kaunitz, worin ihm der Prinz für seine freundschaftliche Gesinnung bestens dankt und ihn bittet, wegen Rekrutirung seines Regimentes
bei dem Kurfürsten von Baiern zu interveniren „e di favorirmi per la riuscita di
„questo negotio il quale m'è di particolar premura" ...

[20]) Herzogin Elisabeth Charlotte von Orleans an die Raugräfin Louise. S. Cloud.
26. November 1719. S. 437.

[21]) Finalrelation des venetianischen Botschafters Francesco Michieli vom 18. März
1678. Hausarchiv.

[22]) „estant abandonné de tous costés" .. Eigenhändige Schreiben Eugens an
den Herzog Victor Amadeus von Savoyen. Linz den 23. November und den 18. Dezember 1683. Turiner Staatsarchiv. Abgedruckt in der von Heller herausgegebenen
militärischen Correspondenz Eugens aus den Archiven von Turin und Stuttgart. S. 1.

²³) Vom 25. Mai 1684 und vom 17. Jänner 1685 Turiner Archiv. Milit. Corr. S. 3, 5.

Zweites Capitel.

¹) Bericht des Herzogs von Lothringen an den Kaiser. Röder I. 97.

²) Nach Mauvillon I. 29 soll Eugen, als er mit dem Fürsten Salm die Trancheen besuchte und sich einem Ravelin näherte, von dem aus die Türken ein starkes Gewehrfeuer unterhielten, eine Musketenkugel in den Arm erhalten haben. Da jedoch der Knochen nicht verletzt wurde, so sei die Wunde, die erste, die Eugen empfing, nicht gefährlich gewesen. — Bei der Unverläßlichkeit dieses Autors aber darf an der Richtigkeit der vorstehenden Angabe, die von keiner achtbaren Quelle bestätigt wird, billig gezweifelt werden.

³) Zu Anfang des Jahres 1685 war Eugen in Italien, wenigstens ist sein Schreiben vom 17. Jänner dieses Jahres an den Herzog von Savoyen aus Bologna datirt. Mil. Corr. S. 5.

⁴) Journal du Marquis de Dangeau. I. 139.

⁵) Contarini's Bericht: „soggetto d'attitudine e valore" ...

⁶) Finalrelation des venetianischen Botschafters Carlo Ruzzini vom 19. Dezember 1699. Hausarchiv.

⁷) Rotterdam, 26. Februar 1686. Corresp. 9.

⁸) Der Herzog von S. Simon, zu dessen Schwächen es gehört, hinter jedem Todesfalle eine Vergiftungsgeschichte zu wittern, tischt in seinen Memoiren zu wiederholten Malen und mit der Miene unumstößlicher Gewißheit das Märchen auf, daß der kaiserliche Botschafter zu Madrid, Graf Mannsfeld, im Vereine mit der Gräfin von Soissons und durch Beihülfe derselben die Königin von Spanien vergiftet habe. Es begreift sich leicht, daß die große Anzahl derer, welche dem Herzoge nachschrieben, sich eine so pikante Behauptung nicht entgehen ließen, obgleich nicht der schwächste Schein von Wahrscheinlichkeit für dieselbe angeführt werden kann. Die im kaiserlichen Hausarchive noch vorhandenen geheimen Berichte des Grafen Mannsfeld beweisen im Gegentheile, daß derselbe nicht nur in keiner Verbindung, sondern in sehr gespanntem Verhältnisse mit der Gräfin gestanden hat. Er erwähnt ihrer mit unverkennbarer Feindseligkeit. So schreibt er in seinem Berichte vom 20. Juni 1686: ... „erstate E. K. M. allein über der Soissons „Thuen und Lassen dahier fernere redt und antwordt, wie das nemblichen dise das dissi- „mulirteste Weib ist, so Gott erschaffen, weiß nit an artificiose oder aus natürlichen „temperament und indiferenz gegen allen sachen und leuten; ihr thuen und lassen „bestehet in großer anligenheit bey der regierenden Königin... „Uebrigens fang ich schier „an zu glauben, daß ihr die paren Mitlen anfangen zu manglen... dann sie wider den „alten brauch alle spesa eingezogen und sich recht spöttlich haltet, auch wirklich in „pretension einer pension stehet, so sich zu so großer Hoheit und pretension königlicher „befreuntschafft sehr übel räumet. Wahr ist daß dise pretension heimlich und nur „durch confidentiores incaminiret wirdt, Oropesa hat ihr einen befreundten an die „handt gestellet." ...

⁹) Eugen an den Herzog von Savoyen. Wien 26. Mai 1686. Corr. 10.

¹⁰) Markgraf Ludwig an seinen Oheim Hermann von Baden. Röder I. 186.

¹¹) Markgraf Ludwig an Hermann von Baden. Röder I. 213.

¹²) Eugen an den Herzog von Savoyen. Wien 16. Aug. 1687. Corresp. 11.

¹³) Ueber den Herzog von Mantua schreibt Graf Ernst Rüdiger Starhemberg an seinen Vetter Gundacker Starhemberg am 17. Juli 1687 aus Wien: „Der Herzog von „Mantua ist auch hier ankommen ... ist anietzo mid dem Kayser, Nachmittag gehet er „allezeit in die Gesellschaft. Charmirt aber niemand, sondern ist ein abgeschmacktes „Gesicht.“ ... Riedegger Archiv.

¹⁴) Rink. Leopolds Leben und Thaten. I. 241.

¹⁵) Eigenh. Schreiben des Herzogs Karl von Lothringen an den Kaiser. Innsbruck 21. Jänner 1687. Hausarch. „. Si compiace parimente la Maestà Nostra il com-„municarmi l'istanza et dichiarazione fatta dall Signor Elettore di Baviera di „voler venir in campagna haver un corpo separato considerabile senza di che „esso non vuol lasciar le sue Truppe.“ ..

¹⁶) Col mezzo de' sussidij prestati dall'Imperatore al sudetto Elettore, che „ascesero a quattrocento milla fiorini l'anno, venne con grosso numero di sol-„datesche al soccorso di Vienna.“ .. Contarini's Relation.

¹⁷) Finalrelation des Federigo Cornaro vom 12. März 1690. Hausarch. Cornaro sagt, der Kurfürst sei vom Kaiser „teneramente amato e stimato, riponendo tutti „li oggetti in cultivarlo e favorirlo“. ..

¹⁸) Mauvillon. I. 83.

¹⁹) Schon im Oktober 1683 schrieb der Herzog eigenhändig an den Grafen Dominik Andreas Kaunitz: „Si vous croie Monsieur qu'il soit difficile de porter M. l'electeur „de faire auancer la cauallerie, du moins il faut tascher qu'il ueuille bien faire „auancer son Infanterie. Sa personne est ce ie souhaiteroit le plus, si sa santé „luy permettoit comme je l'espere quoyqu'elle m'est infiniment chère.“ ... Jarmeritzer Archiv.

²⁰) „Le Prince Louis de Bade a refusé de se porter sur une église menacée „par les Turcs, disant qu'il n'a point comme prince d'Empire d'ordre à recevoir „du Duc de Lorraine.“ Dépêche de M. de Sobeville 17. Juin 1683. D'Haus-sonville. Histoire de la réunion de la Lorraine à la France. III. 332.

²¹) Mémoires de Villars. I. 129.

²²) Eugen an den Herzog von Savoyen. Wien, 24. November 1687. Corr. 12.

²³) Am 24. Februar 1688. Litta. Famiglie celebri italiane. Duchi di Savoja. Tav. XV.

²⁴) Schreiben Eugens an den Marquis von S. Thomas. 28. März 1688. Cibrario, Origine e progresso delle instituzioni della Monarchia di Savoia. II. 429. Mauvillon und Alle, die ihm nachschrieben, irren also, wenn sie behaupten, daß Eugen diese beiden Abteien, welche erst durch den Tod des Prinzen Anton erledigt wurden, schon seit seinem siebenten Lebensjahre besessen habe.

²⁵) Eugen an den Herzog von Savoyen. Wien 24. November 1687. Corresp. 12. „... j'espere que V. A. R. ne trouvera pas mauvais que je m'attache entière-„ment à ce service icy dautant plus que c'est le seul lieu apresent où je puisse „me rendre capable de la servir un jour.“ ..

²⁶) Eugen an den Herzog von Savoyen. Wien 31. Jänner 1688. Corresp. 13. „Le „Comte Tarin que j'envois a Turin pour recevoir les graces quelle (V. A. R.) „a accoutumé de me faire luy rendra comte ... de lestat ou je suis en cette

„Cour; je puis assurer V. A. R. que j'en recois tous les jours tant de graces
„que je n'ay rien à souhaiter que son assistance pour pouvoir esperer de par-
„venir a tous les emplois ou un homme qui a l'honneur de luy appartenir peut
„pretendre.“

[27]) Eugen an ben Herzog von Savoyen. Wien 11. Jänner 1688. Corresp. 13.
„me voyant en état de pouvoir pretendre avec le temp a tous les employs ou
„ma qualité semble m'avoir destiné“ . . .

[28]) Eugen an ben Herzog von Savoyen. Wien, 8. Juni 1688. Corr. 16.

[29]) Giuftiniani's Relation.

[30]) Giuftiniani : „Il Marchese di Baden , Presidente di guerra, è piu
„d'ogn'altro considerabile per il suo artificioso e doppio raggiro.“ . .

[31]) Giuftiniani's Relation.

[32]) Contarini : Il Marchese Hermanno di Baden è preside al consiglio di
guerra. . Si bramarebbe avesse il soggetto più sollecitudine negl'affari di cosi
grande levatura. Perciò molte volte fù parlato di promoverlo ad altro grado
più addattato al suo talento, ma si è trovato Cesare con le mani legate per la
qualità della sua nascità. . . S'aggiunge parimenti in questo soggetto una particolar emulatione con il Duca di Lorena, Cognato della Maestà Cesarea, che
gode la carica di Tenente Generale delle sue armi, il più delle volte difficol-
tando e differendo le dispositioni necessarie per le guerre, per togliere all'emulo
la gloria e l'applauso, che s'haverebbe molte volte potuto acquistare colla
prontezza di mezzi che si ricercano, . . Contarini's Urtheil ift um so glaubwürdiger,
als bie italienische Partei am Hofe, zu welcher bie venetianischen Botschafter sich hielten,
bem Herzoge von Lothringen abgeneigt war.

[33]) Journal de Dangeau. II. 170. Le Prince Eugène eut un coup de mous-
quet au dessus du genou, la balle entra dans les chairs et on ne la trouva pas.
Wenn Eugen biese Wunbe, wie Kausler I. 109 sagt, schon am 30. August erhielt,
wie hätte er, nach bemselben Autor, sechs Tage später bem Hauptsturme beiwohnen
können?

[34]) Eugen an ben Herzog von Savoyen. 28. November unb 6. Dezember 1688.
Corr. 18. 19.

[35]) Eugen an ben Herzog von Savoyen. 8. Juni 1688. Corr. 16.

[36]) Eugen an ben Herzog von Savoyen. 13. Jänner 1689. Corresp. 21... „je suis
„entièrement guéri de la blessure, étant fermée. . . . J'attends avec impatience
„ses ordres pour savoir si je me doit mettre en chemin.“

Drittes Capitel.

[1]) Schreiben Eugens an Victor Amabeus von Savoyen. Wien, 28. Nov. 1688.
Corr. S. 18. . „la pluspart des gens croyent que l'on veut continuer les deux
„guerres quoique tous les gens de bon sens et bien intentionnéz pour le bien
„public en enragent et connoissent bien que ce sentiment la ne peut estre sou-
„tenu que par des moines.“

[2]) Finalrelation bes venetianischen Botschafters Girolamo Benier. 11. Dez. 1692.
Hausarch.

³) Beniers Bericht.

⁴) S'aggiongerano i motivi della S. lega, e la giurata fede alli suoi Alleati di non far passo separatamente, che potesse oscurar la pontuale osservanza a che il di lui (bes Raifers) animo grande e generoso piuttosto di contravenire, haverebbe certamente preferito qualunque perdita de' proprj stati. . Cornaro's Bericht.

⁵) Contarini's Bericht.

⁶) Cornaro's Bericht.

⁷) Handbuch des kaif. Oberften und Generalquartiermeifters Tobias v. Haßlinger auf den Feldzug des Jahres 1689. Mjcr. Kriegsarch.

⁸) Eugen an Herzog Victor von Savoyen. Stollhofen, 1. Juli 1689. Corr. 22.

⁹) Er traf am 26. Juli dafelbft ein. Haßlingers Handbuch.

¹⁰) Haßlingers Handbuch. Quincy irrt, wenn er in feiner Histoire milit. de Louis le Grand. II. 202. Eugens Verwundung auf den Tag des Sturmes, den 6. September, verlegt.

¹¹) Eugen an Herzog Victor. Eppingen, 23. Oktob. 1689. Corr. 23.

¹²) Eugen an Herzog Victor. Augsburg, 2. Februar 1690. Corr. 25.

¹³) Cornaro's Finalrelation.

¹⁴) Franc. Michieli's Finalrelation. 1678. Hausarch. E certo che la militia delle Corazze che si ritrova in numero di sette in otto milla è così singolare, che da' più disinteressati vien detto, ch'a fronte di pari numero senza dubbio riporterebbe vittoria.

¹⁵) Beniers Bericht. . due qualità mirabili nel militare . . la sofferenza estrema nelle più eccessive fatiche, e la cieca incomprensibil obbidienza del Soldato verso gl'Ufficiali.

¹⁶) Contarini's Bericht.

¹⁷) Michieli's Bericht. . Era volgare il dire che rendeva a Lorena molto più il posto che gode d'essere direttore dell'Armate, che rimesso fosse al possesso de' proprj stati. . .

¹⁸) Beniers Bericht.

¹⁹) Ruzzini's Bericht. . . Principe inquiete et ambitioso anche oltre ogn'altro della sua casa, sagace e segreto nel consiglio, capace di far sempre servir la fede all' interesse, e mutar le vele con la mutatione de' venti. Amante della guerra, ma non ancora ben istrutto nelle arti del commando, se lo regge con tropp'ardore e tenta le occasioni con molt'azzardo. .

²⁰) Eugen an Tarini. Lager bei Carignan, 14. Juli 1690. Corr. 26.

²¹) Quincy. II. 302. On reconnut pendant l'action le Prince Eugène, qui depuis le commencement de la bataille jusqu'à sa fin y brilla beaucoup.

²²) Eugen an Tarini. Moncalieri, 22. September 1690. Corr. 28.

²³) Eugen an Tarini. Moncalieri, 30. September 1690. Corr. 31.

²⁴) Boriges Schreiben. . . „nos gens ont fait a la turque coupant des testes et ne donnant point de quartier." . . .

²⁵) Eugen an Tarini. Turin, 13. Okt. 1690. Corr. S. 32—38.

²⁶) Boriges Schreiben . . . „ils disent hautement que j'ay la rage de me „battre."

¹⁷) Voriges Schreiben.

¹⁸) Eugen an Tarini. Turin, 20. Nov. 1690. Corr. S. 39.

¹⁹) Giustiniani's Relation .... Mantova ha goduto partialissimo l'affetto di Sua Maestà e con il mezzo dell'Imperatrice Eleonora ha esperimentato ogni testimonio della maggior distintione. . .

²⁰) Beniers Bericht.

¹) Eugen an ben Herzog von Savoyen. Moncalvo, 9. Jänner 1691. Corr. 48. An ben Kaiser. Moncalvo, 11. Jänner 1691. Corr. 52—56.

¹²) Voriges Schreiben an ben Herzog . . . „on ne peut estre plus sage que nos „troupes l'ont esté jusqu'a present, bien loin de les chasser de leurs maisons „il n'y a rien qu'on n'aye fait pour faire revenir ceux qui se sont sauvés .... „avant cette affaire d'hier l'on n'avoit pas seulement donné une chiquenode au „moindre paysan". . .

¹³) Eugen an Tarini. Moncalvo, 10. Jänner 1691. Corr. 50.

¹⁴) Eugen an ben Herzog von Savoyen. Moncalvo, 12. Jänner 1691. Corr. 56.

¹⁵) Eugen an ben Herzog von Savoyen. Moncalvo, 29. Jänner 1691. Corr. 68—65.

¹⁶) Eugen an Tarini. Moncalvo, 31. Jänner unb 3. März 1691. Corr. 66. 89.

¹⁷) Eugen an ben Herzog von Savoyen. Wien, 8. April 1691. Corr. 92.

¹⁸) Giustiniani's Bericht: Il Conte di Chininsech . . cammina con qualche concetto d'habilità. L'opinione però ch'egli tiene di se stesso, non s'accredita nell'universale. E ben veduto da Cesare e ne contrasegna in più incontri la propensione vantaggiosa della M. S. a favore di questo soggetto. Le di lui indispositioni non gli permettono d'esser così frequente in Corte come vorrebbe. . .

Contarini's Relation: Kinigsegg, huomo di grande esperienza e valore, ma reso impotente dalla crudeltà della podagra. . .

Beniers Bericht: Kinisek . . è soggetto sommamente versato e d'applicazione indefessa; inchiodato però da contrattione habituale e da flussioni dolorosi e frequenti, resta ben spesso involontariamente otioso il suo zelo.

¹⁹) Cornaro's Bericht: Nel Cancelliere di Corte Conte Stratman risiede la mole principale dell'affari; per le di lui mani passano tutti i negotij, la confidenza et il più intimo del segreto e de' consigli. Egli è di non elevata nascità, sortiti i primordii di sua fortuna sotto l'Elettor di Brandenburgh, di cui è suddito, poi impiegatosi nel servitio dell' Elettor Palatino, e dal medesimo introdotto in Corte Cesarea, conosciutane l'habilità, restò destinato nel numero de' Plenipotentiarij al trattato in Nimega, dove il concetto acquistato d'erudità, virtù, nell'occasione della vacanza di Cancellier di Corte, posto primario per di cui mano passano tutte l'espeditioni, lo fece trasciogliere estimare il più capace e adattato per sostener il carico; particolarmente come Estero, che non tenendo appoggi et adherenze in Corte, e riconoscendo la sua creazione dalla sola mano di Cesare, dovesse anco meno degli altri lasciarsi contaminare dagl'affetti e passioni. Nè s'è ingannata la M. S. nella scielta . . possedendo effettivamente parti molto degne e singolari, comprensione e talento per qualunque affare, giuditio profondo e prontezza in risolvere le più gravi materie,

il suo voto prevalendo nelle consulte e nella consideratione superior ad ogn'altro. Ritiene affabilità e tratto molto cortese senza jattanza e fasto, nutre retta et ottima intentione, dalla quale non lasciarebbe mai contaminare per rispetto alcuno il proprio animo. . . Tutte le sue arti et applicazioni sono dirette per conservarsi nel posto, onde ben avertito de' scogli, ne'quali hanno nauffragato li altri principali Ministri, si rege con maniera riservata e prudente, che cuoprendo la gratia del Sovrano, mostri del suo intendimento a volere dipendere tutte le risoluzioni, onde obedisce à cenni, e si conforma avedutamente ne' sensi. Con ciò delude li studij degl'Emoli e dell'invidia per abbatterlo, e si può creder sij sempre più per ascender a maggior grado d'autorità e di stima. Sarebbe desiderabile non fosse divertita tal hora l'applicazione che gl'incombe dall' uso del viver libero, e del conversare della Corte, onde languiscono alcune volte le risoluzioni più importanti. La comprensione è però cosi grande, che rende meraviglia, come in momenti egli più operi di quello che non hanno mai fatto gl'altri Ministri nel corso di più giorni.

𝕭eniers 𝕭ericht: Stratman . . . che per incombenza del proprio impiego assiste agl'affari de'stati hereditarij; ma per la dolcezza del suo tratto e per la propensione del Sovrano dirigge come istromento principale la vasta mole di tutti i negotij o piutosto la volontà dell'Imperatore, e s'avvicina alla figura se non ai titoli di primo Ministro. S'è egli guadagnato l'inclinatione di Cesare con l'habilità ch'ha nell' esercizio del proprio carico e più con i colori di facilità che dona all'arduo degl'affari e coll'allontanar o con addattati consigli, o con vantaggiose narrative gl'oggetti molesti dall' animo del Padrone. Certo ch'è in Corte nessuno ha maggior potere, entra in ogni conferenza, molto opera e più farebbe se più foss'applicato. Possede parti mirabili d'intelligenza, concepisce perfettamente il negotio, lo delucida et lo tratta con chiarezza meravigliosa. E aperto ne'discorsi e ne'maneggi, qualità che tal volta pregiudica a troppo crederli. . . . .

*⁶) 𝕮ornaro's 𝕭ericht: Il Conte Chinschi . . è soggetto di grande virtù, letteratura et intelligenza; il più capace ad influir nella direttione del Governo, quando tenace de'suoi sentimenti et opinioni, con le sottigliezze piutosto confondendo, ch'agevolando il fine de' negotij, e con la natura rigida e severa contrariandosi l'applauso, non si rendesse più stimato che rieschi grato. Emulo et opposto a Stratman, con simulata maniera però vicendevolmente procedono, gareggiando solo negl'affetti e negl'arti di rendersi l'un e l'altro prefferiti nella stima e nella considerazione del Sovrano, il quale non vede mal volontieri germogliar tra essi la discordia, contribuendovi piutosto alimento, e stimando trà la diversità de'genij raffinarsi la pontualità, gl'oggetti et il studio del suo Cesareo servitio, onde ben spesso blandisce l'uno e ingelosisce l'altro. Come però vers'il Cancelliere di Corte vi concorre l'inclinazione e la confidenza, così sarà sempre difficile che rieschi a Chinschi d'elevarsi a più alto grado, al quale avidamente aspira.

𝕭eniers 𝕭ericht: Kinsky . . è di sommo sapere, speculativo oltre il bisogno, e nascosto all' eccesso. Procede sempre con arte, spesso con fini particolari, assottiglia le più naturali raggioni e confonde ben spesso più che non appiani il negotio. E in oltre in tutti gl' affari grandemente irresoluto, ma quest' irresolutione non proviene in lui da mancanza di petto, ben da sovrabondanza d'accume, perchè anche doppo stabilito un decreto, sugerita al suo spirito della propria perspicacia qualche difficoltà e diverso partito, lascia l' opra ineseguita e imperfetta. Benchè non sij solo nelle materie della pace , la sua età fa che in tutte le conferenze habbi il direttorio e la presidenza, onde agl' ostacoli naturali del negotio fraposti quelli d' un genio difficile, ben può comprendersi le consequenze, l' estrema pena et i pericoli di chi è obligato negotiar con questo soggetto. Molti lo fuggono per tali cause, altri assolutamente negano trattar seco, e simili forme le han totalmente inimicato li Ministri d' Inghilterra e l'Ambasciatore di Spagna.

⁴¹) Noch im Jahre 1678 sagt der venetianische Botschafter Michieli hierüber: Non esercita nella militia il fiore della nobiltà di Germania. Per questo si veggono ben spesso occupati in quella nazione li posti più qualificati dagl' Esteri. L'Alemano, quanto è di genio posato, di spirito lento, tanto si dimostra altiero e sdegna il servitio . . Ama il riposo e trova il piacere nella soavità della tavola e nella delicatezza delle bevande. Il loro studio maggiore è per haver posto in Corte o in quelle provincie dove tengono i loro stati . . .

⁴²) Contarini's Bericht: è preferito il servitio di Cesare ad ognun' altro, concorrendo da ogni parte officiali e capi per godere tali emolumenti con quali presto s' arrichiscono . . .

⁴³) Cornaro's und Beniers Berichte.

⁴⁴) Eugen an den Herzog von Savoyen. Wien, 28. April 1691. Corr. 94.

⁴⁵) Zweites Schreiben an den Herzog vom obigen Tage.

⁴⁶) Eugen an Tarini. Turin, 25. Mai 1691. Corr. 95.

⁴⁷) Eugen an Tarini, 25. Mai; an den Kaiser, 4. Juni 1697. Corr. 95. 97.

⁴⁸) Eugen an Herzog Victor und an Tarini. Coni, 28. und 29. Juni 1691. Corr. 101. 102. In diesen ausführlichen Berichten sagt der Prinz kein Wort davon, daß er selbst durch eine Kriegslist, die Uebersendung eines Landmannes mit einem fingirten Schreiben an den Commandanten von Cuneo, den Generallieutenant Bulonde zur Aufhebung der Belagerung verleitet habe. Er schreibt vielmehr selbst: „j'eus de la peine à le „croire" .. So ist denn auch diese Erzählung, welche einer der Biographen Eugens dem andern nachschrieb, eine Fabel.

⁴⁹) Eugen an Tarini. Moncalieri, 2. Aug. 1691. Corr. 105.

⁵⁰) Ruzzini's Bericht. Hausarch.

⁵¹) Eugen an Tarini. Lager unweit Carignano, 7. Sept. 1691. Corr. 108.

⁵²) Eugen an Tarini. Lager bei Staffarda, 21. Sept. 1691. Corr. 109.

⁵³) Eugen an den Herzog von Savoyen. Lager bei Carmagnola, 10. Oft. 1691. Corr. 116.

⁵⁴) Vortrag des Grafen Ernst Rüdiger Starhemberg als Präsident des Hofkriegsrathes an den Kaiser. Wien, 20. Nov. 1691. Kriegsarch.

⁵⁵) Eugen an Tarini. Lager bei St. Ambrosio, 27, Oft. 1691. Corr. 117.

⁵⁶) Eugen an Tarini. Lager bei Carmagnola, 29. Sept. und 6. Oft. 1691. Corr. 112. 113. „c'est une confusion et un desordre qui n'eut jamais d'egal et je ne „crois pas quil puisse y avoir un homme moins soldat et qui entende moins la

„guerre que nostre commissaire general particulierement quand il est conduit
„par nostre general de la cavallerie" . . .

⁵⁷) Rinf. Leopolds Leben . . Leipzig, 1709. I. 247.

⁵⁸) Eugen an Tarini. Bei Carmagnola, 6. Oft. 1691. Corr. 113. „j'envoyé mon
„ajutant chez l'auditeur lieutenant et le fit un peu maltraiter de paroles luy di-
„sant que j'envoyerais mes palfreniers pour luy aprendre son mestier a coup
„de bastons s'il ne le scavoit pas . ."

⁵⁹) Eugen an Tarini. Turin, 10. Nov. 1691. Corr. 119.

⁶⁰) Eugen an Tarini. Lager bei Staffarda, 22. Sept. 1691. Corr. 111.

Viertes Capitel.

¹) Eugen an Tarini. Turin, 3. Nov. 1691. Corr. 118 . . „il est a craindre que
„si lon ce servoit des mesmes manieres qu'on a eu en hongrie cela ne fit un
„mauvais effect" . . .

²) Eugen an den Herzog von Savoyen. Wien, 19. Jänner 1692. Corr. 121.

³) Eugen an den Herzog Victor. Wien, 23. April 1692. Corr. 125 . . „le parti du
„Comte Caraffa est extremement fort" . . .

⁴) Kaif. Instruction für den Herzog als Oberbefehlshaber. Wien, 7. März 1692.
Kriegsarch.

⁵) Carafa an den Kaiser. 11. Jänner 1693. Hausarch . . . „si sà quanti millioni
„ho fatto entrar nel suo erario . . . si sà con quanta industria, con quanta vigi-
„lanza e con quante fatiche ho mantenuti ed augmentati i suoi eserciti . . . e
„finalmente si sà con qual cuore mi sono adossato l'odio di tanti personaggi po-
„tenti, di tante nazione diverse ed ultimamente della mia stessa, a solo oggetto
„di promuovere i vantaggi dell' Augustissima casa con quella maggior finezza
„che si deve da un fedel ministro."

⁶) Eugen an Herzog Victor. Lager bei Marsaglia, 14. Juli 1692. Corr. 126
bis 128.

⁷) Quincy. II. 572. Saluces. Histoire militaire du Piémont. V. 60.

⁸) Eugen an Tarini. Lager bei Gap, 2. Sept. 1692. Corr. 129. Der Prinz sagt
ausdrücklich: „on marcha droit à Gap, d'où tous les habitans s'étoient deja sauvez".
Hiernach sind alle die Erdichtungen vom Entgegenbringen der Stadtschlüssel u. dgl. zu
beurtheilen, welche in Eugens sämmtlichen Biographien enthalten sind.

⁹) Saluces. V. 61.

¹⁰) Eugen an Tarini. Lager bei Demonte, 25. Sept. 1692. Corr. 131.

¹¹) Eugen an Herzog Victor. Wien, 13. Dez. 1692. Corr. 132—135.

¹²) Beniers Bericht . . che sij la sua colpa d' unir quasi ogn' anno un esercito
intiero . .

¹³) Beniers und Ruzzini's Finalrelationen. Mémoires du Maréchal de Villars.
I. 297.

¹⁴) Eugen an Tarini. Wien, 10. Jänner 1693. Corr. 137.

¹⁵) Kausler irrt, wenn er Mauvillon nachschreibend, sagt: zugleich mit Pálffy. Dieser
wurde von Eugen übergangen und erst im künftigen Jahre zum Feldmarschall ernannt.
Er starb jedoch bald darauf.

[16] Eugen an Tarini. Wien, 4. Febr. 1693. Corr. 138. Seine Vorgesetzten waren der Herzog von Savoyen, Caprara, Leganez und damals noch Pálffy.

[17] Mémoires et lettres du Maréchal de Tessé. Paris, 1806. I. 50.

[18] Schreiben Catinats vom 26. Aug. 1694.

[19] Nicht Eugen, wie Kausler irrig sagt. Der Prinz kam erst Anfangs Juli nach Turin. Schreiben desselben an den Kaiser. Turin, 9. Juli 1694.

[20] Eugen an Herzog Victor. Mailand, 16. Nov. 1694. Corr. 149.

[21] Galway an Lord Lexington. Turin, 3. Jänner und 22. Jänner 1695. Lexington Papers. London, 1851. S. 28. 45.

[22] Kaiser Leopold an Eugen. Wien, 30. Aug. 1694. Kriegsarch.

[23] Eugen an Tarini. Mailand, 29. März 1695. Corr. 151.

[24] Eugen an Tarini. Frassinetto del Po, 11. April 1695. Corr. 152.

[25] Mémoires de Tessé. I. 57—62. Saluces. V. 87.

[26] Der Kaiser an Eugen. Wien, 19. Juli 1695. Kriegsarch. Er bezeigt dem Prinzen sein „besonderes Wohlgefallen daß Deine Liebden wider die angezogene capitulation „protestirt, die reputation Unserer Waffen in consideration gezogen und sich praecise „an Unseren Befelch gehalten"... „entzwischen aber versehen Wür Uns zu Deiner Liebden, „Sie werden mit eben der punctualitet und euffer, welchen sie für unsern Dienst und zu „behauptung Unserer Authoritet bisher riemblich erwiesen, noch fehrners conti-„nuiren"...

[27] Galway an Lexington. Lager vor Casale, 10. und 12. Juli 1695. Lexington Papers. 99.

[28] Mémoires de Tessé. I. 66.

[29] Journal de Dangeau. V. 326.

[30] Der Kaiser an Eugen. Wien, 14. April, 19. Juli und 23. Juli 1695. Kriegsarch.

[31] Der Kaiser an Eugen. Wien, 10. Mai 1696. Kriegsarch.

[32] Der Kaiser an Eugen. Wien, 23. Mai 1696. Kriegsarch.

[33] Commercy an Kinsky. Turin, 6. Mai 1696. Hausarch. In Chiffern.

[34] Voriges Schreiben. „Milord Galway est arrivé, il a entendu parler de tout „cecy, mais il croit comme moy, que c'est un bruit sans fondement, et S. A. R. „nous a paru et parle fort naturellement"...

[35] Eugen an Kinsky. Turin, 7. Juni 1696. Hausarch.

[36] Der Kaiser an Eugen. Wien, 14. Juni 1696. Kriegsarch.

[37] Eugen an Kinsky. 4. Juli 1696. Hausarch.

[38] Der Kaiser an Eugen. Wien, 26. Juni 1696. Kriegsarch.

[39] Eugen an Kinsky. Vigevano, 9. Oft. 1696. Hausarch.

[40] Eugen an Kinsky. Mailand, 23. Oft. 1696. Hausarch.

[41] Eugen an den Kaiser. Mailand, 21. Nov. 1696. Hausarch.

Fünftes Capitel.

[1] Starhemberg an Eugen. Wien, 21. Oft. 1696. Kriegsarch.

[2] Eugen an Kinsky. Du camp de S. Martin près de Pavie. 19. Sept. 1696. Commercy an Kinsky. Du camp de la Caue près de Pavie. 18. Sept. 1696. Hausarch.

³) Handschriftliches Botum Eugens. Kriegsarch. Der Darstellung des Feldzuges 1697 ist hie aus den gleichen handschriftlichen Quellen geschöpfte in Guido Starhembergs Leben S. 181—202 zu Grunde gelegt.

⁴) Vortrag Starhembergs an den Kaiser. 15. März 1697. Kriegsarch.

⁵) Obiger Vortrag.

⁶) Kais. Dekret vom 25. April 1697 an Eugen, daß er unter dem Kurfürsten von Sachsen zu commandiren und demselben bei allen Gelegenheiten mit Rath und That an die Hand zu gehen habe. Kriegsarch.

⁷) Eugen an den Kaiser. 4. Aug. 1697. Eugens milit. Corresp. herausgegeben von Heller. I. 97.

⁸) Restript an Rabutin. 10. Aug. 1697. Kriegsarch.

⁹) Diarium über die Kriegsoperationen. Manuscript. Kriegsarch.

¹⁰) Die ganze Darstellung des Schlachttages von Zenta ist nach Eugens Berichte an den Kaiser vom 15. Sept. 1697. Milit. Corr. I. 153—166.

¹¹) Descrizione della disfatta de' Turchi a Zenta, dal Capitan della flotta, Luca Damiani. Mscr. Kriegsarch.

¹²) Schlachtordnung und Plan im Kriegsarch.

¹³) Damiani's Beschreibung.

¹⁴) Schlachtbeschreibung. Lexington Papers. 298.

¹⁵) Protokoll der am 23. Sept. 1697 zu Kaiser-Ebersdorf abgehaltenen Conferenz-sitzung. Mil. Corr. I. 165.

¹⁶) Rabutin an Kinsky. Kriegsarch. „Sans faire le bigot, ie crois tous les euene-
„ments de la campaigne .. uenus directement de la grace diuine, puisqu'il a
„aueuglé cinquante à soixante mil homes a la fois, sans quoy vous n'auriez point
„passé l'hyver à Vienne."

¹⁷) Eugen an den Kaiser. 27. Sept. 1697. Mil. Corr. I. 169.

¹⁸) Lord Lexington an Blathwayt. Wien, 25. Sept. 1697. Lexington Papers. 307.

¹⁹) Vortrag des Hofkriegsrathes. Kriegsarch.

²⁰) Bericht Eugens vom 5. Okt. 1697. Kriegsarch. (Fehlt in der mil. Corr.)

²¹) Eugens Tagebuch.

²²) Berichte Rabutins an den Hofkriegsrath vom 26. und 29. Okt., dann vom 15. Nov. 1697. Kriegsarch.

²³) Theatrum Europaeum. XV. 26.

²⁴) Die wie es scheint zuerst von Rink vorgebrachte Erzählung, Eugen habe vom Kaiser wenige Stunden vor der Schlacht von Zenta den ausdrücklichen Befehl erhalten, um keinen Preis zu schlagen, und die Angaben desselben Schriftstellers über den vom Kaiser zurückgewiesenen Antrag Caprara's, den Prinzen vor ein Kriegsgericht zu stellen, weil er den erhaltenen Befehlen zuwider gehandelt habe, werden von Mauvillon noch weiter ausgesponnen. Sie sind jedoch schon so oft und in so überzeugender Weise widerlegt worden, daß man wirklich endlich aufhören sollte, so abgeschmackte Märchen zu wieder-holen. Würde Herr Kausler statt der offenbar gefälschten Briefe in der Sartorischen Sammlung dem trefflichen Aufsatze von Oberstlieutenant Schels in der Oesterr. milit. Zeitschr. Jahrg. 1834 zweite Aufl. seine Aufmerksamkeit zugewendet haben, er wäre we-nigstens nicht in diesen Fehler verfallen. Eben so aus der Luft gegriffen ist Kauslers Erzählung von dem geheimen Handschreiben des Kaisers, durch welches Eugen die Er-

mächtigung ertheilt worden sei, immer nach eigenem Ermessen handeln zu können, ohne jemals, der Ausgang sei welcher er wolle, zur Verantwortung gezogen zu werden. Nicht Lexington und nicht Ruzzini, die Botschafter Englands und Venedigs am Wiener Hofe, erwähnen das Mindeste von diesen müßigen Erfindungen. Letzterer charakterisirt in seinem Berichte vom 19. Dezember 1699 den Prinzen Eugen und seine Kriegführung in Ungarn in folgender Weise: . . „in breve arrivò al posto di poter comandar le truppe di „Cesare in Italia. Di là trasportato di nuovo all' Hungheria, se ben fosse quello „il primo non facile esperimento di regger solo la machina grande di tutta la „guerra, e dell' esercito capitale, ad ogni modo se entrò tra le angustie e gl' „azardi, ne uscì con quella gloria che rende il suo nome celebre ai tempi pre- „senti e memorabile a' futuri. Se ben la fortuna serva dei superiori decreti, „operasse molto nell' unir gl' accidenti et aprir la strada all' insigne trionfo di „Zenta, ad ogni modo il Principe vi cooperò con quelle diligenze, ch' *unendo* „*i pieni giudisij di tutti nell' esaltarlo*, lo portarono anco nelli stessi principij del „suo comando alla sfera dei più perfetti e felici Capitani. Per il studio e per „l' esperienza possiede tutta la cognitione della guerra. La esercita con esatta „attentione sino alle cose più minute. Ha in pari grado il corraggio e la pru- „denza. Cerca e sostiene con l' uno la presenza dell' occasioni, e con l' altra le „regola a misura di sostrarle più che si può dagl' arbitrij della fortuna. Ri- „stretto nelle parole e parco nell' accoglenze, si stabilisce il credito con la stima „del valore, con la mira di non offendere e non spiacere.“

Sechstes Capitel.

[1]) Kriegsarchiv.

[2]) Relatione del Congresso di Carloviz e dell' Ambasciata di Vienna di Carlo Ruzzini. 19. Dezember 1699. Hausarch.

[3]) Ruzzini's Bericht.

[4]) Ruzzini.

[5]) Eugen an Tarini. 25. Sept. 1692. Corr. 131 . . „touchant cette prétension „de la charge de M. le Duc d'Holztein bien loin de prétendre celle là je n'accep- „terois pas celle de M. de Vaudemont par plusieurs raisons.“

[6]) Eugen an Tarini. Turin, 10. Novemb. 1691. Corr. 119. 120.

[7]) Eugen an Tarini. 16. Mai 1694. Corr. 147.

[8]) Dekret der kais. Hofkammer vom 19. Juli 1698 an Eugen, dann an die Wittwe und die Erben Veterani's. Kais. Hofkammerarchiv. Nachdem Caprara's Gutsantheil schon ausgeschieden war, wurden von den noch übrigen Gütern zwei gleiche Theile, jeder im Werthe von 70,000 fl. gebildet, und Eugen auf des Kaisers ausdrücklichen Befehl darunter die Wahl gelassen, sein Antheil aber noch mit einer Gebietsstrecke im Werthe von 10,000 fl. ergänzt. Dekrete an die Ofner Cameral-Administration vom April und Mai 1698. Hofkammer-Archiv.

[9]) Schätzungsausweis vom 23. Juni 1702. Hofkammer-Archiv.

[10]) Papanek, Georg. Geographica descriptio Comitatus Baranyensis. 143.

[11]) Erlaß der Hofkammer an Feldmarschall Heißler und an die Ofner Cameral-Ad-ministration vom 6. Juni 1695, den Ersteren im Besitze der von ihm erkauften Insel zu

erhalten. Kaiserliche Dekrete vom 30. Jänner 1699 an Eugen und an die Wittwe Gräfin Heißler, womit dem Verkaufe der Insel die landesfürstliche Genehmigung ertheilt wird. Nach dem Kaufvertrage bezahlte Eugen 15,000 Gulden sogleich, 20,000 Gulden durch Ueberlassung liquider Forderungen an den Staat, die übrigen 50,000 Gulden in verschiedenen Raten binnen Jahresfrist. Hofkammer-Archiv.

[12]) Math. Bel. Notitia Hungariae novae. III. 513. Doch sind dessen Angaben über die damaligen Besitzverhältnisse der Insel Csepel nach obigen authentischen Daten zu berichtigen.

[13]) Elisabeth von Orleans an die Raugräfin Louise. S. Cloud, 26. Novemb. 1719. S. 437 . . . „hie hatte Er viel schulden gelaßen, sobald Er in Keyßerlichen diensten „gerathen undt gelt bekommen, hat Er Alles bezahlt biß auff den letzten Heller, auch die „so Keine Zettel noch Handtschrieft von Ihm hatten, hatt Er bezahlt die nicht mehr dran „dachten." . . .

[14]) Journal de Dangeau. V. 159.

[15]) Journal de Dangeau. V. 177.

[16]) König Joseph an den Kaiser. 8. Aug. 1702. Röder, Kriegs- und Staatsschriften des Markgrafen Ludwig von Baden. I. Urkunden. S. 82.

[17]) Litta. Famiglie celebri italiane. Duchi di Savoja.

[18]) Journal de Dangeau. VI. 205.

[19]) Litta. Famiglie celebri italiane. Renée. Les nièces de Mazarin. 215.

[20]) Mauvillon. I. 214.

Siebentes Capitel.

[1]) Ranke. Franzöf. Gesch. IV. 110.

[2]) Conferenzprotokoll vom 25. Octob. 1700. Kriegsarch.

[3]) Mémoires de Villars. I. 447.

[4]) Vom 15. Mai 1685. Hausarch.

[5]) Mémoires militaires relatifs à la succession d'Espagne.. par le Lieutenant Général de Vault, revus et publiés par le Général Pelet. I. 191.

[6]) Rink. I. 229.

[7]) Eugen an den Kaiser. Bei Luzzara, 28. September 1702. Mil. Corr. I. 476 . . „Können E. K. M. . . glauben, daß in der gantzen Welt keine schönere und wohl regu-„lirtere Artиllerie ist, alß Eben diese, die Ermelter von Börner in Eine so lobwürdige „ordtnung gesetzet hat. . ."

[8]) Markgraf Ludwig an den Kaiser. 20. Aug. 1691. Röder II. 386.

[9]) Lord Lexington an Blathwayt. Lexington Papers 307.

[10]) Tessé an Ludwig XIV. Mailand, 17. Febr. 1701. Mém. mil. I. 217.

[11]) Catinat an Ludwig XIV. Rivoli, 21. Mai 1701. Mém. mil. I. 238.

[12]) Mém. milit. I. 262.

[13]) Tagebuch über den Feldzug 1701. Mil. Zeitschr. Jahrg. 1830. S. 199. Catinat an Ludwig XIV. 11. Juli 1701. Tessé an Chamillart. 9. Juli 1701. Mém. milit. I. 273. 277.

[14]) Mém. milit. I. 284.

[15]) Eugen an den Kaiser. 19. Aug. 1701. Mil. Corr. I. 182. „Belangendt die „Meyländer, so zeigen diese zwar großes Verlangen umb die ankhunfft dero Armee, biß

„dato aber ist daß landt noch nit in waffen, auch so leicht nit zu hoffen, baß es zu biefer
„resolution schreiten werbe."

¹⁶) Catinat an König Ludwig. 4. August 1701. Mém. milit. I. 289.

¹⁷) Mémoires du Duc de S. Simon. XII. 236.

¹⁸) 22. August 1701.

¹⁹) 24. August 1701. Mém. milit. I. 302.

²⁰) 31. August 1701. Mém. milit. I. 314.

²¹) 31. Aug. 1701. Mém. mil. I. 315. „Certainement les ennemis commen-
„cent à prendre les partis de faiblesse."

²²) Villeroy an ben König. 2. Sept. 1701. Mém. milit. I. 315—322. Eugen an
ben Kaiser. 4. Sept. 1701. Mil. Corr. I. 201—210. Tagebuch für ben Felbzug 1701.
Mil. Zeitschr. 1830. VII. 49—64.

²³) Villeroy an ben König. 10. Sept. 1701. Mém. mil. I. 611. „Dans le petit
„détail de prisonniers qui se passe entre les armeés, M. le Prince Engène affecte
„toute sorte d'égards et de civilités pour ce qui a rapport à M. le Duc de Savoie
„et beaucoup d'éloignement et de dureté pour les troupes d'Espagne et de
„France."

²⁴) Eugen an ben Kaiser. 4. Sept. 1701. Mil. Corr. I. 210.

²⁵) Tagebuch. Mil. Zeitschr. 1830. XII. 244.

²⁶) Quincy. III. 481. Mém. milit. I. 347.

²⁷) Villeroy an ben König. 7. Nov. 1701. Mém. mil. I. 349.

²⁸) Journal de Dangeau. 16. Nov. 1701. VIII. 239. Les Allemands font
faire des écuries et couvrir leurs baraques comme gens qui sont résolus d'y
passer l'hiver.

²⁹) II. 484.

Achtes Capitel.

¹) Eugen an ben Kaiser. Luzzara, 13. Jänner 1702. Mil. Corr. I. 229.

²) Eugen an ben Kaiser. Luzzara, 23. Jänner 1702. Mil. Corr. I. 236.

³) Villeroy an ben König. Innsbruck, 15. Febr. 1702. Mém. milit. 672—679.

⁴) Quincy. III. 624.

⁵) Berichte Eugens an ben Kaiser vom 4. 8. unb 11. Febr. 1702. Corr. I. 243—
258. Graf Revel an Chamillart 1. Febr. M'd'Arène an Chamillart. 3. Febr. Villeroy
an ben König. 15. Febr. 1702. Relation de ce qui s' est passé à Crémone etc.
Mém. mil. I. 656—690.

⁶) Der Kaiser an Eugen. Ebersborf, 18. Sept. 1702. Kriegsarch. Graf Mannsfelb
an Villeroy. Wien, 18. Sept. 1702. Kriegsarch. „S. M. m'ordonne de vous annon-
„cer l'agréable nouvelle de vostre liberté. Elle vous l'accorde, Monsieur, sui-
„vant la grandeur de son ame, c' est à dire pleinement et sans limites ... Le
„Baron de Scherotin, porteur de la présente, estant chargé en outre du soin de
„vous reconduire en Italie et de Vous assister en tout ce dont Vous pourriez
„avoir besoin dans la route, vous luy donnerez .. un denombrement des offi-
„ciers prisonniers qui ont la liberté de passer pareillement dans vostre
„suitte." ....

⁷) Eugen an ben Kaiser. Luzzara, 30. Oft. 1702. Corr. I. 497.

⁵) Luzzara, 11. Febr. 1702. Mil. Corr. I. 257.

⁶) Instruzione secreta dell' imperatore Leopoldo al consigliere aulico di Sciassinet. Mitgeth. von Firnhaber. Sitzungsberichte der kais. Akademie der Wissensch. XIX. Band.

¹⁰) Jahre hindurch lag Chaffinet in der Bastille. Die Nachrichten über ihn sind zwar sehr spärlich, aber doch nicht, wie man bisher annahm, völlig versiegt. Im April 1702 besuchte ihn der Marquis von Torcy im Auftrage des Königs Ludwig in der Bastille. Chaffinet durfte Niemand sehen, hatte aber die Erlaubniß sich einen Diener zu halten (Journal de Dangeau, VIII. 382.) Die wenig günstigen Kriegsereignisse erlaubten dem Kaiser nicht zu seiner Auswechslung Schritte zu thun. Sobald aber die Schlacht von Höchstädt eine größere Anzahl französischer Kriegsgefangener in die Hände des Kaisers geliefert hatte, erinnerte er sich Chaffinets und einiger anderer Schicksalsgenossen desselben, und beauftragte den Markgrafen Ludwig von Baden, wo möglich ihre Auswechslung gegen vornehmere französische Kriegsgefangene zu bewerkstelligen. (Der Kaiser an den Markgrafen, Wien 30. Aug. 1704. Röber II. 82). Am 19. Dez. 1704 bemerkt Eugen dem Kaiser (mil. Corr. II. 280) daß das Auswechslungsgeschäft in Angriff genommen werden wird, wenn nur einmal die Hauptsache mit Baiern in's Reine gebracht sei. Aber Frankreich wollte, so scheint es, dem Begehren um Chaffinets Auslieferung keine Folge geben. Vielleicht betrachtete es ihn als seinen eigenen Unterthan. Nach mehr als zwölf Jahren, im Jahre 1714, befand sich Chaffinet noch in französischem Gewahrsam. Nach dem im Hausarchive befindlichen Conferenzprotokoll vom 12. und 13. April 1714, worin es sich um die Ratifikation des Friedens handelt, wurden Nachforschungen angeordnet, ob außer ihm und drei anderen Individuen sonst noch österreichische Gefangene in Frankreich seien. Ueber die wirklich erfolgte Loslassung Chaffinets kommt jedoch nichts mehr vor. —

¹¹) Colletta. Storia del reame di Napoli I. 20—22.

¹²) Eugen an den Kaiser. Luzzara, 8. Febr. 1702. Mil. Corr. I. 253.

¹³) Eugen an den Kaiser. Curtatone, 29. Mai 1702. Mil. Corr. I. 351.

¹⁴) Eugen an den Botschafter Grafen Lamberg in Rom. Carbonara, 18. Dez. 1702. Archiv zu Ottenstein.

¹⁵) Français rendez grâce à Bellone,

Votre bonheur est sans égal,

Vous avez conservé Crémone

Et perdu votre général . . Voltaire Siècle de Louis XIV. I. 473.

¹⁶) Mémoires de S. Simon. V. 37.

¹⁷) Eugen an den Kaiser. Luzzara, 22. Febr. 1702. Mil. Corr. I. 263.

¹⁸) Journal de Dangeau. VII. 439.

¹⁹) Röber. Kriegs- und Staatsschriften des Markgrafen Ludwig von Baden. I. 3.

²⁰) Er selbst schrieb an den Markgrafen von Baden am 11. Febr. 1702. . . „peut „estre trouveray-je tant d'équité dans son grand coeur qu'Elle sera la première „à me compatir et prendre une généreuse part à mes paines".. Röber I. Urkunden. 57.

²¹) Eugen an den Hofkriegsrath von Locher. Luzzara, 24. April 1702. Mil. Corr. I. 319.

²²) Eugen an den Hofkammerrath von Palm. 29. Mai 1702. Mil. Corr. I. 353.

²³) Eugen an Pater Bischoff. Luzzara ben 18. März und 24. April, dann Curtatone ben 2. Juni 1702. Mil. Corr. I. 282, 321, 359.

²⁴) Berichte des Grafen Pálffy an Eugen aus Laxenburg vom 7. und 10., dann aus Wien vom 14. Juni 1702. Kriegsarch.

²⁵) Le Prince Eugène est fort malade, il étoit à l'extrémité le 20 Mai, mais le 23 il étoit mieux. Journal de Dangeau. VIII. 400.

²⁶) König Ludwig an Benbome. 4. März 1702. Mém. milit. II. 182.

²⁷) Eugen an den Kaiser. Luzzara, 30. April 1702. Mil. Corr. I. 325.

²⁸) Voriges Schreiben. \

²⁹) Eugen an den Kaiser. Curtatone, 12. Juni 1702. Mil. Corr. I. 365—369.

³⁰) Eugen an den Kaiser. Montanara, 16. Juni 1702. Mil. Corr. I. 371.

³¹) Eugen an den Kaiser. Am Crostolo, 28. Juli 1702. Mil. Corr. 405—410.

³²) Benbome an König Ludwig. 27. Juli 1702. Mém. mil. II. 236.

³³) Eugen an den Kaiser. Borgoforte, 31. Juli 1702. Mil. Corr. I. 411.

³⁴) Voriger Bericht.

³⁵) Abgedruckt in der österr. mil. Zeitschr. Jahrg. 1846. Heft IX.

³⁶) Mémoires militaires. II. 242.

³⁷) Der Feldzug 1702 in Italien. Von Oberst Heller. Oesterr. mil. Zeitschr. Jahrgang 1848.

³⁸) Quincy. III. 681.

³⁹) Schlachtbericht Eugens an den Kaiser. Bei Luzzara, 21. Aug. 1702. Mil. Corr. I. 432—439.

⁴⁰) Eugen an de Went. Wahlstatt von Luzzara, 30. August und 2. Sept. 1702. Kriegsarch.

⁴¹) Eugen an Palm. Wahlstatt von Luzzara, 16. Oct. 1702. Mil. Corr. I. 486.

⁴²) Eugen an den Kaiser. Wahlstatt von Luzzara, 9. Oct. 1702. Mil. Corr. I. 479.

⁴³) Eugen an den Kaiser. Wahlstatt von Luzzara, 6. Nov. 1702. Mil. Corr. I. 500.

⁴⁴) Journal de Dangeau. IX. 44.

⁴⁵) Eugen an den Kaiser. Carbonara, 21. Nov. 1702. Mil. Corr. I. 505.

⁴⁶) Eugen an den Hoffkriegsrath von Locher. Luzzara, 25. Sept. 1702. Corr. I. 470. „Man mag mich citieren oder nit, so ist gewiß, daß ich hinaußgehe, den solchergestalt thue „nit verlangen und will auch nit mehr dienen, wie man mich diese zwei Campagnen „allenthalben hat stehen und nur mit lähren Wortten speisen lassen" . .

⁴⁷) Eugen an Palm. 21. Nov. und 12. Dez. 1702. Mil. Corr. I. 511. 520. „Ich „aber khan lenger also bises Ellendt nit mehr ansehen, sondern bin gänzlich gesunnen zu „quittieren, weillen solchergestalt mir nit mehr zu dienen verlange."

Neuntes Capitel.

¹) Contarini's Bericht: Communemente dicendosi in Corte che a disporre la Maestà Sua ad una facenda, vi voglia molto, ma un grano d'arena ad arrestarlo.

²) Ruzzini's Bericht.

³) Mémoires du Duc de Villars. I. 301. L'Empereur Léopold avait de très grandes qualités, beaucoup d'esprit, un sens droit, de la probité, de la religion,

et une continuelle application aux affaires. On ne pouvoit lui reprocher que de n'être pas assez décidé, car quoiqu'il pensat assez souvent plus juste que ses Ministres, il se défioit un peu trop de ses lumières et ne manquoit jamais par cette raison de déférer à la pluralité des suffrages. Quoique ce Prince ait été chassé de sa capitale, et souvent réduit à des extrémités, son règne a été des plus glorieux, et il a plus étendu les pays héréditaires, plus fait de conquêtes que la plupart de ses prédecesseurs.

⁴) Giuſtiniani ſagt von Kaiſer Leopolb, er weiche keinem ſeiner Vorgänger nelle doti singolari dell' animo, potendo esser d'esempio a successori nella sublimità dell' ingegno.

Contarini: E la Maestà di Leopoldo . . . di complessione delicata e di statura sotto la mediocre. Gode vantaggi dello spirito superiori al corpo, possedendo molte lingue in perfettione et essendo dotato d'un ingegno molto perspicace e lucido. Arriva perfettamente a tutte le finezze della politica e capisce ogni materia di stato sopra il più esperto Ministro. Conosce l'interno delle persone e sa quanto vagliono sin' all'ultimo punto i suoi Cortegiani. E affabile et obligante quanto pietoso, qualità propria de'Principi della Casa. Ama la musica e la caccia, innocenti divertimenti, il grande intendimento che tiene e l'accutezza del suo perspicatissimo ingegno fa che nel giuditio delle cose resti per lo più perplesso e si rimette per consequenza al parere degli altri. Viene per ciò oposto alla Maestà Sua che non operi da se stesso, senza lasciarsi guidare dalle opinioni de'suoi Ministri, e che habbia troppo diffidenza di se medesimo nel negar quasi il proprio giuditio per seguitare l'altrui.

Cornaro nennt ben Kaiſer ben Typus eineß ſeltenen, vollkommenen unb frommen Fürſten. Er ſpricht von ben eccelse qualità che risplendono nel suo grand' animo. Affabilità e benignità senza pari, non disgionta da maestoso sostegno, profondità e versatezza nelle scienze, nelli studij e nei negotij acquistata con lunga esperienza tra le continuate cure et applicatione della mente, a segno che segregando la condizione di Principe, si può con verità dire esser il più perfetto Ministro per consigliar e per risolvere . . . . La giustizia, la clemenza, la pietà sono i vessilli che conducono l'attioni di questo Monarca; il suo cuore incapace di ciò che non fosse adattato ad una somma equità di ragione, o da trasporti di passione et affetti potesse restar contaminata la più purgata retta intenzione. Moderatione così grande non si è mai veduto accopiarsi con la fortuna senza che le borasche tempestose l'habbino mai fatto ceder con generosa costanza agl'atti contrarij della sorte, ovvero dagl' avvenimenti più prosperi si conosci cambiamento d'animo, di pensieri, di desiderij.

Beniers Bericht: Leopoldo I. nato con inclinationi tutte portate alla mansuetudine e beneficenza, tutto humano, tutto applicato, veglia egli stesso alla felicità de' sudditi et agl'affari della Monarchia. Essercitato nell'arti della pace, i tumulti della guerra furono in lui necessità più ch'elettione; studioso e sapiente anco più di quello porti la qualità di Sovrano, il suo sapere e la sua prudenza rende il di lui voto il più erudito et il più saggio di tutto il consiglio. Ama però più ch'i proprij i pareri altrúi. Alcuna volta troppo li cerca, onde la moltiplicità confonde e ritarda la scielta. Tale è l'humanità del suo genio che per compiacer tutti i ministri, o protrahe la deliberatione, perchè si concilijno le opinioni, o deliberando loda anche l'opinione repudiata. L'imperturbabilità dell'animo è la virtù ch'in più eminente grado possiede. Il corso del suo Imperio e del suo viver è per così dire una catena d'annella, ò sia d'accidenti ineguali, formati dalla fortuna con diverso giro, quasi a studio di mostrare la propria incostanza. Tanti sono i prosperi successi quanto in contrarij casi, tutti gravissimi, ma è fermo alle scosse auerse della sorte, moderato nella felicità, mostrò sempre eguale la fronte e impenetrabil la tempra dell'anima augustissima ... Sentimenti di religione, di giustitia, di probità formano la pietra triangolare, sopra la quale è piantata ogni massima privata del presente Monarca.. Non va disgiunta in lui la perspicacia, l'avvedutezza, e l'ingegno, ma se ne serve con moderatione e nelle cose meno importanti. Ciò che compone la parte intellettuale di quel Sovrano, è mirabile; l'uso di tante cospicue dotti potrebb' esser migliore.

Ruzzini ſagt vom Kaiſer: in mezzo del di lui petto risplende una tempra impenetrabile d'heroica fortezza, mentre o sia opra della sola virtù, o vi s'aggionga l'habito nella prova di tanti casi, unito al spirito d'una religiosa rasegnatione, si viddero tutte le più torbide vicende della fortuna inferiori a quella tranquillità con cui mostrava di' dominar sopra le violenze del suo destino. Altretanto però suol apparire la delicatezza del di lui senso in tutto ciò che riguarda il giuditio dell'altrui opinione estima verso di se. L'esperienza di quaranta anni d'Impero, annivando i lumi d'una continua studiosa applicatione rende la mente profonda nell'intendere, saggio il giuditio nell'esaminare .... L'affabilità unita alla cura di voler saper tutto, rende a tutti molto facile l'accesso dell'audienze. Risponde con soavità, con esatezza, con misura e con pronto riflesso ad ogni parte del negotio, se ben vario et involuto. Assiste con frequenti et occulti soccorsi quelli che si presentano con motivi di bisogno et occasioni di pietà ....

[5]) Menegatti war nach P. Wolfs Tode ſein Nachfolger in dem Amte eines Beichtvaters des Kaiſers. Ueber den P. Biſchoff ſagt Dolſin: Il Padre Bischof, buon Alemanno in tutto, e di quella tempra che dovrebbero essere li prescielti a reggere le conscienze de'Principi, quanto basta per conoscere e purgare le colpe, non per entrare negl'affari di stato ... Der babiſche geheime Rath von Forſtner aber ſchreibt an den Marfgrafen Ludwig: Wien, 4. April 1703: Le Père (Bischoff) qui effectivement at le tout puissanz près de l'Empereur, m'a tout promis ... j'y ay rancontré M. le Prince de Savoye qui me dit que c'etoit encore le seul homme par lequel on pouvoit quelque foys faire prendre une resolution à l'Empereur.. Röber, L. Urfunden 147.

[6]) Giuſtiniani's Bericht.

[7]) Ruzzini: „Con aborrimento sentì alcuni insinuati motivi di scambio di matrimonij" ....

[8]) Finalrelation des Francesco Michieli vom 18. März 1678. Hausarch. Er nennt ſie eine Principessa veramente arrichita di doti riguardevoli di corpo et animo, inchinata alla musica, all'architettura, alla pompa ...

[9]) Giuſtiniani ſagt von ihr: „Serva d'ornamento a quella Corte e di freggio alla natione Italiana la vedova Imperatrice Eleonora .. assicurata nell'affetto di

30

Cesare, gode l'applauso d'ogn'uno, che non sij di genio contrario alla natione..
Va cauta e riservata di molto nell'intraprendere, ma dichiarata una volta sua
volontà, non l'abbandona, se non vede favorevole il fine.".

¹⁰) Michieli's Bericht: „mai s'è voluta assoggietare all' inclinazione de'Spagnuoli, vantandoso d'haver potuto ottenere contribuzioni da quella Corona,
de'quali n'ha sempre rifiutate le oblationi"..

¹¹) Michieli charakterisirt im Jahre 1678 Hocher folgender Maßen:.. „più d'ogn'
altro gode la gratia di Cesare, dispone de' favori più scelti, authoriza il
grado suo con speciosi favori che gli vengono conferiti, anco in materie dimesse
non competenti alla propria, mentre la sua intercessione nel disporre di cariche
militari ha havuto quella forza della quale sono stati mancanti l'autorità et il
credito di Montecuccoli. Austero porta la fisiognomia, rozo di tratto e lento
rappresenta il motto. Dall'esterno sembiante ben si comprende che da schiato
Nobile non è uscito, e da'suoi discorsi facile è il conoscere, ch'egli s'è addot-
trinato nelle scole, non nelle Corti. Vantasi che il forte del suo ingegno pre-
vaglia più nella prattica delle leggi che nel maneggio della politica. E confesso
a me stesso che per lo spatio d'anni e d'anni ha sofferto rimorso nel maneggiare
affari di stati, mentre già mai se n'era instrutto. Li suoi concetti non espri-
mono che retta intentione. Dimostra con il mezzo di essi di bramare la pace e
di non haver cosa più premurosa al cuore che il bene della Christianità. Se i
sentimenti dell'animo eguali fossero alle espressioni della voce, meritarebbe
veramente lodi immortali, ma diversa è l'interpretazione che gli vien resa dall'
haversi scoperto instabile nell' opinioni, facile nel condescendere alle compia-
cenze delli Spagnuoli et all'istanza de' più privati."

¹²) Contarini's Bericht.

¹³) Dolfins Bericht. Più volte nelle corse violenti fù a cimento di perdersi,
anche i Cortiggiani più arditi s'esimono di seguirlo.

¹⁴) Mémoires de Villars. I. 319.

¹⁵) Ruzzini.

¹⁶) Benier sagt im Jahre 1692 von Harrach: Questo è quasi il solo amico
dell'Imperatore et il favorito di genio, non d'autorità, per gl'affetti del cuore,
non per gl'affari di Stato.

¹⁷) Contarini: ..soggetto di bontà et integerrimi costumi . . .

¹⁸) Ruzzini sagt von Walbstein, er sei portato sempre più al rigore et al riso-
luto ch'alla facilità et ai ripieghi . . . Walbstein war übrigens schon im Jahre 1702
gestorben und Mannsfeld wurde sein Nachfolger in der Stelle eines Oberstkämmerers.

¹⁹) Ruzzini.

²⁰) Michieli.

²¹) Eugen an Guibo Starhemberg. Wien, 30. Mai 1703. Riebegger Arch.

²²) Kaunitz an Sinzendorff. 24. Jänner 1703. Hausarch. „Le Prince Eugène
„est icy, jusqu'à ce moment il n'a guère avancé"..

²³) Markgraf Ludwig an den Kaiser. 26. Mai 1703. Röber I. Urk. 166.

²⁴) Ruzzini: .. „provedere nello stesso tempo alla maggior quiete et ubertà
„del paese.. disunir la militia nationale e insensibilmente ridurla dalla licenza
„in cui vive, alla patienza dell'economia e dell'agricoltura; gl'ampij deserti che

„hora si vedono fra il Dravo et il Savo e poi fra il Danubio e Tibisco, tramut-
„tandosi in altra faccia, colmerebbero l'intiera scena del regno di popoli e
„d'abbondanza . . ordinar la confusione, introdur la giustitia, unir all'econo-
„mia del reggio erario la conservatione de'sudditi et il giusto mantenimento
„degl' eserciti“ .. .

[25]) Eugen an Guibo Starhemberg. Wien, 30. Mai 1703. Niebegger Arch.
. . . „quant au changement on en a parlé et on en parle encore, je me suis
„déclaré que bien loin de le prétendre, je ne le voulois pas accepter“ . . .

[26]) Eugen an ben Markgrafen von Baden. Wien, 3. Septbr. 1703. Röber, I.
Urk. 204.

[27]) Eugen an Guibo Starhemberg. Rieb. Arch.

[28]) be Theillières an Sinzenborff. Wien, 20. Juni 1703. Hausarch.

[29]) General ber Cavallerie Graf Trautmannsborff an Eugen. Ostiglia, 8. Juli 1703.
Kriegsarch.

[30]) Eugen an Guibo Starhemberg. Wien, 3. Oktob. 1703. Kriegsarch.

[31]) Wratislaw an König Joseph. London, 13. unb 14. Febr. 1703. Hausarch.
„kunten E. K. M. ingeheim ihnen baß Meylenbische reserviren ober ebener masen vor
„beß Erzherzogs Abreise eine cession barüber sich ertheilen lasen“.

[32]) Der sarbinische Gesanbte in Turin, Richarb Hill, an Lorb Nottingham. Haag,
6. Nov. 1703. Hills Correspondenz, I. 219: „We have all made our Court to
„His Majesty, who is very good and gracious to every body with an air of
„gravity and softeness which becomes him very well.“

[33]) Ruzzini berichtet im Jahre 1699 über ben Erzherzog Karl: .. „Con la nobiltà
„e soavità dell'indole, con la prontezza e maturità dello spirito, col genio et
„applicatione assidua, con cui s'inoltra nel scorso de' suoi studij, assistito dall'
„amore e cura del Principe Antonio Liechtenstein attira sopra di se gl'occhi,
„le lodi e le speranze di tutti. Parendo che porti un aria di genio e temperamento
„simile al padre, Cesare l'ama con distinta tenerezza e lo vorebbe inalzato al
„nicchio di grandezza maggiore di quella che possiede. Le Corone delle Spagne
„e almeno alcuno dei stati d'Italia sono gl'oggetti della sua fortuna, e quando
„tutto dal destino se venisse negato, il Tirolo dovrebbe essere il suo naturale
„appanaggio. Il Rè però non vedrebbe volontieri il ripasso, ne che cadesse
„l'obligo d'alcuna divisione sopra l'eredità de'paterni dominij.“

Dolfin sagt über Karl: „Principe a cui la natura versò con larga mano li doni, e
„pare che la fortuna cospiri alla di lui esaltazione. La statura è grande, la
„faccia avenente, bruno il capello et il ciglio, nobile il portamento, soave il
„tratto, lucido l'intelletto, indefessa l'attenzione, innocente il costume. Alcuni
„lo dipingono geloso della sua dignità e non facile a reggersi.“

[34]) Pater Franz Menegatti an ben Grafen Sinzenborff. Ebersborf, 22. Sept. 1703.
Hausarch.

[35]) Ruzzini sagt von Eugen: „se ben unito dalla natura alla Casa di Savoia
„si professa diviso dagl' interessi del Duca, correndo alcuni dissidij sopra
„certe pretese d'heredità e d'assegnamenti. Perciò nell' acquisto e demolitione
„di Casale oppose i di lui pareri, dando prove di fede incontaminata nel Cesa-
„reo servitio.“

30 *

³⁶) Eugen an Hoftriegsrath von Locher. Bei Luzzara, 25. Sept. 1702. Mil. Corr. I. 472.

³⁷) Hill an Lord Nottingham. Haag, 27. Nov. 1703. Hills Corr. I. 295.

³⁸) Stepney an Hill. Wien, 8. Sept. 1703 . . „the negotiation with Savoy has been swept about till it is lost. I never had any opinion of the Duke's honesty, but I could hardly conceive he was so impudent a knave as to prescribe his own conditions, to demand a minister might be sent to agree, or rather to sign with him, for all was in manner settled before our fat Count left us, and after having amused the easy creature two months to no purpose, break off without any manner of reason. After such infamous usage as this, mankind ought to detest him and all that belongs to him. Perhaps you will object, this Court has been too credulous, and has managed this whole matter with great indiscretion. I agree with you in that point, but the wisest Court in Christendom might have been deceived with such fair overtures, which nobody but a Duke of Savoy could have the face to break through."

³⁹) Markgraf Ludwig an den Kaiser. 1. Nov. 1703. Röder I. Urt. 254. „So viel hab ich in sieben oder acht und zwanzig Jährigen Diensten erfahren, daß die tituln und „ansehnliche Chargen denen Menschen nicht allezeit die Kriegscapaciteten bringen, und „manche die Commando der armeen vor eine leichtere Sach alß sie hernach im Werckh „befinden, anzusehen pflegen, und scheinet daß hierinfalls wie in allen übrigen Dingen „nebst der langen practique und großen application auch ein besonderer beruf nöthig seye, „welchen, wie in der weldt scheinet, Gott der allmächtige einem zu einer, den anderen zu „anderen Sachen verlethet."

Zehntes Capitel.

¹) Conferenzprotokoll über die bei König Joseph im Beisein des Obersthofmeisters Grafen Harrach, des Reichshofrathspräsidenten Grafen Oettingen, des Oberstkämmerers Grafen Mannsfeld, des Reichsvicekanzlers Grafen Kaunitz, des Hoftanzlers Grafen Bucelini und des Hoftammerpräsidenten Grafen Starhemberg abgehaltene Sitzung. Der Kaiser an Eugen. 16. Dez. 1703. Kriegsarch.

²) Schlit an Eugen. 25. Nov. 1703. Kriegsarch.

³) Eugen an den Kaiser. Preßburg, 15. Dez. 1703. Kriegsarch.

⁴) Nicht Stephan Zichy, wie Feßler IX. 518 irrig sagt. Kaif. Handschreiben an die Kronhüter. Wien, 12. Dez. 1703. Kriegsarch.

⁵) Eugen an Traun. Preßburg, 18. Dez. 1703. Kriegsarch.

⁶) Eugen an den Hoftriegsrath Campmiller. Preßburg, 17. Dezember 1703. Kriegsarch.

⁷) Eugen an den Kaiser. Preßburg, 22. Dez. 1703. Kriegsarch.

⁸) Eugen an Campmiller. Preßburg, 22. Dez. 1703. Kriegsarch.

⁹) Eugen an den Kaiser. Preßburg, 28. Dez. 1703. Kriegsarch.

¹⁰) Eugen an Rabutin. Preßburg, 15. Dez. 1703. Kriegsarch. . „zumallen ohne- „dem der ganze Siebenbürgische status rerum Deroselben vortrefflichen vigilanz und „bißhero hochrühmlich gemachten Anstalten mit festem Vertrauen überlassen wird" . .

¹¹) Eugen an Löffelholz. Preßburg, 20. Dez. 1703. Kriegsarch.

¹²) Campmiller an Eugen. Wien, 20. Dez. 1703. Kriegsarch.

¹³) Eugen an Campmiller. Preßburg, 24. Dez. 1703. Kriegsarch.

¹⁴) Eugen an Traun. Preßburg, 28. Dez. 1703. Kriegsarch.

¹⁵) Campmiller an Eugen. 20. Dez. 1703. Kriegsarch.

¹⁶) Campmiller an Eugen. Wien, 29. Dez. 1703. Kriegsarch.

¹⁷) Eugen an Campmiller. Preßburg, 29. Dez. 1703. Kriegsarch.

¹⁸) Eugen an den Kaiser. Preßburg, 6. Jänner 1704. Kriegsarch.

¹⁹) Rakoczy bewohnte das Fürstenbergische Haus Nro. 952 in der Himmelpfort-gasse, damals seiner Familie gehörig. Es war das letzte Rakoczy'sche Besitzthum in Wien.

²⁰) Mémoires de S. Simon. X. 417.

²¹) Eugen an den sächsischen Gesandten Wackerbarth in Wien. 16. Nov. 1729. Er schreibt von Rakoczy: „Ce n'est pas d'aujourd'huy que nous connaissons ses ruses, son hipocrisie; son esprit de revolte est vivement enraciné dans le pro-fond de son coeur." . .

²²) Feßler. IX. 509.

²³) Feßler. IX. 523.

²⁴) Eugen an Niklas Pálffy. Wien, 24. Oktob. 1703. Kriegsarch. Der Prinz versichert ihn, „daß ich meines Orts allzeit das Secretum observiren werde, deßen „Sie mich weiters zu Erinnern von Zeit zu Zeit belieben wollen, nuhr Ersuche ich die-„selbe hiebey daß auch Ihrerseits Ew. Exc. sich gegen niemandt verlauten laßen „möchten, was zwischen uns beeden durch die Briefwexel gegen Einander benachrichtigt „wurde." . . .

²⁵) Markgraf Ludwig an den Kaiser. 15. Nov. 1703 . . „lönen E. K. M. Sich „auf deßen Person, Valor, Eyfer und Capacitaet gewiß verlaßen, daß er ferners „wie bishero in allen Vorfallenheiten Deroselben nützliche Dienste zu praestiren capabel „und solches in der That zu bezeugen niemahlen unterlaßen wird." . .

²⁶) Eugen an den Kaiser. Preßburg, 12. Jänner 1704. Kriegsarch.

²⁷) Eugen an den Kaiser. Preßburg, 14. Jänner 1704. Kriegsarch.

²⁸) Eugen an König Joseph. Preßburg, 14. Jänner 1704. Kriegsarch.

Eilftes Capitel.

¹) Elisabeth Charlotte von Orleans an die Raugräfin Louise. Versailles, 27. Jänner 1707. S. 119.

²) Eugen an den Herzog von Savoyen. Wien, 24. Mai 1704. Corr. 168.

³) Vom 4. September und 31. Oktober 1702. Murray. Letters and dispatches of Marlborough. I. 30. 52.

⁴) Ranke. Französische Geschichte. IV. 182.

⁵) Marly, 13. Dezember 1704. S. 85.

⁶) Bülau. Geschichte des europäischen Staatensystems. II. 100.

⁷) Röber. Staatsschriften des Markgrafen Ludwig. I. 28.

⁸) Der holländische Gesandte Rechteren an Markgraf Ludwig. Raibenhausen, 30. März 1704. Röber. II. 19.

⁹) Wien, 24. Mai 1704. Corr. 168.

¹⁰) Eugen an Freiherrn von Oberg. Raftabt, 27. Juni 1704. Mil. Corr. II. 139.
... „wobey Ich ... in Vertrauen nit berge, wie daß Ich haubtſächlich von darumben „heraußkomben, umb dife expedition zwiſchen bem Prinß Louis unb Millord wohl con-„certiren zu machen, ſobann auch weitter unter Ihnen bie guette Verſtändtnuß zu pro-„curiren ...

¹¹) Der Kaiſer an ben Markgrafen. Wien, 24. Mai 1704. Röber II. 30.

¹²) 5. Juni 1704. Mém. milit. IV. 883.

¹³) Der Markgraf an ben Kaiſer. 25. Aug. 1701. Röber. Urkunden. I. 38.

¹⁴) Wenigſtens ſind bie betreffenden Ausbrücke in bem barauf bezüglichen Schreiben bes Markgrafen an ben Kaiſer vom 6. Juli 1703 ungemein kühl .. „Übrigens habe auch „aus E. K. M... ſchreiben erſehen, baß ſye .. Meinen Vettern ben Prinzen Eugenio „mit ber Kriegspraeſibentenſtell begnabigen wollen. Ich wünſche von herzen baß ſelbi-„ger E. M. alle Satisfaction geben möge." Röber. Urk. II. 175.

¹⁵) Eugen an ben Kaiſer. Raftabt, 4. Juli 1704. Mil. Corr. II. 144.

¹⁶) Wratislaw an Markgraf Ludwig. Haag, 6. April 1704. Röber. II. 21.

¹⁷) Eugen an ben Kaiſer. Raftabt, 27. Juni 1704. Mil. Corr. II. 134.

¹⁸) Marlborough an bie Herzogin. 15. Juni 1704. Coxe. Memoirs of Marlborough. I. 252. „Prince Eugene was with me from Monday till Friday, and has „in his conversation a great deal of my lord Shrewsbury, with the advantage of „seeming franker. He has been very free with me, in giving me the character of „the prince of Baden, by which I find I must be much more on my guard than „if I was to act with prince Eugene."

¹⁹) Coxe. Memoirs of Marlborough. I. 250.

²⁰) Eugen an Baron Oberg. Raftabt, 27. Juni 1704. Mil. Corr. II. 139. „mithin habe „Ich auch alles Commando über mich genommen, welches Sye mir haben geben wollen, „umb anburch nur beſto leichter ben Effekt zu erreichen, wiewohlen vormals bas Abſehen „gewesen baß Ich hätte an ber Donau commandieren ſollen."

²¹) So ſchrieb Eugen am 15. Juli bem Fürſten von Anhalt: „Um ſo glückſeliger „ſchäze Ich mich bie Ehre zu haben, bie Deroſelben Commando unterſtehende löbliche „khöniglich Preuſſiſche trouppen für gegenwerttige Campagna bey bem von mir com-„manbirenden Corpo zu ſehen, alß Ich erſtlichen eine ſehr hohe estime gegen Euer „Liebben trage, ſobann aber mich erfreue, baß burch Deroſelben tapfern Anführung unb „gebachter Trouppen bekhanter bravour beſagtes unter meinem Commando ſtehenbes „Corpo verſtärckht werbe." Mil. Corr. II. 117.

²²) Eugen an ben Markgrafen Ludwig. Raftabt, 27. Juni 1704. Röber II. 44.

²³) S. Simon. III. 446. Ranke. Franzöſ. Geſchichte. IV. 202.

²⁴) König Ludwig an Villeroy. Verſailles, 23. Juni 1704. Mém. milit. IV. 495.

²⁵) Eugen an Willſtorf. Raftabt, 9. Juli 1704. Mil. Corr. II. 150.

²⁶) Wratislaw an ben Markgrafen. 28. Mai 1704. Röber. II. 32.

²⁷) Hill an Lord Nottingham. Turin, 21. März 1704. Hills Corr. I. 335.

²⁸) Eugen an Markgraf Ludwig. Raftabt, 30. Juni 1704. Röber. II. 46.

²⁹) Eugen an Markgraf Ludwig. 23. Juli 1704. Mil. Corr. II. 172.

³⁰) Eugen an ben Kaiſer. Raftabt, 27. Juni unb 11. Juli 1704. Mil. Corr. II. 136. 155.

³¹) Eugen an ben Kaiſer. 31. Juli 1704. Mil. Corr. II. 182.

³²) Voriges Schreiben.

³³) Projet pour les opérations du reste de cette campagne. Heidenheim, 2. Aug. 1704. Mil. Corr. II. 188.

³⁴) Coxe. Memoirs of Marlborough. I. 276.

³⁵) Marsin an Tallard. Augsburg, 14. Juli 1704. Mém. mil. IV. 525. „Ce prince „est si faible qu'il ne peut resister à la vue de la ruine de son pays."

³⁶) S. Simon. III, 189. IV. 207.

³⁷) Der Feldzug 1704 am Rhein. Von dem damaligen Hauptmann, jetzt Feldmarschall-Lieutenant Heller. Oesterr. mil. Zeitschr. 1841. XI. 150.

Zwölftes Capitel.

¹) Tallard an König Ludwig. Lutzingen, 12. und 13. Aug. 1704. Röder. II. 68.

²) Tallard an Chamillart. Hanau, 4. Sept. 1704. Mém. milit. 563—570.

³) Der Bericht, welchen Eugen über die Schlacht von Höchstädt nach Wien sandte, findet sich im kaiserlichen Kriegsarchive nicht vor. Bei der vorstehenden Darstellung wurden vorzugsweise Coxe, Memoirs of Marlborough, die histoire militaire du Prince Eugène von Dumont und Rousset, the account of the battle of Blenheim from Dr. Hare's Journal in Murray's dispatches of Marlborough, I. 394—409, die daselbst mitgetheilten Schreiben Marlboroughs, Hellers Darstellung der Schlacht in der österr. milit. Zeitschr. Jahrg. 1841, endlich die in den Mém. milit. Band IV. mitgetheilten Berichte und Correspondenzen der französischen Marschälle und Generale zu Rathe gezogen. Der beigegebene Plan ist nach dem im kaiserlichen Kriegsarchive befindlichen Originale. Er ist nur dieses Umstandes und seiner Anschaulichkeit wegen gewählt und unverändert wiedergegeben worden. Freilich müssen auf demselben die theilweisen Unrichtigkeiten in den Ortsnamen, in den Zeitbestimmungen und in der angegebenen Menge der zu Blindheim gemachten Gefangenen nach der Darstellung selbst berichtigt werden.

⁴) Tallard an König Ludwig. 18. Juli 1704. Mém. milit. IV. 529.

⁵) Marlborough an die Generalstaaten. 21. Aug. 1704. Murray. Marlborough dispatches. I. 421.

⁶) Coxe. Memoirs of Marlborough. I. 305.

⁷) Coxe. Memoirs of Marlborough. I. 312.

⁸) Marlborough an Harley. Höchstädt, 14. August 1704. Dispatches. I. 391. „I cannot say too much in praise of the Prince's good conduct and the bravery „of his troops on this occasion."

⁹) Eugen an den König von Preußen. Wittislingen, 16. Aug. 1704. Mil. Corr. II. 201.

¹⁰) Der Kaiser an Eugen. Wien, 29. Aug. 1704. Kriegsarch. Abgedr. bei Heller. Milit. Zeitschr. 1841. IV. 268.

¹¹) Steuer- und Bequartierungsbefreiung der vom Prinzen Eugen von Savoyen erkauften Häuser in der inneren Stadt Wien. Kais. Original-Diplom vom 7. Nov. 1704. Archiv des Ministeriums des Innern.

Executionsbrief des Bürgermeisters J. D. Tepfer vom 8. Nov. 1704. Orig. Ebendaselbst.

¹²) König Joseph an den Markgrafen. 12. Juni 1704. Röder. II. Urk. 36.

¹³) Marlborough an General Dopf. 18. Aug. 1704. Murray. I. 418. „Nos pri-„sonniers sont augmentés jusques au nombre de onze mille, outre près de „douze cents officiers. Vous pouvez bien croire que ces Messieurs ne nous em-„barassent pas peu et nous ont obligé de rester ici au lieu de poursuivre le „coup de main."

¹⁴) Maximilian Emanuel an die Kurfürstin. Tuttlingen, 21. Aug. 1704. Röder. II. 74. „Cette armée est sur les dents, hors d'état de marcher, sans créver l'in-„fanterie. Je ne conçois pas pour quoi les ennemis ne nous ont pas suivis."

¹⁵) Eugen an den Kaiser. Vor Ulm. 26. Aug. 1704. Mil. Corr. II. 215.

¹⁶) Wratislaw an König Karl. London, 11. März 1704. Hausarch.

¹⁷) Eugen an den Markgrafen. Waghäusel, 4. Sept. 1704. Röder. II. 83.

¹⁸) Markgraf Ludwig an den Kaiser. Vor Landau, 18. Sept. 1704. Röder II. 85.

¹⁹) Wratislaw an König Karl. Kronweißenburg, 24. Okt. 1704. Hausarch.

²⁰) Ludwig XIV. an Villeroy. 19. Sept. 1704. Mém. milit. IV. 637.

²¹) Patent des römischen Königs Joseph. Ilbesheim, 23. Nov. 1704. Mil. Corr. II. 250.

²²) Eugen an Herbeville. Kronweißenburg, 22. Sept. 1704. Corr. II. 233.

²³) Eugen an Feldmarschall Graf Gronsfeld. Wien, 4. Febr. 1705. Corr. II. 314—321. „Der Cammerdirector und geheimber Secretari Neusönner ist mir so gutt „alß Ew. Exc. bekhant und waiß Ich gar wohl daß Er ein Üblgesünter Mann seye."

²⁴) Eugen an General Lützelburg. Großmöhring, 1. Dez. 1704. Mil. Corr. II. 254.

²⁵) Eugen an die Kurfürstin. 2. Dec. 1704. Mil. Corr. II. 255.

²⁶) Eugen an Lützelburg. 3. Dez. 1704. Mil. Corr. II. 258.

²⁷) Eugen an den Kaiser. 5. Dez. 1704. Mil. Corr. II. 266.

²⁸) Eugen an Feldmarschall Graf Gronsfeld. Wien, 4. Febr. 1705. Mil. Corr. II. 314—321.

²⁹) Eugen an den Kaiser. Landshut, 23. Dec. 1704. Mil. Corr. II. 283.

³⁰) Eugen an den Hofkammerrath von Vorster. Wien, 18. März 1705. Mil. Corr. II. 360.

³¹) Eugen an die Kurfürstin. Wien, 3. Febr. 1705. Mil. Corr. II. 314.

³²) Eugen an den Kaiser. Landshut, 23. Dez. 1704. Mil. Corr. II. 282.

³³) Eugen an den Kaiser. Ilbesheim, 3. Nov. 1704. Mil. Corr. II. 247.

³⁴) Marlborough an Stepney. 22. Juni 1703. Murray. Dispatches. I. 121. . . . „if it may be of any use to Count Wratislaw, I pray you will take an op-„portunity to inform the Court at Vienna that he was extremely acceptable in „England, and very ready and useful upon all occasions in contributing what „lay in his power for the public good and advantage of the Allies."

³⁵) Abgedr. in dem von der kais. Akademie der Wissensch. herausgegebenen Archive für österr. Geschichtsquellen. XVI. 1—224.

³⁶) Marlborough an Stepney. 30. Mai 1704. Murray. Dispatches. I. 288.

Dreizehntes Capitel.

¹) Hofkriegsrath von Tiell an Eugen. Wien, 10. Dez. 1704. Kriegsarch. „Graf Caunitz wird an der Kopfwassersucht alle Tag schwächer. . ."

²) Graf Wratislaw an König Karl. Wien, 17. Jänner 1705. Abgedr. im XVI. Bande des Archivs für Kunde österr. Geschichtsquellen. S. 14.

³) Graf Niklas Pálffy an Eugen. Wien, 25. Okt. 1704. Kriegsarch. „Ich und „andere wünscheten E. D. hoche praesenz, zumahlen die Ungarn insgemein ein großes „Vertrauen und Lieb gegen Sie haben, welche Beschaffenheit viel fruchten wurde. . ."

⁴) Ganz eigenhändiges Schreiben des Kaisers an Eugen. Wien, 3. Juni 1704. Kriegsarch. „Non posso tralasciar di dirle, che si vede dopo la sua partenza „peggiorate assai le cose dell' Ungheria, mentre il generale Ritschan con le sue „truppe ha havuto un incontro sfortunato de' rebelli, havendo preso qualche „numero di gente e cade di temere s'il Heister passera all' Isla Schütt. Io sti- „mai bene di darle avviso, acciò parli al Principe Luigi. . . che con li deli- „berasse e vedesse se le cose ivi nell' Imperio sijno in tal stato che si potrebbe „mandar qualche numero di gente per opporsi con più vigore alli ribelli, e „ridurli al dovere, mentre ancora pare che non inclinino troppo all'armistitio... „del tutto potrà meglio col Principe Luigi veder e considerar quello si possa „fare. ."

⁵) Heister an den Kaiser. 27. Mai 1704. Hausarch. „Einmahl ist gewis daß dises „volkh, so von sich stolz vnbt hoffartig, wo es die Oberhandt hat, in sich selbsten aber von „einem knechtlichen interieur ist, mehrers durch Forcht alß douceur mues gehalten vnbt „coercirt werdten."

⁶) Eugen an den Kaiser. Rastadt, 27. Juni 1704. Mil. Corr. II. 133.

⁷) Tiell an Eugen. Wien, 25. Juli 1704. Hausarch.

⁸) Eugen an Niklas Pálffy. Kronweißenburg, 17. Okt. 1704. Kriegsarch. Er glaubt „daß wenn Szirmay anderst seinen Eifer recht aufrichtig zeigen will, Er fast bessere „Dienst alß der Erzbischof werde praestiren können."

⁹) Marlborough an Sinzendorff. 24. März 1704. Murray. Marlborough dispat-ches. I. 246. C' est une épine qu' il me semble qu' il faudrait arracher à quelque prix que ce fût . .

¹⁰) Eugen an Tiell. Feldlager bei Großsießen, 30. Juli 1704. Kriegsarch.

¹¹) Tiell an Eugen. Wien, 31. Aug. 1704. Hausarch.

¹²) Noch stehen daselbst vor dem schönen Schlosse, das jetzt dem Grafen Cziráky gehört, zwei prachtvolle Linden, welche Feldmarschall Heister mit eigener Hand gepflanzt haben soll.

¹³) Eugen an Tiell. Kronweißenburg, 6. Oktober 1704. Kriegsarch.

¹⁴) Eugen an Tiell. Kronweißenburg, 22. Sept. 1704. Kriegsarch. „Von den un- „garischen Mediatoren ist einer, Stepney, hier . . habe auch bereits mit ihm disputiret „und bin noch weiters daran daß . . . Marlborough eine Ordre procuriret werde, daß „sie sich keines grösseren arbitrij anmassen dörffen, als wie weit die Composition der „Keyser zu seinen Dienst und Convenienz belieben wurde." . .

¹⁵) Eugen an Tiell. Kronweißenburg, 7. Novemb. 1704. Kriegsarch. „Es gefahlet „mir gar nicht daß sowohl der holländische Gesandte zu den Rakoczy als der Stepney „zu dem Congreß nacher Schemniz hinabgangen seynd, dann Es haben absonderlich des „Letzteren alhier beschehene discurs zu Erkennen gegeben, daß seine Intention gar nicht „beschaffen seye, wie solches für J. K. M. Interesse seyn solte."

¹⁶) Eugen an Tiell. 15. Okt. 1704. Kriegsarch.

¹⁷) Hannover, Darmstadt, Cusani, Gronsfeld und Zollern.

¹⁸) Eugen an Tiell. Kronweißenburg, 3. Oktober 1704. Kriegsarch. „. . beharre „auch auf meiner opinion baß ber Heister in allweeg avocirt werben müßte, unb wenn „man nachgehenbs ben Frieden nicht erreichen, sondern gezwungen sein wurde, mit „weiteren Ernst ein Enb zu machen, ber Banus Croatiæ zu Commanbirung eines „Corpo ber tauglichste seyn wurde.". . .

¹⁹) Eugen an Tiell. Kronweißenburg, 28. Oktober 1704. Kriegsarch. Eugen sagt Heister's Gebanken wegen Bildung eines Corps von 15,000 Mann seien nicht zu verwerfen „unb bin auch ber Meinung baß man bie rebellen balb anbers wurde sprechen „machen, bann ohne Ernst unb ohne Macht gibe ich schlechte hoffnung zur Composition. „Mißlingt ber Tractat, muß gleich bie Waag freygemacht werben; inzwischen bürfen „freylich bie Plätze nicht verlohren gehen gelassen werben". . . .

²⁰) Graf Wratislaw an König Karl. 18. April 1705. Corr. S. 16.

²¹) Tiell an Eugen. Wien, 29. Nov. 1704. Kriegsarch. Er berichtet, Heister empfehle ben Freiherrn von Josika zur Stelle eines Oberstlieutenants „welchen Er unb alle „Offizier rühmen, baß er gute Dienste thue, auch eine gute treue Miliz an sich habe; ist „ber einzige Siebenbürger, ber für Keys. Mey. das Gewöhr traget unb ber künftig in „selben Lanb wohl zu brauchen unb zu bistinguiren seyn wirbet". .

²²) Eugen an Trauttmansdorff. 2. Febr. 1704. Kriegsarch.

²³) Starhemberg an Eugen. 24. Dez. 1703. Kriegsarch.

²⁴) Eugen an Baubemont. 12. April 1704. Kriegsarch.

²⁵) Turin, 20. Mai 1704. Hills Corresp. I. 361.

²⁶) Herberstein an Eugen. Ostiglia, 12. Mai 1704.

²⁷) Dolfin sagt in seiner Finalrelation von Herberstein: „tutto pietà e devozione „pare nato più per li chiostri che per l'armate. Non potendo soffrire le licenze „militari, ha appese l'armi al tempio ne v' è apparenza che le ripigli... Il genio „è modesto e soave. Contento di sua fortuna non aspira a maggior eleva-„zione". . .

²⁸) Kaiser Leopold an Starhemberg. Wien, 23. Mai 1704. Riebegger Arch.

²⁹) Starhemberg an Eugen 24. Nov. 1704. Kriegsarch.

³⁰) Der Kaiser an ben Markgrafen von Baben. Wien, 21. Juli; 2. Aug. 30. Aug.; 26. Sept. 1704. Röber II. 54. 63. 80. 95.

³¹) Lorb Gobolphin an Hill. 4. Juli 1704. Hills Corresp. I. 134.

³²) Marlborough an Harley. Weißenburg, 17. Okt. 1704 Murray I. 507.

³³) Eugen an Herzog Victor. Wien, 23. März 1705. Mil. Corr. II. 366.

³⁴) Eugen an Starhemberg. Wien, 9. April 1705. Mil. Corr. II. 383.

³⁵) Eugen an Starhemberg. Wien, 23. März 1705. Mil. Corr. II. 367.

³⁶) Eugen an ben Kaiser. Roveredo, 26. April 1705. Mil. Corr. II. 391.

³⁷) Finalrelation vom 9. Dezember 1708.

³⁸) Der Feldzug 1705 in Italien. Von Oberstlieutenant Heller. Milit. Zeitschrift 1847. III. 185.

³⁹) Eugen an ben Kaiser. Salò, 18. Mai 1705. Mil. Corr. II. 411—424.

⁴⁰) Mémoires militaires V. 280.

⁴¹) Hill an ben Lorb Großschatzmeister. Turin, 14. Juli 1705. Hills Corresponbenz II. 574. „They have the advantage in the possession of the towns and

„passes and rivers. But I think we have a superiority in the genius, the virtue „and capacity of Prince Eugene.“

[12]) Eugen an Herzog Victor. Gavardo, 25. Mai 1705. Corr. 166. Mil. Corr. II. 449. Vendome an Ludwig XIV. 24. Mai 1705. Mém. mil. V. 282.

[13]) Eugen an den Herzog von Savoyen. Gavardo, 13. Mai 1705. Corr. 178. Mil. Corr. II. 458.

[14]) Heller. Der Feldzug 1705. S. 244.

[15]) Der Großprior Vendome an Chamillart. 29. Juni 1705. Mém. milit. V. 297.

[16]) Eugen schreibt dem Kaiser, Szereny „ist um so mehr zu bethauren, als E. K. M. „an selben einen gar gescheid= und wackeren Generalen verloren haben". . Feldlager bei Urago, 28. Juni 1705. Mil. Corr. II. 535.

[17]) Eugen an Starhemberg. Calcio, 29. Juni 1705. Mil. Corr. II. 542.

[18]) Eugen an Starhemberg. Calcio, 1. Juli 1705. Mil. Corr. II. 546.

Vierzehntes Capitel.

[1]) Eugen an Starhemberg. Isengo, 13. Juli 1705. Mil. Corr. II. 577.

[2]) Eugen an den Herzog von Savoyen. Isengo, 13. Juli 1705. Mil. Corr. II. 579.

[3]) Eugen an den Kaiser. Romanengo, 31. Juli 1705. Mil. Corr. II. 610.

[4]) Vendome an Ludwig XIV. Cassano, 19. August 1705. Mém. milit. V. 331.

[5]) Schreiben des Fürsten Vaudemont. Mailand, 18. Aug. 1705. Mém. milit. V. 726.

[6]) Eugen an den Kaiser. Feldlager bei Treviglio, 17. August 1705. Mil. Corr. II. 633.

[7]) Der Kaiser an Eugen. Wien, 17. Sept. 1705. Kriegsarch.

[8]) Eugen an den Kaiser. Treviglio, 25. Aug. 1705. Mil. Corr. II. 652.

[9]) Eugen an den Kaiser. Treviglio, 27. Aug. 1705. Mil. Corr. II. 642.

[10]) Starhemberg an Eugen. 10. Juli 1705. Kriegsarch.

[11]) Vendome an Ludwig XIV. 10. Juni 1705. Mém. milit. V. 149.

[12]) Lafeuillade an Chamillart. 29. Juli 1705. Mém. milit. V. 173.

[13]) Hill an Secretär Hedges. Turin, 24. Juni 1705. Hill's Corresp. II. 560. „In „the mean time we sleep quiet in Turin, in full assurance that Prince Eugene „is making all the haste he can to do something for our deliverance. We have „that Prince's word for us, which nobody can suspect.“

[14]) Vendome an Ludwig XIV. Mém. milit. V. 151.

[15]) Hill an Marlborough. Turin, 25. März 1705. Hill's Corresp. II. 517. „That „little Austrian is as fierce and as haughty as a greater Prince, but he is full „of virtue and honour, and will always do well.“

[16]) Victor Amadeus an Eugen. Turin, 7. Aug. 1705. Kriegsarch.

[17]) Vendome an den König. Rivolta, 1. Octob. 1705. Mém. milit. V. 665.

[18]) Hill an Stepney. Turin, 2. Sept. 1705. Hill's Corresp. II. 612: „The French „have the advantages of the places, the ports and the rivers; and the Milanese, „Mantuan, Modenese and Montferrat to supply their occasions; besides the in-„finite supplies of money, artillery, ammunition and recruits which come con-„stantly from France, all which are supplied very sparingly to P. Eugene. We

„see nothing to balance all those advantages, but the merit, the conduct and
„valour of P. Eugene, of which we have here the greatest idea you can
„imagine."

[19]) Eugen an ben Kaiſer. Treviglio, 9. October 1705. Kriegsarch.: „Marchiren
„werbte Ich zwar, ſobalbten ber Caſſier angelanget, waß Ich aber außrichten obter wie
„weith werbe khomben khönnen, barüber khan ich wenig promittiren." . . .

[20]) Eugen an ben Kaiſer. Roncabello, 14. Oct. 1705. Kriegsarch.

[21]) Eugen an ben Kaiſer. Treviglio, 9. Oct. 1705. Kriegsarch. . „bekanbt iſt baß
„ſein ganzes hauß lange Zeith ſchon von franzöſiſchen genio geweſen ſeye, geſtalten auch
„burch biſen König vormallen Einer von biſen Namben bie Carbinalatswürbe erhal-
„ten hat."

[22]) Voriges Schreiben.

[23]) Eugen an ben Kaiſer. Fontanella, 23. October 1705.

[24]) Hill an Hebges. Turin, 18. Nov. 1705. Hill's Correſp. II. 663.: „Starhem-
„berg came in this country about two years since with a good stock of honour
„and glory, and certainly he has lost none of it here." . .

[25]) Eugen an ben Kaiſer. Lonato, 5. Dez. 1705. Kriegsarch. Dieſe Vorſtellung
konnte nicht wie Heller, miſit. Zeitſchr. 1847, IV. 30 annimmt, bem Grafen Starhemberg zur Uebergabe an ben Kaiſer eingehänbigt worben ſein. Sie iſt brei Tage nach bes
Felbmarſchalls Abreiſe batirt unb es wirb ber letzteren als einer ſchon geſchehenen Sache
barin erwähnt.

[26]) Graf Tarini unb Graf Leopolb Herberſtein an Eugen. Wien, 16. unb 19. December 1705. Kriegsarch.

[27]) Inſtruktion für Graf Reventlau. Garzago, 13. Jänner 1706. Kriegsarch.

Fünfzehntes Capitel.

[1]) Ruzzini's Bericht.. „Monsignor Rumel, che con titolo di precettore assunta
„da'primi anni la più vicina assistenza, secondo il solito stilo riposando vicino
„al suo letto, custodiva sino al sonno delle notti. E lui del Palatinato e d'estrat-
„tione civile, ornato di buoni costumi e d'ecclesiastica probità, con intelligenza
„ordinaria e che non par animato dal talento di Ministero e di negotij. Forse
„la facilità d'alcun indulgenza, unita al merito di lungo et assiduo servitio potè
„guadagnarli tanto di gratia, che valse a svegliar l'occhio delle gelosie più
„potenti. . . . Dopo haver molte volte inutilmente tentato, in fine riuscirono
„nel staccarlo dal reggio fianco, con allontanarlo dalla Corte, sforzato di ricever
„il totolo di vescovo Tiniense et una Prepositura in Praga, dove convenne tras-
„ferirsi. Furono sviscerati et ardenti i regij impegni per trattenerlo, e quanto
„più le riuscì sensibile di ceder all' autorità paterna, tanto più diede all' hora
„visibili segui di risentita memoria contro quelli, che si scopersero macchinatori
„d'opra si contraria al rispetto de' di lui desiderij."

[2]) Daniel Dolfins Bericht vom 9. Dez. 1708. „Hausarch. Trovasi bene spesso
„deluso chi giudica sinistramente del cuore de'grandi. Appena esalato lo spirito
„di Leopoldo, le prime voci del nuovo regnante furono che si dovesse aver osser-
„vatione alla genitrice. Vedendola perduta nell' afflizione riussite inutili l'istanze

„li disse che s'era lecito ad un figlio il commandar alla madre li commetteva di
„porse a letto, come spontamente eseguì."

⁴) Mémoires de S. Simon. I. 41.

⁴) Ruzzini's Bericht. . . „Se ben non spieghi le gratie d'una beltà finita, ad
„ogni modo havendola dotata la natura di stimabili ornamenti, et essendo questi
„stati accresciuti nella prudenza e vivezza dello spirito da una perfetta educa-
„zione, possede quanto basta tutt'i mezzi per sapere poter conservarsi gl'affetti
„del Rè" . .

Dolfin sagt von der Kaiserin Amalie: „La statura è grande, perfetta la taglia,
„agile il piede, pronto e vivace lo spirito. Con questo ripara li diffetti della
„salute tormentata dall' uso di continui rimedij, e conserva intiera la
„stima e la grazia del marito, che si confessa impotente a resister alle di lui
„istanze."

⁵) Ruzzini's Bericht.

⁶) Dolfin nennt Seilern „insignito di pietà esemplare, di grand'integrità,
„superiore ad ogn'interesse; è creatura della casa Palatina, alla quale ha servito
„per lungo tempo in varie Corti, ch'ha poi riveduto come Imperiale Ministro.
„La grand'esperienza unita allo studio lo rende versato negl'affari. Non si
„distingue però la vivacità dello spirito e s'interna nelle cognizioni più tosto
„con la fatica che con l'accume".

⁷) Michieli's Finalrelation von 1678.

⁸) Dolfins Bericht: „Ha servito alcuni anni in qualità d'Inviato nella Corte
„di Francia et imbevutosi di quell' idee vorrebbe, che rifformandosi gl'usi antichi
„si accomodasse tutto allo stesso esemplare."

⁹) Dolfins Bericht: „E gran Cancelliere di Boemia il Conte Kinsky, fra-
„tello dell'altro che con molta fama sostenne il grado di primo Ministro appresso
„l'Imperatore Leopoldo. Anche nella sua avanzata età conserva molto foco,
„parla libero, non cuopre l'interne passioni, inquietandolo assai la parzialità
„e la stima che mostra Cesare verso l'emolo Conte di Vratislau Cancelliere dello
„stesso regno."

¹⁰) Dolfins Bericht.

¹¹) Archiv für Kunde österr. Geschichtsquellen. Band XVI.

¹²) Dolfin: „A questo (Starhemberg) è appoggiata l'economia che dirigge
„con talento et attività. Con tutto ciò non ha modo di farne pompa per la
„qualità della materia" . .

¹³) Herbeville an Eugen. Wien, 13. Mai 1705. Kriegsarch.

¹⁴) Eugen an den Hoftriegsrath. Gavardo, 29. Mai 1705. Kriegsarch . . „sehr
„gut ist es aber daß Endtlich alba in Hungarn das Generalkriegscommando aus der
„Heisterischen Verwaltung gekomben seye, wiewollen Es zu des Kaysers Dienst
„noch böffer gewesen wäre, wen man Es schon Ehender demselben benommen hätte" . .

¹⁵) Eugen an den Kaiser. Salò, 18. Mai 1705. Mil. Corr. II. 420.

¹⁶) Herbeville an Eugen. Klausenburg, 20. Nov. 1705. Kriegsarch. . „ne sachant
„aucune langue, je ne pourrois servir comme je voudrois" . . .

¹⁷) Eugen an den Hoftriegsrath von Tieff. Romanengo, 1. Juli 1705. Kriegsarchiv.

18) Eugen an den Hoftriegsrath. Gavardo, 12. Juni 1705. Kriegsarch. „Ratoczy's „Briefe wegen Auswechslung der Gefangenen", schrieb Eugen, „und seine darinnen sich „zeigende impertinente Arth zu schreiben geben ganz klar an den Tag, daß ihm weder „lust noch ernst zu einem Vergleiche seye. Wie aber darunter die Allerhöchste Keys. Auto-„ritet, auch die reputation Dero Waffen nit wenig leide daß man vor der welt den „muthwillen dises treulosen Gesindel so lang walten und schalten lasse, wohingegen uns „Frankreich ein frisches Exempel gibt, mit welchem rigor es wider die malcontenten „in Cevennen verfahre, als glaubte Ich auch meinerseits, man solte sich von selbigen „lenger nit amusiren lassen, sondern suchen mit ausschluss der Capi entweder mit dem „landt allein zu tractiren, oder da auch bei disen die güte nichts verfangen wolte, „Endlichen die Schärfe zu ergreifen und nach dem rigor der waffen mit Feyr und schwert „wider dise treulos und meinaydige Vnterthanen dergestalt zu verfahren, daß sie selbst „zum Creitz kriechen und umb Gnad wurden bitten müssen, Ihre nachkomblinge aber „allezeit die gedechtnus vor Augen haben möchten, damit Ihnen der lust zu derley auf-„standt und rebellion allerdings vergehen könnte, welches Einmahl um so nöthiger „were, als bey dessen längeren anstandt und verzögerung die Türken unfehlbar mit ins „Spiel komben derften, zuforderist da es ihnen bey weiterer protrahirung vorkhomben „würde, als ob man dermahlen disen leithen nit gewachsen noch sie zu bempfen in keinen „Stand wäre." .

19) Tiell an Eugen. Wien, 24. Oktob. 1705. Kriegsarch.

20) Tiell an Eugen. Preßburg, 12. Nov. 1705. Kriegsarch.

21) Vendome an König Ludwig.

22) Eugen an Tiell. Fontanella, 30. Oktob. 1705. Kriegsarch.

23) Marlborough an Harley. Wien, 14. Nov. 1705. Murray II. 323.

24) Tyrnau, den 22. März 1706. Hausarch.

25) Marlborough an Eugen. S. James, 18. Jänner und 22. Febr. 1706. Murray. II. 403. 404.

26) Schreiben Eugens an Marlborough bei Coxe. Memoirs of Marlborough. Bd. I.

27) Mémoires milit. VI. 142.

28) Vendome an den König. Calcinato, 21. April 1706. Mémoires milit. VI. 147.

29) Baron Martini an Eugen. Roveredo, 11. April 1706. Kriegsarch. . „Jl est „très certain qu'il (Vendome) entreprendra quelque chose contre nos postes, „voulant profiter de l'absence de Votre Altesse."

30) Reventlau an Eugen. 15. April 1706. Kriegsarch. „Tous les avis portent „que M. de Vendosme veut marcher demain à Calcinato et Montechiaro." .

31) Reventlau an Eugen. Montechiaro, 17. April 1706. Kriegsarch.

32) Roveredo, 4. April 1706. Kriegsarch.

33) Eugen an Feldmarschall-Lieutenant Graf Daun. Ala, 26. April 1706. Kriegsarch.

34) Eugen an den Kaiser. Gavardo, 20. April 1706. Kriegsarch. „E. K. M. „aigene troupen haben hiebey sehr wohl gethan und ihre alte reputation abermahlen „mit guten lob manteniret, besonders die Cavallerie, obschon geringer als die feind-„liche, demselben viel Schaden zugefüget, besonders aber hat sich der Graf Harrach,

„welcher mit den Herbersteinischen und seinen eigenen Regiment, dann den Granadieren
„die Arrieregarde hatte, sehr wohl segnalirt, was ein vernünftiger und tapferer Offi-
„cier in derley fählen immer hatte praestiren können."

„Die Königlich Preußische Troupen waren die Erste welche sich gewendet und durch-
„gangen und mithin auch sechs Feldstuck verloren worden, gleichwie es alle informa-
„tionen einhellig confirmiren. Sie excusiren sich zwar und wenden vor, daß Sie,
„wie der Feind dieselbe angegriffen, noch nicht einmahl recht postirt gewesen waren.
„E. K. M. aber bitte es in geheimb zu behalten, damit man disen auxiliaren kein dis-
„gusto gebe." . .

³⁵) Eugen an den Kaiser.' 29. Mai 1706. Kriegsarch.
³⁶) Eugen an den Kaiser. Ala, 25. April 1706. Kriegsarch.
³⁷) Voriger Bericht. . . „Alß Ich eben in Schluß diser . . . relation . . . erhalte
„nachricht, daß Dero Oberst Feldwachtmeister von Zumjungen, so die Arrieregarde
„bei den Abmarsch der Armee hatte, sein unterhabendes nebst dem Reventlau Regiment
„und ein Bataillon von Bagni zu facilitirung der retraite auf einer Anhöhe unweit
„Materno postiret und nit weniger die obige E. M. Infanterie zu Materno, in fall der
„feindt etwo Einen angriff thun möchte, anzuhalten befehlcht ware; Ersagter Feindt,
„sobaldt sich alles von Salò wekhgezogen und khein Mann zurukh gebliben, bis gegen
„öffters berührtes Materno avancirt und mit großer furie obbesagte postirte Trouppen
„attaquiret habe, in meinung die Arrieregarde übern hauffen zu werffen. Es hatte
„aber . . . Zumjungen mit seinen Trouppen so tapfer gegen den Feindt gefochten, daß
„ungeacht daß Feyr sehr starkh und etliche stundt in Einen continuo thauerte, dennoch
„der posto manuteniret, der Feindt aber obligiret wurde sich zurukh zu ziehen, welchen
„in seiner retirada Zumjungen mit etlichen Plotonen ferners chargiren lassen; bey
„dieser action seindt von seithen E. K. M. 150 Todt und blessirt worden, worunter
„zwey Haubtleith. . . Sonsten aber khan man nicht genug riehmen mit waß für reso-
„lucio und tapferkheith obgemelte Regimenter gefochten und mit was für einer bravour
„. . . Zumjungen dieselbe angeführt, auch waß für Vorsichtigkheith Er dabey erwiesen . .
„was ein experimentirter walkherer General in derley fählen praestiren können
„. . . daß Er sowohl als die Regimenter sich E. K. M. Gnade besonders würdig gemacht
„haben."

³⁸) Eugen an den Kaiser. Ala, 2. Mai 1706. Kriegsarch.
³⁹) Mémoires milit. I. 158.
⁴⁰) Graf Tarini an Eugen. Wien, 19. Mai 1706. Kriegsarch. „On est fort outré
„icy contre l'Electeur Palatin qui après avoir fait traiter si longtems la marche
„de ses troupes, il pretend maintenant qu'elles s'arrêtent aux confins du Tyrol
„jusqu'à ce qu'il n'ait obtenue une déclaration dans les formes par écrit qu'il
„sera mis en possession du Haut-Palatinat, et au premier rang que tenoit l'Elec-
„teur de Bavière parmi les Electeurs séculiers." . .

Sechzehntes Capitel.

¹) Eugen an Daun. S. Martino, 7. Juni 1706. Kriegsarch.
²) Daun an Eugen. Turin, 17. Juni 1706. Kriegsarch.
³) Mengin. Relation du siège de Turin en 1706. Paris, 1832.

⁴) Eugen an den Kaiser. S. Martino, 11. Juni 1706. Kriegsarch. Der Prinz meldet, er habe um so schneller die Freudenbezeigungen wegen der glücklichen Ereigniffe in Spanien und Flandern vollziehen laffen, als die Franzofen falsche Gerüchte ausgesprengt hatten, „wohl wiffend daß diese glücklichen Successen Eine nit geringe Ge-„mieths Veränderung in dem land nach sich ziehen werden, alß wie Es auch Erfolget, da „diefelbe allenthalben ausgesprenget, Es wäre Barcelona mit dem Degen in der Hand „erobert und emportiert worden, fo bey dem wankelmuth der hiefigen nation, welche „sich gemänniglich an dem obfiegenden Theil halten, bereits Eine große impression „verurfachet hatte. Kaumb aber habe ich die schuldige Dankfagung Gott dem Allmäch-„tigen mit der gewöhnlichen Solennitet und Losbrennung des Geschüßes abgelegt und „auch fonsten die wahre der Sachen beschaffenheit ausprechen laffen, hat Es Einen fo „gutten effect nach sich gezogen, daß das ganze Land und sonderlich die wohl affectio-„nirte Eine große Freid darüber gezeigt und hingegen wider die Franzofen Einen ziem-„lichen haß Erwecket hat.

⁵) Eugen an den Kaiser. San Martino, 4. Juni 1706. Ganz eigenh. Hausarch. Er nennt Dolfin „un homme violent de son naturel et pointilleux" . .

⁶) Kaiser Joseph an Eugen. Wien, 2. Juni 1706. Kriegsarch.

⁷) Eugen an den Kaiser. San Martino, 4. Juni 1706 . . . „ils sont las de l'im-„pertinence des François et peut-estre qu'il se trouveroit quelque conjoncture „favorable de donner le dernier coup à la France." . .

⁸) Eugen an den Kaiser. San Martino, 25. Juni 1706. Kriegsarch. . . . „daß „dabey auch der gutten Mannszucht halber scharffe ordre und befelch auszuftöllen waren, „damit das landt verschonet, der Eblleith Palaft und Unterthanen Häufer nicht begwalt-„thätig und ungebührlich angefallen werden, da folle C. K. M. versichern, daß Ich mir „zuvorberift die observirung scharffer Kriegsdisciplin allezeith gegenwerthig und fo feft „darob halte, daß von Excessen und anderen Ungebührlichkeiten faft nichts gehört und „fonderlich in denen Veldtfrüchten der geringfte schaden nicht zugefegt, mithin auch zu „klagen keine Vrsach gegeben sey, inmaffen der Landtmann mitten unter denen Trup-„pen seine Aernte zum Theill ohne geringfte Verhindernus beraiths Eingebracht, auch „fonften in seinen würthfchafftsfachen, Handl und Wandl nicht turbirt seyn würdt. „Darauf aber zu erfehen, in waß zaumb Eine armata gehalten werden köne, wenn Sye „mit beme waß vonnethen verfehen ift, wohingegen die Franzofen das landt mehr alß „feindtlich tractiren, die Veldtfrüchten indistinctim abmähen, alles spoliren, ja fogar „der Gotteshäufer felbften nicht verschonen, zu geschweigen mehr anderer ärgerlicher thatten."

⁹) Voriges Schreiben: „Muß dem General Proveditor Dolfino das Zeugniß „geben, daß fo contrar alß er gegen C. K. M. und Dero dießfeitigen Armata Ruzen „fich vorhin Erwiefen, vmb fo willfähriger und geneigter sich aniezo in allen Erzeige, „alfo daß es den Anschein haben will, es berffte sich fein gemilth bewegt, den vorhinnigen „haß abgelegt und sich Einfolglich eine mehrere affection gegen C. K. M. Allerh. Dienft „verwanblet haben . . . ja es berffte vielleicht diese familia, welche bekhantermaffen alle-„zeit gutt frantzöfifch wahre, von der widrigen partie gänzlich abweichen und führohin „gegen das A. D. Erzhauß Eine mehrere naigung, lieb und affection verfpühren „machen." . . .

¹⁰) Schreiben Eugens an Dolfin. S. Martino, 4. Juni 1706. Kriegsarch. . . . „passata l'armata il ponte e passata anche la gente per la città, senza punto

„fermarsi nella medesima, che il tempo necessario per l'operatione prometto in
„parola di generale, di prencipe et d'uomo d'honore di euacuar la città et las-
„ciarla nella prima liberta." . .

¹¹) Ranke irrt, wenn er in seiner französischen Geschichte IV. 220 sagt, Eugen nahm
sein Hauptquartier zu Verona. Dieß konnte nach der Natur der Sache niemals der
Fall sein.

¹²) Mémoires milit. VI. 78.

¹³) Vendome an König Ludwig. 1. Juli 1706. Mém. milit. VI. 642 . . . „il faut
„que l'armée périsse plutôt que d'abandonner cette rivière" . . .

¹⁴) Eugen an Marlborough. Castelbalbo, 10. Juli 1706. Murray. Marlborough
„dispatches. III. 29. . . „Ce que je puis dire de lui à V. A. est que c'est un homme
„aimé du soldat: quand il a pris une résolution, qu'il la suit, sans que rien
„l'en puisse détourner; grand retrancheur; mais pour peu qu'on lui rompe ses
„mesures, qui a grand peine à y remédier, même dans l'action, laissant au
„hasard à y remédier; entreprenant pour des sièges, et capable de tenter une
„armée, mais pas de l'attaquer s'il la trouve résolue de l'attendre, à moins
„d'une très-grande superiorité."

¹⁵) Vendome an Chamillart. Castagnaro, 16. Juni 1706. Mém. milit. VI. 639.
. . „il faut avoir une tête de fer pour qu'elle ne tourne point à tous les embarras
„qu'il y a à essuyer ici tous les jours".

¹⁶) Ranke. Französ. Geschichte. IV. 427.

¹⁷) Vendome an Chamillart. Castagnaro, 10. Juli 1706. Mém. mil. VI. 200. „A
„l'égard du siège de Turin, comptez comme une chose sûre qu'il ne peut-être
„troublé par M. le Prince Eugène: nous avons trop d'endroits où nous pouvons
„l'arrêter pour qu'il puisse songer à le secourir."

¹⁸) Eugen an den Herzog von Savoyen. Finale bi Modena. 27. Juli 1706.
Abgedr. in der österr. milit. Zeitschr. Jahrg. 1813. Hft. 9. Corr. 226.

¹⁹) Der Herzog von Orleans an den König. 27. Juli 1706. Mém. mil. VI. 234.

²⁰) Eugen an den Herzog von Savoyen. S. Martino, 30. Juli 1706. Mil. Zeitschr.
1813. IX. 81. Corr. 228.

²¹) Vom 4. August 1706. Kriegsarch.

²²) Eugen an den Herzog von Savoyen. 10. und 14. August 1706. Mil. Zeitschr.
1818. II. 239. 330.

²³) Eugen an den Kaiser. Carpi, 6. August 1706. Kriegsarch.

²⁴) St. Amour an Kriechbaum. Strabella, 20. Aug. 1706. Kriegsarch.

²⁵) Eugen an den Kaiser. 31. August 1706. Mil. Zeitschr. 1818. Heft III. S. 347.

²⁶) Eugen an den Herzog von Savoyen. 4. Aug. 1706. Mil. Zeitschr. 1818.
Heft I. S. 109.

²⁷) Marsin an Chamillart. Vor Turin, 6. Sept. 1706. Mém. milit. VI. 277.

²⁸) Der Herzog von Orleans an den König. Vor Turin, 6. Sept. 1706. Mém.
mil. VI. 276. Mengin. Relation du siège de Turin. S. 260.

²⁹) Abgedr. in der österr. mil. Zeitschr. 1818. Hft. 4. S. 63.

³⁰) Schlachtordnung. Mil. Zeitschr. S. 74.

³¹) Eugen an den Kaiser. Turin, 12. Sept. 1706. Kriegsarch. . . „an dem
„E. K. M. Einen vernünftig, tapfer und ehrlichen Officier verlohren haben." . . .

³²) Abgedr. bei Coxe. Memoirs of Marlborough, II. 84 . . „I do not only „esteem, but I really love that Prince."

³³) Eugen an ben Kaiser. Turin, 12. Sept. 1706. Kriegsarch. . . . „warumben ich „aber mit der Armee bishero hier stehen geblieben, ist barumben geschehen, weillen für „E. M. dienst zu seyn vermainet hatte, so lang zu wartten biß der Feindt in daß Gebürg „vollendts Eingetretten seyn wurde, mithin nicht mehr umkheren könne, immassen Ihme „der Lust hiezu gar leicht hette ankomben mögen, wenn man allzugeschwind ben marche „wiber angetretten, folgsamb sich gegen baß Meylandische gewendet und zu weith Entfernet „hette, bahero für besser Erachtet habe, Ein etlich Tag liegen zu bleiben, seinen marche „durch stette Partheyen zu pressiren uud unter einsten auch die Armee hinwiber in standt „zu sezen. Indessen werde Ich nicht seyren sondern alle möglichkeith anwenden, die opera-„tiones mit allem Ernst anzugehen, da besonders in gantz Italien nichts als bes Medavi „Corpo sich befindet."

³⁴) Voriges Schreiben.

³⁵) Eugen an ben Erbprinzen. Bercelli, 18. September 1706. Kriegsarch.

³⁶) König Ludwig an ben Herzog von Orleans. Versailles, 11. Oct. 1706. Mém. mil. VI. 327.

³⁷) Baubemont an König Ludwig, Mailand, 17. Sept. 1706. VI. 302. „Si les „deux armées commandées par M. le Duc d'Orléans rentrent en Italie, elles sont „si supérieures à celle des ennemis, qu'ils n'auraient jamais eu de leur côté „plus de desavantage en Italie ni plus d'embarras qu'ils en pourraient avoir „présentement."

³⁸) Eugen an ben Kaiser. Lobi, 1. Oct. 1706. Kriegsarch. „Ich meines Orths khan „zwar nicht begreifen, baß gebachte Armee, welche so vill gelitten unb von aller Artillerie, „Bagage unb Magazinen entblößt ist, bey biser schlimben Saison, wo die Zeith schon so „weith avanziret in bes Feindts Landte sich zu sezen gebenkhen sole, gewiß iedoch aber „ist baß dieselbe von ihrem König ben positiven befehl habe, widerumben in bie Plaine „heraußzurukhen." . . .

³⁹) König Ludwig an Baubemont. Versailles, 23. October; an ben Herzog von Orleans, 27. Octob. 1706. Mémoires milit. VI. 337. 340.

⁴⁰) Der Kaiser an Eugen. Wien, 28. Sept. 1706. Kriegsarch.

⁴¹) Granger an Eugen. Wien, 20. Oct. 1706. Kriegsarch.: „Une fille mourante „vous met dans son testament et vous lègue 200 l. sterlin avec le regret de „ne pouvoir pas vous en laisser 200,000; cela n'est il pas obligeant pour une „fille qui ne vous peut-estre a jamais vuë." . . .

⁴²) Mauvillon. III. 42.

⁴³) Eugen an Graf Gallas. 29. Dezember 1706. Kriegsarch. „Wahr ist baß mir „Seine kath. Mey. baß Patent alß Gouverneur von Maylanb Allergnäbigst zugesendet, „welches ich aber nicht acceptirt noch einsmals verlanget habe weder gebenkhe alhier zu „verbleiben." . . .

Siebzehntes Capitel.

¹) Fürst Baubemont an König Ludwig. Mantua, 7. Nov. 1706. Mém. milit. VI. 349.

²) Wratislaw an König Karl. Wien, 16. März 1707. Corr. 38.

³) Graf Gallas, kaiserlicher Gesandter in London, an Eugen. London, 11. Febr. 1707. Kriegsarch.

⁴) Prié an Eugen. Pizzighetone, 7. Okt. 1706. Kriegsarch.

⁵) Eugen an den Kaiser. Pavia, 21. Nov. 1706. Kriegsarch.

⁶) Der Kaiser an Eugen. Wien, 24. Dez. 1706. Kriegsarch.

⁷) Prié an Eugen. Piacenza, 26. Nov. 1706. Kriegsarch.

⁸) Visconti an Eugen. Piacenza, 21. Dez. 1706. Kriegsarch.

⁹) Fürst Vaudemont an König Ludwig. Mantua, 14. Dez. 1706. Mém. milit. VI. 357.

¹⁰) Vaudemont an König Ludwig. Mantua, 7. Jänner 1707. Mém. milit. VI. 363.

¹¹) Eugen an den Kaiser. Mailand, 22. Dez. 1706. Kriegsarch.

¹²) Der Kaiser an Castelbarco. Wien, 25. Nov. 1706. Kriegsarch.

¹³) Lord Nottingham an Hill. Whitehall, 24. März 1704. Hills Corr. I. 92.

¹⁴) Hill an Nottingham. 15. April 1704. Hills Corr. I. 348.

¹⁵) Marlborough an Eugen. S. James, 27. Dez. 1706. Marlborough disp. III. 268.

¹⁶) Eugen an den Kaiser. Mailand, 7. Febr. 1707. Hausarch.

¹⁷) Voriges Schreiben.

¹⁸) Wratislaw an König Karl. Wien, 16. Dez. 1706. Corr. 31. . . . „convenirte „den haus ehender Italien als Spanien, besonders da wir ohne Succession verbleiben, „weillen Italien vndt Teutschlandt sich mit einander regiren lassen, nicht aber Teutsch= „landt vndt Spanien“ . . .

¹⁹) Eugen an Fürst Vaudemont. Mailand, 27. Febr. 1707. Hausarch. . . „mes „bonnes intentions n'ont servi de rien, ces Messieurs du chateau par fierté, fan= „faronnade ou je ne scais quelle raison ont commencé de cannonner cette ville „quoyque je leur aye pu faire dire, m'estant mesme remis à Vous en leurs „offrant de vous envoyer une de leurs lettres . . . et même d'envoyer un de „leurs propres officiers; tout a été inutil, il°a fallu tirer quelques coups aux „toits des maisons et dans les places pour epouvanter les femmes, ce qui m'at „obligé de faire venir des trouppes et de l'Artillerie pour commencer l'attaque „etant fort résolu sans cela d'attendre l'issue de ce qui a été projeté. Vous „voyez, Monsieur, que le mal qui en peut arriver à la ville étant fait dans l'in= „certitude de la reponse de M. de la Javalliere, je ne puis suspendre un siege „deja commencé, à moins qu'on n'accorde que quoiquil puisse arriver ils se „rendront dans un tel tems sil ne leur vient pas de secours“ . .

²⁰) Eugen an den Kaiser. Mailand, 7. Febr. 1707. Hausarch. „Ich habe sie auch „allsogleich durch eine Scala secreta zu mir kommen lassen und von ihnen die mitha= „bende propositiones zu vernehmen verlangt“ . . . .

²¹) Der Kaiser an Eugen. Wien, 21. Febr. 1707. Hausarch. „Nichts ist letztlich ver= „gnüglicher zu hören gewesen, als daß die annoch in der Lombardie vorhandene feind= „liche Völker umb gestattung des Abzugs bitten müssen“ . . .

²²) König Ludwig an Fürst Vaudemont. Versailles, 26. Febr. 1707. Mém. milit· Bd. VI.

²³) Mém. milit. VII. 66.

²⁴) Hier mag der Ort sein, des abgeschmackten Märchens zu erwähnen, daß Eugen öfter im Scherze sich über das A. B. C. beklagt habe, welches ihm am Wiener Hofe se

31 *

hinderlich gewesen sei. Unter dem A. ist ein Auersperg, dem B. Markgraf Ludwig von Baden, dem C. Feldmarschall Graf Caprara gemeint. Es gab in der damaligen Zeit gar keinen Auersperg, welcher sich in so hoher Stellung befand, daß er dem Prinzen Eugen hätte gefährlich werden können. Markgraf Ludwig war sein Gönner und Freund, nicht aber sein Gegner, und nur Caprara mag nicht mit Unrecht zu den Widersachern des Prinzen gezählt werden.

' 25) Der Reichsvicekanzler Graf Schönborn schreibt an Eugen; Wien, 5. März 1707. Kriegsarch.: er habe „niemallen eine resolution gesehen, welche gleichwie dieser auf dem „Reichstag in so lieb- und vertrauensvollen terminis were verfasset worden."

26) Eugen an den Kaiser. Mailand, 3. März 1707. Hausarch.

27) Marlborough an Eugen. S. James, 7. März 1707. Marlb. Disp. III. 326.

28) Eugen an den Kaiser. Wien, 3. März 1707. Hausarch.

29) Der Kaiser an Eugen. Wien, 21. Febr. 1707. Hausarch.

30) Victor Amadeus an Eugen. Turin, 9. Febr. 1707. Kriegsarch.... „je dois vous „dire par la connaissance que j'ay du Milanez et des exemples que j'ay eu que „l'amour que ce pays a pour l'Augustissime maison est incontestable, n'ayant pû „s'empecher de temoigner ouvertement le chagrin qu'il a ressenti de l'occupation „de cet état par la France. Cependant ce même état n'a pas laissé de donner „toutes les marques d'une aveugle soumission aux possesseurs qui y ont exigé „de très grosses sommes .... Rien n'est plus necessaire que de se conserver „l'affection des peuples et de la noblesse, mais comment peut-on la perdre par „les graces que l'Empereur m'a accordées, quand on considerera qu'elles ont „été une cause indirecte du bonheur où ils se trouvent d'être rentrés sous cette „heureuse domination de la maison d'Autriche après laquelle ils ont si fort „soupiré?"

31) Hill an Nottingham. Turin, 7. März 1704. Hills Corr. I. 329.

32) Marlborough an Wratislaw. S. James, 7. März 1707. Marlb Disp. III. 328.

33) Eugen an den Kaiser. Mailand, 24. März 1707. Hausarch.

34) Eugen an den holländischen Gesandten in Turin, van der Meer. Mailand, 16. Febr. 1707. Kriegsarch. . . „il seroit impossible de continuer plus longtemps „une guerre de si grande dépense avec vigueur si l'on voudroit empecher les „moyens à S. M. Imp. avec lesquels elle croit de remettre ses troupes en Italie, „de fournir les magasins et autres besoins, estant connu que tous ses pays „hereditaires soyent hors déstat d'en fournir la somme necessaire, vous obser- „vant que le Grand Duc n'y aye la moindre raison de se plaindre n'ayant pas „demandé que ce qu'il est obligé de payer selon toute l'équité, qui de six an- „nées reste encore les contributions et qui depuis ce temps là estoit toujours „des plus attachés à la France. Jespere donc qu'on en connoistra bien la justice, „d'autant plus qu'il seroit autrement la pure impossibilité de pouvoir remettre „les troupes et soutenir la guerre, si par des raisons particulières on veut em- „pecher de rassembler les moyens nécessaires et fondés sur la justice, ce qu'il „feroit un grand contretemps dans les opérations offensives, ne scachant pas „comment fournir ailleurs les choses necessaires."

35) Der Kaiser an Eugen. Wien, 22. Jänner 1707. Kriegsarch. „Wäre in Unseren, „insbesondere aber den Spanischen und Italienischen Angelegenheiten keineswegs vor-

„träglich, sondern vielmehr höchst nachträglich Seine päpstliche Heiligkeit ganz und gar
„aus den Weeg zu werffen und mit Ihro der Zeith in öffentliche Collisiones und Ex-
„tremitaeten zu gerathen."

³⁶) Die Generalstaaten an Eugen. 10. März 1707. Hausarch.

³⁷) Der Kaiser an Eugen. Wien, 22. März 1707. Kriegsarch. Schon im Februar
hatte der Kaiser dem Prinzen befohlen „die expedition von Neapoli vorzunehmen, es
„möge die Flotta darzu contribuiren oder nicht, vndt es mögen die SeePotenzien vndt
„Herzog von Savoye auch schreyen wie sie wolten." Wratislaw an König Karl. Wien,
21. Febr. 1707. Corr. 33.

³⁸) Eugen an den Herzog von Savoyen. 1. April 1707. Hausarch. Corr. 245.

³⁹) Eugen an den Kaiser. 4. April 1707. Hausarch. „Und nachdem Er (Marl-
„borough) mir von der Impresa von Napoli starkh redet und zugleich anführt, daß man
„von seithen Engell- und Holland derselben gar nicht zuwider seye, wenn nur daburch
„certo modo das Vorhaben iu Frankreich einzubrechen nicht gehindert oder aber einigen
„beschwernuffen unterworffen seyn möchte" . . . .

⁴⁰) Herzog Victor an Eugen. 3. April 1707. Kriegsarch.

⁴¹) Eugen an den Kaiser. Mailand, 11. April 1707. Hausarch.

⁴²) Eugen an den Kaiser. Mailand, 2. Mai 1707. Hausarch.

⁴³) Wratislaw an Eugen. Wien, 2. Mai 1707. Hausarch.

⁴⁴) Eugen an den Kaiser. Mailand, 27. Mai 1707. Hausarch.

⁴⁵) Eugen an den Kaiser. Turin, 21. Juni 1707. Hausarch. . . . „So vill nun daß
„Guberno zu . . Mantua belangt, habe ich zwar wider die Persohn des gemelten graffens
„Castelbarco nichts zu sagen, maßen ich ihme alß einen getreuen und gar Eiffrigen
„Minister kenne, ich bin aber meiner pflicht nach schuldig E. K. M. nicht nur Aller-
„gehorsamst vorzustellen, was Dero Dienst ist sondern Deroselben auch in aller unter-
„thänigkeit beyzubringen, wie schmerzlich und schwer es denen Militaribus fallen müsse,
„wan Sye mit einer so ungemainen und fast nie behörten gedult alles Ellendt und Er-
„denckliches ungemach ausstehen, vor E. K. M. Dienst leib und leben aufopffern und
„gar vill miserabl. krumb und lamb gemacht werden, zuletzt aber zusehen müssen, daß
„auf dieselbe keine reflexion gemacht, derley importante chargen durch politische
„Ministros ersetzet, ihnen hiegegen nichts anderes übergelassen werde, alß ihren weitheren
„lebenslauff in gröster sorg und miseri kümmerlich zuezubringen, wie dan inzwischen
„bey E. M. der Prinz von Darmstadt bereits angelangt seyn und sich nebst andern
„militaren dißfahls in allergehorsambsten respect beschwehret haben wirbt."

⁴⁶) Markgraf Ludwig an den Kaiser. Oberbühl, 13. Mai 1703. Röber I.
165.

⁴⁷) Eugen an den Kaiser. Treviglio, 28. August und 2. Oktober 1705. Kriegsarch.

⁴⁸) Ueber Wetzels Verdienste schrieb Eugen an den Kaiser. Treviglio, 25. Aug.
1705. Milit. Corr. II. 653. Am 2. Oktober erneuert der Prinz seinen Antrag auf Verleihung eines Infanterie-Regimentes an Wetzel „indem E. K. M. zu Dero Dienst keine
„böffere Wahl thuen kunten, alß wan Sye diesen meritirten Offizier mit sothanen Regi-
„ment begnädigen wolten, und Es würde entgegen Deroselben an gelegenheit nit man-
„geln, dem Jungen Prinzen von Lothringen Dero Gnaden auf andere Weif widerfahren
„zu lassen."

Achtzehntes Capitel.

¹) Vom 27. April 1707. Russisches Original. Hausarch.

²) Urbich an Fürst Salm. Ohne Datum. Hausarch.

³) Wratislaw an Eugen. Wien, 2. Mai 1707. Hausarch.

⁴) Conferenzprotokoll vom 8. Juli 1707. Hausarch.

⁵) Vom 22. Mai 1707.

⁶) Eugen an den Kaiser. Mailand, 29. Mai 1707. Hausarch. . . . „so vill die „Pohlnische Cron anbelangt, sage E. M. den allerunterthänigsten Danck, daß Sye sich „würdigen wollen, Mich dießfalls mit Dero eigenhändig Allergnädigsten Zeullen zu „begnaden, Ich aber habe Meiner Seiths nichts anders gethan als zu was mich meine „schuldigkeit, mit welcher E. K. M. Ewig verpflichtet lebe, angehalten hat, alß welche „Erfordern will wegen der von Dero glorwürdigsten in Gott seeligst ruehenden Herrn „Batters alß E. K. M. Selbsten Empfangenen So villfältigen Allerhöchsten gnaden „Lieber alles in der Welt zu verlaßen alß daß geringste ohne Dero Allergnädigsten vor- „wissen oder wider Dero Dienste zu unternehmben, maßen mir durch Etlich vnd zwainzig „Jahr alß Ich die Allerhöchste Gnad genieße, in E. K. M. Diensten zu stehen, dergleichen „zu thuen niemahlen habe Einfahlen, noch vill weniger durch Eine Eytle Ambition hier- „zu werde verleiten laßen, E. K. M. in allerunterthänigkeit bittend, Sye geruhen Aller- „gnädigst dißfahls auf mich weithers die geringste Consideration nicht zu haben sondern „auf daßjenige Allergnädigst zu gedenken, was Sye für Dero Selbstaigne Convenienz „Erachten". . . .

⁷) Eugen an den Kaiser. Mailand, 12. Juni 1707. Hausarch.

⁸) Admiral Shovel an den Herzog von Savoyen. Lissabon 29. März 1707. Hausarch.

⁹) Tessé an Chamillart. 15. Juni 1707. Mém. milit. VII. 87 . . . „on affecte de „dire qu' ils vont en Provence . ."

¹⁰) Eugen an den Kaiser. Feldlager bei Sospello, 8. Juli 1707. Hausarch.

¹¹) Eugen an den Kaiser. Feldlager bei S. Laurent. 14. Juli 1707. Hausarch. „Gewiß ist es daß wenn man den Feind Zeit gelaßen hette, es eine Unmöglichkeit ge- „wesen wäre, seine linie zu forciren, da inmittelst diße ohne Verlust Eines Mannes außer „denen so ertrunkhen, einbekomben vnd der Feind obligiert worden, sich in größter Con- „fusion davon zu retiriren". . .

¹²) Sir Cloudesly Shovel an Marlborough. 13. Juni 1707. Marlborough Disp. III. 485 . . „by all discourse the people are ripe for a revolt."

¹³) Tessé an König Ludwig. Aix, 12. Juli 1707. Mém. mil. VII. 109.

¹⁴) Marlborough an Godolphin 27. Juli 1707. Coxe. Life of Marlborough II. 282.

¹⁵) Eugen an den Kaiser. Feldlager bei Valette, 29. Juli 1707. Hausarch.

¹⁶) Voriges Schreiben.

¹⁷) Eugen an den Kaiser. 30. Juli 1707. Hausarch. „Eben hat es geglücket daß „man den Feind heuth vor Tags von seiner noch innegehabten höhe weggejaget vnd in „Eine solche Confusion gebracht hat, daß er auch gleich darauf seine Schanz abandoniret, „dieselbe in die Luft gesprengt vnd vier vernagelte Stukh hinterlaßen . . Diese Attaque „hat der Veldtmarschall Leuthenandt Baron Rehbinder vnd unter ihm der Generalfeld-

„wachtmeister Graf Königsegg geführet, und kann Ich E. K. M. nicht genugsamb loben
„mit was vor Einer bravour der gemeine Mann und sonderlich die hiezu commandirt
„geweste grenadiers angegangen seynbt. Ich habe hiebei sogleich ordonniret, was zu
„manutenirung diser Posten zu veranstalten.". . . .

¹⁵) Eugen an den Kaiser. Balette, 5. Aug. 1707. Hausarch. Derselbe werde er-
sehen haben „daß ungeacht meiner bey der erinderten bewandtnuß dem Admiralen ge-
„machten repraesentation bennoch bey vornembung der Impresa von Toulon absolute
„beharret worden seye. . . . Bey allen diesen Umbständen aber will man fest dabey
„bleiben, daß die vorgemerkte Impresa ein als den andern weeg angegangen und es
„koste was es wolle davon nicht abgestanden werden solte; zu disen ende nun treiben den
„Herzogen die Engell- und holländischen Ministri beständig an, diser hingegen leget alles
„auf mich als ob es allein von mir dependire, dergestalt daß auch Ersagte Ministri ein
„mißvergnügen verspühren lassen wollen, denen Ich hingegen mit allen glimpf begegnet
„und mehrmahlen vorgestellet, daß man Erstlichen den Krieg auf diejenige Arth führen
„müsse, was die möglichkeit zulasse . . . wan Sye aber ungeacht aller mit Augen selbst
„sehenden Beschwerlichkeiten dannoch die würkliche Unternembung des Vorhabens haben
„wolten, so würden sich E. K. M. Völcker davon keineswegs absändern". . .

¹⁹) Eugen an den Kaiser. 14. August 1707. Hausarch.

²⁰) Eugen an den Kaiser. Lager bei Balette, 20. Aug. 1707. Hausarch. „Mit
„denen Engländern gibt Es immer was neues, dan nachdeme dieselbe also beschaffen, das
„wan Sye Ihnen was Einbilden, auch darbey verbleiben, solchemnach wollen Sie jetzo
„glauben als ob man unserseiths bey dem Unternehmben von Toulon nicht recht hatte zur
„sach thun wollen So hingegen E. K. M. mit allerunterthänigsten respect recht zu sagen,
„Eine Narrenthey ist die von den bey den Herzogen befindlichen Engelländischen Gesand-
„ten herrühret, welcher ein junger Mensch und im Kriegswesen nichts Erfahren ist, da-
„hingegen andere die den Krieg nur in Etwas verstehen, mithin gescheider seint, daß ge-
„rade widerspill zu sagen wissen und die sachen wie sie zu nehmen wohl begreiffen thun,
„ja Es dörfte auch wohl seyn, daß ihnen Engelländern selbsten Eine schuld beygemessen
„werden könte, da sie nicht haben daran wollen, des Feinds schanzen im Meer gleich
„anfänglich wehkzunehmen, gleich Ich die nothwendigkeit dessen vorgestellt und offeriert,
„die auf dieser seithen zu emportieren und vor die auff der anderen seithen aber trouppen
„zu embarquiren umb sie mit hülff der Flotte zu bezwingen". . .

¹¹) Marlborough an den Grafen Maffei. Au camp d'Helchin. 28. Sept. 1707.
Murray. Marlb. Disp. III. 595.

¹²) Eugen an den Kaiser. Savigliano, 8. Sept. 1707. Hausarch.

¹³) Mémoires milit. VII. 158.

¹⁴) Eugen an den Kaiser. Feldlager vor Susa. 3. Okt. 1707. Kriegsarch.

¹⁵) Der Kaiser an Eugen. Wien, 26. Okt. 1707. Kriegsarch.

¹⁶) Eugen an den Kaiser. Mailand, 11. Juni 1707. Kriegsarch.

¹⁷) Castelbarco an Eugen. Turin, 26. Nov. 1707. Kriegsarch.

¹⁸) Instruktion Eugens für Visconti. Mailand, 26. Nov. Kriegsarch.

¹⁹) Eugen an den Kaiser. Turin, 20. Oktober und Mailand, 9. November 1707.
Kriegsarch.

Alphabetisches Register.

Lightning Source UK Ltd.
Milton Keynes UK
UKHW020631200721
387437UK00002B/87

9 781011 544745